增訂二版

行政學
理論的解讀

Public
Administration

林鍾沂　著

三民書局

　　人過了耳順之年，大概只剩下記憶與回憶，回憶著過往的種種，歷歷在目。因此趁著記憶仍新的時候，儘量就思考所及，將它歸納整理出來，算是對人生有個交代。這也是本書修訂的最大動機。在過去三四十載的時光長廊裡，作為一位行政學的園丁，曾試圖翻閱梳理若干行政學的知名著述，希望從中尋得真義，瞭解理路，釐清邏輯，自認為已經歷了漫漫的長夜，看見璀璨的曙光。記得 2001 年，剛寫完《行政學》時，自信滿滿地說道：此書已對行政學所涉及的重要課題及其涵攝的基本理論大抵完備，並具相當系統性的介紹。如今看來，那時的狂狷之論，只不過是井蛙之言。行政學理論的浩瀚，仍得持續不斷地努力鑽研和爬梳，方能理解文本於萬一。

　　我自小就喜歡縱情於山水之間，或許受到古諺「仁者樂山，智者樂水」的影響，渴望未來成為仁智兼備的讀書人。但現在看來，仁者智者的理想雖未改變，但已經離我越來越遙遠了，不過樂於徜徉優游於書本理論，倒是始終如一，而且能在跨越不同領域中看到共同的觀點、原則和模式，更讓我悠然神往。這種的偏好，無意中在投資學發現孟格 (Charles T. Munger) 教導投資大眾應該具備「普世智慧」，像是得到共鳴，喜出望外，自非言語所能形容。反觀，國內現今重視「翻轉教育」等嶄新教學法，風靡一時，其背後是否有重要理論支持，不得而知，似乎只要提供實務，就可以功成名就，終究只是曇花一現。但對於重視理論鑽研的我，著實內心充滿著煎熬與挫折。到底是理論出了什麼問題，不被眾生所用；還是時代錯置，沒有看清理論本質。然而，在一片撻伐之聲中，學術理論已悄然無息地退位，甚至被淹沒了。雖然我常自省「沒有理論，實務是盲動的；沒有實務，理論是虛妄的」，但我還是向現實屈服。若有學生問我是否須繼續深造，追求精深學問，我沒有繼續堅持過去的理想，反而要他們先找個工作比較重要！

　　顯然地，從這本書的書名《行政學：理論的解讀》，還是隱涵著我對理論喜好的偏愛。我常自忖：「事理不通，做事怎麼會成功？」只不過，我心中的理論其實是如同上述孟格所揭櫫的「普世智慧」。它意指一個偉大的理論、原則、模式或觀念，應可在自

然科學和社會科學的不同學科中再三出現，而且能與其他重大理論或原則等連結與應用，而成為系統性的思維。過去行政學中有非常多的討論，認為行政學若沒有找到自己所認同的核心，就無法成為學術正統。但在我看來，與其爭論構成行政核心的本質，不如發現行政主題中諸多的「普世智慧」。若有多元的普世理論支撐其中，相信行政的內涵和論述就會更加豐富和堅實，不至於徬徨無依了。說實在的，我也曾經歷一段備受困擾的時間，遍尋不到行政發展的出路。幸好孟格的「普世智慧」啟蒙了我，讓我有「雖千萬人，吾往矣」的信心和勇氣，並且在課堂上，向學生說出內心的體驗：「你若有普世智慧作為行政理論的支點，就會撐起行政學的世界，不會坐困行政的愁城，定會跨越突破，在理論上融通，在實務上利便」。試想，人有「樂群」的天性，難道不同學問間沒有互為融通吸引的地方嗎？可是行政學術卻沒有費心地去挖掘這些寶貴的智慧。套句南非退休大法官薩克斯 (Albie Sachs) 的話：「原來關鍵的因素還被埋沒在蜿蜒曲折的幽徑之下，呼喊著我（們）的注意。這幾乎就像是雕刻家可能會有的感覺，你追求的東西，就埋藏在大理石或木材裡」。從這些經久確立的基本理論或原則出發，摻合著社會生活的實際，再去找尋看似不同的變化與邊緣，比較相異的觀點，發展更為宏觀和進步的看法或原則，大致就可描繪出行政學的一般圖像和真諦了。

　　我也一直相信，行政若是一部機器，那麼我們就應該賦予它生命的靈魂。在政治和法律的授權下，把平日的運作和熠熠生輝的普世智慧連結起來，憑藉著經驗的體驗和智慧的累積讓它生生不息地留傳，並用不斷的學習來豐富它的內容和意義。當面對著相互衝突的主張時，也應理性地權衡調和，傾聽自己內在的判斷和民眾的籲求，發揮對人類生活產生可以接受卻能改變的能量，而非囿限於既成慣例，僵硬地接受政治和法律的固有束縛，毫無裁量判斷的餘地。所以限制性、制度施為，和不斷探索的工匠精神，是我想賦予行政的真實定位。

　　當本次修訂之際，與完成第一版時，就行政學的時空環境而言，確有極大的變化。在國內，90 年代行政學尚屬萌芽階段，設立的系所不算太多，人才也不夠濟濟，研討內容亦屬有限，迄今，系所非常的多元，各類師資完備，專業領域的著作也如過江之

鯽。尤其是海峽對岸的大陸，公共管理學幾乎已成為顯學，人才與著作有如雨後春筍般呈現，對於行政新知的介紹和翻譯目不暇給，學術交流更是絡繹於途。這樣的時空背景，對於我充實和開展行政理論，產生極大的助益。感受最深的，莫過於國內科普知識的介紹，一本接著一本的譯著，讓我從中獲取不少跨領域的基本概念和精彩論述，從而自所研讀的行政知識獲得寶貴的印證和深切的體驗，原來知識是如此浩瀚和彼此密切連結！我常深覺何其有幸，能夠活在「讀書盛世」的年代裡，讓我援引了不少的相近觀點來潤飾內文的論述，再點綴些許文學、人文學、社會科學、哲學的氣息，而不再純粹只是行政理念的引介。也因此衷心地期望那些留在腦際的「文采」，能夠切合行政引導出正確觀點。

　　算起來已將近十幾年沒有在學術戰場上打過一場美好的戰役，所以現在也該是清理我的戰場之時機了。記得三民書局董事長劉振強先生在世時，不時鼓勵和期盼我能夠更新行政學的舊著。每次思及，未能履行先前的承諾，總深覺歉疚。這次更動的幅度，除了將過去沒有講清楚、說明白的部分主題內容加以翻修外，亦對行政學目前新興的議題加以網羅分析。例如行政的想像、行政進出「政治─管理」的困境、行政的內在理路、第三次明諾布魯克會議、行政的治理意涵、公共組織的管理主義、策略管理、組織文化、電子化政府、談判交涉、變革管理、政策設計、文官中立的詮釋、平權行動的司法觀點、府際關係的典範轉移、行政倫理的途徑、行政倫理的起落：社會正義 vs. 社會風險，和行政公共性等，都是此次本書修正的要點，也希望此次較大幅度的增修，能夠增益行政理論的充實並使其與時俱進。當然，當代行政學的發展是漸趨多元與複雜的，並非增加上述主題即可詳盡完備，例如行政創新、公民治理、參與式預算制度等，因為尚屬倡議階段，學術的討論未臻成熟，所以並未納入在此次修訂中，誠有不周之處。不過，個人以為有些主題內容如果留給年輕學者去開發或留待日後再補充，可能較為妥適。

　　凡是走過，必留下痕跡。記得讀研究所的階段，我的行政學啟蒙老師張潤書教授所撰的《行政學》一書，其綱要與內容的鋪陳，幾乎涵蓋所有行政學探討的範疇，如

行政的意涵及演變、行政組織結構與過程、行政運作與程序、人事行政、財務行政、行政的核心議題與未來挑戰等，如此的架構與要點可說是寫作的典範，所以本書的論述上亦持續地沿用其架構，只是增修了府際關係、行政倫理與公共利益，並就研讀過的學理與分析，賦予了新的看法與觀點，企圖彰顯行政學近三十年來的發展梗概。雖然不敢說這是一本繼《行政學》之後的延續之作，但容我作為一位行政學的編纂者，由衷的希望能夠留下可以傳承的印記。同樣地，期盼未來的行政學發展和本土化工作，不斷後繼有人，讓行政學在國內蓬勃發展並呈現創新智慧。嚴格說來，本書僅是研讀行政學心得與心路歷程的「札記」，所以相關的寫作格式，就沒有那麼講究，仍依過去寫作的習慣來呈現，例如許多的引述內容，在內文裡就直接敘述，而沒有刻意空段來書寫，使上下文得以連貫，更易閱讀。亦希望研讀此書的讀者能夠據以理解行政學底蘊及所欲傳達的哲學思考。學習的目的在於造成行為的改變，若能使得閱讀本書的讀者，將其落實於行政作為，讓政府行政更為清新與貼近民眾，亦不啻為本書欲達到的貢獻。不過，我也希望研讀此書的讀者用輕鬆的心情翻閱就好，不必太過認真計較。

　　任何事情的完成，不僅要得到天時、地利之便，更要人和的配合。在天時上，非常感謝東海大學邀請我擔任三年客座教授的機會，讓我能無憂無慮專心一致地研讀行政的相關知識，特別是當時系主任項靖教授的引介，還有好友柯義龍副教授不時與我討論哲學與行政理念的連結，在行政治理與政治理論的發展，更是獲益良多。就地利而言，當我離開東海大學，返回臺北後，原本任職的母校——國立臺北大學，又找我重回學校犯罪學研究所專任教職，並由於教授風險管理與犯罪防治、公共政策與犯罪學、基層官僚等課程，讓我結識了風險分析、刑事司法政策、社會安全建構、員警與監獄人員管理等理論，使得所學更加拓延，能夠在這些學科裡看到不少行政理論的影子。所以要特別感謝侯前校長崇文教授、周所長愫嫻教授及同仁們賜給我這些得天獨厚的機會。在人和上，因擅於架構鋪陳與理論分析，並不專精於用字遣詞，故當每篇文章寫作完成後，由衷地希望有人協助修飾潤稿，在這工程上，幸好碰上幾位得力的助手，讓本書得以更為順暢易讀。于承平博士，他雖是攻讀教育學，但對行政學精通

嫻熟，出人意表。每有辭不達意時，他都逐句逐段的修改，使得本書通篇文章經其潤飾，義理精神能夠躍然紙上，尤其是他對各個寫作的主題內涵都能神入理解，經其檢視，邏輯更加連貫，文辭更加達意，他是本書得以出版的最大助力。我的學生黃甘杏副所長，她屢獲全國公務人員專書閱讀寫作第一名，文字鏗鏘有力、美妙絕倫，幸得協助，內容修整得通達流暢、妙筆生花，她在公務之餘，犧牲了寶貴的家庭生活，細心而敬業的修稿潤筆，並給了不少的補充和提醒，讓我在許多不經意之處，重新補綴，令我終生難忘。張世杰副教授，以他寫作公共組織理論的相關經驗，提供相當中肯的建言，讓整體論述的邏輯與結構，顯得完整一致。李天申博士，透過他研究預算理論的專業，第八章〈預算制度與理論〉獲得不少的補充，流暢度和可讀性大為提高。此外，賴宛余研究生不時盯住文章的漏誤，字斟句酌，修改了不少的缺失。三民書局用心而細緻的編審，更添益本書的價值。總之，幸好得到這些好友們的協助和幫忙，才能讓本書有了完整的全新樣貌，對於他們無盡的付出，我由衷地感謝。當然，更期待各位讀者在閱讀本書後能有所獲益，讓行政學領域在未來能更加蓬勃發展。

　　　　　　　　　　　　　　　　　　　　林鍾沂

行政學：理論的解讀

第一章　行政的概念

英國作家杜普瑞 (Ben Dupré) 說道:「公職人員（行政人員）是現代國家的引擎,……也是給國家機器輸送氧氣的命脈」。(龐元媛譯,2013: 130) 著名法律學者傅利曼 (Lawrence M. Friedman) 亦云:「官僚制度是現代法律和政府的心臟」。(楊佳陵譯,2011: 172) 而個人認為,政府是滿足民眾需求的智慧傑作,行政堪稱是政府運作、人類依存與社稷幸福的支柱,它所提供的服務和管制,建構並劃定了民眾的生活方式與機會。到了二十一世紀的今天,不論開發中國家或已開發國家,民主政體或專制政體,都已步入瓦爾多 (Dwight Waldo) 所稱的「行政國」(administrative state)。行政國其實像似無所不在的私人企業官方版。而作為國家機器的載體,行政機關的數目與人員都遠遠超過任何一個機構,此乃不爭的事實。再者,行政實務與人類政府組織的歷史同樣久遠,古羅馬帝國嚴密的行政體系向為大家所推崇,而在羅馬帝國之前的中國、埃及、巴比倫與其他非屬西方文化的國家,也曾經發展出效率高、有能力的政府組織型態。然而,行政學 (Public Administration) 成為一門學科,可說是近代的產物。一般認為,1887 年美國學者威爾遜 (Woodrow Wilson) 在《政治學季刊》(*Political Science Quarterly*) 發表〈行政的研究〉(The Study of Administration) 一文後,行政學才從政治學領域獨立成為一門學科,威爾遜也因此被稱為「行政學之父」。(吳定、張潤書等著,1996: 5) ❶

百餘年來,行政學在各種學科與潮流的衝擊影響下,不但逐漸發展成為一門相當獨立且具自主性的學科;在研究的內容與途徑上,也相當多元廣泛和別具特色。

第一節　行政的意義與意象

一般而言,界定一門學科,不是確定其領域範圍,就是辨別其內容核心。通常採兩種方式來進行,一是透過該領域裡著名學者的定義,另一是找尋相關的隱喻 (metaphors) 來獲得理論建構與實務問題解決的創意啟發,因此在討論行政的意義時也嘗試利用這兩種方式來進行分析。

1978 年諾貝爾經濟學獎得主的行政學者西蒙 (Herbert A. Simon) 在《行政行為》

---

❶　威爾遜在未成為美國總統 (1913–1921) 之前,曾是普林斯頓大學 (Princeton University) 的歷史和政治學系教授 (1902–1910),亦做過紐澤西州 (New Jersey) 州長 (1911–1913)。

(*Administrative Behavior*) 一書中，即開宗明義說道，一般人常將行政泛指「把事情完成的藝術」(the art of getting things done)。嗣後，西蒙和斯密伯格 (Donald Smithburg)、湯普森 (Victor Thompson) 對「行政」作了簡潔的定義：「當兩個人合作滾動一塊僅靠其中一個人獨自滾不動的石頭時，行政的雛形就出現了。」（丁煌等譯，2007: 8）當人們為了完成任務而採取行動並與他人互動，即為行政的構成要素。事實上，當我們仔細觀察行政的實務及相關涉及的活動時，就可發現行政的觸角幾乎深入民眾生活的每一層面，如垃圾清除、疫苗注射、道路修補、橋樑興建、逮捕嫌犯、老年照顧、幼兒托育、污染管制、河川疏浚、氣象預報、太空探索等。舉凡生活周遭的許多事務，無時無刻都脫離不了行政活動；而行政活動的影響又那麼深遠，從福利政策的草擬到航空塔臺的紀錄保存，均攸關著社稷的幸福與安全；甚至連醫生、律師、會計師、政策分析家、打字員、技師等都有可能屬於行政人員的一分子。然而，嚴格言之，人類事務的管理，並非完全屬於行政的範疇。依據傳統的定義，行政泛指政府政策與方案的執行。然因現代政府職能丕變，行政除了政策執行與方案運作外，尚包括法規制定、行政調查、行政裁決、方案倡導與行銷、治理等；又因為公務龐雜、職務多元、功能互異、執行方法不一，知識見解難有一致，是以早年著名行政學者瓦爾多曾云：「若想用任何的段落或隻字片語來界定行政，肯定是一時的心智麻痺。」(Rosenbloom & Goldman, 1998: 4)

不過，若能提供幾則重要學者的定義作為參考，對於行政的瞭解肯定會有所助益的，茲列舉幾則定義如下：（Rosenbloom & Goldman, 1998: 4–5；呂育誠等譯，2000: 2–3; Marini, 2001: 8; Starling, 2008: 53）

1.寇森 (John J. Corson) 與哈里斯 (J. P. Harris)：行政是政府活動的部分，也是政府達成目標和目的的手段。

2.費富納 (John Pfiffner) 與普遜思 (Robert Presthus)：行政主要是攸關實現政治價值手段的領域。

3.亨利 (Nicholas Henry)：行政有別於政治學，乃因它強調官僚結構和行為，以及自身的方法學；亦不同於非營利組織運用評估技術的行政科學 (administrative science)；此外，營利性組織在決策制定的結構與執行人員的行為上，較不侷限於公共利益的考量。

4.瓦爾多：行政的過程包括那些使政府的意圖或理想產生作用的活動。它是政府

持續主動經營的事業部分 (business part)，其透過組織和管理過程，來執行立法機關（或其他權威機構）所制定的政策以及法院所解釋的法律。

5.馬瑞尼 (Frank Marini)：行政主要界定為對公共政策的規劃與影響所為之專業實務和研究，以及為了社會、公民社群和民眾的公共利益，在規律和組織的基礎上對政策加以執行。

6.波義爾 (William W. Boyer)：行政是社會有組織、有目的之互動；在法律範圍內，有系統地規劃與應用政府機關的政策。

綜觀上述的定義，可以彙整行政的意義是：為達成公共利益或解決政治社群的問題，以匯集資源，並透過官僚結構與相關活動來實現政策的過程。

壹、行政的意象

俗語說：冷眼看世事，用非正式和世俗的眼光來看待行政，說不定更能體會箇中三昧而接觸概念核心。再者，亞里斯多德 (Aristotle) 曾云：「人類⋯⋯若失去了想像便無法思考」。為了拓展有關行政的思維和想像，試圖引用若干的隱喻來探求行政的真義。

一、行政是種公僕意象

「政治是主人，行政是僕人」這是在代議政治的框架下對行政的合理期待與要求；甚至一般公務員也都以公僕自居。就權力作用而論，在西方或東方世界裡，政治被視為權力的主宰者，而行政僅為從事「服侍」的卑微工作。當行政面對著政治主人，不論是古代的君王或近代民主政治的總統、國會與法院等，行政運作只能謹守分際，不能逾越，否則即有越權、竊權之虞。即使獲得授權，行政也只能在政治的允許和監督下為之。

過去宮廷的帳房和現在庶務的統理，都自然而然流露著「服從」與「服務」的習性。甚至，根據夏福利茲 (Jay M. Shafritz)、羅素 (E. W. Russell) 和薄立克 (Christopher P. Borick) 的敘述，在古代甚或近代的敘利亞、波斯、中國、羅馬和奧圖曼帝國，部分行政工作係出自宦官之手，由於該等人員自小就被去勢，且來自窮鄉僻壤的家庭，因此其生命的保障和事業的成就，完全附屬在對統治者的絕對效忠與信任上，加上在宮廷內逐漸養成的高度責任意識，有時使他們成為最具效率與忠誠的行政者，而自成古

代另類的文官體系。(Shafritz, Russell, & Borick, 2007: 29)

二、行政是水利工程的延伸

「傍水而居」是人類祖先生存的法則。先祖們始終要面臨洪水、野獸，與外來野蠻人的威脅與侵襲，因此如何生存是其面臨的重要課題。再者，世界文明的孕育往往從大河流域的兩側，如何發展灌溉工程以安頓生活與維繫生命的繁衍，更是人類由草昧文明進入農業文明的重要轉折。而推動農業文明的搖籃即繫於有組織、有系統地集結人力的方法，才能達成集體活動的目標。尤其是灌溉工程的布建與興修，可說是眾人集體合作的偉大發明，既是奠定農業文明的基石，更是現代行政的前身。

根據著名西方政治思想史學家賽班 (George H. Sabine) 的記述，約在西元前 6500 年左右，人類在中東的某個地方，長久以來首次由狩獵者、採集者、放牧者，轉變成了以簡單方式耕作的農夫。直至西元前 3000 年，靠種植穀物生存的農業社群已出現於北非沿岸、歐洲和印度等地，並且越過伊朗高原而進入中亞。農業只能在特別有利的條件下，才會發展出文明，亦即興起於大河沖積平原之上——此處明顯地始於底格里斯河與幼發拉底河 (Tigris-Euphrates) 流域。由一條大河的沖積平原帶來大量養分，足以使農作物豐饒，並支持人類特有的文明 (civilization) 活動。不過，比土地肥沃更重要的是沖積平原提供了一種特殊環境，人類因而能夠應用才智以發展相當精緻的灌溉系統。由於灌溉工程需要大規模的協同合作，因此促使「管理者」的產生，不論是祭司、酋長，還是軍事領導人，他們大概都有權力得到經由灌溉後所創造的剩餘產品，一旦這些剩餘產品落入管理者手中，一般平民百姓不僅可能被僱用去挖掘灌溉渠道，亦會陸續出現像工匠、藝術家或音樂家等職業身分的人。這些人員與活動即是代表著人類已經達到我們所謂「文明化水平」的生活型態。(李少軍、尚新建譯，1995: 9)是以，農業文明幾乎可以和灌溉系統劃上等號，而灌溉系統的發展即有可能衍生出行政制度的建立。或許可以這麼說：行政的源起，實源自於灌溉系統的建立與維繫；甚至可以進一步的假定：一個國家的行政效率與水利工程的良窳息息相關。

當人類由農業文明進入工業文明後，灌溉工程僅為公共工程的一部分，因應時代更多的需求，社會除了重視灌溉水利之外，還逐漸拓展出許多攸關日常生活的重大設施，如道路、橋樑、公園、港埠、廣場、塔臺等，這些公共工程的管理便塑造了行政的另一風貌。行政管理與公共工程管理形同一對孿生兄弟，直到二十世紀 60 年代，美

國公共行政學會 (American Society of Public Administrators)、美國公共工程協會 (American Public Works Association) 和國際城市／城鎮管理協會 (International City/ County Management Association) 都還共用著位於芝加哥大學校園裡的同一棟總部大樓。就連懷特 (Leonard White) 在 1929 年的經典著作且為行政學的第一本教科書《行政研究導論》(*Introduction to the Study of Public Administration*)，也有專章敘述公共工程管理的相關內容。(Frederickson, Smith, Larimer, & Licari, 2012: 98；于洪等譯，2008: 92)

三、行政是軍事組織的縮影

　　誠如前述，早期人類祖先的生存與文明的維持，不斷面臨著洪水、猛獸與外敵的威脅，而且除了建置水利設施外，還須籌設軍事組織與防禦工事以抵禦外侮。如何將來自四面八方的民眾，組織成為訓練有素、裝備完善的軍隊，其實是件浩大工程，這些包括：兵員的徵召與培訓、軍隊的分工與布建、階級的確立與命令的統一、部隊的派駐、裝備的規格化與維修、工事構築防禦、後勤的支援，以及情報信息的蒐集和分析等，皆須建構一套制度和方法以為支援，甚至為了征戰，需要藉由財政稅收來加以支應，這些其實都是一系列行政庶務的活動。到了現代，戰爭講究整體戰，情報、武器、後勤和通訊等一應俱全，策略、嚇阻、攻擊、防禦和聯盟都派上用場，儼然是行政管理的具體應用。到了戰爭結束後，雖然造成死傷無數，卻也帶來一項附加價值：管理技術的進步與突破。例如二次世界大戰後，系統分析的引進及衛星導航體系的建置，也促成組織學習的相關理論更為精進。由此可見軍事與行政是如影隨形且關係密切。

四、行政是政府的第四部門

　　與前述「政治是主人，行政是僕人」論點不同，行政雖在西方三權分立的設計下，無法像總統、國會與法院一樣取得權力的主導權，而是服膺於政治權的管轄下，成為像「變色龍」般的逆來順受者。但是，如上所述，行政管理包羅萬象、浩瀚龐雜，可說是「從搖籃到墳墓」，凡是有關人民生計的財貨與服務之提供，都必須假借它們的手來完成。試想國家的治理若沒有行政的參與，恐怕難以想像。抑或再討厭它，將之形容為「利維坦」(Leviathan)❷，但其仍為「必要之惡」。沒有人會真心期待行政的消

失。在現代社會中，幾乎每項業務的推動和服務提供，均需仰賴專業知識與能力，如衛生福利、醫療保健、環境生態、水利工程、衛星探索、人力資源應用等，假如缺乏專業的知識恐將無以為繼。常言道「知識即是力量」，故若行政是知識，那麼行政也就是權力，難怪西方社會常將行政形容為政府的「第四部門」。亨利 (Nicholas Henry) 在《行政與公共事務》(*Public Administration and Public Affairs*) 一書的第一章，即以標題「偉大的民主政治，龐大的官僚體制」(Big Democracy, Big Bureaucracy) 來敘述行政。或許我們可將行政形容為「政府庶務的執行與設計工程」。行政是社會的創造物，它的功能可能會隨著時間的更迭而產生改變，但它不會枯萎消失，在可預見的未來，它必將與我們同在，而且在我們真實生活中是個有機而具體的存在。

五、行政是文官志業和官僚的輪迴

行政和政治一樣，社會對它們均給予正反兩極的評價。當爭議是以大家相互討論的協商方式來化解時，政治就被形容為「民主」；相反的，如係結黨營私，彼此攻訐，它就被貶抑為「政客」。行政也是，當它戮力以赴，提供人民所需的公共服務時，即帶著一種高貴的情操；假如行政呈現敷衍塞責、唯唯諾諾、恣意傲慢、狐假虎威，則被斥為「官僚」。行政，與民眾如此貼近，有時卻也離民眾如此遙遠。

其實，「官僚制度」(bureaucracy) 本是一個中立的名詞，源自於十四世紀的法國。法國的會計司 (the Chamber of Accounts) 內部行政官員將他們的財政紀錄置於飾著棕色羊毛織布 (la bure) 的桌上，供國王的審計員查帳，那個房間後來就被稱為 "bureau"。巴爾扎克 (Honoré de Balzac) 在 1836 年的一篇小說，將「官僚制度」形容為「由侏儒所操控的巨大權力」以及「將所做善事與指揮人員隔開的重大帷幕」。(Fesler & Kettl, 1991: 337，3；陳振明、朱芳芳譯，2013: 3) 到了十八世紀時，法國的商業部長古奈 (Uincent de Gourney) 採用「官僚制度」一詞，直到十九世紀，德國建立了以權力為中心的「文官制度」，便將其稱之為 bürokratie。(雷飛龍，1976: 39–40)

晚近，我們時常聽謂「新政府、舊官僚」、「官僚殺人」、「摒棄官僚制」(banishing bureaucracy) 等不堪聞問的謾罵和污名，尤其每逢選舉，改革官僚、政府再造，幾乎成為政治人物及政客們的競選標語，行政彷彿像犯下了十惡不赦的滔天大罪，人們總欲

❷　《利維坦》是英國政治哲學家霍布斯 (Thomas Hobbes) 1651 年出版的一本著作，原為《舊約聖經》中記載的一種怪獸，在本書中用來比喻強勢或專制的國家或政府。

除之而後快。解除管制 (deregulation) 的概念喊得震天價響，推倒「大有為政府」的主張成為吸引選票的最有利訴求。而造成政府如此龐大的原因，一般均認為並不是因為立法或司法部門過盛，而是行政機關過於肥大。（楊佳陵譯，2011: 154）然民眾平常接觸最頻繁的還是行政，他們很少會寫信給國會議員，也很少收到法院的傳票，卻會打 119 求助電話、請求消防隊滅火、期待警察經常在轄區巡邏和處理交通事故、社會局對老人的長照關懷、監理單位的汽機車檢驗、國稅局的繳稅通知等，若能提供貼心而令人感動的服務，必能讓民眾久久不能忘懷。因此，民眾對行政常懷有愛恨情結，並讓這既美好又哀愁的觀感繼續存在著。我們可以說，當行政人員對其服務的公職充滿熱情時，行政就會是一種志業，當熱情「當機」時，恐怕離「官僚」不遠矣！

　　爰此，著名行政學者魏達夫斯基 (Aaron Wildavsky) 曾對官僚制度有著深刻的描述：「社會傳達給公務員的訊息是愛恨交加的。一方面，公職是民眾可以有的最高期待；另一方面，官僚體制卻又是問題而非答案所在。當社會彼此意見一致時，官僚就成為公務員，被推崇為公共信條的執行者；即使有所批評，也被看成是恰當的，而且大多聚焦於他們執行既經同意之任務的效果如何，而非他們做錯了什麼。但是當相對的共識被相對的爭議取代時，公務員就轉身變成了官僚，成為其他民眾爭鬥的代罪羔羊。這種可能性都會在每位行政人員身上發生。公共服務是最高尚的服務，也是現有服務中最艱難的；公共服務也是最有必要的服務，若它不去關注社群時，對個人也不會有所關注。」(Wildavsky, 1990: xix)

　　簡單說來，行政是社會期待的產物，更是社會形勢的產物。雖然行政國的快速發展備受誹議與令人感到相當不安，像隻可怕的「利維坦」，無法駕馭。然而，之所以會造成今日龐大無比卻又無孔不入的行政國，其背後必有相當強烈的社會需求，要求國家繼續地、系統性地、計畫性地解決特定社會問題與焦點。與之相對的，國會在解決各種危機之間跌跌撞撞，而法院又只在個案之間回應社會議題。（楊佳陵譯，2011: 156）行政於是成為服務公職的一種偉大召喚，卻因官僚機構內部的利益衝突、例行公事、效率低下、績效平庸、缺乏創新、越權貪瀆等，時而成為詛咒的對象。尤其，現代有若干人士作了脫軌的判斷，形成某些制度性的偏見，販賣「行政無能」，從中撈取利益，邁向非常可鄙的極端，也是時有所聞。或許如傅利曼所言：「真正的真相藏在各方喧囂與爭議背後的安靜角落之中；行政國家既做了太多的事，也做了太少的事；行政國家既分配正義，也分配不正義。」（楊佳陵譯，2011: 165）顯然地，我們不應該

透過一面扭曲的鏡子來看待行政體制。

　　上述形象的隱喻，僅為個人的些許體會，但隨著每個人的接觸經驗與理解，對於行政的想像與描繪，會有所不同，亦不足為奇。如愛因斯坦 (Albert Einstein) 所說：「想像比知識更重要」，若能對行政提出不同的想像，將有助於行政理解的提升，甚而裨益行政的改善。這是一個有待來日積極開發的學術研究途徑。

貳、行政之普遍而分殊性的界說

　　作為一門新興的學科，剛開始時必然會面臨雜亂無章、缺乏一致的理論概念。雖然這種現象反映了該一學科的勃興與發展需要，所謂「成長的苦痛」，卻也被譏為找不到學術認同的定位。行政學也是面臨如此發展的弔詭情勢。可貴之處固然在於擁有並呈現多元的學說與理念，然找出貫穿其中的內在邏輯和發展重點，亦是同等重要，甚至更為迫切。正如《愛麗絲夢遊仙境》所云：「如果你不知道你要去那裡，那麼現在你在那裡一點都不重要」，又如中國古諺：「如果找不到心路，那麼你就找不到回家的道路」。可見行政所面對極難克服的障礙，便是在複雜多元的理念裡，找到一塊磐石般的理論基礎。也像任何一個有機體 (organism)，雖包括著許多部分，但又統攝整體於一個核心之中。就此看來，行政知識的建構或可像柏拉圖 (Plato) 所揭示的觀點：「一中之多」與「多中之一」(the one in many and the many in one) 的兼容並蓄觀念。(國立編譯館編著，1988: 30)

　　經過學者們持續的努力，行政學也逐漸呈現日積月累的具體成果。例如羅聖朋 (David H. Rosenbloom) 和克拉夫秋克 (Robert S. Kravchuk) 認為行政的透視確有必要將其安置在廣泛的政治、經濟和社會系絡中來理解，他們並將行政界定為：「使用管理、政治和法律的理論與過程以實現國會、總統和司法部門的規則，來為社會整體或部分提供管制與服務」，而且其撰寫《行政學：理解公部門中的管理、政治與法律》(*Public Administration: Understanding Management, Politics, and Law in the Public Sector*) 一書的價值，也就表現在使用管理、政治與法律三種觀點的分析。(Rosenbloom & Kravchuk, 2005: 3–5) 更加難能可貴的，他們說明了行政在管理、政治和法律觀點下不同面向之主要特點，如表 1–1 所述：

表 1–1 行政的三種研究途徑

特 性	觀 點			
	傳統管理	新公共管理	政 治	法 律
價值觀	經濟、效率、效能	成本—效能分析、對顧客的回應性	代表性、回應性、課責性	憲政完整性、程序的正當過程、實質性的權利、平等保護、公正
組織結構	理想型官僚組織	競爭性的、如企業廠商般	組織的多元主義	裁決的（抗辯的）
對個人的觀點	非人情取向的案例、理性的行為者	顧 客	團體成員	階級的個人和／或成員、合理的個體
認知途徑	理性—科學的	理論、觀察、衡量、實驗	合意和民意、辯論	歸納的案例分析、演繹的法律分析、規範的推理、抗辯的過程
預 算	理性的（成本—利益）	績效取向、市場取向	漸進的（利益與負擔的分配）	權利資金
決策制定	理性—廣博的	分權化的、減低成本的	漸進調適的	前例的漸進主義
政府主要功能	執 行	執 行	立 法	裁 決

資料來源：Rosenbloom & Kravchuk, 2005: 37.

再者，史達林 (Grover Starling) 在其《管理公部門》(*Managing the Public Sector*) 一書，也想讓行政的觀念更多元，結構更嚴謹。在他看來，行政乃是政治管理 (political management)、方案管理 (program management) 與資源管理 (resources management) 的合成。他並把行政泛指「彙整資源並加使用，以解決政治社群面對問題之過程。」巧合的是，如同羅聖朋和克拉夫秋克一樣，他認為行政管理應重視麥迪遜學派 (the Madisonian Perspective) 的法律觀點、威爾遜學派 (the Wilsonian Perspective) 的管理觀點和羅斯福學派 (the Rooseveltian Perspective) 的政治觀點，甚至引用物理學的力場

(force field) 來說明相較於利益團體、媒體、客戶、非營利組織、其他機關、其他政府、民眾等，行政機關首長最需要與政務官、立法機關和法院維持密切關係。（Starling, 2008；陳志瑋譯，2015）

　　此外，能夠就行政理念提供有趣、豐富、且具歷史觀的介紹，當為夏福利茲、羅素和薄立克在《行政導論》(*Introducing Public Administration*) 一書所作的陳述。他們認為，有關行政內涵的剖析，除了上述政治、管理和法律觀點外，應該加上職業觀點。在廣泛的指涉中，蘊藏著深遠的隱喻與洞見，殊值介紹：(Shafritz, Russell, & Borick, 2007: 6-34) ❸

一、行政的政治界說

　　行政的存在不能跳脫政治的系統，也因為政治系統的考量，使得行政有別於企業管理，而深具公共性質。所以優秀的行政人員必須具備政治技能，以便分析與瞭解政治、社會及經濟方面的發展趨勢；評估行政作為的結果；說服交涉、達成共識，以推展本身組織的目標。(Starling, 2008：陳志瑋譯，2015: 17-18) 在政治觀點下，行政的主要內涵約有以下數端：

（一）行政是指政府的作為

　　廣義而言，行政涵蓋了政府及其各部門（如行政、立法、司法、考試、監察）所從事的各式活動與職能。根據詹森 (William C. Johnson) 的分析，現代政府的職能約略可分成以下七類：1.保護民眾生命財產與權利；2.確保民生資源供給無虞；3.照顧孤苦無依的民眾；4.促進經濟穩定與均衡發展；5.提升生活品質與個人成就機會；6.保護自然環境；7.獎勵科學技術發展。而其中每一類任務的相關工作又如表 1-2 所示。然這些工作的履行相當的複雜且變動不居，其範圍廣泛與複雜程度往往超乎我們所能想像，如同英國科學家哈蘭 (J. B. S. Haldane) 所言：「宇宙不僅比我們所看到的還奇特，且奇特得超乎我們的想像」。所以行政也可說是非常龐雜奇特的工作和活動。

---

❸　有關行政的意義，夏福利茲、羅素和薄立克作了相當明確的分析，以下的分析除了另有說明外，主要來自他們觀點的摘錄。

表 1-2 政府職能分類表

職能類別	說明範例
1.保護民眾生命財產與權利	國防、治安、消防、公共衛生、疾病管制、勞動安全、反歧視（性別、族群差別待遇等的解除）。
2.確保民生資源供給無虞	石油、電力、飲用水、緊急食物供配、醫藥。
3.照顧孤苦無依的民眾	退休金、老弱孤寡身障者照顧、弱勢者生存、失業救濟。
4.促進經濟穩定與均衡發展	利率和匯率管制、企業融資、對外貿易、就業訓練、交通建設、勞資和諧。
5.提升生活品質與個人成就機會	教育蓬勃發展、住宅普及、文化生根、休閒娛樂。
6.保護自然環境	水土保持、野生動物保護、污染監控、廢棄物處理。
7.獎勵科學技術發展	科技研究補助、發明專利、著作權保護、資訊傳播。

資料來源：賴維堯等合著，1999: 15。

（二）行政涉及向民眾提供直接和間接服務

通常行政給人的印象是，由政府機關直接提供給民眾各種的公共服務和財貨，如國民年金。然而，現代的服務提供或方案執行，有時是由行政機關委託非營利組織或私部門來進行，如汽機車的違規拖吊。尤其是 1980 年代以後，政府再造或新政府運動相繼推動之後，政府不再扮演操槳的角色，而是領航的角色，委託代理及執行公權力現象更加明顯。但這並不表示這些作為脫離了行政範疇，它們仍須接受政府的監督與考核。根據統計，自 1995 年以來，美國非營利組織的預算有 40% 來自政府的公帑。(Shafritz, Russell, & Borick, 2007: 9) 所以說，公私協力或民營化並不意味公共服務的總體數量必然減低，而是政策或方案執行被以不同的方式為之。

（三）行政為公共政策制定循環的一個階段

所謂公共政策可被視為政府部門為處理大眾關心的問題或事件，所採取有目的的行動方案，包括不作為的決策。而公共政策的制定過程大致分為問題認定 (problem identification)、議程設定 (agenda setting)、政策規劃 (policy formulation)、政策採行或

立法 (policy adoption or legitimation)、編列預算 (budgeting)、政策執行 (policy implementation)、政策評估 (policy evaluation) 等階段，如圖 1–1 所示❹。名義上，雖然政務人員決定政策，行政人員執行政策，但是行政通常不會只侷限於政策執行的活動，也會涉及方案規劃、法規制定、方案評估以及裁量權的行使等。因此，行政運作時而會與公共政策範圍同樣地廣泛，行政與公共政策成為同一錢幣之兩面，兩者關係密不可分。(Shafritz, Russell, & Borick, 2007: 10)

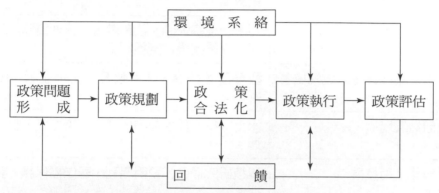

資料來源：吳定、張潤書等著，2000: 10。

圖 1–1　公共政策的研究架構

（四）行政即在實現公共利益

　　行政被寄予厚望去達成公共利益的目標。也許公共利益常被認為是相當模糊的概念，但它卻是行政靈魂之所在，亦可看成行政的「憲法」❺。根據李普曼 (Walter Lippmann) 的敘述，假如一個人能夠看得清楚、理性思考，以及無私與仁慈地行動，那麼他所做的選擇就被認為符合公共利益了。然在社會的多元互動裡，公共利益的內涵顯然要比上述李普曼的看法複雜多了。根據全鍾燮 (Jong S. Jun) 的觀點，行政若要符合公共利益，應該重視：1.公民權利 (rights of citizens)；2.倫理與道德的標準 (ethical and moral standards)；3.民主程序 (democratic processes)；4.專業知識 (professional knowledge)；5.非預期的後果 (unanticipated consequences)；6.共同利益

---

❹　有關公共政策的循環階段，可參考本書第六章〈政策分析，設計、執行與評估〉的敘述，尤其是唐恩 (William Dunn) 所建構的「以問題為中心的政策分析模式」。

❺　關於公共利益的意涵及行政的公共性，本章第二節「行政的本質」和第十章〈行政倫理與公共利益〉有較為詳盡的分析。

(common interest)；7.輿論 (public opinion)；8.公開開放 (openness) 等 (Jun, 1986: 263)。然而，不管其內涵如何，行政的精神，就在於「公共性」的實踐，而且公共利益的實踐，才是行政與企業管理分野之關鍵。(Frederickson, 1997)

（五）行政係指集體的力量去完成個人所無法獨力為之的事情

美國林肯 (Abraham Lincoln) 總統曾說：「政府的正當性目標……是為社區民眾去作其希冀完成的工作，但卻無法以他們獨自或個人能力所能完成或做得完善者」。(Shafritz, Russell, & Borick, 2007: 12) 亦即，行政是種關係全體民眾福祉的基礎建設，它旨在提供公共財 (public goods)❻，並透過公共財的提供來凝聚社會的共識與期待，其與私有財有所區隔，是社群精神的成熟表徵 (the mature manifestation of the community spirit)。

二、行政的管理界說

行政與企業管理之間的關係向來是具爭議性的核心議題，例如被譽為行政學之父威爾遜在 1887 年發表〈行政的研究〉一文中即強調「經營憲法」比「制定憲法」更為困難與重要。行政亟需從政治學中獨立出來，發展出獨特的管理方法。其後泰勒 (Frederick W. Taylor)、費堯 (Henri Fayol)、古立克 (Luther Gulick) 亦對行政的管理觀點多所主張，甚至晚近的新公共管理 (New Public Management)，也再次強調管理面向。以下就行政的管理界說分別予以說明之。

（一）行政係涉及政府中行政部門的作為

和前述政治界說「行政是指政府的作為」有所差別，此一管理界說，顯係就總統職權或行政部門的所作所為而言。在民主國家中，不論是共和憲政或君主立憲，行政機關被期待能將全國民眾所託付的法案付諸實施。如同漢彌爾頓 (Alexander Hamilton) 在《聯邦論》(*The Federalist Papers*) 第七十二條所言：「政府的行政……在最通常的意涵（也許是最精確的意涵）下，應侷限於執行的細節，而此是屬行政（或總統）部門的領域」(Shafritz, Russell, & Borick, 2007: 20)。即使是獨裁國家也會設立行政機構來執行掌權者的意志。如同古德諾 (Frank Goodnow) 所言：「政治是國家意志的表現，行政是國家意志的執行」。韋伯 (Max Weber) 亦云：「在現代國家中，真實的政府之所以能使其自身發生效力者，既不在於國會的辯論，亦不在於皇帝的敕令，而實繫於日常

---

❻ 公共財的概念，請參考下一節「行政的本質」對公共財的說明。

生活中行政事務的推行，這等事必親自操於之公務員的手中。」

（二）行政是種管理專業

一般而言，管理的精義即在找適當的人做適當的工作，運用適當的程序以完成組織目標。唯在運作的環節中，高階管理者往往決定重大政策，並負責政策的成敗。在政府的組成中，有部分是屬政務人員，他們是透過選舉和任命方式來獲取權力。在美國，總統一上任便要任命將近三千多個高階管理職位來負責政策領導。這些被任命的高階官員很少是專業的管理者，其中很多是總統的舊識、政黨忠誠者、選舉有功人員或是利益團體的代表。

而一般行政或庶務的推動，便要落在中階管理人員身上，由他們對高階人員所制定的政策加以執行與解釋，並負責不同組織單位的例行事務之運作。而這些中間階層，無論是屬普通事務的執行者（如一般行政人員或文書管理人員）或是特定領域的工作者（如醫療保健人員或社會工作者），因均擁有較高的學歷和豐富的管理專業，建構出行政中種類不一的管理專業。

（三）行政為官樣文章的米老鼠

1930 年代，迪士尼 (Walt Disney) 著名的卡通人物米老鼠 (Mickey Mouse)，給人的印象是費了很大的勁，但卻一事無成。如將其比喻到政策或管制上，便會讓人覺得沒有需要、空洞、愚蠢或令人厭煩，因此雷根 (Ronald Reagan) 總統就曾抱怨道：「美國政府達成預算的方案，就像任何政府機構所經歷的那種最不負責的米老鼠戲碼」。(Shafritz, Russell, & Borick, 2007: 21)

米老鼠何其無辜，將其用在行政上意味著「官樣文章」(red tape)，成為過分拘泥、僵化或慣例的象徵。惟「官樣文章」有其字義的起源，它意指在十九世紀時，綑綁在官方文件上的紅絲帶 (red ribbon)。它暗喻著當紅絲帶不見了，文書作業卻返復如常。根據寇夫曼 (Herbert Kaufman) 的研究，官樣文章通常是由有組織的政治集團一手打造的，意在透過制約政府運作方式來尋求保護其自身利益。對許多集團來講，官樣文章越少，意味著利益越少。（孫艷等譯，2006: 9）他甚至指出：官樣文章此一名詞「可以應用到令人困惑的不同組織實務和特徵上。……官樣文章已成為我們制度的核心而非贅肉。……一位行政人員的官樣文章，也許是另一位人員珍貴的程序保障」。(Shafritz, Russell, & Borick, 2007: 22) 讀完這段說明，總讓人想起蕭伯納 (George B. Shaw) 在《賣花女》(Pygmalion) 的那句名言：「淑女與賣花女的差別，不在於她們的

行為舉止,而是被對待的方式。」(徐紹敏譯,2007: 87)如果再比對「民主過程是促進國家總體效率的保證」,行政看似僵化的程序,卻是提升公開、公正的法門,就不覺得那麼詭異。

(四)行政是藝術而非科學;反之亦然

即使行政是種管理實務,卻需要某種天分和想像力。我們也許可以碰到有天分的行政人員,他不但擅長組織運作,而且深諳將人和諧地聚集在一起工作的訣竅。其所憑藉的是判斷、才華和普通常理。因此,光靠「書本的學習」是不能成為藝術家的。套句著名雕刻大師朱銘所言:「藝術不在學習,而在修練」、「風格何處求?風格在我心」。但是,相對的,行政運作若僅有藝術卻欠缺知識,恐怕也無法消化和轉換資訊,以利做出睿智的判斷。擁有更多的科學知識,才有可能養成良好的行政判斷。所以,最無聊的爭議莫過於行政實務到底是種藝術或科學?但其實,它兩者都須兼俱。

要成為良好的管理專業人員,不僅要具備管理知識,還要有管理的歷練和修養,好比一位軍職人員只有科學沒有藝術是成不了軍官的,充其量是位幕僚人員。如果我們的目標想成為組織的領導者,而非幕僚人員,只有讓自己更為負責,不斷的歷練,在混亂中學習成長,在理論與實務中交互應用,才能華麗轉身,更加卓越。於此,組織理論學者傑依 (Antony Jay) 曾對有企圖心的管理者加以訓勉:「如果你想成為未來的領導者,只有站在前導位置上,多扮演丹佛 (Denver) 中的哈姆雷特 (Hamlet),少點百老匯中的雷爾提 (Laertes)❼」。的確,要成為領導者,你必須學習「帶領小組織,然後帶領大組織」的本事,而且要從帶領自己開始。(Shafritz, Russell, & Borick, 2007: 23)沒有應付小蝦米的本事,更別說要對抗大鯨魚了。

三、行政的法律界說

法律規範被視為「把奔放不馴的激情收束在一起的鏈鎖」,(Sunstein, 2014: 207;堯嘉寧譯,2015: 276)它是一個組織化的社會控制系統,複雜的社會若是欠缺法律將會無法存續。它既是國家主權的表現,也是文明發展的基礎。現代行政的完整運作無不涉及法律的規範,從法律觀點來看行政運作不但必要,而且是基本的。以下將分別說明行政法律界說之各項不同觀點。

---

❼ 雷爾提是莎士比亞 (William Shakespeare) 所著《哈姆雷特》(Hamlet) 一劇中的配角,雷爾提和哈姆雷特在最後一劇中有一場大劍鬥。

（一）行政是指法律的運作

法律的確立是人類文明最偉大的成就之一，因為它具有程序上的正確性和道德上的正當性。（丁煌主譯，2007: 19）而行政的存在是為了執行法律，成就法律的目標。相對的，沒有法律的基礎，行政是無法存在，這就是法治 (rule of law) 的精神。甚至在法律的規範下，行政人員只能做法律上告訴「他們能夠做什麼」之依法行政原則，而企業經理人卻由法律告訴「他們不能做什麼」，這就是行政與企業管理的分別所在。（丁煌等譯，2007: 18）行政人員既是執法的一員，所有機關或方案的運作理應要有法律的依據。理論上，國會若沒有通過法案或允許管制，行政機關是難有作為的，甚至沒有得到國會的撥款，行政機關也不許花費任何分文，這是民主國家的法治規範。

在美國，講究行政、立法和司法三權分立，甚至認為行政作為應更趨謹慎，並受到監督，係在體現被譽為「美國憲法之父」麥迪遜 (James Madison) 的觀點：「應致力於架構政府的內部組織，以便讓政府各相關機構，因相對的關係，而更能各得其所。」（Starling, 2008: 30；陳志瑋譯，2015: 34）此外，行政機關據以執行的法律，法院發現若有違憲情事時，則會加以挑戰並推翻法律的規定和適用，成為有名的「司法審查制」(judicial review)。

一般而言，法律對於行政的規範，可廣泛地從三方面思考：一是確保行政責任的履行；二是規範政府主管官員對於部屬的監督及組織運作的權限；三是訂定行政如何、何時和何地行動的法律，並界定行政組織的權力、限制與程序，即所謂的行政法 (administrative law)。(Starling, 2008: 73)

（二）行政是種管制

現在，在大多數自由主義者的眼中，管制是個骯髒的詞彙，隱含著冷漠且不負責任的官僚所為之武斷決定，但這不是它的必然含意。（彭云望譯，2008: 398）服務與管制實為一體之兩面。例如政府若不對食品安全作好把關，民眾就無法吃得安心，甚至可能危害身體健康。所以政府應告訴民眾和企業界，何者當為，何者不當為。管制並非全由政府一身扛起，民眾或社群亦可部分承擔。哈丁 (Garrett Hardin) 在〈公有地的悲劇〉(The Tragedy of the Commons) 一文，即指出：若讓放牧者為了利益最大化，在開放牧場上儘可能地多豢養牲畜，大家群起效尤，草原終至變成廢墟，釀成公有地的悲劇，只想倚靠良知的規範，無異是在自我毀滅。唯一的管理方式乃是在彼此同意基礎上相互限制。於是他呼籲：「自由是對必然性的認識」(freedom is the recognition of necessity)，而教育的作用就是向所有人揭示應放棄放牧自由的主張。若看不到管制，我們將無法擺脫公有地的悲劇。（彭云望譯，2008: 387–400）可見管制有多麼重要。它也為最古老的政府功能之一。在古代巴比倫帝國漢摩拉比法典 (The Code of Hammurabi) 中即規定：「一位泥水匠蓋了房子若倒塌壓死了人，即應處以死刑」，這雖不是現代的建築法則，卻提供了完善建築的有效管制方法。

政府管制過度，則有可能變成極權專制，但是管制不足，又會顯得失能。不過，現代社會往往需要政府的適度管制。例如我們去麥當勞吃個午餐，其提供餐點是否符合食品安全，須加管制；其座落位置是否安全無虞，須要管制；其雇用人員有無違法，亦須管制。甚至一個嬰兒的出生，若沒有出生證明，不算法定的出生；入學需要政府核准通知；有些工作也要持有政府核發的證照；連死亡若沒有死亡證明，亦不被認為是完成法定的死亡程序；即使埋葬，也要在政府核可的墓地，若有遺產並須繳交遺產稅。這些都在在證明人從出生到死亡很難脫離行政的管制。

（三）行政為國王的恩典 (the king's largesse)

現在，禮物 (gift) 常被誤解是為了牟利、攀比關係，所進行的不當交易。然詩人暨文化評論家海德 (Lewis Hyde) 在其著作《禮物的美學》(The Gift) 中指陳，禮物與一般商品不同，它能建立關係，餽贈禮物代表我們對某人的認同，尋求認同才是禮物的極致。（洪士美譯，2015: 142）是以，如果所送的禮物，不足以匹配他人的身分，我們常以「不成敬意」稱之，也就不足為奇了。以此觀之，早期行政的作為即在表現國王所恩賜的財貨、服務和榮譽之禮物的提供。在「朕即天下」的管轄下，國王擁有一切，「普天之下，莫非王土；率土之濱，莫非王臣」。國王的慈悲即表現在御令給他心目中臣民的一些恩賜和犒賞。諸如皇家醫院、學校、公園等大型設施的設置，常被視為國王對子民的恩賜。這種國王對子民的慷慨施惠，代表著「肯定意識」之行政表現。施捨創造感激、倚賴、忠誠和政治凝聚力。當施捨的一方在送走東西（禮物）的同時，反而為施捨者本身間接儲蓄了某些寶貴的資源。（Stone, 1997: 102；朱道凱譯，2007: 152–153）

所以我們不難發現在現代的行政中，主管人員會有意無意中對其肯定的部屬提供特殊好處或額外利益，甚至若有民眾在統治者眼中被認定是值得關照時，他們往往可以得到特定福利設施或警察保護等公共服務。再者，根據夏福利茲、羅素和薄立克的分析，現代國家的福利制度即源於此種道理。政黨機器對那些無辜的失業者施予額外

恩賜，藉助這些賜與，政黨才能獲取民眾的忠誠，建立關係。畢竟政黨不能一味靠著騙局而擁有政權，它必須提供民眾所需的「牛肉」，這樣才能獲得穩定忠誠的認同。久而久之，「牛肉在那裡？」的選舉政見或政策主張，便成為社會福利救濟制度的起源。(Shafritz, Russell, & Borick, 2007: 16–18) 就此看來，「行政人」所要養成的心理素質，應比「經濟人」更為「寬厚」，而非「算計」；要「利益均霑」，而非「利益算盡」。畢竟，對有能力者而言，「施」比「得」更為重要。

（四）行政乃盜竊行為 (theft)

　　長久以來，西方國家認為政府最低限度功能應僅在於警察和軍隊的保衛，不要介入太多的民眾生活。換言之，政府的適當角色乃在保障民眾的生命和財產權利，達成所謂「政府管理越少，便是越好」自由放任的理想。為什麼有錢人會主張政府不應做過多的干預？經濟學家高伯瑞 (John K. Galbraith) 曾提供一個簡要的量化分析，他說：「這是簡單的算術問題，因為改變對有錢人而言，可能付出的代價太大，對沒錢者，卻不太可能有任何影響」。除此之外，部分公共政策（尤其是福利政策）的倡導，代表著社會資源的重分配，其作法乃將一個人的福利與利益加以重新分配並轉移給另一個人。這在自由至上主義 (libertarianism) 或保守主義人士看來，政府的這種重分配政策無異是種盜竊行為。蕭伯納 (George Bernard Shaw) 就直截指出：「政府總是倚賴某人的支持，竊取另一人的資源而作移轉性的支付。」再者，無政府主義者也認為：「財產是種偷竊的行為」，「政府是殘暴的機器」；他們的共同特質就是非常不信任權威，認為人類應該擺脫政府的枷鎖和束縛。（龐元媛譯，2013: 47）普魯東 (Pierre-Joseph Proudhon) 就曾指出：「所謂治理，其實是指由沒有權利、沒有知識和沒有德行的人去進行管理、檢查、偵測、指導、立法、管制、裁決、教化、訓誡、控制、評估、權衡、監控、命令」。(Shafritz, Russell, & Borick, 2007: 19) 像普魯東這番話雖有些言過其實，蓋因現代民主國家的行政作為是在法定權限下去執行政策；惟細加觀察，行政的作用仍帶有若干從「象徵竊盜」到「實際竊盜」的色彩。昔日政府官員曾有利用職權胡作非為，予人「苛政猛於虎」的暴虐印象；現在則有乘職務或權力之便，公然索賄、利益勾結、假公濟私與浪費公帑等。這些都顯現出行政亦有可能是罪惡一面。

四、行政的職業界說

　　站在職業的觀點，行政不但指涉為職業的類別，泛指在政府機關所從事公職服務

的職務；而且也被視為是種學術研究，朝向建構行政研究的學術認同；甚至被解讀為是一種專業，致力於追求行政實務與理論結合的卓越。茲扼要敘述如下：

（一）行政是種職業類別 (occupational category)

一般而言，在政府機關中工作的人，都被統稱為行政人員。雖然有許多人不認為自己是廣義的行政人員，而自認屬於特定的專門行業，如工程師、教師、技師、醫師、木匠、會計人員等，但他們確實是在政府機關為社會大眾提供服務的行政人員，即為我們所通稱的公務員或公職人員。

1995 年，克羅斯納 (Richard Klausner) 成為聯邦國家癌症研究所 (National Cancer Institute) 主任，他自認為是位科學家和醫生，並氣沖沖地告訴《紐約時報》(*New York Times*) 說：「我不是行政人員」。《紐約時報》不為所動，並在頭版長篇諷刺地報導：「新的行政人員是『非行政人員』。不管你如何對本身為行政人員加以否定，仍然是個行政人員。」

（二）行政即文稿競賽 (an essay contest)

行政常被形容為官方的文牘主義，公文寫作是免不了的必要。有了公文寫作，才能將這些文件集結成檔案，並為日後決策的參考。所以韋伯認為文書主義乃為現代官僚制度的一大特徵。在科層生涯中，一個人的成敗興衰和其寫作能力實有密切的相關。試想在層級節制和人才濟濟的職場中，你的能力如何才能被發現，優異的寫作能力，是個便捷而重要的管道。

在美國國務院有個傳言，就是沒有一位寫作好手想要去撰寫自己的備忘錄。因為，如果你具備寫作的長才，上司總希望你以最完美的勝利結局去撰寫他的備忘錄，但又因為忙於撰寫上司的備忘錄之後，你也會如法炮製想找他人代為撰寫自己的備忘錄。寫作看來幾乎變成與上司同進退的工具。傑弗遜 (Thomas Jefferson) 奉命撰寫《獨立宣言》，乃因他是位擅長文體的撰稿者。又如麥克阿瑟 (Douglas MacArthur) 在 1930 年代當上美國陸軍參謀長時，找了一位年輕的軍官（後來成為市長）來撰寫其報告和演說稿。同樣地，艾森豪 (Dwight D. Eisenhower) 之所以成為軍官也和其良好的寫作能力有關。

當然，口語的表達能力也很重要，不過口若懸河尚不及寫作犀利，因為寫作是表彰理念的關鍵所在，尤其在面對緊張壓力的時刻，可以憑著一篇精彩的文章來振奮人心，是以寫作能力的重要性幾乎被行政組織所默認。只要有一流的寫作功夫，重要機

會便會接踵而至，更可以創造個人的職涯勝利。甚至根據美國國務院的報告，外交服務總在獎勵「寫作優於其他技能」；況且，在該服務中得獎者大多屬文告性質的工作。(Shafritz, Russell, & Borick, 2007: 23–24；Wilson, 1989: 41) 因此只要有優美的寫作技巧和能寫出刻畫工作實務的好文章，便是陞遷的良好保障。

（三）行政是行動中的理想主義 (idealism in action)

　　總有許多人滿懷道德與理想進入行政部門或組織，一方面想一展自己的長才，另方面則抱著經世救國的熱情，希望藉著組織的力量，能夠完成個人的志業和服務社會的召喚。尤其是出身貧微者，如要成大功立大業，一定要倚賴著組織龐大的人力、財力和社會支持，否則，難以如願地成就一番事業。即使如甘迺迪 (John F. Kennedy) 和洛克斐勒家族出身於世家之富豪子弟，他們之所以願意進入公務機構，也是因為公務機構可以提供自我成就及運用權力影響他人的機會。甚至當甘迺迪成為總統候選人時，有人問他何以出來競選，他坦白答道：「那是權力之所在」。

　　當然，理想主義的行政並不侷限於個人利得的考量，而是糾結眾人之意志，以達成公共利益的志業。如「在山丘上建造一個城市」，描寫的是每位有理想有抱負的行政人員努力實踐願景和眾志成城的表現。事實上，行政如何成就其偉大，有賴於每位行政人員都能心懷大志，共同合作，全力以赴，而不是侷限於「我在砌個磚」或「我在築道牆」的心態。凡是能展現「我在蓋座皇宮」宏願的擔當者，才有必勝必成之一天。總之，行政不僅是個職業或專業，更是志業的展現。職業易生比較心，事業易生功利心，唯有當成志業才能啟發人人本具的愛心、良知，使人無所求的付出。

（四）行政是個學術領域

　　如前所言，行政已成為一門獨立的學科，1887 年威爾遜發表〈行政的研究〉是為行政學獨立的濫觴。在此之前，行政較缺乏管理的考量，就像是影響公共事務運作之政治、社會、文化和法律系絡中的一個環節而已。尤其在美國，儘管《聯邦論》中提及行政，但此後接下來的這個世紀裡，人們卻很少認真的注意到它。1835 年，托克維爾 (Alexis de Tocqueville) 因為對法國行政管理十分熟悉，所以對美國忽視這一學科感到相當驚訝。他道：「美國的行政管理，差不多全憑口述和傳統進行。沒有多少成文的東西，即使寫過一些，也像古代女巫寫在棕櫚樹葉上的預言，遇上一陣微風就被吹走，消失得無影無蹤。……行政管理的不穩定性，已滲透到人們的習慣中，沒有人在乎發生在他面前的事，沒有人探究方法系統，沒有人建立檔案；收集文獻是輕而易舉的，

但也沒有人為之。然而,行政管理的藝術無疑是一門科學,而且每門科學要持續進步,就必須將每代人的觀察和發現加以總結,使之成為有機的知識體系。但是,在美國從事行政管理的人卻很少相互指導。因此,民主若推到極限,將會是有害於政府的藝術。就這個理由來看,與一個尚未發展公共事務的國家相比,熟練行政管理的民眾更能適應民主。」(Fesler & Kettl, 1991: 17;陳振明、朱芳芳譯,2013: 13)

回顧行政學作為一門學術研究,威爾遜在〈行政的研究〉一文裡,基本上是由三個主要論述所構成。在文章的第一部分(原來的標題為「參議院的禮貌」),威爾遜批判了政黨分贓制。接著,文章的第二部分,他指出美國的政治史並非行政發展史,而是立法監督史,其不在乎政府組織的進步,而是著力於法規的制定與對政治的批評;但實際上,行政更重要的是瞭解政府如何運作,而非僅僅是研究如何設計政府。最後,文章的第三部分係對行政要學習的對象提出問題並加以檢討。

申言之,在〈行政的研究〉中,威爾遜主張行政領域就像企業領域,它應從政治的即興之作與爭執中掙脫出來,甚至應遠離憲政研究的爭論背景;以及植基於「經營憲法比設計憲法更加困難」的觀念,行政的科學應追求簡化政府的途徑,使其事業像企業般的經營,強化和單純化它的組織功能,以及彰顯它的職責。行政研究的最終目標,是將執行方法從實務中的混淆和浪費的成本中解脫出來,使其深植在穩固的原則上。職是說來,雖然政治設定行政任務,但不應允許它進而去操縱辦公室的運作。正因為行政與政治要有區別,以及講究一般的組織與管理,所以威爾遜認為政府體制(如民主或君主政體)或有不同,但我們不必害怕借鏡與學習外國的行政制度或方法,即使像普魯士官僚制政府,都值得加以研究。正如可以引進稻米,但不用筷子吃飯;可以借用英國的所有政治語言,但可拋開其「君王」和「貴族」;路見兇手磨刀霍霍,可以學其磨刀之技,而不懷謀害之心;見君王善於吏治且政績豐偉,可以學其吏治而不改其共和理念。威爾遜甚至主張:「管理政府的方法正如同自由原則般到處星火燎原,從比較研究政府管理方法所得的各種建議,如能與民主政府的公開和充沛活力配合實施,必能經得起民眾的嚴苛批評,而行政的研究終將證明在政治研究科系中,最為崇高及最有成果的一個。」(Wilson, 1978: 10–25;王巧玲、李文釗譯,2006: 8;吳定、張潤書、陳德禹、賴維堯、許立一編著,2007: 40–41)

惟遺憾的是,威爾遜的構想在當時並沒有受到學者們的重視。根據行政歷史學家賴伯 (Paul Van Riper) 的研究發現:「早期的行政學者,沒有一個人在其有分量的參考

書籍中加以引用」。其又云：「在實際上，認為威爾遜的論文與日後學科發展有任何聯結的說法，純屬幻想。檢視 1890 年至第一次世界大戰期間，主要的政治學和社會科學作品均顯示該文並沒有被引用。」直到 1941 年，《政治學季刊》(*Political Science Quarterly*) 在重新刊載該篇文章之後，行政學者才逐漸地對之加以重視，並深受其影響。

　　惟自從威爾遜和其他進步運動 (progressive movement)❽學者呼籲「行政的科學」以來，該一新興學術領域的發展卻仍是隱晦不明。唯一確定的是，美國第一本行政學的教科書是 1926 年由懷特所撰的《行政研究導論》。在該書裡，懷特注意到四個重要的假定，形塑他在行政研究的觀念基礎：(Shafritz, Russell, & Borick, 2007: 26)

1. 行政在聯邦、州和地方層級是個單一化的過程，能夠被統一性地研究；
2. 行政研究的基礎是管理，而非法律；
3. 行政雖仍保留其藝術性質，但是將之轉換為科學的理想是可行的，也是值得的；
4. 行政業已成為，而且將繼續成為現代政府問題的核心。

　　值得一提的是，懷特教本在行政領域雖具有長達四十年可觀的影響力，但由於重視管理，所以相對欠缺規範途徑的論述，甚而對於「行政應涉入國家目標的規劃程度」也避而不答。

　　然而，作為一門獨立的學術領域，行政學是否建構一套自我認同或自創品牌的識別系統，始終有些爭議：第一，過去行政學曾為政治學的「嫡系」，始終擺脫不了與政治學的關係，甚至許多大學裡，它的課程仍被安排在政治學系範疇中；第二，晚近行政學又從企業管理學中吸取並轉換為不同的行政專業；第三，即使在大學裡設有行政學系或研究所，且日趨成熟，然而它的學程科目卻呈分離之勢。例如公共政策課程逐漸認同政治學方法論的數理分析，政府財政領域又被經濟學所瓜分，以及本科核心的管理要素變成為公共管理領域。以之看來，行政學不像是一門獨立的學科，反而像是橫跨不同知識領域的「控股公司」(holding company)。難怪瓦爾多於 1975 年斥責道：「行政學面臨認同危機，雖大肆擴張其邊緣，卻沒保留並創造其核心」，而且，迄今此種狀況仍沒有改善的跡象。(Shafritz, Russell, & Borick, 2007: 27)

---

❽　進步運動源自宗教的概念，號稱人類情境可以做到無止境改善之可能。惟至十九世紀末，它卻形成一股政治和文化運動，強調變革中的工業化社會可以提供個人在政府中更多的民主參與，並可運用科學和專業知識與技能來改善生活。

惟行政學如何在核心與邊緣間來為自己定位呢？現代的學者們大致認為，不論行政學長年來對一致性核心的爭議為何，均傾向贊同其應該成為學術上正統的領域，也只有獨立的地位，才能顯示行政學的健全發展與認同；但若缺乏不同理念觀點的爭議，也顯示出該學科是處在貧困與衰退的趨勢之中。所以，依此而言，行政學仍將持續地深化學科的基礎與機會。

（五）行政作為專業的活動

何謂專業？根據傳統的定義，嚴格的專業應具備六項特質：1.涵括一種全職的職業；2.具備規範、行為期望，和倫理典則 (a code of ethics)；3.為提升並維護專業水平而設立專業組織；4.專業化知識是以教育和訓練為基礎；惟此種知識須經正式鑑定過程始可認證；5.以服務為導向；6.讓專業人士因具備專業知識而於決策時享有一定的自主權，但須以落實課責為限。若以上述標準來檢視行政，實遠不如律師、醫生具備專業成熟條件，尤其是欠缺證照制度，因此距離嚴格的專業尚有一段路程。惟行政配合著工商產業和資訊的發展，它確已從其他的學門吸收了許多的專業技能和知識，用以解決各種政策問題，並在長期的努力下，雖然專業水平與制度未見非常完整，卻將逐漸成型。

綜合上述的描繪，或可將行政簡單地理解為：為達成公共利益的目的，行政乃「孕育於政治，落實於管理，奠基於法治」，或「根基於法律，主宰於政治，表現於管理」。這樣的觀點旨在突顯以下四點：1.以法律授權為基礎的依法行政；2.著重公共利益及政策的政治考量；3.落實政策執行的管理專業；4.實踐行政責任的理想志業。進而可將行政定義為：「行政機關及其人員，在法定的權限下從事公共政策及方案的制定與管理，以履行責任的實踐，達成公共目的之實務或理論研究」。

第二節　行政的本質：進出「政治─管理」的困境

當我們看完上述行政的相關界說和敘述後，對於行政想必會有幾分的憧憬與期許，然看到了「官僚」的惡名和新公共管理或政府再造對行政的斥責，又對行政感到有些許的哀愁與落寞，行政也像個「美麗的哀愁」。

社會學學者葉啟政撰寫《進出「結構─行動」的困境》一書，企圖挑戰結構功能論的缺失，並用來證成西方社會學理論思考「結構／施為」的一貫特色。（葉啟政，2004）筆者想借用此一概念，來敘述行政在美麗的哀愁中發展進路上，亦可「進出『政

治—管理」的困境」。

行政學的成長歷程，備極冷落與艱辛。就像亨利所指陳的：「行政學偶而像面向著專制的父母——政治學，和心不在焉的伯母——管理學。」(Henry, 1999: 41) 然而，政治學與管理學又密切關係著行政學的走向。行政學究應與政治學多結合，抑或與管理學多結合，永遠是解不開的難題，尷尬之情顯露於外。

休斯 (Owen E. Hughes) 在《公共管理與行政》(*Public Management & Administration*) 一書中即表示，在變革年代，行政須要新的典範，傳統的行政模型將不再適用，公共管理已悄然來到。他並引用字典和語意學的觀點來區辨行政與管理的差異。

依其敘述，《牛津字典》(*Oxford Dictionary*) 將行政定義為：「一種執行的行為」，它屬「事務的管理」，或「指導 (direct) 或監督 (superintend) 事務的執行」，至於管理則為：「由某人的行動，對事物進行指導、控制或掌控」。《韋氏字典》(*Webster's Dictionary*) 基本上對行政採取頗為相似的定義，但對管理的意義則更為周延。它意指：「管理的行為或藝術，是將某事視為一項事業般從事經營與監督，特別是針對任何工業、企業的計畫或活動，透過對結果的負責態度，而進行規劃、組織、協調、指揮、管制與監督等功能」。

此外，關於行政與管理的意涵，亦可從這兩個字的拉丁字源，來顯示其中的差異。"administration" 一字來自 "minor"，後來變成 "ministrare"，意義是：「進行服務 (serve)，從而產生治理 (govern)」。"management" 一字則來自 "manus"，意義是：「親手控制」。兩者的意義有別，一是「提供服務」，另一是「管制或產生結果」。（林鍾沂、林文斌譯，2003: 6；呂苔瑋等譯，2006: 8）

繼而，休斯綜合道：行政與遵照指示及服務有關，而管理則重視成效的達成，並在完成自己所設定的目標上擔負責任。可見二者並非同義，故而在公部門的適用上，也不盡相同。行政係服務公眾的活動，身為公務員則應負責執行由他人所制定的政策。行政重視過程，是將政策轉化為行動及職務的管理。但管理並未把行政包括其中，它以一最有效率的方式達成組織目標，並擔負起真正的責任，因此一位「公共管理者」應著眼於達成結果並為之負責，而不是遵照指示。（林鍾沂、林文斌譯，2003: 6；呂苔瑋等譯，2006: 8）休斯又云：如今「管理者」這一名詞已被使用得較頻繁，且更適合描述當今的運作狀況。公務人員正逐漸地把自己視為管理者而不是行政者；他們認

清自己的職責乃在於有組織地達成目標並為結果負起真正的責任，而不再只是服從命令。由於「管理」一詞的使用，獲得更加偏愛，使得「行政」這個名詞即使未被棄置，但已顯得不合時宜了。（林鍾沂、林文斌譯，2003: 7-8；呂苔瑋等譯，2006: 9）

平實而論，休斯的書名為《公共管理與行政》，其實只有管理的論述，並無太多行政的分析。也許在其印象裡，行政就如傅利曼所云：它像極一群瞎了眼的螞蟻，漫不經心、沒有能力、只會順著螞蟻的直覺照規矩辦事。（楊佳陵譯，2011: 172）顯見其對「行政」的漠視與對「公共管理」的偏愛，而且其認為公共管理的核心，可依著名決策學者艾立森 (Graham Allison) 所述的「一般管理功能」為其理論奠基：

1. 策略：(1)為組織建立目標及排定順序；(2)設計運作計畫；
2. 管理內部要素：(3)組織與甄補人員；(4)指揮人員與人事管理系統；(5)控制績效；
3. 管理外部顧客：(6)與隸屬於同一個組織的外部單位打交道；(7)與獨立的組織打交道；(8)與媒體和民眾打交道。

不過，透過上述管理的三大面向八大功能作為「公共」管理的基礎和模型，確有幾分天真的想法。因為在政治權力幾近真空的環境下，漠視行政權力的行使，至少要考量到總統、國會與法院的授權與監督、民主與效率的取捨，甚至是價值選擇間的矛盾等，其想法只會讓行政走向「有管理，無政治」的窘境。

為了突顯行政和管理（甚至企業管理）的不同，「公價值」與「私價值」的分野，一般可從下列數點說明之：

1. 就結構 (structures) 言：私部門往往由一個機構及其相關單位來單獨負責，而且是由那些獻身與熱愛該組織事業的個人所領導，任期較長；而公務的經營卻是不同機構的參與，甚至造成多頭馬車的情況，除了協調外，在美國總統還需要倚賴管理預算局 (Office of Management and Budget) 從事政策整合；而且政務首長及機關領導人常因選舉等因素而變動頻繁，大約只有 18 個月的服務期限，這使得行政的政策指示會發生間斷性的變動。
2. 就誘因 (incentives) 言：私部門通常要接受市場的檢驗，得到顧客的青睞，使用者付費是個主要的方式；但行政的預算，大多來自民眾繳納給政府的稅收，鮮少考慮市場成本或使用者付費，服從法律常常成為最終的衡量標準，可是法律規範卻又往往模糊不清。
3. 就背景 (settings) 言：相較於私部門，行政要受到公共的監督，即所謂的「金魚缸效

應」(goldfish effect)，與媒體打交道早就成為行政活動的一個要務，而企業管理較少受到公開檢驗及質疑。

4. 就目的 (purposes) 言：私人企業的管理者以追求利潤來展現工作能力與表現，但行政則是追求社會大眾的公共福祉，造成績效考評難以量化而相對困難。(陳志瑋譯，2015: 13-15；陳振明、朱芳芳等譯，2013: 7-9)

就因為這種公、私部門的差異，所以羅聖朋和克拉夫秋克認為行政應更加慎重去考量以下各層面因素，以使「公共性」能夠日益受到重視：(Rosenbloom & Kravchuk, 2005: 5-13；呂育誠等譯，2000: 4-12)

壹、憲政體制

行政的公共性，必須經由憲政體制方能體現。如美國憲法係基於「防止濫權」而建構的。有感於艾克敦爵士 (Lord Acton) 名訓：「權力傾向腐化；絕對的權力，絕對的腐化」。所以民主國家（尤其是美國）為了防止權力過度集中形成濫權，乃設計了分權 (separation of power) 與制衡 (check and balance) 的憲政體制，作為治理的依據。誠如大法官布蘭蒂斯 (Louis Brandeis) 在「麥爾斯控美國案」(Myers v. United States) 的不同意見書中說道：「權力分立與制衡的原則，在 1787 年的制憲大會中即獲採行，其宗旨不是為了要促進政府的效率，而是為了防止權力遭到獨斷的行使……以保障人民免於遭受獨裁、專制政府之害。」(Starling, 2008: 29；陳志瑋譯，2015: 33)

在此設計之下，對行政的影響有四：第一，行政須面對總統、國會與法院三位「主人」。原則上，總統或州長是負責和掌握行政實際運作的核心人物，然而國會卻擁有憲法權威來創造法定組織和部門、設定人事與預算、決定機關權限與政策，和建構人事程序等；亦即，國會可以透過法律、預算與監督來規範行政的運作；此外，法院也對行政機關施予極大的權力與控制。它們一方面幫助行政機關界定和釐清權限及受其影響之人們的法定權利和義務，另一方面對於行政人員的憲政權利及其違法時應負的賠償責任亦多所規範。而且法院的司法審查制 (the judicial review)，也有可能促使法院與行政機關更需培養「夥伴」關係。

第二，行政面對的多元權力核心，不但分割了公共組織的權力，使得政策的實施不易推動，而且這些權力核心之間的互動與競爭，更讓協調整合的工作備極艱辛。行政不但要達成管理上的效率，而且要回應不同的權力核心之要求，有時會造成公共資

源的虛擲與浪費，但相對也因此較能體現社會公平與正義的標準。可說是「有限的政府」與「有效的政府」之間的相互拉扯。

第三，美國憲政制度締造了聯邦主義體系 (a system of federalism)：中央政府雖然制定與發動政策，然須地方政府的配合實施，否則聯邦政府即使有再好的政策構想，若地方政府無力配合，都有失敗的危險。這種權威與資源的共享，若再加上利害關係者及相關機構的參與，將使得行政運作的統合更形困難，行政多元化的體系更為明顯確鑿。難怪威爾遜 (James Q. Wilson) 曾說：「分權的美國體制可能會產生一個混亂的政府，而集權的歐洲體制則導致了『大政府』。」（Wilson, 1989: 378；孫艷等譯，2006: 512）

第四，行政的價值，並不能純粹反映效率的觀點，有時效率的價值須臣服於政治原則（如政治表達）和法律考量（如正當程序）之下，或是彼此求取平衡。例如國會和法院對於人事甄補相當重視平等就業機會的平權行動 (affirmative action)，不全然要求行政以功績價值為唯一考量標準。

貳、公共利益

企業經營的主要目標，乃在追求私利 (private interest)，而行政存在的目的，則在體現公共利益 (the public interest)。雖然公共利益難以界定，無疑地行政人員有義務將其視為行動的一般指引，不應將個人利益或黨派利益置於公共利益之上。即無論如何，行政的核心關鍵，乃在要求行政人員能夠表達和回應民眾的利益，如此，行政民主才有開展的一步。是以，在行政規範裡設有許多規範來消極防止個人或黨派的不當利得，例如行政中立、利益衝突迴避的相關規定，亦要求行政人員培養公民意識、公平、正義、倫理、回應與愛國心等，方使得公共事務的運作顯得高貴。(Frederickson, 1997: 5) 我們將行政稱為「公共行政」，而非「政府行政」，即在顯示此一深刻的倫理意涵。

相對的，私人企業是以追求自身的經濟利益來提供社會所需的福利。其任務乃在市場上提供具效率和競爭性的產品或勞務，得到顧客的青睞，以便獲取更多的利潤，因此追求利潤不僅是廠商的目標，也正是一種正面的社會和經濟之善的表現。唯在追求私人的利得時不應犧牲員工的健康安全或整體社區的福祉，同時，也不應任意破壞環境。如果企業未善盡社會責任，政府就有義務透過正當的管制來防範。

此處蘊含公共利益的一個不同概念，那就是市場價格的運作產生外部性

(externality) 的問題。所謂外部性是指外溢效果，有若干外部性可以計算其市場價格，某些卻不能。像核能發電廢棄物所引發的嚴重環境污染成本，就無法完全涵括在供電價格裡而被真實呈現。此外，當外部性之負面影響相當廣泛又深遠，那麼政府就要加以管制與取締，而非聽任發展。所以行政須採取廣泛的責任觀，去感知一項產品或勞務可能產生的風險或負作用，在該管制時，就應管制。這種作為不是行政人員的技術算計，而是道德承諾。

參、市　場

有關公、私部門差異透過市場 (the market) 角度來檢視，又呈現另一番風貌。正如威爾遜所言，在政府機關得到的服務如果像在麥當勞 (McDonald) 或在漢堡王 (Burger King) 店裡接受最低工資僱員的服務一樣，那將是一件快樂的事。(孫艷等譯，2006：10) 然而，政府機關中，產品或服務的提供較無須面對競爭的市場，其產品的售價往往於編製預算時早就設定好了。甚至行政機關的歲入預算也都來自於法定稅收，而非使用者付費，所以行政運作通常是在合法獨占或依法定價格，提供服務。

當然，上述的說明，並不是說行政完全不受市場的影響，市場仍是一個有用且受重視的機制。例如，在長時間裡，以過度的課稅來支持一個沒有效率的政府作為，不但會流失稅基，更會讓民眾用「以腳投票」(voting with feet) 方式離開其管轄區域，而使該一區域出現財政危機；再者，民眾也會要求政府開放管制，實施民營化，迫使公共服務更具競爭力。即使當中央政府或地方政府借債時，也會面對市場的壓力。尤其是公共選擇運動 (public choice movement) 的流行倡議後，行政的無效率不但被拆解，還要求政府解除管制，引進市場機制，讓運作更具彈性與競爭性，滿足顧客的偏好，例如教育券 (voucher systems) 的實施，讓學生和家長對就讀學校具教育選擇權，而不是由政府來指派或以家庭社經地位決定。此外，在市場與網絡的相互激盪下，晚近「非營利組織」的興起，形塑了行政與私人企業之間的灰色地帶，使得民眾可以在受政府控制與市場化之間得到不一樣的服務。

即使現代的行政運作丕變，但由政府權威性的分配，仍造成深遠的影響：第一，政府所提供的財貨與勞務，部分係屬公共財 (public goods) 或集體財 (collective goods)，諸如國防、公園等便是。這類公共財具非排他性 (nonexcludability)，也常具非敵對性 (nonrivalness)。所謂非排他性，意指該財貨無法排除他人使用，如我可以去公園散步，

別人同樣也可以去；而非敵對性則是該財貨經使用後不會增加邊際成本，如電視轉播棒球比賽，不管多少人收看，也不會增加任何人的收視成本。因為公共財的非排他性和非敵對性，使大多數人少有動機去生產此類財貨，甚至有「搭便車」(free rider) 的現象，所以政府有理由直接負起管制或提供的責任。(關於此點，可參考哈丁前述的「公有地悲劇」) 第二，有些公共財的提供雖可透過使用者付費的方式為之，但是當使用者需付出可觀代價才能從私人手中獲取時，如教育或道路，政府便有義務加以介入處理。第三，若干公共財，如教育或社會福利，過去由非政府組織如慈善機構提供，但政府基於公共利益考量，會主動扮演主導角色，使其得以持續推動，不致中斷。第四，由於政府提供的服務無法透過市場公開買賣，所以難以衡量其產品的價值，只能以「替代衡量」(proxy measure) 如民意調查，來決定民眾的喜好程度。

肆、主 權

所謂主權 (sovereignty)，是指政治社群之中有一個「至高無上的政治權力與權威」，亦代表著對國家的認同。在民主國家中，主權係屬全體民眾，惟民眾可透過選舉代議士的管道來表達主權意思，另一方面，行政機關與公務人員也被視為「公眾信任」(public trust) 的主要代理人。一般而言，行政成為主權受託者，其作為除具備合法拘束力外，尚應表現以下幾種特性：

第一，行政應負責公共政策的制定與執行：如前所言，行政學發展的初期僅將行政界定為政策執行，行政僅是一種管理的技術，然而，此種政治－行政兩分的看法早已被質疑或揚棄，現在的行政，已在許多方案或法規制定上，被授予並擁有正當且合法的角色。行政可以運用其專業知識來從事議程設定、方案規劃、推薦與評估等，而且可透過資訊的提供來影響政策的決定；俟執行時，又可運用裁量權，做出具體而睿智的判斷，所以其涉入公共政策的運作既深且鉅。

第二，行政可以動員政治支持為其政策及方案倡議和辯護：首先，行政既然擁有專業的知識和經驗，就足以發展一套長期而穩健的政策方案，並能說服國會議員、政務官員、壓力團體、甚至一般百姓確信其方案與行動是有利於這些利害關係人的需求回應；再者，在面對不同的政策需求時，行政應該化解利害關係人的歧見，緩和衝突，使政策或方案的推動不受掣肘與抗爭。尤其是在日趨多元的今天，行政機關爭取政策的支持是政治管理的必然。

　　第三，行政應該具有社會代表性，表達社會不同的聲音：在代議體制下，民眾固然可選舉代議士來代表其選區利益與看法，但其亦可透過不同類型的行政機關與政策來實現功能性利益的表達，以彌補前者地域性表達之不足。

　　第四，行政的事業需要有旺盛的企圖心和長遠的眼光面對未來的變遷：由於國會對於行政運作的指示多為原則性的觀點，而法院亦多會尊重行政的作為，所以行政機關有很多運作空間可以充實和補白；更何況，許多的政策目標多半模糊不清和界定不良，行政更可擁有進一步詮釋的空間，因此行政作為不應等因奉此、消極應付，而應前瞻未來，勇於冒險，創造社會的福祉。難怪夏福利茲和羅素這麼形容：「行政，它是個冒險的事業！」(It's an adventure!) (Shafritz & Russell, 1997: 38–39)

　　綜上所述，說明了行政一方面受政治的指揮與影響，另一方面又被賦予裁量權，讓行政展現了「行動中的哲學」(philosophy-in-action) 之理想。由於現實場域中的權力政治，常為利益鬥爭而非政治原則所指引，連帶地，政治主導下的行政亦被要求「文官中立化」。行政固然不應介入政治鬥爭，可是非常諷刺的是，在競選期間，常會聽到這樣的競選口號：「把政府交給懂得經營的企業家吧！他們會善盡職責，把國家治理好」。然而，實際上我們得到的教訓是，並非來自私部門的人士就不能勝任公部門的工作，而是他們雖有管理長才，卻未諳政治的藝術，一味地依照理性規劃的邏輯，反而將庶務的處理變得更不夠通達。所以若不能抱持著政治素養和民主實踐來理解行政，非但不能施展行政的合理運作，亦不能維繫其靈魂與精神。一言以蔽之，良好的行政尚需行政人員擁有政治理念與實務的配合，行政和政治是不能切割的。

　　前述對於行政與管理的描述，突顯了公、私部門在諸多面向上的重要差異。也道盡了同時教授企業管理與行政的包爾 (Joseph Bower) 的看法：「有效的公務管理和有效的企業管理並不相同。有關企業管理與行政間，存在相似之處的想法，實是一種錯覺。」此外，哥倫比亞大學教授謝爾 (Wallace Sayre) 亦認為：「僅在所有無關緊要的面向上，企業管理與政府行政是相似的」。對此，哈特 (David K. Hart) 與史考特 (William G. Scott) 更提出了重要差異所在：「更重要的是，企業管理的價值，並不適合行政的任務，維持雙方的管轄界線是有好處的，而且私人領域的價值不應侵犯公共領域。行政的目標，乃在維護本國公民之法定權利，關於此點，在開國宣言中已經載明，而且在決策與法律中亦對之詳加闡釋。身為行政人員，僅精通行政技能是不夠的，他們必須時時刻刻記取獨一無二的公共使命。」(Jun, 1986: 24；黃曙曜，1997: 41) 甚至在傅雷

德里克森 (H. George Frederickson) 看來，在民主政治的系絡下，行政人員最終是要向公民負責，也因為這種責任，行政工作才顯得崇高。非但如此，行政人員對正義和公平的承諾，應與對效率、經濟和效能的承諾同等重要。尤其是行政的精神，是要植基在對所有公民仁慈的道德基礎上 (a moral base of benevolence)。（Frederickson, 1997: 224–235；張成福等譯，2013: 150–157；Frederickson & Hart, 1985）

　　經過上述的條理分析，如何進出「政治—管理」的困境，不再陷入「有管理，無政治」或「有政治，無管理」的框限裡，進而從兩難困境中找到第三種的選擇，應有助於行政核心的定位與未來發展。就在這樣的思考邏輯下，個人以為行政的力量應該表現在專業能力、管理能力與政治能力三者的統合上，而且這三種能力的綜合才稱得上行政卓越的實現。

　　學者包曼 (James S. Bowman) 等人在《職業優勢：公共服務的能力》(*Professional Edge: Competencies in Public Service*) 一書，亦認為行政能力的培養，需要技術能力、領導能力和倫理能力三位一體，他們並稱為「行政能力的三角」(the triangle of public administrative competency)。（Bowman, West, Berman, & Van Wart, 2004；張秀琴譯，2005）不過，個人以為似可將上述「行政能力的三角」擴大修正為專業能力、管理能力和政治能力三者的合成，如圖 1–2 所述。至於專業能力、管理能力和政治能力的內涵，大致列舉如下：

一、專業能力

　　一個人如能在自己選擇的領域裡擁有功能性專業與制度性知識，向來被視為職業水平的主要標誌。專業能力主要包括：

1. 精通工作技術：即對於工作所需的硬體、軟體（如應用程式的使用）技術之掌控、運用與培訓。
2. 瞭解法規與程序：現代行政遵崇依法治理與正當程序，故應對法律規範養成遵守和理解的工作習慣。
3. 熟識資訊科技：如利用電子郵件、網路討論之資訊科技來改變工作方式和增加「界限間距」(boundary spanning) 的機會。

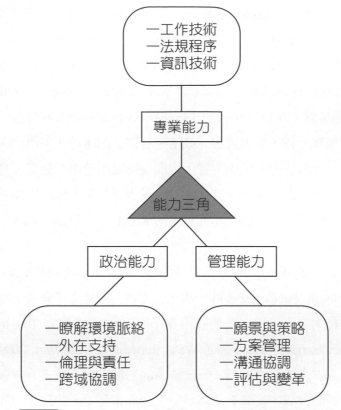

註：⬭ ＝當代公共服務專業人員所必須具備的能力範式
資料來源：改寫自 Bowman *et al.*, 2004: 21；張秀琴譯，2005: 16。

圖 1-2　行政能力的三角

二、管理能力

　　毫無疑問地，管理能力的強弱是行政成敗的關鍵，尤其面對複雜而動盪的環境，更須具備精進的管理能力。它主要包括：

1. 打造願景：為未來的發展選定對的方向，設定遠大的目標，行政才會有明天。否則，如大前研一所說：「當船頭朝著錯誤方向，再怎麼努力，也會徒勞無功」。

2. 發展策略：動用組織現有資源，發揮優勢力量，找出「差異化」的品質與政策，期開拓未來機會和減少未來威脅。

3. 講究方案管理：一個有效率且有效果的政策方案實施，必須充分具備規劃、決策、組織、領導和執行的管理功能。

4. 溝通與協商：沒有溝通即無組織可言。人際或組織間的隔閡與爭議，經常來自溝通和協調不良所致，所以交流分享彼此意見，以化解歧見，才能團結一致、朝著目標前進。

5. 評估與變革：有評量，才能進行管理；有管理，才會得到績效；有績效，才可引發進步。再者，時代在變，組織更須進行變革，並從多元的角度來思考和想像未來發展。

三、政治能力

如前所言，行政不可能脫離政治而運作，行政政治二分也非時宜，培養政治視野，得到政治授權，行政才可發揮作用，創造卓越。政治能力主要包括：

1. 瞭解行政運作的情境系絡：行政是社會網絡的一部分，其權力運用總會與總統、國會、法院、利益團體和民意密切相關，惟有細心體察和審慎運用，始能產生授權的適切效用。

2. 爭取外在支持：行政機關不論是政策制定或方案執行，應致力於政治和社會的支持，化解歧見，融和一致，才能順利成功。否則，理想再偉大，也會有遭遇挫折和失敗的可能。

3. 實踐倫理與責任：欠缺倫理和責任的關懷，行政無法和民眾的生活聯繫在一起，失去對公平正義的承諾，行政不會顯得受人尊敬。

4. 善用跨域協調：相較於過去，現代行政重視政府、非營利組織與私人企業結合的治理網絡 (governance network)，同時也重視府際間的關係，使得跨域協調成為相當重要的技能。

綜合而言，行政提供公共服務，既要面對政治實際與理想的折衝，又要接受管理的挑戰，確有左右為難的困境。惟行政只有在「政治─管理」困境中反覆修正，不斷權衡，找到平衡，淬練卓越，才是行政智慧的實踐。所以，行政並非全是科學，也非全為技術，而是科學、藝術和技藝三者的綜合，而這需要專業能力、管理能力和政治能力的兼容並蓄才能做到。

第三節 研究行政的目的

為何要研究行政，研究行政有何目的？可能每人都寄以不同的期望。有人擬以服

務政府公職為其職業或志業，有人想在專業上再精進行政管理技能以開拓職涯發展，也有人希望瞭解政府的作為，進而影響公共政策，不一而足。不過，根據丹哈特(Robert B. Denhardt) 的整理分析，研究行政的目的，約有以下幾個理由：(Denhardt, 1999: 9–16)

1.為行政職位作準備：為什麼想研究行政，因為想進入行政部門，並矢志以服公職作為人生的職涯發展。在政府部門中，通常設有行政管理職、幕僚支援職、政策分析職等工作，這些職位的活動會涉及政策方案的規劃與執行，甚至還要與立法機關、社會大眾從事溝通協調，如能具備相關的行政管理觀念與技能，才能使工作勝任愉快，是以有不少學生願意研讀行政知識。

2.結合技術與管理訓練：在政府機關的職位中，有若干是屬技術職，像工程師、技師、醫師、公共衛生人員等。這些人員在任職之初並不認為行政管理是有待涉獵的活動，直到日後擔任行政管理職位時，如醫生成為主任或院長時，才驚然發現對人事管理、領導、激勵、方案規劃、財務管理，以及整合資源與預算等方面均無涉獵，或一知半解，因此想接受行政的相關訓練和教育，以彌補經歷的不足。

3.瞭解與政府的互動：由於非營利組織、企業與政府間的互動日益頻繁，再加上政府又是這些組織最重要的合作或生意夥伴，因此要有人能熟諳與政府部門或立法機關打交道的經驗，以便發揮作用。再者，即使一個人不以公職人員作為職涯規劃，而在私人機關服務，但是政府的政策及其相關規範如環境保護、職業安全、年金制度等，均會對其產生直接的利害關係，所以對政府的作為與政策不得不給予關注與重視，而願意學習行政學相關專業知識。

4.影響公共組織：現代政府的職能不斷擴大，政策的影響無遠弗屆，可謂從出生到死亡都在政府的管制下，如能對公共組織及政策運作有一定的瞭解，才能進一步影響政府決策，以及善盡監督政府的公民責任。

5.採取行動以產生效果：研究行政的另一目的便是「採取行動」，致力於改變現況，尤其是社會一再地面對不同的危機問題，而政策又是一再失靈，亟須立即採取行動，獻策政府，開創新局。甚至當政策被不當執行或違法越權時，亦須要自力救濟，向政府爭取權益。要採取這些行動並期望產生效果，便需要對政府措施及其相關法規有所瞭解才行。

再者，根據國內學者張潤書教授的看法，研究行政的基本目的有四，依序說明如

下：（張潤書，1998: 30–35）

1.提高行政效率 (efficiency) 與效果 (effectiveness)：效率與效果是一體之兩面，所謂效率是指運用資源的程度與能力，凡是能夠將人力、物力、財力及時間作最妥善分配者即是效率；而效果則為達到目標的程度，是指資源運用以後所產生的結果。

2.促進行政現代化：一般而言，行政現代化主要內容包括以下數端：(1)科學化：公務員不能再像以前那樣的抱殘守缺、食古不化，對於任何問題應該以冷靜客觀的態度來處理，以可靠的資料、數字，透過精密的計算與系統的歸納，來尋求最可能的解決方案。此外，科學化的行政還可表現在妥為應用公務設備與器材方面，例如電腦設備。(2)制度化：制者法也，度者標準也。所謂制度化是指政府及其公務員在推行政務或執行業務時，皆有法令規章及標準為依據，不是隨心所欲、為所欲為，當然更沒有特權。(3)民主化：政府權力來自人民的授予，且其組成結構應反映人民的不同社經背景或利益之組合，而民主化的行政包括公務員的民主修養、民主的領導方式、決策參與、行政授權、意見溝通等。(4)專業化：因為現代行政包羅萬象，性質複雜，絕不是僅具普通常識所能勝任。為適應時代進步，分工日趨細密，現代政府的公務人員必須由具有專門知識的人來擔任，經過各種專業考試及格始可任用。(5)適應性：現代行政不再是墨守成規或閉關自守，而必須適應時代的變遷而作多種調整，從公務員觀念的革新到現代科技工具與設備的應用，都表現出行政的適應性。

3.培養行政通才：現代社會的特徵之一是專業化，政府行政自不例外，公務人員皆須具備某一專業知識與技能方能勝任，可是專家 (expert) 常有「知偏不知全」、「見樹不見林」的偏見，同時，專家本身也都自視甚高，易犯「本位主義」的缺點，不能與人合作。為了矯正此一專業用人的缺失，行政通才 (generalist) 的培養十分重要，他們的基本條件是：廣博的知識、平衡的思想、遠大的眼光及領導的能力，而行政學的知識剛好可以提供這方面條件的涵泳培養。

4.促進行政的公平與正義：現代社會對行政的期許，不再侷限於「以最小的投入獲致最大的產出」的狹義效率觀，更為重要的是在增進公部門的服務對象——全民大眾的福祉。凡不能謀取最大多數人的最大幸福就不是好的行政，同時還要考慮到弱勢團體的受益最大化原則，以達成公平與正義的目的。

第四節　行政的追求

環顧當前複雜多變的行政環境，已非傳統「政簡刑輕」的農業行政所可比擬，也非昔日「只顧生產，不顧回應」的工業行政所可取代，套句全鍾燮的話，要形容當代的行政最佳用語是「危機與變遷」，而不是「穩定與秩序」。因此在動盪不安的環境下，行政實務將面對新的挑戰，然「危機就是轉機」、「問題就是機會」，行政作為一種事業經營更有賴以下新的嘗試 (Jun, 1986: 7-8)：⑴新的問題需要新的理論提出新的答案，也許過去處理非常有效的理論與概念，對當前和未來的問題瞭解及解決，卻已變成毫不具相關性，所以行政亟待有志之士去拓展新的科學和理論知識；⑵目前政府運作環境丕變，已非過去的資源富裕和經濟成長榮景，而是面臨匱乏與蕭條的窘境，如何在逆境中追求卓越，運用有限的資源達成有效的服務，期能臻於「公共企業家」(public entrepreneurs) 的理想。這是個有待克服且嚴肅的挑戰，值得努力嘗試；⑶在變遷的轉換過程中，保守的因應方式是採用精減組織與員額、縮減預算、外包民營等方法，但是行政應有更開創性和前瞻性的作法，積極進行有效和有意義的變革，例如權力轉移、民眾參與、公私協力、賦權授能等，惟仍有太多方法與觀點未被開發與發展，是以行政改革更有賴大家的努力；⑷行政運作的良窳深深影響民眾對政府的信任與信賴，因此，晚近的行政作為非常重視培養行政人員的責任意識、民主意識與社群意識等，這種形象與意識提昇的艱鉅工作，期盼有心致力於行政革新的同好者，來共同奉獻心力；⑸治理的轉型，需要行政、非營利組織與私人企業的連結，如何密切的協調、彼此分工並各有責任歸屬，既減輕政府負擔，又增加民眾參與，達成良善治理，也是行政發展的重要方向，深值期待。

如同上述，行政所面臨的挑戰及可嘗試開拓的新局，實在不可勝數。然而，在這麼多的困境和選擇下，個人以為有兩種的意象，是行政值得嘗試去追求的方向：一是行政就像醫學；二是行政應致力「普世智慧」(worldly wisdom) 的探尋。

壹、行政就像醫學

多年前，瓦爾多便曾建言，行政如要作為一門專業，應以醫學為榜樣，與之看齊。他直截說道：「關於疾病或健康是沒有單一的理論，個中的理論和技術不斷地在改變，與生命有關的重要醫學問題，仍有許多未知及激烈的爭論。藝術這個要素仍然是非常

重要的。仔細研究起來，『健康』(health) 如同『良善的行政』(good administration) 一樣是無法定義清楚的。然而，儘管在理論上缺乏明顯的一致性，但是醫學院的目的是為了訓練醫學領域的專家，並從各種不同學科理論觀點來從事此一目的。」同樣地，行政的生涯教育也該本著同樣的策略，教導行政學員與實務人員實際面對問題並培養多元智能，非但在專業領域內建構一套專業的診斷系統，解決面對的棘手問題；並且能將基本的知識行銷於眾，形成有專有博、溝通對話、且對大眾非常實用的智慧。(張世杰等譯，1994: 19-20) 所以在理論與實務上，個人偏向將行政定位為「診斷的行政」。正確找出行政的「病症」，就可「醫治」政策的痼疾，讓個人、政府和社會更健康。

貳、行政是「普世智慧」的探尋

　　波克夏海瑟威公司 (Berkshire Hathaway) 副董事長，同時也是全球最知名的投資專家巴菲特 (Warren E. Buffett) 的好友，被譽為「商人士魂」的孟格 (Charles T. Munger)，曾經教導投資大眾如何以新的眼光看待投資行為。在他看來，投資的專業知識其實都是基本的普世智慧的一小部分 (investment expertise as subdivision of elementary, worldly wisdom)。孟格認為：「投資並非源自經濟學或財務學的教科書，而是蘊藏於一些乍看之下無甚關聯的學科所憑藉的基本真理之中，像是物理學、生物學、社會科學、心理學、哲學、文學等。在這種更寬闊的視野下，每一學科都會與其他學科交相關聯，並在互動的過程中更為強化彼此。只要肯用心思考，就可由各學科中擷取重要的理論型模，並綜合這些關鍵的觀念而得到整合性的理解。」(李明譯，2001: 15) 所以要成為一位成功的投資者，一定要不受專業訓練的局限，越過知識的藩籬，具備多元且全方位的思維，把各種學理連結和整合起來。如果能培養出這種寬闊視野，將可在追求普世智慧上大有進展，並為自己在任何領域的成功打下堅實的基礎，不致淪為曇花一現的僥倖。孟格又云：「從許多領域擷取知識看似一艱鉅的工作，好在你毋需成為所有領域的專家，只要學習一些基本原則──即『大觀念』即可，不過對這些基本原則務必徹底瞭解而牢記不忘。……普世智慧大致上是非常、非常簡單的，只涉及相當少的真正偉大觀念，能夠弄清楚這些觀念其實很有趣，樂趣永不止息，而且所獲報酬很驚人。」(李明譯，2001: 30) 易言之，這種訓練最有趣的是，當我們分析整合各方面的思考模式，並發現它們的結果都指向同一個方向時，就知道要如何做了。(陳人麒譯，

2006: 39）

　　曾被孟格誇稱為「靈丹妙藥」的「普世智慧」，（李繼宏等編譯，2011: 108）對筆者而言，確有醍醐灌頂之效。正值大家對於學術理論抱持懷疑的當下，此一看法無異是一記當頭棒喝。甚至他在書中的首章裡就闡述「如何讓自己生活悲慘（而非幸福）」（帶有嘲諷訓勉的味道），箇中之一就是盡可能從自己的經驗中獲得知識，而不從其他人成功或失敗經驗中廣泛地汲取教訓。（李繼宏等編譯，2011: 101）所以，一個人的行動要尋求較佳的指南，不應只顧從自己實務中學習，更應廣泛而深邃地從自己經驗中擷取他人成功或失敗所建構的基本理論。同樣地，行政知識的建構也要借取其他學科的養分甚至偉大概念來充實理論內涵，而非只在自己的園地構築一些小理論來自我陶醉。尤其是行政被新公共管理大肆抨擊與否定，連筆者都感到茫然時，此種「普世智慧」觀點卻給了筆者無比的信念，進而擁有「雖萬人吾獨往矣的勇氣」！筆者以為行政學不應再成為封閉體系了，或只依很在少數幾個學科裡，而應與社會科學甚至是自然科學廣泛地連結，並成為相互關聯的理論架構。所謂「交叉愈多，智慧愈高」，行政學是否能夠引導或歸納出與諸多學科交相連結的「大原則」，該是要逐一檢查與檢討的時刻了。巴菲特曾言，「人生就像雪球，重要的是要找到一塊濕的雪和一條長長的坡道」。對行政而言，亦復如此，重要的是找到普世智慧的「大原則」或模式，加上長時間的累積歷練。若能如此，相信行政的理論與實務將更為堅實，自我認同的基礎更為堅強，修習後的學生也會更有實力。西蒙曾言：「解決問題的祕訣，在於根本沒有祕訣可言；它只不過透過熟悉的簡單因素所構成的複雜結構來達成。」（Mintzberg, Ahlstrand, & Lampel, 1998: 162）所以一門學科或學科內的任何領域若能找到若干的「普世智慧」作為軸心，再去拓展其邊緣，將可建立合理而有效的分析觀點或解決方式。這也是筆者常在課堂上勉勵學生：「你若有普世智慧作為行政理論的支點，就會撐起行政學的世界，不會坐困行政的愁城，而會跨越出去，在理解上融通，在實務上便利。」

第五節　行政的範圍

　　如前所述，行政性質龐雜，包羅萬象，它比我們想像中的還要奇特，是以很難用幾個類別來概括。惟要窺看其梗概，又不能不有所歸納。最早提出行政的重點工作，應為昔日古立克 (Luther H. Gulick) 所提倡的 "POSDCORB"（即規劃、組織、用人、

領導、協調、報告和預算）。但隨著行政的日益多元複雜與適應變遷，要做到細膩的認知，上述的幾項功能實已無法為行政提供完整的解說。所以全鍾燮就分從個人層次、人際和團體層次、組織層次、社會層次、國際和跨文化層次來詳細羅列行政研究的相關主題如表 1–3：

表 1–3　行政問題分析的層次

層　次	研究的問題
個人層次	個人行為、行動、動機、自我概念、認知、角色概念、意識、學習行為、衝突、人格、政治行為、工作滿足、職業壓力、疏離、個人成長和生涯發展。
人際和團體層次	團隊行為、問題解決的活動、團隊合作、妥協和協商、團體活動、溝通和交易、團隊訓練、人際能力、信賴與開放性。
組織層次	官僚制度、結構、層級節制、過程、權力、權威、領導、規則與管制、決策制定、專業主義、管理功能、忠誠、政治、政治策略、集體協商、緊縮管理、生產力和效率、公共政策發展與執行、政策評估、集權與分權、組織變遷的設計、環境與適應、組織間關係、聯邦主義、營利與非營利組織的互動、管理資訊體系、工作生活品質。
社會層次	社會價值、政治過程、經濟體系、文化的多元、倫理、公共利益、社會公道、社會問題解決、社會實驗、社會規劃、多元主義、民眾參與、成長與停滯問題、隱私權的政治性、資訊社會。
國際和跨文化層次	行政體系的比較、政治與文化體系對官僚制度的影響、軍隊角色、比較行政行為、比較公共政策問題、執行問題、規劃、技術轉移、發展行政、社區發展。

資料來源：Jun, 1986: 25.

　　說實在地，就行政的範圍而言，全鍾燮對行政層次和研究主題的內涵，最起碼提供了行政所及的邊界圖象，並且引發了行政與其他學科接壤的想像空間。但事情的處理往往帶著兩面刃，正反相對，太過於細節詳述，常會令人掌握不了核心，抓不住重點。所以全鍾燮的陳述雖然深刻，卻無法直接聚焦有關行政的主題訴求。反觀，夏福利茲 (Jay M. Shafritz) 和海德 (Alber C. Hyde) 在其所編《行政的經典》(*Classics of Public Administration*)，雖按照年代順序來排列每一時期的經典論著，但他們畢竟還是

統觀了行政研究的主題內容來進行編排，這些主題分別為行政的意涵、行政的政治系絡、官僚制度、組織理論、人力資源管理、預算過程、公共管理、公共政策與分析、方案評估、府際關係、公務倫理。由於這些主題內容的呈現，讓學習者像是有了定位座標，而不再對行政的基本主題存著模糊概念。

　　除此之外，能夠讓修習者一眼看到行政的主題觀點，並且極易掌握行政的核心要義，應以史達林在《管理公部門》(*Managing the Public Sector*) 一書中的鋪陳，最被稱道。在史達林看來，行政應可分為政治管理 (political management)、方案管理 (program management)、資源管理 (resources management) 三類來概括。然此三類各又包括不同的內容。政治管理的主要內容有：行政的政治－法律環境 (the political-legal environment)、府際關係 (intergovernmental relations)，以及行政責任與倫理 (administrative responsibility and ethics)；方案管理則包括規劃 (planning)、決策制定 (decision-making)、組織 (organizing)、領導 (leading)、和執行 (implementation)；資源管理又可分為人力資源管理 (human resources management)、公共財政管理 (public financial management)、資訊管理 (information management)。(Starling, 2008；陳志瑋譯，2015) 是以本書的寫作編排，即綜合上述兩者所探討的相關課題，並略加調整各章內容如下：

　　第一章，行政的概念。首先為明瞭行政的意義，基於想像是知識的來源，個人先提出行政的若干想像，再分就政治、管理、法律和職業的觀點來界定和描繪行政的意義。其次，探討行政的性質，申論行政不能「有管理，無政治」或「有政治，無管理」，而應進出「管理－政治」的困境，在反覆實踐中不斷地淬煉，才能找到自己的定位，並認為專業能力、管理能力和政治能力的綜合是行政實務的必備；復次，討論研讀行政的目的，並申論行政的追求，認為行政就像醫學，醫學的目的是不斷地探究病理的原因，並就實際案例加以診斷和開處方以解決患者的問題，而行政亦在檢討問題的原因，並提出診斷，以解決問題，所以用「診斷的行政」是對行政最佳的形容；其次行政應該具有「普世智慧」的探詢，行政需要與其他學科（包括自然科學）交相關聯、相互連結，從中找到相同的思辨模型或觀點，並且建構系統的邏輯思維，那麼要理解行政及其主題精義就不會是那麼困難的工作了。最後則概述行政的基本課題，強調行政起碼要掌握政治管理、方案管理和資源管理三者的相關內容及發展，即可對行政的梗概和輪廓大致有所領悟和體會了。

　　第二章，行政的理論發展及其內在理路：擬就行政的發展分成幾個階段加以討論：(1)行政的範型：韋伯的科層官僚制；(2)行政的變異：新公共行政 (New Public Administration)；(3)行政的摒棄：新公共管理 (New Public Management) 與政府再造 (Reinventing Government)；(4)行政的重生：黑堡宣言 (The Blacksburg Manifesto) 與新公共服務 (New Public Service)；(5)行政的蛻變：治理的轉型 (The Transformation of Governance)。然後再歸納其內在理路為限制性 (constraint)、制度施為 (institutional agency) 與探索的工匠精神 (exploring craftmanship)，作為行政的基本定位。

　　第三章，組織結構與過程㈠：主要學說。組織結構與過程，是行政首先要面對的基本問題。是以，本章先就組織及其相關隱喻 (metaphor)，加以扼要的指陳。其次，依據組織理論的發展及其涉及的面向，參考史考特 (W. Richard Scott) 和戴維斯 (Gerald F. Davis)、羅聖朋和克拉夫秋克以及摩根 (Gareth Morgan) 的論述，將組織分為理性系統 (rational systems)、自然系統 (natural systems)、開放系統 (open systems)、政治觀點、法律觀點和全像圖組織 (holographic organization) 加以介紹，並就其重要的內涵及相關的學說予以闡述，作為建構完善的組織結構之立論依據。

　　第四章，組織結構與過程㈡：設計架構。組織理論的分析，除了論述基本學說外，尚應考慮實踐它們的核心要素。於是本章的分析，借用曾被《時代》(Time) 雜誌譽為「人類潛能的導師」柯維 (Stephen Covey) 的看法，認為身體、感情、心智和心靈是構成全人 (the whole person) 所必需；與之雷同的，結構、執行（過程）、策略和文化是健全組織所不可或缺。因此，除了探討上述四項要素的意涵、內容與類型外，亦深入討論將之轉化為公部門運作的相應作法。最後，就西蒙斯 (Robert Simons) 探討的「組織設計的槓桿」(Levers of Organization Design) 做為例證，說明如何考量上述要素作為組織設計的基本要領。

　　第五章，行政運作。行政運作往往影響政府推動公共政策的成敗。惟隨著社會的變遷，行政運作的範圍與主題也在不斷的擴大與深化之中。一般而言，過去較常涉及的主題是，行政激勵、行政領導、行政決策與行政溝通，而今增加了如電子化政府、危機管理、交涉談判和變革管理等。文中除了就上述主題所涉及的相關理論及其要旨加以分析外，並論述達成各該主題的修練。

　　第六章，政策分析，設計、執行與評估。1970 年代隨著社會科學因「後行為主義」(post-behavioralism) 的倡導，使得公共政策躍為學術的顯學，而與行政學成為同

一錢幣之兩面。基本上，攸關公共政策的討論，除針對其意義、過程型態、基本架構（階段論、反階段論與整合性總體分析觀）加以闡述外，更就政策設計的價值、系絡和選用備選方案的適當方式加以嚴謹分析，以避免魔鬼藏在細節裡，亦藏在抽象思考中；至於政策執行則就其與政治環境的關係、執行模式、執行機制及檢查清單加以逐一探討。最後，政策評估被視為檢視一項政策或方案推動績效之良窳，故對其意義、性質、類型、演進發展和邏輯推理加以簡要分析。尤其是政策評估要達成審議式民主(deliberative democracy) 的理想，似可參考費雪爾 (Frank Fischer) 建構的政策評估之經驗驗證 (empirical verification)、情境確證 (situational validation)、系統論證 (systems vindication) 和理性的社會選擇 (rational social choice) 來作綜合的考量。

第七章，人事行政與集體協商 (collective bargaining)。有關人事行政的討論，主要是就美國人事制度的發展，從仕紳制、分贓制、功績制，到 1978 年卡特 (Jimmy Carter) 總統的文官制度改革，甚至是 2002 年《國土安全法》，加以扼要說明。其次，申論人事行政的管理、政治與法律功能。就管理途徑而言，人事行政的範圍涵蓋工作分析、職位分類制度、人員的招募、遴用、陞遷、訓練與發展、薪資制度與政治中立等；就政治途徑言，人事行政相當重視回應性和代表性等；就法律途徑言，人事制度強調行政人員的憲政權利、公務員的賠償責任與豁免。此外，人事制度中最為聚焦的主題──集體協商，因被視為兼具管理、政治與法律觀點，確有加以探討的必要。最後，則論述員工的生涯發展，個人成長和學習型組織所呈現的未來面貌。

第八章，預算制度與理論。財政為庶政之母，它與人事、組織及決策制定，共同構成行政的核心關鍵。一般而言，政府預算指涉著「政府收入與支出的陳述」(the statement of revenue and expenditure)，惟其涉略的本質和要素極其錯綜複雜，實難輕易掌握。因此本章擬借用美國行政學者羅聖朋的基本架構及相關分析做為討論的參考點，再配合其他理論的引述說明，讓預算制度及其相關理論能夠得到較為清晰的爬梳與闡述。準此，本章擬先探討公共財政的主要特質、原則與目標；其次，分析構成美國政府預算收入與支出的來源；再次，闡述美國聯邦政府預算的編製過程與執行經驗，進而申論政府預算所面臨的相關問題；最後，分就管理、政治與法律途徑來說明公共預算的相關理論與制度。例如公共預算的管理途徑主要包括項目預算制度 (line-item budgeting)、績效預算制度 (performance budgeting)、規劃設計預算制度 (planning-programming budgeting system)、零基預算制度 (zero-based budgeting)、緊縮管理制度

(cutback management) 與任務驅動和成果導向預算制度 (mission-driven, result-oriented budgeting)；政治途徑強調預算制度的代表性 (representation)、共識與聯盟的建立 (consensus and coalition building) 以及主導預算分配的權力所在 (the locus of power)；而法律途徑則講究維護憲政的完整性、保障個人權利，以及確保法律平等保障的權利基金 (right funding)。

第九章，府際關係 (intergovernmental relations)。府際關係是指不同層級的政府為發展和執行公共政策，所形成複雜而互賴的網絡關係。根據夏福利茲、羅素和薄立克的觀點，府際關係是指行動中的聯邦主義，在聯邦主義下，各級政府由平日的互動關係所構成的複雜網絡；它亦是種政治、財政、計畫方案和行政的程序，其中較高層級的政府單位會將收入和其他資源分配給低層級的單位，並責成必須具備某些要件以獲得補助。(Shafritz, Russell, & Borick, 2007: 138) 對此，本章擬先論述府際關係中的主要類型，如單一制 (unitary government)、邦聯制 (confederation) 和聯邦制 (federal system)；其次，就美國府際關係的發展階段加以敘述，分別就夏福利茲、羅素、薄立克以及庫伯 (Phillip J. Cooper) 等學者所建構的模型加以比對分析；復次，就美國的財政聯邦主義 (fiscal federalism)，即補助款制度及府際間財政職能的分工關係加以討論；第四，針對美國聯邦政府、州政府以及地方政府彼此間的一般管理關係給予扼要指陳；最後，則論述府際關係中權力關係轉移的典範改變。

第十章，行政倫理與公共利益。隨著行政國的來臨，有關「誰來監督守衛者」(who guards the guardians) 是個基本且古老的政治哲學議題，亦為行政倫理學的大哉問。尤其二十世紀晚期在新公共管理浪潮下，政府再造強調解制、法規鬆綁、公私協力、民營化、官僚企業家，行政運作若不能課以更多的行政責任與倫理要求，即有可能淪為貪污、瀆職、浪費、利益衝突、不法勾當等違背倫理和公共利益的情事。為深刻體會行政倫理與公共利益的意涵，本章共分為：⑴倫理學的意涵與行政倫理的要義；⑵行政倫理困境的若干議題；⑶行政倫理有可能嗎？⑷行政責任的理論基礎；⑸履行行政責任的方式；⑹行政裁量權的倫理基礎；⑺落實行政倫理的起落：社會正義與社會風險的取捨；⑻公共利益的意涵及其流失；⑼透視行政公共性的途徑；⑽行政公共性的實踐，就其相關的核心議題、內容、爭論或途徑等加以介紹。

結 語

　　行政因為服務的提供與管制的實施，建構了民眾的生活與機會，從而劃定了民眾的生活方式與社會期望，對社會的影響不可謂不大。然而，誠如謝爾教授所言：「在一切無關緊要的面向上，企業與政府行政是相似的」，可見行政除了管理的考量外，尚應重視政治和法律的面向。尤其在瓦爾多看來，行政學如欲成為一門如同醫學般的專業，除了學習醫學重視病理探討，亦應重視實務的診斷，行政也可在「發掘政策問題，提出合理解決方案」下，成為「診斷的行政」。在追求公共利益為前提下，發揮專業能力、政治能力和管理能力的綜合運作。此外，個人認為行政研究應該參照孟格所言「普世智慧」的追求，找到行政學與其他學科匯流的若干大原則，並建構其系統思維，才能建立深厚的行政理論基礎，增益其學術正統的地位。

第二章　行政的理論發展及其內在理路❶

當我們到行政機關去洽公時，面對著組織內種類繁多的表格、大排長龍的隊伍、繁瑣的行政程序，加上櫃臺人員的不耐煩與冷漠，甚至有時又過於趾高氣昂、頤指氣使的態度，負面觀感不禁油然而生，科層官僚制 (bureaucracy) 幾乎與辦事遲緩、僵化呆板、官樣文章、死守法條、冗員充斥、不負責任、不近人情與顢頇無能等劃上了等號。

或許有人極不喜歡科層官僚制，想盡辦法來消滅它，然現代政治的治理、社會福利的實施與民主政治的推動，卻著實少不了它，它可說已成為現代社會中必要之惡 (necessary evil)，建構並劃定了民眾的生活方式與社會期望。政治學者愛尊尼－哈利維 (Eva Etzioni-Halevy) 說：「只有在一個具有充分發達的科層官僚制的國家裡，才能建立起適當的民主程序來。惟一個獨立於政黨政治的科層官僚制，對民主而言，既是一個威脅，也是一種必要。說的準確點，科層官僚制本身雖並不見得足以導致民主或是保衛民主，但對民主來說，它絕不是一個充分條件，卻是一個必要條件。」(Etzioni-Halevy, 1985: 227) 湯普森 (Dennis F. Thompson) 亦認為：「假如科層官僚制或相類似的組織形式不存在的話，沒有人能夠相信現代民主政治下人民的基本生活品質仍然可以維持。」甚至，史特勞斯 (Eric Strauss) 有句名言，值得細加品評，他說道：「現代人必須生活在現代科層官僚制的巨靈之下，問題不是如何將它去除，而是如何使它馴服。」（Etzioni-Haley, 1985: 6；林鍾沂，1994: 181）

由於民眾對於科層官僚制是這種欲迎還拒的「愛憎情結」，使得科層官僚制與民主政治之間的關係變得更加模糊與曖昧，難怪愛尊尼－哈利維以「政治的兩難」(political dilemma) 來形容二者之關係。(Etzioni-Halevy, 1985) 為了探討行政的理論發展，擬就行政運作風格的科層官僚制，分成幾個階段討論之：⑴行政的範型：韋伯的科層官僚制；⑵行政的變異：新公共行政；⑶行政的摒棄：新公共管理與政府再造；⑷行政的重生：黑堡觀點與新公共服務；⑸行政的蛻變：治理的轉型，然後再歸納其內在理路：限制 (constraint)、制度施為 (institutional agency) 與探索的工匠精神

---

❶ 本章曾將散見於《行政學》的論述加以整理，發表於 2008 年國立政治大學公共行政學系主辦「探索公共行政真義：吳定教授榮退紀念」學術研討會，後經五南書局刊行於吳定等著 (2009)，《行政學析論》，第二章〈科層官僚制的發展〉，嗣後再大幅刪增成現在文本。

(exploring craftmanship)，作為行政的基本定位。

第一節　行政的範型：韋伯的科層官僚制

　　德國社會學家韋伯，不僅為現代社會科學奠下極穩固的基礎，而且也對組織理論提供不朽的貢獻。其中最為行政學者所熟悉者，是其對官僚組織的理想型 (the ideal type of bureaucratic organization) 之建構與分析。經過他的努力，奠定了後世研究科層官僚制的基礎。惟擬對韋伯科層官僚制的理想型作一分析，應先瞭解他對理想型的看法，及其討論正當支配的三種權威類型❷。

　　作為一位社會科學方法論的學者，韋伯體認到社會現象具有無限的複雜性，使研究者無論如何都不能照實完整地描述與認知，為了對社會現象的某些部分能夠有適當理解，唯有本於某種特定的觀點，從無限複雜的現象中，將不相關的要素排除，而將最基本的事象關連突顯出來，以構成一種合乎邏輯的思維型態，這便是理想型的本質。就如亞宏 (Raymond Aron) 所說：「理念類型的建構是想藉著建構研究對象的內在理性 (internal rationality) 來瞭解研究對象」。（吳育南，1993: 49）也就是說，理想型原是根植於研究者的價值關連而構成的，它與研究者的主觀條件，如個人的價值、信念、觀點和學科背景密切相關。然而，除了研究者的「主觀條件」外，理念類型的建構也必須透過對具體問題的經驗分析，參考實際因果關連的瞭解，以歷史文化的認知為基礎來建構❸。

　　在理解並建構了理想型的相關觀點之後，韋伯提出了三種正當支配的權威型態。它們分別是：⑴理性－法律型的權威——確信法令、規章必須合於法律，以及支配者在這些法律規定之下有發號施令之權力（法理型支配）；⑵傳統型的權威——確信淵源悠久的傳統之神聖性，及根據傳統支配者行使權威的正當性（傳統型支配）；⑶魅力型 (charisma) 的權威——對個人的神聖性、英雄氣質或非凡性格的效忠，並對其所啟示或制定的道德規範或社會秩序之遵從（魅力型支配）。

　　接著，韋伯意有所指地認為：在前理性時期 (prerationalistic periods)，人們的行為

---

❷　關於韋伯官僚制度理論的相關分析，吳育南先生在其〈韋伯論理性官僚體制的弔詭〉碩士論文中，有精彩的分析和評論，可供參考。因此，內文分析除另有引述外，多所援引。

❸　有關理念類型的意涵，政治學者易君博教授將之稱為建構類型，並認為它是種：⑴邏輯性的心智建構；⑵理論性的因素選擇；⑶統攝性的特殊概念。（易君博，1993: chap. 3）

取向幾乎全由傳統型和魅力型權威所決定，畢竟在法律的普遍性和權威地位尚未建立之前，以人為中心的統治是免不了的，之後法理型權威逐漸建立，擺脫了人治主義色彩，改由形式化的法律來治理社會。此即，過去統治的基礎並非法律，而現在不但有了法律的基礎，而且法律有了普遍的權威性，超乎個人之上，兩者不可同日而語。

接著，韋伯觀察到整個西方文明理性化的發展，從中古邁入近代：在宗教上，基督新教的改革；在經濟上，資本主義的萌芽；在社會上，封建制度解體，新興城市和市民階級興起；在政治上，法理型支配的確立並取得了優勢地位，這些分殊領域的發展趨勢，看似各不相同，彼此獨立發展，事實上它們卻都朝著一個共同方向在進行，那便是理性化的發展方向。於是韋伯曾經指出：理性化 (rationalization)、理智化 (intellectualization) 以及最重要的「解除世界魔咒」(disenchantment of the world) 是我們這個時代的命運與特徵。在社會生活的理性化，經驗科學研究的理智化，以及宗教信仰的解除魔咒之趨勢下，帶動了行政理性化的發展，也就是理性官僚制度的發展。

爰此，韋伯在《經濟與社會》(*Economy and Society*) 一書第十一章第一節中認為，建構完整的理性—法律型科層官僚制會突顯六項特點：(Gerth & Mills, 1991: 196–198)

1. 依法行政的原則：行政人員原則上須有固定與正式的職權範圍，通常它們是由法規，即法律或行政規章加以規範。此又可分為三點來說明：(1)官僚體制的日常活動，就是分配及從事固定職務，以履行公務的責任；(2)執行這些職責的權威，應以穩定的方式 (in a stable way) 來配置，至於相關的強制性手段 (coercive means)，無論是物質的、宗教的或其他方式，皆要依據法令的規定；(3)這些職務的持續進行，以及與之有關的權利行使，均應有條理的規範。

2. 層級節制的原則 (the principles of office hierarchy)：權威的階級層次，表示上、下層級間有著完整的命令指揮系統，上級得以監督下級，而下級以之對上級負責，使得權力集中貫徹，而呈現金字塔形態。金字塔型的結構既有利於權力的集中，也有利於任務的分工。凡能將命令由上而下地貫徹實施，即為最有效的結構。

3. 現代的公務管理係以書面文件 (written documents) 為基礎：不論文件的形式是採原始或草稿的方式加以保留，這些公文的處理與執行，是辦公室裡人員的主要職責，而且這些個別文件資料若經執行與存檔後，就形成了檔案文獻。在私人企業中，這些「檔案文獻」即為俗稱的「文書作業」。

4. 公務管理的專業化，所有專業化的公務管理（此為現代公務運作的特徵）通常

預設著完整和專業的訓練，不論是現代的政府官員和企業主管及其職員，均需要逐漸培養並充實相關專業知能，才足以勝任特定的職務。

5.充分發展的公務機關，應具備完成公務所須具備的完整運作能力：通常這些能力可透過行政機關和私人組織的長期發展而加以獲得，倘這些能力明顯不足，無法提供民眾所需服務，那麼政府的經營就顯得不那麼重要了。

6.公務處理必須依循普遍法則：在穩定性與一般性之外，它還能被學習。能夠擁有這些規則知識，代表行政人員習得了一種特別的技能。除了涉及法律體系之外，它更包括公共行政與企業管理所建構的標準運作程序之理性規劃能力。

若拆解來看，韋伯的「理性－法律型」科層官僚制，在結構和程序上呈現以下各項特色。在結構方面強調：(1)專業化的權限、職位和任務：此即講究工作的專業分工和權威的分立；(2)層級節制的權威：藉以達成協調專業化的活動以及整合不同的管轄權限，尤其是理性的官僚制度設計，組織的領導應由單一的個人權威為之；(3)永業化的結構 (career structure)：藉由永業化的結構讓組織的成員得以在不同的專業與層級間遷調，甚至其異動或陞任是植基於功績或年資；(4)持久性的官僚結構：不論成員的來去，官僚結構應維持不變，俾使社會倚賴其運作，避免造成混亂；(5)官僚制度是個大型的組織，任何社會組織在規模上都無法和其相提並論。

至於官僚制度的程序特徵為：(1)對事不對人或去人性化 (dehumanizing)：由於感情是理性的敵人，所以「官僚機器」應該把感情加以祛除，讓「不理性的」情緒因素無法在組織整體運作中發生作用；(2)形式主義 (formalism)：因為科層官僚制的運作不是倚賴個人而是倚賴職位，因此有關結構和運作的種種都應形諸於文字；溝通也應以書面方式為之；而且所有文書應加保存並使之成為檔案。由於文書檔案經常是權力的來源，故對檔案的調閱權也需加以限制；(3)規則拘束：官僚的運作強調依正式的規則進行，因此，規則不但要具體明確並被學習。規則除了敘明正當的職務程序和確保運作的規律性外，亦在確保對事不對人和支撐層級節制的權威；(4)高度的紀律化：科層官僚制的規則和權威結構不但拘束了官僚的個別行為，亦對那些逾越者和不服從者加以處罰。(Rosenbloom & Kravchuk, 2005: 143–146)

其實，韋伯建構了理性－法律型科層官僚制之後，其亦對科層官僚制的未來發展，抱著戒慎恐懼與「放心不下」的心情。一方面，理性－法律型科層官僚制具有治理的技術優越性與不可或缺性；另一方面，理性－法律型科層官僚制會使政治逐漸失去控

制，在社會上會形成特殊的階級，和對人性的貶抑。（吳育南，1993）

就科層官僚制的優點而言，韋伯云：「相較於其他組織，好比生產模式的機械方式與非機械方式的比較。科層官僚機構比其他組織更具有精確、迅速、果決、檔案知識、持續、謹慎、一致、嚴格服從以及將摩擦和物資人力成本予以降低——這些都在科層官僚的管理中被提升到最適當的地位。」第二，依據韋伯的觀點，理性－法律型科層官僚制講求對事不對人、形式主義、普遍化的標準，這都有助於民主政治中平等原則的實現。第三，從統治者的觀點來看，他們必須依賴龐大的官僚系統來強化其統治基礎；從廣大民眾的觀點來看，人民期待官僚制度能夠重視為民服務，並解決社會上層出不窮的問題。這使得我們無法想像，一旦科層官僚制停止運轉，社會將呈現什麼樣的亂象。對韋伯而言，馬克思 (Karl Marx) 所主張的「無產階級專政」，只是一個夢想，實施社會主義「將會導致一個比在資本主義社會中更為官僚制度化的國家」；而且，事實上，「社會主義比資本主義可能需要更高程度的官僚化形式」。甚至如古德諾爾 (Alvin Gouldner) 所形容的：「雖然馬克思認為工人在社會主義革命中將一無所失，但韋伯認為，他們也將一無所獲」。（吳友明譯，1998: 47）

惟就科層官僚制的缺失而言，首先韋伯認為科層官僚制會利用其專業知識和公務機密，掠奪各種利益和權力，並擺脫外界的監督。第二，在嚴密的層級體制內，終日與公文為伍，終年案牘勞形，自成為一封閉體系，儼然像個特殊階級。再加上科層官僚制中設定許多所謂「機密性」的公務，更使其具有不可替換性，而得以鞏固基本的地位。第三，隨著「官僚化」的發展，個人自願或非自願地被納入理性－法律型科層官僚制之支配下，每個人都變成不停運轉機器上的一個小小齒輪，並照著指定路線行動，人的自主意識將被秩序和紀律所取代，不自主地淪為這部大機器內一個小零件，而處處顯得無力而渺小，只能循規蹈矩地「運轉」。這種「去人性化」的特性，當官僚制度愈是充分發展時，愈是嚴重。有鑑於此，韋伯認為理性已陷入官僚化（科層化）的陷阱中，人類的未來將被束縛在鐵的牢籠 (the iron cage) 之中。無論科層化當初得到什麼樣的祝福，今日的它已成為詛咒，完全失去了精神面。（黃煜文譯，2007: 205）或許如韓第 (Charles Handy) 所云：「人生的意義，絕不僅是充當某部大機器的齒輪，終日疾轉，不知目標何在」，（周旭華譯，1995: ii）這是生活在科層官僚制下的一大警惕。

不僅韋伯對於理性－法律型科層官僚制之建構及其缺失有著深刻的分析與反思，

學者們對之亦有不少的批評。其中莫頓 (Robert K. Merton) 說道：「遵守規則在一開始只被當成一種手段，但後來本身轉變為一種目的，因而發生人們所熟悉的目標錯置 (displacement of goals) 過程，亦即『工具性價值變成目的性價值』。」（林鍾沂、林文斌譯，2003: 53）這種公務人員誤把手段當成目的的「目標錯置」，在倫理學上，無異是違背自己道德；若按聖奧古斯汀 (Saint Augustine) 的說法，這是「最嚴重的一種原罪。」（周旭華譯，1995: 175）此外，根據組織學者邊尼斯 (Warren Bennis) 的分析，科層官僚制在實際世界的運作特徵為：(1)主管缺乏技術能力；(2)武斷和荒謬的規則；(3)地下的（非正式的）組織破壞或取代正式組織；(4)角色間的混淆和衝突；(5)不是以理性或法律基礎來對待部屬，而是以非人性或不當方式為之。(Rosenbloom & Kravchuk, 2005: 154) 而最嚴屬的批評，莫過於杜普瑞 (Ben Dupré) 的這段描述：「在一般人眼中的公共官僚體系，是非常沒有效率的，服務也毫無品質可言，根本是白花納稅人的錢。官僚制度典型的專業化，能界定角色，精進技能，以符合特定任務的需求，但是這麼明確的分工會導致公職人員眼光狹隘，不願意從事自己專業領域之外的工作。層級制度或許能提供一個清楚的指揮架構，卻也容易造成過度謹慎，欠缺主動與創新。嚴密的法令規章能帶來延續性，減少專斷，但是一味死守法令很容易造成只重視過程不重視結果，還會讓不良的作業流程形成制度。」（龐元媛譯，2013: 132）

　　不過，從辯證觀點言，韋伯建構的理性—法律型科層官僚制特徵所表現的正、反功能，大略可以表 2–1 說明之：

表 2–1　科層官僚制特徵的正、反功能

反功能	科層官僚制的特徵	正功能
枯燥乏味	分　工	專業化
缺乏士氣	非人情取向	理性化
溝通阻塞	權威的層級節制	紀律性的服從與協調
僵化與目標錯置	法規與章程	連續與一致
成就與年資的衝突	永業取向	激　勵

資料來源：Hoy & Miskel, 1987: 115.

　　最後，筆者謹就科層官僚制提出幾則有趣的引喻和論述供作讀者反思，並為本節

的結束。

邊尼斯在 1959 年曾以〈官僚制度的終結〉(The End of Bureaucracy) 為題寫了一篇文章，但他認為科層官僚制還會長存下去。這位南加大榮譽教授在 2006 年寫給《經濟學人》(*The Economists*) 的一封信中說到：「與吾人的期待和作品中所描寫的烏托邦境界正好相反，科層組織的鐵則就跟一顆有瑕疵的鑽石一樣堅固。」（Starling, 2008: 325；洪聖斐等譯，2008: 381）此為其一。

IBM 前執行長葛斯納 (Louis V. Gerstner Jr.) 在《誰說大象不會跳舞？》(*Who Says Elephants Can't Dance?*) 一書曾說：「在我的職場生涯中，流行的企業教條總是說，小就是美，大就是壞。一般人的看法，認為小公司的行動快速、富有創業精神、反應力強、成效顯著。大公司的行動遲緩、官僚氣息濃厚、麻木不仁、做事效果差。這是無稽之談。我從沒看過不想成為大公司的小公司，也沒看過小公司不艷羨大公司的研究和行銷預算，或大公司業務員的規模和分布的範圍。在公開場合，小公司總是虛張聲勢，擺出大衛對抗歌利亞那般的勇氣，但是私底下卻說：『但願我能有那些大公司的資源可用！』」嗣後他寫道：「大象是不是贏過螞蟻，並不是問題。某隻大象會不會跳舞，這才是問題。要是牠會跳舞，那麼螞蟻最好離開舞池。」成為該書的經典佳句。（羅耀宗譯，2003: 278）此為其二。

德國社會學家米契爾 (Robert Michels) 在《政黨論》(*Political Parties*) 說過：「組織誕生了讓被推選者控制了選舉者，被託者控制了託付者，代理者控制了授權者，誰談到組織誰就會談到寡頭。」此為其三。

著名管理學者韓第認為國家和企業一樣，都應讓人們逐步走上尊重雙重公民身分和雙重忠誠的「聯邦制」。因為他們希望讓地區性的單位或特定的成員享有較多獨立性；同時，又希望保有規模宏大的益處。「既大又小」儘管管理起來煞費周張，卻有其意義。韓第又云：現代組織比以往更需要兼具國際性與地方性；需要在某方面小，而又在某方面大；需要在大多數時候分權，而又在某些時候集權；需要員工獨立作業，也加強團隊合作。在某層意義上，「組織的年代」(the age of the organization) 可說已到盡頭，但就另一層面看，組織仍將是構成社會的關鍵要素。只是未來組織的特徵，與其說是「雇用型組織」(employment organization)，毋寧說是「組合型組織」(organizing organization)。（周旭然譯，1995: 127–128, 45–47）此為其四。

著名法律學者傅利曼 (Lawrence M. Friedman) 也指出：「許多人堅持希望政府少管

一點，也就是希望科層官僚制能夠倒退一點。但是如果有空難發生，人們又會以高分貝批評政府對航空業的管制與檢查不夠嚴格。如果有水災、火災、地震發生，人們又希望聯邦緊急應變機關能夠有迅速的反應。人們想要有各種層面的政府服務，而且需要又快又好的服務。我們的社會之所以有如此多元的意見，就是因為在各式各樣的人民基本權利中，我們享有讓彼此對立意見同時大鳴大放的權利。」（楊佳陵譯，2011: 172）此為其五。

由上說來，可見生活在科層官僚制裡，我們是多麼的無奈，又是多麼的真實期盼。一方面，「大象」如實的存在著；另一方面，又希望「大象」不要笨拙地行動，而是牠會跳舞。正如 2009 年《經濟學人》提出的：「大政府不必然一定是醜惡的，如同小政府也不一定是美的」。（李顯峰，2016: 7）

第二節　行政的變異：新公共行政

新公共行政從 1968 年起，每隔 20 年召開一次會議，所以迄今共舉辦三次，這三次的會議雖然同在雪城大學明諾布魯克會議中心 (Minnowbrook Conference Center, Syracuse University) 舉辦，卻有著未盡相同的背景、要旨與期待，茲就此三次會議的相關分析及其對公共行政的影響略加敘述。

壹、第一次明諾布魯克會議

隨著時代環境的巨變，行政亦難避開重大的挑戰。尤其是 1960 年代末期，在世界各地，特別是美國本土，接連發生許多動盪與不安：校園暴動、嬉皮運動、學生運動、暗殺事件、反越戰心理，以及爾後幾年發生的重大問題，如經濟停滯、能源短缺、貪污索賄、失業等問題層出不窮。面對著社會的騷動，學術界亦承受著來自政治、經濟和社會各方的壓力，而無法置身事外，學者們必須走出過去與社會疏離的學術象牙塔，正視紛至沓來的各類問題。有感於此，瓦爾多認為行政正處於一個「革命的時代」(in a time of revolution)。於是在他發起與贊助下，聚集了 33 位年輕的行政學者，於紐約雪城大學的明諾布魯克會議中心召開會議，以「華山論劍」的方式，徹底反思和爭辯行政的發展歷程、面臨的問題，以及未來的發展方向。由於其與傳統主流行政之研究重心不同，故自稱為「新公共行政」(New Public Administration)。

此次會議提出的論文與評論被收錄在馬瑞尼 (Frank Marini) 所編的《邁向新公共行

政：明諾布魯克的觀點》(*Toward a New Public Administration: The Minnowbrook Perspective*) 一書裡；另瓦爾多所編的《動盪時代下的行政》(*Public Administration in a Time of Turbulence*)，以及傅雷德里克森 (H. George Frederickson) 所著的《新公共行政》(*New Public Administration*) 可視為闡述新公共行政的佳作，並與前書相互輝映與激盪，頗值得參考。

根據馬瑞尼的分析，新公共行政的主要特徵有五：(Marini, 1971: 348–352)

一、邁向「相關性的」行政 (toward a "relevant" public administration)

何謂相關性？可就反面的意思來理解，如果我們的行為、方案、提問甚或觀念，被認為無關宏旨，那就不具相關性了。但什麼才是「有關宏旨或無關宏旨」？其實是言人人殊。而在馬瑞尼看來，行政要具「相關性」，應致力於釐清下列的問題：(1)與「動盪時代」的問題相關：如參照前述新公共行政會議召開時美國所處的環境，那麼學者們討論的焦點為分權、組織權力轉移下放 (organizational devolution)、參與概念等，就不足為奇了；(2)與行政的問題相關：尤其是比較行政之類的議題，如比較都市行政、行政的區域比較，以及相類似的或不相類似的組織單位之比較 (comparison of similar and dissimilar organizational units)；(3)與實務的問題相關：例如規劃設計預算制度 (PPBS) 的推行，是要被視為促進分權和參與的管理，並成為推動變遷的重要槓桿？或是將之斥為對行政人員沒有太多幫助的簡化措施？

二、採用後邏輯實證論 (postpositivism)

新公共行政學者認為，傳統行政著重實證主義，重視經驗分析，主張「價值中立」(value-free) 是危險的誤導，應該與之有所切割。因為它忽略了價值對行政具有「社會相關性」，惟當行政人員的價值和觀念適切時，才能對社會問題產生較為正確的認知，所以重視規範判斷與反思對行政人員的理念塑造與決策判斷是不可忽視的一環。甚至有不少學者認為，追求社會公正 (social equity) 而非效率，才是行政真實的規範基礎。

尤其是，社會科學的新近發展，如人本心理學 (humanistic psychology)、存在主義 (existentialism)、現象學 (phenomenology) 及其他學說等，皆可對未來行政的研究、認識論與教育哲學提供了主要的新方向和新取向。(Marini, 1971: 350)

惟在引進價值的同時，是否要放棄實證性的研究？關於此者，誠如傅雷德里克森

所言，新公共行政既非反實證論，亦非反科學主義，不能純以行為主義作為論述公共組織運作的理由，亦不能以行為主義作為所謂「中立」的外觀；而是重視並使用科學的技能，來幫助分析、實驗和評估各種政策與執行方式。因此，傅雷德里克森將之形容為「第二代的行為主義」(the second-generation behavioralism)。換言之，第二代行為主義與第一代行為主義不同的是：較少「一般性」(generic)，較多「公共性」(public)；較少「描述性」(descriptive)，較多「規約性」(prescriptive)；較少「制度取向」(institution oriented)，較多「當事者—影響取向」(client-impact oriented)；較少「中立性」(neutral)，較多「規範性」(normative)；而且希望「科學」(scientific) 一點也不少。(Frederickson, 1971: 315–316) 後來萬斯來 (Gary Wamsley) 稱它為「新的社會科學」(new social science)。

三、適應環境的動盪不安 (adapting to turbulence in the environment)

新公共行政學者認為，面對社會與日俱增的複雜性與互賴性，未來環境的動盪不安是個無法避免的嚴峻挑戰。彼勒 (Robert P. Biller) 將之形容為「詭譎且無法預期的異常」(bizarre and unexpected anomalies)。是故，行政必須拋棄過去穩定時期所持有的程序和理論，創造適合動盪環境的理論和公部門單位。其中，「面對面的境遇」(confrontation) 和參與的程序，被視為是較合適的適應技術，進而強調當事者—組織的互動以及對動盪的容忍。(Marini, 1971: 350–351)

四、發展新的組織形式 (new organizational forms)

基於相關性、面對面的境遇和動盪的考量，傳統的科層官僚制已無法迎合時代的需求，而面對面境遇的行政 (confrontation administration) 和當事者導向的行政制度則被認為是組織形式的重大變革之道。另外，科哈特 (Larry Kirkhart) 提出協和式模式 (consociated model) 以取代官僚制度，此種組織結構的特徵如下：(1)專案團隊是基本的工作單位；(2)多元的權威結構；(3)整個組織要有時間定然性 (time imperatives) 概念；(4)運用不同的次級單位或專案計畫去處理相同的基本問題；(5)社會關係以高度的獨立性和互倚賴性為特徵；(6)讓受服務的顧客能夠在組織裡表達聲音；(7)講究短暫雇用，而非終身職；(8)記錄的保存要以電腦為之；(9)專業角色除要追求技術技能外，尚應儘量避免不當的社會階層化 (social stratification) 出現。(Kirkhart, 1971: 159–161)

五、建立當事者導向的組織 (client-focused organizations)

根據傅雷德里克森的看法，新公共行政的基本要旨，除了仍顧及傳統行政的兩個標準：(1)如何在可資運用的資源下提供更多或更好的服務（效率）？(2)如何以減少支出來維持目前的服務水平（經濟）？應再加上一個重要的標準：「此一服務是否能夠增進社會公正？」甚至傅雷德里克森說道：「行政若不去改變，以彌補少數族群被剝奪的缺憾，終將會壓抑這些少數族群。」(Frederickson, 1971: 311)。又如詹森 (Samuel Johnson) 所言：「文明的真正考驗在於能否妥善照顧窮人。」（龐元媛譯，2013: 162）因此建立具社會正義的當事者導向之行政，是刻不容緩的工作；而且行政人員也應較過去更為強調對當事者忠誠 (client loyalty) 和方案忠誠 (program loyalty)。(Marini, 1971: 352)

總的來說，根據傅雷德里克森的觀察，第一次明諾布魯克會議所討論的主題雖然雜亂，但事後來看，仍有若干可加辨識的主題：(1)行政的相關性；(2)行政的民主基礎；(3)行政是種道德事業；(4)民主行政，即所謂「關愛的政治」(politics of loves)，其假定為：「如果你想改變制度……，你還得先去改變人」；(5)社會公正。上述的主題內容未必為每位與會者所一致同意，但是，假以時日，也許特定的明諾布魯克人士 (Minnows) 必會與特定主題連結在一起。(Kim, O'Leary, Slyke, Frederickson, & Lambright, 2010: 3)

就影響層面而言，傅雷德里克森認為第一次明諾布魯克會議對行政學產生的影響，可以涵蓋如下：(Frederickson, 1989: 97)

1. 行政的研究重點從傳統重視機關管理轉移至政策議題。如學校的教育素質、法律的執行成效及環境的品質等，皆成為一種「分析單元」(units of analysis) 或政策議題。此種行政的政策途徑之興起，對政府施政的品質影響甚大。
2. 除了效率與經濟，增加社會公正作為政策的立論基礎或合理化觀點。如法律的平等保障對法律的執行者與制定者是同等重要的議題。
3. 政府的倫理、誠信和責任，再度成為行政強調的重點。1950 年代晚期和 1960 年代初期，將那些職涯永業化的服務官僚，視為固定決策的執行者，而今他們應該被理解為公眾的信託者，並在民眾之間公平地分配成本與利益，以提供最佳的可能服務。
4. 當民眾需求改變時，政府機關規模應適時地酌量增加或減少。是以，裁撤不需要或

無效率的組織或方案，是項殊榮的行政責任。因此，有關「精簡管理」(cutback management) 的文獻普受推廣。

5. 變遷而非成長，被理解為相當重要的行政理論。一個能回應民眾需求的政府定會有所成長（當新需求非常清楚），也會有所衰退（當機關提供的服務不再是重要），所以，管理變遷（而非成長）是評估政府效能的重要標準。

6. 有效的行政是在主動參與的公民意識中加以界定。

7. 1950 年代和 1960 年代，執行被視為決策制定研究的核心階段，然到了 1970 年代，難度更高的挑戰是去真正實踐決策。

8. 理性型模的正確性和層級節制的嚴格運用，受到嚴厲的挑戰。

9. 多元主義 (pluralism) 雖被廣泛地接納為解釋公權力運作的有用設計，但它不再是行政實務的重要標準。

　　關於第一次新公共行政會議的觀點，筆者以為有三個要點值得提出來加以補充：第一，新公共行政雖有分歧的看法，但它的主要內涵卻可表現在全鍾變建構的傳統行政假定與新興行政假定的比較差異裡，如表 2–2 所述。(Jun, 1986: 50)

　　其次，新公共行政開啟學術新氣象的作法，難免會遭致不同聲音的質疑。譬如傅雷德里克森就曾指出，要將思考、概念、典範、理論指稱為新，是何等冒險之事，新公共行政的若干觀點早就被柏拉圖、霍布斯、馬基維利、漢彌爾頓、傑弗遜及許多現代行為理論家所討論。所謂的「新」，僅能比喻為新的織法 (fabric)，而非指新的織線 (thread)。(Frederickson, 1981: 5) 這宛如《聖經》告訴我們：「太陽底下沒有所謂的新東西」，以及布魯斯特 (Marcel Proust) 曾云：「真正的發現之旅，不在於發現新大陸，而在於以新的眼光去看事情。」

　　第三，湯普森 (Victor Thompson) 曾將新公共行政批評為「偷竊人民主權的無恥企圖」，或「對正當性政治權威的不當挑戰」，呼籲行政應受限於中立地執行政務官員的意志。儘管如此，筆者認為湯普森的批評也未免太拘泥於傳統代議政治的框架，崇尚行政向政治負責，強調「政治主人」監督「行政僕人」，而忽略了現代的對談民主 (discursive democracy)，崇尚讓不同制度或價值擁護者有彼此對話與論證的另類表達機會❹。尤其是 1968 年，倡導新公共行政之際，昔日的母學科——政治學，亦於次年（1969 年）由政治學會會長伊斯頓 (David Easton) 在年會上發表的〈政治學新革命〉 (The New Revolution in Political Science) 一文，深刻表達對行為主義的不滿，並呼籲政

表 2-2　傳統行政與新興行政的比較

傳統行政的假定	新興行政的假定
政治行政二分法	政治行政的交互關係
行政中立	倫理責任
效率與生產力	問題解決的效能
集權與控制	分權與參與
跨文化比較	跨文化／區域比較
功能維持	功能與職責的重新設計
廣泛、理性的規劃	參與性的社會規劃
回應性的問題解決、改變與學習	主動性的問題解決、改變與學習
事實與價值的中立	事實與價值的批判檢視
重視特殊利益團體的影響	重視多元式及參與式的民主
著重專家在政策分析中的角色	著重社區問題解決的公民參與
垂直性的協調與權威關係	水平性的合作與人際間的網絡
在充裕資源下達成組織成長	在有限資源下追求卓越
資訊累積	資訊分享與網絡交流

資料來源：Jun, 1986: 50.

治學應去追求相關性與行動主義，注意政治哲學的復甦，以及積極從事價值的研究與建設等，而開啟了後行為主義 (post-behavioralism)❺時代的來臨。可見新公共行政對

----

❹　如第一章所述，在東方的世界（尤其是中國），行政的原型 (prototype) 之一，即有視為「宦官」的可能，所以「行政宦官」對「政治主人」不能越俎代庖，否則就有干政之嫌。本此觀點，湯普森對新公共行政的批判是可理解的。惟從另類的角度來看國內推動《文官中立法》，無意中有將行政視為「宦官」並予以法制化之嫌，要求行政人員永遠在政治的管轄下，不可與之對抗。筆者以為，「文官中立」單獨立法，並非沒有爭議，而應將之視為《公務員基準法》的一部分，才為正途。再者，受「行政宦官」的影響，行政學會是政治學的旁支或附庸，將行政學貶抑為瓦爾多所言的「次等的公民地位」，這對一位行政學者而言，更是情何以堪。

❺　伊斯頓在該文中認為後行為主義的特徵如下：第一，實質先於技術；第二，行為主義隱藏了一

傳統理論的挑戰，並非孤軍前行，而有其脫胎的母學科——政治學相互陪伴，這是一個不能漠視的劃時代改革脈絡。

貳、第二次明諾布魯克會議

第一次明諾布魯克會議召開後，過了 20 年，即 1988 年，新公共行政會議又於相同的地點再度集會，除回顧與檢視第一次明諾布魯克會議後行政的發展外，並比較了 60 年代與 80 年代行政理論與研究，以前瞻行政的未來發展。

綜合言之，自第一次明諾布魯克會議之後，美國的行政實務發生了不小變化。1972 年水門事件，使美國政府蒙羞、人民失望，導致了 1970 年代以後，民眾對政府的冷嘲熱諷有增無減。當無法有效改變政府時，乃有民眾指出更好的改變之道就是縮減政府，甚至當民眾看不到期待的改變或回應時，更有主張透過公民投票來進行減稅，進而透過選舉方式支持那些聲稱可以革除「浪費和貪污」和控管官僚制度的總統、州長或市長等。

國家的角色開始由積極性國家 (positive state) 稍加轉變為管制性國家 (regulatory state)，形成了不是更多的「政府」(government)，而是更多的「治理」(governance)，接著有較多的民營化、契約外包、志工制度和第三方政府 (third-party government) 的呼聲。總之，傳統政府所主張的公共目的之價值逐漸消退，而讓重視私己利益的價值得以從中開展。所謂「平權行動」(affirmative action) 雖然有些成效，但仍有許多無家可歸、貧窮和失業者，造成嚴重的社會問題。值得一提的是，1988 年隨著雷根政府時代的結束，執行為時不短的「抨擊官僚制度」(bureaucracy bashing) 改革作法亦隨之告終。

再者，美國經濟也產生了急劇的變化。從事有形財貨生產的就業人口明顯衰退，從全國勞動就業人口的 1/3 降低到 1/4。日益衰退的製造業、農業、礦業和建築業，被崛起的服務業和資訊業所取代。昔日經濟迅速成長年代已被限縮年代所取代，年輕人

個經驗保守主義的意識型態；第三，不少行為研究與現實脫節，而後行為主義的任務即在打破行為論所型塑出來的沉寂障礙 (the barriers of silence)，並幫助政治學能為危機時代人類的真正需要而服務；第四，研究價值與有建設性地發展價值；第五，作為一個知識分子，他的歷史任務即在保護人類文明的價值；第六，知即有行的責任，行即是社會的再建；第七，知識分子有義務去應用其知識，因此，職業政治化 (politicization) 不但不可避免而且也有必要。

比上一代的父母親面臨了更為惡劣的經濟未來。無形之中，讓很多年輕人不得不重視職涯導向或工作導向，而不再重視公共服務和利他觀念 (altruism)。

　　另一方面，行政的學術領域也同時發生若干急劇的改變。各大學的學院或學程，明顯超過 60 年代；行政研究也比以前更強調科際整合。雖然行政過去是政治學的一個主要分支；如今在分析與理論上則更為精緻與細密。有少量學術性期刊的出版，行政碩士學位逐漸受到正式認可，成為值得在政府行政中追求永業化職涯發展的學術領域。（Frederickson, 1989: 97–98；沈淑敏，1999: 22–23）

　　參與第二次明諾布魯克會議的學者與實務者，共計 68 位成員，其中 36 位是 1980 年代才進入行政領域，而且他們是屬於以私己利益為主要價值的世代；其他的 32 位則是於 1960 年代就已進入行政領域，並受到公共目的和越戰動盪所影響的世代。該次會議的主要文章與觀點，由傅雷德里克森整理成篇，並以〈第二次明諾布魯克會議：行政的變遷紀元〉(Minnowbrook II: Changing Epochs of Public Administration) 為題，在 1989 年《行政評論》(*Public Administration Review*) 三、四月號發表。

　　就古伊 (Mary E. Guy) 的觀察，第二次明諾布魯克會議的主要成果，可歸納為十一項重點。(Guy, 1989: 219–220) 前五項是在展現歷史的觀點，可拿來與第一次會議作比較；後六項則著重當前及未來的行政發展。茲說明如下：

1. 幾乎所有論文和評論一致認為，與第一次會議由社會公正議題所主導相比，第二次會議則平和不少。

2. 對民主價值的強烈關注，並以推動民主作為行政的重心；因而行政倫理、行政責任和行政領導是其關注的焦點。

3. 對於規範性觀點和行為主義者的爭論仍未停歇。

4. 認為社會和勞動力的多樣化，是基本的價值。多樣化主要呈現在三個環節脈絡中：⑴專業者與通才者 (specialists versus generalists) 的對比；⑵種族、族裔和性向的差異性 (racial, ethnic, and sexual diversity)；⑶性別的差異性 (gender diversity)。

5. 對行政抱持著審慎的期望 (constrained hopefulness)，不再像 1968 年那麼樂觀。甚至由於 80 年代民營化的趨勢，政府不再被視為變遷的推動者 (change agency)，而是維護者 (conservator)。不過，對此一議題仍有爭議。

6. 接納「務實的途徑規則」(rules of the road)：參與者以較務實的態度去探討公共問題，並尋求可著手解決的辦法，不再像 60 年代的激進批判；且較關注短期的未來，

而較少關注長遠的規劃。

7.由於專業的自我中心主義 (ethnocentricity) 和本位主義 (parochialism) 的盛行，顯示行政的科際整合仍有一段艱困之路要走。

8.很明顯的，對企業爭論不休：在多數的論文和討論中，對資本主義與企業多抱持輕蔑的觀點。即使默認民營化，亦對企業有所鄙視。然而，美國的成功來自於民主制度與資本主義之間奇妙而緊張的關係，如果行政的挑戰在於管理社會的「裂縫」(the seams)，那麼實有必要結合企業、非營利部門和公部門，以提供最佳的服務。

9.對人事體系的限制感到不耐，而期盼人事制度有所創新。對那些無法解雇沒有生產力的員工，又不能及時地雇用合適的員工、擢升最優秀人才以及強化高度生產力的公共管理者，應予革除。

10.不太認同科技的重要性：在許多的爭辯中，科技被批評要比被讚美來得多，甚至不認為科技是改善公共服務的基本工具；然而，電子信箱、人工智慧的盛行是有目共睹的現象，既然無法積極處理，只好延到二十一世紀再議。

11.不願意去留意政府應做的瑣碎細節。即使行政人員無可避免地要執行政策議程的管控，但是行政與政治的二分似乎還繼續存在且運作良好。

此外，傅雷德里克森亦針對第二次明諾布魯克會議，摘要出以下幾個主題：第一，更多的技術觀點；第二，更多的個人主義看法；第三，社會公義已涵蓋了性別和年齡；第四，生產力和績效衡量的重要性逐漸浮現；第五，能夠將主流性社會科學與實證主義或西蒙觀點給予更多的連結。(Kim, O'Leary, Slyke, Frederickson, & Lambright, 2010: 7)

總結兩次新公共行政會議的結果，似可歸納如下的重點：1968 年第一次明諾布魯克會議的主題為相關性、反邏輯實證主義、不滿意學科的狀態、改變與創新、改善人際關係、調和行政與民主政治、當事者取向的官僚制和社會公正等。1988 年的會議，則包括許多相類似的主題，特別是倫理、社會公正、人際關係，以及行政與民主政治的調和。但是，也涉及了數個新興的和差異化的主題，主要有：領導、憲法和法律觀點、科技政策、經濟或市場邏輯、對實證主義採取較不敵視的態度，以及對社會科學與政策科學的應用持較開放態度。總體來看，1988 年會議的風格可說是修正導向、理論精進和問題解決，它與 1968 年的會議試圖重新定義行政的激進風格迥然有別。(Frederickson & Marini, 1998: 1803–1804) 難怪傅雷德里克森說：這兩次會議的氣氛、

風格和感覺是有差別的，1968 年的會議是爭論的、對抗的和革命性的，而 1988 年的會議則是較親民的 (more civic)、較務實的。雖然兩次會議都是理論性的研討，但是 1968 年會議的對話是堅決地反行為主義的，而 1988 年會議較能接受行為科學對行政的貢獻 (Frederickson, 1989: 99)。此外，波特 (David O. Porter) 亦認為可用三個 "R" 來形容這兩次明諾布魯克會議的呈現，第一次會議是理論的「嚴謹」(rigor) 和實務的「相關性」(relevance)，第二次會議則是「共振」(resonance)，企圖為嚴謹（理論）與相關性（實務）之間搭起橋樑。(Porter, 1989: 223)

參、第三次明諾布魯克會議

距第二次明諾布魯克會議二十年後，即 2008 年，新公共行政再次於雪城大學召開第三次會議。「世界各地之行政、公共管理和公共服務的未來」(The Future of Public Administration, Public Management, and Public Service around the World) 是為該次會議主題。此次會議期間所發表的文章，有部分蒐集在歐雷利 (Rosemary O'Leary)、史萊奇 (David M. Van Slyke) 和金姆 (Soonhee Kim) 所編《行政在世界各地的未來》(*The Future of Public Administration around the World*) 一書中，另有部分文章散見於《行政研究與理論期刊》(*Journal of Public Administration Research and Theory*)、《公共生產力和管理評論》(*Public Productivity and Management Review*) 以及《行政理論與實踐》(*Administrative Theory and Praxis*) 等。

就環境背景而言，嚴格說來，第三次新公共行政會議的背景，與第一次會議的背景較為相似。小布希總統備受爭議的執政風格、恐怖主義、911 攻擊、伊拉克和阿富汗戰爭、卡翠納颶風、網際網路的影響和嚴重的經濟衰退，都像極了 1968 年所面對的動盪氛圍。在政治上提供了官僚制度變遷的動能，讓行政朝向更為技術治理、績效取向和成果管理的方向發展。柯林頓總統當政後，汲汲於推動《政府績效暨成果法》(*The Government Performance and Results Act*)，也讓州政府紛紛響應。全美在風行績效管理之後，一方面使得美國總統的幕僚機關管理預算局 (The Office of Management and Budget)，必須慎重擬訂國家施政藍圖以為聯邦機關遵守的方向。另一方面，為了彰顯績效，政府部門也積極推動契約外包來執行公共服務。而最具戲劇性的發展，莫過於美國民主黨提名第一位非裔美籍人士歐巴馬 (Barack Obama) 作為總統候選人。其競選成功，確能為美國在紛爭的政府和市場角色與責任承擔究應如何定位帶來不同風貌。

　　另外，美國一般民眾對政府機關的個別主管較缺乏信任，但對整體民主體制和官僚制度則較具信心。有人或許認為這是少了義務兵役的緣故，因為大多數美國人均不願意在戰場上為戰爭而犧牲，所以少了義務兵役就減少了許多的公民抗議；然而亦有人認為是因為重視治理年代的來臨，政府已不再是公共服務唯一或最重要的角色，抗議之聲也就不像以前那麼熾熱。總之，在治理網絡下，非營利部門和私部門能夠在國家層次和全球化層次上，為逐漸支離破碎化的府際和跨轄區環境 (an increasingly fragmented intergovernmental and interjurisdictional environment)，提供若干協助來實現政府的任務。

　　在學術上，行政已為一門不斷成長的學術領域。到了 2008 年，在專業學會、學術期刊、海外的行政計畫和相關會議的選擇增多了；多數的學位獲得認可；行政碩士班的課程甚至整個領域的課程設計，越趨標準化且受到公開的肯定；全國性的公共事務學術的評比蔚為風行，還有次領域的專業，如公共管理和（或）行政、公共財政和預算、非營利管理、地方政府和公共政策分析，也越具競爭力；想要獲得學術升等和教職的資格，比 1968 年更加嚴格；隨著學術期刊數量的成長，也產生了若干「大圖像」(big picture) 的理念、理論和模式。不過，此時行政領域與其說是相對差異化和「多元理論」的競逐，毋寧說是主流性的行政依然鑲嵌在應用的社會科學形式之中，而且展現出更為科學的、理性的與實證主義的一面。(Kim, O'Leary, Slyke, Frederickson, & Lambright, 2010: 8)

　　第三次明諾布魯克會議的進行大致分成兩個階段。第一個階段是大會之前的研討會，由過去 8 年來完成博士學位的 55 位學者在紐約雪城大學的藍山湖 (Blue Mountain Lake) 開會。為讓年輕人能暢所欲言，不受資深參與者的限制，身為大會的召集人，同時亦是雪城大學 Maxwell School 著名學者歐雷利 (Rosemary O'Leary)，特別安排此一會議，並邀請傅雷德里克森和雷伯特 (W. Henry Lambright) 參與會議，旁觀而不參與討論。會後這些參與學者除了發表一份《誓為新公共行政學者的宣言》(*Statement of Commitment for New Public Administration Scholars*) 外，亦提出他們關心的幾個主題：(Kim, O'Leary, Slyke, Frederickson, & Lambright, 2010: 9)

1. 維持接受相關性的挑戰；
2. 行政與黑人公務員；
3. 在亞洲從事行政教育的挑戰；

4.是否存在著全球化的行政？

5.行政是否被經濟學所欺騙和擺布？

會議的第二階段，則有來自 13 個國家共 200 位的學者與實務專家與會，其中 30 位資深人員曾參與第一次和（或）第二次明諾布魯克會議。全體參與人員共聚在紐約雪城大學的寧靜湖 (Lake Placid)，探討的主題如下：(Kim, O'Leary, Slyke, Frederickson, & Lambright, 2010: 12)

1. 2008 年的行政領域與 1968 年、1988 年有何不同？2008 年的行政內容是什麼？

2.我們能否為已有 30 年歷史的新公共管理，提出理論和經驗性的結論？

3.受到不同學科學者的影響，行政在發展理論的核心基礎上，是更加的緊密抑或更加的分離？

4.有關網絡治理和協力式公共管理之新理念，將會如何改變行政、公共管理和公共服務的方式？它們是否也會改變行政的實務？甚而改變我們教學計畫的內容？

5.全球化對理解美國、已開發國家、開發中或過渡中國家之行政、公共管理和公共服務的研究與實務所面臨主要挑戰有何影響？

其次，也許受到 2001 年 911 恐怖攻擊事件的影響，國土安全幾已成為許多先進國家（包括美國）政策議程的最高位置，所以此次會議特別提出以下的議題：經濟、財政體系、健康考量、能源體系、電腦網路安全需求 (cybersecurity needs)、世界氣候 (the climates of the world)，以及如何將此些議題加以整合和串連。此外，隨著 1970 年代「大政府」(big government) 受到批判，以及爾後的「效能政府」(effective government) 被打臉，學者們陸續討論二十一世紀政府的能力 (governmental capacity) 和政府地位的問題，並深切體認到公共問題與政府能力之間確有落差。

最後，根據史萊奇 (David M. Van Slyke) 在〈行政之未來挑戰和機會、交互主題以及思考〉(Challenges and Opportunities, Crosscutting Themes, and Thoughts on the Future of Public Administration) 一文中的總結論述，行政學今後應關切下列的議題：全球化的行政、二十一世紀的協力治理、資訊科技的角色、審議民主和公共參與、未來的組織、對下個世代領導者的教育、持續關注行政學研究對實務的相關性，以及唯一可確定的就是：行政領域在未來的長年歲月裡，要成為更具創造性與相關性的學術和實務，仍將面對持續的挑戰。(Slyke, O'Leary, & Kim, 2010: 281–293)

總之，新公共行政的三次會議對傳統行政學已展開了程度不一的挑戰。然而，學

術的論辯背後雖難謂有位影武者，卻多少隱含著「符號分析師」的理論大戰。個人以為這個運動的爭議，是瓦爾多與西蒙兩人在 1952 年學術上對決的延續和再延續。大致而言，西蒙認為行政學經常被其他領域視為「學術的落後地區」(an academic backwater) (Wright, 2010: 270)，如要在社會科學中取得認可的地位，必須發展出較為一致的行政理論，因此有賴於運用管理學和社會心理學提供的工具，並使用組織的和行為的途徑來從事經驗性研究，才能讓行政學（和政治學）達到科學的水平。而科學的目的是「在無秩序的複雜中找出有意義的簡單性。」如此，才可在地球上建立繁榮和進步的人類社會。然而，西蒙的主張卻不被瓦爾多所認同。瓦爾多認為，應以政治的、倫理的和哲學的途徑來思考民主政治與官僚制度之間的緊張關係。所以他被視為是批判性的與較少實證主義的學者，其主張官僚制度應發展公民參與和民主表達的過程，否則，行政學僅在追求效率與效能價值，會犧牲了民主的價值。基本上，這兩種的思考理路，有形或無形地呈現並影響著整個會議的討論，分別成為西蒙式的觀點和瓦爾多式的觀點 (Simonesque and Waldonian Perspectives)。這樣的分野在分析架構、方法論工具、研究焦點和理論研究上隨處可見。易言之，採用西蒙式觀點的學者，大多以經濟學、組織理論和管理學為基礎來建構理論；採取瓦爾多式觀點的學者，則從政治學、社會學、哲學和歷史學來建構理論架構和模式。(Kim, O'Leary, Slyke, Frederickson, & Lambright, 2010: 3, 13) 目前這場激戰還在持續，而且說得遠一點，這種學術論戰類似於我國五四運動有關「賽」先生與「德」先生的熱烈爭論。

第三節　行政的摒棄：新公共管理與政府再造

　　自 1980 年代開始，世界各國皆掀起了一股政府再造的風潮，除政府層面外，就連民間社會亦對這股再造風潮寄以厚望。因為在行政改革中，改變結構將可帶來良好績效和提升決策品質，這幾已成為社會大眾和政治人物深信不疑的認知。為有效地掌握政府再造運動的風潮，擬先就引發政府再造的學理依據：「新公共管理」之意涵，加以敘述❻，其次討論造成政府再造風潮的環境背景與實踐，最後再給予若干的評論。

---

❻　休斯 (Owen E. Hughes) 認為自 1990 年代開始，一項新的公部門管理模式已出現在大部分先進國家中。這個新模式具有不同的化身，包括「管理主義」(managerialism)、「新公共管理」(new public management)、「市場導向的行政」(market-based public administration)、「後官僚典範」(post-bureaucratic paradigm) 或「企業家型政府」(entrepreneurial government)。儘管名稱各異，

壹、新公共管理與政府再造

何謂新公共管理？根據波利特 (Christopher Pollitt) 的描述，主要的特點有四：(1)對那些無法直接轉換為私人所有權的公部門部分 (準市場)，大膽而廣泛地使用市場機制；(2)強化組織和場域的分權，來從事管理和服務的生產；(3)藉不斷宣傳以強調服務品質的改善；(4)始終如一的堅持對個別服務使用者／消費者的期待，予以更多關注。(Shafritz, Russell, & Borick, 2007: 319)

對新公共管理研究頗負盛名的胡德 (Christopher Hood)，曾指出構成新公共管理的七項要點如下：(1)授權公部門的管理者得以逕行「臨場的」專業管理，賦予組織主動的和透明的裁量控制權，落實明確責任授權的課責精神；(2)重視績效的明確標準與衡量：透過訂定清楚的目標與績效考核來正視目標的達成，並實現課責和效率；(3)注重產出的控制：依績效的評量結果作好資源的分配；重視成果取向，而非程序遵守；(4)將公部門產品由分支單位負責的方式，改造大型組織為法人化單位，俾讓各單位有獨立的預算與職責；並透過特許機制的安排 (franchise arrangement) 來獲致組織的內部和外部利益；(5)引發公部門的更多競爭：透過如聘期契約、公開投標程序，以及其他具降低成本和增加收益的競爭機制；(6)強調管理實務的「私部門型態」(private sector styles)：主要是指遠離「軍事化型態的公共服務倫理」(military-style public service ethic)。講究「彈性化的雇用和報酬」，以及授權公部門使用被私部門「證明為」有效的管理工具；(7)強調較嚴格的資源使用紀律與節約：透過減縮交易成本、提高勞工對紀律的遵守、嚴拒工會要求、降低順服成本等方式來達成企業化管理，並以「查核公部門的資源需求」和「以較少成本做更多事」原則，來合理化前述作為。(Hughes, 1998: 1490) 嗣後，胡德彙整新公共管理的核心信念為：將焦點放在管理而非政策、強

但基本上卻描述著同樣的現象。(林鍾沂、林文斌合譯，1999: 2) 此外，何謂公共管理，由於學者們的看法仍有歧見，休斯亦特別引用歐特 (J. S. Ott)、海德 (Albert C. Hyde) 和夏福利茲 (Jay M. Shafritz) 來對公共管理加以界定：「公共管理係屬公共行政或公共事務廣泛領域的一支，以及施予應用性方法論 (applied methodology) 來檢視行政的計畫、設計、組織重構、政策和管理規劃、預算體系的資源分配、財政管理、人力資源管理、計畫評估和審計等的科學與藝術」。(Hughes, 1998: 1489) 對於前項說法，筆者亦有同感，認為不應太在意此些名詞的差異，而應融會新公共管理的基本意涵。至於公共管理的基本圖像，恐怕仍存爭議的空間。

調績效評量與效率、將公共官僚結構分解為許多半自主的附屬機構 (agencies)，並根據使用者付費作為單位間互動的基礎、利用準市場 (quasi-market) 和簽約外包 (contracting out) 方式來塑造競爭環境、削減成本，以及充分運用強調產出目標、限期合約、金錢誘因和揮灑自由的管理型態。(林鍾沂、林文斌合譯，1999: 3)

　　行政面對此一運動的衝擊，巴澤雷 (Michael Barzelay) 將之形容為從傳統官僚典範轉移為後官僚典範 (the post-bureaucratic paradigm)，其在組織結構、運作方式和基本價值上產生的重大改變，參看表 2–3 所述：(Barzelay, 1992: 118)

表 2–3　官僚典範與後官僚典範的比較

官僚典範	後官僚典範
公共利益	產出公民價值
效　率	品質與價值
行　政	生　產
控　制	贏得對規範的信守
敘明功能、權威和結構	確認任務、服務、顧客和成果
合理化成本	傳送價值
厲行責任	建立課責，強化工作關係
遵守規則與程序	瞭解和應用規則、確認和解決問題、持續地改善過程
運轉行政體系	將服務從控制中分離、建立對規範的支持、擴大顧客選擇、鼓勵集體行動、提供誘因、衡量和分析成果、充實反饋

資料來源：Barzelay & Armajani, 1992: 118.

　　從表 2–3 的敘述裡，我們可以瞭解，過去官僚制度的運作特徵是依韋伯建構的理性—合法的官僚型態來進行，強調控制成本、嚴守法規與標準程序、監督成員、重視層級節制與命令統一、實踐公共利益等；而後官僚典範則本著企業家精神進行官僚的變革與再造，倡導顧客取向組織、考量施政品質和價值、授能員工、實踐公民的價值偏好、確立行政責任等。尤有進者，歐斯朋 (David Osborne) 與蓋伯勒 (Ted Gaebler) 在

1992 年出版的《再造政府：如何將企業家精神轉換至公務部門》(*Reinventing Government: How the Entrepreneurial Spirit Is Transforming the Public Sector*) 一書中，提出政府再造或企業家型政府的十項原則及其實施策略 (如表 2-4)，以藉由這些原則與策略將官僚體系改造為富有創新與競爭力的行政機構：(Osborne & Gaebler, 1992；劉毓玲譯，1993: VII–VIII；譚功榮、劉霞譯，2002: 344–346)

1. 觸媒性的政府 (catalytic government)：政府的職能在於引導領航 (steering)，而非親自操槳，選擇最能滿足效率、效能、平等、責任和靈活的方式來完成目標。

2. 社區性的政府 (community-owned government)：政府將更多的決策權和公共服務的提供，回歸由社區自主處理，使之產生更多的承諾、更多的關愛，以及更富創造性地解決問題。

3. 競爭性的政府 (competitive government)：競爭機制是紓解官僚體制運作失靈的良方，政府應將競爭的觀念注入公共服務與生產之中，要求在績效和價格的基礎上展開競爭，以取代傳統獨占而造成的保守、浪費與無效率。

4. 任務導向的政府 (mission-driven government)：政府應以目標和任務為導向，而非以法規命令為驅力，並從根本上簡化行政制度，如預算、人事和採購，讓管理者在法律的範圍內自由尋找完成使命的最好方式。

5. 結果導向的政府 (result-oriented government)：政府的責任應從投入轉移至產出或結果，並測量公共機構的績效、制定組織目標、獎勵那些達到或超過目標的機構，以及在願意支付代價的基礎上，使立法機關期望的目標能夠得到應有的績效標準。

6. 顧客導向的政府 (customer-driven government)：政府的服務要以滿足顧客的需求為優先，政府的施政績效和品質應由顧客的滿意度決定，甚至讓顧客來選擇服務的提供者。

7. 企業導向的政府 (enterprising government)：政府除了節流外，更要注重開源，要求得到投資的回報。通過使用企業資金、共同收益和創新基金等激勵手段，來鼓勵管理者在花錢的同時也關注賺錢。

8. 前瞻性的政府 (anticipatory government)：政府應有足夠的遠見來治理國家，並重視事先的防範優於事後的補救。使用策略規劃、未來願景及其他手段作為政府提供更好的預見能力，並重新設計預算制度、會計制度和獎勵制度來激勵具成效性的政府作為。

9. 分權式的政府 (decentralized government)：政府在組織或體制上應將決策權下授，以增加員工的自主權限。透過組織層級扁平化、使用團隊方式以及建立勞資夥伴關係等方式來授權員工，甚至利用組織重組將權力授予第一線員工，使之直接面對顧客需求。

10. 市場導向的政府 (market-oriented government)：政府面對不同的公共問題，可透過市場機制而非行政機制來解決，以緩解行政官僚化的現象。

表 2–4　政府再造的原則與策略

基本原則	實施策略
觸媒性的政府	契約外包、抵用券、特許權、公私合夥、志願服務。
社區性的政府	透過社區提供公共服務；鼓勵民間參與地方事務。
競爭性的政府	引進市場競爭機制，讓政府行政機構與單位可以彼此競爭來提供福利與服務。
任務導向的政府	重新設計人事、預算、採購等法規制度，達到激勵效果。
結果導向的政府	強調服務的品質與成果；對於預算與基金的分配以政策成效為衡量標準。
顧客導向的政府	建立顧客服務需求的調查問卷與標準作業程序。
企業導向的政府	透過使用者付費、企業融資貸款、共同收益基金等解決財政困境。
前瞻性的政府	注重危機預防與預警制度；並重新設計預算制度、會計制度和獎勵機制來獎勵達成目標的優良績效者。
分權式的政府	推動品管圈、員工發展方案、參與管理、授權基層員工自我決策權。
市場導向的政府	藉由稅制誘因或獎勵制度來減少行政管制。

資料來源：Osborne & Gaebler, 1992；譚功榮、劉霞譯，2002: 344–346。

簡而言之，在新公共管理取向下的政府再造運動認為，舊式科層官僚組織那種「投入進，產品出」的思維所提供的服務品質總是較為低劣，亦無法符合消費者的需求或期望。基於新右派「私人就是好的，公共就是壞的」、「先感應，後回應」，以及「只要政府不插手，市場就運作得很好」的哲學，不僅指出國家官僚組織應依比例地縮減，

否則就應引進私部門的管理技術。（楊日青、李培元等譯，1999: 565）

嗣後，歐斯朋與傅瑞祺 (Peter Plastrik) 亦從各國政府再造經驗中，歸納出政府變革的五種策略，簡稱為「五 C 策略」(Five Cs)：

1.核心策略 (the core strategy)：政府再造應先釐清政府角色，是操槳抑或觸媒，亦即應先有適當的定位，而後界定其發展的目標和策略。

2.結果策略 (the consequence strategy)：政府的領導者應在服務過程中運用三項結果策略：一是企業管理 (enterprise management)，以企業公司經營方式來管理政府；二是競爭管理 (managed competition)，創造政府部門和私人部門的競爭態勢；三是績效管理 (performance management)，運用績效指標與準則，妥為賞罰，以激勵員工。

3.顧客策略 (the customer strategy)：政府再造的精髓就是顧客導向，主要的工作重點有四：一讓顧客（民眾）對政府部門有選擇的機會；二使顧客對政府部門的選擇是立基於競爭的前提上；三政府應建立顧客品質保證的指標，以作為其評價基準；但最重要的，四是要傾聽顧客聲音 (customer voice)。

4.控制策略 (the control strategy)：所謂控制策略是指三個層面的賦權授能：一是「組織的賦權授能」(organizational empowerment)，即袪除各單位的管制規章；二是「員工的賦權授能」(employee empowerment)，即袪除各單位內部的層級節制；三是「社區的賦權授能」(community empowerment)，即運用社區組織，協助政府推動事務。

5.文化策略 (the culture strategy)：所謂文化策略是立基在三項途徑上：一是改變習慣 (changing habits)，以顧客立場改變工作習慣；二是發展新的心理契約，對顧客應有的感情承諾 (emotional commitments)；三是發展必勝的心理模式 (winning minds)，強化員工自我控制，邁向必勝目標。（柯三吉，1998：III–IV；譚功榮、劉霞譯，2002）

在實務上，這一波各國政府所推動的政府再造浪潮，舉其犖犖大者有：紐西蘭的「行政文化重塑運動」(Reshaping Administrative Culture)、「邁向西元 2010」(Path to 2010)；英國的「續階計畫」(Next Step Program)、「效率小組」(Efficiency Unit)、「公民憲章」(Citizen's Charter)、「服務品質競爭」(Service Quality Competition)、「跨部會解除管制小組」(Departmental Deregulation Unit)；德國的「新領航行政模式」(Neues Steuerungs Modell, NSM)、「行政彈性工時」(Administrative Flexible Time)；法國的「行政現代化政策」(Administrative Modernization Policy)；荷蘭的「行政自動化改革」

(Autonomization Reform)；瑞士與奧地利的「新公共管理運動」(New Public Management)；美國的「國家績效評鑑委員會」(National Performance Review, NPR)、「勵革實驗室」(REGO Lab)；加拿大的「西元 2005 年新制文官」(Public Service Reform Act)；我國的「政府再造行動綱領」；以及中共的「國家職能轉換方案」。

　　由於世界各國競相推動政府再造，讓政府再造風潮頓然成為文官體系提昇績效的改革聖杯，並象徵著治理能力的轉型有成，彷彿在行政職能的實務運作上經歷了一場寧靜革命。有鑑於此，夏福利茲、羅素和薄立克稱此次改革運動的三項重點與基本訴求：「流程再造」(reengineering)、「賦權授能」(empowerment) 及「企業家精神」(entrepreneurialism)，其重要性可媲美於 1789 年法國大革命的口號：自由、平等、博愛。(Shafritz, Russell, & Borick, 2007: 311)

貳、政府再造的環境系絡與實踐

　　為什麼世界各國自 1980 年代以降，風起雲湧地加入政府再造運動的行列，主要是因為 1970 年代隨著石油的危機而導致了全球性的經濟不景氣，面對停滯的發展、持續的通貨膨脹、能源成本的提高、生產力的下降、失業率的節節升高，加上政府財政收入的減少以及社會福利成本的持續擴張，使得凱因斯經濟理論顯得無力處理，而引發了福利國的危機。惟細加探討，當時環境所面對的困境可分為經濟危機、財政危機、科層危機和合法性危機，茲針對此四者加以扼要分析如下：

一、經濟危機

　　1973 年第一次石油危機發生後，世界經濟呈現不成長甚至蕭條衰退的不景氣現象，再加上福利國家政府的支出增加，必然需要提高稅率，而高稅率會阻礙生產性的投資，降低了投資的意願因而提昇失業率，造成生產成本上升，引發產品價格上升，於是深化了通貨膨脹，更易引發經濟危機。

二、財政危機

　　福利國家常須負擔龐大的財政支出。然而，隨著經濟蕭條而導致政府稅收減少，不足以支應持續增長的公共支出，通常政府會採取下列措施：⑴刪減公共服務支出；⑵借貸和赤字預算；⑶進行預算刪減與赤字預算。由於刪減預算的可能性與速度有限，

因此開源必不可免。而增稅更是開源的一個重要且較簡易選項，但增稅的結果將使家庭與企業負擔加重，影響家庭儲蓄與消費及投資支出，也降低企業的競爭力，特別是國家競爭力。

三、科層危機

福利國家為了分配龐大的福利，勢必建立起龐大的官僚體制來執行。但行政機關一旦建立，其所關心的是預算經費的擴張，而非創造財政盈餘或增加民眾福祉。因為行政機關增加預算經費，才能創造更多的職位、提高陞遷的希望、嘉惠服務對象、滿足官員的利益偏好，和形塑行政王國等。再者，行政機關更可透過本身和運作的特徵，如專業知識、資訊壟斷、公務機密、目標調適和與國會議員關係修好，以利自我擴增的預算編列，讓政策永不終結和組織永生不死。這種政府大而無當地增加及維持其規模的作法，將造成以下三種的後果：(1)不正確的公共財觀念：政府部門會試圖使用「滑坡效應」(slipping effect)，使最後的決策，儘可能符合自己所認為的「正確」利益，而不是讓社會大眾獲得真正的利益；(2)過度供給：在績效為上的前提下，政府部門為了突顯施政績效，經常不計成本地生產過多的服務，造成民眾消費的公共服務，遠比真實的需要還多；(3)官僚政治是竊盜行為：官僚利用民營化和協力治理方式，非但未將資源用在刀口上，而且竊取國家資源，從中獲取個人不當利益。亦即，政府機關謀取私利的多，而貢獻社會的少。

四、合法性危機

當一個國家出現了經濟危機、財政負荷過重，以及人民的需求又不斷的增加，政府不能有效因應的情形，不但無法表現施政的效能感，也會喪失民眾的信賴感，如此的政府體制勢必喪失其施政的正當性。誠如韓第所云：「政府既非萬能，也乏遠見，對許多人而言，人生是一場掙扎，人生也是一個迷惑。」（周旭華譯，1995: i）

在美國，為了解決上述的危機，並扭轉政府的負面形象，以兌現 1992 年大選時的政治承諾，柯林頓總統乃於 1993 年成立「國家績效評鑑委員會」(National Performance Review, NPR)，任命副總統高爾 (Al Gore) 主持該委員會，負責統籌推動聯邦政府的再造工作。委員會成立後，旋即積極赴全美各地進行實地考察、訪談以及舉辦政府再造公聽會，而於同年 9 月提出一份完整的聯邦政府再造計畫，定名為《從

繁文縟節至具體成果：創造撙節成本、提昇效能的政府》(*From Red Tape to Results: Creating a Government that Works Better & Costs Less*)，共計提出 384 項改革建議，一般稱之為《高爾報告書》(*Gore Report*)。（江岷欽、劉坤億合著，1999: 179）其中有四項原則，作為政府再造的行動方向，分別為：

　1.刪減法規、簡化程序 (cutting red tape)；

　2.顧客至上、民眾優先 (putting customer first)；

　3.授能員工、追求成果 (empowering employee to get results)；

　4.回歸本旨、提高效能 (cutting back to basics)。

　　從上所述，可見柯林頓總統對美國政府再造的行政改革是不遺餘力的，企圖將政府從陳陳相因、敷衍塞責和官樣文章的泥沼中，轉化為有彈性、有活力、肯負責的政府運轉，使民眾不再感覺「政府本身是個問題」，而是能和企業管理一樣有效，提供便捷、滿意、優質的行政服務。

參、政府再造的檢討

　　在對新公共管理與政府再造作了簡要敘述後，有關新公共管理與政府再造的檢討，筆者與許立一教授曾在一篇〈我國政府再造推動計畫的弔詭：SWOT 的分析〉，利用 SWOT 分析政府再造的相關優點、缺點、機會和威脅 (Strength, Weakness, Opportunity, and Threat)，如圖 2–1 所述：

　　大致說來，政府再造受到肯定之處，乃是它為因應當時的經濟不景氣、財政惡化和正當性危機等險峻環境，企圖克服雙環困境 (catch-22 situation)❼，提出解決良方，希望釋放官僚，讓治理工作更具彈性、創新與回應，並導入民間活力，運用賦權授能與公私合夥方式來執行服務的傳送，讓政府不必事必躬親，擺脫萬能政府困境，實現

---

❼　「雙環困境」意指，對內方面，改革者若欲撙節施政成本，最常使用的方法就是刪除部分施政計畫、裁撤機關並且精簡員額，但此舉甚易導致官僚體系的抗拒、結構惰性 (structure inertia) 的拖延，甚至「低頭閃一閃，它又會重新回來」的不希罕效應 (BOHICA Effect; Bend Over, Here It Comes Again) 之嘲諷；對外方面，改革者若欲提高服務效能，滿足公民遞升的期望需求，則常需增收稅賦、擴大稅基，以寬裕財政預算，增加可用資源，然此舉甚易引發立法機構的質疑、在野黨派的嚴苛詰難以及一般公民的負面回應。(*cf*. 江岷欽、劉坤億合著，1999: 22；汪仲譯，1998: 21)

優　點	缺　點
1. 符合世界潮流 2. 克服雙環困境 3. 減少政府層級，簡化行政程序 4. 具企業家精神的行政改造	1. 跟著模糊的感覺走 2. 挾帶貪污與不法 3. 雷聲大而雨點小的成就 4. 績效難以衡量 5. 企業家型官僚的自大性格
1. 釋放官僚的桎梏，使政府施政更具彈性 2. 導入民間活力，解決「不可治理」窘境 3. 建立顧客至上理念，臻於彈性的服務品質之理想	1. 高估制度同形論 (institutional isomorphism)，欠缺自我創生 2. 喪失政治的均衡與回應 3. 斲傷行政責任意識 4. 流失工作自我與德性
機　會	威　脅

資料來源：林鍾沂、許立一，1998: 47。

圖 2-1　政府再造推動計畫的 SWOT 分析

「小而能，小而美」的理想。然在另一方面，政府再造雖在達成企業家型政府，卻有行政權集中之勢，相對剝奪了立法權的疑慮；再者，太重視民營化、市場化的結果，降低了政府的天職乃在促進平等的社會責任，將使國家淪為所謂「空洞國家」(hallow state)；無形中，也極易造成市場上買得起與買不起之有錢者與沒錢者的階級劃分。第三，若是一味跟著西方國家模糊的感覺走，而不能自我指涉與自我創生，恐怕再造的成就不會太大，效果不易發揮。第四，大部分的行政業務係屬質而非量的表現，若無法發展適當的衡量指標，不但難以比較績效的優劣，更因重視短期效益，忽略長期效果，而偏離了公共利益的本質。第五，經濟學者薩繆森 (Robert Samuelson) 曾用「管理的死亡」(the death of management) 來形容以下這種管理至上的迷失：「一位擁有企業管理學位的經理人就能夠在任何地方，任何時間管理任何企業」。(Shafritz, Russell, & Borick, 2007: 319) 另外，李維特 (Harold J. Leavitt) 也曾說：「我們設計了一個怪異的，幾乎是無法想像的企管教育制度，把經此訓練的人變形為腦袋左右不均，心腸冷酷、靈魂萎縮的動物。」（唐勤譯，2007: 95–96）如果把這些對管理的批評，適用在新公共管理上，同樣顯得格外貼切。其天真地以為經濟手段好像魔杖一般，揮一揮，所有的公共事務問題就可迎刃而解。最後，新公共管理與政府再造重新定義與改變了新時代的個人與工作關係，契約性用人制度讓組織員工產生了工作的不安全感、職業生涯

的載浮載沉、喪失了自我認同，「像似得了失智症，在熟悉的環境中迷失了自己」。

再者，顧塞爾 (Charles T. Goodsell) 認為新公共管理，尤其是歐斯朋與蓋伯勒的《再造政府》將行政描述為過時的產物，並不妥切。他拿英國俚語再三警告我們：「不要把嬰兒連同洗澡水一起倒掉」。甚至在他看來，不是「再造政府」，而是「重現政府」 (rediscovering government)，他並提出重現政府的十個原則來和再造政府的十個原則相抗衡：(Goodsell, 1993: 86–87)

1. 民眾應透過選出的代議士而非企業家來監管政府；
2. 政府旨在服務公共利益，而非創造沒有執行完的剩餘款或養成企業家的自我性格；
3. 政府必須依憲法和法律來運作，而非只植基於任務陳述；
4. 政府和企業共創夥伴關係，應只停留在資深制的夥伴上；
5. 政府應該具備彈性和創新，但亦須公開的課責；
6. 政府應要求績效結果，亦應尊重實踐這些結果的員工；
7. 在政府中，個別的管理行為必須符合平等機會和可公開檢驗的非私己理想；
8. 法規簡化雖好，但不能傷害了對等待遇 (comparable treatment) 和正當過程的原則；
9. 財政限制的鬆綁是可接受的，但非減少對公帑監管的條件；
10. 公共問題處理應有創意，但絕不是對那些既得利益者的百般屈就。

最後，擬以政府再造中所強調的企業家精神與民主政治之間的關係特再予申述。根據貝隆 (Carl J. Bellone) 與葛爾 (George F. Goerl) 表述，企業家型官僚與民主政治會呈現以下的緊張關係：(Bellone & Goerl, 1992: 130–134)

1. 企業自主對比民主課責 (entrepreneurial autonomy versus democratic accountability)：站在公共行政的立場，企業自主就等於行政裁量的發揮。面對日益拮据的財政，只有賦予行政首長更多的裁量權，才能企業化經營，創造更多的利潤，紓解財政壓力；而且唯有更加彈性管理，才能創造出績效，締造佳績。然裁量權運用不當或逾越法律，民主課責就會受到威脅與挑戰。此時的兩難，即是公共管理者要變成企業家抑或法規遵守者。

2. 企業家個人遠見對比公民參與 (public entrepreneurial vision versus citizen participation)：企業家型官僚被認為是具有創新能力的公部門管理者，必須具備獨到的遠見，才足以突破困境、開創新局，然這種特質會與民主政治鼓勵公民參與和大眾諮商的決策過程相悖離，甚至民主社會難以容忍我行我素的特異獨行。

3.企業祕密對比民主公開 (entrepreneurial secrecy versus democratic openness)：企業家想在市場上掌握機先、獨具競爭力，在決策中必須祕密行事；然而，這與民主政治要求政策制定過程必須開放資訊、容許公評的作法非常不一致。

4.企業家風險承擔對比民主守護者 (entrepreneurial risk taking versus democratic stewardship)：在民主政治的前提下，行政人員應該是公共財的監護者與公共價值的維護者。行政必須使其作為符合大眾期待和合乎憲政價值，來實現機關的長、短期目標。相對的，企業型官僚為突破困局和實現理想，經常會孤注一擲，冒著極大風險也在所不惜。

然而，在貝隆和葛爾看來，企業型官僚如能謹慎地運用政治權威，並且遵循民主政治原則，同時投注更多心力來貫徹行政責任，包括致力於促進公民教育和引導公民參與，企業型官僚也可以實踐「公共性」，達成他們所稱的「尊重公民的企業家精神」(civic-regarding entrepreneurship)。不過，特瑞 (Larry D. Terry) 卻以為，凡是想將企業型官僚與民主政治連結在一起的想法，無異是「披著羊皮的狼」，表裡不會一致。(Bellone & Goerl, 1993: 396–398)

在對政府再造的一來一往批評中，特別提出五項觀點作為本節的結論：

第一，政府再造的推動，讓「行政的政治」和「行政的法律」轉移為「行政的管理」，甚至是「行政的經濟管理」。好比從「三足鼎」變成了「一足鼎」。衡量國家的大器，「利潤成了主要的尺碼」，讓我們很容易在追求效率中而迷失自己，誤把效率本身看成了目標，其實它不過是達成其他目標的手段罷了。(周旭華譯，1995: i) 因為太注重效率，故現代政府如企業般動輒採取如美國總統兼房地產大亨川普 (Donald Trump) 常掛在嘴裡的「你被解雇了！」或是採取契約性用人及非典型雇用，然後回過頭來，再去感嘆社會勞動失業率高居不下。昔日筆者恩師彭文賢常言：「社會就像是個塞不破的大皮球，再多的畢業生，只要肯努力定可在社會上找到安身立命之所。」政府是社會的最大雇主，如今連它都在喊「瘦身」、「減肥」、「契約性用人」，基於政府是企業的標竿，如何叫企業不去模仿。當然，政府並非不能革除不適任、達不到績效的員工，但是國家的天職是在養民，提供民眾的生存機會，多闢一些職場職位，吸收專業人才，讓願意服公職者適才適所，而不是讓民眾感受政府無能，做不出成績，使其生存是個折磨。這種卑微的請求都無法辦到，要國家做什麼？對比於第一章所述：「行政是國王的恩典」，行政應關切民眾、慷慨施恩，而非與民計較牟利，政府再造運動焉能與之相

比，也許這是個人對政府再造最沉痛的控訴。

第二，在東方文化尤其儒家文化的思維中，若能讓賢者與能者在位，賦予相當的權限為民謀福利，是個值得追求的期待，是以儒家向來就相當重視「階層」關係，惟為避免有權者濫權，才會著書立論，講究和推廣「內聖外王」之道。如今，現代的國家性質丕變，政府因應民眾需求的能力應持續提昇，企業家型政府的構想，不但有其時代背景，亦為強化國家競爭力所必需，若能建構民主政治的官僚企業家，符合上述貝隆和葛爾所稱的「尊重公民的企業家精神」，才是優質行政的表現。用句簡單的話來形容：「不能只談企業家精神，而不談企業家倫理」。若以哈佛大學經濟學者薩克斯 (Jeffrey D. Sachs) 的話來說，公共的企業家精神應是對社會有心有感，關心長期的公共投資、基礎建設、教育品質、環境的永續經營，相信政府計畫的長遠價值。(廖月娟譯，2013: 28)

第三，在 1980 年代以後，於改革政府的浪潮下，若再加以細分，似可分為兩大派別，一是先前雷根政府與柴契爾夫人的新保守主義或新右派思想，他們如同雷根總統所言：「政府本身是個問題」，因此亟須利用民營化、市場機制達成將官僚制度予以無情痛擊 (bureaucratic bashing) 之目的，徹底地裁減社會福利、公務機關、人事與預算等，而由「看不見的手」(invisible hand)──市場機能提供治理的功能；另一是柯林頓政府較重視摒棄官僚制度 (banishing bureaucracy)，將官僚運作從法規、程序、權威體系和官樣文章中解放出來，並利用企業家精神、競爭機制、績效管理、流程再造等達成顧客滿意的服務。此制度對民營化雖有憧憬，卻也有所顧慮，不再像「要把官僚制度掃進垃圾堆裡」。這種對新右派觀點的轉變，而採取較被認同的混合治理模式。影響所及，對政府的再造運動也從悲觀轉變為審慎的支持。

第四，就行政改革的辯證思考 (dialectical thinking) 而言，新公共管理提出了科層官僚制運作的弊端及理由，而思以市場機制、績效理念來矯正甚至加以取代，可是有些學者認為科層官僚制雖然弊端不少，卻有若干強項，不能一味漠視。惟應如何解決呢？韓第認為我們必須設法使管理弔詭變得有意義，並善用弔詭以建立更美好的未來。(周旭華譯，1995: ii) 筆者也認為能在彼此對立的方案中找出超越和整合的途徑，是為管理的上策。誠如麥克勞林 (Corinne McLaughlin) 和戴維遜 (Gordon Davidson) 在《心靈政治學》(*Spiritual Politics*) 中提及：「最深沉的真理，經常是在一種較高的統一中包容對立的狀態。」因此，若能具備辯證思維，則很容易跳脫單面的想法與互不退讓的

對峙。然而這種「對立的整合」，正考驗著我們慣有的思考和運作方式，也是我們非常欠缺的「心靈修練」，畢竟新典範所應具備的，是從一種涉及形式的外在觀點走向一種專注於較深層原因的內在觀點。這個艱鉅的工作，是行政學者與實務者必須去接受的考驗，而不應一味地偏執於新公共管理，妄想以經濟手段，圖謀解決複雜的行政。歐肯 (Arthur M. Okun) 說得好：「市場需要占有一席之地，只是它的功能必須受到一些限制。」（許晉福、高翠霜譯，2017: 212）

　　第五，昔日瓦爾多曾區分「良好的管理」(good management) 與「良善的政府」(good government)。或許新公共管理會比其他管理方式讓行政管理更有效率（也可能不一定）。但政府的作為，最為重要的，即在自覺自己是在創造價值還是在毀滅價值。價值有兩種的意涵，一是指可欲的東西，另一是指某一事物獨具的特質。新公共管理志在達成前者本無可厚非，然在達成後者恐怕爭議不斷。曾於柯林頓總統任內擔任勞工部長的加州大學柏克萊分校公共政策學院教授瑞奇 (Robert B. Reich) 指出，在超級資本主義下，「花錢買關心」是潮流所趨，（梁文傑譯，2002: 211）引申而言，花錢買服務未嘗不可。但個人以為純以花錢來決定公共服務的提供，是否能買到「真正的關心」或「真正的服務」？金錢雖在物質主義之下當道，其實應該還有許多東西是金錢買不到的。經過政府再造後我們也都逐漸體認到真誠和信任的重要性，同時也已經領教過隱藏在「再造」和「民營化」等毫無意義的藉口下，所呈現的欺騙和狡詐。（陳雅汝譯，2005: 186）日裔美籍芝加哥大學社會系教授山口一男 (Kazuo Yamaguchi) 亦云：「公共服務」應不同於嚷著「顧客至上」且膜拜消費者的膚淺業者，唯有體認到博得消費者的讚賞，才能成就自己，並形成自我認同，而與消費者相輔相成。（邱振瑞譯，2011: 133）如此看來，1992 年柯林頓競選總統時自豪的標語：「笨蛋，問題在經濟！」(It's the economy, stupid!) 顯得格外的諷刺。

第四節　行政的重生：黑堡觀點與新公共服務

　　在推展新公共管理的同時，行政領域也醞釀著兩股學術運動為其辯護，它們分別為《黑堡宣言》(*The Blacksburg Manifesto*) 和「新公共服務」(New Public Service)。這兩股學術力量都強烈主張行政有其治理的正當性，不是隨意就可以痛擊、摒棄或替代。換言之，行政可在它們兩者身上重新找回失落的精神，繼而發光發熱，因而開展了另一段的歷史扉頁。

壹、黑堡觀點

　　號稱為「制度背景的明諾布魯克觀點」(an "institutionally grounded Minnowbrook Perspective") 之黑堡觀點 (the Blacksburg Perspective)，其創始者是美國維吉尼亞理工學院暨州立大學公共行政與政策中心的教授萬斯來 (Gary L. Wamsley) (宣言的首位作者)。

　　當 1970 與 1980 年代美國進行政黨交替執政時，其政治體系正瀰漫著一股反政府、反權威、反官僚的風氣，政治人物對常任文官毫不留情地批判甚或視為政策失靈的元兇。在人事任免上，更是以黨派與意識形態為依歸，這種贍徇營私、政治滲透、不問能力的作風，以及其對民主治理所造成的傷害，令萬斯來感到憂心忡忡，在與同仁顧塞爾、羅爾 (John A. Rohr)、懷特 (Orion F. White) 與沃夫 (James F. Wolf) 等五位教授交換意見後，發現大家都有類似的感觸與看法，為了進一步溝通觀念與交換意見，他們以顧塞爾的書名《為科層官僚制辯護》(The Case for Bureaucracy) 作為楔子，以腦力激盪的方式對官僚制度提出一些基本看法。討論過程令大家十分興奮滿意，為了將此成果與公共行政學術界及實務界分享，他們決定撰寫這份宣言，全名為《公共行政與治理過程：改變政治對話》(Public Administration and the Governance Process: Shifting the Political Dialogue)，並將其簡稱為《黑堡宣言》(黑堡係採用維吉尼亞理工學院暨州立大學之主要校址所在地而命名)。(Wamsley, Bacher, Goodsell, Kronenberg, Rohr, Stivers, White, & Wolf, 1990: 6–51)

　　在整篇文章的論述裡，共分五個主題：「政府和美國體制的對話」(government and the American dialogue)、「行政的獨特性質」(the public administration's distinctive character)、「行政與資本主義」(the public administration and capitalism)、「行政與憲法」(the public administration and constitution) 和「行政與行政人員」(the public administration and public administrator)。茲依次說明之：

一、政府和美國體制的對話

　　在「政府和美國體制的對話」論述裡，黑堡觀點學者認為，若要讓美國制度對話能夠進入一個嶄新而有意義的階段，在美國的政治文化中，對於公共部門和行政人員的「有害神話」必須修正。大部分美國民眾對行政部門作為之感受，並非如政治人物

或報章雜誌所形容的那麼不堪。事實上，多數民眾對公部門提供的服務都還算滿意；而且，就生產力而言，公部門並不比私部門明顯為低，甚至整體績效還可能高過私部門。

再者，美國行政的諸多難題，並非源自行政本身，而是美國政治體系處理這些沉痾難症束手無策，如法規制定上模稜兩可和漏洞百出，卻交由行政來事後補正，亦即罪魁禍首本不在行政機關，後果卻交由行政機關來扛。更囿於政治中立（文官中立）的框限，面對政治人物的嚴厲斥責，文官無法相應對話回去，只好無辜地任其指摘，淪為無能的待罪羔羊。所以黑堡觀點學者認為，美國亟須發展一種對行政的新思考、新討論和新行動方式；否則，就無法解決政治體系的病症以及全國政治經濟問題的沉痾。

第三，在政府與美國體制裡，存在著一個持續成長的重要變遷，那就是美國政府既要拓展和深化個人自由，又要達成社會公正、公共秩序、財政健全和資本累積等。這是難以避免的緊張關係，會讓政府的性質和角色產生極大的歧見，如在定義自由和公正時，常會出現一些極為差異的想法。

受到這些難題的困擾，《黑堡宣言》的學者深深感受到：如果公共對話只侷限在處理事務時，政府是要扮演重要角色或是不干預的角色，而不能從美國所處的世界、行為和行動的真實面去掌握有關「如何？」("How?") 以及「何種形式最為有效？」("What form is most effective?") 的問題，那麼美國在面對漸增的全球化依賴關係上，非但不能維繫和活化美國的工業和資源，亦不能改善它的民眾生活品質。換言之，《黑堡宣言》所宣稱的「美國體制對話」，即是美國有必要將「政府」的性質與角色，重新聚焦於「行政」的性質與角色上。總之，行政應從「是否」("Whether") 扮演何種角色之問題轉移為應採取「何種形式？」("What form?") 的問題，而這正是美國體制對話之精緻卻關鍵的改變。

最後，黑堡學者認為「政府和美國體制的對話」中需要努力的部分，就是重申行政擁有管理技能的核心，而且在政治系統中也有運用此些技能的傳承經驗，即使運作上會有若干問題爭議，但它仍應被視為一項重要的社會資產。

總之，美國政治體系所面對的主要政治經濟問題之一，也被視為重新聚焦美國體制對話的核心之一，乃是美國政府的意圖和行動應要透過公部門（也就是行政的一部分）來達成，所以也就在這些意圖和行動背後，讓行政運作有了權威及合法性的基礎，

雖然在運作時也會受到某些公部門既有限制的影響。

二、行政的獨特性質

在論及「行政的獨特性質」時，首先黑堡學者採用了多年前謝爾 (Wallace S. Sayre) 的見解：「在所有不重要的地方，行政與企業管理彼此相似」；以及傅利德瑞區 (Carl Friedrich) 所強調的：「行政才是政府的核心」。無可否認地，行政應是治理和政治的一部分，治理是指以整體社會之名來採行國家的酬賞和剝奪，而政治乃針對上述的配置獲取同意的藝術。是以，當行政採行獎酬、剝奪、重分配、分配和管制等功能時，會產生如下的情況：(1)行政人員不是從事市場與利潤的爭奪，而是在政治和政府過程中和其他的行為者從事管轄權、合法性及資源的爭奪；(2)那些與行政人員互動的民眾會對公共行政懷有特殊的認知、期待和不同程度的功效感 (the levels of efficacy)（這就是為什麼對行政的感知，在消費者和公民之間或產品供應者和利益團體之間，會有明顯差異的緣故）；(3)行政中的必備技能、關注焦點及被感受的主要任務，是迥異於私部門的。

其次，黑堡學者呼籲行政應自覺地 (self-consciously) 衍生於和聚焦於「制度施為觀點」(an agency perspective) 上。何謂制度施為 (agencies)？意指在所有層級的行政部門中業已發展成形的 (have grown up) 制度，以及做為追求公共利益的行動工具 (the instruments of action)。在《黑堡宣言》學者看來，制度施為觀點不僅是適當的，而且是有必要的。此乃因為許多機構不但擁有專業化知識、歷史經驗、經得起時間考驗的智慧 (time-tested wisdom)，以及最重要的是，其對某一特定社會功能所對應關聯的公共利益存在某種程度的共識，從而使得行政人員成為民眾的受託者。以之看來，有了制度施為的觀點，行政人員在履行職務時才會有「重心」(a center of "gravity") 或「迴轉儀」(gyroscope)，以及依據此一穩固的基礎，去建構廣泛的公共原則和價值，即去考量整體的公共利益。

然而，以當前情況來看，政治精英們卻為了自我利益而未就行政的獨特性格和合法性加以理解，連同一般民眾也昧於瞭解行政的實際內涵，而讓行政不受尊重。更遺憾的是，行政也對它本身應以制度施為作為合法性基礎的正當宣稱 (the rightful claims to legitimacy) 怯於表達；並對於獲取民眾信任感的合理化作為猶豫不定，而無法彰顯行政優質的一面。

第三，黑堡運動學者深自期許，行政不宜急切地過度聚焦於產出的政策或方案，而應以公善 (public good) 的考量來加以平衡。行政機關非但不應有危害長遠公共利益的產出，更應防杜為了追求短線「結果」而對基礎建設和能力帶來損害的效應。換言之，行政的制度施為特徵，特別重視對機構的績效給予審慎和合理的關注，兼顧短期和長期的結果，以及質化和量化的衡量尺度。尤其當公共政策分析與方案評估被聰明使用，而助益於履行公共事業和顯示機關績效，它應只被視為工具而非目的，所以使用上不可不慎。亦即，行政機構使用政策分析、方案評估和決策科學時，定要接受制度施為觀點和核心管理過程的檢查，昔日卻常有違反此一觀點的運作過程，對良善的公共行政不但有害，且與它們設置的初衷不一致。

第四，黑堡運動的學者認為行政是治理過程的一部分，也是在政治系絡下來從事，為了公共利益的達成，必須培養制定政策的數種心智習慣 (habits of mind)：⑴試圖處理問題的多元細節，而非僅為選擇性的少數；⑵將長期的觀點納入審議，並平衡過於短視考量的實際趨勢；⑶考慮受影響個人和團體之間多重相互競爭的需求與要件，而非僅考慮單一的立場；⑷處理更多的知識和資訊，而非更少；⑸認知「公共利益」雖有爭議，但並非毫無意義。最後，認為公共利益是可受公評的，以及相信公共利益可為行政帶來實務上有利的結果，將有助於行政去從事：⑴嘗試性的步驟和實驗性的行動，而非典型的「支持這種的方案」或「反對那種的方案」之兩分法回應方式；⑵對目的和手段的好奇心與對話；⑶個人和制度的學習和回應；⑷對鉅細靡遺的「華麗設計」(grand design) 的謙卑和存疑；⑸深入瞭解個人對全國性公共利益對話之獨特責任與潛在貢獻；⑹對「公共話語」(public discourse) 使用的詞彙給予更大關注。

第五，權威的運作經常會和組織人本思想 (organizational humanism) 發生抵觸。組織的人本思想相信人性有朝向完美境界之穩定發展的傾向，所以應該尊重員工和民眾的自律與自我管理，除非發生許多人為的恣意任性，胡作非為，必須使用權威加以制衡。但只要權威受到有效的約束，它應是執行公共政策與方案所需之基本要件。因此，黑堡觀點學者認為制度施為的活力、行政的健全和行政人員的自我概念，是要就行政權威的積極角色加以體會。唯有立基於此，民眾也才能理解行政實務的運作，並接受行政權威的合法性，進而對之加以信任。

總之，黑堡運動的學者認為行政作為一種制度 (as an institution)，它的適當性和合法性應該要被肯定與授予。這不只昭示著在政治體系中產生效果功能之制度施為的價

值是被認可的，亦認為行政人員作為治理過程的行動者，其價值和合法性也應獲得承認；而只有在具備可以維繫制度施為觀點、對公共利益擁有最廣泛可能的瞭解 (the broadest possible understanding of public interest) 和可維持憲政治理過程等核心能力下，行政角色的獨特性和價值才能被更加彰顯。

三、行政與資本主義

何謂資本主義？資本主義是一種以私有財產制為核心的經濟體系，其主要特徵為：1.它係以商品生產為其經濟體系的基礎。而商品是為交易而產生的產品或服務，除了使用價值外，它亦具有市場的價值；2.在資本主義經濟中，生產資源是由私人作支配性的掌握；3.經濟生活係依靠非人為可操控的市場力量，即由需求和供給來決定的；4.在資本主義經濟中，物質利益和利潤最大化是企業努力的主要動力。（吳勇譯，2008: 198）

不過，資本主義和商業行為雖是促進人類進步的「英雄」，卻得不到多數民眾甚或知識分子的推崇。理由是資本主義藉由挑起人類的慾望來牟取利益。例如多年前，雪碧在美國有句廣告詞「服從你的渴望」(Obey your thirst)。（樂為良譯，2011: 123）來自此一面向的考量，瓦爾多在《行政國》(The Administrative State) 將資本主義形容為是種「社會中不可估價的情緒次結構」(the imponderable emotional substructure)，它具有人類的潛意識表現和自私衝動的滿足過程。

然對《黑堡宣言》學者而言，社會健全猶如個人健康一般，應在意識和潛意識之間保持平衡，不可偏頗。也就是這種反身性關係 (the reflexive relationship)，一方面需要對呈現在野心、追逐個人前景、風險和冒險的潛意識設計上保持相對的開放，另一方面除了考慮集體需求外，也應注意內省、判斷、分析、道德推理等意識面向。可是不幸地，當資本主義和市場大肆擴展後，卻帶來了公共標準的流失、道德價值的隱晦和社會意識的扭曲，所以我們亟需能夠冷卻、涵容和指導資本市場的機制，而行政就是一種行使公共權威的穩定制度，既可表達社會的集體意識，亦可在問題解決和未來設計上成為提供知識、理性和道德判斷的工具。所以，資本主義可以被看成是種釋放能源、開往未來的「社會船隻」(societal ship)，然它本身無法為自己打造適當的航道，行政卻能在政治制度的指導下，發揮此一「打造航道」的獨特能耐。在此引用法律學者黃丞儀副研究員的形容：「在航行的海面上重建國家這艘船」，（黃丞儀，2015: 5）

來期盼行政做到「在航行的海面上重建資本主義這艘船」。

四、行政與憲法

　　相對於總統、國會和司法部門，美國憲法對於行政權力未能詳盡敘述，使得行政人員曾有一段時間認為其只是個政策執行的自動化工具。事實不然，基於美國憲法設計係強調總統、立法和司法三權的分立與制衡，憲法在若干明示和暗示裡，以及透過歷史實務曾授予公共行政備受需要且有意義的角色。當總統、國會、法院發生無止境的爭執時，行政就如同「停戰區」(the free-fire zone)，而行政人員也有機會成為協調折衝的對象。正如《黑堡宣言》學者所形容的：一方面來看，行政人員就像是無人島上被賦予模糊和裁量權的個人，這情境對他們（和其他人）而言，可能是種威脅；另一方面，這情境也被視為一種具挑戰性的機會，可以避免憲政過程陷入僵局，而讓公共利益淪為最終災難。

　　其次，正因為來自憲法的模糊和裁量，使得行政必須永遠在憲法、文官改革傳統和歷史經驗所表達出的某一誓約 (a covenant) 中行動。在此誓約的制約下，會要求行政確實做到，而且應該做到：⑴行政人員和其服務民眾間簽訂有莊嚴的協定；⑵行政人員應以其能力來服務民眾，既達成公共利益又維持治理的民主過程；⑶行政能力應受限在憲法傳統、法律和民眾的共同遭遇之中。因此，行政應將憲法視為「活生生的文字」(the living word)，而非「文字」(word)，藉以提升自由社會廣泛的公共對話之序曲 (prologue to the great public dialogue)。

　　在結構上，美國的行政機構既非獨大的整體，亦非同質性的組織，其涵蓋著形形色色的行業、組織、功能、職位和活動，可謂應有盡有。然這些組合，並不僅是虛有其表地自我服務，而是相應著社會的多元化提供了各類的公共服務，所以它們不但具有制度施為的合法性，而且提供了健全的公共對話管道。加上由於公共服務的對象與範圍廣泛且多元，其所傳達的功能性利益，也可彌補代議制下選出的議員僅服務區域性民眾的不足。是以，黑堡觀點的學者提出如下的假定：民眾意志的表達不應侷限於選舉的政務官員，在憲政秩序下應由擁有不同合法性頭銜的單位去參與治理的過程，而行政是由維護憲政秩序的規則所創造，自應也享有此一頭銜。

五、行政與行政人員

最後，黑堡觀點學者對公共服務中的行政人員應有的理念，提出如下的主張：

第一，行政人員被要求須宣誓支持憲法，即在導引行政人員應運用所授予的裁量權，去服務為憲法所創造的社群，以及去瞭解和支持憲法原則，成為憲法秩序的瞭解者與捍衛者。

第二，在行政機關裡，不論是行政人員、專業的成員或享有專業地位的執行者，應以專業態度去關切執行能力、作業標準的發展、服務的訓練和公共利益的價值，而不是僅以「價值中立的」專業者自居。所以行政的專業主義之深層意義，乃是將行政人員視為民眾的受託者，並在社會治理過程中成為一位正當而有意義的參與者。

第三，行政人員的角色應深具「批判性的意識」(critically conscious)，除要在追求公共利益和維持民主治理過程中，受到法治和有限政府的憲政傳統所規範外；在執行政策和專業判斷時，必須善用機會促進民眾的參與。因此，黑堡觀點學者呼籲，行政人員應該穩固地和一致地服膺於哈姆雷特的建言 (Hamlet's advice)「扮演睿智的少數」(play to the judicious few)，而非吼嚷的多數或有權力的少數；著眼於關照長期的公共利益，而非眼前強勢的壓力。當然「睿智的少數」並非意謂為數甚小的、封閉的精英團體，而是能在公民參與的認同下，逐漸將「睿智的少數」轉化為「睿智的多數」。

第四，現代行政人員不但要承擔責任還要回應需求。行政人員要回應的對象有顧客、總統及其幕僚機關、國會、法院、其他機關、第三部門、媒體和利益團體等。面對著錯綜複雜的需求，他們亟須扮演憲政秩序下平衡輪的角色 (the role of balance wheel)，使用法定的權力和專業的知識，去幫助參與憲政過程中任何時間需要被協助的任何人，以維護憲法本身的目的。

第五，黑堡觀點學者認為，對管理科學、系統分析、規劃設計預算制度和政策評估等治理工具的重視很重要，但是過於強調，反而會讓行政人員忘卻了卓越的願景、建構社群的道德承諾、促進自由與尊嚴和改善民眾生活的品質。所以行政人員不應把自己深陷在短視的「價值中立工具」上，而應指導民眾擴大其公民參與，建構民眾賴以信任的實務智慧。再者，行政人員應該發展個人的自覺能力，即意識到自己本身的價值和假定，以及它們如何影響平時的決策制定。

第六，行政人員應對其所做的事情賦予理由和意義。由於既定的實務可能會阻撓

與利害關係人直接的對話，所以行政人員應有責任考慮誰是有可能的利害關係者、他們真正的考量是什麼，以及對話如有可能，應提出何以作出決策行動的理由。

總之，行政人員應致力於：(1)實踐 (praxis)：批判性的意識行動或尋求目標；(2)反省 (reflectiveness)：對所採取的行動深思熟慮和批判評估，從經驗中學習。再者，實踐與反省不但是引導行政人員達成卓越目標所必須具備之能力；亦能促使行政人員以高雅和莊嚴的方式天天為民眾服務；甚至能尊重自己、同事和普羅大眾。(Wamsley, *et al.*, 1990: chap.1)

筆者看來，《黑堡宣言》「轉移政治對話」的主張，確實對診斷美國政經危機開啟了一扇窗，並給了行政得以審視其弊端和再生的機會。因為不明就裡將國家的困境統統丟給行政機關來扛，是不公不義的作法。國家的問題和政府信任的流失，究竟是金權結構的積弊、政策的失當、總統的領導無方、國會立法的草率和利益勾結、法院的庸俗化或「公平的秤」淪為「金錢的秤」、行政的卸責與違法濫權，抑或是政策問題的性質使然？其實應攤在陽光下讓人民得以公開的檢視。甚至如果是行政出了紕漏或差錯，是否導因於總統、國會部門、利益團體的施壓而引發的，也應一併嚴肅的檢視。再者，「轉移政治對話」也能讓行政部門重新定位自己，以「制度施為」觀點為軸心，勉勵行政制度應成為實踐公共利益的行動工具，並成為民眾利益表達、公民參與、民主治理和捍衛憲法的管道。尤其在當今民主政治下，行政不只是聽命政治使喚的「文官中立」角色，也不只是基於自身利益而拉攏政客和利益團體的「文官掮客」，而是憑恃自己的專業與良知，自許為客觀超然的民主憲政捍衛者和守護者，並為社會濟弱扶傾、主持公義的公共信託者。也由於角色的扮演，行政才能重拾民眾的信心，開創自身的宏圖，並讓行政重新找回失去的靈魂與精神。但殊為可惜的是，「制度施為」理論對《黑堡宣言》是那麼的重要，卻沒有太多的著墨。(有關制度施為理論將在下一節裡加以探討。)

貳、新公共服務

針對新公共管理的批判並企圖拯救科層官僚制的治理危機，與黑堡觀點相映著同樣的曲調，要算是丹哈特夫婦 (Janet V. Denhardt & Robert B. Denhardt) 所倡導的「新公共服務」。誠如丹哈特夫婦在《新公共服務：服務，而不是掌舵》(*The New Public Service: Serving, not Steering*) 一書的前言所述：作為一種挑戰，新公共服務旨在讓我

們認真細緻地批判性思考以下這幾個問題：什麼是公共服務？為什麼公共服務很重要？以及導引我們的行為內容和行為方式應該是何種價值觀？我們不僅要讚頌公共服務的特色、重要性和意義，還要考慮如何才能更好地實踐這些理想和價值。（Denhardt & Denhardt, 2003: XI；丁煌譯，2004: 17）甚至在該書的最後，丹哈特夫婦引用莎士比亞的戲劇《威尼斯商人》(*The Merchant of Venice*) 中波蒂亞 (Portia) 對仁慈的敘述：「恩惠的品質是強求不來的。它像綿綿細雨從天空落下。它帶著雙重的祝福：它既賜福給奉獻者，也賜福給受恩者。」（Denhardt & Denhardt, 2003: 175；丁煌譯，2004: 128）上天有好生之德，祂必定會設計一種制度來服務百姓，並且讓服務的人從中受惠。而此種制度的託付，應該是公共服務。

有別於新公共管理摒棄科層官僚制與空洞化國家，丹哈特夫婦指出，構成新公共服務的理論核心及其實質應植基於以下兩個主題：(1)促進公共服務的尊嚴與價值；(2)重新肯定民主、公民權和公共利益的價值觀。甚至，他們希望如「民主」、「公民」和「自豪」這樣的字眼，不僅在我們的言談中，而且在我們的行為中要比「市場」、「競爭」和「顧客」更為流行。畢竟，公務人員不是提供顧客服務，而是提供民主。（Denhardt & Denhardt, 2003: XI；丁煌譯，2004: 17–18）

爰此，新公共服務的理論基礎乃建構在民主公民權 (democratic citizenship)、社區與公民社會模式 (models of community and civil society)、組織人本思想與新公共行政 (organizational humanism and the new public administration) 以及後現代行政 (postmodern public administration)。要言之，新公共服務強調聆聽民眾的想法、回應其需求和促進其公共參與；轉移政府由上而下的權力，激發社群和公民社會的活力，並承擔公共服務工作；重視人有解決問題和克服障礙的潛能，追求社會公正的理想；以及身處變動的時局和多元的社會，應更賦予彈性的創新能力。甚至他們進一步認為（美國）政府設立的初衷，非僅在於追求效率、生產力等工具理性，而是在憲政價值以及對人性的瞭解下，關照社會的福祉，以民主方式來成就高品質的生活。也因此，他們把新公共服務的基本理念簡述如下：（Denhardt & Denhardt, 2003: 42–43；丁煌譯，2004: 40–41）

　　1.服務於公民，而不是服務於顧客：公共利益是就分享價值進行對話的結果，而不是個人自身利益的聚集。因此，公務員不僅要關注顧客的需求，更是要著重於公民利益，並且與公民之間建立信任和合作關係。

2.追求公共利益：公共行政官員必須促進建立一種集體的、共同的公共利益觀念。這個目標不在於找到由個人選擇所驅動的快速解決方案，而是要創立共同的利益和分享的責任。

3.重視公民權益勝過重視企業家精神：致力於為社會作出有益貢獻和重視公民權益的公務員，要比企業家精神的管理者更能夠促進公共利益，因為在企業家精神管理者的眼光裡，公共投資資金就如同他們自己的資產。

4.思考要具有戰略性，行動要具有民主性：滿足公共需求的政策和方案，可以透過集體努力和合作過程，得到最有效並且最負責的實施。

5.承認責任並不簡單：公務員應該關注的不僅僅是市場；還應該關注法令和憲法、社區價值、政治規範、職業標準以及公民利益。

6.服務，而不是掌舵：對於公務員來說，越來越重要的是要利用基於價值的共同領導，來幫助公民明確表達和滿足他們的共同需求，而不是試圖控制或掌控社會新的發展方向。

7.重視人，而不只是重視生產率：如果公共組織及其參與其中的網絡，能夠基於對所有人的尊重，並透過合作和共同領導之過程來運作的話，那麼從長遠來看，它們就更有可能獲取成功。

至於傳統行政、新公共管理與新公共服務之間的基本差異，丹哈特夫婦綜合歸納如下頁表 2–5 所示。

總之，新公共服務不只是最新的管理時尚或管理技巧，也是一種態度，一種責任感，一種公共道德意識；它不是一個職業範疇，而是界定對我們是誰以及我們為他人服務的理由。它「再一次為我們的心境找到一個位置」──尊重公共服務的理想。曾在傳統行政和新公共管理中不被重視的人類行為要素，例如人的尊嚴、信任、歸屬感、關心他人、服務，以及基於公共理想和公共利益的公民意識，都在新公共服務的理論探索和實踐中重新找了回來。所以，新公共服務如公正、公平、回應性、尊重、授權和承諾等的理想，不是否定效率標準，而是要常常超越它。也正因為這種服務的情懷，當美國世界貿易中心發生 911 災難時，消防隊員和警察人員不畏犧牲、全力奉獻，奮勇地衝向火海，鞠躬盡瘁，死而後已，正是這種公共服務精神的最佳寫照。（Denhardt & Denhardt, 2003: 164–165, 167, & 172；丁煌譯，2010: 119, 121, & 125）

表 2-5　傳統行政、新公共管理與新公共服務的觀點比較

	傳統行政	新公共管理	新公共服務
主要理論和認識論基礎	政治理論，由未臻成熟的社會科學所論證的社會和政治評論	經濟理論，基於實證論社會科學之精緻對話	民主理論，包括實證的、詮釋的和批判的方法在內的各種途徑之知識
時尚的理性與人類行為的相關模式	概觀理性，「行政人」	技術和經濟理性，「經濟人」或自利的決策者	策略理性或形式理性，對理性（政治的、經濟的、組織的）的多元測試
公共利益的認知	公共利益是由政治界定的並透過法律表述	公共利益代表著個人利益的加總	公共利益是就分享的價值進行對話的結果
公務員回應的對象	當事者和選民	顧　客	公　民
政府的角色	划槳（設計和執行政策，聚焦於單一的、政治界定的目標）	掌舵（充當釋放市場力量的觸媒）	服務（在公民和社群團體間交涉和調節利益，創建分享的價值）
實現政策目標的機制	透過現存的政府機構來執行方案	經由私人機構和非營利機構以創造機制和激勵結構來實現政策目標	建立公共機構、非營利機構和私人機構的聯盟，以迎合相互同意的需求
課責的方法	層級制的－行政人員和民主選舉產生的政治領導者來負責	市場驅動的－自身利益的累積產生出廣大公民團體（或顧客）所希望的結果	多面向的－公務員必須關注法律、社群價值、政治規範、專業標準和公民利益
行政裁量權	允許行政官員擁有有限的裁量權	寬廣的幅度去迎合企業家型的目標	具有所需的裁量權，但應受限制並負起責任
假定的組織結構	官僚組織，強調機構內部是種由上而下的權威系統以及受當事者所控制或管制	分權化的公共組織，主要控制仍維持在機構內部	協力性結構，領導由組織的內部與外部所共享

行政官員和人員的假定動機基礎	薪水和利益，文官制度保障	企業家精神，縮減政府規模的意識型態	公共服務，為社會奉獻的願望

資料來源：Denhardt & Denhardt, 2003: 28–29.

筆者看來，黑堡觀點和新公共服務為了讓行政成為浴火鳳凰，而有被譏為過度理想化之虞，但把官僚體制視為無動於衷、死水一灘，也非事實真相。重要的是，如何發揮其動能，賦予其精神，讓它成為公共資源的管理者、民主憲政的捍衛者、公共組織的保護者、公民權和民主對話的促進者、社區參與的催化者來實現公共服務。畢竟人類所有的制度，都有賴於我們用智慧、毅力、耐心和經驗去推動。如果我們不這麼做，那又能期待誰去做呢？

第五節　行政的蛻變：治理的轉型

1999 年全美行政學會 (ASPA) 成立優先議題的專案小組 (task force)，來檢視美國行政和行政人員所面對的主要議題，結果發現美國行政部門正在進行快速的變遷，而其中有三個核心要素：(1)政府和公民社會的關係日趨複雜；(2)聯邦政府的責任正逐漸轉移到州政府和地方政府，甚至社區組織的身上；(3)要想管理這些關係需要更多的能力。(Callahan, 2007: 194) 凱特爾 (Donald F. Kettl) 亦云：「在超過一世代裡，美國政府正進行一項穩定卻不被注意的轉型，傳統的過程和制度慢慢被基本議題給邊緣化了，而在這同時，新的過程和制度（經常是非政府的部門），卻成為公共政策的核心關鍵。為執行這些工作和服務，美國政府越來越需要與其他層級的政府、私人企業和非營利組織分享責任了。」(Kettl, 2000: 488) 上述這些議題和變遷趨勢均彰顯出政府功能角色的逐漸轉移，或更須與非營利部門及私人企業共同合作來解決公共事務問題，而這些即取決於政府如何有效掌控治理 (governance) 此一古老深奧但又切合目前變遷環境的統治概念和能力表現。

壹、治理的意涵

治理的意涵為何？治理一詞係源於拉丁文和古希臘文，原意有控制、引導與操縱的意思。在英文中，治理 (governance) 與政府 (government) 被視為同義詞，經常交互

使用，用來指稱國家公務之憲法和相關法律的執行活動。但自二十世紀 80 年代、90 年代以後治理與政府便分離了，治理甚而成為討論國家性質和角色變遷的主題，最終發展成為一套獨特的思想和制度體系。簡單而言，政府是指公共制度的結構與功能，治理則指政府處理工作的方式。稍加擴大言之，羅申諾 (James N. Rosenau) 認為政府是由正式權威所支持的活動，而治理是種「分享目標」的活動；它屬於較廣泛的現象，因為它不只包括政府組織，也包括非正式、非政府的機制。(Rhodes, 1997: 51) 甚至按照基歐漢 (Robert O. Keohane) 和奈依 (Joseph Nye) 的區辨，政府是指行使權威並創造正式義務的活動；而治理是對團體的集體性活動採取引導和限制的過程和制度，包括正式的或非正式的；或者是描述社會行動得以發生的過程和制度，它們可能是政府的或非政府的作為。(Kettl, 2002: 119)

若再細加討論，史特羅克 (Gerry Stroker) 認為治理觀點可由五項命題來說明： 1.從主題來看：治理包括政府與非政府部門的行動者； 2.從邊界來看：當處理社會和經濟議題時，治理存在著公共與私人、政府與社會、政府與市場之間邊界與責任的模糊性； 3.從主體間的關係來看：治理意謂著在集體行動中，行動者彼此存在著權力依賴和互動的關係； 4.從運行機制來看：治理是指行動者擁有自主性且自我管理的網絡； 5.從行為模式來看：治理不僅限於政府權力，也不一定由政府來發動或運用權威，而是強調國家機關可以運用新的政策工具或技術，對公共事務進行更好的控制和引導。（譚功榮，2008: 281–282）要言之，政府與治理的主要區別如表 2–6 所述。

基於上述的治理特徵，學者畢爾 (Mark Bevir) 認為治理是 1980 年代以後，公部門改革浪潮中繼新公共管理之後的第二個改革運動，(Bevir,2009: 9) 甚至在傅雷德里克森等學者看來，治理已儼然成為行政的基本理論之一。(Frederickson, Smith, Larimer, & Licari, 2012) 而此種被號稱為「聯合型治理」(joined-up governance)、「單一窗口政府」(one-stop government)、「整合型服務」(service integration)、「全員型政府」(whole-of-government) 或「行動型國家」(activating state)(Bevir, 2009: 12) 的治理理論或途徑，它與傳統行政、新公共管理有其明顯的差異，如表 2–7 所述。在其中，我們可發現治理的概念必須平衡市場、國家、公民社會各自扮演的角色，透過水平性夥伴關係，藉由合作性的網絡結構來解決複雜的公共事務問題，達成公共價值。

表 2-6　政府與治理的特點

政　府	治　理
國　家	國家和公民社會
公共部門	公共部門、私人部門和第三部門
制　度	程　序
組織結構	政策、產出、結果
直接供給	賦權授能
命令、控制、指揮	引導、推動、合作、交涉
層級制和權威	網絡和夥伴

資料來源：譚功榮，2008: 283。

表 2-7　傳統行政、新公共管理及網絡治理的比較

	傳統行政	新公共管理	網絡治理
系　絡	穩定的	競爭的	持續地變化的
群　體	同質性的	原子化的	多元的
需求／問題	直接的／由專業人員定義的	需求，透過市場反映的	複雜的、易變的、風險傾向的
策　略	以國家和生產者為中心的	以市場和消費者為中心的	由公民所形塑的
治理方式	層級節制	市　場	網絡及夥伴關係
管制方式	表達不滿	離　開	忠　誠
行動者	行政人員	購買者和提供者／顧客和契約者	公民領袖
理　論	公共財	公共選擇	公共價值

資料來源：Benington & Moore, 2011: 34.

貳、凱特爾的分析

根據凱特爾的分析，治理之所以成為現代行政的走向並蔚為潮流，乃因當代政府正面臨三大問題的考驗。 1.「適應」(adaptation) 問題：政府的傳統垂直體系須適應全球化和權力轉移的新挑戰，還要進一步把新的橫向體系和傳統的垂直體系加以整合。 2.「能力」(capacity) 問題：在治理轉型的環境下，政府勢須加強有效的管制和管理能力。 3.「規模」(scale) 問題：凱特爾引用社會學家貝爾 (Daniel Bell) 所言：「現代的民主國家在面對大生活問題時顯得太小了，但在面對小生活問題時卻又變得太大了。之所以在大問題中淪為太小，是因為它缺乏有效的國際機制去處理下一個二十年所面對的事務，如資金流、貿易不平衡、工作流失和若干人口統計的變動潮流等；至於在小問題中變得太大，原因是流入國家政治中心的權力已不太能回應多元化的和差異化的地方需求。簡言之，這是一種規模的不適 (a mismatch of scale)。」(Kettl, 2002: 147–148)

除了三大問題的考驗，治理也會面對三種矛盾的困境。凱特爾引述經濟合作發展組織 (OECD) 的看法，指出治理呈現的難題： 1.既要鼓勵低層級政府的自主性，又要提供總體的方向； 2.允許透過彈性的分權化，又要確保最低限度的一致性； 3.提供地方需求更多回應，但不能傷害總體效率和經濟。

最後，在凱特爾看來，行政原本就是協調 (coordination) 的工作，到了二十一世紀，協調就是搭橋 (bridge-building)。所以治理轉型亟需以一嶄新而富想像力的方式來從事搭橋。為此，凱特爾提出便於搭橋的十項治理原則：(Kettl, 2002: 168–171)

1.層級節制 (hierarchy) 與權威 (authority) 不能也不會因為治理轉型而被取代，只是要能與之配合得更好。自有人類歷史以來，就運用層級節制與權威來從事協調解決複雜問題，而二十一世紀的治理轉型並不會完全改變此一事實。層級節制與權威仍為民主政府的協調與課責提供持續性的策略。

2.複雜的網絡必須架構在層級組織的頂端，並以不同方式來管理。儘管層級節制仍然保有持續性的力量，但管理者必須發展出適應組織間網絡溝通的工具，以引導行政的行動。

3.公共管理者必須更加依賴人際間和組際間的過程，俾作為權威的補充，甚或取代。雖然層級節制和權威有其缺失，但它們還是結構化和控制行政人員行為穩定的有

用機制。唯當管理者越加依賴網絡時，就越須尋找協調行動的不同替代或補充機制；而且，正當網絡越趨向非正式化或動態時，管理者就越需要這些新的機制，將結構轉換成槓桿的過程 (process for leverage)。

4.資訊是治理轉型最基本和最必備的要素。包括財務和人事系統在內的許多過程，雖然提供了適當的控制與影響潛力，但隨著電腦化資訊科技及電子化政府的擴張，以及越來越多的跨越組織界限之政府活動，資訊便成為最有效的橋樑。而且資訊科技會讓即時的、無疆界的溝通成為可能，並為協調二十一世紀工作之所需。

5.績效管理可為監控模糊不清的界線提供有價值的工具。當多元的組織彼此分享實踐公共方案的責任，以及該由誰須為政府政策的結果作出貢獻時，就很難在民眾、政府管理者或民選官員之間決定，到底該由誰負起什麼責任，績效管理系統恰可藉由下列方式來強化行政作為：廣泛分配網絡成員達成結果的責任；評估每一部分網絡的產出對廣泛公共政策目標的達成有那些貢獻；鼓勵民選官員去檢視政策決定和體系產生結果之間連結關係為何。所以，績效管理不只是管理網絡的潛在機制，同時也是課責的工具。

6.透明是政府運作獲取信任與信心的基礎。透明的溝通（每個人可以及時地取得資訊）將可增進民眾對政府的信心 (confidence) 與信任 (trust)。隨著全球化企業的崛起，許多民眾害怕私人權力會吞噬了公共利益；再加上漸增的權力轉移，也讓民眾擔心管理公共計畫的真實決策，會旁落在看不見的 (invisible) 和非政府的幽徑裡。當這兩種恐懼結合時，就會減低民眾對政府工作的信心與信任。然隨著資訊科技的發展，包括網際網絡以及電子化政府的普遍應用，政府的作為與方式會因快速地及廣泛地為民眾所獲知，而增強了民眾和政府間的連結。

7.政府需要投資人力資本 (human capital)，以使工作技能夠迎合亟須完成的工作。因為治理轉型是種搭橋的工作，所以政府的人事體系非改變不可，尤其是政府管理者在從事交涉溝通時，更需要超高技能的水平。因此，二十一世紀政府的許多工作，特別是攸關關鍵性的協調溝通，將是充滿著以民眾為基礎的核心挑戰 (the core people-based challenges)。

8.治理轉型需要具備讓民眾參與行政的新策略和新戰術。美國向來透過民選官員來達成由上而下的行政課責，但是民眾逐漸地期待來自行政體系及其成員所推動由下而上的回應。這種想法，部分是受到私部門所推動之顧客服務運動的影響；部分是來

自 1960 年代「大社會計畫」要求公民參與以回應民眾的需求。此外，電子化政府和其他跨界的溝通，也促成了由下而上的回應。當民眾能夠獲得影響力與溝通的新管道時，他們就不太需要依賴高階官員去解決問題。因此民眾與政府的連結就應重新思考，民眾能夠接觸到那些影響他們的方案管理者。

9.公民責任 (civic responsibility) 的要求，是政府的非官方夥伴的工作 (the job of Government's nongovernmental partners)。如前所言，營利性和非營利組織業已成為公共服務提供的重要管道，惟政府亟須建構有效的機制，以確保民眾所獲得的服務，能與政府提供的服務是基本且一致的。此外，非營利組織也應發展出一套提升責任、彈性和效率的機制，以確保服務的提供不會與政府提供的服務產生極大的落差，這是憲法對人民的承諾。

10.美國需要設計管理衝突的新憲政策略。治理的基本轉型，與其說創造全新的典範，不如說在舊有典範之上架構新的問題。這樣的轉折，不是去創造新的憲法，而是從原有的憲法中開展新的策略。美國憲法足以被證明能從歷史中展現出相當的活力，但間歇性的新壓力則需要有新的戰術。所以國家的領導者也應和開國元勳一樣，在面對變局或新的壓力時，具備同樣的管理適應的能力。

惟細加研究，凱特爾為何要探究治理的概念與方向，乃是因為他努力思索美國行政所面對的歷史困境與糾纏，亟思提出走出此些困境與糾結的解決之道。一般而言，美國憲政體制運作經常面對著價值衝突，如個人自由與政府權力的對立；憲法也反映出政府制度權力爭奪的錯綜平衡。行政的運作更是如此。在凱特爾看來，美國的行政困境 (administrative dilemma)，就是來自威爾遜、漢彌爾頓、麥迪遜和傑弗遜等先哲們對行政設計顯現的四種類型之相互抵觸與磨盪。詳如表 2-8 的說明。

簡略的說，對威爾遜學派來說，行政的困境就是：當政策制定者與公共服務傳遞者彼此在層級權威缺乏連結時，如何確保有效率而又具回應性的行政？就麥迪遜學派來說，行政的困境就是：當憲法的權力分立體系是廣泛分配責任時，有誰能夠訂定明確的權威動線？甚至在無人負責甚或每個人都在負責下，又該由誰負責確保有效率而又具回應性的行政？對傑弗遜學派來說，行政的困境乃是：當聯邦政府將責任轉移給州和地方政府，以及當全球化趨勢來臨時，我們如何確保有效率而又具回應性的政府？且當課責的定位不明，責任分散在整個政治場域時，如何才能確保課責呢？對漢彌爾頓來說，行政的困境就在於：當把託付從許多掌權者手中交給了單一的個體時，我們

表 2-8　美國政治傳統的行政理念

	威爾遜學派 以官僚體制為中心	麥迪遜學派 以權力平衡為中心
漢彌爾頓學派 強勢的行政 / 由上而下的	以行政為中心； 原則：強勢的行政功能； 由上而下的課責； 層級節制的權威。	以非官僚制度為中心； 原則：權力分立； 聚焦於政治權力； 由上而下的課責。
傑弗遜學派 弱勢的行政 / 由下而上的	以地方控制為中心； 原則：弱勢的行政且權力轉移； 由下而上的課責； 回應民眾的需求。	以非官僚制度為中心； 原則：聯邦主義； 聚焦於地方控制； 由下而上的回應性。

資料來源：Kettl, 2002: 44.

如何確保有效率而又具回應性的政府？以及不論它多麼有效率又具回應性，當它不受控制時，又該如何解決此一問題？(Kettl, 2002: 54-59)

　　透過上述四種類型的行政困境之反覆提問和詰問，會使行政問題的處理顯得格外錯綜複雜，所以凱特爾借用謝門 (Harold Seidman) 的見解，指出：協調是公共管理的「哲學家魔法石」(the philosopher's stone)，只有當我們發現協調的正式公式時，才能調和不易合衷的事情，協商出彼此相互競爭且互不相衝突的利益，從而克服了政府結構的不理性，做出無人反對的困難決策。協調變成為政府問題的答案，缺乏協調是失敗的註記。(Kettl, 2002: 59) 治理也因為講究協調的緣故，使得它成為未來行政轉型的首選。

　　綜上所述，凱特爾的治理觀大抵還烙印著國家主權的概念，認為政府的權威與層級體系仍有必要發揮協調作用，並在此之中，再搭配第三部門與私部門的合作，就可形塑網絡治理。然在另一批學者看來，治理概念的呈現，足以彰顯國家權威的碎片化，政府主導政策能力的失靈，未來的統治只會走上自我控制的組織間網絡 (self-steering interorganizational networks)，創造了非預期的結果、執行的差距和政策混亂 (policy mess)。例如羅第斯 (R. A. W. Rhodes) 就認為未來的英國政治變遷，將會產生如同羅申諾所形容的「無政府治理」(governance without government)。(Rhodes, 1997)

參、羅第斯的看法

對於治理的多元面貌，羅第斯以七種角度來說明：(1)公司治理式的治理 (governance as corporate governance)；(2)新公共管理式的治理 (governance as the new public management)；(3)善治式的治理 (governance as good governance)；(4)國際互賴式 的 治 理 (governance as international interdependence)；(5)社 會 控 制 論 式 的 治 理 (governance as a socio-cybernetics system)；(6)新政治經濟式的治理 (governance as the new political economy)；(7)網絡式的治理 (governance as networks)，繼而羅第斯總結這 些治理的觀點，而提出了一個他所稱的「具約定性的定義」(a stipulative definition)： 「治理指涉的是自我組織的組織間網絡」(Governance refers to self-organizing, interorganizational networks)，並將治理的特性歸納如下：

1.組織間的互賴。治理要比政府來的廣泛，它包含了非國家的行為者。國家界線 的改變意味著公、私和自願部門間界線之轉移與彼此滲透。

2.網絡成員不斷的互動。此乃導源於他們需要去交易資源並交涉分享的目的。

3.如遊戲般的互動 (game-like interactions)。這是由於網絡參與者所交涉和同意的 遊戲規則所形成的信賴和約束。

4.享有不受國家控制的高度自主性。網絡並不向國家負責，它們是自我組織的。 惟國家雖不占據主權位置，但它可以間接地和不完整地導引網絡。(Rhodes, 1997: 52– 53)

羅第斯對公共治理的「自我組織」之強調，恰可與基克特 (W. Kickert) 談論未來 政府與社會發展的觀點互為輝映：「政府的控制能力是有限的，理由是：缺少正當性、 政策過程複雜、制度的多元考量和複雜等。能在社會體系裡影響事件的方針，政府只 是眾多行為者中的一員，政府沒有足夠的權力對其他行為者執行其意志；其他的社會 制度享有很大的自主性，它們不是由單一的超級行為者，尤其是政府所控制；它們大 多是自我控制的。自主性不僅意味自由，也意味自我負責。減低管制、政府撤退和遠 端的領航，都意涵著政府少做直接的管制和控制，帶給社會制度更多的自主性和自我 管制。」(Rhodes, 1997: 52)

治理理論走到這種地步，不免會令持傳統行政、新公共行政、黑堡觀點、新公共 服務觀點人士若有所失與感傷，因為行政像似可有可無的「治理傀儡」，可以「招之即

來，揮之即去」。然而，「自我組織」不僅是羅第斯探討公共治理所特予強調的，其實晚近物理學、經濟學、社會學、投資學等也都經常提及。例如在經濟領域裡，現代的經濟體被視為是由許多同時運作的行動者 (agent) 所構成的網絡系統，由於行動者與行動者不斷的互動而使環境處在變動狀態，因此要完全掌握經濟體的變化是非常困難的。再者，在複雜系統中行動者會累積過去的經驗，自行調節、自我組織，以適應改變，尤其當行動者聚少成多，累積超過一個臨界點，原有系統就會失衡，而被形容為自我組織的臨界 (self-organizing criticality)。當自我組織的臨界到來時，新的系統會隨時浮現；當到飽和時，系統有時也會猛然瓦解。在羅第斯看來，公共治理簡直就是此種複雜調適系統 (complex adaptive systems) 的寫照。影響所及，羅第斯認為「議題網絡」(issue network) 要比「政策社區」(policy community) 更能形容政策形成的隨機性與耦合性。其實，這樣的論述，若再對照著表 2-7 的形容，網絡治理在「系絡」上是持續變化的，在「群體」上是多元的，在「需求 / 問題」上，是複雜的、易變的、風險傾向的，則能得到更好的理解。

肆、傅雷德里克森等學者的觀點

除了凱特爾和羅第斯對公共治理的構思和論述外，筆者認為傅雷德里克森、史密斯 (Kevin B. Smith)、拉立默 (Christopher W. Larimer)、李卡立 (Michael J. Licari) 合著的《行政理論入門》(*The Public Administration Theory Primer*)，對於治理的論述與分類深具獨特創見，對行政未來發展的描繪頗具意義，殊值引介。在傅雷德里克森等學者看來，面對割裂化國家 (the fragmented state) 的興起及現有行政架構的老化，使得行政學不得不尋找新的立論基礎。亦即，當行政理論的權威地位逐漸衰退達半世紀，以及行政學受到其他學科（特別是經濟學、政策分析和組織理論）理論的殖民化也將近幾十年，此時此刻應是行政學要重新反省和重新定位的時候了。傅雷德里克森等學者稱治理所帶來的挑戰為，「讓割裂化和模糊化的國家能夠運轉的政治學」(the political science of making the fragmented and disarticulated state work)。他們進而將治理定義為：「在主權逐漸式微、管轄界線重要性也一再衰退，以及制度呈現普遍的分散化下，在行政中所從事的橫向和制度間的關係 (the lateral and interinstitutional relations in administration)。」(Frederickson, Smith, Larimer, & Licari, 2012: 234–235) 對行政的實務與理論而言，治理的來臨，象徵著政治管轄權與行政機關間的聯繫關係逐漸衰退，也

預告了依傳統層級方式提供公共服務的快速瓦解。繼而，傅雷德里克森等學者將治理型態分為三類，分別是行政聯合模式 (administrative conjunction)、治理的體制論 (regime theory of governance) 和全球化治理模式 (global governance)。（Frederickson, Smith, Larimer, & Licari, 2012: 235–241；于洪等譯，2008: 208–211）茲說明如下：

（一）行政聯合模式

行政聯合模式係指「在公眾網路內代表各單位之行為者與行政活動彼此間形成了正式和非正式的橫向聯繫。」惟推動行政聯合的動力，主要是從事公職之理念相同的專業人士，尤其是特定政策問題或政策領域的功能性專家 (functional specialist)。倚賴這些功能性專家的彼此連結，才能促進跨轄區行政單位間的合作，並讓割裂化國家的政府運作整合成為可能。所以「行政聯合」與「新公共管理」之治理顯著不同。新公共管理強調的治理重視市場理論、自利和競爭，而行政聯合模式講究功能性專家的價值和信仰，及與生俱來且習得的人類合作本性。然而，行政聯合雖屬非層級性的，但它仍與政治管轄權彼此接合，倘若沒有正式層級的結構，行政聯合根本不可能。就此看來，政府的層級結構可被看成是「建築」，而行政聯合則是在不同「建築」間搭起「行人天橋」(pedestrian bridges)。

（二）治理的體制論

依傅雷德里克森等學者的建言，想要理解治理的體制論，一個聰明的作法就是去觀看國際關係的實際運作，只不過把分析單位由國家改為所有形態的組織。是以，治理的體制論乃指為適應環境的變動，實體（組織）與實體（組織）如何關連在一起，以達成共利的互動。這種治理的體制論可分為三種型態：

1.「跨權限（管轄區）的治理」(inter-jurisdictional governance)：它是種垂直式與橫向式的跨轄區和組織間的合作。惟這類的合作，有時是屬正式的型態，有時是屬自願的型態。

2.「第三方治理」(third-party governance)：指將國家治理功能透過契約轉移至政策領域內特定的非營利性、營利性或次級政府 (subgovernments) 的第三方。它被視為「國家的延伸」、「契約性的管轄」或「授權的第三方」。

3.「公共的非官方治理」(public nongovernmental governance)：它主要是由非政府組織來承擔相當於政府機關所從事有益於民眾的活動。包括來自公共的非轄區性或非官方性的政策制定和執行。

（三）全球化治理模式

當治理層次被轉移至如聯合國、世界貿易組織、歐盟等全球性的治理組織 (global governance organizations) 時，就是指全球化治理模式。全球化治理通常缺乏正式的或強制性的制裁機制，常有課責不足或課責落差的現象，頂多只是種「譴責遊戲」(blame game)。再者，合法性亦為全球化治理的另一隱憂。合法性的一大部分是源自於心理認同，是屬權威的心理來源，全球化治理因涉及不同的民眾和文化認同，所以僅能止於「規範的合法性」(normative legitimacy)、「道德的勸說」。不過，其中仍有六項準則可供組織成員共同遵守：代表、參與、平等（公平或中立）、憲法基礎（規則和秩序）、透明和決策的理性基礎。

綜合上述凱特爾、羅第斯、傅雷德里克森多位學者的看法，筆者僅對治理提出五點淺見。首先，治理目前仍是一個鬆散的概念，每個人給予的認知不盡相同。它可能是種公私夥伴、第三方治理、跨域管理、行政聯合、組織間或跨轄區的交互關係等。但是唯一可確定的是，政府權責不似往昔那麼的具統整性，而是逐漸在衰退化、割裂化、碎片化之中。至於治理會不會走上「無政府治理」，也許在某些情況下偶而會碰到，但多數的情況下，政府的權威仍會發揮一定的影響作用，即使是全球化治理，政府亦會扮演一定的角色。借用莎士比亞的名句「該忍辱偷生，或是奮起抗爭？」(to be or not to be)，個人看來，行政仍待奮起精進。

再者，當今行政變革中，最為顯著的改變之一，莫過於公民社會的崛起，使得政府的運作不像昔日由政府負起單獨而完全的責任，倚靠民間社會、私部門，勢所必然，致使與政府有關的第三部門、非營利組織、私部門、地方社區組合成網絡式組織 (networked organization) 或多部門的夥伴關係 (multisector partnership)，業已成為行政研究和實務的普遍認知。所以未來的行政除了要使用層級的權威外，更應注意協調交涉的「搭橋」工作。

為說明這種國家與社會關係的快速改變，托份 (Jacob Torfing)、彼得斯 (B. Guy Peters)、皮爾瑞 (Jon Pierre) 和梭倫森 (Eva Sorensen) 更倡導「互動式治理」(interactive governance)，他們將互動式治理定義為：懷有不同利益的多元社會和政治行為者透過動員、交易，並運用理念、規則與資源，來規劃、促進及達成共同目的之互動性的複雜過程。運用上述的定義，企圖彰顯治理的三種主要特徵：

1. 互動式治理並非來自正式結構和制度的直線作用，而是連結政府與非政府的行

為者之複雜過程。

2.互動式治理雖然在行為者間有其互異的與互斥的利益、需求和信仰，但他們總會在定義目標、達成目標和形塑公共價值上凝聚集體的企圖。

3.互動式治理的目標是透過國家、經濟和公民社會的多元行為者利用交涉協商來作成的，所以它是去中心化的 (decentered)。(Torfing, Peters, Pierre, & Sorensen, 2012: 14–15)。

第三，相對來說，治理來自社會學領域，自然會從社會學中擷取更多的概念，如透明、課責、交涉、信任、廉潔、回應等，來深化治理作為。不過，像新公共管理或政府再造運動中所涉及的觀念，如經濟、效益、成本等，也並非全然漠視。舉例而言，公、私部門和第三方若缺少信任，在互動過程中「交易成本」便會顯著增加，要達成良善治理等於緣木求魚。總之，治理的提出，宣告了市場經常失靈，政府也是如此，自然而然就必須找到平衡市場、國家和公民社會的途徑。

第四，對政府績效的主要判斷，端在於政府有無解決市場及社會網絡失能的能力。政府並非僅仰賴權威的拘束或資金的投入，更包括政策綱領能否取得社會共識，及政府是否建立一套風險識別系統等。

第五，信任是治理能夠有效運作最不可或缺的要素。信任不但涉及親密的社群成員間共同規範，彼此合作，和相互期待，更隨著抽象系統的發展，需要對非個人原則及道德原則的遵守。所以，它極有可能被視為是種賭注，說不定在互動中遭到朋友、夥伴、利害關係人等的背叛，當信任崩壞時，如何處理或解決，亦是治理上課責的一個棘手難題。

第六節　行政的內在理路

「說憂傷，講寂寞，也要讓人聽出你失望的深度和內心的破碎」。行政理論發展的曲折道路上，有酸有甜、有褒有貶，連帶地對於政府的功能或地位也有所爭議。尤其當雷根前總統痛斥科層（官僚）制道：「政府本身是個問題」、「美國政府達成的預算政策，就像任何政府機構所經歷的那種最不負責的米老鼠戲碼」等言猶在耳，卻在911事件發生時讓我們目睹到當別人奮力掙扎著從世界貿易中心衝下樓逃生的時候，警察和消防隊員們卻本於職責必須努力地衝上樓，而造成許多人員傷亡的結果，這種對比情節在許多的案例中比比皆是，而讓人們難以對科層（官僚）制的全貌說出所以然。

難怪丹哈特夫婦在《新公共服務：服務，而不是掌舵》曾這麼的自問道：「公共服務的理想怎麼啦？我們什麼時候開始聽不到它們的？管理哲學和管理理論對政府適當角色和身分的看法變化，是如何改變公務員的思維方式和行為模式的？在這個過程中，公共服務的那些價值觀被遺失了？特別是那些可以為公共服務領域提供尊嚴、勇氣和承諾的價值觀在這過程中遺失了嗎？我們怎樣才能重新找回並肯定這些價值觀？」(Denhardt & Denhardt, 2003: XII；丁煌譯，2004: 19) 說真的，對許多人而言，浮在內心頂層的疑惑，好像在質問行政難道已是失去內在精華而不只是往日光環？

筆者學生劉枝蓮在《天空下的眼睛》內文寫道「大霧再濃，點了燈就有歸屬」。(劉枝蓮，2016: 234) 就讓筆者試著做些點燈工作，來表達一些對於科層（官僚）制運作的若干內在理路之觀察與思維，以有助於開展更多的對話和理解科層（官僚）制本身實際的所作所為。茲就科層（官僚）制的三項內在理路：限制 (constraint)、制度施為 (institutional agency) 和探索的工匠精神 (exploring craftmanship)，敘述於下：

壹、限　制

就權力的運作而言，美國的科層（官僚）制雖然被形容為「第四權」，但相對於總統、國會與法院的權力主體性，美國的科層（官僚）制也只能被看成是種「附屬權力」，它不被寄望或期待能與上述的三者擁有平等且對抗的權力。因此，當新公共行政企圖強調科層（官僚）制為了社會公正而應具「代表性」之表達權，並成為憲政秩序的重要捍衛者與參與者時，旋即被學者批評為「偷竊人民主權的無恥企圖」或「對正當性政治權威的不當挑戰」。相信，只要代議民主制存在著一天，「政治是主人，行政是僕人」的框架也會如影隨形地存在，這就是科層（官僚）制不應無限上綱地成為權力主宰者的宿命。正因如此，雖然各國正推動「文官中立」（但細究其英文為"political neutrality"，應譯為「政治中立」），明顯指出只有在政治不介入或滲透下，行政中立才有可能。此亦宣告了科層（官僚）制在權力運作上較屬卑微的。有感於此，夏福利茲、羅素和薄立克曾云：「科層官僚制很容易成為政治痛擊的對象，卻因政治中立的緣故，它很難還擊回去」。(Shafritz, Russell, & Borick, 2007: 281)

此外，亨利 (Nicholas Henry) 在《公共行政與公共事務》(Public Administration and Public Affairs) 的第一章〈偉大的民主、龐大的官僚〉(Big Democracy, Big Bureaucracy) 中，即開宗明義地指出「限制」是美國行政的系絡與傳統，甚至他直指美國行政是不

能為所欲為的。美國公部門的行政傳統與私部門的管理傳統存在著很大的差異，一係限制性，另一係開創性。畢竟，我們很難想像狡猾、大膽又貪財的美國企業王國，與行政傳統上的限制性會產生任何的關連。最後，亨利更坦白地認為美國行政的獨特性，乃是行政被拘束的傳統，他並以僵局 (gridlock) 與執行的限制作為象徵進而指出：「美國民眾已作好準備為他們受限制之行政付出代價。」（蕭全政等譯，2003: 3-4, 13；Henry, 1999: 2, 7）

　　其實，美國科層（官僚）制的限制性，可考諸美國開國元勳對行政部門設計的爭議，即可獲得相當的瞭解。作為美國行政專業 (profession) 的肇建者漢彌爾頓，他讚揚公部門應有一位強勢的行政首長，而將強勢的行政首長視為政府有效運作所需的能量。他說：「（相對地）軟弱的行政首長意味著軟弱的政府執行。軟弱的執行只不過是不良執行的另一說詞，而且政府不良於執行……實際上是個不好的政府。」漢彌爾頓不僅倡導強勢領導的行政首長，他還擁護非常強勢的科層（官僚）制。漢彌爾頓主張，部會首長的薪俸必須特別優渥、應擁有實質的權力，以及他們的任期應超越任命他們的行政首長。事實上，漢彌爾頓認為高層官僚的短暫任期，將是造成「政府的行政招致不名譽且災難性的變數。」

　　而作為美國行政限制的傳統之肇建者傑弗遜，其行政理念與理想剛好與漢彌爾頓背道而馳。傑弗遜非常蔑視漢彌爾頓所擁護的強勢政府，他寫信給麥迪遜（他和傑弗遜同為代表行政限制的傳統）道：「我並不是大有為政府的倡議者。因為這樣的政府總是具有壓迫性的，它雖會讓政府在施政上相當順暢，卻以犧牲人民為代價。」傑弗遜美化了地方主義 (localist)、農民自主 (yeoman) 的民主政治理想，而且以此做為美國政治實驗的核心。由於傑弗遜深信一般民眾的完整性，以致他認為人民參與度愈高的政府才是最佳的政府，而人民參與度愈高的政府是「杜絕了科層（官僚）制、行政中的專家主義……或者杜絕了以行政國做為國家發展的塑造者與指導者」。（蕭全政等譯，2003: 7-9；Henry, 1999: 4-6）

　　顯然地，傑弗遜對行政限制的傳統迥異於漢彌爾頓對行政專業的期待，而形成了日後美國學術界論戰不休的焦點。但也由於傑弗遜的論點獲得了較廣泛的支持，使得日後美國民眾傳統上將政府與暴虐、政府與貪腐、政府與剝奪連結在一起，所以認為僵局的存在是有必要的。這種對行政職權的削弱與限縮，行政的法律基礎觀點可為之縮影。例如 1882 年最高法院在「美國控告 Lee」案中提出警告：「沒有人可以凌駕於

法律之上，而且沒有一位執法官員可以有豁免權去違反其所制定的法律，政府中的每一位官員從最高階至最低階，都必須接受法律的約束，都必須遵守法律。」（陳志瑋譯，2015: 33）要言之，所謂限制，是指美國行政的運作需在政治所制定的法律授權下，及法院所鋪設的「正當過程」軌道上來依法行政。

貳、制度施為

如前所述，《黑堡宣言》學者呼籲行政體制應自我意識地來自於和正視於制度施為觀點，並主張制度施為觀點不但是適當的，而且是有必要的；非但如此，有了制度施為觀點才能使得行政人員履行其職務時有了「重心」或「座標」。甚至他們將制度施為界定為「在所有層級的行政部門中業已成型的制度，並以追求公共利益作為行動工具。」

為了對制度施為有更確切的瞭解，國內社會學者葉啟政先生，引用《韋氏辭典》的意義作了如下扼要的指陳：agency（以下譯成「施為」）此一英文名詞有四個意思：⑴行動、權力；⑵手段、工具性；⑶賦有對別人施予行動之權力之個人或公司的實業；⑷在⑶中所指實業的辦公場所或地區。與之相關的另一名詞 agent（以下譯成「施為者」）則意指：⑴實際或有能力從事行動的人或物；⑵產生效果的一個主動力量或實質物；⑶賦有對別人施予行動之權力的個人或公司等；⑷旅行業者。因此，不管「施為」或「施為者」一詞，就其字義，它們都意涵著具能動能力的「行動」意思，「行動」可以說是其意涵的重點所在。（葉啟政，2004: 302）

其後葉啟政先生更引用紀登斯 (Anthony Giddens) 的觀點證成施為觀點乃係「能知性與權力交錯的行動動能展現」。首先，他指出在紀登斯的認知裡，假若人們沒有被「拉」(pull) 時，社會結構性的限制並不會「推」(push) 著任何人去做任何事的。這也就是說，即使侷限人們之行動運作軌道的社會性限制是非常明顯、且沉重之時，「行動具目的性」這樣的意涵，仍然是必需被核計、且加以重視的。人做為一個具有意識與意志的行動者，他還是有一定的自主性，並非是完全命定地被外在的力量牽著走。這樣的觀點於是乎讓吉登斯引出了施為的概念，而與代表具限制與促動性質的結構概念對照起來。繼而，葉啟政指出：在紀登斯的心目中，施為指涉的是人實際上的種種作為，而且是正在進行的做為 (doing)。這個作為指的，「不是人們在做事時具有的諸意向 (intentions)。首要的，毋寧地是在於他們做這些事時的能耐 (capability) 上面」。他並

接著道：「……做為一個施為者即能夠（長期緩慢地在日常生活的流通中）部署一系列因果能勢 (causal powers) 的範域，包含影響其他人的那些部署。因此，行動的起落乃仰賴一個個體對事情之既存狀態或事件的路向所具有『製造差異』的能耐了。」（葉啟政，2004: 305–306）顯而易見的，就概念的涵意而言，吉登斯所以特別使用「具有『製造差異』的能耐」這樣的概念命題來刻劃施為者，基本上為的是用以證成人所具有的主體能動性，而展現這個能動的具體外在社會形式就是權力。這樣的權力概念所強調的，乃是行動者以其手中可以掌握的資源 (resource) 與以規範做為基礎的規則 (rule) 做為媒體（尤其是前者），進行一種具關係性的行事操作。（葉啟政，2004: 306）關於上述有關施為的論述，似可用圖 2–2 扼要表達其意涵：

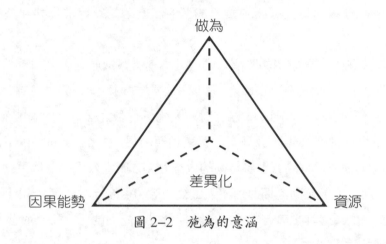

圖 2–2　施為的意涵

　　從上文對制度施為的介紹裡，我們可以這樣的認為：行政雖然不能成為權力的主宰者，但它可以在其總統、國會、法院，甚至百姓所賦予的權威與限制下，以其擁有專業化知識、歷史傳承、累積的智慧、制度化規則、社會的信賴，進行部署一系列因果能勢的諸多作為，逐漸地、日積月累地製造出差異化的結果，達成公共價值的目標，而不是消極被動、放任不管；多做多錯、不做不錯，讓公共服務沒有改善的可能。這種能夠在結構限制與行動自主的困境中展現出行政的內在特質，恰可用葉啟政教授所著的書名《進出「結構－行動」的困境》來做最貼切的描繪。也就是說，行政需要在結構限制與行動自主之間進進出出，權衡斟酌，以利民眾福祉的提高，公共價值的創造。

參、探索的工匠精神

用工匠來形容行政，似乎有被批評為太過「工具化」或「技術化」的危險，但是「工匠精神」卻又內嵌著匠心獨運、追求完美的心態與格調。昔日皇家禮炮 21 年蘇格蘭威士忌的廣告：「追求極致，成就非凡」，應是行政要去學習與追求的理想。因為它代表著不僅是種技術，而是種藝術，更是種哲學與態度。早年，瓦爾多曾勉勵「行政應如同醫學般」。醫生最被期待的使命，乃是仁心仁術醫好病人的病痛，而行政亦應順應著這樣的邏輯，發揮專業技術與道德能力，診斷社會的問題，解決民眾的痛苦。惟專業能力與道德修養是與時俱進的，需要不斷的探索、鑽研、考究與雕琢，「在具象中有抽象的思維」、「在實作中見成長的動力」，這是任何實用性的專業所不可或缺的，所以實踐良善的行政，探索的工匠精神乃為必要的風格之一。

結　語

明茲伯格 (Henry Mintzberg)、亞斯蘭 (Bruce Ahlstrand) 和藍佩爾 (Joseph Lampel) 認為組織變革可以辨識出四種主要的模式：定期式衝擊 (periodic bumps)、擺盪式變換 (oscillating shifts)、生命週期 (life cycles) 和規律式進展 (regular progress)。定期式衝擊是指組織的長期穩定狀態，會被偶發的革命性轉變所扭轉。擺盪式變換是指組織先從事發散式變動進展 (divergent struggle for change) 以容許各項計畫發揮創造力，然後再適應聚合 (adaptive convergence) 到「讓這裡保持一些秩序」(get some order around here) 的狀態。生命週期顧名思義是指組織會經歷出生、成長、成熟和適應改變的階段。規律式進展說明組織的適應會或多或少地持續穩定地進行。(Mintzberg, Ahlstrand, & Lampel, 1998: 310–312；林金榜譯，2006: 432–433)

上述的變動模式或可借來形容行政理論發展的軌跡。但是，毫無疑問地，為探究行政理論發展的轉換模式，學者們到底會認同那一種類型，恐怕看法會大相逕庭。例如新公共管理運動被視為對行政進行一場「外科手術」，行政儼然已從官僚典範邁入後官僚典範，用「定期式衝擊」來形容應不為過。不過管理主義對行政造成的劇烈轉變，向來並不為夏福利茲、羅素和薄立克所認同，他們甚至用反諷的筆調來加以駁斥。茲引介幾則觀點，作為佐證：(Shafritz, Russell, & Borick, 2007: 312–313, 317, 321, & 330)

1.組織重組，它正如一世紀古羅馬作家阿彼特 (Petronius Arbiter) 所說的：「我後

來學習到，我們通常藉由組織重組來應付新的情勢；但重組在創造出進步幻象的同時，卻也製造出混亂、無效率以及道德低落。」

2.行政以及一般管理近來都著迷於品質、能力、承擔責任或滿足顧客需求等議題。而這一傾向於管理主義趨勢的要點，乃在於將適任 (competency) 的新觀念灌輸到組織之中，並避免不適任所帶來的傷害。不幸的是，適任與不適任就如同硬幣之兩面，對於那一面才是贏，缺乏普遍的共識。就如同美國最高法院法官史都華 (Potter Stewart) 在面對如何定義色情刊物時所遭遇的困境一般，他聲稱：雖然無法明確定義，但是只要看了之後，就能夠知道那是不是色情刊物。而適任與不適任也面臨相似的認知問題。畢竟，在面對同一件事情時，有人認為是充滿阻礙的繁文縟節，卻也有人看成是珍貴的程序性保障。

3.學說或理論本像潮流，潮來潮又去。而行政的各種學說本來就是不斷地在演進之中。管理主義、新公共管理、新政府運動等都是進步主義路程中最新的里程碑。而這些改革就像莎士比亞《馬克白》(*Macbeth*) 劇中的可憐演員：「在臺上高談闊步，下臺後再也沒有人注意到他了。」（意味著任何改革措施，就如同一個演員一般，他荒腔走板地演完一齣戲，等到下臺後，一切又歸於平靜。）美國著名行政學者懷特 (Leonard D. White) 1933 年發表了《行政的趨勢》(*Trends in Public Administration*) 一書，其中有幾個章節談論自 1900 年開始的「新管理」(The New Management) 之發展。時至 1971 年，馬瑞尼集結了明諾布魯克會議的研究成果，編輯了一本極具影響力的書《邁向新公共行政》。新！新！新！但這些新題材都只是在不斷的重申進步主義的學說而已。然而，行政的學說並沒有一個明確的終點，它只不過是不停的學說改進而已。

4.管理就像一般的戀情，經歷了從陷入熱戀到理想破滅之可預見的循環 (a fairly predictable cycle)。首先，管理大師提出了一個新概念，打造了一個時髦術語，花言巧語地迷惑媒體。接著，一兩個大公司面臨了破產或危急的情況，讓這個時髦術語有表現的機會。然後，其所帶來的驚人成果被報導出來，企業界爭相企求這個管理忠告，而讓管理大師賺進了大把鈔票。最終，一些商學院的教授發表權威性的報告，認為這個管理流行只是一場騙局，媒體也陸續揭露了大量聳人聽聞的失敗例子，而管理大師卻一面抱怨他被誤解了，一面又提出了另一個新的觀念。

從上文的引述，我們不難猜測夏福利茲等學者應不致於將行政的發展視為是不同形貌的全盤改變，頂多可形容為擺盪式變換，或規律式進展。筆者亦非常同意夏福利

茲等學者的觀點。如同莎士比亞所言：「玫瑰無論你叫它什麼名字，它依然芬芳如故。」行政也是一樣，不論它如何變動，它依然有其基本性格與風格。也因此，個人認為行政的風格，應可歸納為：它非權力「主宰者」，而是權力「賦與者」；唯在權力的授予與職責履行中，它可以善用資源，部署一序列因果能勢，從事制度施為，並透過不斷探索的工匠精神，創造公共價值，服務人群，達成「追求極致，成就非凡」。或用通俗的話來說：行政在政治的管轄下，是不易轉身的，但還可以憑藉制度施為優雅地轉身。這是筆者讀完轉型變動中的行政理論之後，給行政的基本定位和簡短的形容。

第三章　組織結構與過程㈠：主要學說

何謂組織 (organization)？組織的意涵為何？透過隱喻 (metaphors) 可以幫助我們透視與想像組織的精義，這是理解組織的有用工具，亦是本章優先處理的問題；其次，組織的設計尤需理論的指引，若缺乏理論的基礎，組織設計非但無法獲得寶貴知識的啟蒙，而獲得有效的著力點，也將變得如浮萍般找不到根基。因此，在接續的各節中擬探討描述組織的若干主要途徑，以彰顯不同學派對結構與管理之不同視野和特色，作為下一章中探討組織設計的基本依據。

第一節　組織與組織隱喻的透視

在現代的社會裡，組織可說是無處不存在的。當《發現》(Discovery) 頻道播映〈偉大工程巡禮〉時，令人感受最深的，無非是偉大的成就背後都有著卓然不菲的組織。設若沒有組織，再好的人才，恐獨木難撐天，偉大理想也難以為繼。組織實是載著人們的才華和理想越過前進道路溝溝壑壑的「翅膀」。至於組織的意涵為何？有那些基本隱喻？即是本節關注的重點，茲分述之。

壹、組織的意涵

組織一詞，源自希臘字 "organon"，意為工具或手段，是指用來幫助達成目標活動的機械設計。(Morgan, 1997: 15) 根據《牛津英文字典》記載，在 1873 年以前，組織的概念，主要用以描述生物學上細胞的組合狀態，或組合的活動。1873 年左右，哲學家史賓賽 (Herbert Spencer) 才用「組織」來說明「已然組合的系統或社會」(an organized system or society)。(江岷欽、林鍾沂合著，1999: 4) 1938 年，巴納德 (Chester I. Barnard) 在其所著《主管人員的功能》(*The Functions of the Executive*) 一書中，將（正式的）組織界定為「兩個人或兩個人以上所形成的有意識的協調活動或勢力之體系」。(Barnard, 1938: 73)

數百年來，居住在北極地帶的愛斯基摩人，為此作了最佳的例證。愛斯基摩人每年要度過漫長的暴風雪季節，海豹的皮肉脂肪是不可或缺的必需品。海豹是可以長期潛伏在水底行動的哺乳類動物，牠的聽覺靈敏，生性謹慎，即使趴在冰上休息，也只是停留在冰洞旁邊而已；加上結冰的大地傳聲效果良好，愛斯基摩人就算是躡步而行，

腳步聲也逃不過海豹的耳朵。一聽到聲響，海豹便立刻跳向冰洞，遁入水中逃走。但捕不到海豹，愛斯基摩人就會面臨生存的威脅。為了克服環境的限制，愛斯基摩人巧妙地運用協調與合作，完成了單獨個人所無法完成的工作。他們的方法是兩人一組，同心協力，以整齊的步伐走向冰洞，然後其中一人再以相同的節奏離開。海豹聽到腳步聲已經遠去，便放心地從水中浮出來，等在原地的那個人，便輕而易舉地獵殺海豹。（江岷欽、林鍾沂合著，1999: 3）

　　然而，隨著工業革命、商業社會與人類文明的進步，組織的作用已從原本單純的「生產」功能，轉變為複雜多元的「經濟」、「政治」、「社會」等功能。在經濟功能方面，以組織方式運作的經濟市場，超越單獨個人的智能限制，促成了工業文明的發展；在政治功能方面，多元組織的利益表達，經由互動、交涉的方式，實踐民主價值，成為民主政治的重要指標；在社會功能方面，家庭及社會性的結構，透過社會化的過程，傳遞行為模式及規範價值，發揮穩定社群的力量。再者，組織運作的型式不像過去僅少數人的協調活動罷了，而是進展為錯綜複雜的結構型態，如金字塔型態、專業官僚制度、矩陣組織、網絡組織、模組化組織、國際性公司等不一而足。管理學者杜拉克 (Peter F. Drucker) 在《後資本主義社會》(*Post Capitalist Society*) 一書的第二章中特別指出，「組織化社會」(organizational society) 不僅是二十世紀社會的最大特徵，也是未來社會運作的主要型態。可見組織對個人與社會具有舉足輕重的重要性。（江岷欽、林鍾沂合著，1999: 4）

　　組織不僅提供我們的經濟和政治活動中所賴以維繫的物品與服務，而且賦予我們的工作和生活有一定的意義。人類從出生到死亡，都與之息息相關，密不可分。而且，許多工程和科學的成就都來自組織成就，甚至組織的成就並不亞於工程和科學成就 (Shafritz & Russell, 1997: 202)。有鑑於現代化的組織對人類生活的影響，遠非傳統組織所能比擬，社會學家愛尊尼 (Amitai Etzioni) 對現代化組織的內涵作了如下深刻的描繪：(Rosenbloom & Kravchuk, 2005: 141)

　　「組織，是人類為了達成某些共同的目標而刻意創造（或重建）的社會單元，企業公司、軍隊、學校、教會以及監獄等，均屬於組織的範圍；至於自然形成的群體，例如部落、階級、宗族團體以及家庭等，則不包括在內。現代化組織必須具備下列特徵：⑴在勞務、權力以及溝通責任上有所分工，分工的方式並非任意或依循傳統方式，而是經過審慎精心的設計，以便達成某些特定的目標；⑵具備一個或一個以上的權力

核心，用以指揮組織成員的行為，促進組織目標的達成；這些權力核心會不時地考核組織的績效，必要時得調整組織結構，以增加效率；⑶成員的汰換：對不適任的成員得以輪調、降職、撤職等方式，予以更換。」

再者，根據杜拉克的觀點，後資本主義社會的組織，一定是一群專門人才基於一個共同任務而在一起工作的團體。組織是完成特定目標的機構，專注於一種目標，以發揮最大效用。組織要對社會作出獨特貢獻，用工作績效來自我評價和衡量生存，並讓成員的個別貢獻完全融入組織整體成果當中。組織往往需要招募最重要的人才，讓有正式知識、有才學、肯奉獻的人才成為「工作夥伴」，而非上下隸屬關係，甚至要把專業知識引進工作中，去改善工具、製程、產品等，使組織成為改善、開發和創新的「啟動器」，帶來技術創新或社會創新。而員工是位知識工作的受雇者 (employee)，惟有透過組織才能施展才華，但也可以帶著專業知識在組織間自由來去。（傅振焜譯，1994: 56–77）

從上述對組織特徵的描述，可見現代化組織的基本精神，在於理性的設計以及兼具效率 (efficiency) 與效能 (effectiveness) 的組合，以便成功地達成其組織目標，若它又同時重視民主的精神，如自由意志、個人主義、互動影響、社會安全、平等包容等內涵，則是人類未來幸福之所繫。但是組織與個人之間常存在著相當程度的矛盾。人類一方面要倚賴組織達成重大目標，另一方面又憂慮個人特色會在組織中消磨殆盡。所以說，現代化組織好像是人類「最好的僕人」(the best servant)，又像是人類「最壞的主人」(the worst master)。對於它的運用，端在於人類在設計組織的過程中，如何在高度理性的前提下，儘可能地降低員工的疏離感，讓組織不要禁錮人類的熱情與自由開放的心靈。(Rosenbloom, 1998: 143)

由於現代化組織的興起及其衍生的難題，促使學者們企圖構築出一套自覺意識的體系，用以理解、詮釋、預測、控制和批判現代化的組織。一般而言，有關組織理論的建構，築基於下列幾項前提之上：(Rosenbloom & Kravchuk, 2005: 142)

1. 組織結構會影響組織行為；

2. 組織結構不但影響工作者、參與者，甚至會影響臨時員工；

3. 組織過程同時會影響組織行為和個人行為；

4. 組織可以在結構與過程上加以理性（或科學化）的設計，以有效率和效能地達成目標；

5.組織可以視為一種體系，不但能回應和影響環境，亦能從環境回應的有效性中獲取資訊；

6.組織會形塑出特有的文化，用以界定組織成員如何概念化其組織活動及回應環境需求。

　　這些前提雖然構成組織運作的根本，但並非要求組織的運作一成不變，況且隨著組織學者觀點與視野的不同，自然也會給組織不同的描繪。1961 年瓦爾多 (Dwight Waldo) 曾撰文指出對組織的研究，宛如瞎子摸象，大家各說各話，沒有一致的看法和分析架構。事隔 17 年，瓦爾多依然認為對於組織的各種研究仍處於「瞎子摸象」階段，到處充斥著時代的流行、異質，與不同的主張和對立主張 (counter-claims)，於是他以〈再訪瞎子摸象〉(Revisiting Elephant) 一文來解說當時組織研究的龐雜現象，並以略帶幽默的口吻指出：如想撰寫一本熱賣的組織理論書籍，該一書名可以稱為「設計與管理一個創新的、效率的、人文的、適應的組織：系統的、結構的、行為的、環境的和權變的途徑」(Designing and Managing an Innovative, Efficient, Humane, Adaptive Organization: A Systems, Structural, Behavioral, Environmental and Contingency Approach)。(Waldo, 1961 & 1978) 時至今日，隨著後現代社會以及網際網路的興起，組織更加的多元與彈性，瓦爾多的論點依然具有挑戰性且值得深思。

貳、組織的隱喻

　　延續對組織的描述應朝多元的想像這個議題，摩根 (Gareth Morgan) 在《組織意象》(*The Images of Organization*) 一書中以八個隱喻來描述組織的不同形象，對組織理論的引導極具啟蒙作用。茲就八個組織隱喻，扼要陳述相關的內涵：(Morgan, 1998)

一、組織是機器的意象

　　機器 (machine) 設計的可貴之處，在於藉著精心安排使每個部分在客觀整體功能中，均扮演著固定而明確劃分的職掌，並靠著有效的整合將各個分工的部分予以結合，俾達成目標。以此隱喻來看待組織運作，主要精義有四：⑴設定目標與目的，並傾全力促成實現；⑵合理、明確且有效地進行結構的分工與組合；⑶詳述每個運作的細節，俾讓每個人都對自己將要達成的工作完全瞭解；⑷全力做好規劃、組織、管理、監督與控制等。(Morgan, 1998: 30) 直言之，這種特性的表現，可說是「麥當勞化的科學」

(the science of McDonaldization)，也是官僚制度的基石。在有些狀況下它運作得非常有效，但有時卻顯得笨拙，甚至帶來不幸的結果。是以當代管理的根本問題之一，便是將此種在日常組織中原已根深柢固的運作方式，用其他方式予以調整或替代。

二、組織是有機體的意象

到了二十世紀中葉以後，對於組織理念的思考，已從機械式觀點轉移至生物學的觀點。源自於生物學有機體 (organism) 的基本論點——物種在變動環境中如何適應和生存，此種隱喻常會令人聯想到二十世紀 80 年代美國企業界引用「利基市場」(niche market) 這個概念。利基市場是指廠商選定一個具絕對優勢的大企業所忽略的標的商品或服務領域，集中力量專業經營，對標的顧客群提供良好而差異化的需求滿足，進而發揮潛力，形成競爭優勢與市場區隔，從地區性市場擴大規模經濟，甚至成為領導品牌。由此看來，一個物種的興衰，端在於它如何適應環境的變化，對其所賴以生存的利基和資源有所轉型，以達成良好的適應，亦即尋找利基得以成長的新版圖。例如傳統的零售商店，受到大型連鎖店和購物中心的挑戰，若無法調適其經營模式，找到新的利基，很容易被淘汰。這種有機體的演化，提供了組織發展的啟示：⑴組織是個開放體系；⑵組織對環境的適應過程；⑶組織的生命循環；⑷影響組織健康和發展的因素；⑸組織的不同型態；⑹組織型態和生態的關係。尤其是不同的環境會形成不同型態的組織，組織也會隨環境而調整，而非一成不變的。如傳統的層級性官僚制度非常適用於軍隊管理中，但不見得適用於大學的專業組織或廣告公司。再者，電子產業間的慘烈競爭，讓業者彼此進行策略聯盟外，也讓他們更加重視「即時供貨體系」(just-in-time delivery system) 和「隨制應變的組織」(emergent organization)，而與石化業講究穩定而集權式管理大相逕庭。

三、組織是大腦的意象

一般而言，大腦 (brain) 的主要功能是在從事資訊的搜集、分類、分析、關聯、研判與儲存，以為日後達成正確判斷或決策的依據；組織的功能也與上述功能無異，而被視為資訊處理的大腦 (organizations as information processing brains)。甚且在組織日常實務中，我們不難發現組織產生了為數不少的決策、政策和資料流程。然而，根據晚近的看法，認為大腦會扮演「全像圖的」(holographic) 作用，已非過去認為大腦、

小腦及延腦各司其功能，互不隸屬；相反地，腦部功能是彼此分立卻又彼此合作地從事全方位的運作；再者，大腦的溝通網路是由成千上萬個神經原，以彼此連結的型態所組成，它們不但作為特定活動或喚起記憶的場所，且藉由彼此的連結而儲存大量的資訊，以允許大腦的不同部位同時能夠處理不同的資訊。根據上述全像圖的敘述，組織也要扮演此項功能，將整體植入「部分」之中，讓每個部分隨時扮演著自己本身和組織整體功能，成為「既分化又整合」的全像圖組織 (holographic organization)，如此才能快速地因應未來的急劇變化（關於組織的全像圖設計請參見本章第七節的相關分析）。

四、組織是「創造的社會實體」的意象

就文化是「創造社會實體」(creating social reality) 觀點而言，任何制度的運作，均難脫離周遭環境「大社會」的制約，意指有什麼樣的社會，就形成什麼樣的組織或制度。例如美國是個講究個人競爭與成就的社會，反映在電子業的競爭中，電腦和手機不斷的推陳出新，展現出「創造性破壞」(creative destruction)，也呈現「高度競爭」(hypercompetition) 的自我毀滅，形成所謂的「新粗野意識」(new brutalism)。反觀，日本的稻米文化 (rice culture) 和武士的集體榮譽精神，曾被形容為「日本第一」的品質管理精髓，卻也相對保守。

傳統上，稻米的種植向來在日本被視為是一項不穩定的農業活動。因為土地貧乏加上種植季節不長，最重要的是，稻米耕種是一件需要合作的事。從耕田、播種、插秧、除草到收割這些短期的辛勤勞作中，種植程序要求精細的協調與合作，期望每個人都盡其所能，以保證集體的良好收成。倘有一戶未善盡興修與保養灌溉渠道之責，整個系統可能會受害；如同惡劣的天氣一樣，作物一旦受損，大家都要遭殃，沒有單獨的勝利者或失敗者。只有互相尊重和依靠才是維持生計的關鍵。這正是今天在日本工廠中我們所見到講究合作與協調的「稻米文化」。

日本的稻農一向願意與照顧他們的民眾分享其收獲，關於武士的例子就是如此。武士原是依靠農夫提供稻米和實物的「幫工」。過去他們在日本的軍隊和幕僚史中扮演了重要的角色，如今能與管理「派閥」(clans) 及社會精英平起平坐，相互服務和接受自己在整個體系中的位置與倚賴，都是武士的主要特徵，而且這些特徵不但延伸為武士的集體榮譽感，亦為其承擔起提供幫助的責任。

影響所及，在日本現代產業環境中創造一種講究層級的，卻是和諧的組織文化。

組織被認為是員工從屬於其中的一個整體，而不是由單獨個人所組成的工廠。彼此關心、倚賴和幫助，員工甚至把一生都奉獻給了組織，並把組織視為是家庭的延伸；另一方面，組織也非常照顧員工的生活，讓員工與組織間牢不可破的共同體。即便在高度競爭的現代，日本許多公司如松下電子或多或少仍保有此一管理文化特色。

五、組織是「政治體系」的意象

何謂政治？除了顯現價值的權威性分配外，亦有如拉斯威爾 (Harold D. Lasswell) 所指的「何人以何種方法，在何時，取得何物」(politics: who gets what, when, and how) 之權力爭奪本質。是以政治探討的焦點在於：⑴統治的基本形態為何？是專制體制、代議民主或直接民主？⑵政治權力的來源和基礎為何？⑶權力的衝突為何及如何解決？

卜瑞樓 (Gibson Burrell) 和摩根認為，組織政治其實是國家政治體系 (political systems) 的縮影，可被形容為「迷你國家」(mini-state)；他們並用一元主義 (unitarism)、多元主義 (pluralism) 和激進主義 (radicalism) 將組織政治作了如下頁表 3-1 的描述。

繼而，卜瑞樓和摩根認為在組織中權力的重要來源，約有下列幾種途徑：⑴合法性權威；⑵掌握稀少的資源；⑶利用組織結構、法規及規則；⑷掌握決策過程；⑸掌握知識與資訊；⑹掌握界線；⑺應變的能力；⑻掌控技術；⑼人際聯盟、人際網絡及對非正式組織的管理；⑽對抗組織的控制；⑾符號主義及意義管理；⑿性別及性別關係管理；⒀界定行為範疇的結構因素；⒁已經擁有的權力。(Morgan, 1998: 163)

另外，有關組織的政治，又可分為組織的微觀權力 (micro power) 和宏觀權力 (marco power) 兩類。組織的微觀權力可視為組織的內部政治，強調組織內部團體或單位間的利益對抗。就內部政治觀點而言，挑戰既定的組織目標，代表著一場權力的鬥爭；績效標準的決定，也是龐大權力的來源；問題不在於目標是否最佳化，而是何種目標才是合法的；預算成為年度性的協定；決策規則反映了現存的內部聯合狀態；組織重組代表內部勢力改變的指標；理念意識與價值深深影響著政策決定與執行。組織外部政治則係講究如何解讀其與環境間的關係，一方面受到環境的限制，另一方面利用組織間彼此的策略聯盟、策略委外、關係網絡、合作性策略等建構連結網，以便對環境進行控制，並和不同勢力的體系進行對抗。此即為菲佛 (Jeffrey Pfeffer) 與薩蘭錫

表 3-1　組織政治的一元主義、多元主義和激進主義

觀　點	一元主義	多元主義	激進主義
利　益	強調共同目標的達成。組織被認為是在共同目標網之下組合起來，並且以整合良好的團隊方式去致力實現。	強調個人和團體利益的多樣性。組織被視為鬆散的聯合，表達了組織目標只為短暫的、過渡的利益。	強調「階級」利益之對抗本質。組織被認為是彼此競爭的力量（如資方與工會），為達到不相容之目的而鬥爭的戰場。
衝　突	視衝突為少見而短暫的現象，並可藉由適當的管理行動加以消弭。若有衝突存在，常被歸為越軌者和搗亂者的活動。	視衝突為組織事務固有的和根深蒂固的特性，並強調其潛在積極或功能性的一面。	將組織衝突視為不可避免的，且為廣泛的階級衝突之一部分，其最終將改變整個社會之結構。衝突或許會被壓制，卻經常成為組織和社會中一個潛藏而非顯露的特徵。
權　力	相當重視權力在組織生活中的角色。如權威、領導和管理等概念，易被用來描述指導組織達成共同利益之管理特權的手段。	認為權力是個關鍵的變數。權力是緩和並解決利益衝突之媒介。組織被視為各方的掌權者在多方的來源中獲取權力。	權力在組織裡呈現不平等分配的現象，且是階級劃分的結果。組織中之權力關係被視為是社會權力關係的反映，與較廣泛的社會控制過程（例如經濟實力、法律體系和教育）密切相關。

資料來源：Morgan, 1997: 202–203.

克 (Gerald Salancik) 所稱的「組織的外部控制」(the external control of organizations) 之精義。（俞慧芸譯注，2007）

六、組織是心靈囚籠的意象

　　心靈囚籠 (psychic prisoner) 是指我們常落入自己所喜歡思考方式的陷阱，當我們「有所見時就會有所不見」。正如同柏拉圖洞穴 (Plato's cave)❶中的人們，只是井底之

---

❶　假設有些人住在地下的洞穴中，其背向洞口，坐在地上，手腳都被綁著，因此他們只能看到洞穴的後壁。在其身後是一堵高牆，牆後面有一些人形的生物走過，手中舉著各種不同形狀的人偶，由於人偶高過牆頭，同時牆與洞穴間還有一把火炬，因此它們在洞穴的後壁上投下了明明滅滅的影子。他們自出生以來便這樣坐著，而其看到的唯一事物即是此種「皮影戲」，因此其認為世間唯一存在的便是這些影子。如有一穴居人掙脫了鎖鍊，進入外在的世界，將深受萬物

蛙，他們只看到自己洞內的一小丁點景像，無法瞭解並想像外在的世界。例如昔日美國過慣了物質極為富裕的年代，因此其生產的汽車，多數是厚重和體積龐大者，直到了 1973 年爆發石油危機後，才猛然發現日本所出產的小型且省油的汽車，已瓜分並搶奪了他們汽車市場的占有率。同樣的情形也發生在 IBM，1970 年代和 1980 年代初期，IBM 成為當時電腦業的霸主，但它仍相信未來的電腦世界應該還是「硬體」和大型電腦的天下，因而未能意識到軟體、個人電腦及網際網路的發展，這種思考上的輕忽，反倒給了如微軟蓋茲 (Bill Gates)、蘋果賈伯斯 (Steven P. Jobs) 和其他網際網路公司有了可乘之機，改變了電子產業的新情勢。

　　組織表現不也經常犯此錯誤？只對人類意識部分加以分析，而忽視潛意識的部分。例如壓抑的性行為 (repressed sexuality)、父權家庭 (the patriarchal family)、死亡的恐懼、焦慮、小孩對玩具的我執態度，以及集體的無意識與陰影 (shadow)，都和組織的運作密切相關。茲舉一例說明之。克萊恩 (Melanie Klein) 曾經花許多的時間去研究兒童時期防患焦慮對成年人格的影響，結果他發現母親的角色，以及兒童與母親哺育之間的關係，會形成孩童的潛意識，進而影響其人格發展。在克萊恩看來，小孩從出生開始，就會產生「被迫害的焦慮」(persecutory anxiety) 之內化形式，尤其對母親的胸脯或替代物，所產生的好壞經驗，將導致小孩有愛與恨感覺的區分。「好胸脯」的經驗為孩子的生存提供肯定和統合的焦點，而「壞胸脯」的經驗，則成為小孩內在憂慮與不安的焦點，這些不安將被投射到經常憤怒攻擊的「壞胸脯」上去，雖然這種好與壞經驗的差異發生在孩童的無意識的生活世界裡，但它確實會轉變為特定的感覺模式、客體關係理論 (object relations)，以及對未來生活影響深遠的思考過程。(Morgan, 1997: 230–231)

七、組織是流變與轉型的意象

　　大約在西元前五世紀，希臘哲學家赫拉克賴脫 (Heraclitus) 說過：「你不可能踏進同一條河兩次，因為河水永不停地流動著。」其又云：「萬物都在流動，沒有貯留不動

之美而感動，並看到了色彩與清楚的形體。最後，其如獲至寶的返回穴中，試圖說服其他穴居人，使他們相信洞壁上的那些影子只不過是「真實」事物的閃爍映象罷了，但不為其他穴居人所採信。柏拉圖藉「洞穴神話」來說明哲學家如何從影子般的影像出發，追尋自然界所有現象背後的真實概念（蕭寶森譯，1995: 124–125）。

者；一切都退讓而沒有停住不變的……涼的變暖，暖的變涼；濕的變乾，乾的變濕……事物在變化之中才能找到平靜。」就赫拉克賴脫而言，天地萬物的祕密，只有在同時造成統一與變遷之潛在緊張狀態和關係中才能發現。

　　來自流變和轉型 (flux and transformation) 的思考，摩根認為可用四種方式來敘述組織生活的變遷。(Morgan, 1998: chap. 8) 其一，組織會產生自我形成或創生體系 (autopoiesis)：傳統的組織理論認為組織變遷是由環境所主導，組織是一個開放體系，與環境不斷的互動，來回應外在的需求。然這種觀點並不為馬圖拉納 (Humberto Maturana) 和貝利拉 (Francisco Varela) 所認同。在他們看來，組織與環境變遷的關係是植基在自主性 (autonomy)、循環性 (circulatity) 與自我指涉性 (self-reference) 上，強調自我創造 (self-create) 或自我更新 (self-renew)，而且這種自我形成的能力是透過關係的封閉體系 (a closed system of relations) 來達成的。因為唯有追求自我認同與自我意識時，才能將外在環境的變化吸納為自己體系的「內投入」，把環境能動 (enacting) 成為自我認同的延伸，所以組織變遷的系統智慧，其實是一種演化的認同 (evolving identity)。否則，組織為外部環境與形勢所迫，缺乏改變中的自我，實非組織變革的精義。而這種自我創生的組織理論，讓我們去討論若干的政策議題：(1)我們站在那裡？(2)環境發生了什麼？(3)我們要進入的事業是什麼？(4)這是對的事業嗎？(5)我們如何滲透到新的市場？

　　其二，混沌和複雜的邏輯 (the logic of chaos and complexity)：將組織變遷視為「主流型態」的易位 (shifting "attractor pattern")。此種觀點認為在演化中，除了個別的演化外，更應強調型態或結構的演化，是以在改變的混沌 (chaos) 中，我們應體察另類主流體系的到來，俾建構「亂中有序」的前瞻思考。在此觀點下如何作好變遷管理？應注意以下五個要點：(1)重新思考組織的意涵，尤其是層級節制和控制的性質；(2)學習如何去管理和改變系絡 (contexts) 的藝術；(3)學習如何使用小改變來創造大效果❷；(4)將不斷的轉變和浮現的秩序視為自然的狀態；(5)對新的隱喻開放，以促進自我組織的過程。(Morgan, 1998: 226)

---

❷　此即為混沌理論中所述的「蝴蝶效應」(the butterfly effect)，北京的一隻小蝴蝶只要牠拍動翅膀，即有可能讓墨西哥灣颳起暴風雨。它意味著在混沌邊緣的情境 (the edge-of-chaos situation) 中，微小但重要的變遷，可能會引發關鍵性的轉型效果。所以任何一個人如想改變現行規則的系絡，應掌握「可加著力的」高槓桿支點以促進另一主流形態的到來。

其三，組織變遷不是過去機械式的因果律 (mechanical causality)，而是互為因果的邏輯 (the logic of mutual causality)：現代組織和社會現象是相當多元且複雜，並非單一因果關係可以描述和解釋，而是由多重的正向反饋與負向反饋所構成的動態系統，其中一個變數的改變，會連動地促成其他變數的跟進或反制，唯有透過不同的正、負反饋機制，才能解釋為何一個體系所以能維持在某一型式或如何變動 ❸。

其四，辯證變遷的邏輯 (the logic of dialectical change)：意識組織變遷是種「正、反、合」的作用，善用管理弔詭 (managing paradox) 的能力，才能對組織運作提出深

❸ 關於互為因果的邏輯可參看下圖有關物價膨脹乃為一個互為因果的系統：

（戴文年譯，1994: 301）

物價膨脹乃為一個互為因果的系統

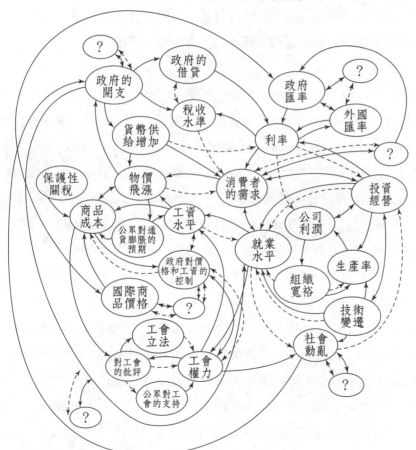

◀── 表示由多導致更多和由少導致更少的正向回饋關係

◀┄┄ 表示一個方面的變化與相反方面的變化有關的負向回饋關係

入的考察與診斷。例如現代的組織生活經常會面臨下列的緊張對立：創新與避免錯誤；長期利益與短期利益；分權與控制；專業化與權變化；低成本與高品質，倘若能具備辯證思考的能力，不但不會將這些矛盾視為窒礙難行的困境，反而能夠從中找到平衡的綜效並破繭而出。

八、組織是宰制工具的意象

《壁壘》(*Ramparts*) 月刊多年前就曾指出：「西方世界正在緩慢地吞噬自己直至滅亡」；甚至說「我們的組織正在扼殺我們」。何以如此？乃因我們的食物常常摻混著數以千計各式各樣由人工製造的味道、色素、濃縮劑、酸化劑、漂白劑、防腐劑、包裝污染物、抗生素和有毒殺蟲劑。食品和菸草公司每年耗資數十億美元廣告預算，推銷有害健康的產品，更加促成癌症的發生。更有甚者，我們居住的環境也無情地受到污染了。工業組織製造工廠每天將數以百萬噸計的有毒廢棄物傾倒在水域裡，或排放在大氣中，甚或裝進容器埋入地下。

面對這樣的景象，再加上工業安全問題層出不窮、職業病與災害有增無減，以及組織對員工的剝削等，實不難理解組織看似理性的行動，然就另種觀點言，它極可能是個宰制的工具 (instruments of domination) 與醜陋的面孔 (the ugly face)。例如米勒 (Arthur Miller) 的著名話劇《推銷員之死》(*Death of a Salesman*)，顯示員工的健康和個人的生活，都難免成為現代組織所建造之祭壇上的犧牲品，組織真正成了「血汗工廠」。這也不免令人回憶起馬克思 (Karl Marx) 在《資本論》(*Das Kapital*) 一書中，對諾丁罕 (Nottingham) 的蕾絲工業所做的描述：「九、十歲的孩子在清晨兩、三點或四點鐘就從他們骯髒的床上被拉起來，為了那點僅能維持生存的工資，被迫一直工作到夜裡十點、十一點或十二點。他們瘦骨嶙峋，臉色蒼白；他們意志消沉，如石頭般呆滯麻木，十分恐怖，不忍卒睹。」（戴文年譯，1994: 352）此外，現代的組織已進展到多國籍公司 (multinational corporations) 或跨國籍公司 (transnational corporations)，它們除了富可敵國，也與地主國形成倚賴關係，且接受其「看得見的一隻手」(a visible hand) 的控制外，它們對地主國的資源也極盡搜括與壟斷，並企圖去掌控政治權力，使其淪為政經結構的「附庸」。屆時，地主國的生存，只得仰仗跨國公司仁慈的社會責任了。

扼要說明上述組織意象的內容後，筆者擬對摩根使用八種隱喻來透視組織的方法

論上做個短評。不受傳統講究「方法」（特別是科學方法）的束縛，摩根以一種「反對方法」或「超越方法」的風格來敘述組織的不同形象❹，著實開啟了組織研究的新視野，讓我們可以不拘泥於方法的形式，大膽地借用各種喻象從事分析，這對組織多元面向的深化探討，具有幫助，與過去偏執於某一觀點，形成作繭自縛的侷限明顯不同。也許在這八種隱喻之外，還有其他的隱喻可為補充。但是，無疑地，組織意象的倡導，將為我們的思考帶來更豐富、更多元與更奔放的想像。這種顛覆傳統，主張「方法論的無政府主義」(methodological anarchism)，是建構組織理論值得期待的另類分析。

第二節 組織是理性系統的觀點

組織是理性系統 (rational systems) 的觀點，旨在指陳上述所云，組織的運作宛如機器般。此時，理性被指稱為技術或功能理性的狹隘觀點。在此觀點下的組織，重視兩件事情：一是明確的目標，另一是內部結構的精心設計，俾達成正式化 (formalization) 的要求。組織因為有明確的目標，才能提供方案選擇的標準、組織結構的指引、任務績效的評量、人才雇用的依據，以及資源分配的準繩；而組織的正式化，不但能為各個部門或職位設立專業分工，也能形成統合的機制，在「既分化又整合」下，朝向組織的任務而努力。要言之，組織的正式化，才會產生嚴明的角色、任務、部門、溝通、隸屬與監督。由此觀之，組織當可界定為：是種追求具體目標和展現高度正式化之社會結構的集合體。(Scott & Davis, 2007: 29, 36–40)

對於組織是理性系統的論述，除了第二章所述韋伯 (Max Weber)「合法－理性型官僚制度」(legal-rational type of bureaucracy)；尚包括泰勒 (Frederick Taylor) 的「科學管理」(scientific management)、費堯 (Henri Fayol) 的「管理原則」、古立克 (Luther H. Gulick) 與烏偉克 (Lyndon Urwick) 的「行政管理」以及西蒙 (Herbert A. Simon) 的「行政行為」等。茲擇要敘述於下：

---

❹ 1979 年卜瑞樓和摩根曾在《社會學典範與組織分析》(*Sociological Paradigms and Organizational Analysis*) 一書為組織分析建構了四種典範，即功能學派、詮釋學派、激進人文學派和激進結構學派。及至 1983 年摩根認為上述四種典範尚不足以反映社會科學和組織分析的多元性，於是他編了《超越方法》(*Beyond Method*) 一書，來論述組織研究的各種不同途徑。1986 年和 1997 年，摩根更以《組織意象》和《想像》(*Imagination*) 兩本專書，來敘述組織研究的隱喻運用。

壹、泰勒的科學管理

一般而言，科學管理是透過泰勒的作品而發揚光大與廣為流傳。當韋伯意識到理性官僚理論的發展會使人類淪為機器的「小齒輪」時，泰勒卻擁抱它，並將之視為達成特定目標的最有效率方法的先決條件。泰勒這位美國的機械工程師，雖然贏得「科學管理之父」(The Father of Scientific Management) 的尊稱，但也被視為「工人之敵」；雖有些光彩耀人，卻也有幾分心理不正常。為何會招致如此褒貶不一的評價？實值得分析。

首先，泰勒主義之所以變成廣泛的世界運動，和目前仍成為美國公共部門管理的重要遺產，此乃因為泰勒在 1911 年出版《科學管理原則》(*Principles of Scientific Management*) 一書，提出若干的管理原則，成為管理理論的楷模：(Rosenbloom, 1998: 150)

1. 管理應對工人所擁有的大部分傳統知識加以研究，並設計達成每項任務的方法，再簡化為一套生產的「科學法則」。這須要植基在「動時研究」(time-and-motion studies) 上，以正確無誤地決定履行特定工作活動的「最佳方法」(the one best way)。例如，泰勒發明了「鏟煤科學」(science of shoveling)。

2. 工人應以科學方式按照其生理、智力和心理特性進行遴選，假如鏟煤的最佳方法是承受 21 磅的負荷，因此工人應有足夠的體力和精力來履行這份工作，才被考慮。再者，泰勒強調那些能夠「認同」(appreciate) 經由管理的幫助可使其更具生產力的工人，才是他們要找的對象。

3. 工人應遵照管理的指示輔以科學的激勵。透過「按件計酬制」(piece-rate) 的薪資給付計畫，將生產力和薪資加以聯結。亦即，工人是根據他的生產量來決定薪資，而且給薪的次數也應以科學方法決定，以達成最大的激勵。至於那些未能達成預定目標的工人，應施以有效的制裁。

4. 工作應該重新安排，讓管理者有責任去設計工作程序和流程，達成「效率工程」(efficiency engineering) 的科學。

要言之，泰勒的科學管理主要係探討工作的性質，以及工人最大的承受限度，其目的在於以科學方法找出合理的「每人每天的產量」。泰勒曾經如此形容他對工作步驟的研究心得：(齊若蘭譯，2001: 40–41)

1.把每個工人的各項工作內容都轉換成簡單的基本動作；

2.挑出所有不必要的動作，並且取消這些動作；

3.仔細觀察熟練工人的基本動作，以碼錶記錄時間，從中挑出最快、最好的工作方法；

4.描述和記錄每個基本動作及合理的工作時間，並且加以整理分類；

5.研究並記錄當優秀工人實際操作時，應該在工作時間上放寬多少百分比的彈性，以涵蓋工作時不可避免的延誤、中斷和小型的意外等等；

6.研究並記錄如要防止工作疲勞，應該容許工人每隔多少時間休息一次，每次休息多久。

　　總之，工作在泰勒之前，被視為是低賤的、傭人的事情，根本不值重視，也沒有研究的必要，而泰勒卻把它當成一門學問來研究，除了相當完備地說明完成任務的各項工作及其流程，而且真正願意捲起袖子和工人一起打拚，務實地尋找達成任務的最佳工作之道，可說是科學管理上最顯著的貢獻。然而，被泰勒號稱一場完全心智革命 (a complete mental revolution) 的科學管理，卻未受到管理人員、工人與工會的歡迎。管理人員認為他們的權威被剝奪，不能像過去一樣依自己的方法來挑選工人和教導工人；而工人們更是激烈反對，他們最恨被手持計秒錶的人來研究和操作，也怨恨被視同機械般只奉命照章工作，工人們彼此間的感情完全被激烈的工資競爭制度所破壞。甚至工會方面也反對泰勒，他們認為他增強了雇主的地位，使工人喪失與雇主平等競爭的地位。（張潤書，1998: 44）在筆者看來，泰勒的這套理論其實就是現代傅柯 (Micheal Foucault) 所謂「規訓與懲罰」(discipline and punishment) 的翻版。只要控制身體，就可控制一切，達到規訓的目的。

　　在敘述泰勒的科學管理之後，關於泰勒這個人的人格特性，有二個面向可能與日後其發展科學管理的看法密切相關，值得提出來討論。其一是泰勒來自魁克－清教徒的家族淵源與訓練 (Quaker-Puritan stock and training)，造成他對工作生活講究追求真理的探究精神、觀察與印證事實的熱情，和極力根除浪費和偷懶的惡習。(Harmon & Mayer, 1986: 84) 眾所周知，清教徒承襲傳統宗教的「原罪說」，認為人一生下來就有罪，惟有藉著世間的成就來達成救贖的可能性，這促使他們必須在現世中找尋某種指標來證明自己為上帝的選民，因此，他們的唯一使命是要在現世中奉上帝之名，為榮耀上帝而存在。如此一來，清教徒賦與了現世生活正面而積極的意義，他們將日常生活合理化組織起來，以規律化的生活和系統化的克己及節儉方式，獲致現世的成功，

來印證自我的救贖。清教徒認為俗世財富的累積與管理乃是榮耀上帝的手段，財富和產業的增加更是獲得神恩的證明。泰勒所接受的人生哲學正好反映了此種獨特的新教倫理觀；相對地，其所發明的科學管理原則，亦為此種宗教倫理的基本寫照。

其二是，泰勒在家中、在花園裡、在高爾夫球場上以及在工作時，都是依詳細的計畫和慎密的日程表進行。就連他午後的散步也都事先精心安排好。對他而言，觀察自己的動作、估算不同階段所占去的時間，乃至計算走路的步數都應清楚而明白。甚至在玩棒球之前，他會堅持要精確地丈量好場地，以使一切都符合規矩，在陽光明媚的上午花去大部分的時間，也要保證丈量精確到吋為止。玩槌球更要經過精確的分析，研究每一個不同的擊球角度，計算撞擊的力量，低位擊球與高位擊球的有利和不利之處。到郊外散步，年輕的泰勒會不停地用雙腳測試，找出如何花最小的力氣跨過最大的距離，或者以最容易的方法跳過籬牆，或者是理想的手杖長度為何。到長大成人時，他會在舞會前弄清舞伴的清單，瞭解有那些是楚楚動人或沒有吸引力的女孩，以便平均分配時間給她們。

泰勒在睡覺時也運用了這種一絲不苟的規則。大約從十歲起，泰勒就受到恐怖的惡夢和失眠的困擾。他留意到平躺著睡覺時做的夢最糟，便造了一副加了木錐的背帶，一旦他睡到這個危險位置便會被弄醒。他還試過其他辦法來克服做惡夢，弄條帆布被單掛在兩根柱子之間，以便能保持冷靜的頭腦。晚年，他寧可用許多的枕頭支起來直立著睡覺。當旅館裡沒有足夠的枕頭，他有時便用五斗櫃的抽屜支起來過夜。（Morgan, 1998: 187–188；戴文年譯，1994: 244–245）

上述的泰勒生活提供了一個極好的例證，說明無意識思考與先入為主的偏見如何影響其對組織管理的看法。根據弗洛依德 (Sigmund Freud) 理論的透視，泰勒的情況正是一種「肛門衝動型」(anal-compulsive) 人格的典型例證❺。泰勒努力不懈地力求控

---

❺　弗洛依德將人格的發展分為五個階段，茲分述如下：

(一)口腔期 (oral stage)：初生至週歲，其特徵為：1.活動以口腔為主，經由吮吸、吞嚥、咀嚼等活動，以獲得基本需要的滿足；2.嬰兒口腔的活動，如不受限制，長大傾向開放、慷慨與樂觀；3.如口慾受挫折，長大可能偏向悲觀、依賴、退縮。

(二)肛門期 (anal stage)：一歲半至三歲左右，其特徵為：1.幼兒由於排洩糞便，解除內急壓力而得到快感的經驗；2.父母如對兒童的訓練過於嚴格，將導致其性格冷酷、剛愎、生活雜亂；3.如順其自然，則人格獲得良好發展。

制他的外在世界，以及他對精心策劃、整潔和有效準備的偏好，不但在泰勒家族的清教徒紀律中有明確的根源，而且從弗洛依德的觀點來看，過於考慮節儉、秩序、規則、正確、有條不紊、服從、責任及守時的性格，都是兒童在克服早期經歷的肛門時期所學會的和被壓抑的性本能表現。這種要求對自己身體嚴加克制的過程，不但會壓抑性本能的衝動，同時又允許和鼓勵以昇華的形式表現情慾，而成為強化工業社會發展基礎的活力。也就是說，對人類活動的嚴密管理和監督的隱蔽含意，以及對作業的規劃與安排，對生產力、遵法守紀、責任和服從的強調，就是官僚制度的機械形式，亦是一種「肛門期發展的形式」。泰勒就在這種性格類型下掙扎和成長，而科學管理的機械制度乃源自此種「受壓抑的性本能之肛門人格的制度化」。（Morgan, 1998: 188–190；戴文年譯，1994: 245–247）

貳、古立克的行政管理

　　古立克和烏偉克同是羅斯福 (Franklin D. Roosevelt) 總統的密友，其所編《行政科學論集》(*Papers on the Science of Administration*) 為布朗婁委員會 (Brownlow Committee) 的幕僚報告。在該書中，古立克撰寫了〈組織理論註解〉(Notes on the Theory of Organization) 一文，闡述：政府組織中的問題，與私人企業的問題一樣，都是在分工的前提下從事協調的工作。也就是說，組織的問題，一方面想達成滿意的分工，另一方面則發展恰當的協調與控制工具。例如，當我們想去建構新的機關以實現新的政策時，古立克提出了四個步驟，作為行動的準繩：⑴界定擬想達成的工作；⑵

㈢性蕾期 (phallic stage)：三至六歲，其特徵為：1.以性器官為獲取快感的中心，小孩有意無意會去觸摸、摩擦，以獲得快感；2.兒童在行為上已有男女性別之分；3.男童在行為上會模仿父親，但卻以母親為愛戀對象，以致產生戀母情結 (oedipus complex)；女童則產生戀父情結 (electra complex)；4.兒童的戀親情結，經由超我的發展獲得調適，轉而模仿同性之行為，並經由認同作用形成個人人格特質。

㈣潛伏期 (latency period)：六歲至十二歲，其特徵為：1.兒童注意力的重點，已漸漸轉移到周圍環境的事物；2.男女異性間的關係較疏遠，團體活動時多是男女分別組群，甚至壁壘分明。

㈤生殖期 (genital stage)：十二歲以後，其特徵為：1.兒童進入青春期，第二性徵出現；2.對異性發生興趣，喜歡參加兩性組成的活動；3.在心理上逐漸發展，而有與性別關連的職業計畫及婚姻理想。

選擇主管；(3)決定所需單位的性質與數目；(4)建構權威結構，使得主管能夠協調和控制各單位的活動。(Denhardt, 2004: 58–59)。

為什麼組織需要分工？當今的社會，每個人的知識和技能各有不同，因此組織若能經由適當的分工，將可充分利用個人的專業，以達成目標。基此觀點，古立克提出分部化原則 (the principles of departmentalization) 做為適當分工的基礎：(Denhardt, 2004: 59)

1.依目的 (purpose) 而分工：此一分工方式最大的優點，在於它較能引起社會大眾的注意，但缺點是機關的業務難以依目的而作完全分類，而且不同的專業單位容易發生衝突與摩擦。

2.依過程 (process) 而分工：按照工作流程進行機關組織的專業分工，例如一般工廠及公營事業常將其業務分為：採購部門、製造部門、行銷部門和維護部門。此種分工方式強調技術的專業，卻有時會模糊組織的重要目標。

3.依服務對象 (person) 而分工：此一分工方式是以服務對象為基礎，例如教育部設有師資培育及藝術教育司、高等教育司、技術及職業教育司、終身教育司等。此種分類的好處是提供了與服務對象直接的接觸，卻降低了專業分工的優點。

4.依地點 (place) 而分工：顧名思義，此一方式的分工著重地理區域的不同。例如外交部設有亞東太平洋司（亞太司）、北美司、拉丁美洲及加勒比海司、亞西及非洲司等部門。此種分工方式的優點，利於特定區域相關業務的協調和整合，然其缺失，則是因顧及地方區域太多，導致有眼光偏狹和忽略集中管理之虞。

除了上述的分部化原則外，古立克認為協調工作亦同等重要。而協調的方式有二：一係透過組織層級來達成：即機關組織從上到下能夠形成單一指揮權體系，而且此種命令一致的原則，向員工表明不應接受來自二位或二位以上主管的命令，否則將造成分歧的指令，服從難以貫徹的現象。也就是說，在分工下的組織，應由具權威性的單位主管來負責組織聯繫，以形成由上而下的層級節制體系；另一方面從事觀念 (idea) 的協調：讓每一位在組織工作的員工能在心靈和意志上發展出一致的目標，俾使其交待的任務能夠被整合在整體目標之中。

最後，為使行政主管專心致力於協調、指揮的工作，古立克認為他們不應事必躬親，拘泥細節，而且也不應受到過多的立法干涉。於是，他創造了 "POSDCORB" 七字箴言，來說明行政活動亟需全力投入的工作內涵：

P: Planning（規劃）　　　　　O: Organizing（組織）

S: Staffing（用人）　　　　　D: Directing（領導）

CO: Coordinating（協調）　　　R: Reporting（報導或公眾關係）

B: Budgeting（預算）

　　古立克認為，他所建立的「組織理論」，目的是在為政府機關效能與效率奠定基礎，導致他對「民主責任」(democratic responsibility) 的看法，也就相對簡單。認為民主責任是一般民眾對於有利於己的政府作為所作的最後判斷，他並相信：「只要讓一般民眾有所選擇，他們一定會把有效率的行政管理列為優先考量。」可見，古立克認為效率的追求才是政府行政的第一要務。這也難怪後輩學者丹哈特 (Robert B. Denhardt) 對此曾評論道：「過去的組織理論學者（包括古立克）認為，民主政治的最佳維護之道，是要透過有效的政府運作，而要達成有效的運作，則須如企業管理般健全的方法來作最佳的實現。」(Denhardt, 2004: 60)

參、西蒙的行政行為

　　西蒙曾經批評昔日泰勒、費堯等所發展的行政原則，其實只不過是「行政諺語」(the proverbs of administration)。由於受到邏輯實證主義的影響，西蒙認為行政研究應轉移焦點在組織的決策制定 (organizational decision-making)，並植基於事實前提（相對於價值前提）的可觀察分析，才能發展嚴謹的行政科學。於此，西蒙指出「事實與價值在邏輯上加以區分是可行的」，而科學家的角色即是在檢視事實命題，以建構組織決策及運作的法則。這表現在組織運作上，效率（以最少的投入達成最大的產出）標準應是衡量與決定組織成敗的主要標準。理性是效率的展現，凡能增加效率者就是好的行政；反之，不能增加效率就是不良的行政。在效率標準的主導下，個人和組織的決策行為都需依循成本和利益的理性計算。然而由於個人所能獲致的理性程度畢竟有限，所以有必要加入團體或參與組織之中，才能更有效率地處理其所遭遇的環境。也唯有在組織中，才能將個人的行為型塑成為理性型態 (rational pattern)，而讓個人目標的達成更具效率。是以理性的個人應是組織化或制度化的個人 (an organized and institutionalized individual)。

　　惟行政決策的有效運作，一方面須植基於「目的─手段的連鎖」(the end-mean

chain)，將某些人的目的當成另一些人的手段，而一個接一個連結成層級的、有系統的決策網絡；另一方面卻又必須考慮員工對權威的接受程度，主管決策不要一意孤行，才能讓員工願意奉獻更多的心力。當組織的命令愈能讓員工擴大其「接受範圍」，員工個人就愈能成為有效的行政體系的一部分，此即西蒙師法巴納德 (Chester I. Barnard) 的「無異域領域」(the zone of indifference)，倡導其所謂的「權威接受論」(the acceptance of authority)。

　　此外，西蒙認為組織的決策由於受諸資訊、時間、計算和慣例等的限制，只能做到「行政人」(administrative man) 的有限理性 (bounded rationality)，而非過去「經濟人」(economic man) 的廣博理性 (comprehensive rationality)。在西蒙的思維中，理性雖然有限，但其核心意涵則為順服 (compliance)，順服於組織及其主管的權威，行政的控制才能達成，是以丹哈特說：「(西蒙的理性觀點) 看似中立和客觀的途徑，其實隱藏著支持組織主管的強烈偏好，而不問其主管是誰」，接著，他更指出：「在許多方面，行政的理性模式不僅沒有從昔日的行政原則中走了出來，反而讓這些理性原則更加的科學合法化 (a scientific legitimation of those principles)。」(Denhardt, 1993: 92)

　　上述介紹泰勒、古立克、西蒙的理論，其實不難釐清理性系統的組織理論核心要旨為：⑴組織的存在是為了達成生產和經濟的目標；⑵有一最佳的方式來從事組織的生產，其並可透過系統化的、科學的研究加以發現；⑶生產可透過專業分工來達成最大化的實現；⑷人員與組織的行動應按理性的經濟原則來進行。(Shafritz & Ott, 1992: 27) 尤其是最後一點，國內學者張潤書教授綜合歸納學者們的看法指出：構成傳統組織理論的重要原則為系統化、計畫化、協調化、效率化和標準化，這與其先父，亦為國內行政學泰斗張金鑑教授所主張的五大原則：完整統一、協調一致、指揮運如、管理經濟和事權確實，實有異曲同工之妙。(張潤書，1998: 57–59) 上述看法亦不難在以下費堯提出的十四項管理原則中被發現：⑴分工；⑵權力和責任；⑶紀律；⑷命令統一；⑸目標統一；⑹個人利益置於共同利益之下；⑺員工的酬勞；⑻中央集權；⑼層級節制；⑽秩序；⑾公正；⑿員工任期的安定；⒀自動自發；⒁團隊精神。

　　這套管理方法與原則，在外科病房、飛機維修公司、財務辦公室和快遞公司等，均經常使用，尤其是麥當勞 (McDonald) 速食連鎖店，已經在其全世界的所有直營或特許經銷店的組織採取了此類機械化的運作，以致每家分店均能生產出完全相同品質的產品。尤有甚者，麥當勞更運用「漢堡科學」所能規定的一切精確原則，教導員工和

管理者；並以詳盡的操作說明，指導全世界所有的經銷店，而在速食業中以其優異的績效，樹立了穩固的聲望。但是這種傳統機械式的組織理論卻面臨了嚴重限制，尤其是它們極易形成如下的弊端：(1)造成極難適應環境變化的僵化組織；(2)肇致無靈魂而又被質疑的官僚制度；(3)形成組織利益超越個人目標之意想不到和不可欲的結果；(4)帶來非人性化的結果，特別是那些處於組織層級中較低層次的員工。

第三節　組織是自然系統的觀點

　　組織是理性系統的最大缺失，就是不去考量或重視人性因素對組織的影響。過分強調機械的靜態分析，忽視了組織內部之社會性、群體性或人際性的動態網絡。如何補強人在組織中動態行為之研究，則有待採取行為主義 (behavioralism) 或行為科學 (behavioral science) 後，發展相關理論，才得到相當程度的進展。也就是說，透過行為科學的引介，組織才開啟了組織成員的心理面和社會性的探討，形成組織是種自然系統 (organizations as natural systems) 的分析。

　　何謂行為主義（或行為科學）？簡言之，行為主義就是採取自然科學的研究方法來研究人類的行為的一種主張，其約為 1930 年代興起於社會科學的一種研究方法，基本特徵如下：（*cf.* 張潤書，1998: 67–68）

1. 行為科學是植基於以科學方法來研究人類行為的學問；

2. 行為科學是以師法自然科學的研究方法來研究社會現象與社會事實的科學；

3. 行為科學是屬多學科性的 (multi-disciplinary)，它意指行為科學的研究者，應具備一種高度的多學科訓練，有「對於一個學科以上的知識背景，及對於好幾個學科的熟悉」；

4. 行為科學強調以驗證 (verification) 的方法來進行客觀的研究。亦即它是以科學態度，就事論事、實事求是、無私無蔽，站在價值中立 (value-neutrality) 的立場來做研究。所以，它是一種事實的經驗性研究而非價值的規範性探討；

5. 行為科學的目的旨在建立社會現象關係的普遍律則 (universal law)，有了這些律則，才有可能做好社會現象的解釋與預測。

　　這種結合行為主義而形塑的組織自然系統觀點，可以下述的霍桑實驗 (Hawthorne Experiments)、巴納德的動態平衡理論、麥克葛瑞格 (Douglas M. McGregor) 的 Y 理論、阿吉理斯 (Chris Argyris) 的人格與組織理論，和格蘭畢亞斯基 (Robert T.

Golembiewski) 的組織發展理論中找到實際的例證，茲扼要說明之。

壹、梅堯的霍桑實驗

霍桑實驗全程為 1924 年至 1933 年。最初是美國國家科學院 (National Academy of Science) 所屬的國家研究委員會 (National Research Council)，於 1924 年至 1927 年間，針對西方電器公司 (Western Electric Company) 設於芝加哥市西塞羅附近的霍桑工廠，進行實體環境對產量影響的一項研究計畫。研究人員首先選取照明度、室溫及其他工作條件作為實體環境的代表變數，以探求實體環境與生產力之間的關係。在此照明度實驗中，研究人員首先於各個團體中，一方面對照明度的強度進行調整，一方面記錄員工的產出量，但無法找出其間明確的關係。研究人員接著改變研究方式，將條件類似的工作團體分為控制組與實驗組：使控制組的照明度維持不變；將實驗組的照明度則加以增強或減弱。其實驗的結果令人訝異，因為當實驗組的照明度增強後，兩組的產出量均告上升；相對的，實驗組的照明度減弱時，兩組的生產力還是持續上升，直到照明亮度弱到一如月光時，生產力始有降低的現象。最後，研究人員提出了「照明度對生產力的影響是微乎其微」的結論，指出實體環境與生產力之間並無關係。（李茂興等譯，1994: 145）

照明研究雖未成功，但廠方認為此項研究具有價值，於是邀請哈佛大學企管研究所的梅堯 (Elton Mayo) 及其同所教授群，接續展開從 1927 年至 1933 年的一系列研究計畫，直到世界經濟大恐慌才告停止。這項劃時代的行為研究，開啟了人群關係學派 (Human Relations School) 的先河，在管理學史上稱之為「霍桑實驗」。

梅堯等學者在五年間，計進行三項主要計畫：

一、繼電器裝配室實驗 (Relay Assembly Test Room)

選定五名女作業員在特定場合工作，並有一研究助理專門觀察其工作行為，來對其產出量、瑕疵量、工作條件，及任何發生的情形作詳細的記錄。經過二年半之後，這個作業小組的產出量和員工的士氣皆有穩定的成長。細究其因，可發現「工作場合的社會情境（實驗參與的光榮感、人少工作的親密感）與領班督導方式的改變（由嚴厲變和藹）」方是主要原因，後人稱此種效應為「霍桑效應」(Hawthorne Effect)。

二、全面性員工面談計畫 (Massive Interviewing Program)

進行多達二萬多人的面談，起初由訪問者依照事先擬好的問題來做面談，結果發現工人們不敢坦言相告，於是改變方式，讓受訪者高談闊論任意表達，訪問者只是洗耳恭聽，詳加記錄後予以內容分析。結果發現員工的工作績效及組織地位，除受自己認定外，也受所屬團體其他成員的認定，即個人績效會受同事的影響。

三、接線板工作室實驗 (Bank Wiring Observing Room)

其挑選十四名男性作業員參與實驗。而實驗是基於「金錢可以提高生產力」的假定來進行觀察。結果發現員工並未因獎金辦法而提高個人的產出量，反而，員工的產出量是受到團體規範的約束。易言之，員工雖同處一個工作單位，但自成社會派系，自設產量標準、督導氣候及團體規範，在生產量不會太高也不致於太低的前提下，團體才能保護自己。員工擔心提高生產量之後，公司會把單位工資率降低，或對生產量較少的人解僱，因此唯有員工相互幫助，才能確保大家的生產量差不多相等。是以「產量太多會被說成馬屁精、太少則是滑頭鬼、向上級打小報告是叛逆者、孤芳自賞者被批評為一本假正經」。

總結言之，霍桑實驗有以下數點重要發現：(1)人格尊重是增進生產力的主要原因之一；(2)參與及情緒的發洩可以提高工作士氣；(3)非正式組織 (informal organization) 普遍存在於各個組織，並對成員產生約束力。

連帶地，霍桑實驗歸納出，若要促使組織或工廠成為維持均衡狀態的社會體系以達成目標，則管理應具備二種功能：一係確保整體企業共同的經濟目的，二係維持社會組織的均衡，以使每個人經由對共同目的提供服務，獲致個人滿足而願意採取合作行為。在這種研究結果的啟蒙下，管理技能勢須面對三種面向的新結合：首先是瞭解人類行為的診斷技能 (diagnostic skill)；其次是重視溝通、諮商、激勵和領導的人際關係技能 (interpersonal skill)；第三是技術的技能，而且光有技術技能並無法處理人的一切相關作為。(Harmon & Mayer, 1986: 102)

貳、巴納德的動態平衡理論

巴納德曾任美國紐澤西貝爾電話公司 (New Jersey Bell Telephone Company) 總裁

多年，對於組織管理有獨到的見解。他一反過去科學管理專家們所慣用的法則，而從組織人員的心理及行為方面去研究高階管理。他曾說過：「每位優秀的將領都會告訴他的軍官：『你的職責是完成任務』，不過要藉著說服別人，來完成任務。假如你需要將很多人交付軍法審判，那麼你的管理方式一定出了問題。」（齊若蘭譯，2001: 96）巴納德《主管人員的功能》(*The Functions of the Executive*) 一書，是他在 1937 年應聘於波士頓的羅威爾學院 (Lowell Institute in Boston) 發表了八次演講並將上述演講內容予以擴充，於 1938 年付梓出版。巴納德自稱《主管人員的功能》是屬「高層次的論述」，可說是一本抽象的理論性著作。但細究言之，《主管人員的功能》這本書展現了巴納德穿梭於實務和理論的範疇之中，綜合了心理學到社會學領域新發展的獨特視野，兼具了思考力和實務的才幹。（齊若蘭譯，2001: 106）其重要觀點敘述如後：（張潤書，1998: 72–75）

一、互動體系論 (system of interactions)

巴納德對組織的看法與傳統的觀點不同，認為組織是由個人組合而成的構造，如同磁場吸引了不同的組成分子，超越了傳統的組織疆界，不僅包含員工亦延伸至顧客及原料供應者。組織既是人群間互動關係所組成的系統，則此一系統應由人們的共同目標、貢獻心力的意願和相互溝通的能力等三項因素結合而成。巴納德認為管理最大的挑戰在於，如何促成這個社會體系中的個人和團體彼此合作，以達成組織目標。亦即組織要設法達成組織目標，而組織成員則需要追求個人目標，兩者之間的緊張關係必然存在。除非組織領導人能坦然面對個人種種複雜願望，並且設法協助成員達成個人目標，否則就不可能成功地達成組織目標。假如能調和組織和成員目標，那麼合作型組織就能發揮最大效益。（齊若蘭譯，2001: 108）

二、非正式組織 (informal organization)

巴納德特別重視組織中的非正式組織。他認為正式組織是「有意識的協調行動或勢力的體系」(a system of consciously coordinated activities or forces of two or more persons)，故有固定的結構型態，即層級節制的體系。但是非正式組織則是無意識的、不定型的，而且是自然因素（如個人接觸及互動）使人們結合在一起的。非正式組織與正式組織兩者間有密切的關係，因為有正式組織，才有非正式組織，後者因前者而

生，但亦賦予或限制前者的活力。這說明了巴納德對非正式組織持比較正面的看法。他相信：「今天的組織活動有很大一部分是由缺乏統合『權威』的暫時性組合來執行」、「非正式組織可以為正式組織注入活力，調整體質」、甚至「非正式組織可以醞釀出組織的習俗、制度、社會規範和理想」。（齊若蘭譯，2001: 110–111）大致上，非正式組織能為正式組織擔任三項積極的功能，使正式組織更為穩固與健全。這三項功能是：⑴可以從事正式組織所不便溝通的意見或傳遞資料、消息；⑵藉由培養員工的服務熱誠及安定的「客觀權威」，而維持機關的團結；⑶經由非正式組織的互動關係而避免正式的控制，以保持個人自尊、人格完整與獨立選擇。

三、貢獻與滿足的平衡 (the equilibrium of contribution and satisfaction)

人之所以為組織貢獻所能，乃是因為該組織能給他各種滿足（包括物質及精神方面），故貢獻與滿足是相對的，惟組織的生存與發展，有賴於確保貢獻與滿足的平衡。巴納德指出，對組織的貢獻乃係各種活動之表現，就組織人員而言，他們是從事工作；而顧客、投資人或原料供應者，則是交付金錢、資本和物質。相對的，滿足是來自組織給予的誘導 (inducements) 或誘因 (incentives)，其種類如：⑴物質的誘因（如金錢、物品）；⑵名望及個人權力；⑶所要求的實質的工作條件（如空氣調節設備）；⑷心理的感受（如工作上的驕傲感、成就感等）。在討論各種誘因的關係時，巴納德認為，金錢報酬不一定是員工工作的驅動力。維持生存以上的物質報酬，只能對極少數人有效，多數人不會只為多得一點物質的報酬而貢獻更多些，所以誘因不能只靠物質條件，更要重視非物質條件。

四、權威的接受論 (acceptance theory of authority)

組織中，上級對下級所發出的命令通常被認為是具有「權威」性，但巴納德充分體認權威必須具備正當性，權威必須在被「接受」的情況下才成立，無法單靠命令來施展權威。「現在由你來負責這件事」，但是假如你不是打從心底接受這個命令，這件事就行不通。（齊若蘭譯，2001: 105）所以巴納德主張權威的接受不在發令者，而是在受命者。在組織裡，大部分的員工其實都敢怒而不敢言，「在口袋裡握緊拳頭」；他們對權威的接受程度各不相同，巴納德發明了以「淡然處之、保持中立、拒不接受」的觀念來區別員工對於權威接受的程度。弔詭的是，巴納德卻以權威落入「無異議地

帶」(the zone of indifference) 的觀點，作為組織員工對組織命令的接受程度。他並認為儘管個人目標與組織目標之間的衝突始終存在，但主管的職責應該設法互為對方的助力。（齊若蘭譯，2001: 109）

五、溝通問題 (the communication)

就韋伯或泰勒而言，整合組織的不二法門是權威。儘管泰勒強調「工人與管理者」的合作關係，然而此等關係卻是建立在「工人對管理階層唯命是從」的基礎上。巴納德一反韋伯和泰勒之觀點，認為「協調」是促進組織中人員凝聚力 (cohesion) 的主要途徑。尤其協調是透過溝通達成，權威並非建立在「命令－服從」的關係上，而是部屬對於主管所傳播的內容之接受程度。亦即有效的溝通內容，落於部屬「無異議地帶」。此外，要做好溝通工作，應注意下列作為：

1. 溝通管道應明確為人員所知，故明文規定各職位及人員之職權並公告周知。
2. 為使溝通管道正式化，應規定部屬與主管間的溝通關係。
3. 溝通管道應儘量直接而簡短。
4. 溝通路線應循序進行，不可繞道。
5. 主管人員之能力應足以勝任溝通中心之重任，必要時可商請幕僚人員加以協助。
6. 溝通路線在工作進行時不能中斷，在職者因故不能視事時，應有人代理。
7. 應確認給予溝通者具備正式溝通之權威。

六、主管人員的功能 (the functions of the executive)

巴納德認為在一個正式的組織中，主管人員是關鍵的人物，他就像身體中的神經系統（如大腦）。因之，他認為行政主管的角色，應具三項重要的功能：

（一）維繫組織的溝通

主管的第一項功能是透過控制和使用領導技術來型塑組織的內部溝通，在進行內部溝通時，主管必須注意二種經常交錯的「策略因素」：組織和人事體系。就前者而言，它是涉及單位、團體和組織位置，及地域的、時空的、社會的和功能的分化，而且它們都有可能形成溝通的主要障礙者；就後者而言，它涉及適當人事的甄補以及誘導、激勵、說服和客觀權威的發展，這是促成組織有效服務的重要一環。

（二）確保員工必要的服務

主管的第二項功能是要確保員工同意對組織「貢獻」以提供必要的服務。為達成此目的，主管應全力作好「士氣維持、誘導維持、嚇阻維持、監督與控制、檢查、教育及訓練等」。其中以「說服」更是重要的關鍵。

（三）規劃組織的目標與目的

主管的第三項功能是教導員工相信組織的共同目的是確實存在的，惟目的並非固定不變，需要加以調整、修正和檢討等，以使目標能夠落實或授權到不同的階層中。再者，當談到組織需要建立「一致的目標」時，巴納德則把焦點放在決策的問題上。他認為組織目標與組織所處的環境會透過不斷發生的決策而相互影響。巴納德借用著名經濟學家康孟斯 (John R. Commons) 的觀念，認為由於人類本身的限制，主管人員必須從一系列會影響特定情勢的變數中加以選擇，並專注於少數「策略性」的變數：對於決策結果能提供「最大的槓桿效果」，並且能達到「共同目的」的變數。甚至巴納德建議，決定不要做那些決策和身為主管該做的決策，二者幾乎是同等的重要。「主管決策的藝術就在於，不要在不恰當的問題上做決定，不要在事情還不成熟時貿然決定，不要做無法貫徹實施的決定，還有，不要替別人做決定」。（齊若蘭譯，2001: 112–113）

除了上述三種功能常被提及外，其實巴納德認為主管人員還應建構「創造性的道德」(creative morality)。談到組織在文明社會中所扮演的角色時，道德的完整性是一大關鍵。巴納德認為「道德權威」是唯一有效的權威。所謂的道德指的是「組織的善行」、「社會的利益」以及「法律的規範」。為了維護道德的完整性，個人必須為大我犧牲小我。「抑制自我，但求服務，不求回報；為了原則而奮戰，而不是為了物質報酬而努力，願意犧牲個人利益，以追求社會福祉」。（齊若蘭譯，2001: 113）此外，身為主管人員應該在果決、堅毅、耐性和勇敢等特質上表現出個人的優勢，並向某些行為說「不」，這樣才能贏得尊重和推崇。主管的職位不僅意謂著需要「複雜的道德」和「高度的責任能力」，更應具備「為他人創造道德的能力」。這種「創造性道德」，巴納德將之視為「領導的本質」和「主管責任的最高檢定」。倘若缺少了它，組織中的人員就不可能在組織名義下把做正確之事接合起來。(Harmon & Mayer, 1986: 109–111)

當略述完巴納德的動態平衡論之後，為讓讀者能有綜合性的理解，茲引述李維特 (Barbara Levitt) 與馬區 (James March) 的總結觀察作為結論：「巴納德認為高階主管應

該建立並維繫一種信仰與價值的文化，藉以促進組織內部的合作。這種做法並不是要取代尋求帕瑞圖最佳解答或設計誘因的規定，而是要建構一種道德秩序，讓每位成員都能以體制之名來行事，而且出發點並非個人私利，而是他們認同體制本身，且願意做某些方面的犧牲。」（閻紀宇譯，2005: 119）

　　介紹過巴納德的理論後，其實有個很重要的問題值得提出來討論。巴納德使用「主管人員」(the executive) 一詞，似乎告訴我們不論公私部門的管理，到了高階層次所考慮的重點，幾乎大同小異，並無多大區別。所以「主管人員」的刻意選用，讓我們遠離公私部門管理差異的爭執，而朝共同作為來思索主管人員的一般功能。

參、麥克葛瑞格的 Y 理論

　　麥克葛瑞格是美國麻省理工學院的教授，在 1960 年代出版《企業的人性面》(*The Human Side of Enterprise*) 一書，提出了他對人性二種不同假定的管理哲學，分別以 X 理論 (Theory X) 及 Y 理論 (Theory Y) 命名。（張潤書，1998: 80–82）

一、X 理論的假定

1. 員工內心基本上是厭惡工作，在允許的情況下，會設法逃避工作；
2. 因為員工不喜歡工作，因此必須以懲罰手段來強迫、控制，或威脅他（她）們朝向組織目標工作；
3. 員工會逃避職責，並盡力聽命行事；
4. 大多數的員工視工作保障為第一優先，且無雄心大志。

　　麥克葛瑞格認為，上述的假定與當時社會科學研究的發現有所牴觸，應予修正。因為上述假定最主要的一點是，把人當作「壞人」來看，認為他們好逸惡勞，只追求物質需求的滿足。於是，他提出 Y 理論來修正。

二、Y 理論的假定

1. 員工會把工作視同休息或遊戲一般自然；
2. 如果員工認同於工作中的任務時，他（她）們會自我督促與控制；
3. 一般員工會學習承擔職責，甚至主動尋求承擔職責；
4. 創新能力普遍分散在所有員工身上，而不只有管理人員才有此能力。

基本上，麥克葛瑞格認為，X 理論與 Y 理論相較，在作法上 Y 理論較有效果。因此，他指出若能讓員工參與決策、工作內容具有挑戰性、員工可以自我督促，以及保持良好的團體關係等，那麼員工便會提升努力工作的意願。（李茂興等譯，1994: 74–75）

當然，上述兩種不同取向的管理哲學，只是兩個極端的例子。大多數的工作情境須就上述二種觀點加以混合運用，而非單一的接受。然而，假定往往形塑了預期目的，而帶來自我實現的結果（或稱為畢馬龍效應，Pygmalion Effect）。正如同在孩童教育的實驗中，老師對任一孩童的態度往往有助於決定該一孩童的課業表現，而管理者對員工的態度也往往會產生相同的結果。簡單地說，如果管理者認為員工「不會太好」，在這假定中，員工的表現將只有在管理的期待之下。(Shafritz & Russell, 1997: 263)❻

肆、阿吉理斯的人格與組織理論

阿吉理斯的研究，早期是針對個人人格和組織需求之間的關係做了系統的分析與綜合，而著有《人格與組織》(*Personality and Organization*) 一書；晚近則往管理與組織發展，和所謂的「組織學習」(organizational learning) 多所著墨。為介紹方便起見，分為管理實務與個人成長，及干預者 (interventionist) 角色加以說明。（Denhardt, 2004: 93–96；張世杰等譯，1994: 134–141）

首先，就管理實務與個人成長而言。阿吉理斯認為「人類狀態」(human condition) 有逐漸朝向完美的穩定趨勢。從嬰兒到成人的發展過程，人的成長傾向基本上是從被動到主動、從依賴到獨立、從有限的行為範疇到寬廣的行為範疇、從膚淺利益到深層利益、從短線的時間觀到長程的時間觀、從下屬地位到平等地位或上級地位、從缺乏感知到深刻瞭解，這些面向都是構成健全人格的成長歷程。相反地，正式組織理論所實施的標準管理方式對個人的成長是種直接的壓抑與限制。例如組織的分工、專業化、權力集中、命令服從、紀律措施等，都會讓人格的成長陷入相當多的挫折與

---

❻　這樣的原理，亦可適用於股票投資上。人類因為夢想而偉大，股價因為題材而上漲。題材醞釀的過程中，預期心理會驅動市場的追價買盤、推動股價向上。一旦題材變為事實，夢想成真，股價喪失向上的驅動力，很容易作頭反轉。國際投資大師索羅斯在《超越指數》(*Soros on Soros*) 這本書裡指出：「股市獲利的契機，在於正確的假設，而非成真的訊息。正確的假設可以走在趨勢前端，創造獲利。而訊息一旦成真，股價早已反映大半。」正確的假設可以變成市場的題材，刺激買盤出現，此即所謂的「股價漲於題材，跌於事實」。（王學呈，1999: 90）

「心理倒退」(regression)。是以組織主管責無旁貸的任務，就是促進個人需求和組織要求取得一致或彼此融合。甚至在阿吉理斯看來，領導方式的選擇，應該是「以實際為中心的領導」(reality-centered leadership)。其要點在於：管理者要有觀察情境的能力、診斷實際真相的能力，以及從經驗中學習的能力，並從中具備下列的技巧：自知之明、有效診斷、協助個人成長與更具創意、輔導依賴傾向的員工，以及在競爭的管理界生存。

其次，就干預者的角色而言。如何使個人從瞭解自己到瞭解他人甚至是組織，此為組織發展跨越到組織變遷的關鍵，有賴於干預者搭起橋樑的工作。所謂干預者，通常並非組織內部人員，他的任務是和組織當事人一起工作，以便增進現有的人際關係之效率，或促進組織運作的計畫性變遷之執行。申言之，干預者的角色除了讓組織成員能夠開放坦承、互相信任、分享意義外，尚應具備民主觀點，努力達成三項主要任務：⑴協助當事人產生有效與有用的資訊；⑵創造一個可以讓當事人在其中做出明智而自由選擇的環境；⑶幫助當事人對其選擇發展內在的承諾。(Denhardt, 2004: 96)

嗣後，阿吉理斯和史洪 (Donald Schon) 共同致力於「組織學習」的研究。在他們看來，個人和組織都會抱持「信奉理論」(espoused theories) 和「使用理論」(theories-in-use) 兩者。所謂信奉理論是指組織當事人宣稱自己的行為所遵循的行動理論；使用理論則為組織當事人真正遵循的行動理論。為了產生有效的學習，信奉理論和使用理論兩者必須調和一致，而且當我們發現這兩種理論所發揮的作用發生問題時，代表它們都必須有所改變。假若組織成員察覺到其使用理論遇到問題，他們就會採取阿吉理斯和史洪所稱的「單圈學習」(single-loop learning) 來改善，但是當組織需要重新設定「規範的優先性與重要性」，或「重建規範本身」，「雙圈學習」(double-loop learning) 便會發生。此外，還有一種「再學習」(deutero-learning)，主要是指學習如何學習，這種學習是要讓人們去檢討過去學習的成敗經驗，而發現何者有益於學習，何者不利於學習；構思並提出新的學習策略，以及評估和通則化這些學習策略。簡言之，阿吉理斯和史洪的努力是在精進學習理論。

總之，阿吉理斯早期對組織發展的基本主張，乃強調隨著個人人格的逐漸成熟與健全，組織管理實務必須去重視個人需求，主管的責任就是調和個人需求與組織要求，至於晚期組織學習理論的倡議，彰顯單圈學習與雙圈學習的差異，而提供促進組織變革之道，它已對公私組織產生了實質的影響。

伍、格蘭畢亞斯基的組織發展理論

1970 年代對於個人與組織的整合可透過倫理道德來實現，可以格蘭畢亞斯基的組織發展論作為代表。(Denhardt, 2004: 97-101；張世杰等譯，1994: 141-152) 由於格蘭畢亞斯基著述豐富，僅就其論述的重點：道德管理 (moral management)、個人自由對比管理控制 (individual freedom vs. managerial control) 及「後設倫理」和組織變革 ("metavalue" and organizational change) 分項加以討論。

首先，在道德管理方面，格蘭畢亞斯基早期作品《人、管理和道德》(*Men, Management, and Morality*)，曾有幾種的解讀方式：被視為行政倫理的初期研究；或整合個人與組織的一種嘗試；或為行為科學應用在組織變遷的一個序曲。之所以會有這麼分歧的看法，乃因格蘭畢亞斯基認為個人與組織的整合，可以透過道德管理為之，其云：「道德的敏感性 (moral sensitivity) 會和產出的滿意度及員工的滿足感有關。」特別是西方社會源自猶太教與基督教共有的倫理 (the Judeo-christian ethic)，會與經濟生活密切關聯著，這五種工作倫理分別是：⑴工作必須能被個人在心理上接受；⑵工作必須允許個人發展自己本身的才能；⑶工作任務必須給予個人相當多的自我決定權；⑷員工必須有機會可以有意義地控制其工作環境；⑸組織不得為行為唯一且最後的仲裁者，以及組織和個人皆須接受外在道德秩序 (an external moral order) 的支配。格蘭畢亞斯基認為這些價值恰可作為組織發展的新方向，而且可與高度的員工滿足與發表之行為科學文獻結合，為組織帶來新的發展方式，如工作輪調與工作擴大化等。

其次，當討論個人自由與管理控制問題時，格蘭畢亞斯基認為運用人群關係學派所使用的管理技巧，如管理格道 (managerial grid)、Y 理論，以及個人與組織融合，雖有助於組織更加開放與民主，因而帶來員工更好的工作滿足感和組織更高的生產力，但從倫理道德標準以觀，這些技術很可能會犧牲員工的利益。於是基於倫理價值的第五層面之論述：組織不得為行為之唯一且最後的仲裁者，以及組織和個人皆須接受外在道德秩序的支配，他主張組織應發展本身的倫理標準，作為組織和員工的行為準繩。甚至，格蘭畢亞斯基並推斷分權 (decentralization) 是解決「核心的道德問題」之良方。因為「分權是這一整體分析的創造物 (creature) 和創造者 (creator)」，個人唯有在分權化的組織結構中，才能享有較大的道德幅度。惟當個人的自由與組織倫理發生牴觸時，格蘭畢亞斯基卻相信，在分權結構中的行動自由，是以遵守團體的決策為代價而得到

的。個人行動的自由應以遵守團體的規範為度，如此上述標榜個人和組織皆須遵守外在的道德標準，事實上是不存在的，而形成了兩難。這是格蘭畢亞斯基理論有所不足之處。

最後，在晚期的著述裡，格蘭畢亞斯基以其早期對小團體的行為動態研究為基礎，具體建構了組織變革的實驗室途徑 (laboratory approach)。亦即，他運用類似 T 團體 (T group) 的直接社會互動，透過學習者的經驗，來誘發組織的變革。格蘭畢亞斯基甚至認為實驗室途徑有五種「後設價值」(meta values)，可供引導個人和組織的變革：(1)接受相互接觸和開放溝通的探討；(2)擴大選擇的意識與認知，尤其是願意去嘗試新行為的實驗，並從中選擇最為有效者；(3)具備通力合作的權威觀念 (a collaborative concept of authority)，願意透過合作與公開檢視衝突，進而化解彼此的衝突；(4)重視社群意識 (a sense of community) 及向他人負責的相互協助關係；(5)建構真誠的人際關係。相較於傳統的「金字塔型價值」，格蘭畢亞斯基提出管理的「合作－共識體系」(the collaborative-consensual system)，強調開放、對談、反饋與分享責任等作法。這種植基於倫理價值的考量，也讓格蘭畢亞斯基有別於一般的組織發展學者較側重如調查回饋 (survey feedback)、團隊建立 (team building)、職涯發展 (career development) 等具體技術的運用。

總之，格蘭畢亞斯基對組織發展或組織變革的理論貢獻是有目共睹的，他不但促成了工作與倫理的接合，更為組織發展所繫的基本價值提供了指引，尤其倡導合作－共識體系，更充分表達了組織人本主義之精髓，但這並不代表格蘭畢亞斯基主張這些新的模式可以完全取代官僚模式。在他看來，在類如軍事或警察的組織中，過去金字塔型、機械式的官僚制度仍有存在的必要，「想要在這類組織中喚起共識，毋寧是陳義過高，在唯有集權的決策型態才可行的組織結構中，若貿然採用合作－共識的管理，反而是殘忍的」。雖然這樣的觀點確有實際運作的考量，卻無形中也為其組織發展的理論架構平添了侷限與矛盾。但不可否認的，在那個行為主義盛行的階段，格蘭畢亞斯基執著於倫理價值的管理方式與組織發展，確為組織研究開啟另一視窗。所以在丹哈特看來，格蘭畢亞斯基的理論深藏著兩大特色：一是個人與組織（或社會）的關係，應由道德與政治層面決定，而非管理技術片面決定；二是組織的改革應在提高生產力的物質利益之同時，並擴大分權的道德利益。(Denhardt, 2004: 99)

在介紹了著名的霍桑實驗、巴納德《主管人員的功能》、麥克葛瑞格 Y 理論、阿

吉理斯的人格發展與組織學習，及格蘭畢亞斯基道德管理與組織發展之後，可看出自然系統理論已經跳脫了理性系統理論的框架，不太重視組織設計的內部原則，而去重視組織成員的互動行為與滿足感分析。這一套被稱為組織的人本主義 (organizational humanism)，其假定約可歸納為以下數端 (Jun, 1986: 71)：⑴除人性的尊嚴，人格的保障與培育應植基於平等而非層級的基礎；⑵「人類狀態」有逐漸朝向完美的穩定趨勢；⑶組織的利得基本上是來自成員的利得，伴隨著這些利得的利益（或滿足）應儘快地分配給那些付出的行動者；⑷組織在制定決策和建構控制時，最後的分析應以成員的合意為基礎；⑸組織的變遷應來自參與者對各種方案的完全瞭解和共識。

　　根據國內學者張潤書教授的看法，組織的自然系統理論在管理方式作了如下的轉變：由監督制裁到人性激發；由消極懲罰到積極激勵；由專斷領導到民主領導；由唯我獨尊到意見溝通。而將過去人事行政由「管人」的學問，改變為「治事」的學問；從「製造」一個效率的工作員，到「培養」為一個快樂的工作員。因為只要人是快樂的，他自然就會有效率。機關只要給予成員適當的報酬、工作的保障、合理的地位、陞遷的機會，成員就會回饋給機關勤奮的工作、熱忱的精神和忠心的奉獻。（張潤書，1998: 85–86）

　　為什麼會有如此重大的改變？其實背後還牽涉著一個重大的環境因素應予敘明。那就是經歷了 1930 年代世界經濟大恐慌，使得各層級的組織員工過去辛苦的努力與積蓄，頓時化為烏有，讓人們認為與其在工廠勞勞碌碌胼手胝足，還不如做個受人尊重，快快樂樂的工作人，是以自然系統理論的興起，有其歷史的背景因素。

　　再者，組織自然系統理論強調組織成員社會互動的重要，也說明了個人追求精神層面的滿足感，是激發工作意願的動機，而非純以物質獎酬為重。但是，該理論並沒有把員工的福祉視為組織的首要價值，仍以生產力的提升為其主要目標。職是之故，自然系統觀點受到了強烈的質疑。

　　最後，自然系統觀點把研究重點放在組織成員的行為分析，對於組織整體及其與外界環境的關係並未給予充分的考量，因而導致另一種較為全面分析的途徑——開放系統理論 (Open Systems Theory) 之崛起。

第四節　組織是開放系統的觀點

　　如上所述，傳統組織理論以及人群關係學派二者皆對組織與環境間的關係欠缺考

量，使得 1950 年代組織理論家紛紛轉向以生物學為喻象的開放系統 (open systems) 組織分析，以便對於組織展開更寬廣的思考。相對於機械隱喻的傳統觀點，組織理論僅強調組織目標、結構與效率，組織像有機體的開放系統觀則更重視組織生存、組織一環境的關係，以及效能等問題。

基本上，將組織視為一個有機體，會將生物學中有關分子 (molecules)、細胞 (cells)、複雜有機體 (complex organisms)、物種 (species) 和生態 (ecology) 之間的區隔與連結，對應於組織中的個人、團體、組織、組織群 (populations of organization) 和社會生態 (social ecology) 的區隔與連結。像這樣的類比與聯想，讓我們對於組織功能如何運作，以及那些因素會影響它們的存在，有了新的瞭解。(Morgan, 1998: 36) 是以本節的論述，先就組織是個開放體系 (open systems) 加以說明，進而探討組織的權變理論 (contingency theory)，接著申述組織的複雜調適體系 (complex-adaptive system)，最後對組織為因應環境變化而有不同的種類，以及物種與生態間的關係，即所謂的「組織的群體生態觀」(the population ecology view of organization) 和「組織生態學」(organizational ecology) 加以分析 ❼。

壹、組織是開放系統

在開放系統觀點下，一個有機的組織或體系會呈現以下幾個主要特性：(Morgan, 1998: 40–42)

一、投入－轉換－產出－反饋的過程 (the input-transformation-output-feedback process)

在有機體的隱喻下，組織為了生存，須保持與外界的開放，並與環境維持適當的關係。也就是說，組織並非獨立於環境之外而不受影響；相反的，環境因素會無時無刻不滲透進入組織，並對組織產生程度不一的影響。於是，組織透過投入、轉換、產出和反饋過程來維持本身的形式與功能。相較之下，橋樑、燈塔或自動發條裝置的玩

---

❼　關於組織的系統理論分析，早年國內學者彭文賢教授有專著介紹，內容詳備，值得細加品評（彭文賢，1980）。晚近在此一方面，有言簡意賅的分析，應屬摩根在其《組織意象》一書第三章〈自然干預：組織是種有機體〉(Nature Intervenes: Organizations as Organisms) 最引人注目和發人深省。

具，是按照既定的設計而行動，為不受環境影響的封閉體系，而冷氣機則會依環境的變化而稍加調整內部的功能形成半開放體系。至於一個活生生的有機體或組織則是一個完全開放的體系，與環境的互動成為功能運作相當重要的一環。其中最明顯的例子便是多數的電子公司若無法搭上技術世代變革的列車，在產品研發上有所突破，不出幾年就因產品技術落後而遭淘汰。因此，一個有機組織的生存策略，應重視：⑴審視和意識到工作和環境系絡的變遷；⑵建構和管理與環境間的重要界限和互賴領域；⑶發展具回應性的適當運作策略。

二、動態均衡 (homeostasis)

動態均衡的概念是指一個有機的組織或體系具有自我調節、自我管制並維持穩定狀態的能力。當組織與環境不斷交易的過程中，往往透過「負向反饋」(negative feedback)，來發現偏離軌道的行為並採取矯正措施，藉以尋求形式上的規律和有別於環境的獨特。例如當我們體溫超過常溫時，身體的若干功能（如排汗和深呼吸）就會自動加以調節；同樣地，組織也會有此種動態均衡的控制過程，以維持正常運作。也就是說，組織的動態均衡會表現在三個方面：(*cf.* 譚功榮著，2008: 181)

1. 足夠的穩定性，以便達成目前的組織目標；
2. 足夠的持續性，以保證在目標或方法上進行有秩序的調整；
3. 足夠的彈性，以反應外部的機會和要求以及內部的變化。

三、反熵作用或「反能趨疲」作用 (negative entropy)

「熵」或「能趨疲」是指封閉體系會因能量的遞減，而趨向退化和死亡。因此，一個開放的組織體系應不斷的輸入新的能源、資源、材料、技術與人員等，以減緩「能趨疲」的趨勢。此即組織要有新陳代謝或推陳出新的作用，才能避免老化或死亡。

四、必要的多樣性 (requisite variety)

必要的多樣性係就組織或體系的內部複雜程度而言。組織為了因應環境帶來的挑戰，其內部的結構、方法、機制和技術應與環境需求同樣的多元，才會具有因應的能力。設若沒有多元的組合，組織非但不能善用專業資訊，亦欠缺寬裕的資源，恐難以應付突如其來的各種挑戰，因此組織要有「次級系統」(subsystem) 的設計。根據卡斯

特 (Fremont E. Kast) 及羅森維格 (James E. Rosenzweig) 的敘述，一個組織至少要包括
結構、技術、心理—社會、目標與價值和管理等次級系統，如圖 3–1 所示：

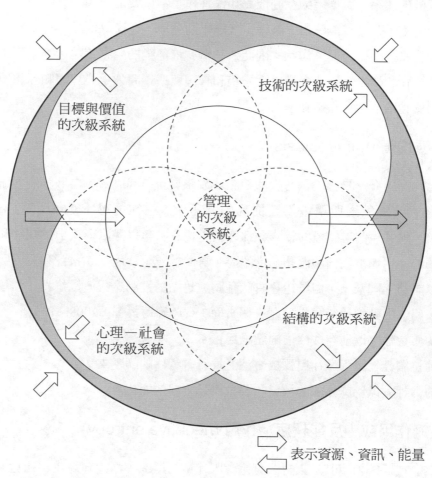

資料來源：張潤書，1998: 141。

圖 3–1　開放組織的內部次級系統

（一）結構的次級系統 (structural subsystem)

這是指組織中人員權責分配、上下關係、平行關係的正式化說明，任何組織必然
有此種結構的次級系統，否則人員（職位）的法定地位無從表現，權責運用也無法實
施。

（二）技術的次級系統 (technical subsystem)

任何組織都必須具備達成目標的主要技術型態，而且技術型態會影響組織結構和

效能。茲以湯普生 (James D. Thompson) 的研究為例。湯普生認為組織技術可以分為三類：⑴長距離連結技術 (long-linked technology)，如裝配線；⑵中介技術 (mediating technology)，像電話公司等機構；⑶密集技術 (intensive technology)，醫院和科學實驗室均屬之。這三類技術又關連著下列三項變數而影響組織的變遷與適應：⑴決策、運作與溝通的成本；⑵組織成員間與部門間的互賴型態；⑶組織的協調形式。一般而言，長距離連結技術需要中度的成本、連續性的互賴（如裝配線上的工人必須等前一位工人完成其任務之後才能工作），並以規劃程式作為協調基礎；中介技術具較低的營運成本，採用集結的或一般的互賴（如電話公司的某單位，像線路人員對組織雖有貢獻，惟若將其裁撤，組織亦能持續運作），標準化程序是協調的主要方法；密集性技術需要高度的成本、互惠式的依賴（組織每一部門與人員均依賴於其他的每一部門與成員），並以互相調適方式來達成協調功能。(Henry, 1999: 102–103) 茲將上述的說明，歸納為表 3–2：

表 3–2　技術與組織的變項

技術的類型	互賴型態	協調形式	運作成本
中介（電話公司）	聚集的	標準化	低　度
長距離連結（裝配線）	連續的	規　劃	中　度
密集（科學實驗室）	互惠的	相互調適	高　度

資料來源：Henry, 1999: 103.

（三）心理─社會的次級系統 (psychological subsystem)

組織既由人員所組合，由於人有情緒、感情、認知、價值等的差異，就會產生了組織的心理─社會次級系統。因此，個人之間、團體之間，及個人與團體之間的交互行為，包括了個人行為與動機、地位、角色、團體動態性以及影響力系統，都應納入考量。

（四）目標與價值的次級系統 (goal and values subsystem)

組織是為了實現社會需求而設計的系統，自有必要對社會產生貢獻，所以組織不僅要達成其所追求的目標，而且要能符合社會的期待。

（五）管理的次級系統 (managerial subsystem)

此一次級系統乃為貫穿組織的主要工具，主要作用在於整合、協調、設計、適應及控制，例如目標的訂立、策略的運用、結構的設計、工作的分配和期程的安排等。

除了上述五個次級系統外，組織應在五個次級系統之內還有次次級系統，有了這些必要的多元體制，組織方能訂定未來的願景、闡述明確的價值觀、發揮整體戰力、整合成員需求、防止衰退，並維持與多變的環境相抗衡的優勢。

五、殊途同歸性 (equifinality)

殊途同歸性是指組織可以透過不同的方式來達成相同的目標。一個有活力的組織應該擁有足夠的彈性，用不同的資源、不同的方式、不同的技術來達成特定的結果。這和科學管理崇尚「最佳途徑」觀念恰恰相反。其中最有名的實驗，便是海膽可以由一個完整的卵細胞，或經切半的卵細胞，或者二個完整卵細胞的融合體，演化為一個正常的海膽。（彭文賢，1983: 134）而組織開放體系的殊途同歸性亦應如此。

六、系統的演化 (system evolution)

在生物的演化過程上，不僅重視個別物種的演化，也要重視整個結構的演化。尤其是在變異、淘汰與保留的循環過程中，系統演化會依組織群體的系統特性，朝向更為複雜的分化和整合形式，以應付環境帶來的挑戰和機會。亦即，系統演化除了重視一個物種或組織如何在變遷環境中生存與成長外，更強調組織與組織之間的互動與發展，而讓整體產業朝向更有利的方向前進。所以觀察一家電子公司的發展，除了正視其內部經營之道，還有它與其他電子產業間的連結，進而形成整體的產業聚落競爭優勢與發展趨勢。

貳、組織的權變理論

權變理論 (contingency theory) 的意旨係針對傳統組織理論認為可以找到「最佳方法」來經營組織的主張，提出反駁。對權變理論學者而言，經營組織的適當方式，須視組織規模、技術、環境等因素而定。

誠如楊仁壽、卓秀足、俞慧芸在《組織理論與管理》一書中所言：組織結構設計如同脊椎動物的骨骼結構，不同的骨骼結構適合不同的生存條件。例如草原上的獵食

者，需要能快速移動的骨骼結構；樹梢層的動物，需要適於攀爬與在樹間移動的骨骼結構。（楊仁壽等著，2009: 198）同樣的，從北極地區的北極熊、沙漠地區的駱駝、到沼澤地區的鱷魚之生存環境的啟示，組織的運作只有適合不適合，沒有最好的標準設計。

權變理論非常符合常理的理解，它主張組織的多變性 (multivariate nature)，故其運作模式並非一成不變，而展現了以下幾個重要特點：(Morgan, 1998: 44)

1. 組織是個開放體系，不僅在滿足和平衡內在需求，亦在適應環境變化；
2. 沒有一個最佳的組織方法，恰當的組織形式是由面對的任務、環境、策略或技術等決定的；
3. 管理乃在考量達成「良好的配合」(good fit)；
4. 相同的組織為完成不同的任務，應採行不同的管理途徑；
5. 在不同的環境型態下，需要不同的組織類型或「物種」(species)。

1950 年代由柏恩 (Tom Burns) 和史塔克 (G. M. Stalker) 為組織與管理所建構的「機械式」(mechanistic) 和「有機式」(organic) 組織之區別，堪稱是最具影響力的研究，且奠定了權變理論途徑的學術地位。柏恩和史塔克針對不同的產業公司，如人造絲工廠、轉換接合器公司、收音機和電視機製造公司、電子公司加以研究，得出該四種廠商面對不同的環境所呈現的組織和管理型態之差異，如表 3-3：

表 3-3 四種公司類型的組織與管理模式

	人造絲廠	轉換接合器公司	收音機及電視機製造公司	電子公司
環境實況	環境相當穩定：技術與市場條件被充分瞭解	中等的變化速度：將拓展市場與改良產品的時機結合在一起	高度的變化：強調動態的技術與市場情況，以及可預測的創新速率	極難預知：技術進步迅速，銷售時機無窮
任務性質	有效生產標準產品	基本產品的有效生產與銷售，及按顧客要求加以修正	在高度競爭環境下，力求新產品的有效設計、生產和銷售	透過對新市場情況的創發和探究，以開拓快速的技術變化

組織結構	清楚明確的工作被安排在層級節制的型態中	按照功能與層級模式粗略規劃分工職責；迎合情境變化而修正；無固定的職能劃分	維持組織地位的一貫模糊；要求各管理部門均與競爭銷售的焦點任務有關	審慎考慮以避免精確的個人任務；經由與他人的互動界定個人工作
權力性質	權力被清楚地界定和授與在層級體系的正式職位之中；著重年資	沒有明確界定；但除特別召集的委員會與會議外，大都遵從層級節制	對權力和職責範圍不做明顯地界定；權力歸於有能力解決現實問題的人員	角色隨著變化的環境重新的定義；權力模式不拘形式並不斷改變；由具有合適技巧和能力的個人獲取權力
溝通系統	依照各種法規和條例中載明的模式；主要是垂直的溝通	依據法規和習慣；並以委員會和會議的系統加以補充；下級職員能自由地與高層管理團體磋商	經常召開公司各級和各部門的諮詢會議	完全自由並不拘形式；且溝通過程持續不斷並為組織概念之核心
員工承諾	對某特定工作之職責的承諾；並以忠誠和服從為主	對自己工作的投入，但意識在處理總體環境所出現的偶發事件之靈活彈性的需要	致力達成自己職能地位的需求；並融合了廣泛的合作需求及彈性的職能詮釋	完全投入整體考量的核心工作；和致力發展處理壓力與不穩定的能力

機械式 ◄─────────────────────────► 有機式

資料來源：Morgan, 1998: 46–47.

　　從上表的兩個極端中可以看出，人造絲廠面對的是相對穩定的環境，採用的技術幾乎已形成慣例，且為部屬們所完全瞭解，公司有一本「廠經」，詳細說明每種情況下的工作行為細節，員工不但瞭解公司對他們的期望，並且以嚴格、有效的工作方式克盡職守，創造出具價格競爭力的產品。但是電子公司若要成功的運作，需要面對環境的挑戰，不斷地革新求變和更加開放，允許員工自我發展，員工的任用與陞遷除依據一般能力與專業技能外，同時要有研發新產品、開發新市場及快速提昇技術的能力。因此，組織的層級應避免劃分過細，經由相互合作和團隊方式，來界定和重新擬定達

成的組織任務及職責等。

除了柏恩和史塔克的研究外，亦有學者們認為，究應採用機械式或有機式結構，其實與組織環境、策略、技術有著密切的相關。茲說明如下：（楊仁壽等著，2009：212–218；222–224）

1.就環境而言，一般認為影響環境不確定性高低的因素有三：環境資源的豐富性、動態性與複雜性。若組織所處的環境資源愈稀少、動盪且又複雜的話，愈應該採取有機式結構；若環境資源愈是充沛、穩定而又單純，則愈適合採用機械式結構。 2.就策略而言，可分為成本領導與差異化兩類，成本領導策略是為了提升效率與控制成本，是以機械式結構較為適合；差異化策略關鍵在利用組織產品與服務上的專業與專精程度，以及快速反應的能力，因此有機式結構較為適合。 3.就技術而言，依據技術的複雜程度，可將生產技術分為：小批量與單位生產科技 (small batch and unit production)、大批量與大量生產科技 (large batch and mass production)，和連續製程生產科技 (continuous-process production) 三類。因為小批量與單位生產科技通常是依據訂單而提供客製化產品與服務，是以採有機式結構較為適合。至於大批量與大量生產科技通常依標準化方式生產，因此採機械式結構較為適合。連續製程生產科技因其生產過程幾乎全自動化和機械化，員工的主要任務在於矯正及排除生產流程中的異常狀況，以確保生產過程能符合設定條件和安全運轉，所以在組織設計上，一方面要建立標準作業程序，提高正式化；另一方面要依賴基層主管嚴密地監督員工，但又不能讓其管理過多的員工，相對地控制幅度較窄，導致組織須要機械式與有機式兩者兼顧。

參、組織是種複雜調適系統

有別於傳統根深蒂固的金字塔型態，現代的組織構造可謂是分權的、臨時的結合，即形成所謂的「隨制應變的組織」(emergent organization)，它是偶然的聚合，而非必然的組成。學者們將之稱為「鬆散耦合的系統」(loosely coupled systems)，甚至把它視為「組合」(organizing) 而非「組織」(organization)。亦即，在快速動盪的變遷環境下，組織會因特殊因素、事件或目標而自我組織起來，宛如混搭 (mashup) 一般，自然且偶然地組合成一起。

用現代的術語來描述上述的特徵，學者們把組織想像成一個複雜調適系統 (complex adaptive system)。此一系統主要有三個特徵：首先，組織體是由許多且同時

運作的個體所構成的網絡系統。每一個體都生存在和其他個體密切互動的環境中，由於他們隨時不斷的和其他個體產生各種互動，所以整個環境一直處在變動的狀態。其次，不易掌控組織體的變化。在組織體中沒有任何一個個體有主宰的地位，未來的走向是由每個個體每天互動的結果所形成的。一個組織系統的共同行為，大部分是由每個個體彼此間的競爭或合作造成的。第三，複雜系統中的每個個體都會累積過去的經驗，自行調節以適應外在變動的環境。如同人們會從日常的經驗中學習並且調整自己以適應生活的變化，所以複雜系統在今日被稱為「複雜調適系統」。亦即每個組織的行為者常常改變、互動，甚至相互學習，使得整個組織系統隨時處於變動的狀態，組織系統不會是死水一灘，而是達到完全均衡的狀態。(*cf.* 陳人麒譯，2006: 212)

與此觀點互為輝映的是晚近物理學發展的混沌理論 (the chaos theory)，目的在瞭解錯綜複雜的、非線性的、動態的體系所出現的不穩定狀態。想要從一種既簡單又可預測的科學觀點，轉移至另一種把系統視為全面性又動態發展的觀點。(林金榜譯，2006: 312) 隨著混沌理論的引介，複雜調適系統的鬆散耦合，會呈現出近年來廣為流傳的「蝴蝶效應」(the butterfly effect)。巴西一隻舞動翅膀的蝴蝶，很可能正是引發德州一陣颶風的元兇 ❽。亦如海格斯壯 (Robert G. Hagstom) 所云：每一粒穀物雖然毫不起眼，但是聚少成多卻很驚人，當累積超過一個臨界點時，原有的系統就會失去平衡，因而產生如雪崩一樣的效果。(陳人麒譯，2006: 225)

此一理論讓我們意識到：在開放體系下，某些因素的些微改變終將釀成巨大的後果；甚至系統會因交相關聯的次系統的組合，逐漸達到臨界邊緣，在某一狀況下瞬間瓦解，接著再自行重新組織，如此周而復始，不斷重複。就此看來，與其說組織像機器，不如說像阿米巴原蟲。在任何我們所熟悉且必然的因果關係中，都潛藏著偶然的影子，隨時在組合、也隨時在改變。

上述的情況會讓人產生「完全隨機」(complete randomness) 的聯想，但是組織如何在事先未決定、未規劃、未設計的情況下，以一致的方式來管理？摩根認為我們需要建構願景、價值、限制或「參考點」(reference points) 來引導行為，尤其是去創造一

---

❽　這種效應，可以如下的故事來形容：流失一根馬蹄釘子，就流失了一隻馬蹄鞋，流失了一隻馬蹄鞋，就流失了一匹馬；流失了一匹馬，就損失了一位騎士；損失了一位騎士，就影響了一場戰鬥；影響了一場戰鬥，就輸掉了一場戰爭；輸掉了一場戰爭，就賠上了個國家。總而言之，問題就是流失了一根馬蹄釘子。

個「空間」(space)，讓許多的可能行動和行為能夠隨時浮現，包括可以去質疑所強加的限制。(Morgan, 1998: 86)

肆、自然淘汰：組織的群體生態觀

上述的開放系統理論、權變理論與複雜調適理論，全部說明了組織在因應環境的變化上能夠展現出相當的彈性與適應的策略。儘管此種觀點已是相當普及，但仍被稱作「自然淘汰：組織的群體生態觀」(Natural Selection: The Population Ecology View of Organizations) 所批評。持「自然淘汰觀」的學者看來，環境乃為主導組織生存的關鍵因素，不能忽略環境「淘汰」組織的影響力量，為此我們應該去分析組織群體層次及其廣泛的生態。(Morgan, 1998: 57–60)

基本上，組織的群體生態觀，是將達爾文 (Charles Darwin) 的演化論直接引用在組織分析上。此一觀點的論證在於：組織就像有機體，需要獲取適當的資源與利基以為生存；凡不能獲取者，其生存便要面臨嚴峻的挑戰；又因資源相當匱乏，所以它必須與其他組織進行激烈的競爭。因此它假定物種的生存，只是「最適者生存」(only the fittest survive)，而不是「適者生存」。亦即任何特定時空的組織性質、數目、密度與分布，會受到資源的「固定承載量」(fixed carrying capacity)、組織天生的性格、組織的「負擔」(liability)，以及組織間的「強弱競爭力」所侷限，使得環境在決定組織成敗的變異中居於關鍵位置，擁有掌握「號令的指揮權」，而非一組模糊的力量。

如同達爾文在其著作中反覆強調的，淘汰也許是演化過程中的機制，但它倚靠的是個別特性中的變異 (variation)。因為沒有變異就不可能產生淘汰。而在達爾文理論的物種特性之變異、淘汰、保留和修正的循環模式中，物種的變異正是來自交叉繁殖與隨機變異的結果。若干的變異可能賦予生存過程的競爭優勢，導致伴隨著環境的變遷會有較好的適應力或演化的機會。由於存活下來的物種成員，或新物種，提供了下一階段的繁殖基礎，所以相對有機會讓新的特性得以保留。而且，這些特質又必將受制於隨機的修正，不斷產生讓此過程持續下去的差異。以這種方式演化，就有可能從原有的物種變異出新的物種與生態型式 (ecological patterns)。

然演化的發生雖透過一個物種的個別成員自我修正而來，但是群體生態者認為群體層次的演化動態更為重要。當環境變遷或新物種進入某類原有物種所占領的資源利基時，最終會反映在群體結構上的改變。由於物種成員會彼此分享類似的優勢或劣勢，

所以就容易造成整體物種的生存或死亡。縱有若干個別分子較具適應的能力，但整體而言，當它們敵不過新的物種，則整個群體最終還是會面臨相同命運。

這種所謂「組織人口學」(organizational demography) 的觀點提醒我們，應將探討的焦點從個別組織如何適應環境的變化，轉移至不同組織型態（物種）間如何的興衰，而探尋以下三個主要問題：⑴為何有不同種類的組織？⑵是何因素影響它們的數目與分布？⑶有何因素影響群體獲取或維繫資源利基的能力？摩根認為此種組織的群體生態觀，對組織理論的啟蒙有四點：⑴慣性壓力會阻撓組織回應環境的變化；⑵面對新的競爭或環境狀況時，整個產業或組織型態會產生興衰之演變；⑶組織獲取資源利基並超越對手是絕對重要的，而且在長期上，汲取資源的相對優勢能夠應用於整個組織群體上；⑷認識關鍵性資源利基和資源倚賴型態的變動結構，非常有助於我們對不同組織的成功和享有優勢的瞭解。(Morgan, 1998: 59–60)

然而以群體生態觀來研究組織，可能造成兩個重大的缺失：其一是此理論太強調環境的決定性影響，而忽略組織可以從事策略性改變，以掙脫不利的環境因素。儘管組織存在著慣性壓力，但它在必要時仍會發展適當的策略，以達成振衰起弊的改變。套句辛格 (Isaac B. Singer) 的話：「我們必須相信自由意志；我們別無選擇。」（林金榜譯，2006: 415）其二是此種分析太著重資源的匱乏與競爭，而忽略了資源的再生和組織間可形成既合作又競爭的事實。尤其是現在許多有活力、有彈性的公司或組織，在面對外來的強大挑戰時，會競相採取策略聯盟方式，充分表現組織之間是個創造分享未來的有機組合，而非只是純粹競爭下的相互殘害或鬥爭。

伍、組織生態學：創造分享的未來

如前所言，群體生態學觀點，強調了組織或組織間為了生存的壓力會與其他組織或組織間，引發生死存亡的競爭，然而就「組織生態學：創造分享的未來」(Organizational Ecology: The Creation of Shared Futures) 的看法，卻認為組織並非自給自足的孤立存在，它是生活在複雜的生態體系 (a complex ecosystem) 之中，而與其他組織發生共生共榮的關係。(Morgan, 1998: 61)

當代有許多生物學者相信，演化的過程是屬生態體系的型態改變，因此只有從整體生態觀點才能有所理解。這意謂著有機體並不只是以獨立的個體從事演化，而是有機體與其他有機體連結起來，而形成有機體與環境的關係型態的演化 (evolution of a pattern of relations embracing organisms and their environments)。因此演化的重要性，並不在於一個有機體如何適應環境的變遷，而在於某個關係型態的改變，如何挑選出能生存的有機體。由於「關係型態」在演化中具有舉足輕重的重要性，所以包丁 (Kenneth E. Boulding) 說演化是「適者生存」(the survival of the fitting)，而非「最適者生存」(the survival of the fittest)。

以此而言，組織與環境的關係是在共存共榮中求發展，環境已鑲嵌在組織與其他組織的互動中。原則上，組織可以採取主動方式去影響其他組織，進而以某種聯合的方式去影響環境的本質，例如蘋果電腦聯合其他 APP 軟體公司改變智慧型手機市場，導致環境可被視為是種「調和的環境」(negotiated environments)，而非獨立的外在。也就是說，環境的存在並非「既定的在那兒」(a given there)，它不是來自外發的力量，而是組織間內部關係的發展。

所謂的組織世界，好比自然界的生存一樣，經常產生既合作又競爭的現象。例如我們不時看到銀行業、信託公司、保險業者，和其他產業公司彼此聯合以提供共同服務，在既合作又競爭下形成「組織群集」(clusters of organizations)，以強化整體利基的保存與適應。尤其是現代的電子廠商，在產品上形成水平或垂直性整合，在溝通上則建構「非正式網絡」，甚或為某一製程問題或研發，共同成立了「非正式聯合組織」，更彰顯了此種組織生態觀的連結深度。

深受此一觀念的啟蒙，社會科學家開始探討發展組織間關係 (interorganization relations) 的新型態，以有利於未來的積極型塑，並希望為動盪而複雜的組織世界，開創出一個「可管理的」組合形式。例如崔斯特 (Eric Trist) 便致力於發展「領域取向」的組織 (the domain-based organization)，以使整個「建構性的組織—環境關係」成為合作行動的內在關係，而非外在的衝突關係，並藉由非正式的學習網絡，形成「領域取向」的交易與對談，促進需求與問題的詮釋及分享，引發共同價值與規則，發現並分享問題解決的新答案。現今社區的環境污染、經濟發展與產業開發的聯合解決模式，便是植基於此種網絡型態的組合方式來實現的。

在對組織是個開放系統之意涵作了介紹後，擬在結論中對此一系統理論的組織分析作綜合性的簡要評論。基本上，此一系統觀點對於組織與管理的影響和啟蒙有五項：⑴重視外在環境的變化：因應環境的變化被視為組織與管理的要務，而非理性系統觀點只重視組織內部的結構設計；⑵組織的生存與演化係為重要的考量要素：不同於傳

統理論著重具體目標的達成，現代組織更強調生存與演化的適應力，組織如何獲取和利用資源利基，以增加適應的彈性，乃為組織生存與否的關鍵；(3)適應環境的變化是主要的管理工作：不同的環境需要不同的管理方式和組織型態，尤其組織欲在競爭的現實中追求創新與發展卓越，則動態的、有機的、團隊的組織型式可能優於機械式、官僚式的組織型式；(4)提供組織發展的理論與實務基礎：組織如想有效地與環境保持良好的互動，重要的切入點是，去診斷組織次級體系的運作並發展必要的多元，以滿足外在需求，若無法致力於重要次級體系的診斷與連結，以及達到顧客需求的滿意度，組織想要健康地運作，恐怕是緣木求魚；(5)對組織生態的新瞭解：從生物學的生態體系演化，我們可以學到組織並非獨立生存的個體，它係與其他組織形成網絡關係並屬於廣泛環境中的一部分，隨時受到關係型態的變化所影響。(Morgan, 1998: 63–64)

惟檢討系統理論的組織分析亦可發現幾個重要缺失：

1.組織不僅要適應環境變化，亦應作好因應外在的衝擊：開放系統理論尤其是群體生態論，太過於強調環境的變化對組織的影響，也似乎隱含著環境是個決定行動的因素，當組織遇到環境變化只好任其指揮，欠缺自我的掌控性。其實，組織也應主動型塑自己的風格、願景、理念與關係型態等來因應環境變化，在變動中積極塑造自我，創造「演化的認同」(evolving identity)，而不是隨波逐流、照單全收，缺乏自主性。（關於此點，在本章第一節討論組織是自我創生的系統，已有略述，另外在第七節的「全像圖的組織設計」也會有所說明）。

2.系統分析太過於重視組織的功能一致性 (functional unity) 和維持動態的均衡，而忽略組織內部權力衝突、本位主義等的政治面向：組織的系統理論觀點，認為構成系統的各個分子或次級系統會形成功能的互動與一致性，彼此合衷共濟地達成目標，這種觀點往往把內部運作的整合性視為太過理想化了。從實際的運作中，我們不時發現組織內部充斥著權力的鬥爭、猜忌與傾軋，宛如政治體系一般，若輕忽與漠視此一事實，僅作樂觀的假定，實非妥適。再者，組織有時就像隨機的鬆散耦合，隨時能自我組織，而非刻意的安排，若想介入維持穩定的均衡，可能會失控與落空。

3.組織的系統分析極易陷入行政現代化或行政進步的工具性思考：系統理論的發展是隨著二次世界大戰以後冷戰時期武器研發成功（尤其是北極星彈道飛彈體系的發展）而對學術有了啟蒙，認為只要沿著規劃的系統特性運作，尤其是借用負向反饋 (negative feedback) 的原理，便可趨近目標。影響所及，行政的現代化即要依循系統運

作模式來實現。然而，儘管此種途徑與理念的快速竄昇與充斥，仍侷限於工具理性的思考，對於系統的目標和行政發展的目的，則懸而不論。導致如哈蒙 (Michael M. Harmon) 和梅爾 (Richard T. Mayer) 所言，系統分析的組織理論，涉及組織效率與效能較多，而涉及組織的代表性、回應、正當過程與個人權利則較少論及。(Harmon & Mayer, 1986: 194)

　　4.系統理論在從事解釋和預測行為時，通常不可避免地認為凡能增加組織生存者，就是好的、可追求的和自然的行為，而帶有維護現狀的意識與「社會達爾文主義」思想，在系統生存的「無限上綱」(the imperatives of system survival) 下，行為的功能必須對組織生存有所助益，且要能符合組織的角色，若不如此，皆被視為「乖離的」和「桀驁不馴的」行為。這種著重「存在就是合理的」以及講究系統適應的思維邏輯，並非以個人、社會與民眾福利為前提，而是將系統理論的組織分析成為維護組織的利得，支持統治者的權勢，和講究「目的使手段合理化」的作法，難免陷入「治理正當性」的挑戰。(*cf*. Morgan, 1998: 64–67)

第五節　組織的政治觀點

　　關於行政或公共組織的政治性質，在前面兩章已多所著墨，不再贅述。謹以著名政治學者道爾 (Robert A. Dahl) 的〈行政的科學：三個問題〉(The Science of Public Administration: Three Problems) 一文對行政科學化的質疑，作為進一步理解行政的政治透視之參考。道爾認為，行政不可能成為一個領域的科學，除非：⑴規範價值的地位被清楚確立了；⑵行政領域中的人性得到了更好的理解，且人的行為更具有可預測性；⑶從一群比較研究中，可以找到超越國界和特定歷史經驗的原則和通則。(顏昌武、馬駿編譯，2010: 47)

　　然而，道爾認為：⑴就行政與規範價值來看，在一個民主社會中，除了簡單的運作效率外，還有其他的標準。與私領域管理相比，行政的研究必定有著更廣泛的關注，由於責任是行政的中心問題，並取決於對某些社會目標、目的和價值的規範，因此效率絕非「唯一的最終標準」。⑵就行政與人的行為來看，個人在組織中並非是完全受到理性的支配和技術過程的控制，有時會有非理性的和無意識的因素發生作用。我們不能按照機械化的「行政人」來創造一種十八世紀理性人的現代後裔，並靠著這種方法創立一門科學。⑶就行政與社會環境來看，一個現存的民主國家實際上是許多歷史事

件、創傷、失敗和成功的結果，這些結果反過來形成了特殊的習慣、習俗、制度化的行為模式和世界觀，甚至是「民族心理」，而行政學很難擺脫這些條件作用的影響，甚至獨立並隔離在它的文化環境或社會環境之外。（顏昌武、馬駿編譯，2010: 35-47）

　　總之，就道爾的觀點來看，公共組織的管理理論太正視組織結構的機械裝置，而無法彰顯制度運作的政治、權力、人性、環境、文化和價值。因此，過於偏重管理的組織設計與其說是錯誤，不如說不具相關性。相較於此，政治途徑的組織結構乃強調以下幾種特徵的呈現：(Rosenbloom, 1998: 185-189)

壹、多元主義 (pluralism)

　　就政治的觀點而言，政府組織如同一個小社會體系一樣，包括社會中不同的價值、利益、力量和衝突。所以政府機關應該成為表達整體社會不同的政治、社會和經濟團體意見之管道，使民眾可以透過不同的組織來實現他們的利益和政策。亦即多元、異質和重疊，本來就應是政府運作的常態，所以行政機關在制定和執行政策時，應如同國會議員一般，表達不同的看法，並扮演著利益代表的角色。再者，組織結構也必須包容不同的計畫與目標，期使各方意見能在互動過程中逐步取得調和。最後，行政機關也應成為立法部門、民選首長、法院、甚至各團體間的諮詢角色。如此，行政機關才能獲致廣泛的政治和社會力量支持，其所推動的政策才不致於受到阻撓與牽制。

　　當然，為履行繁複的政府功能，有時行政機關的職權會互相重疊。各機關的權限與任務的相互重疊，會造成許多政府機關間的衝突與爭執，因此最好的結果只是浪費時間與金錢，而最糟的情形則是讓處理重要問題的政策陷入困境。然而，組織的重疊雖會產生經濟和效率的問題，但也不見得是不理性的現象。關於此者，史達林 (Grover Starling) 曾引述美國國土安全部 (Department of Homeland Security) 前督察長葉爾敏 (Clark K. Ervin) 的話：「難道這樣的任務重疊性，不是正好提供一個瞭解不同觀點與接觸不同利益的途徑嗎？難道這樣的不同政府機關管理與資訊收集的任務重疊性，不正是提供一個備用支援與矯正錯誤、不良判斷的力量嗎？美國在 2002 年設置國土安全部之後，是否變得更安全？在 2004 年將所有情報活動經由國家情報總監 (Director of National Intelligence) 統一管制之後，美國在結合各工作站方面是否做得更好？」(Starling, 2008: 66；陳志瑋譯，2015: 73) 又如美國總統從事外交決策時，常從國家安全會議、國務院、聯邦調查局、中央情報局等功能相類似和重疊的單位中去取

得不同的資訊，反而有助於總統作周全、全盤的考量。所以說，功能的重疊、組織的多元，有時還是理性的表現。否則，總統的決策如果僅倚賴國務院單方的意見，難免可能會受蒙蔽或誤導，而走偏了方向，作出錯誤的選擇。再者，美國聯邦政府的人事管理業務在 1978 年的改革中將聯邦文官委員會加以重組，成立功能各異的四個單位，它們分別為人事管理局 (Office of Personnel Management, OPM)、功績制保護委員會 (Merit Systems Protection Board, MSPB)、聯邦勞動關係署 (Federal Labor Relations Authority, FLRA) 以及平等就業機會委員會 (Equal Employment Opportunity Commission, EEOC)，其用意即在為人事管理與運作建立更為健全而多元的服務。

貳、自主性 (autonomy)

雖然行政權力不能直接對抗總統、國會和法院的政治權力，但它仍然具有規劃、執行政策與方案的一定權限。伴隨著多元主義的組織設計，能反映社會上不同的利益，在政府行政中，各個行政組織應有其自主的職能和權力，以進行政策利益的表達，或政策的倡導。因為行政組織有了一定的專業能力與經驗，才能為它服務的對象或顧客提供代表性服務，並得到他們的認同，進而又獲得更多的權力賦與。至於組織的自主性有時是由政治壓力 (political pressure)、行政領導 (administrative leadership) 演化而來，有時是源自法律的規定。就前者而言，行政機關如能與國會部門修好關係，便可對抗總統部門的威脅。例如美國陸軍工程局 (Army Corps of Engineers) 得到國會部門的強力支持，而與總統想將其歸併於內政部開墾局的構想形成尖銳的對立；此外行政機關如能展現強力的行政領導，贏得社會的信任，其運作便益具自主空間，胡佛在聯邦調查局的強勢表現便是最好的例子。最後，就法律而言，美國許多的獨立性機構和管制性委員會往往因依法擁有獨立的管轄權限，而不受行政部門和國會恣意地干涉。

參、立法的聯繫 (the legislative connection)

在制度的設計中，各國國會大都掌握行政機關的預算、監督、立法與質詢權等，是以各個行政機關為求生存與發展，有必要努力尋求立法部門的政治支持，若得不到立法部門的青睞，行政機關的生存和政策的運作將面對相當的挑戰。惟國會為便於審議法案、充分監督以及節省大會時間，都設有各種委員會（或次級委員會）進行前置作業，是以行政機關應與國會委員會（或次級委員會）修好關係，不然擬議的法案說

帖可能就在國會委員會中宣告夭折了。有鑑於美國國會委員會掌握法案的生死大權，所以威爾遜 (Woodrow Wilson) 總統曾云：我們的政府無異是由常設委員會所統治的政府。若再加上利益團體從中遊說誘導、穿針引線、縫合拉攏，自然形成了行政機關、國會委員會與利益團體彼此結納、相互支援的制度化結構，即一般所謂的「鐵三角」(iron triangle)。柯林頓總統推動的政府《績效和成果評鑑法》(*The Government Performance and Review Act*)，即責成聯邦機關應與國會協商，以規劃並排列特定政策目標的優先順序，來強化國會委員會與行政方案的聯繫。這種作法可讓行政人員深凜責任要義，並在心理和政治上對立法機構成員，及政治主管、其他行政部門負責。(Rosenbloom, 1998: 186)

肆、分權 (decentralization)

分權，就是管理者將權力分享給較低階層的員工，或者是高階單位將權力授予低階單位，讓其運作更能因應需面對的情境。根據寇夫曼 (Herbert Kaufman) 的觀察，分權的作用有時是植基於效率的考量，但它經常以促進有效的大眾參與來合理化其作為。尤其是 1960 年，當美國社會對於行政組織缺乏回應性表達高度不滿時，便要求行政分權，讓民眾得以參與決策之中，且成為漸增的要求與堅持。而今，行政的發展已進入新公共行政、新公共管理與治理的年代，權力轉移和大眾參與更是社會一致地期待，沒有民眾參與的高權思想已成了過去，分權已然成為行政進步的一項標記。因為有了分權，行政組織才能感受民眾的需求，進而回應其需求，並負起應有的責任。

總之，公共組織的政治途徑，應致力於表達、回應與課責的主要標準和價值，它與傳統管理途徑強調經濟、效率與效能的價值是有所區別的。所以組織結構設計的重點，在於必須具備多元表達、回應需求，與立法機關維持友好關係、民眾參與等考量因素。

第六節 組織的法律觀點

公共組織的法律途徑，向來被組織理論學者所漠視，惟近年來，隨著學者的著作、法官的判決和相關的立法制定而漸為論者所重視。根據羅聖朋的看法，此一途徑的主要著眼點，乃在建立公平裁決與化解爭端的結構設計，讓反方能夠注意到爭議的議題、提供支持者對規則或法律之詮釋，透過抗辯的程序 (adversary procedure)，以確保對立

的雙方有一公平的論域 (discourse)，而又可挑戰對方的證據、詮釋、主張和資訊。此外，最近的公共組織法律途徑更主張替代性的爭端化解 (alternative dispute resolution, ADR)，以交涉 (negotiation)、調解 (mediation)、仲裁 (arbitration) 等手段來平息衝突，而與傳統的裁決使用抗辯手段，標榜法庭程序，充滿著提出證據的複雜規則有所不同。茲就此一途徑表現的組織結構特徵略述如下：(Rosenbloom, 1998: 189–193；呂育誠、陳恆鈞、陳菁雯、劉淑惠合譯，2000: 135–139)

壹、獨立性 (independence)

法律失去獨立性，正義的天秤就會失衡，行政裁決亦復如此。所以，長久以來，都認為行政機關從事行政裁決時，應享有獨立的地位，不受其他政府單位的干預。有些法律學者認為行政機關的任何裁決乃是「行政正義」(executive justice)，而且最後是回復到「毋須法律的正義」(justice without law)。行政機關本被視為具有法規制定與方案執行的功能，而今又多一項裁決功能，會讓許多人產生困擾。但是當我們對獨立管制委員會功能有所瞭解時，就不會產生這種疑惑。例如美國 1887 年最早成立州際商務委員會 (Interstate Commerce Commission)，即被要求在公共利益下授權對運輸界，尤其是鐵路公司加以管制。嗣後，其他不受政治干預的獨立管制委員會、機構紛紛的成立，就是要讓行政機關能夠公正無私地、獨立地履行裁決功能。總之，當行政機關履行越多的司法功能時，就越需要有獨立的地位。

貳、委員會的形式 (the commission format)

極富社會爭辯性的法律問題，通常不能由單獨一方決定，而是要靠不同意見謀和或透過多數決來作成決定。準此，行政機關若行使準司法功能時，其組織形式大多採取委員會，而非首長制。所以戴維斯 (Kenneth C. Davis) 曾言：「如同我們希望巡迴法庭是由多位成員所組成，以規避單一成員的獨特個性，我們亦希望職司司法權力的機關，是種聯合成員的組成。」(Rosenbloom, 1998: 190) 例如美國州際商務委員會的委員有 11 名，聯邦傳播委員會 (Federal Communication Commission) 有 7 名，而聯邦貿易委員會 (Federal Trade Commission) 則有 5 名（多為單數，避免不同意見票數相同時，無法作成裁決）。再者，為了讓委員依照公共利益、需要與方便進行管制，不受任何政黨控制，所以在人數上對同一政黨的成員數目亦多所限制。像這樣的安排旨在確保少

數黨派的成員擁有若干程度的參與和表達意見機會，並且在必要時，可以提出不同的看法。此外，委員們的任命是由總統提名並經國會的同意而任命，加上他們的任期是交錯的，才能避免總統基於政治理由而一次更換所有的成員。

參、避免偏頗的影響力 (insulation form Ex Parte influence)

如果機關的委員們具有司法功能，當他們從事決策時就應獨立，必須隔離於立法或其他團體的壓力之外。然若能夠納入立法者和其他人員觀點，將有助於何者是公共利益之決定，卻也是不爭的事實。如何解決此一困境？就法律途徑而言，一方面鼓勵此類機關在規則制定程序 (rule-making procedure) 上作好廣泛的參與，另一方面則嚴格禁止行政決策者在裁決時片面的接觸。此種單向的接觸將被稱為偏祖，破壞了當事者公平表達意見的權利。站在法律的觀點，讓各個當事者有公平論證的機會，是抗辯過程的核心考量。

肆、獨立的聽審官 —— 行政法官 (independent hearing examiners-administrative law judges)

法律途徑既支持負責裁決的機關首長要能享有獨立性且能隔離偏頗的溝通，它亦主張若有機構內部其他從事裁決性決策者，也應具有類似的自主性。再者，這個途徑與堅持層級節制的管理途徑正好南轅北轍，它也反對公共組織的政治途徑所強調鼓勵代表性和廣泛參與。聽證審查官 (hearing examiners)，亦稱行政法官，涉及到如遵守機關的規則和法律、享有福利資格、給予證照、某些的規則制定形式和費率設定等議題時便要主導聽證。聯邦階層在 1946 年修正的行政程序法中，提出中央人事機構（現在是人事管理局）應透過競爭性的功績程序和薪資結構，來選用行政法官。功績制保障委員會亦對其加以保障，除非有「良好理由」，否則不能被制裁或解職。再者，行政法官享有豁免於機關的績效評鑑，並禁止其從事與裁決責任無關的其他任務。甚至他們應在不同單位間輪調，以避免過度支持某一單位的政策觀點。

除了這些攸關獨立性的規定外，避免偏頗的原則也受到嚴格的規範。機關首長應禁止和行政法官討論有關裁決的事件。同樣地，機關中的成員負責檢察和調查功能，若非聽證的一部分，亦同樣適用。假若行政法官建議的決定，常遭到機關首長隨意地拒絕，那麼這些獨立性條件將會顯得沒有意義。常此以往，透過習慣、習作和法律，

終使行政法官的看法得到支持，除非出現以下情事：⑴無法依據事實來合理說明；⑵明顯違反和中斷機關的政策目標；⑶程序上魯莽的作法而遭致法院的審查；⑷對某一黨派給予不必要的歧視；⑸極可能無意間招惹政治報復。然而，為了避免單一的行政法官作出誤導性的決策，程序上可以在機關內提供上訴機會，然這又添增了機關組織另一個裁決的過程和結構。

伍、負責裁決的幕僚 (staffing for adjudication)

行政的法律途徑主張行政機關的裁決活動，應採行類似審判的程序，這個途徑在若干環境下，為實現憲政的程序正當過程之要件而被支持。裁決模式包括超越了獨立聽審官而存在的隱含性結構 (implicit structure)，亦包括了其他的組織職位，如調查和檢察單位。調查員向來被認為是在眾多的管制系統中的主要職員。因為他們能夠行使的裁量權太多，所以對其加以監督和訓練，對機關功能運作是非常重要的，然而這也導引出需要有層級職位來監督其作為，以及有幕僚單位來維持其全盤瞭解機關政策、法律和技術的變遷。此外，檢察官也需要有支援性的安排，包括：配有作研究的幕僚、分析私人單位要求增加費率、執照和其他福利，及有他人協助其準備裁決的個案和簡報。

陸、替代性的爭端化解 (alternative dispute resolution)

替代性的爭端化解是比傳統性裁決更具彈性的衝突處理制度，它同時受到新公共管理者強烈的支持。其中有《交涉規則訂定法》(*The Negotiated Rule-Making Act*) 和《行政爭端化解法》(*The Administrative Dispute Resolution Act*) 提供聯邦機構化解爭議的新架構。在《交涉規則訂定法》中，允許機關透過協商建立共識以發展提議的規則，主要目的乃在幫助規則的擬定和減低挑戰規則的訴訟。理論上，行政機關應該平等地與其他相關團體進行協商，實際上，行政機關卻要為最後的規則內容負起責任。此外，行政機關甚至可以使用調解或其他方式，並培育專業人才，以促進替代性的爭端化解，能在契約或其他的法律衝突中廣被應用。

上述兩種法案看似與局外人（包括調解者）分享權威，和促進更大的行政回應。但它們與強調命令統一和明確的權威路線之管理途徑相衝突，也對「視交涉為非專業而貶低其技術能力的組織文化」提出挑戰。雖然它們被視同與政治途徑提供回應性，

卻要付出責任模糊的代價。

　　總之，公共組織的法律途徑是有別於管理和政治途徑。它強調獨立性而非層級性，講究程序的公平與規則而非效率，重視個人權利而非團體的表達，甚至在替代性的爭端化解的版本中，它偏好權威的分享和回應性，而且不惜在課責和倚賴專家上付出代價。誠如麥爾斯律則 (The Miles's Law) 所示：「位置決定了立場」，雖然法律觀點的組織結構，受到了管理途徑和政治途徑的挑戰，卻是行政機關達成憲政權益、正當法律程序、個人平等權和公平性目標的一大特色。

第七節　前瞻未來的組織：全像圖組織

　　狄比 (Edward Deevy) 在〈新千禧年的挑戰：建立有活力及快速回應的公共服務機構〉(The Challenge for the Millenium: Building Resilient "Rapid Response" Public Service Organizations) 一文中，開宗明義地寫道：「現在是向傳統由上而下工業時代的工作組織告別的時候了。這種組織當初是為穩定且可預測的市場而設計的。今天，企業環境已經丕變；穩定性與可預測性不再是現代企業環境的特徵了。然而今天，不論是在公部門或私部門，仍舊有許多缺乏迎接新千禧年所必需的彈性、回應性與韌性的組織。」（朱志宏譯，1999: 2）接著他又道：「未來組織只會有兩種：不是快速回應的組織，就是邁向死亡的組織。」（朱志宏譯，1999: 2）無獨有偶地，「微軟」(Microsoft) 公司董事長蓋茲 (Bill Gates) 在《數位神經系統：與思考等快的明日世界》(*Business @ the Speed of Thought: Using a Digital Nervous System*) 一書中，亦強調組織應與電腦、通訊設備與數位工具相互結合，使之成為類似人類中樞神經系統般靈活應變的體系，讓其快速地感應外界環境變化、民眾需求與競爭挑戰，並及時採取行動。甚至，他在第一章〈資訊流動就是命脈〉就直接寫道：「如果 80 年代的主題是品質，90 年代是企業再造，那麼西元 2000 年的關鍵就是速度。」（樂為良譯，1999: xxviii）

　　在晚近的學理中，有個有趣的發現和實驗，提供了靈活而快速回應的組織設計之想像，那就是 1948 年由蓋博 (Dennis Gabor) 發明的全像圖照相技術 (holography)，它是用一架無鏡頭照相機，以各部分都儲存整體的方法記錄資訊，其中相互作用的光線形成一種「干擾模式」(interference pattern)，將要記錄的資訊散射到照相底片上，即為熟知的全像圖 (hologram)，然後經過光的照射便能重現原來的資訊。全像圖有趣的特點之一，假若底片碎了，任何一個小碎片都能用來重現整個形象。每樣事物都包含在

其他事物之中，正彷彿我們向池塘裡扔一塊小石頭，在由此濺起的每一顆水珠中，都能看到整個池塘和濺起的波浪、漣漪和水滴的影像。

此外，科學家泰勒 (Gordon R. Taylor) 在《心智的自然史》(*The Natural History of the Mind*) 就大腦與機器之間的若干差異，提出了下面的觀察報告：(戴文年譯，1995: 81–82)

> 在一項著名的實驗中，美國心理學家拉什利 (Karl Lashley) 摘除了在迷宮中接受跑動訓練的老鼠日益增多的部分大腦。結果他發現，倘若沒有摘除視覺皮質從而使老鼠變瞎，他就能夠摘除掉老鼠幾乎百分之九十的大腦皮質而不會降低其穿過迷宮的能力。這在人造機器上簡直不可能存在。試想當你把收音機上十分之九的零件都拆下來時，看它是否仍然能夠帶給我們信號？看來，每項特殊的記憶都是以某種方式分布在作為整體的大腦之上的。
>
> 同樣地，你可以摘除相當多的運動神經皮質 (motor cortex)，而不會癱瘓任何一組的肌肉。其結果只不過是運動肌的作用呈現普遍衰退而已。像這種機制的演化優勢是相當明顯的：當被追趕時，僅係顯得跑得笨拙些，而非一動也不動。惟我們並未真正理解這些非比尋常的功能分布是如何達成的。無論如何，我們可以觀察得到，大腦所依賴的是日益精雕細琢的模式，而不是（像人造機器那樣）依靠因果的連繫。箇中的事實是，任何東西都無法與大腦相比。

根據摩根的敘述，大腦的全像圖特性，乃在於大腦不同的部位看似專門且負責不同的活動，但對特定行為的控制與作用卻絕非那樣的局部化。雖然我們能夠區別大腦皮質（控制所有非例行活動的首腦或主要計畫人，或者記憶）、小腦（處理例行活動的計算機或自動控制器）和中腦（觸覺、嗅覺和感覺中心）功能的執行，但又必須認識到，它們是緊密地相互依賴，並在必要時能夠相互替代。再者，大腦的溝通網路是由成千上萬個神經原 (neuron)，以彼此連結的型態 (the pattern of connectivity) 所組成，它不但能作為特定活動或喚起記憶的場所，而且每個神經原又像是一部小型計算機那樣精細，可以儲存大量的資訊。由於神經原之間這種極寶貴的連結模式，所以它允許大腦的不同部位同時對不同資訊進行處理、一次接收和無所不在的瞭解之驚人能力，成為既普遍又特殊的功能系統。(Morgan, 1997: 75) 據此，史丹福大學神經學家布萊姆

(Karl Pribram) 曾經指出，大腦是按照全像圖照相的原理進行工作：記憶遍及整個大腦，因而可在大腦的任何一部位再生。倘若他的觀點正確，那麼就可解釋在拉什利的實驗中，為何老鼠的大腦部分被切除時，還能合理地發揮作用而走出迷宮。(Morgan, 1997: 75)

　　從上述全像圖原理和大腦作用的敘述中，我們將可學習到全像圖照相有可能創造出將整體在各個部分中進行編碼的程序，以使各個部分相當於整體。更有甚者，此種編碼過程，不僅將許許多多的資料轉換成處理的型態與慣常的過程集中化意象，而且也是一種支持資訊分權化、分散化的現象。當它在大腦發生作用之際，並沒有所謂的控制中心或控制點，任何的型態與秩序都可以隨時浮現，而非刻意強加於其上 (imposed)。最後，全像圖的解釋，強調的是頭腦功能的全方位特質。它的功能運作雖在高度分工下，卻又彼此相互連結與合作，形成既專業化又普及化的特質。

　　有鑑於此，摩根認為一個全像圖組織結構設計的原理，應做到以下四點：(1)使整體植入所有部分；(2)創造連結與重複；(3)讓特殊化與通則化並存；(4)創造自我組織的能力。(Morgan, 1986: 97–98) 如此一個富有彈性與全面性的組織，就如同打一場完美的籃球比賽，每位球員都要有整體團隊的觀念，不能把自己的角色過度窄化，侷限在打固定的位置如前鋒或後衛，而是要隨時機動調整，藉著具有默契的傳球、互相補位、變化攻防戰術，隨時準備接應隊友或接受隊友的接應，尋找有利位置射籃或上籃得分。

　　這樣的作法，好比一位全方位的教師，平日雖專精於某一學科領域或次領域的研究，卻能涉獵不同的學科，藉著學科的對話與交流（包括無形的體驗），將專業知識融會貫通，累積孟格 (Charles T. Munger) 所說的「交叉越多，智慧越高」的「普世智慧」(worldly wisdom)，成為一位一專多能、既專且博的學者。

　　為了對全像圖組織設計原理有更清楚的瞭解，摩根更於 1997 年和 1998 年修正出版的《組織意象》(Images of Organization) 一書中詳細闡述其中的道理。首先，他開宗明義地寫道：「在若干方面，想去談論『全像圖設計』似乎相當詭異。因為全像圖的組織型態是種極為「自我組織的隨制應變現象」(a self-organizing emergent phenomenon)。不過，仍有若干重要原則，可供我們創造全像圖之自我組織得以開展的系絡。」(Morgan, 1997: 102) 接著，他將全像圖組織的設計原理表述如圖 3–2，並說明如下：

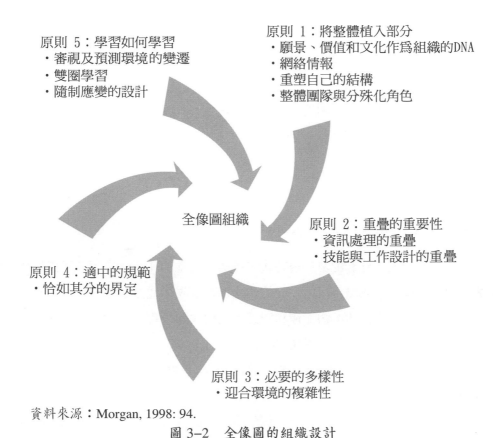

資料來源：Morgan, 1998: 94.

圖 3-2　全像圖的組織設計

壹、將整體植入所有部分 (build the whole into all the parts)

如前所述，將整體植入所有部分的哲學，似乎是不可能的理想，但是我們可以透過組織文化、資訊體系、結構與角色的功能發揮加以實踐：

一、組織的 DNA

組織的凝聚與團隊力量，可以藉由組織的願景、價值與目的意識而加以實現，進而促使每位成員都能瞭解、且接受整體的任務和挑戰。正如在我們的細胞核中均有著DNA，因其帶有宛如全像圖的編碼，所以在必要時它可以再生，以提供身體的完全發展。以這種「整全的特性」，不難解釋為何挪威船塢公司 (The Norwegian Shipping Company)，當它面對包租飛機發生空難，大半公司成員喪生（包括數位經理人員），還能持續運作的理由。依照安德森 (E. Anderson) 的觀察，挪威船塢公司在空難發生後

雖備受衝擊，卻在不久之後，又能運作如常，原因在於現存公司成員能夠立即分享公司先前的智慧，並加聚合，臨危受命很快地重造那些受難者留下來的功能運作。(Morgan, 1997: 101)

　　當然，組織的再生與自我創造，並非封閉體系，其應培養開放和演化的途徑來面對未來，否則，組織文化極有可能因故步自封的願景和自我中心的價值，而趨於滅亡。因此，在我們的願景、價值和理念當中，應創造若干創新彈性得以發生的空間，以適應革新的未來。

二、網絡情報 (network intelligence)

　　組織「整體植入部分」的第二種方式，可透過適當的「網絡情報」予以達成。所謂網絡情報，意謂著資訊體系可就多元的觀點進行審視，並讓組織的每位成員（即使位處遠端）對於不斷進化的組織記憶和智慧，能夠作到全程的參與，俾便在組織的情報基礎上學習和貢獻。如同網際網路 (internet) 和全球資訊網 (world-wide web) 建構了「全球性心智」(global mind)，組織的資訊體系亦應建構共享的「組織心智」(organizational mind)。

　　面對資訊化及網絡化的時代來臨，每位組織成員應該透過電腦的協助，將其角色功能、學習經驗與思考意識具體呈現，並與其他成員對話交流，組合成一套有系統的組織智慧，以有利於每位成員從中瞭解並學習扮演不同的功能，達成全方位的運作舵手；而非傳統組織居於層級權威只在自己的位置上建立、操控和控制職掌內的資訊。

三、重塑自己的全像圖結構 (holographic structures that reproduce themselves)

　　將整體植入部分的第三種方式，乃在於組織結構設計富有彈性，可大可小。管理哲學中有一個相近的鐵則就是：不管公司如何龐大，仍應維持小型的規模，以避免發生過度龐雜、程序僵固、大而無當的弊端。因此，當一個公司大到超過一定規模時，就必須如蜜蜂分巢般，另成立新的單位。一個接一個，如圖 3-3 所示。

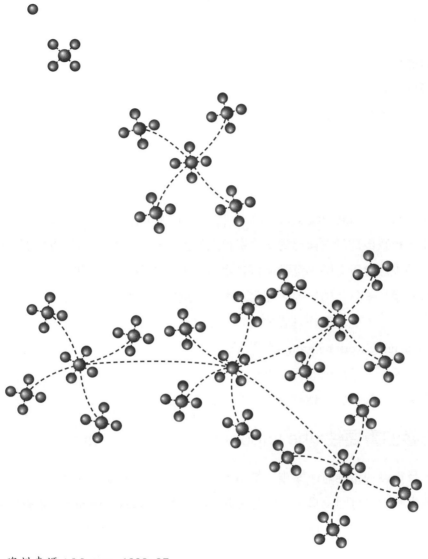

資料來源：Morgan, 1998: 97.

圖 3-3 全像圖式的再製過程

運用相同的道理，重塑組織結構時，我們可將整個組織的文化、性格和技能基礎
傳輸給新的「部分」，讓「部分」很快地與整體齊一化，促成各單位的新進成員能迅速
吸收並融合於組織整體運作的環境中，達成既分權又整合的體系。

四、整體團隊與分殊化角色 (holistic teams and diversified roles)

　　將整體植入部分的第四種方法，需要重視工作的設計。傳統的管理常將工作流程，細分為高度專業化與精細化的職位，並透過如層級制權威、集權領導方式加以整合。相反地，全像圖的工作設計，則強調每一工作單元都應成為完成整體任務的工作團隊。在工作團隊當中，每個角色或工作單元不僅被廣泛界定，而且每個人應有多元技能的訓練，藉以達成角色的轉換與彈性的運作。

　　也就是說，我們長久以來被灌輸固守本職的觀念，這種觀念如此強烈，以致將自身與工作混淆，正如同一位工人所言：「我怎能夠做其他工作？我只是個車床工。」我們幾乎每天孜孜矻矻地在自己的工作崗位上埋首苦幹，卻把自己的責任侷限於職務範圍之內，不去理會所有職務互動所可產生的結果。然而，全像圖的組織設計就在推翻現代組織太過功能分化的導向，認為功能分工過細，將會加深多元學習的障礙。

　　在實務方面，此種運作方式的原型，可由組織或工廠中「自我管理的工作團隊」(the self-managing working group) 得到驗證。團隊中的成員不僅要從事生產、行銷、採購與品管的工作，甚至他們更要負起訓練、人事、甄補等業務。為全方位的發展做全方位的準備，不偏倚於一種技能，不設限於一種職責。

貳、重疊的重要性 (the importance of redundancy)

　　在論及重疊的重要時，摩根曾指出，任何具有自我組織能力的體系，應該擁有一定程度的重疊，而且因為具備「游刃有餘」的能力 (excess capacity)，才有餘裕去創新與發展；否則，系統缺少餘裕往往會陷入僵化、動彈不得的窘境。

　　在人腦中，這種重疊性本就存在於每個神經原或神經細胞，與其他無數神經原連結網絡 (the network of connectivity) 裡。據估計，人腦約有 100 億個神經原，而且每個神經原均有一千個連結，它相當於六萬里的通路，並以不同的方式圍繞著。靠著這麼龐大的連結能力，不僅讓我們產生可觀的演化潛能，也讓我們有能力處理紛雜的資訊，以因應隨時呈現而來的變化。

　　質言之，有關大腦的許多活動，看似多麼的出其不意與隨機應變，其實有賴於頭腦內許多的「部分」，在任何時間裡，都能儲存同一的資訊，並做平行對應式的處理 (parallel processing)。也由於這種重疊性，任何創意才能在腦際的不同部分隨時浮現。

是以，將頭腦視為多元資訊的「起造者」，有助於衍生出彈性、創造性與適應性等能力，實不為過。難怪摩根說道：「它能夠擴大探討範圍，打開隨機變異過程、反制過早的團體順適，並且創造前景理念或創新觀點間之接受和體會趨於一致的沃土。」(Morgan, 1998: 102)

在我們的組織系絡中，重疊性也扮演著類似的角色。資訊的「平行對應式處理」與分享，往往成為創造、理解、信賴與堅持的來源。例如不同的部門單位，除了要擁有自己的專業，還要關照其他單位的功能職責，並和它們分享資訊與理念，才能有助於決策的作成以及快速傳遞決策的功能。否則，各自堅持、不相往來、缺乏共識、沒有關照，如何達成事功？彼此也不易相互激盪，開展新局。總之，創意其實源自於不同的碰撞與會合。

在探討重疊性時，有個觀點值得提出來討論，即部分重疊 (redundancy of parts) 和功能重疊 (redundancy of functions) 的區別。前者，如飛機的飛行，需要依靠兩組機件同時運轉以策安全，否則，只有一組機件運轉，一旦故障則後果不堪設想。因此，部分的重疊成為「必要之惡」。後者，則為全像圖的組織設計所認同的，讓每一單位除了負責本身的功能外，更須添增若干「額外功能」，以備必要的應變。此一職能重疊的構想，方能符合自我組織的工作團隊需求，袪除「這不是我的工作和責任」的窄化工作規範。

總之，從機械的觀點，重疊似乎是不必要的且沒有效率的，應該加以排除。但對瞭解形成自我組織和創新實務的角色而言，它是重要的。惟當探討重疊與將整體植入部分的關係時，往往會產生如下的困擾：應將多少的重疊植入在體系之中？這會涉及下述的「必要的多元」原則。

參、必要的多元 (requisite variety)

非常明顯地，上天並不賦予每個人瞭解每件事的所有情報，亦不可能精通於所有可能的任務與活動，那麼該如何作為呢？根據操縱學 (cybernetics)「必要的多元」原則 (the cybernetic principle of requisite variety)，認為任何自我控制體系如要應付環境的多元和複雜所帶來的挑戰，就應力求內部的多樣性 (internal diversity)。質言之，任何控制體系必須和其所要控制的環境同等的多元和複雜。所以，在全像圖設計的系絡中，組織的所有因素應該去體現它所要處理環境的重要而多元面向，並使其能夠自我組成

以因應可能的需求。

惟「必要的多元」原則如何與上述將整體植入部分與功能重疊發生關聯並成為藍圖？首先，應該將重疊（多元）植入在體系中處理直接需求而非遠端的地方。亦即應該把注意力貫注於組織單元與環境的界線關係，以確保必要的多元能夠落在負責處理實際的單元裡。惟要把重疊植入組織時，我們應該去考慮：1.面對的環境本質是什麼？2.處理環境的所有技能是否為每一位員工所具備？如果是的話，就可建構多功能的員工 (multifunctional people)；如果不是的話，就應建構多功能的團隊 (multifunctional teams)，以集體方式擁有必要的技能和能力，並使每一位成員盡可能從中廣泛地學習，以創造重疊技能和知識基礎。

綜合而言，一個組織單元或團隊如要成功地處理複雜任務或困難環境的挑戰，就必須讓其擁有足夠的內部複雜。如果一個單元或團隊無法認識、吸收和處理環境中的變異，它就不可能演化和生存，而且此種多元和重疊應該落實到地方層級上 (local level)，讓它們能對地方議題和問題迎合需求，找到所需的創新技能和演化能力。

肆、最少的關鍵規範（minimum critical specification，簡稱 minimum specs）

所謂最少的關鍵規範，意指一個體系如想達成自我組織的靈活，那麼它就必須擁有若干程度的「空間」(space) 和自主性，才能開展適當的創新。也就是說，組織應對關鍵變數加以詳實規範，然後授權其他者去找尋自己本身的形式，而非過度界定與過度控制。

然在傳統組織理論裡，認為組織的有效運作，有賴於嚴密的指揮與監督，並應對組織的人事、資源、時間、流程和預期成果等，做到鉅細靡遺地規定與考核，深怕箇中漏失或不及控制而危及績效的達成。例如從事計畫評核術 (PERT) 工作，對於每一項工作項目的完成時間均做樂觀時間、悲觀時間和最可能時間的嚴格估算，其用意便是努力地做好工作時程的控管。這種過度控制和過度界定的舊官僚運作心態，卻為全像圖的組織設計所拋棄，因為過度管制勢將會阻撓每個單位可能擁有的重疊、多元與創新的潛能。再者，此種過度管制極易造成莫頓 (Robert Merton) 所言的「目標錯置」(goal displacement)，即過度重視內部的規則與控制，而非針對外在挑戰的應變。

爰此，摩根認為最少的關鍵規範，乃在於促使管理者對於一項特殊的創新或活動，

應本著恰如其分、恰到好處與不失寬嚴的拿捏原則。接著，他闡述道：管理者應避免成為「全面設計者」(grand designer) 的角色，轉而著重於促進 (facilitation)、融和 (orchestration) 與界限管理 (boundary management)，創造「能動的條件」(enabling conditions) 以使體系找到自己本身的形式。箇中的挑戰乃在於幫助運作的單位，不管是網絡組織、工作團隊、研究團體或個人，能夠發現「界限」領域或「負責任的自主領域」，並加運作。也因此，這項挑戰一方面是在避免無藍圖下的「無政府狀態」或完全自由流轉，另一方面則在防止過度的集權。

伍、學習如何學習 (learning to learn)

在全像圖的設計原理中，有個非常重要的關鍵，便是學習如何不斷學習。在傳統操縱學的框架下，一般溝通和學習理論，乃根據既定的原則或典則，針對現實的偏差提出矯正或補救之道，此種學習是建構在以下的幾個要點裡：

1. 系統具備意識、監測和審視環境的能力；
2. 系統就上述方式所搜集資訊和其運作典則加以對照；
3. 系統能夠找到與運行典則的重要偏差；
4. 系統針對所發現的偏差提出矯正之道。

此種僅就脫離既定規範而提出矯正的學習方式，由於欠缺對運作的規範加以質疑，而被學者們稱為重視守成的單圈學習 (single-looped learning)。惟在全像圖的設計中，學習不應止於偏差的矯正，還應顧及對現行運作規則的質疑，如此，學習始能深化，才能有助於對趨勢潮流的思考，而非技術細節的調整。為了區別控制取向的單圈學習與全像圖的雙圈學習之差異，摩根將之繪製如圖 3-4。

　　單圈學習有賴於偵測並矯正有關既定操作規範之誤差的能力。

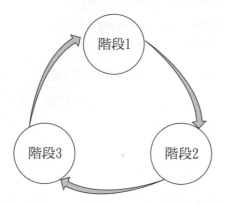

　　雙圈學習有賴於對操作規範之相關性加以質疑，以對情況採取「雙重觀察」的能力。

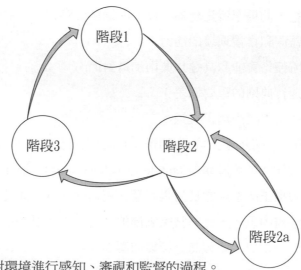

　　　階段 1= 對環境進行感知、審視和監督的過程。
　　　階段 2= 將此資訊與操作規範比較。
　　　階段 2a= 質疑操作規範是否合適的過程。
　　　階段 3= 引發適當行動的過程。

資料來源：Morgan, 1998: 80.

圖 3-4　單圈學習與雙圈學習

　　扼要言之，一個具有雙圈學習的組織應該致力發展以下幾種能力：(Morgan, 1998: 82-88)

　1.審視與預測廣泛環境的變遷，以發現重要的變異；

2.發展質疑、挑戰和改變現行運作典則與假定的能力；

3.允許適當的策略方針和組織型態得以隨時浮現。

以此而言，一個自我形成的組織其功能運作的「重新思考」如下：(Morgan, 1998: 84)

1.我們站在什麼事業的位置上？它是否為一正確的事業？

2.我們能否開創新的產品和服務？

3.我們是否可以重新界定與不同產業和服務的界限及差異，以呈現出新的利基？

4.我們是否在事業流程中建構出反映顧客觀點的組織，而不是受制於傳統部門結構的影響？

5.我們能否重新設計事業流程，以提高產品品質和減低成本？

6.我們可否用自我管理的團隊網絡以取代組織的層級節制？

平實而言，一個全像圖的組織，在學習如何學習上，應極力克服防衛性慣例 (defensive routine) 的纏繞，擺脫過去思考的侷限。根據心理學家阿吉里斯的研究發現，成功的最佳導師，不是成功，而是失敗。成功只能激發「單圈學習」，但是失敗卻能引導出「雙圈學習」。因為失敗者才能思考為何失敗，以及找出背後的原因。這印證了所謂「好的判斷是由經驗而來，而經驗則由壞的判斷而來。」（汪仲譯，1998: 163–164）

結　語

組織基本上是種工具，它可以為惡，亦可以為善。誠如前文所言，組織的成就並不亞於工程和科學的成就，但組織也正緩慢地吞噬、扼殺人類自主與創意。然如何使組織成為為民謀福祉的「僕人」，而非君臨一切的「暴君」，這完全得視人類如何來對它加以設計、支配和馴化。

理性系統觀點為了效率的追求，基本上將組織視為機器，在明確目標的前提下，重視內部設計的精細化，這種將人視為機器的體系 (people as machine) 引起員工和社會的反動。在人本主義的關懷、強調動態團體下，組織的自然系統觀點認為尊重或調和員工的需求和利益，並不會減少組織效率的提昇，兩者並非完全矛盾。惟到了系統開放觀點，強調對外在環境的適應，組織應對外在環境的變化採取彈性權變的管理方式，以尋找發展的利基；否則，不能適應環境的變化，即使最有成就的組織也會墜入失敗的深淵之中。政治途徑的組織結構在講究表達、回應與責任的價值下，主張組織

設計應表現出多元主義、自主性與國會的聯繫和分權；而法律途徑對建立公平的裁決與化解衝突爭議重視有加，故其組織結構與過程特別著重獨立性、委員會的形式、避免片面的接觸和影響力、支持獨立聽審的行政法官、負責裁決的幕僚，和替代性的爭端化解等。

　　惟受諸蓋茲《數位神經系統：與思考等快的明日世界》的啟迪，以及雷射的全像圖原理和大腦的全方位功能的影響，現代的組織設計在網際網路的協助下，除講究快速的回應外，亦重視多元功能的發揮，組織成員也兼而應具備「一專多能」的能力，而造就「全像圖功能」。目前我國正在推動「行政機關單一窗口化」，實為此一理論的具體表現，若將它和精簡組織人事之新政府運動相比，此種著重提昇行政能力的設計，為行政革新帶來更為顯著的正面意義。

第四章 組織結構與過程㈡：設計架構

如前章所述，組織設計得當，將成為人類最佳的僕人，而且組織的成就並不輸給工程、科學的成就；可是組織設計不當，則會禁錮人類的自主與創意，成為最壞的主人。當瞭解組織的各種理論後，如何將之應用在實際生活上，以為人類提供便捷、有效和公正的服務，乃為組織設計的核心課題。關於組織設計究應顧及那些關鍵因素，眾說紛紜。曾被《時代》(*Time*) 雜誌譽為「人類潛能的導師」柯維 (Stephen R. Covey) 在《第八個習慣：從成功到卓越》(*The 8th Habit: From Effectiveness to Greatness*) 一書指出，個人與組織構造同樣必需具備四個要素。對個人而言，身體、情感、心智和心靈是維持生命與創造卓越所必需，也是「全人典範」(whole-person paradigm) 所必備。(殷文譯，2005: 41–42) 而組織的存在與發展，結構、執行、策略和文化則是不可或缺；在這些要素之間，其關係可以對照如下：身體對比於結構，情感對比於執行，心智對比於策略，心靈對比於文化；(殷文譯，2005: 110–112) 他並引用了大法官霍姆斯 (Oliver W. Holmes) 的話說：「如果有解決短期內複雜問題的簡單方法，我半分錢也不會花；但是如果有解決長遠複雜問題的簡單方法，讓我付出整個右臂也在所不惜。」(殷文譯，2005: 100) 筆者以為，霍姆斯所言不虛，而柯維的譬喻見解又那麼的深刻、簡明，因此本章的論述，就依照結構、執行、策略和文化等四大組織設計構面加以敘述。

第一節　組織結構

結構，在某種程度上，可說是組織的一個面向，一個將行為定位的靜止圖像。長久以來，人類對於創造組織結構來產生組織績效的可能性深具信心，甚至認為決策的內容與品質都會受制於組織結構。擴大言之，美國建國之初便曾召開制憲會議，透過不斷的辯論，來討論應如何設計一個政治體系或結構以防止專制與壓迫。何謂組織結構 (organizational structure)？它可視為構成組織的角色、功能、部門與互動關係的有形實體；甚至是組織為了達成任務目標所做的功能分配與組合型態。

壹、組織結構設計的要素

依史達林 (Grover Starling) 的分析，組織結構大致包括以下數個要素：1.將工作區分成特定的職務與部門；2.授予個別職務應負的任務與責任；3.使各個不同的組織任

務協調一致；4.將各個職務串連編組；5.建立個人、團體與部門間的關係；6.分配予部屬組織資源。（洪聖斐等譯，2008: 358）

然在羅賓斯 (Stephen P. Robbins) 看來，設計組織結構必須回答六個關鍵性問題，如表 4-1：

表 4-1　管理者設計組織結構時必須回答的六個關鍵性問題

關鍵性問題	可提供的答案
1.工作要細分到何種程度？	工作專業化
2.工作被分解的依據為何？	部門化
3.員工或工作團體要向誰報告？	指揮鏈
4.一個管理者能有效直接監督的人數？	控制幅度
5.決策權會落在何處？	分權與集權
6.成員遵守規定的程度？	正式化

資料來源：李青芬等譯，2006: 484。

如將史達林與羅賓斯觀點加以對照，不難發現攸關組織結構設計的要素可以歸納為：組織的分部化與工作的水平分化、組織的層級化、直線與幕僚、集權與分權以及正式化。茲簡要敘述如下：

一、組織的分部化與工作的水平分化

組織的分部化 (organizational departmentalization)，係組織在分工後將各細項工作予以集合歸納的主要形式，並涉及每一單位所轄之工作涵蓋範圍和寬窄幅度。亦即組織結構是以功能別來做形式的表現。例如海曼 (T. Haiman) 認為：「『分部化』乃係一種將各式各樣的活動類歸到個別單位之中的過程，俾使各單位皆有明確的工作範圍，而每一工作範圍的主管皆有管轄的權力和負責的義務。」麥克法蘭 (D. E. McFarland) 則認為：「分部化乃指將組織按功能、活動或工作建立許多部門或單位的過程，其目的乃在使這些部門或單位能夠成為特殊之人或職位負責的對象。簡言之，分部化即為機關組織水平擴張的過程。」（張潤書，1998: 169-170）

至於分部化的基礎為何？一般均以古立克 (Luther H. Gulick) 提出之依目的、過

程、服務對象和地點而分工，關於此者，在上章中已多所指陳，於茲不再贅述。此外，學者明茲伯格 (Henry Mintzberg) 在上述的四種基礎上，又加上兩個基礎，分別為知識和技能以及時間。就前者言，組織可依成員所擁有特殊的專業知識和技能來分化，像一家醫院便可成立幾個專業部門，如藥劑部、小兒科、麻醉科、放射科、精神科、婦產科、醫藥生物部（實驗室）。就後者而言，組織可依工作履行的時間而分成不同單位，如醫院依工作輪換分為日間與夜間門診；一般工廠分立各種班制。

　　除了組織單位的分部化，在每個單位中，個人的職掌亦須加以專業化，以增加生產力。關於此點，被稱為「經濟學之父」的斯密 (Adam Smith) 在其《國富論》(The Wealth of Nation) 一書中，對組織理論亦有建樹，他對於飾針製造廠的研究就曾指出，若有十位工人能夠專業化地分工作業並加以組合，則一天就有 12 磅的產量，每磅約產出 4,000 針，合計 48,000 針；然而如讓其各做各的，並沒有教導其各自專業的、特定的工作，那麼他們個人每天可能還做不到 20 針，甚至是 1 針呢！(Shafritz & Russell, 1997: 206) 由此可見，工作專業化工作可以集中注意力，專注熟悉的工作，進而改進工作的靈巧和技巧；而這其中的關鍵在於「重複性」(repetition)。工作性質是重複的，就可以標準化，而使產品的生產過程更具一致性與效率性。

　　然而，過度分工，反而會造成員工感到枯燥、倦怠、壓力與疏離等，生產力與品質都會下降，接著高離職率及曠職率也隨之而來。（李青芬等譯，2006: 485）為減低工作分化的缺失，乃有工作擴大化 (job enlargement)、工作豐富化 (job enrichment) 或工作輪調等方式加以彌補。所謂工作擴大化，是指水平地增加工作任務的數目及種類，讓工作變得多樣化。至於工作豐富化，指的是垂直地增加工作的內容，讓員工可以擔任原本由上司負責的工作，如工作規劃、執行與績效評估等。而工作輪調，顧名思義則指在工作或職務間的調動。

　　不過，隨著機器人時代的來臨，部分工作就可交給機器人來執行，或是隨著流程再造 (reengineering)（後詳），把相關聯的工作形成「單一窗口」(one shop)，讓民眾減少排隊等待時間，也讓工作的知識和技能更為多元。

二、組織的層級化

　　由於資訊科技的進步以及員工賦權授能 (empowerment) 的趨勢，使得組織的層級化的重要性大幅減低，但是當管理者在決定如何形成一個最佳的組織結構時，組織的

層級化仍是一個必要的考量。（李青芬等譯，2006: 488）

　　組織的層級化即為組織的垂直分化或縱向分層，乃以層級節制體系 (hierarchy) 為內涵，透過指揮鏈 (chain of command) 將權力的行使從組織的最高層垂直延伸至最底層。其標準是：機關主管對組織活動所具權力的大小、責任的程度以及監督或管轄的部屬數目等。此一層級體系清楚地劃分了上司與部屬間的職權關係，釐清了誰應該向誰報告，並且讓員工瞭解「如果有問題，應該找誰幫忙解決？」「我應該對誰負責？」等問題。（李青芬等譯，2006: 488）亦即當討論組織層級化的指揮鏈時，須先確立三個概念：權威 (authority)、責任 (responsibility) 與命令統一 (unity of command)。權威是指賦予管理者的職位權力與權利，使其可以下達命令，並要求員工遵守。責任通常來自權威者的一方，也來自員工有義務去執行任何交辦的任務。而命令統一，則是為了權力一條鞭，主張一個人只應向一位主管負責，才不致發生不同上司相互衝突的命令。

　　在層級節制體系下，除了設立了基本的溝通及權力結構外，層級化與控制幅度 (span of control) 的關係是個值得討論的課題。所謂控制幅度，是指一個主管直接所能指揮監督的部屬數目。一個主管所直屬的部屬到底以多少人為宜？論者意見紛歧，三人至十人甚至二十人不等。但若採用嚴格的控制幅度，則組織的階層數因而增加，造成高聳式的組織結構 (tall organization)；反之，若採用較廣的控制幅度，則造成扁平式的組織結構 (flat organization)，如圖 4-1。

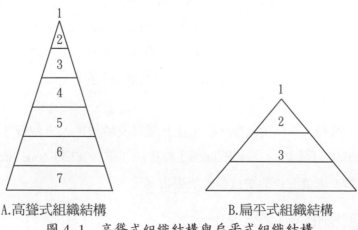

A.高聳式組織結構　　　　　B.扁平式組織結構

圖 4-1　高聳式組織結構與扁平式組織結構

　　大致而言，控制幅度的多寡視以下各種條件予以決定：（吳定、張潤書等著，1997: 197–199）

1. 監督工作上所花費的時間：凡在監督工作上所費的時間越多，則控制幅度越小；反之則越大。

2. 監督工作的複雜性與重要性：凡屬較為複雜與重要者，其控制幅度相對的減少，反之則擴大。

3. 工作的反覆性：對於所監督的工作一再反覆其經驗，養成習慣後，幅度即放大；剛開始監督時，管理當然會困難些。

4. 部屬的能力：部屬若受過良好訓練，且具有良好的判斷力及創造力，並有責任感的話，監督工作較為輕鬆，幅度可加大。

5. 權責劃分的程度：如果權責劃分清楚明確，那些微細的瑣事即不須監督者勞心勞力了，部屬可多些。

6. 幕僚的襄助：若幕僚很得力，控制的幅度自然可以擴大。

三、直線與幕僚

談到直線與幕僚這個原則的運用，可以藉由軍事編組來加以類推。當武裝軍人站在前線執行基本任務時，後方的幕僚正進行調查、研究，並且對指揮官提出建議。幕僚只有藉著指揮官，才能影響直線單位的決定。關於直線與幕僚的關係，如圖 4–2 所示：

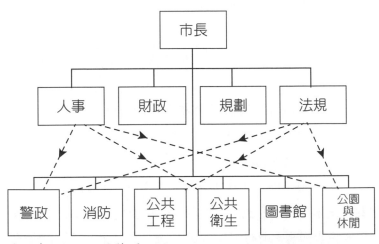

資料來源：洪聖斐等譯，2008: 364。

圖 4–2　直線職權與幕僚職權

原則上，直線與幕僚的關係，宛如手與頭。一方在實地操作演練，他方在提供思考謀略。之所以如此，乃現代的組織環境複雜多變，須有專業的幕僚提供不同的建議，協助主管為必要之判斷。所以，相較而言，直線人員較為老成與富有經驗，幕僚人員比較年輕與富創新能力。組織高層常會利用幕僚來作為組織變革的一項機制，因而讓其與直線人員發生摩擦。對此，黨斯 (Anthony Downs) 曾有如下的指陳：龐大幕僚群的作用，就像處在直線階層的控制機制之外，推動一些與直線階層的慣性相牴觸的改革，並且扮演著承擔部屬對長官怨恨的代罪羔羊。（洪聖斐等譯，2008: 363）的確，在組織常會聽到彼此的爭執，幕僚責怪直線人員：「但願你們這些愚蠢的執行人員能夠體諒我們的完美建言……」；直線人員則會反駁：「如果你們這麼聰明，為什麼不擬訂一項讓我們這些笨蛋有能力執行的方案呢？」（林金榜譯，2006: 254）

四、集權與分權

權力的使用究應採取集權或是分權方式，此一課題當組織存在時就已呈現。集權是指組織的決策權操縱在少數的高階主管手上，其他管理階層和員工無權過問，他們只是聽命行事。分權則指高階主管把決策權授予並分配給那些直接執行任務的各階層管理者。一般而言，組織集權具有效率、一致的優點，而分權可以發揮彈性、回應與民主的優勢。由於快速回應民眾或顧客需求，授權員工，避免疏離感，已是時代的趨勢，再加上數位革命來臨，資訊流通快速，故盲目的集權、唯我獨尊的時代已成為明日黃花。

五、正式化

正式化 (formalization) 是指組織中工作標準化的程度。就字義而言，formalization 是由格式 (form) 引申而來。若處理過程都要求按照既定格式的方式進行，勢必會呈現標準化。通常組織會以明文的制度、程序、方法與日程來控制組織活動的進行，對於執行者要做什麼、如何及何時做，極少任憑自行作主。（李青芬等譯，2006: 491）亦即在組織中需要有一本「產經」或工作說明書，來敘述每一職位或角色及其所應完成工作的方式，只要按表操課，所有工作方式、職位和結果，具備相當的可靠性與可預測性。

不同的組織其執行業務正式化的程度會有不同。例如塔臺管制和大學管理，就有

懸殊的差異，即使同一機構不同單位，正式化的程度也會不一，如大學裡統計系、會計系當然與藝術系、哲學系有別。

貳、組織的型態

對於組織結構設計的辨認，可從組織構形 (organizational configuration) 出發，來理解組織的組成部分以及部分間的組合可能所形成的狀態。

根據明茲伯格的分析，組織結構基本上是由五個部分組合而成，如圖 4-3 所示，分別為技術核心 (technical core)、高階管理 (top management)、中階管理 (middle management)、技術支援 (technical support) 和行政支援 (administrative support)。

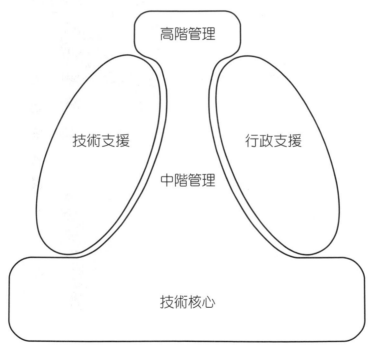

資料來源：Mintzberg, 1979: 20.

圖 4-3　組織的五個基本部分

技術核心是指在組織中從事基本工作的一群人。此一部分係將組織投入轉換為產出的產品或服務之所在。舉例而言，技術核心在製造廠商是指生產部門，在大學是指老師，在醫院則為醫療活動。高階主管負責組織的決策與策略的擬定，針對環境變化思考組織的未來發展。中階主管擔負起承上起下、溝通協調的功能。技術支援幕僚如

工程師、研究員或資訊技術專家等，主要的職責是監視內外環境、機會與技術研發，並藉由提供技術核心所需的創新，以協助組織的變遷和調適。行政支援功能是負責組織運作的順暢與維護，主要包括員工甄補、雇用、薪資、福利、訓練與發展等人力資源活動，以及辦公場所清潔和設備維修等基本行政維持活動。

在明茲伯格看來，上述五個組成部分會因組織型態的改變而顯現出不同的互動、權力與功能。依其論述，組織構形大致可分為五類類型：創新型結構 (entrepreneurial structure)、機械式官僚制 (machine bureaucracy)、專業型官僚制 (professional bureaucracy)、多角化形式 (divisionalized form) 以及臨時任務編組 (adhocracy)。(Morgan, 1998: 50–52；Daft, 2010: 26–29) 如圖 4–4：

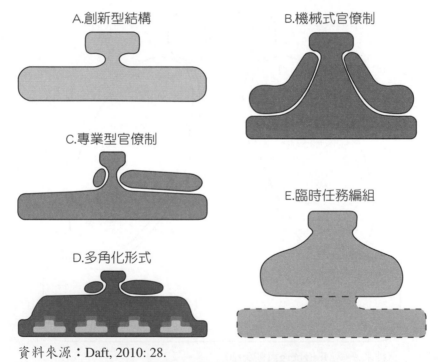

資料來源：Daft, 2010: 28.

圖 4–4　明茲伯格建構的五種組織型態

一、創新型結構

這種組織結構單純、規模亦小，成立時間不算長。它的成員包括高階管理者以及技術核心的員工。組織的管理和協調直接來自高層的監督。高階管理是結構的核心，

不需倚賴太多的支援幕僚。組織的正式化與專精化並不多。這類組織較適合動態的環境，簡單化、彈性化與快速決策是此一類型組織的致勝關鍵。

二、機械式官僚制

這類組織結構龐大而成熟，高度的正式化與專業化是其特徵。技術核心乃在從事大量生產的工作。它已發展出非常精緻的技術部門與行政部門。狹小的中間階層反映著金字塔型層級體制的控制或協調作用。在任務單一、環境穩定的情況下，它運作得極具效率；但在應付變化的環境時卻行動遲緩，且無能為力。所以它們只適用於「生產」或「效率導向」的組織，卻不適合那些「市場導向」或「環境導向」的組織。

三、專業型官僚制

此種結構改變了集權控制的原則，允許具備專業技能的員工擁有相當的自主和裁量權，較適合於處理任務相當複雜卻又比較穩定的環境。因此組織結構較為扁平。由於技術核心是由專業技能人員組成，技術支援幕僚也就相對減少或根本不存在。不過它卻需要大型的行政幕僚來支援專業人員，和處理組織例行性的行政活動。此種組織的目標重視品質與效能，尤其是提供良好服務而非有形的財貨，所以像大學、醫院、法律顧問公司和其他的專業組織都適合採用此制。

四、多角化形式

此類組織就像企業集團旗下的公司，和一家擁有多個校區的大學，每一個「事業部門」(the division) 都有其自己的組織結構，也有權處理自己的狀況，但要受制於來自遠端的中央總部的績效控制（如圖 4–4–D 所示）。組織總部的上層有較小規模的高階主管與技術支援幕僚，但需要較大的行政支援幕僚處理與各事業部門的文書往返等工作。在組織總部之下設有若干個獨立事業部門，而每一個獨立的事業部門可依自己的性質，採取機械式官僚制、創新型結構、專業型官僚制或臨時任務編組等，各不相同的部門型態來達成目標。簡言之，多角化形式主要是以設置事業部門的方式，來解決大型機械式官僚制所面臨的僵化問題。

五、臨時任務編組

它係由邊尼斯 (Warren Bennis) 新造的術語，用來形容在複雜、動盪環境下，為完成創新和不斷變動的需求所臨時組合的專案團隊 (project team)。當要履行特定任務時，團隊即被組織起來，任務完成後旋告消失，甚且為完成另一項專案任務，又會組合另一個團隊，而形成一個沒有固定層級、人員和權威體系的「虛擬」或「網絡」組織 (virtual or network organization)。從圖 4-4-e 顯示，這種組織是將不同部分（中階管理、技術幕僚和行政幕僚）在中間階層合併成易變的群集，其主要結構包括許多重疊的團隊而非垂直的層級節制體系。組織專案團隊中有專業員工並搭配技術支援幕僚和行政支援幕僚，然技術支援幕僚和行政支援幕僚並不安插在個別部門裡，而係在不間斷的創新團隊和專案混合之一部分。生產中心會與流動而創新的專案團隊有所分隔（如虛線所示）。如果有標準化產品要在組織裡生產，必定在生產中心完成，而不是在專案團隊來生產。在專業核心裡，臨時任務編組是採分權化的方式，所以特別適合於航空業、顧問公司、廣告代理商、電影事業以及研究與發展部門。

根據國內學者彭文賢的看法，此種臨時任務編組所採取的組織結構是種「矩陣式組織」(matrix organization)。它是一種「組織二元論」(two-dimensional organization) 的實現。組織的二元論又直接導源於權威的二元論 (the two dimensions of authority)。亦即，它是由兩個次級組織交織而成：一是功能別組織 (functional organization)，另一則為專案性組織 (project organization)。前者負責處理一些日常例行性的工作，在權責上則扮演各種作業規劃的指導、進度的控制以及各種行政的服務。至於後者除了接受功能別組織的指導外，並要負責組織內各項計畫活動的規劃、時間表的排定與成本的管控等，尤其是就各項技術和行政活動加以整合。（彭文賢，1983: 291）關於矩陣式組織的複雜型式，可參見下頁圖 4-5。

除了上述明茲伯格的五種組織型態外，現代組織結構的新近發展，若依史達林、羅賓斯等學者的看法，又可加入網絡式組織 (network organization) 與模組化組織 (modular organization)。所謂網絡式組織，在公部門裡是指政府透過其簽訂契約與提供資金的方式，所創造出來的一個非純以政府組織為其網絡之組織，用以執行政策。亦即，它是一群不以正式指揮鏈來從事協調與合作的組織，組織成員間並沒有正式的職權關係，而是依互惠原則建立良好的合作默契、簽訂共同研發或執行合約等，並透過

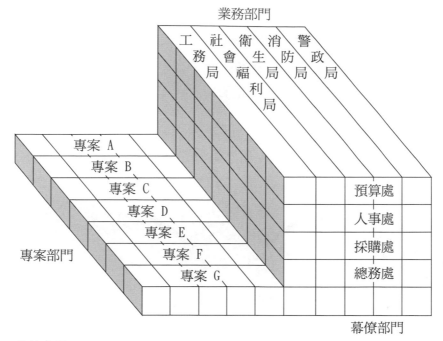

資料來源：Frederickson, 1980: 86.

圖 4-5　較為複雜的矩陣式組織模式

資訊系統的連結，來達成相互結合的體系。

　　根據史達林的分析，網絡式組織蔚為風潮，原因有二：一係現代社會所面對的問題日趨複雜，二是數位革命所帶來電腦科技與網絡通訊的發達，讓組織可以即時與外界夥伴取得聯繫。

　　模組化組織是指組織在製造過程中，將產品的製造切割成一個個物件，分別交由不同的組織進行生產，最後再由核心組織加以統一組裝。模組化組織設有一個小型總部，負責將許多主要的流程予以分割，轉包給協力廠執行，並協調與整合其生產活動。其形態如下頁圖 4-6。

　　在介紹了創新型結構、機械式官僚制、專業型官僚制、多角化形式、臨時任務編組、網絡式組織和模組化組織等組織構形之後，筆者以為組織型態的分析，已為我們開啟了一道方便之門，讓我們瞭解組織結構的組成部分及其型態，並透過組織的轉型過程 (transformation process)，呈現了組織形貌的蛻變。任何組織的現在型態是由過去的型態所發展而來，至於未來的型態也是由現在的型態演變所致。循著階段的發展，

組織大抵離不開草創時期的創新型結構，接著逐漸形成成熟的機械式官僚制或專業型官僚制，再為因應事業群或事業部門的開展，而採取多角化形式，繼之為了避免組織變得「日益肥大」(thickening of organization) 而失去彈性，採取臨時任務編組來彈性運作，最後由於受契約委外以及數位革命的影響，組織更加倚靠網絡式組織或模組化組織來運作。

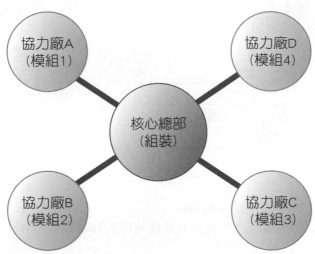

資料來源：楊仁壽、卓秀足、俞慧芸著，2009: 111。

圖 4-6　模組化組織

參、結構設計的關鍵問題

組織結構的設計雖有設計要素與組織形態可供參考，但它遠比上述的情況複雜多了。誠如一位美國前國務卿所說的：「政府的組織或改組，對沒有警戒心的人通常是一種陷阱，在分工和責任所牽涉到的關係，遠比繪圖者在紙上所畫的一些方塊間的垂直與水平連結線，更加微妙複雜」。(Starling, 2008: 327；陳志瑋譯，2015: 350) 以下的論述是根據杜拉克 (Peter F. Drucker) 的看法，來分析組織設計應重視的四個關鍵問題：(Starling, 2008: 328–331；陳志瑋譯，2015: 351–353)

1.那些領域需要卓越 (excellence) 以達成組織目標？組織之內充斥著各形各類的活動，但要聚焦於關鍵的活動，亦即杜拉克形容的「組織中承擔重擔的環節」，也就是一般所謂的「大事法則」。

2.組織有那些活動需要隸屬連結？又有那些活動可以彼此分立？杜拉克依組織活動的不同貢獻，將其分為四個主要類別：⑴高階管理活動 (top-management activities)：主要包括維護對外關係、思考機關使命、危機管理決策與建構人力組織。⑵產生成果活動 (result-producing activities)：此一活動是指最能直接促進組織績效者。此種活動在私部門不難找到，但在公部門就不太明顯。⑶貢獻成果活動或幕僚活動 (result-contributing activities or staff activities)：例如建議、教導、法規研究及訓練。⑷保健或管家活動 (hygiene and housekeeping activities)：像是清潔、打掃人員。

一般而言，產生成效的活動絕不應附屬在非產生成效的活動之下；支援性活動絕不能和產生成效活動相互混合；高階管理活動與其他活動是不相容的；提供建議的幕僚人數應精簡，且非實際操作的；至於保健與管家活動最應與其他活動分開，甚且可以外包出去。

3.須要從事什麼決策以獲致組織目標所需的績效？組織雖依環境的變動而無法精確地預測未來的決策內容，但杜拉克認為在組織裡有 90% 工作是相當的明確，可以說出其類型和主題。因此，組織設計者通常有兩種選擇：⑴試圖找出「典型的」問題，並指派組織裡特定階層或單位來負責；⑵如果不是選擇前述的決策作法，組織可能會面對許多周而復始的問題，亟待解決。

再者，如果下列四個因素在組織決策中所占的比重越大，那麼這個決策就應由高層來作成決定：⑴未來性 (futurity)：決策對組織的未來有多大的影響；⑵可逆轉性 (reversibility)：當一個決策被證明是錯誤時，可以逆轉的速度有多快；⑶影響性 (impact)：組織中有多少的其他功能會受到決策的影響；⑷稀有性 (rarity)：一個事件出現的機率有多高？

4.特定組織因素的隸屬關係如何？在組織結構中，定位一項活動的負責單位之基本原則，就是讓牽涉的關係越少越好，並讓攸關決策活動成敗與維持效能的關係，保持簡單、可接近性和位處於單位的中心。亦即，能夠讓負責決策的環節所牽涉的關係最小化，但還得重視每個環節，沒有一環可以大意。（Starling, 2008: 331；陳志瑋譯，2015: 353）

第二節　組織的管理機制

除了靜態的結構外，組織還需內外部的管理機制穿梭其中，始能動員整體的運作。

否則，組織光有結構，缺乏管理機制，將空有其表。俗話說：人間事務有體有用，體用要一致。而這些管理機制猶如一部機器的輸送帶，在各部門與職務間形成有力的連結，才能讓每部分運作起來。以下先介紹早期常用的管理機制如作業管理、目標管理、組織發展、績效管理等，至於晚進的管理主義較重視全面品質管理、流程再造、賦權授能、企業家精神，則稍後再予討論❶。

壹、作業管理

在所有管理方式中，最先映入眼簾的就是作業管理 (operations management)。生物學家赫胥黎 (Julian Huxley) 說過：「生命無非就是一個接一個的關聯。」（李繼宏等編譯，2011: 74）而作業管理的要義，即是把一個接續一個的活動連結成為流程圖 (flow chart)，以彰顯達成結果的連續性過程。換言之，作業管理是指組織為達成成果，對執行過程的每一環節加以串連與規範，一方面能確認組織環節中特定工作的責任，另一方面則藉由工作流程的設計來強化生產力的目標。圖 4–7 即在說明福利津貼的申請流程。

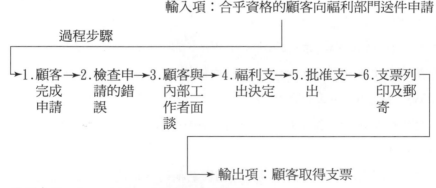

資料來源：Rosenbloom, 1998: 178–179.

圖 4–7　福利申請的作業流程圖

其他如駕照的核發、顧客的接待、水質的淨化和供應、防洪控制等，也都是應用此一工具的例證。簡言之，它可稱為「麥當勞化」的流程設計。

至於作業管理的主要優點有三：1.它有助於刪除或合併不必要的程序步驟，藉以

---

❶　此節的部分內容引自筆者與張榮容所撰，〈管理主義及其省思〉。*T&D 飛訊*，第 94 期，2010 年 5 月，頁 1–36，並酌增修正。

簡化過程； 2.它鼓勵每一程序步驟均應蒐集相關資訊，作為規劃工作負荷和有效分配組織資源的手段； 3.它配合著組織網絡 (organization network) 的分析，有助益於辨識環境中潛在的動盪。

惟隨著時空環境的變化，作業管理的流程已因電腦和網際網路的發展而被電子化政府取代，申請人不必親自到機關所在，只要在家線上填寫內容上傳，就可完成手續。更何況行政機關正在大力推動「單一窗口」，整合完成申請所需的環節為一個窗口，省去民眾往返洽公的麻煩，省時又便民。

貳、目標管理

至於目標管理 (management by objectives: MBO)，雖是杜拉克在 1954 年出版《管理實務》(*The Practice of Management*) 一書中最先倡導的觀念。但是無庸置疑，目標乃是人類成長的動力來源，沒有目標，夢想猶如海市蜃樓。目標有著巨大的威力，它能循序漸進地推動夢想的實現，而且目標與個人成就有著密不可分的關係。根據哈佛大學進行了 25 年的追蹤調查發現：有 27% 的人沒有目標，他們幾乎生活在社會的底層，失業或靠著社會救濟金過活；60% 的人目標模糊，他們生活在社會中下層面，僅能安穩地工作與生活，沒有什麼特別成績；10% 的人有清晰但比較短期的目標，他們生活在社會的中上層，成為各行各業的專業人士；3% 的人有清晰且長遠的目標，他們懷著夢想努力不懈，幾乎都成為社會各界頂尖的成功人士。(譚春虹編譯，2009: 184) 由此可見目標之於個人的重要，而其對組織的影響亦然。倘若組織沒有目標，就像隻船隻失去了方向，抵達不了彼岸。關於目標管理的定義，根據歐第翁 (George S. Odiorne) 的界定：「目標管理制度可以說是一種過程，高階管理者和低階管理者藉此過程找出共同的目標，以目標所要達成的結果，來界定彼此的權責範圍，並將之當成各單位運作的指導方式，評估成員的貢獻」。(陳志瑋譯，2015: 450；Starling, 2008: 423) 簡言之，目標管理是組織的管理者與部屬共同研訂理想且具體可行的工作目標和計畫，並透過定期審視和責成部屬戮力達成。此一應用相當普遍的管理途徑，深究其意涵如下： 1.對特定時間內應完成的成果設定目標、目的及優先順序； 2.訂定發展及達成成果的計畫；3.分配資源；4.將人員導入計畫的執行中，並強調反饋性的溝通以及對 (建構) 目標與目的的廣泛分享；5.追蹤或監測目標與目的之進展，以作為特定期中介入的里程碑；6.以效能、效率和經濟來評估成果； 7.對形成的和執行的目標和成果之改

善。(Rosenbloom, 1998: 179)

　　基本上，目標管理被視為建構組織整體的明確與可衡量的目標之有用途徑，實繫於以下的假定：⑴目標管理假定組織整體應透過目標的澄清與認識，並責成所有組織單位和個人去達成這些目標；⑵目標管理認為組織從上到下的成員和部門，應在每一年度中建立切實的目標，並於下一年度針對這些目標加以評量；⑶目標管理假定在建構目標與目的的過程中，從追求理想的前瞻思考到建構有效溝通與承諾上，必須是組織成員廣泛參與；⑷目標管理係植基於聯結目標與目的的層級 (a hierarchy of linked goals and objectives) 中，組織目標的訂定不只來自高階的目標計畫，亦來自實際行動的反應和修正，透過兩者交相調適而成。是以一個發展完整的目標管理體系，是由上而下及由下而上的混合交錯過程。

　　然而，在實際運作中，對許多基層人員而言，目標有時會像藍道 (Martin Landau) 所觀察的：「比較像是逐漸退卻的地平線，而不像是固定的標的」。(Lipsky, 1980: 40；蘇文賢、江吟梓譯，2010: 78) 因此，目標管理如要有效，目標的訂定必須注意： 1. 清楚而具體的 (specific)：目標應明確陳述，而非模稜兩可和主觀的指陳； 2.可行的 (feasible)：目標應切合實際與具挑戰性，為組織擁有的資源可加實現； 3.可衡量的 (measurable)：組織所顯現的進步，包括可用質化的方式加以評量； 4.優先順序的 (prioritized)：組織與組織成員應可辨識那種目標最為重要，何者次之，何者最後之等第排序； 5.時效的 (time-limited)：組織應指出何種目標要在那一時限內完成； 6.適中性的：目標不應太過理想化，也不應過於容易被達成，以免缺乏挑戰性。

參、組織發展

　　組織發展 (organization development; OD) 的意義為何？根據邊尼斯的看法，「組織發展乃是對組織變遷的一種反應，是一個複雜的教育策略。其目的在改變組織的信仰、態度、價值觀念和結構，以因應最新專業技術及市場的挑戰，並適應本身千變萬化的高度變動率。」此外，傅蘭琪 (W. L. French) 及貝爾 (C. H. Bell, Jr.) 則謂：「組織發展是增進一個組織解決問題與更新過程的一種長遠努力，特別是透過一種更有效的及更合作的組織管理方式，以組織中的正式工作團體為重心，在內部的或外來的新提倡者、推動者的協助下，運用行為科學的理論與技術，包括行動研究 (action research)，以改善組織解決問題的方法與革新的程序。」 ❷ （張潤書，1998: 323–324）

從上述兩個定義中，組織發展的意旨乃是組織為適應不斷變遷的環境，透過「計畫變遷」的策略運用，在實現組織目標的前提下，藉提供成員個人心性發展與交流的機會，建構有效的人際關係，以達成個人及組織目標的實現❸。而組織發展理論之所以備受重視，可歸因於兩項相關技術的影響，一是應用在企業組織方面的「實驗室訓練」(laboratory training)；另一是「調查研究與回饋」(survey research and feedback) 的應用。而這兩項工作的主要推動及先驅者乃是麻省理工學院的李文 (Kurt Lewin) 教授。(Shafritz & Russell, 1997: 242–244)

實驗室訓練又稱為敏感性訓練 (sensitivity training) 或 T 團體訓練法 (T-group training)，它是使參與訓練的人員在一種無結構的安排下，彼此在交互影響中學習，利用團體討論以達成行為改變的目的。甚至根據組織發展的權威學者阿吉里斯 (Chris Argyris) 的觀察，敏感性訓練是提供成員個人最有可能暴露其行為的機會，並藉由回饋的提供和接收，從事新行為的實驗，以發展出對自己和對別人的持續認知和接納。

---

❷ 有關組織發展的作用，可用「周哈里窗」(johari window) 的隱喻來作解釋。我們經常可以看到自己和別人的一面，卻無法看清自己和別人的另一面，所以要敦聘專家，藉由其指導，以協助自己和同仁間的相處，並深入瞭解不易見到的人格真相，才能助益組織發展和變革。周哈里窗的圖式如下：

	自己知道	自己未知
他人知道	開放我	盲目我
他人未知	隱藏我	未知我

❸ 根據亨利 (Nicholas Henry) 的分析，組織發展的主要任務如下：

1. 改善個人和其他成員相處的能力；

2. 合理看待組織中人員的情緒；

3. 增進成員間相互的瞭解；

4. 減少緊張關係；

5. 增進團隊管理及團體之間的合作；

6. 透過非權威和互動的方法，發展出更有效的衝突解決方式；

7. 發展結構較鬆散和更具有機性的組織。(Henry, 1999: 62–63)

也就是說，敏感性訓練的主要特徵係在透過人際溝通的改善（如回饋）、防衛機制（和僵化）的降低，和應對過程（包括對工作和工作夥伴）的發展，來促進組織效能的增加。

　　至於調查研究與回饋的方法，日後則發展為組織變遷的行動研究模式 (action research model of organizational change)。基本上，該一模式乃在透過外在的諮商和組織成員對問題及解答的心靈歸屬感 (psychological ownership) 來達成組織改善的意識過程，因此，其所涉及的活動約有以下數端：(Shafritz & Russell, 1997: 242–243)

1. 藉由書面問卷或訪談方式，蒐集組織的診斷資料（探究問題）；
2. 有系統地將資訊回饋給提供投入的組織成員；
3. 探討資訊對成員的意義及對組織的意涵，俾便確定「診斷」是否正確，以及是否形成行動需要的心靈歸屬感，臻於情境的改善；
4. 藉由諮商者的知識與技能以及組織成員的內在觀點，共同開發改善計畫；
5. 必要時可以重複所有上述活動。

　　關於上述組織發展的行動研究模式，可參考圖 4–8 的說明。

　　綜上所述，組織發展的目的似可歸納如下，運用「組織變遷機制」或「諮商專家」以增加對組織的信賴感、面對問題的能力、團體間的互動交流、員工個人的熱忱與滿足、自我和團體的責任以及創造力的想像等。易言之，組織發展是植基於心理學的相關理論，期幫助組織成員去瞭解和改變他們對自己、角色、同仁和組織的態度。

　　繼組織發展之後，李文亦將組織發展從如何建構有效的人際關係，擴大為組織變革的過程。李文認為組織變遷應該被看作是種解凍、變革和再凍結的三階段過程 (a three-step process of unfreezing, change, and refreezing)。假若一個組織只在乎看到事物改變的結果，那麼變革充其量只是個短暫的生命。組織必須在採取變遷之前，事先預為籌謀，透過行動研究，對擬改變的事情加以實驗與分析，組織才能一直處在有效的改變行動之中，所以李文將之稱為「解凍」，意指為組織打開變遷之門。接著，組織應當去接受變革，若是無法改變，組織就像一灘死水，有了變遷，組織才能產生機會 (chances)，並帶來選擇 (choices)。誠如 Intel 前總裁葛洛夫 (Andrew S. Grove) 所言：「在穿越死亡谷途中，最危險的便是站著不動。」（王平原譯，1996: 194–195）其又說：「當十倍速力量降臨，我們只能選擇接受改變；要不，我們只能毫無選擇地步向不可避免的衰亡之路。」（王平原譯，1996: 211）孟格 (Charles T. Munger) 亦云：「認清並

適應你所處世界的本質，別指望世界來適應你。」（李繼宏譯，2011: 86）至於「再凍結」過程，是指組織應妥置新變遷，對變遷予以結構化，俾使有序地運作，並監視「再凍結」是否帶來進一步的改善。(Shafritz, Russell, & Borick, 2007: 269–273)

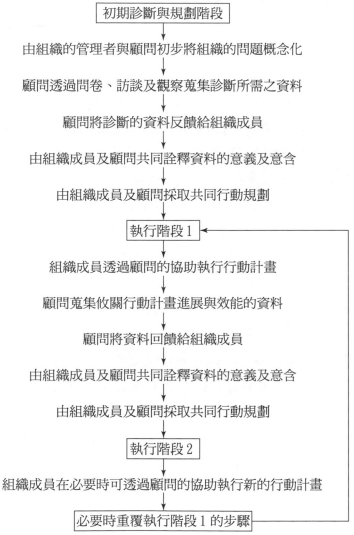

資料來源：Shafritz & Russell, 1997: 242–243.

圖 4-8 組織發展的行動研究模式

肆、績效管理

　　現在是績效掛帥的年代，一切唯績效是問；當一個領導者做不出成績，不但失能，而且失格，甚至失去支持。政府失能，沒有績效，會讓民眾感到冷漠與失望，生活變成是黑白而非彩色。二百多年前美國立國先賢漢彌爾頓 (Alexander Hamilton) 在《聯邦論》第 27 號文件 (*The Federalist Papers: No. 27*) 中指出「人民是否信任或順服一個政府，常取決於政府行政作為的良窳」。1980 年美國大選，共和黨籍總統候選人雷根挑戰民主黨籍的總統卡特，在選前的一次電視辯論會上，雷根問美國人：「你過得比四年前好嗎？」(Are you better off than you were four years ago?) 歐巴馬 (Barrack Obama) 總統在就職演說曾提到：「我們今天的問題不是政府太大或太小，而是能否有效運作……只有這樣我們才能重建政府與人民間最重要的信任。」（關中，2013: 118–119, 332–333）可見政府的問題根本不是大小問題，而是能否「端出牛肉」及「吃得到牛肉」的績效問題。政府績效是民眾對施政能力最能感受之處，也是人民評價政府能力的關鍵指標。如果政治是種騙局，那麼政府只有拿出績效才能扭轉騙局變成實質受益的產品與服務。「明天會更好」，不是口頭說說，而是要以績效為後盾，欠缺了它，政治只不過是每隔幾年重來的空轉輪迴。拚績效，人民才有感；而且因為有明確具體的績效，政治與行政才能有活力與成長的動力，如同私人企業一般。

　　何謂績效管理 (performance management)？它是指組織對其表現所進行宏觀與系統的控制、審核與評估。根據夏福利茲和羅素的分析，績效管理的主要因素為：(Shafritz, Russell, & Borick, 2007: 321–322)

1. 詳明清楚而可衡量的組織目標（即目標管理），此即為策略管理的本質；
2. 有系統的使用績效指標，即用績效的衡量尺度評估組織的產出；
3. 應用個別成員的績效考評，來促使成員間努力的調和，並導向於組織目標；
4. 使用激勵如績效薪資，以獎酬達成組織目標之個人貢獻與努力；
5. 將人員和財政的資源配置與年度的管理或預算循環加以連結；
6. 在每一規劃循環結束時施予定期考核，俾瞭解目標達成的程度或績效與規劃的差距及其理由，從而產生回饋以協助新循環的開始。

　　關於上述的說明，可參考圖 4–9 的相關內容。

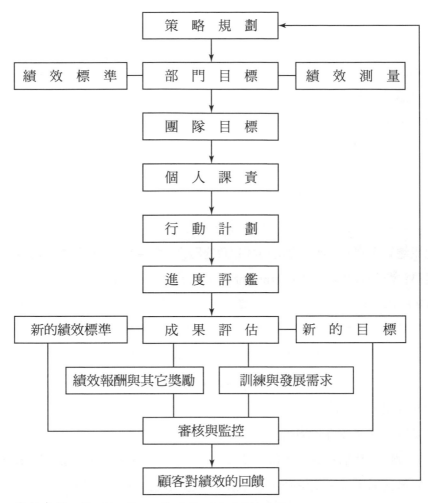

資料來源：Shafritz, Russell, & Borick, 2007: 322.

圖 4-9　績效管理的循環

　　一般而言，美國對績效管理的重視，可說是羅斯福總統 (Franklin Roosevelt) 採取胡佛委員會 (Hoover Commission) 的建議，實施績效預算 (the performance budgeting) 後，才開始逐漸落實。及至 1990 年代中期，績效管理深受政府再造運動的影響，尤其是美國前副總統高爾 (Al Gore) 領銜推動國家績效評鑑（National Performance Review；簡稱為 NPR），訂定《政府績效暨成果法》(Government Performance And Result Act)，傾全力要求政府機關設定目標、衡量績效與報告成果。

　　程序上，《政府績效暨成果法》，為使績效管理能邁向前一大步，要求各機關必須

提出以下文件：（國家文官學院編，2012: 284–285）

1.五年期的策略性規畫方案 (strategic plan)：包含組織的任務、目標、功能等，並與預算之編擬與執行結合。

2.年度績效計畫 (annual performance plan)：必須列述年度內完成工作計畫之衡量目標為何，該衡量目標與達成結果間的關係；且為瞭解機關達成其工作目標所需經費支出情形，年度之績效須具備和預算與計畫成果連結之功能。

3.年度績效報告 (annual performance report)：由各機關於會計年度結束後六個月內，向總統及國會提出年度績效報告，該報告涵蓋全年之工作及執行情形，並作為國會審查下年度各機關預算及年度績效計畫之參考。

歐巴馬總統上臺後，延續先前柯林頓政府時期政府績效與成果法之精神，提出《政府績效成果法之現代化法》(Government Performance And Result Act Modernization Act of 2010, GPRAMA)，要求聯邦政府在績效管理上必須做到以下數端：1.提高績效資訊的正確性和效度；2.重視並進行跨部門施政績效之衡量；3.於公開網站公布每季優先施政目標之績效，以達策略管理和績效資訊透明化之目的；4.注入領導者的永續承諾與課責以達績效成果；5.邀請國會共同界定重要的管理和績效議題，俾使策略績效管理與外部利害關係人所關注之內容得以結合。

績效管理已儼然成為各國相互仿效的施政重點，尤其國際上各類的績效評比指標，如競爭力、貪腐、幸福指數等，益使績效管理更受重視與沛然莫之能禦。在每次的評比中，若非名列前茅或名次提升，就無法彰顯施政已在進步之列。

影響所及，績效數據已是國家間甚至是組織間非常在意且斤斤計較的一環，因而也帶來不少的困擾與問題。首先，績效管理會帶來辦公室政治 (office politics)：為做出好成績，彼此搶奪有限資源，單位內暗自算計、各有本位、勾心鬥角且欠缺信任；成員間私心自利、曲意承歡、相互猜忌、結黨營私，從而瓦解組織原有的團隊合作，破壞和諧一致的氣氛。難怪戴明 (W. Edwards Deming) 對績效管理制度會這樣的評論：「績效評估制度鼓勵了短期績效，卻大大削弱了長期規劃，引發恐懼，破壞團隊合作，製造同事間敵對的氣氛和助長了辦公室政治」。（齊若蘭譯，2001: 235）甚至李維特 (Harold J. Leavitt) 與巴拉密 (Homa Bahrami) 也這麼形容：「績效考評是組織的殺手，它摧毀了士氣和破壞了團隊」。(Leavitt & Bahrami, 1988: 94) 除非大家有不「爭功諉過」的共識，若是強求績效高低，上述現象必然發生。

其次，績效管理會形成績效偏誤 (the bias of performance)：當某件事被拿來衡量時，人們就會將目光聚焦；因此衡量過程會讓人們提高注意力於被衡量的事物，就會產生葛斯納 (Louis V. Gerstner Jr.) 所言的結果：「員工只會做你檢查的事情」。(羅耀宗譯，2003: 265) 凡列為要考核的績效部分就會被放大來看，而不在考核之列者，就遭到漠視不理。密碼學家施耐爾 (Bruce Schneier) 亦說：「當你開始衡量某個東西，並根據衡量的數據來評斷某人時，那會鼓勵大家在衡量方式上動手腳，而不是鼓勵他們做你原先的目的行為」。(洪慧芳譯，2015: 263)

第三，造成考核偏差失當的情事時有所聞，有時一個環節不經意的疏忽，會產生「滑波」(slippery slope) 效應，而讓組織頓時陷入危機之中。例如美國國土安全部的設立，因為過於強調防範恐怖分子的攻擊，而相對地忽視昔日曾為聯邦危機管理局 (Federal Emergency Management Agency, FEMA) 時的危機管理能力，導致後來無法因應卡翠納風災肆虐，造成了美國空前的嚴重損失。

第四，績效管理有淪為「稽核爆炸」(audit explosion) 之虞，「沒有衡量就沒有績效，沒有績效就沒有管理」固然是績效管理的最佳詮釋，但試觀今天的醫療中心或大學的評鑑，都受到枝微末節的控制，專業人士在嚴苛的標準下，必須配合著不斷作紀錄與報告，以確保研究經費不被中斷；至於那些研究不佳並失去經費補助的系所，只有關門一途。對於這些鉅細靡遺但喪失自主發展的績效管理方式，英國劍橋大學紐罕學院院長歐妮爾 (Onora O'Neill) 曾指出：「我們不應癡心妄想，以為可以用績效指標和全盤透明化的方法，在顯微鏡下做精細的管理，就能做好負責任的公共服務。」(黃孝如譯，2006: 98–99) 這也正是韓第 (Charles Handy) 所言「量得更多，容易；量得更好，卻難」。

第五，公共績效難以界定清楚：績效管理用之於私部門比較能清楚辨識和衡量，如公司盈餘、股東報酬權益等，但用之於公部門就像是「走在剃刀邊緣」，顯得見仁見智。例如勇於創新或尊重程序哪個重要？品德與能力孰輕孰重？夏福利茲、羅素和薄立克曾經評論：「不幸地，適任與不適任就像錢幣的兩面，那一面才是贏面，缺乏普遍的共識。……畢竟，在面對同一件事情時，有人認為是充滿阻礙的繁文縟節，有人卻視為珍貴的程序保障」。(Shafritz, Russell, & Borick, 2007: 317) 既然如此，對於績效管理的忠告是：若沒有找到彼此有共識且有效的衡量尺度和方法，即貿然實施，引發的爭議恐會持續不斷。

　　最後，筆者以為良好的績效管理之實施，應築基於以下幾個前提上：1.評量工具須被視為可信且有效的；2.績效管理能夠反映組織的使命價值；3.績效管理應該簡要並重視大格局。總結而言，古希臘哲學家蘇格拉底曾云：「沒有經過反省檢證的人生，是不值得活的」，筆者以為衡量雖是管理的中樞，唯有經過反覆檢視而確認有意義的尺度，才值得去衡量。如同經濟學家史迪格里茲 (Joseph Stiglitz) 所云：「你的衡量指標會影響你做的事。若你衡量的不是正確的因素，就不會去做正確的事。」（廖建容譯，2015: 272）又如一位將軍的績效是要「戰功彪炳」，而非「芝麻小事」。否則，如杜拉克所言：「太多所謂的管理（衡量），只會讓人更難做事。」（洪士美譯，2015: 303）

伍、全面品質管理

　　在管理機制中，1980 年代興起的一種主要作法係為全面品質管理 (Total Quality Management, TQM)。它曾經使日本贏得「日本第一」的美譽，而且在實用上為許多美國大企業所採用，例如唐寧公司、福特汽車、通用汽車公司、摩托羅拉公司和西屋公司等，同時也逐漸為公共部門所援引。美國國會在 1987 年通過了《馬康包力治國家品質精進法》(The Malcoln Baldridge National Quality Improvement Act of 1987)，在企業界和公共部門共同設立品質改進的國家品質獎，更將全面品質管理運動推向高潮（陳金貴，1994: 1）。甚至為有效地落實和推動全面品質管理，美國行政部門於 1988 年成立聯邦品質學院 (The Federal Quality Institute)，來強化各行政部門的顧客服務 (customer service)。(Rosenbloom, 1993: 174)

　　全面品質管理的倡導，最早可追溯到戴明所發展的「統計式的品質控制」(statistical quality control)。透過統計技術的隨機抽樣，並配合著定期抽樣檢查，便可把生產的產品和品質藉由矯正行動而控制在可期待的範圍之內，毋須作到百分百的檢查。嗣後，朱蘭 (Joseph Jurand) 注意到「品質」之「管理」部分 (the "management" part of "quality")，主張應教導員工對於品質缺失或偏離原定標準的零容忍態度；接著「全面品質管控」(total quality control) 和顧客滿意的引進，終使全面品質管理得以開花結果。(Shafritz, Russell, & Borick, 2007: 327–328) 至於全面品質管理的意義為何，根據美國管理預算局 (Office of Management and Budget) 的界定：由組織所有的人員藉不斷地改進組織的過程、產品與服務，來迎合顧客需求與期待之廣泛性的管理途徑。(Denhardt & Grubbs, 1999: 304) 再者，柯漢 (Steven Cohen) 和布蘭德 (Ronald Brand) 認

為全面品質管理基本上是一種簡單且富革命性的方法，他們並將其分開定義為：（陳金貴，1994: 5）

1. 全面 (total)：意指每一作業部門均應戮力追求產品品質；
2. 品質 (quality)：意指迎合甚至超越顧客的期待；
3. 管理 (management)：意指持續地發展組織改進品質的能力。

　　最後，美國聯邦品質學院則認為全面品質管理並非單純的一套特別管理技術和工具，而是涉及組織文化的管理方式，此乃因為全面品質管理為達品質理想，完全採用「顧客導向的文化」，而非昔日「生產導向的文化」。誠如福特汽車公司前總裁彼得遜 (Donald Petersen) 闡述戴明的觀點所言：「品質的定義應該由顧客來決定，應該要關照到顧客的需求，領悟到這點之後，我們才開始改變自己，開始從顧客的角度分析問題，思考應該怎麼做。」（齊若蘭譯，2001）而且全面品質管理也是一種包括從高層管理到第一線人員的所有階層均須投入的管理方式，而非只講究高層管理的文化或昔日品管圈的責任。

　　綜上所述，所謂全面品質管理，係將品質的提升超越傳統的生產與檢驗功能，而延伸至整體組織的每一部分，讓品質能夠好上加好。其次，「品質」的定義也由僅是符合技術的標準，轉變為符合顧客的期望。就像奇異電器公司前總裁威爾許 (Jack Welch) 的評論：「『臉對著總裁，屁股對著顧客』，這不是我們公司所主張的生產過程和結果」。（汪仲譯，1998: 141–142）復次，品質的提昇絕非僅是某人或某部門的責任，組織從上至下都應投入其中，並對品質、顧客滿意、投入成本等問題全面重新檢討。最後，貫穿此一運作流程的核心概念乃是「改善」的哲學，組織中每位成員應隨時注意所有可能改善的大小事情，並將組織的管理技術、現行的改進努力，以及顧客的期待加以銜接。要言之，全面品質管理具有下列六大特性：

　　1. 顧客導向 (customer-driven)：組織應積極地瞭解與定義顧客的基本需求，採取「先感受後回應」的方式，思考顧客需要什麼，再決定該製造什麼產品，而非過去的大量生產的「製造心態」(manufacturing mindset)。（李田樹等譯，2003: 87–88）為此，組織與顧客們的溝通是開放的、持續的及雙向的。

　　2. 建構持續變遷和改善的文化：組織尤其是高層管理者應帶頭建立一種鼓勵變遷、革新、冒險、榮耀的精神，以及為了顧客的需求而勇於持續地改善組織的環境、文化與管理哲學；並且在口頭與行動上以直接的投入，來表現支持全面品質管理活動。

3.全員的參與：組織中所有成員均須參與品質訓練，由上至下，每位成員皆具有追求品質改善的動力、精神以及必要的工具、技術。唯有人人對「品質」表現承諾與責任，全面品質管理才能有效進行。

4.重視教育與訓練：持續不斷地對全體員工進行教育訓練，並強化全體員工「第一次就做好做對」、「追求零缺點」，以及「以顧客為導向」的觀念，使人人在達成品質理想的共識下，發自內心的追求品質、改善品質。

5.加強團隊合作與授能：在改善的過程中，品質問題的解決，特別需要不同團隊與所有相關成員的通力合作。因此，必須授權員工，可以自主地決定追求品質完善所應擔負的工作，並對之負起的責任。

6.依據對過程與產品的衡量與分析，做好品質保證：對品質的重視不是光說不練，而是實事求是，在過程與產品上始終用嚴謹的衡量和分析方法，做好嚴格把關的工作。

從上所述，全面品質管理看來相當合乎邏輯、理性且令人嚮往，但在實際上，全面品質管理更是築基於「日增一紙」的擴散作用上。它要求行政人員能夠不斷累積昔日改正錯誤的經驗，逐步做到品質的完善，也就是逐步改善的點滴成就，日後累加成為耀眼的成績，才是真正推動全面品質管理的要訣。就如同俄亥俄州品質服務辦公室 (Ohio's Office of Quality Services) 的局長屋沃 (Steve Wall) 在《治理》(Governing) 中告訴華特斯 (Jonathan Walters)：「全面品質管理並不是要敲出全壘打，而是要打出一支接著一支的安打，連續安打才能得到更多分數。然而問題就在於太多的管理者只是想藉由全面品質管理來打幾支全壘打，讓帳面成績看起來更漂亮些，並藉以晉升到更高的位置上。」(Shafritz, Russell, & Borick, 2007: 329)

陸、流程再造

當戴明晚年為其畢生所致力的品質管理運動賣力推銷、力挽狂瀾時，管理界卻出現一股與之背道而馳的管理理念，那就是流程再造 (reengineering)，彷彿「國王已逝，新國王萬歲」的王朝改變。

「流程再造」此一概念最早見於哈默 (Michael Hammer) 於 1990 年在《哈佛商業評論》(Harvard Business Review) 所發表的〈流程再造：不要自動化，要裁撤〉(Reengineering Work: Don't Automate, Obliterate) 一文中。其最常為人所引述的定義，則是哈默和錢辟 (James Champy) 兩人於 1993 年《改造企業》(Reengineering the

Corporation) 一書中將流程再造界定為「根本重新思考，徹底翻新作業流程，以便在現今衡量績效的關鍵上，如成本、品質、服務和速度等，獲得巨大的改善。」此一定義包含了四個關鍵字，說明如下：（楊幼蘭譯，1994: 45–50；楊仁壽、許碧芬、俞慧芸合譯，2005: 395–397）

一、根本的 (fundamental)

藉由詢問最基本的問題，迫使人們正視蘊含在其工作背後的戰術規則及假定。所以管理者應重新設計任務與角色、功能間的關係。

二、徹底的 (radical)

徹底翻新流程是指從根本改造，且另闢新徑來完成工作。它是指管理者回到原點思考，將工作流程中的每一步驟拆解開來分析，以便找到更好的方法，來協調和整合提供顧客產品與服務過程中所需的活動。

三、巨大的 (dramatic)

並非和緩或漸進 (incremental) 的改善，而是在績效上達成定量的大躍進。它是指打通功能邊界的活動，以促使產品和服務能快速地遞送到顧客手中，或有效地提升品質和降低成本。

四、流程的 (process)

流程是指接受一種或多種投入且創造對顧客有價值之所有活動之集合。流程再造的焦點是組織流程而非組織的功能，其主要的目標是流程而非組織，重點並非另外再成立銷售或製造部門，而是要對現有部門中的人所執行的工作重新再造。

甚至，根據哈默和錢辟所言：「當有人要求我們給流程再造一個最精簡的定義，那便是『重新來過』(start over)。此並非表示緩慢地修補已存在的問題或是漸進性的改變，讓組織得以保留基本結構的完整……而是意謂回到最初並且創造一個更好的工作方式。」(Shafritz, Russell, & Borick, 2007: 313) 如上所述，流程再造並非在既有的框架上作小幅度的微調，而是一個徹底改造的策略，透過流程的重新設計，甚至是組織結構與功能的全面改組，促成組織的轉型與績效的大幅躍進。

夏福利茲、羅素和薄立克認為，落實流程再造工程，儘管各學者的看法不盡相同，但大抵不出以下三個步驟：(Shafritz, Russell, & Borick, 2007: 313)

1. 描繪流程圖 (process mapping)：以流程圖的方式來描述組織目前遞送服務和產品的流程。

2. 評估顧客需求 (customer assessments)：評估顧客現在和未來的需求，可以透過焦點團體、調查法或是與顧客進行會談，以瞭解其對產品和服務的需求。

3. 流程願景 (process visioning)：全面重新思考流程應該如何運行，並且使用最新的技術或科技。

除了確實執行上述三項基本步驟之外，成功達成流程再造的關鍵亦在於「組織是否有能力去挑戰現行系統下之基本假定」。就如同所有新企業進入商業壁壘所必須面臨的挑戰一樣，流程再造工程亦有同樣的障礙存在：如威脅既有權力結構、員工抗拒改變、缺乏再造誘因，以及外界長期以來對於組織改革行動的普遍懷疑等，都會形成組織進行流程再造的阻礙。然而若管理高層能夠達成策略上的共識，組織就能夠克服這些障礙。(Shafritz, Russell, & Borick, 2007: 314)

最後，為期再造工程能確實成功，此處再依哈默之見，提出進行再造工程時所應注意的三項原則以供參考：(楊仁壽、許碧芬、俞慧芸合譯，2009: 398)

1. 依產出而非任務來組織，在組織各類活動時，儘可能由一個人或一個功能負責一個流程中的所有活動，以避免任務在功能間移轉及發生需要整合的情況。

2. 讓那些使用流程產出的人來執行該流程，因為使用流程產出的人，最知道什麼是他們要的。此外，應建立標準作業程序讓他們能控制流程。

3. 將決策分權到決策發生之處，讓人們能當場決定以何種方式來妥善因應他們的問題。

行政機關之所以被形容為「衙門」或「官僚組織」由來已久，給人的印象是「門難進，臉難看，話難說，甚至是找不到可以負責的對象」，而流程再造最好的例證就是「單一窗口化」，民眾不用瞭解機關內部作業程序，卻有一個對口單位加以負責，著實改變了過去對行政機關的刻板形象。換言之，所謂單一窗口化，是指經由政府機關內部所作的檢討整合、簡化工作流程之後，民眾只需前往一處政府機關、與一位公務人員接洽，甚至只需要坐在家中撥通電話、發一封電子郵件，就能夠完成所需要的服務。（魏啟林編，2000: 135）這種「民眾在哪，服務就到哪」、「把衙門變超商」、「一處收件，全程服務」、「打開便民之窗」等，確實是政府再造的一大轉型與改革契機，聽起

來像是「政府就是您家」般地貼近人心。

　　然而，過度美好的形容，總是有點落空。政府的業務複雜林立且專業特殊，遠非超商或企業所可比擬，除了不同政策立場外，還會涉及法令、利益、職權等問題，就連會議溝通都有些困難，遑論跨域協調，是以複雜的行政業務能夠行政單一窗口化幾希？還有，它是否「承諾得多，實現得少」？誠如 2001 年諾貝爾經濟學獎得主史迪格理茲所云：「我們的經濟和政治體系裡，政府承諾會去做的事和實際做到的事，兩者天差地遠到了不容忽視的地步」。（羅耀宗譯，2013: 20）不過，筆者以為流程再造中單一窗口化這個願景工程，確為行政改革帶來重要且有意義的方向，尤其是組織內部的作業程序革新，更要朝此方向努力，至少它對打開便民之窗應有不小的助益。

柒、賦權授能 (empowerment)

　　權力 (power) 是使組織得以持續運作、永續經營的能源。賦權授能 (empowerment) 即意指：上級或管理者將其權力或權限下放給下級、部屬或社會部門，讓其有權去處理事情。為什麼要賦權授能呢？根據夏福利茲、羅素和薄立克的看法，此乃來自於權力的弔詭性：管理者將自己的職權轉移給下屬，反而使自己擁有更強大的權限。意即，管理者將自己的權力轉移給部屬成員，表面上看似削減自身權力，然而實際上卻代表自己擁有更多更大的決定權，因而獲得了更具生產性權力 (productive power)，它成為一種達成組織目標所必須的力量。(Shafritz, Russell, & Borick, 2007: 314–315) 反之，若管理者固守自己的權力，不願意將權力下放，意指他不信任部屬，處處想管，卻處處都管不好，易成為一位不適任的主管。再者，只有在充分賦權授能的氛圍中，人們才願意釋放熱情與天賦努力以赴。

　　此種權力的弔詭性如同「預算」運作的道理。在過去傳統裡，管理者若在該年度裡沒有將預算用盡，必將遭受上級處罰，其中最典型的懲罰方式就是將剩下的預算繳回國庫並重新分配，且以上一年度決算數刪減該組織下一年度的預算額度。這種方式逼迫管理者會想盡辦法花完當年度所有預算，不僅浪費金錢，亦導致組織無法撙節成本以創造更佳的生產力。基此，賦予管理者預算的自主控制權，亦成為美國推行企業家型政府的要點之一。(Shafritz, Russell, & Borick, 2007: 315)

　　尤其是，自 1980 年代以來，多數管理方法皆強調讓員工投入 (employee involvement) 及公共參與 (public participation)，有許多透過發展或賦權給個人、工作團

隊或外部單位以改善組織彈性的新管理方法，如雨後春筍般出現。在以團隊為基礎 (team-based) 的管理途徑中，皆假定團隊能夠提供員工個人發展、專業能力成長與自我表現 (self-expression)、達到工作滿意 (job satisfaction) 的機會，這在傳統層級節制下是做不到的。另外，組織將權力轉移給民間部門來做，亦有助於化解民主政治的「不可治理」(ungovernability) 危機，因為公眾參與、理解、信任與同心協力，才能減少政府機關「做得更多，感覺更糟」(doing better, feeling worse) 的落差。由此可見，「賦權授能」最起碼將使組織不再需要更多層級的監督、控制，有助於解放傳統僵化、無效率的官僚體系，並使基層人員或服務的遞送者擁有一定的裁量權，得以快速回應並滿足顧客需求。

林肯總統曾言：「幾乎人人都經得起逆境考驗，但若想測試一個人的品格，就給他權力。」權力的授予固然可以考驗人之品德，但是權力更重要者是為個人、社會與國家創造更多的福利。如同上述所論：權與錢的運用是同一的邏輯。聖經《馬太福音》的一段話：「凡有的，還要加給他，叫他有餘；凡沒有的，連他所有的也要奪去。」所以有權力者並非緊握權力不放，而是善用它，讓有權者更為有權。當權力下放，它就會越趨靈活，越得到認可，越形成一個良性循環。不過要注意的是，當權力下授後，授權的對象是否能夠自主而負責，若是權責不能相稱，賦權授能的美意恐要落空。

捌、企業家精神 (entrepreneurialism)

雖然哈默爾 (Gary Hamel) 和布林 (Bill Breen) 在《管理大未來》(*The Future of Management*) 中曾說：「假如你曾在大型組織待過一段時間，你就會知道，要大型組織具有靈活的策略、不斷創新、成為一個樂在工作的地方，就好像是要狗跳探戈舞一樣，狗有四條腿，跳舞不是牠們天性的一部分。」(廖建容等譯，2007: 13) 套句俗話說：「別在稻穀堆（大型官僚組織）中找麥粒（創新）」。(陳玉娥譯，2012) 可是 IBM 前總裁葛斯納 (Louis V. Gerstner Jr.) 另有其高見：「大象是不是贏過螞蟻，並不是問題。某隻大象會不會跳舞，這才是問題。要是牠會跳舞，那麼螞蟻最好離開舞池」。(羅耀宗譯，2003: 278) 所以到現在為止，我們依然殷切期盼在大型的官僚組織能夠找到「會跳舞的大象」，致力在現有的公共組織上插上一雙「創新的翅膀」。

「企業家」(entrepreneur) 一詞，最早起源於十九世紀初法國經濟學家薩伊 (J. B. Say)。按薩伊所言，企業家並非專指私部門的從業者，企業家是能夠轉移低產值的經

濟資源至較高生產力領域，並獲得較大收穫。（洪聖斐、郭寶蓮、陳孟豪合譯，2008：394）杜拉克亦云：「企業家就是把資源從低產能與低產量的領域，轉移到高產能與高產量的領域的人。」（王平原譯，1996：142）換言之，「企業家精神」也就是在應用創新的方法使用資源，以使生產力及效用極大化。此外，依現代企業家精神思維之父熊彼得 (Joseph A. Schumpeter) 對企業家精神的見解，亦強調企業家應具備「創新」(innovation) 的精神與能力，將原來的生產要素加以重新組合，在不增加各項生產要素數量的前提下，能創造新的產業機能，以因應市場的需求與挑戰。由於企業家精神並非象牙塔中的製品，而是多重環境衝擊下的挑戰之回應。假如組織中欠缺企業家精神，會驅使組織走向衰退的開始。

相對於企業，公共組織亦面臨了稅收短少、自然資源匱乏、公共需求增加及外在環境改變的困境，此時政府所擁有之企業家精神的品質與深度，就決定了其競爭力的高低。杜拉克曾說：「只要組織中存有鼓勵企業家精神的機制，任何人都可以成為企業家；反之，若組織中盡是誘發官僚行為的制度，任何企業家也會變成僵化的官僚。」因此，行政學者和政府官員建議將企業家精神引進公部門，主張公部門應由一群富有企業家型的高階主管 (entrepreneurial executives) 或企業家型官僚 (bureaucratic entrepreneurs) 所組成。（孫本初，2005：33-34）

依夏福利茲、羅素和薄立克所言，企業型官僚在組織中應扮演改革領導者的角色，致力於轉變整個組織文化，而其行動與決策是由目標和使命所引導，他們懷抱理想並且積極革新，能夠塑造願景，然後將之轉化為具體的事實。(Shafritz, Russell, & Borick, 2007: 316) 就此觀之，企業家型領導者在「創新」之前，還必須具有「願景」與夢想。

波斯灣戰爭的勝利帶給老布希總統前所未有的超人氣，在一年半後的總統大選要贏得連任似乎如囊中取物般容易，但他最後還是在選戰中打了敗仗，問題出在哪裡？搖搖欲墜的經濟不足以解釋老布希敗選的原因，更大的致命傷在於「缺乏願景」。老布希選擇做一個守成者，而沒有事實顯示，他利用軍事勝利的契機，能為選民勾勒國家的新願景，最終美國人民當然也利用選票告訴老布希，「願景」的重要性。（陳俐雯、黃志蘋合譯，2004：27-28）

與老布希完全相反的例子是迪士尼 (Walt Disney)，他在一塊距離洛杉磯市區遠得不能再遠、面積又不算太大的土地上，勾勒出「迪士尼主題樂園」的影像，然後將腦

中的幻影化為真實。在迪士尼主題樂園開張後不久的某天，迪士尼獨自一人坐在園內位於奇幻世界和明日世界的長椅上，眺望天際，若有所思，一位在樂園工作的女士經過，詢問迪士尼在看什麼？「我的山啊！」迪士尼回答，同時用手指指向空蕩蕩的遠方。幾年後，「馬特洪峰滑雪場」(Matterhorn) 落成了，至今這座小型阿爾卑斯山依然矗立在迪士尼主題樂園的天邊。（陳俐雯、黃志蘋合譯，2004: 28–29）

迪士尼與老布希是兩個明顯對比的例子。對於沒有願景的人而言，未來只是過去的循環。沒有願景，就談不上創新、改變，也不會進步；有願景的人可以看見未來的景象，把這個影像當作藍圖，用今天的素材建造出更好的明天。迪士尼能用心眼而非肉眼觀察，見人所未見，才能創造出新奇、有趣、有創意的東西——此無非是企業家精神的最佳例證。唯有具有願景的人，才能真正配稱為領導者，並且真正有能力改變世界。（陳俐雯、黃志蘋譯，2004: 26, 31）

一般而言，說明企業家的特質不外乎：1.找出組織的弱點或缺失，調整因應作法，賦予個人新的願景；2.深諳機會不是常來敲門，當機立斷，善加運用機會與資源，大膽出擊；3.願意承擔風險，刻意貶低官僚體系與政治的障礙；4.採取行動，重視劍及履及的實踐，並檢視結果。（洪聖斐、郭寶蓮、陳孟豪譯，2008: 28）

誠如史東 (Deborah Stone) 所言，凡是帶領我們走出命運領域進入控制領域的故事，總是充滿希望，並透過它們的希望，喚起我們的支持。（Stone, 1997: 145；朱道凱譯，2007: 199）然而實際上，官僚企業家卻有其幻覺和隱晦的一面。著名的案例是1994 年位於美國加州南部，擁有 260 萬人口，全美最富裕的郡政府之一橘郡突然宣告破產。該郡的財務官席特龍 (Robert Citron) 主持財務長達 24 年之久，在股票市場如日中天時，席特龍精準地投資公債及衍生性商品，並從中獲得優渥的利潤，自 1970 年代後期，該郡預算的主要部分都由這些投資獲利來支應，許多攸關投資的規定也因之而鬆綁。對該郡的政府官員而言，有這麼穩定的且來源不絕的投資收益可供花用，難免會自我感覺良好。然而，自 1994 年起，席特龍的投資策略失靈，導致了 16 億多美元的損失。1996 年，席特龍被判入獄一年並罰款 10 萬美元。（Shafritz, Russell, & Borick, 2007: 317–318；馬國泉，2006: 1）從席特龍的案例裡，政府再造所歌頌的企業家精神，還是難脫成敗論英雄的輪迴，所謂成者為王，敗者為寇。官僚企業家雖可期待，卻會像手中的流沙，不易掌握。

至於迪士尼呢？當《米老鼠》、《白雪公主》、《木偶奇遇記》、《小鹿斑比》、《幻想

曲》等動畫卡通不斷推出時，迪士尼同時也變得更強勢、更嚴格、更不留情面、善變且無禮。「他可以把你吃掉。」一位員工回憶道：「他真的可以，而且吃乾抹淨！讓你覺得萬分渺小。」聽到員工嫌他冷漠，迪士尼刻薄地回道：「跟我沒有接觸，你們應該覺得很幸運；那些和我合作密切的人，才真的知道什麼叫地獄！」這才是迪士尼的真面目。（黃涵音譯，2012: 144–148）德菲喜 (Manfred Kets de Vries) 就曾以「最孤獨的遊蕩者」(the last lone ranger) 及「企業家精神的黑暗面」(the dark side of entrepreneurship) 來形容企業家的性格。（林金榜譯，2006: 192）

也許現代社會受到競爭力的影響，強調創新、願景與轉型，恨不得一記重拳打敗對手，獲得「贏家通吃」的勝利，但是一味地追求「創造性破壞」，可能會讓企業家精神走得過頭。其實，大凡人類的事務與決策要有成就，就要努力減低相對的不確定性，能深切察覺身旁的事物並加轉型，善加利用槓桿原理來持續操作，使之轉化為奠定後續改革的新能量。也就是說，把明確的願景轉化成持續的行動，並與他人合作共創雙贏，才是更安全、更有效的創新方式；而非經年累月都在舞動「變革魔法」，想和對手生死纏鬥。這是奇異公司前執行長威爾許改造奇異公司的基本戰略。（馮克芸譯，2006: 166–167）或許對公部門的官僚企業家而言，「當重大創新或發現浮現時，它不會像驟亮的燈泡，反像是歷經數十年累積最後才出現的高潮。」（曾沁音譯，2013: 273）變革必須要謀定而後動，並等待時機的到來。

第三節　組織的策略管理

在行政領域裡，策略管理已成為一門新興又獨特的課題。策略管理不但統合了組織活動，並成為實現目標的最高指導原則；策略管理也被看成是把組織裝備起來，以應付不確定未來的一種企圖。由於策略管理對組織未來發展的重要，不言可喻，所以茲就策略管理的意涵與理論，以及公部門實施策略管理過程加以扼要討論。

壹、策略的定義

何謂策略？一言以蔽之，策略乃是「結合思考與行動的妙謀」，它既是妙不可言的巧思，亦有發軔於行動的直觀之意。在古代，策略是指將軍用兵的技巧。意指指揮官在兩軍對峙時，利用地形地物，設計戰略戰術、構築障礙，並統合資源，以達克敵制勝。古代希臘神話故事——〈木馬屠城〉就是個典型例子。為攻打特洛伊城，希臘部

隊精銳盡出，經過十年屢攻不下，於是將軍阿加曼農 (Agamemnon) 採行奧德修斯 (Odysseus) 的建議，打造一隻巨大的木馬，佯裝是送給特洛伊的和平禮物，實際上卻在木馬的空肚子暗藏希臘的戰士。特洛伊人把木馬拉進城，希臘士兵趁夜偷襲，裡應外合一舉攻下這座城市。奧德修斯乃被譽為偉大的軍事戰略家。另在希臘的神話故事中，薛西弗斯 (Sisyphus) 因為冒犯天庭法規而被降到人世間，每天都要狠勁地把一塊巨石推到山頂，但到了傍晚巨石又會自動地落下來，於是他第二天又要重複地把巨石推上山。日復一日，都受同一折磨。由此可見，策略的重要，一個很容易找到問題解決出口，另一個卻一籌莫展、無計可施。

　　將策略運用於現代組織，是指組織面對未來的機會與威脅，研擬可行的願景，把握優勢，發展獨特的方案，結合核心過程與資源，以達成目標或戰勝對手。誠如昆恩 (James B. Quinn) 所說：「有效的策略，是圍繞少數幾項重要觀念和動能，使其得以集結、均衡和聚焦，並成為對抗聰明對手的定位意識 (sense of positioning)」。(Mintzberg, Ahlstrand, & Lampel, 1998: 92) 納特 (Paul C. Nutt) 和貝寇夫 (Robert W. Backoff) 亦云：「策略是透過產生可引導性的行動計畫、手段、立場與觀點，以創造一個組織的焦點、一致性與目的」。(林鍾沂、林文斌譯，2003: 178) 甚至根據史達林的看法，策略和規劃非常的類似。所謂規劃是指一個組織對於如何達成其想要的目標所作的推理，它的本質在於看清未來的機會和威脅，期以現在所做的決策來開拓機會或對抗威脅；而策略的基本要義，即在整合組織目標、政策、計畫、資源和方案，成為一個具凝聚力整體的形態。(Starling, 2008: 207–208；陳志瑋譯，2015: 232–234)

　　然而，上述簡單的定義雖可以幫助我們瞭解策略的要義，卻無法引導我們深入不同的內涵，因此以下的論述，將聚焦於著名組織理論兼策略學者明茲伯格、亞斯蘭 (Bruce Ahlstrand) 和藍佩爾 (Joseph Lampel) 從多元角度對策略管理的介紹，俾對策略理論有更為深刻的認識。

貳、明茲伯格等的見解

　　明茲伯格、亞斯蘭和藍佩爾在《策略巡獵：穿越策略管理動物園的藍圖》 (*Strategy Safari: A Guided Tour through the Wilds of Strategic Management*) 一書，認為把策略描述為「高階管理階層為達到符合組織的使命和目標所擬訂的計畫」，並非恰當的形容。事實上，對於策略的瞭解必須從「5P」著手。(林金榜譯，2003: 40–46；

Mintzberg, Ahlstrand, & Lampel, 1998: 9–15）

1. 策略是種計畫 (strategy as a plan)：策略強調未來性和方向性，是在尋找未來的指引或行動方針。

2. 策略是種模式 (strategy as a pattern)：策略是透過不斷地嘗試錯誤或模仿過程，針對過去的行為模式加以學習改正。

3. 策略是種定位 (strategy as a position)：策略是執行與對手相異而有效的定位行為，尋找產品在市場中的特殊利基。

4. 策略是種視野 (strategy as a perspective)：策略是一種前瞻未來的願景塑造。

5. 策略是種布局 (strategy as a ploy)：策略是種設法打敗敵人或潛在競爭者的巧思技倆。

　　隨後，明茲伯格等借用「瞎子摸象」的寓言，認為眼盲的缺陷雖看不見事物的景緻，但他的其他感官卻異常敏銳，能夠發現常人不易察覺的事物，若能將其獨到的部分看法，有效地組合起來，就可瞭解事物的大致圖像。於是，他們又將策略管理的「5P」擴大為 10 大學派，說明其要義如下：（林金榜譯，2003；Mintzberg, Ahlstrand, & Lampel, 1998）

　　1. 設計學派 (the design school)：策略形成是構思的過程 (a process of conception)。透過 SWOT（優勢、劣勢、機會、威脅）分析，試圖在內在潛能和外在可能之間，找到一種相稱或搭配的境界，從而成為整個視野。

　　2. 規劃學派 (the planning school)：策略形成是正式的過程 (a formal process)。藉由正式的程式設計或方程式，預測未來並做好準備。基本上，策略規劃就是一種策略的程式設計 (strategic programming)。

　　3. 定位學派 (the positioning school)：策略形成是解析的過程 (an analytical process)。在市場是競爭和效率觀點下，利用少數幾項關鍵方式，如減低成本、差異化，成長力／占有率來對抗聰明對手。

　　4. 創新學派 (the entrepreneurial school)：策略形成是願景的過程 (a visionary process)。提昇視野的層次，與想像和方向感聯繫起來，來實現熊彼得所云「創造性破壞」(creative destruction)。

　　5. 認知學派 (the cognitive school)：策略形成是心智的過程 (a mental process)。策略者應走出認知的混淆過程 (confusing processing)，從資訊處理過程 (information processing) 到繪圖過程 (mapping)，以至概念的獲得 (concept attainment)，最後產生屬

於他自己的解釋性架構 (construction)。

6. 學習學派 (the learning school)：策略形成是隨制應變的過程 (an emergent process)。策略的發生是在行動與思考的交界處，唯有策略者採取行動，經由反思和改正，策略才能逐漸臻於正確。

7. 權力學派 (the power school)：策略形成是交涉的過程 (a process of negotiation)。強調透過權力和政治力的運用，和不同利害關係人談判、交涉，以利於特定利益的實現。

8. 文化學派 (the cultural school)：策略形成是集體的過程 (a collective process)。形塑如主管的決策風格、主流價值、神話、變遷態度等，為日後處理危機或應付挑戰的基本認同和行為模式。

9. 環境學派 (the environmental school)：策略形成是反應的過程 (a reactive process)。環境是「發號施令的指揮者」，如同孩童時所玩的「大風吹遊戲」，產生組織不同的全新的組合。專業化、彈性化、制度同形論 (institutional isomorphism)，乃為組織逆境求生之道。

10. 構形學派 (the configuration school)：策略形成是轉型的過程 (a process of transformation)。就形態學而言，構形理論強調兩種主要面向：一是形態 (configurations)，指的是組織與其周遭脈絡 (context) 的狀態；另一是轉型 (transformation)，即為蛻變的過程。組織必須隨著時間而有所改變，好比馬匹拉著馬車前進一樣。

在探討策略管理的十大學派或理論時，其實明茲伯格、亞斯蘭和藍佩爾亦深知策略管理本質上充滿著弔詭與矛盾，例如思考對照行動、分析對照直覺、創新對照定位、環境決定對照選擇意志、計畫謀算對照創意浮現，尤其是應該結合「深思熟慮的策略」(deliberate strategy) 和「隨制應變的策略」(emergent strategy)，才能發揮策略管理的綜效 (synthesis)。所以明茲伯格認為策略與其說是規劃出來的 (planned)，不如說是雕琢出來的 (crafted)。他道：「策略無法規劃卻能精心雕琢，整個程序猶如工匠在捏陶土，他或她將雙手伸入陶土當中，然後全神貫注於塑造陶器的外型，唯心胸開放，準備隨時接受突如其來的靈感，並一直在調整其作品的雕琢，直到一切都感覺順意才停手。在這個過程裡，策略的構思和成形以及執行是無法分開的；它們彼此交錯糾纏，均屬同一個持續不斷的調整程序。」（蔡宏明譯，2009: 76-77）

對於明茲伯格等學者的策略管理理論，筆者在此做個簡評。策略管理看似簡單卻是複雜難捏。在認識論上，懷德海 (Alfred N. Whitehead) 曾云：「追求簡單，但要質疑它」（林金榜譯，2009: 480），愛因斯坦亦言：「科學理論應該儘可能簡單，但不能過於簡單」，這些觀點固然提供了知識建構的有用提醒，但在實際的策略管理上，誰能夠解決「對立的兩難」(the dilemmas of opposites)，誰就會是策略的勝出者。誠如哈特 (Stuart Hart) 所說的：「績效優異的公司，似乎比較能在策略制定時融合互異的參照架構，這些參照架構的性質同時是可規劃的 (planful) 卻又漸進的 (incremental)、指令式的 (directive) 和參與式的 (participative)、控制的 (controlling) 和授權的 (empowering)、富有願景的 (visionary) 和注意細節的 (detailed)」；又如費茲傑羅 (F. Scott Fitzgerald) 所云：「檢驗第一流智商的標準，就是看受試者是否有能力同時抱持兩種不同想法，卻又能維持正常運作。」（林金榜譯，2003: 53）明茲伯格的策略管理雖提出十個學派，其實更希望我們能夠突破上述的兩難找到策略管理的實踐智慧。亦如韓第所言，我們必須設法使弔詭變得有意義，並善用弔詭以建立更美好的未來。（周旭華譯，1995: iii）

參、公部門的策略管理：摩爾的策略三角

近年來，私部門競相採用並探討策略管理，惟在公部門上較少涉及與被討論。也許是公部門須依法行政和涉及多元利害關係者的緣故。惟行政可以借用私部門的策略管理作為搭橋的工作，在講究法治和多元需求下，思考未來發展定位，尋找未來的目標，依據策略來匯聚資源並強化重點工作，以累積差異化成果。

摩爾 (Mark H. Moore) 撰寫《創造公共價值：政府中的策略管理》(*Creating Public Value: Strategic Management in Government*) 一書，就是試圖為公部門實施策略管理打開一條可行的通道。對摩爾來說，公部門策略管理是指政府在社會中的角色，不應只是規則設定者、服務提供者和社會安全網，而應是公共價值的創造者以及（政治的、經濟的、社會的和文化的）公共領域的積極形塑者；政府的管理者也不只是向內看的官僚書記員和對政治主管負責的被動服務者，而應以「無止境追求價值的想像」成為公共資產服務者 (stewards of public assets with "restless value-seeking imaginations")，協助政府發現有那些事情可以做，並對使用者和顧客確保回應性的服務。而公共管理者需要培養的技術，不再依賴組織例行慣例之一致而可靠的程序，而是促進政府變得更能適應實體和社會環境的改變，以及符合變動中的需求和政治期待。所以「創造公共

價值」的策略管理，亟需在公共政策的發展過程中，經常與其他行為者和利害關係人進行共同協力，促進公共利益的合理選擇，進而正當化、活化和導引方案的執行，為民眾福利帶來改善的結果。(Benington & Moore, 2011: 3-5)

　　作為管理的想像 (managerial imagination)，摩爾指出，一個自覺成為公部門公共價值創造的策略管理，應該做到下列三者的整合：1.實質地判斷什麼是有價值的和有效益的成果；2.診斷政治的預期會是什麼；3.切實計算組織運作能量有多麼可行。亦即，公共價值的創造需要去聯結三個不同卻又相互倚賴的過程：1.界定公共價值 (defining public value)：澄清和闡述在既定情況下，想要達成的策略目標和公共價值成果；2.創造授權環境 (creating the authorizing environment)：建構和維持來自公部門、私部門和第三部門利害關係人的聯盟（並不侷限於選舉的政治人物和任命的主管），以獲取必要的支持，維繫必要的策略行動；3.建構運作能力 (building operational capacity)：運用和動員組織內外的資源（財政、人員、技能和技術），來達成希冀的公共價值成果。(Benington & Moore, 2011: 4) 於是摩爾把想像公共價值成果、創造政治授權環境與建構組織運作能量三者形容為「公共價值的策略三角」(the strategic triangle of public value)。(Moore, 1995: 22) 如圖 4-10 所述：

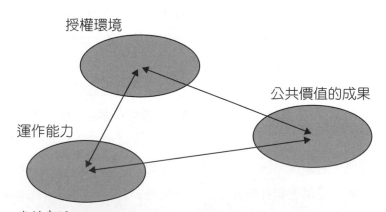

資料來源：Benington & Moore, 2011: 5.

圖 4-10　公共價值的策略三角

有關「公共價值的策略三角」之內涵，摩爾特別引申如下：

一、想像公共價值成果

昔日公部門的特點，在於所謂的「依法行政」，著重維持並改善組織的既有運轉。相對而言，策略管理者必須是位探索者，承受足以改變組織的角色、功能和價值。他們必須能夠發現、定義和創造公共價值，根據情況的變化，做出組織職能和行為的調整。再者，願景描繪不僅是策略者從一種新的視野來看待事物，也要讓其他人能從相同的視野來看待事物，並將之轉化，乃至聚焦於顧客的服務與民眾的滿意上。是以摩爾說到：「政治對公共價值的最終評判，就像是私己的消費決策對私價值的最後判斷。」(Moore, 1995: 38)

二、建構政治支持與正當性

公部門策略管理的另一要項，便是建構支持與正當性，此即摩爾所稱的「政治管理」(political management)。政治管理之首要條件，毋寧是公共管理者為達成負責的公共目的，除直接使用權威外，須經所授予的權限及相關的協助，為管理者本身、政策或策略，營造寬容、支持和友善的氛圍。(Moore, 1995: 113)

為達成此一目的，摩爾提示我們應該考慮五項重點工作： 1.何以公共管理者需要費心地和那些不受直接權威管轄的人士交涉並影響他們； 2.瞭解採行政治管理的不同系絡和形式； 3.詳列帶給管理者、政策和組織策略正當性和支持的重要參與者； 4.理解和考量對行動權限極具影響力之不同參與者的利益； 5.體認授權環境的動態以及情勢的變化。(Moore, 1995: 113)

繼而，摩爾指出動員支持、建構正當性和從事合產 (coproduction) 是政治管理的功能；倡導、協商與領導，則為政治管理的技巧；公共審議 (public deliberation)、社會學習 (social learning)、行銷和策略性溝通是政治管理不容忽視的課題。(Moore, 1995: 105, 135, & 179)

三、實現組織能力

徒法不足以自行，再好的願景若欠缺執行力，也只是空有的理想。誠如葛斯納 (Louis V. Gerstner Jr.) 所言：「能夠預測天將下雨，不算功勞，唯有建造方舟，才值得嘉許。」（羅耀宗譯，2002: 266）為讓組織、公共管理者和行政體系各盡所能，首先，

摩爾認為執行組織須做好以下的工作： 1.每一筆資源的花費都用在增進公共活動的數量或品質； 2.降低維持目前生產水準所需的成本（就金錢和權威而言）； 3.促使公共組織更能認清與回應民眾期待； 4.加強公共組織運作的公正性； 5.提升組織不斷的回應與創新能力。其次，公共管理者應致力於下列五大要點： 1.為特定顧客提供具體的產品、服務和責任；並決定在遞送產品、服務和責任時該有的績效，以回應組織主管的要求。 2.設計讓產品、服務和責任得以順利生產的特定運作流程。 3.運用並調整組織的行政體系，深化結構、政策制定過程、人事系統和管控機制，以達成良好績效。 4.記住創新的效應會在組織目標實現時，影響組織內外的交涉能力。 5.決定政治授權的環境需要有多少的和何種的創新才是適當。(Moore, 1995: 211–213) 最後，行政體系的落實應在於： 1.建構組織並運用其權威、責任和課責領域（組織結構）； 2.設立檢核關鍵性政策決定的組織與審議過程（策略規劃過程）； 3.界定政策、方案和組織間的主要程序（組織技術）； 4.甄選、訓練、評估、獎酬和陞遷組織員工（人事體系）； 5.發展並報導有關組織資源、活動層次和績效成就的資訊（管理資訊與控制體系）。(Moore, 1995: 226–227)

平實而論，摩爾的策略三角是以新公共管理的角度出發，務實地看待策略管理在公部門的運作。對公部門的影響： 1.他使用了「政治市場」(the political marketplace) 的觀點，並以政治市場的「集體顧客」(collective consumer) 取代「我們公民」(we citizens)，強調對顧客服務及其滿意度。 2.他將公共價值變成時髦用語，創造價值、看見價值、價值鏈等，要比公共利益好用多了。昔日鄧小平曾言：「不論黑貓白貓，只要會捉老鼠的就是好貓。」反正公部門的運作只要能合乎民眾的利益，就算在創造公共價值了。不過摩爾對此重申：「公共價值若只在乎創造公部門的管理，以生產有價值的成果是不夠的，它還必須顯示：所獲得的成果是值得的；並且能以私人的消費成本和不受限制的自由來生產。也唯有如此，才能確信公共價值已被創造出來。」(Moore, 1995: 29) 3.嚴格說來，摩爾所汲汲建構的「創造公共價值」的策略管理，其實只是昔日艾立森 (Graham Allison)「一般管理功能」的現代版。為什麼？相較於其他學者提出管理的複雜模式，艾立森曾經言簡意賅地指出一般管理的主要面向有三： 1.建構策略：設定目標及排定優先順序、設計可行的運作計畫。 2.管理內部要素：組織、甄選與指揮人員、人事管理系統與控制績效。 3.管理外部顧客：與同行組織、獨立組織以及媒體和民眾建立公眾關係等。(Allison, 1982: 17) 若將摩爾和艾立森模式對照比較，想像

公共價值成果即可看成是建構策略；爭取支持與正當性約等同於管理外部顧客；實現組織能力便是管理組織內部要素。這樣的比較並無詆毀之意，也沒有穿鑿附會。只是就思維架構而言，反映了英雄所見略同，有時再偉大或迷人的架構，可能只是如出一轍的細緻安排而已。

肆、公部門策略管理的「普世智慧」

關於公部門的策略管理除了摩爾的論述外，我們尚可援引其他學者的觀點並綜合其分析，以得到整合性的理解。例如柯克 (Richard Koch) 把策略形容為「保險桿貼紙策略」(bumper-sticker strategy)，認為策略管理必須具備四項要素：1.它必須有別於其他競爭者的策略；2.它必須有某些價值可以被社會或全世界期待；3.組織的核心能力必須能夠支持這個策略；4.它必須要特別加以組織，以期能履行這個策略，而且要非常堅定地執行它。（蔡宏明譯，2005: 98）

另外，普哈拉 (C. K. Prahalad) 和哈默爾提到「組織能力的動態」(the dynamics of organizational capabilities) 時，也認為組織的策略管理會涉及三個基本觀念：1.核心能力 (core competency)：競爭優勢為深植於一家公司產品背後之核心能力，猶如一棵巨大樹木的「根部」。它是「組織的集體學習，特別是協調各種生產技術，以及整合多重繁複科技趨勢」的必然結果。有三種測試方法可以用來確認一家公司是否擁有核心能力：首先，這些核心能力足以提供進入多樣化市場之可能管道（跨越）；其次，最終產品是能對客戶利益做出傑出的貢獻（卓越）；第三，產品應該很難被競爭對手模仿（穿越）。2.策略企圖 (strategic intent)：策略企圖不只是雄心勃勃而已，這項觀念同時也包含了一種積極的管理過程，主要有：把組織注意力全心灌注於勝利的本質；藉由傳達目標的價值觀來激勵組織成員；讓個人及團隊有能夠發揮貢獻力的空間；當外在環境改變時，透過提供新的作業說明來維繫熱情；並以一致性的企圖心來指導資源的分配。3.延伸與槓桿 (stretch and leverage)：以組織擁有的豐富資源，去做更多更有意義的事情，或學習在有限的資源基礎上發揮以小博大的槓桿作用。(Mintzberg, Ahlstrand, & Lampel, 1998: 213–220；林金榜譯，2006: 303–310)

當通盤瞭解明茲伯格、摩爾、柯克、普哈拉和哈默爾的基本分析後，其實要辨識公部門策略管理的核心過程，並沒有想像中的困難。(cf. Starling, 2008: 235–247) 筆者以為公部門的策略管理過程大致可以定義描繪如下：

1.體察環境的變化，並使環境成為有意義的行為作用：有感於「改變在發生」，我們才能看到身處環境的問題與機會。所以成功的組織會持續而有系統地監看內外的周遭環境。緬懷過去，未能體察環境的變化，對組織而言，好像是死抱著天上掉下來的禮物，而忘了也有可能是讓它倒地不起的一記重擊。史默齊克 (Linda Smircich) 和史塔巴特克 (Charles I. Stubbart) 兩人根據環境的作用，將環境分為三類：(1)客觀的環境 (the objective environment)：這項概念假設「組織」是被一個擁有具體而獨立存在的實體環境所包圍，認為環境的存在是具體、客觀、獨立、既定、且即將發生的，對於環境的分析只伴隨著去發現那些早已存在並等待被發掘的事物。(2)感知的環境 (the perceived environment)：這並非意謂著環境的觀念有任何改變，它仍然是真實、實質、具體存在的，只不過是每個策略制定者因為有其獨特個性，而對環境有不同的認知，甚至發生認知上的偏差。(3)能動的環境 (the enacted environment)：它是就詮釋的觀點而言，所謂客觀的環境根本不存在，組織和環境只是活動型態的簡便劃分，環境是來自人類的行動，以及隨之而來，為使其行為有意義而應用其心智的結果。我們會藉由聯想將環境和行動結合並發生關連。對制定策略而言，能動的環境才是讓行動產生意義的識別關鍵。(Mintzberg, Ahlstrand, & Lampel, 1998: 169；林金榜譯，2006: 243-244) 也就是說，能動的環境讓我們活在環境上，而不是讓環境吞噬我們。

2.涉及利害關係人：公部門與私部門在策略管理上比較顯著的差異，就是公部門要與多元的利害關係人接觸和交涉，從不同的利益、議題與承諾中匯集起來，再定位自己並發展未來。這是上文摩爾一再重申授權環境與爭取支持的用意，亦為明茲伯格權力學派重視與利害關係人交涉的要義。

3.建構使命宣言與發展圖像：無疑地，建構使命宣言及描繪未來圖像是策略管理的最重要活動。誠如歐斯朋 (David Osborne) 和蓋伯勒 (Ted Gaebler) 所言：「擬定出一個機構的基本使命，是一個有力的過程，成員可從不同假定、不同觀點辯論出組織的根本任務。若行之得宜，它可以從上到下帶動整個機構，也可以幫助每個階層的人員決定該做什麼，及不該做什麼。」(Osborne & Gaebler, 1992: 130-131；劉毓玲譯，1993: 160) 韓第亦云：「生活，應假定自己明天就要離世；但作計畫時，卻要假定自己會長生不老」。(周旭華譯，1995: 235) 惟就期限言，策略管理會折衷長期與短期的策略，以未來三至五年為期程，為組織從事策略性發展與績效考評。

4.結合目標、活動、核心過程與資源，並發揮延伸和槓桿作用：柯林斯 (James C.

Collins) 和波瑞斯 (Jerry I. Porras) 兩人在合著頗為暢銷的《基業長青》(*Built to Last*) 一書中提到，找到一位「準確報時的人」，還不如創造一個「準確報時的鐘」更有意義。他們呼籲建立一個具備願景卓識的組織（或過程），遠比仰賴擁有願景的少數領導人更為恰當。（林金榜譯，2006: 213–214）史達林亦言，真正成果導向的組織——無論是公部門組織、非營利組織或營利組織，均會持續不斷地致力於確保其平日活動能支持組織使命，並更接近策略性目標。換言之，一個組織的活動、核心過程以及資源必須緊密結合，以支持組織使命，協助組織達成目標。（Starling, 2008: 239；陳志瑋譯，2015: 259）所以，組織須虛心地檢查其結構、活動、預算與文化等，是否在努力地實現目標。亞里斯多德說過：「當你的天賦才能與世界需求交會之處，就是使命所在」。（殷文譯，2005: 81）既然組織的願景或使命須與組織的能力結合，組織就應該考慮建立一個傑出的運作系統。

5.創造效應導向 (effect driven) 的差異化成果：組織的成功並非一蹴可幾，而是要累積小勝為大勝，不斷創造勝利作為成功的循環。其次記取寶貴的教訓：有些看似不起眼的小成就，積累起來就會得到大成功；相對的，禍患必積於忽微。

6.績效考評：行動的結束就是評量的開始，所以策略管理亦應重視績效成果，作為日後改善的依據。（關於績效考評已於本章「績效管理」多所論述，於茲不多贅述。）

除了上述公部門的策略管理過程外，筆者以為成功的策略必須具備：關注未來的發展、匯聚資源的重點、擬定一致性的行動方案，和不達成功絕不終止的決心。魯梅特 (Richard P. Rumelt) 在《好策略，壞策略》(*Good Strategy, Bad Strategy: The Difference and Why It Matters*) 一書中的扼要指陳，可做為精要的補充。魯梅特寫道：「策略的核心內容應該是，在某種情況下，找出關鍵問題，設計協調一致且集中的應對方法；……有才能的領導者會從紛亂的情況中診斷出一兩個關鍵議題，做為支點，再將環環相扣的行動和資源集中在此，使所有的努力發揮事半功倍的效果」；至於好策略是什麼？他認為：「好策略能協助認清挑戰的本質，並提出一套克服挑戰的辦法。只具備萬丈雄心並非策略。而壞策略是用華麗空洞的詞彙高呼空洞的目標、企圖心、願景和價值觀，以掩飾無法有效指導的事實。因此，好策略有一個稱為核心的基本邏輯架構，包括三個要素：診斷、可行的指導方針，以及協調一致的行動。」（陳盈如譯，2013: 16–22）可見好的策略在於不僅找出關鍵的問題，訂定中、近程目標；更要在指

導方針的協助下，重視環節系統的運作，採取逐步而有規律的行動來實現，它有如圍城一般，抓住方向、緩步布局、累積成果、終能大局底定。

第四節　組織文化

當一個人沒有文化素養會被稱之為沒教養，一個國家欠缺文化也會被說成野蠻。足見強大且無形的文化力量對個人或國家有多麼重要。難怪著名組織文化理論學者雪恩 (Edgar Schein) 在 2010 年蒙特婁的管理學會 (Academy of Management) 會議上說道：「文化是社會中最強力的遊說者，如果你不遵循文化規範，可能會被關進監獄或精神病院。」（許瑞宋譯，2014: 241）對組織而言，文化代表著組織的生命力，是組織實體的靈魂，也是組織運作的心態。誠如前述柯維將組織文化比喻為個人心靈，一旦個人喪失靈魂，就像行屍走肉一般，組織失去文化，也會找不到自我的認同。可是在講究組織創新的今天，組織文化幾乎變成可憐的演員，下了臺又有誰會關心呢？

壹、組織文化的意涵

文化來自拉丁詞源，意為「耕作土地」。惟在大多數西方語言中，文化通常是指「文明」或者「對思想的提煉」。（李原、孫健敏譯，2010: 3）根據摩根的研究，文化是個現代的概念，用於人類學和社會的意識上，泛指「文明」和「社會遺產」，而且它不會早於 1871 年。日後學者們對文化的定義，大多出自於泰勒 (Edward B. Tylor) 的界說：「文化或文明……是指人作為社會的一員所獲得的知識、信仰、藝術、法律、道德、習慣，以及任何其他的能力與習性之複雜的整體。」(Morgan, 1997: 397) 此一定義大致吻合《辭海》對文化的定義：「人類社會由野蠻到文明，其努力所得的成績，表現於各方面的，包括科學、藝術、宗教、道德、法律、風俗、習慣等，其綜合體叫做『文化』。」

關於組織文化的研究，約可分為兩派陣營：一是純文化主義者 (cultural purist)，另一是文化的實用主義者 (cultural pragmatist)。就前者而言，組織與文化是不可分割的，組織即文化。組織的實體、作為、制度、決策風格與意義建構，同時向內、外不斷地傳達組織的整體意象。是以，符號管理成為組織不可或缺的一部分。例如美體小舖 (The Body Shop) 給人的整體印象，就是「透過授權代理商來經銷『綠色』化妝品」；而迪士尼傳達的文化意涵就是「有益於身心、充滿想像力的全家娛樂」。至於後者，則

將文化視為可操控的組織變項，使之符合組織績效、生產力或士氣營造等。建基在「手段—目的的觀念」上，組織的領導者一方面要彰顯固有的組織特性，另一方面要努力改善或改變文化的陋習和僵化，以迎向未來。

討論組織文化，一般均認為它多少反映組織創始者的構思與使命，並經長時間的演化，逐漸累積而成的行為互動模式。它有成員共同遭遇的回憶、彼此分享的認同、未來形塑的看法和擱置疑慮的作用等。根據雪恩的研究，組織文化大致來自幾個因素的接合：1.分享基本假定的型態；2.為一特定團體所發明、發現或發展；3.透過學習以處理外在適應與內部整合的問題；4.如其運作良好，會被視為有效；並能指導群體內的新成員；5.成為感知、思考及感覺相關問題的正確方法。(Schein, 1985: 9)

此外，依霍夫斯泰德父子 (Geert Hofstede & Gert J. Hofstede) 的看法，組織文化約有以下數個特徵：1.整體性：總體大於部分之和；2.歷史決定性：反映了組織的歷史；3.與人類學家研究的某些內容有關：如儀式和符號；4.社會建構性：被組織的一群人所共同創造和維繫；5.軟體性：儘管有些學者認為文化具有硬體的面向與作用；6.難以改變：即使不同作者對文化能夠改變的程度看法不一。（李原、孫健敏譯，2010: 302）

總之，組織文化極有可能是組織個人（在私部門尤其是開創者）延伸出去的影子，並經由日月累積醞釀的集體意識。當組織成員接受並承襲對世界或組織活動的詮釋時，組織文化的作用便會從中展開。而且在社會實體的建構 (the construction of social reality) 上，它允許我們以一特定的方式去觀察和理解特定的事件、行動、物我關係、言論或情境，有助於我們應付日後的變遷，以及提供有意識和有意義行動選擇的基礎。(Morgan, 1998: 132) 最後，組織文化並非靜止不動，它會隨著時間推移而有所改變，只是它的改變非常緩慢。摩根引用魏克 (Karl Weick) 的觀點，把組織文化的型塑和建構過程稱之為「能動的過程」(a process of enactment)。(Morgan, 1998: 134–135) 綜合上述，我們或可將組織文化簡單定義為：構成組織運作的經驗認知、情緒態度和價值信念，並為組織分享實際的能動 (the enactment of organization shared reality)。而有效的組織文化會讓我們重視以下三個問題的提問：

1. 何種分享的關係架構讓組織文化成為可能？
2. 它們從何處而來？
3. 它們如何被創造、溝通與維繫？

貳、組織文化的面向

根據雪恩的描述，文化可以分為三個層次，如圖 4-11 所示。

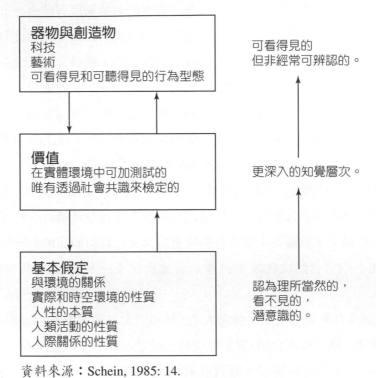

資料來源：Schein, 1985: 14.

圖 4-11　文化及其互動的層次

1.器物層次 (artifacts)：它是文化中最常見的層次，包括地理位置、技術產品、文檔、言談、藝術成品和成員的外顯行為等。惟成員不必然會體會這些器物，也不會經常質疑，僅是觀察。

2.價值層次 (values)：組織文化常起源於兩種過程的綜合：其一，當一個團體面對新任務和問題時，團體中的某人（經常是創始者）通常會對實際的性質以及如何處理抱持某種信念，並依此信念提出解決方案，如運作有效，即為團體成功分享，那麼該一信念就會涵泳成為團體的信仰和假定，而被習慣地接受。其二，這些信念透過社會確認 (social validation) 形成組織共識後，內化成為人際關係、權力行使、美的界定、減低不確定和焦慮的基本憑藉。組織就會更加珍惜，努力維持、持續要求並加實踐。

3.基本假定 (underlying assumptions)：當行為模式和價值在問題解決過程中再三呈現和不斷烙印，就會被視為理所當然，不再質疑和批判，因而成為內隱的、潛意識的 (preconscious) 和習焉不察的前提。

除了組織文化的層次外，組織文化所涉及的面向亦為探討組織文化的重要議題。根據雪恩的分析，組織文化的基本面向，可用表 4-2 加以說明。

表 4-2　組織文化的面向

面向 (dimension)	所需回答的問題 (questions to be answered)
組織與環境的關係	組織把自身定位為支配者、順服者、和諧者或利基找尋者？
人類活動的本質	人類行動到底採取支配－積極方式、和諧方式或被動－宿命方式？何種方式是「正確的」？
實際與真理的本質	我們對正確和不正確的決策如何界定？在實體和社會世界裡，真理最終是如何形成？透過實際檢證、倚賴智慧或社會共識？
時間的本質	何者是我們對過去、目前及未來所該採取的基本取向？何種時間單位與處理日常的事務最具相關？
人性的本質	人性是性本善、性本惡或中立的？人性是否有邁向完美的趨勢？
人類關係的本質	何種人際相處是「正確」的方式？權力與情感的正確分配是什麼？生活是種合作或競爭的方式？何者為表達個人主義或團體主義所組成社會之最佳方法？最佳的權威制度是屬專制－父權或互惠－參與的方式？
同質性與異質性	最優秀的團體被視為是高度異質性或高度同質性？個人在團體內是被鼓勵去創新或順適？

資料來源：Schein, 1991: 250.

再者，歷經三十多年，遍及七十多個國家和地區，經過不斷的反覆、擴展與驗證，霍夫斯泰德父子認為組織文化係屬「心智的軟體」(software of the mind)，構成面向主要有五：

1.權力距離 (power distance)：它指在一個國家的組織機構中，弱勢成員對權力分配不平等的期望與接納程度。

2.集體主義對個體主義 (collectivism versus individualism)：集體主義社會是指人們

自出生以後就融入在強大而緊密的群體當中，由群體為成員提供終生的保護，以換取成員對該群體的絕對忠誠。在個體主義的文化中，個人之間的彼此聯繫很鬆散，人們只照顧自己的生活及其核心家庭。

3.陰柔氣質對陽剛氣質 (femininity versus masculinity)：當情緒性的性別角色互相重疊時，即男性和女性都被認為應該謙虛、溫柔和關注生活質量時，這樣的社會被稱為陰柔氣質的社會。當情緒性的性別角色存在明顯差異時，男性被認為是果斷的、堅韌的、重視物質成就的，女性被認為是謙虛的、溫柔的、重視生活質量的，這樣的社會被稱為陽剛氣質的社會。

4.不確定性之規避 (uncertainty avoidance)：它指文化中的成員在面對不確定或未知的情況時，感到遭受威脅的程度。

5.長期導向對短期導向 (long-term versus short-term orientation)：長期導向，意謂著社會以培養和鼓勵追求未來回報為導向的品德，尤其是堅韌和節儉；短期導向，意謂著社會培育和鼓勵重視過去和當前的品德，尤其是尊重傳統、維護面子以及履行社會義務。

接著，霍夫斯泰德父子選用權力距離和不確定性規避兩種面向，並連結明茲伯格組織結構的構形分析（第一節已述），建構了圖 4–12 組織文化的五種類型。為節省篇幅，不再申述。

最後，霍夫斯泰德父子引用帕斯卡 (Blaise Pascal) 的話來形容文化的差異：「在此國為真理，到彼國則為謬誤。」（李原、孫健敏譯，2010: 265）依其觀察，「人之初的目標」在組織中的基本範式為，在美國：市場；在法國：權力；在德國：秩序；在波蘭和俄羅斯：效率；在荷蘭：協調一致；在北歐：公平；在英國：系統；在中國：家庭；在日本：國家。再者，研究文化者若無法體驗文化衝擊 (culture shock)，就好像練習游泳時沒有入水一般，文化雖然很難加以改變，但也應注意其變動發展。最後，文化需要相互的涵化。即使地球村 (global village) 來臨，我們還是要有更多聚會的「酒吧」，讓不同文化背景人士能相聚、聊天、對話、甚或辯詰，以促進彼此深層的認識。為此，霍夫斯泰德特別舉了一個例子。在 2003 年秋季，他們和四位學生來到倫敦一家酒吧，看到裡面有一位印度人和一位迦納人正在爭論到底他們應該如何幫助自己的國家。印度人認為每天拿出一英鎊來教育祖國的孩子，情況就會改觀；但迦納人認為給錢只會使情況更糟，唯一能做的就是讓自己接受教育。他們彼此爭論得面紅耳赤，卻

又願意相互傾聽，最後成為好友一起離開。所以即使地球村來到，組織文化的交流仍有賴設置更多的「酒吧」。（李原、孫健敏譯，2010: 295, 392）

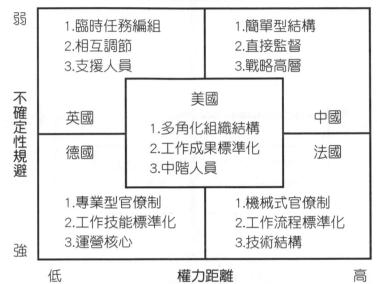

說明：根據明茲伯格的理論，並使用權力距離－不確定性規避
　　　矩陣，在每種組織型態中填上典型的國家。
資料來源：李原、孫健敏譯，2010: 270。
圖 4–12　組織文化的五種類型

參、組織文化的類型

其實，從上述的探討中，可以約略意識到組織文化的另一個主題，那就是組織文化的類型。關於組織文化的類型，多不勝舉。個人以為對組織文化的分類更為簡潔與實用的分析，要屬柯麥隆 (Kim S. Cameron) 和昆恩 (Robert E. Quinn) 的組織文化類型。如圖 4–13 所述。

圖中的一組構面是「彈性與自主」對「穩定與控制」(flexibility and discretion versus stability and control)；另一組構面是「內部焦點與整合性」對「外部焦點與差異性」(internal focus and integration versus external focus and differentiation)。在這兩組構

面的交錯下，組織文化被劃分為四種類型：家族型文化 (the clan culture)、階層型文化 (the hierarchical culture)、創新型文化 (the adhocracy culture) 和市場型文化 (the market culture)。（楊仁壽、卓秀足、俞慧芸著，2009: 135–137；*cf*. Daft, 2010: 342–346）

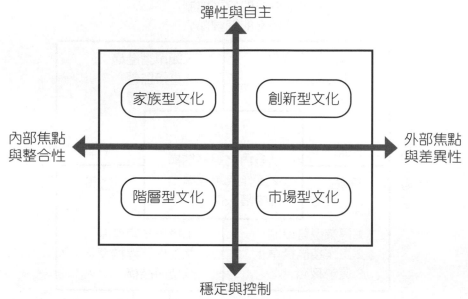

資料來源：楊仁壽等著，2009: 136；*cf*. Daft, 2010: 343.

圖 4–13　組織文化的類型

1. 家族型文化：它同時強調「內部焦點與整合性」以及「彈性與自主」；著重開放、和諧、支持及信任等價值。組織就像大家庭，為成員提供分享事物的友善地方，領導者如同良師、父母一般，在團隊合作、參與和共識的運作下，深信組織的成功來自顧客認同與員工忠誠。

2. 階層型文化：此種文化的特性強調「內部焦點與整合性」以及「穩定與控制」。重視正式化和結構化，講究控制和權力，效率和穩定為其主要價值。透過標準作業程序、依規章行事，俾使所有事情可靠、準確和順暢。

3. 創新型文化：係一種無固定結構的管理方式，能發揮組織的積極性和彈性。在強調「外部焦點與差異性」以及「彈性與自主」下，創新、開放、追求挑戰、企業家精神等為其主要價值。

4. 市場型文化：此種類型強調「外部焦點與差異性」以及「穩定與控制」。以成果

為導向，追求績效目標與具競爭力。組織不但要具內部凝聚力與貫徹力，還要擁有外部市場占有率、成長率和獲利率。

誠如上述，有關組織文化類型的論述不勝枚舉，再多的討論也討論不完。為節省篇幅，僅著眼於組織成員個性之微觀分析略加敘述。韓第在《管理的神祇：變動中的組織工作》(*Gods of Management: The Changing Work of Organizations*) 一書中即開宗明義地指出：「組織總是需要各種文化兼容並蓄，才能執行不同的任務。而每種文化都必須瞭解和尊重其他文化的做事方式。」在該書裡，他歸納了四類的組織成員特性，並以希臘神祇加以命名。分別是宙斯型 (Zeus)、阿波羅型 (Apollo)、雅典娜型 (Athena) 和狄俄尼索斯型 (Dionysus)。（羅耀宗譯，2006）

1.宙斯是眾神之王，用雷電（震怒的時候）和大灑黃金（想引誘人的時候）的方式，威震奧林帕斯山。神和人都怕祂、尊敬祂，偶而愛祂。祂代表大家長的傳統，不理性裡卻常表現出仁慈的一面，衝動但散發著領袖魅力。回顧歷史，在小型創業的組織最容易看到這種文化。這種文化性格是以蜘蛛為中心，祂的線向外擴散輻射且彼此環繞，代表權力和影響力。它是屬俱樂部文化，講究信賴，器重個人，願意讓人放手一搏，並會酬賞努力成就，但是一旦出錯，當事者非走路不可。

2.阿波羅是秩序的維護者。假定人是理性的，每樣事情都能夠且應該分析得井井有條。組織的管理，就是把達成目標的任務，細分為工作規範的角色，再透過一套的規定與作業程序，把各個角色緊密地串連在一起。此種文化假定並鼓勵組織成員都應以組織所定義的角色去運作，而不是以個人為中心。象徵的圖形為希臘神殿。而希臘神殿的力與美來自它的支柱。支柱等於角色型組織的各個職能和部門；支柱頂端的山形牆部分，是其管理階層。一個組織成員的職涯發展，必須先進入某個支柱，然後努力工作往上爬升，偶而也會調整到其他的支柱去磨練。這種場景即所謂的「官僚組織」。

3.雅典娜型文化可被視為目標明確的突擊隊。當組織的產品是問題的解決方案，或需要冒險去探索新的情況，它會運作得很好。此種文化著重任務導向，用人講究術業有專攻的專家。但當組織處在艱困時期，或停止冒險患難，或僅為例行性作業時，任務型文化就會付出昂貴的代價，因此，壽命相當的短暫。

4.狄俄尼索斯或稱為酒神，祂代表存在主義的意識形態。強調個人、獨立自主和主觀經驗。與前述三者不同，此種文化認為組織是為幫助個人達成其目的而存在，而

不是個人隸屬於組織。存在是此種文化的特色。在個人才華和能力是組織資產的環境裡，存在型文化才會大放異彩。只要個人才華出眾，就可遊走於組織之間。不過，此種文化風格雖有其好處，但亦有其缺失與風險，管理起來往往令人心力交瘁。

嚴格說來，韓第為組織文化所作的分類，與早年麥考比 (Michael Maccoby) 研究美國企業運作方式，將組織中的人格特性分成四類，大致雷同。(羅耀宗譯，2006: 33–34) 麥考比認為組織人格的四種類型為：

1.叢林戰士 (The Jungle Fighter)：他的目標是權力，他的生活和工作就像置身在叢林裡，勝利者摧毀落敗者。這種人又分成獅子和狐狸兩類，在叢林中用不同的方式生活。

2.公司人 (The Company Man)：他是以身為組織的一員為榮，努力達成組織績效，並希望獲得同事的認同，極力傳承和學習組織的管理風格。

3.謀略家 (The Gamesman)：他喜歡新的技術、新的方法、新的專業，勇於接受富有挑戰性的競爭。希望成為組織團隊的成員，願為其應達成的任務效力。

4.工匠者 (The Craftsman)：他感興趣的是動手做的樂趣，樂在匠心獨運的氛圍下工作。只求做好分內的工作，不太理會組織的管理體系與標準。

個人看來，韓第仿造了麥考比的組織人格分析，並配合著希臘神祇的特性突顯不同的組織人格，不但幽默雋永，而且獨到精闢。甚至韓第指出：「對一個健全的組織來說，差異不但有必要，更帶給組織好處。大部分組織堅持一神論是不對的。但是神的選擇與融合，不是隨興所至，任意為之。把錯誤的神送到錯誤的地方，一定會使人痛苦，導致效率低落。」(羅耀宗譯，2006: 43) 偉哉斯言！當我們一股腦兒地追求組織創新的當下，這個箴言無非是一記當頭棒喝。舉凡偉大的工程或創作，其實背後都融合著不同類型工作者的心血，絕非獨力所能完成。即使個人很突出，但欠缺不同分子的參與和組合，恐怕無法達成所期望的卓越。過於把「創新」神格化，相信只要創新，事情就會迎刃而解，或許是太過天真了。

肆、組織文化的傳遞

最後，在討論組織文化中，似乎還遺漏一個重要的主題，那就是組織文化的傳遞。如同人的一生，新細胞會不斷取代舊的細胞，社會（組織）層面也會新陳代謝。因此，霍夫斯泰德父子將文化形容為一隻「不死鳥」，甚至有時會從灰燼中浴火重生。(李原、

孫健敏譯，2010: 37）一般而言，組織將其價值信念內化並表現於成員行為的過程，我們稱之為社會化 (socialization)。社會化又分為顯性與隱性兩種。教育訓練、學長制度、獎懲措施、溝通型式、決策方式、領導型態等屬於顯性的社會化；透過耳濡目染方式來習得組織運作模式，則為隱性的社會化。不論是顯性或隱性，組織文化的傳遞途徑約有以下幾種：(*cf*. 楊仁壽、卓秀足、俞慧芸著，2009: 141–145)

1.教育訓練 (inculcation)：此為組織讓其成員接受其規範及信念最常使用的方法。姑且不論成效如何，組織會努力地教導、灌輸員工應遵循的相關規範，不要貿然違犯，尤其對於新進職員告誡再三。甚至，為了維繫其價值信念的傳承，它寧可晉用未在其他機構服務過的新手。

2.儀式 (rites)：組織可以透過典禮儀式如始業式、表揚模範、園遊會、年終尾牙、登載優秀員工與事蹟等，來強化組織所信奉的規範與價值。在後現代的物質社會，典禮儀式似乎已趨式微，但它有時是激起員工對組織文化認同的關鍵，就像教堂的鐘聲發揮振聾發聵的作用。

3.故事傳奇 (legends)：組織可以利用一些有時被簡化和有幾分錯誤、且無法直接檢驗的虛構或故事，來詮釋現實世界之行動。例如台塑集團前總裁王永慶先生崇尚「勤勞樸實，追根究底」，相傳他在世時節省成性，習慣地把昔日用到剩下一小片但尚未用完的肥皂用絲襪集成一串，以備日後再用。另一個故事是諾斯壯百貨 (Nordstrom)，有一天有位顧客拿了一組幾乎快磨平的輪胎向店員要求退貨，而店員本著顧客至上同意其要求，然而諾斯壯根本不賣輪胎。（李田樹等譯，2007: 328）這些口耳相傳或稱頌的軼事、故事或神話，說不定會成為組織日後決策與行動背後的無形導師。

4.組織語言 (languages)：語言是否等於生活方式，恐有爭論，但一個組織對不同的對象說話的方式，可以由小觀大，瞭解它怎麼看待自己。（羅耀宗譯，2003: 230）每一組織所使用的特有語言常常有異，遣詞用字也隨著年代有所差別。舉例而言，星巴克 (Starbucks) 稱呼全體員工為夥伴 (partner)，用以傳達「重視員工，共同創造成就，共同分享成果」的價值理念。（楊仁壽、卓秀足、俞慧芸著，2009: 145）依葛斯納的觀察，IBM 早期使用的語言盡是創辦人華生 (Thomas J. Watson) 的基本信念：追求卓越、提供最佳顧客服務和尊重個人。但這些文化信念都會變質，IBM 須要去轉變為另種語言，如一心一意求勝、起而行、維持衝動和擁抱熱情。（羅耀宗譯，2003: 216–217, 244）而且他坦言：我喜歡踢競爭對手的屁股，痛恨敗北。（羅耀宗譯，2003:

242）所以欲認識一個組織，仔細聽聽員工怎麼講話，就會對那個組織有所瞭解。

　　5.象徵符號 (symbols)：符號是簡單定義自己、表達認同的標籤，並且能向世人傳達其核心價值。例如 3M 代表「為你服務的創新改革」；迪士尼傳達「有益身心的全家娛樂，充滿想像力」；聯邦快遞 (Federal Express) 揭示「保證隔天送達」等。難怪柯克把組織的符號象徵形容為「保險桿貼紙」(the bumper-sticker)，用意在於彰顯其與競爭對手差異化的核心價值，並形塑組織上下全力貫徹與執行的策略企圖。（蔡宏明譯，2009: 97–99）

　　探討組織文化的意義、層次、面向、類型與傳遞後，對它的介紹應可告一段落。惟組織文化的現象是現代研究組織較容易忽視的，不可不提。文化固然有其內隱於「冰山底層」的價值信念，但亦有外顯於「冰山上面」的具體表徵。而且價值信念與具體表徵兩者又相輔相成，互為表裡。價值信念創造了有形的物品，而有形物品又創造了價值信念。以汽車為例，在歐洲，汽車逐漸發展成為技藝精湛的工匠們專為富豪階層手工打造的豪華奢侈藝術製品；在美國，則把汽車當作是無需技能的勞工們，為一般大眾製造標準化、低成本的機械製品。這種現象反映了文化上極為深層的差異：歐洲講究名匠技藝的客製化，美國崇尚大量生產的標準化。（林金榜譯，2006: 384）像這種由文化底蘊所開展出來的特有物質文化，如雨後春筍般地呈現。諸如 LV、NBA、Armani、AirBus、MLB、迪士尼等令人眼花撩亂的物質商品，在世界各角落隨處可見與推陳出新。畢竟文化有其虛實，亦有陰陽。它需要由內而外的發揚光大，也需要由外而內的深耕底蘊。這種觀點恰似鄭氏太極拳宗師鄭曼青所云：心靈之心與肉團之心，本非二，亦非一。

第五節　簡要的組織設計：西蒙斯的槓桿原理

　　如上所述，柯維認為，一個全人的思維需要身體、情緒、心智和心靈健全的結合；相較而言，一個良好的組織也需要結構、執行、策略和文化的配合無間。接著，他認為一個卓越的組織運作應該在結構上整合體系、在執行上充分授權、在策略上探索方向、在文化上以身作則。這種論點改寫了過去工業時代講究「主管、規定、效率和控制」的營運模式。因應新時代的要求、新的工作模式和新的管理思維，在執行結構與程序上，應鎖定最為重要目標、建立有督促作用的計分板、將抽象的目標轉化成具體的行動，和讓員工互相負責。在策略與文化上，應發揮影響力、成為表率、獲取信任、

融合心聲、追求共同願景。（殷文譯，2005: 113–114, 264–272）柯維所提的論述，恰可在西蒙斯 (Robert Simons) 主張組織設計的槓桿理論中找到相適的定位。參見圖 4–14。

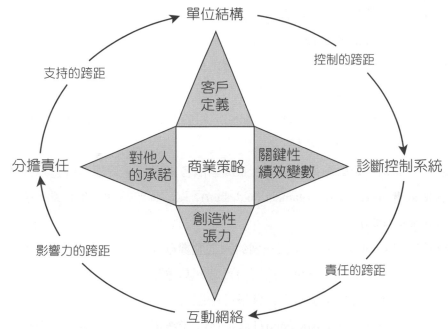

資料來源：Simons, 2005: 225；王承志譯，2009: 223。

圖 4–14　組織設計的槓桿

對西蒙斯來說，在考量影響組織成敗的因素時，如策略、技術、領導等，獲得管理上的極大注意，但對界定權利、角色和責任的課責體系之組織設計，則很少獲得青睞，甚至根本無意規劃。為此，西蒙斯認為有必要建構一套結構和課責體系的新動態設計理論，教導組織成員如何工作、如何集中注意力和如何集結活動，以幫助組織策略目標的實現，是攸關組織成敗的決定性因素。（Simons, 2005；王承志譯，2009）

首先，西蒙斯指出影響組織設計的四大關鍵因素，他稱為「4C」，分別為：(Simons, 2005: 19–23)

1.客戶定義 (customer definition)：在私人組織，客戶的定義就是辨識誰是主要客戶。波特 (Michael Porter) 的「五力」分析模式是個有用的分析範例。根據這個架構，五大力量——買方的議價能力、供應商的議價能力、替代品的威脅、潛在進入者的威脅及現有競爭者的威脅，既決定了整個產業的獲利程度，也決定了最可能獲得競爭優

勢的市場定位。然在公共組織裡，客戶定義似可改為誰是主要的利害關係人，接著去討論如葉波比 (Paul H. Appleby) 的主張：誰會高興？如何高興？誰會生氣？如何生氣？

2.關鍵性績效變數 (critical performance variables)：有那些關鍵性績效變數與成功的定義相關？又它們如何取捨與權衡以反映在績效衡量標準中？

3.創造性張力 (creative tension)：組織不只在貫徹既有的執行慣例，亦在跳脫思維窠臼的壓力，促進新創意的發展，支持學習的能量。所以組織要去追問：需要多大程度的創造性張力，才能激發創新，以及如何對持續變動的環境作出調適？

4.對他人的承諾 (commitment to others)：組織要讓所有成員願意加入互動並樂於支持他人，且為願景共同付出。

其次，西蒙斯認為對應這些前提，組織應該考慮如何讓管理者調整和校準組織設計的四個槓桿 (four levers of organization design)，以確保策略執行的成功，這四個槓桿如下：(Simons, 2005)

1.單位結構 (unit structure)：指一個組織的整體建築構造，這個構造決定了分工合作的組合方式，以及每一個單位所控制的資源。其重點工作在於將員工分組，並設計各自的工作任務，以提供主要服務對象最好的服務。

2.診斷控制系統 (diagnostic control system)：當設計一個組織時，就必須配置許多不同的績效評量標準和獎勵制度，以培養員工對工作的責任感。這些評量標準有財務性的，也有非財務性的。

3.互動網絡 (interactive network)：管理者透過建立互動網絡，把創造性張力灌注到組織中，從而迫使個人擴大他們的邊際視野，並以新而有創意的方式思考。所以互動網絡即是指促進人際互動和資訊流通的各種架構與系統。

4.分擔責任 (shared responsibility)：把對的人放在對的職位上，以確保一個人或單位，在工作時能夠得到他人的奧援和支持。誠如哈佛大學前校長桑默思 (Lawrence Summers) 所言：「戰場上的戰士並不是為國家捐出生命，而是不惜犧牲性命以幫助處於危難中的同袍，在敵火之下把同袍拉出戰壕」。

第三，西蒙斯認為組織設計的槓桿雖是達成目標的手段，但是組織設計通常還要面對著四種的張力：策略對結構 (strategy versus structure)、課責對適應力 (accountability versus adaptability)、階層對環節 (ladders versus rings)、自我利益對任務達成 (self-interest versus mission success)，因此需要運用能夠調整這四種互為關聯的幅

度（跨距），好讓組織成員能集體聚集注意力範圍 (span of attention)：

1. 控制幅度 (span of control)：員工可控制那些資源用來完成他的工作？
2. 課責幅度 (span of accountability)：那些度量標準會被用來評估員工的表現？
3. 影響力幅度 (span of influence)：員工需要與那些人互動並且影響他們，才能達成自己職責所在的目標？
4. 支持幅度 (span of support)：當員工向其他人求助時，能夠指望得到多少支持？

　　當操作這四種的調整幅度時，必須能分辨出控制幅度與課責幅度是屬於「硬」槓桿，而影響力幅度與支持幅度是屬於「軟」槓桿；而且，只有當控制幅度＋支持幅度＝課責幅度＋影響力幅度時，一個組織的設計才能永續發展。（Simons, 2005: 228；王承志譯，2009: 226）

　　最後，西蒙斯認為組織設計的槓桿應該考慮四種人性的基本欲望，並做出回應，才有獲致成功的可能。這四種人性欲望為：獲得的驅力 (the drive to acquire)、防衛的驅力 (the drive to defend)、學習的驅力 (the drive to learn) 和結合的驅力 (the drive to bond)。（Simons, 2005: 250–253；王承志譯，2009: 248–251）

　　關於上述組織設計的要義，綜合整理為表 4-3：

表 4-3　型塑注意力的跨距

商業策略	分析4C	運用工具	設計槓桿	調整跨距
→	客戶定義 →	資源 →	單位結構 →	控制的跨距
→	關鍵性 績效變數	衡量標準與 獎勵制度	診斷 控制系統	責任的跨距
→	創造性張力	跳脫思維 窠臼的壓力	互動網絡	影響力 的跨距
→	對他人的承諾	領導力	分擔責任	支持的跨距
				注意力 的跨距

資料來源：Simons, 2005: 224；王承志譯，2009: 222。

　　總之，古希臘物理學家阿基米德 (Archimedes) 曾說：「給我一個支點，我就能舉起整個地球！」西蒙斯也想借此槓桿原理，為組織設計找到槓桿作用。在他看來，組織設計首先要因應客戶需求而成立單位結構，其次是掌握關鍵績效變數而提出診斷控制系統，接著是理解創造性張力而進行互動網絡，最後落實對他人承諾而與他人分擔責任。在這過程之中，若能配合相對的控制幅度、課責幅度、影響力幅度和支持幅度作為校準，那麼組織設計便可大功告成。上述這些要點，若與柯維認為「成功組織設計之重點在於結構、過程、策略和文化構面的結合」加以比較，大致對比如下，結構：單位結構；管理過程：診斷控制系統；策略：互動網絡；文化：分擔責任。在這之中，最大的差別在於，西蒙斯強調互動網絡，柯維講究管理策略。但以二十一世紀與二十世紀的組織相比，應是知識工作者與機械工作者的不同，所以當代組織特別強調服務對象的滿意程度，並在行動上、結構上和策略上採取彈性、創新與網絡途徑來達成任務，惟就這些內涵來看，柯維的管理策略與西蒙斯的互動網絡所差無幾。所以個人認為柯維的組織設計理念和西蒙斯的槓桿理論彼此交會，並無太大差異。

結　語

　　在本章裡，借用了柯維對人體的構造需要由身體、情感、心智、心靈來組合，好比組織也需要由結構、過程、策略、文化來造就一樣。筆者以為組織設計若要獲得成功，需要在上述四大主題上把握精髓，掌握脈絡及發展趨勢。雖然變革可能就在轉角處發生，但站在形態學的觀點，對於組織每個重要面向的來龍去脈，應該深切瞭解與體會。例如在組織結構上，構成組織的基本要素、組織結構的類型、結構設計的關鍵要點等，是值得注意的課題；在管理過程上，舉凡作業管理、組織發展、目標管理、績效管理、全面品質管理、流程再造、賦權授能、企業家精神等環節和過程都應予重視和檢討；在策略管理上，明茲伯格所崇尚深思熟慮策略和隨制應變策略的綜效，摩爾主張的「策略三角」，及策略管理的「普世觀點」：1.體察環境的變化；2.涉及利害關係人；3.建構使命宣言及發展圖像；4.結合目標、活動、核心過程與資源；5.創造效應導向的成果；6.績效考評應為不可忽略的焦點；在組織文化上，組織文化的類型，組織文化的傳遞，組織的價值信念與物質文化間的轉換，更須務實的處理。甚至西蒙斯倡議的「組織設計的槓桿」，對瞭解組織結構與過程算是一個相當簡要的分析，頗可作為組織設計的校準標竿。

第五章　行政運作

誠如傅利曼 (Lawrence M. Friedman) 所言：「沒有人們的行為，規則只不過是一堆文字而已，結構也將只是一個死城，而非有活力的城市。」（楊佳陵譯，2011: 272）行政亦復如此，光有結構和程序，缺乏人們的行動，也將只是空殼的實體，看不出其中的活力，行政要有「節奏」展現，行政行為必須要有運行的機制從中發生作用。惟隨著社會的變遷，行政運作的範圍與主題也不斷地在擴大與深化之中。一般而言，過去行政運作較常涉及的主題是行政激勵、行政領導、行政決策與行政溝通，而今卻增加與強化了電子化政府、危機管理、談判交涉與變革管理等，故本章除了探討上述各類主題所涉及的相關理論及其要旨外，兼述達成各該主題的修練思維。

第一節　行政激勵

激勵 (motivation) 這個名詞是從拉丁文 "movere" 衍生而來，意思是指「移動」。（康裕民譯，2008: 230）按照弗格森 (Robert A. Ferguson) 的改述，激勵是指提供某種渴望的事物，因此改變一個人的行動。這個名詞本身有兩層涵義：它可以激起熱忱的感覺（精神層面），或者可能訴諸某人自身利益的理性估算（物質層面）。（高忠義譯，2014: 348–349）另根據史東 (Deborah Stone) 的觀點，激勵就是誘因，藉由改變人們在追求目標途中所面臨的障礙和機會，以改變他們自我推進的歷程，當中還包括積極誘因或報償、消極誘因或懲罰；即允諾以獎賞或威脅以懲罰。（朱道凱譯，2007: 344–345）然一般均認為激勵所激發的行為動力，可以來自外部的誘導，也可以來自內在的驅力。相對地，若無激勵，一切可能都是「假象」。正如孟格 (Charles T. Munger) 引用某個蘇聯工人的說辭：「他們假裝給薪水，而我們假裝在工作」（李繼宏等編譯，2011: 360）或許有效的管理最重要的原則之一，就是制定正確及適當的激勵機制。

有關行政激勵的研究，就認知途徑 (cognitive approach) 而言，可分為兩個類別：一是「內容論」，強調激發成員行為的動機因素為何，探討引發行為改變的種種激勵力量。著名的內容論包括馬斯洛 (Abraham H. Maslow) 的「需求層次論」(hierarchy of needs theory)、何茲伯格 (Frederick Herzberg) 的「激勵保健理論」(motivation-hygiene theory)，以及阿德福 (Clayton P. Alderfer) 的「ERG 理論」(ERG theory) 等；二是「過程論」，強調激勵效果如何產生，旨在闡釋成員如何選擇行為，及其選擇過程所生的動

力。其中著名的理論包括佛洛姆 (Victor H. Vroom) 的「期望理論」(expectancy theory) 及亞當斯 (J. Stacy Adams) 的「公平理論」(equity theory)。茲就上述相關的學理扼要指陳，並綜合各家論點，疏理出官僚制度下應有的激勵修練。

壹、馬斯洛的需求層次論

在探討組織中人類需求的論述裡，最為學者們熟知和廣泛使用者，莫過於著名心理學者馬斯洛提出的需求層次論，又稱為「滿意累進模式」(satisfaction aggregation model)。該理論的核心要旨，闡述人類不但有五種需求，而且呈現階梯式的排列，如圖 5–1。

資料來源：李茂興等譯，1994: 73。

圖 5–1　馬斯洛的需求層次

1. 生理需求 (physiological needs)：包括飢餓、口渴、蔽體、性及其他身體上的需求。不過一旦員工於此階段達到 60%–70% 的滿足後，若再施以物理或生理的激勵方法，則成效有限。

2. 安全需求 (safety needs)：指保障員工身心不受到傷害的安全需求，包括身體的安全、經濟的安全及工作的保障等；例如健康保險、退休金制度、永業制、消防安全措施等。

3. 社會需求 (social needs)：係指員工在組織中肯與同仁打成一片的意願，包括團體歸屬感、友誼與情感的交流與互動等。

4. 尊榮需求 (esteem needs)：包括內在的受到尊重因素，如自尊心、自主權與成就

感，以及外在的受到尊重因素，如地位、認同、受人重視等。

5.自我實現需求 (self-actualization needs)：心想事成的需求，包括個人成長、發揮個人潛力，及實現理想等，即指個人在組織中的自我成就，希望能憑著自己的力量，在機關所賦予的權責範圍內，發揮最大的潛能，獲得工作上最大的成就。諸如發揮個人創造力以及自我表現。

馬斯洛認為，當某個層次的需求達到相當程度的滿足後，才會追求上一層次的需求目標，所以若想激勵某人時，必須先瞭解他目前所在的需求層級，再設法滿足該層次或激勵追求更高層次的需求。(李青芬、李雅婷、趙慕芬合譯，2006: 179)

馬斯洛除了建構需求的層次理論外，後來其亦將上述五種需求概略地分為二大類需求，一係匱乏性需求 (deficiency needs)，另一係成長性需求 (growth needs)。匱乏性需求來自「缺乏」，比如人因缺水而想要喝水，對水的需求會因取得之後，而不再感到有所欠缺。馬斯洛將前四種層次的需求都歸類為匱乏性需求。

至於成長性需求來自於「個體本性」，個體本性一旦出現，就會持續地感受那種需求，而且會愈來愈強。馬斯洛將自我實現的需求歸類為成長性需求，並指出這項需求的滿足程度，有助於一個人的成長和充分發展潛能。因此，馬斯洛在《邁向存在心理學》(*Toward a Psychology of Being*) 一書中將自我實現描述如下❶：

1. 對實體有效認知；
2. 接受自性、別人及自然；
3. 自發性；
4. 以問題為中心（而非以自我為中心）；
5. 獨立及追求隱私；
6. 自主性及抗拒奴化；
7. 持續新的感知和豐富的情緒反應；
8. 頻繁的高峰或神祕經驗 (frequency of peak or mystical experiences)❷；
9. 認同人類物種的共同性 (gemeinschaftsgefuehl)；
10. 深層的人際關係；

---

❶ 馬斯洛對自我實現之特徵的敘述，亦可從學者戴蒙 (Michael A. Diamond) 將官僚制度中狹隘的政治場景和真實的場景 (narrowly political and authentic stances in bureaucracy)，對假我 (false self) 與真我 (true self) 所作的如下分辨，得到相互的輝映：

11.廣泛增加的創造力；

12.價值系統的若干改變。

最後，馬斯洛在《健全心理管理》(*Eupsychian Management*) 一書（其後更名為《馬斯洛論管理》(*Maslow on Management*)），對自我實現有更直接明確的說明。馬斯洛認為，只要辛勤工作並全心投入上天和命運召喚你所做的事，或進行任何值得去做的重要工作，都屬於自我實現。馬斯洛認為藉由對重要工作的全心投入而達到自我實現的行為，是人類抵達幸福的唯一道路，其與刻意去找尋幸福不同，幸福應是一種附帶的現象、一種副產品，不需要刻意地去追求，而是德行的間接獎賞。這種對重要工作的投入、奉獻和認同，而產生的「超越需求」(metaneed)，進而激起的「超越動機」(metamotivation)，是個人在基本需求獲得滿足後，才會去追求更高層次需求的動機，也就是尋求存在價值 (being values) 的滿足，如真、善、美等。組織中真正的成就，意

假我	真我
無法承擔個人責任；	可以承擔個人責任；
缺乏意向性，「我不能的態度」；	具意向性，「我可以的態度」；
行動零散；	行動一致；
極度自我防衛；	極少自我防衛；
致力於投射與扭曲；	反投射；
安全取向；	能力取向；
常就範於重複的錯誤中；	反省性的，經驗中學習的；
被動與服從；	通力合作的；和共識性地確認；
因應官僚體系的要求；	不願順從官僚體系的要求；
心胸狹窄；	心胸開放；
不做任何評論；	勇於提出批評；
盲目地效忠與服從；	對權威提出質疑；
依賴取向；	相當獨立；
回應外部權威；	回應內部權威；
形式取向，強調正式的組織屬性。	實質取向，強調非正式與人際的屬性。

資料來源：Hummel, 1994: 241.

❷ 高峰經驗 (peak-experience) 意指一種通常為時十分短暫的幸福、至樂和狂喜的體驗。當事人通常會在此刻有讚嘆、崇敬和驚奇等感受，並覺得比較有活力、比較統合、比較活在當下，甚至接觸到超越或神聖之物，而高峰經驗較常出現在自我實現者身上；相較之下，高原經驗 (plateau-experience) 則意指對所謂奇蹟或令人敬畏的事物以平靜、安詳的方式（而非強烈的情感）加以反應。此種經驗大多含有知性或認知的成分，不像高峰經驗可能是純粹的感性經驗。此外，高原經驗的意志成分也高於高峰經驗；比方說，當一名母親凝視自己的嬰孩在地板上玩耍時，她可能會經歷高原經驗。(許晉福譯，2000: 484)

味著實踐一項有價值而高尚的任務,若僅把一件無意義的事做好並非真正的成就,因為「不值得做的事,就不值得做好」。甚至馬斯洛斷言,如果美國的社會能發展出優於蘇聯社會的人性特質,就能在冷戰中贏過蘇聯,美國人將會更受到世人的喜愛與尊敬。(李美華、吳凱琳合譯,2007: 33–39, 44, & 48)

雖然馬斯洛窮極一生的理論發展,被歸類為第三勢力的「人本心理學」(Humanistic Psychology),與第一勢力的「行為學派」(Behaviorism) 和第二勢力的「精神分析學派」(Psychologist) 有別,其認為個人的經驗、價值、欲念和情感才是心理學研究的主題,並主張以個人成長、能力提升、自我認同,來達成自我實現和造福社會。馬斯洛對管理、組織發展、教育及心理等方面的後續發展,產生了極大的影響。一般學者認為所有科學理論、哲學和方法的改變,都應經過充分的實驗證明,才能具備「科學性的確定」,但馬斯洛所建構的需求層次理論,卻常被學者批評為僅根據臨床心理的觀察,少有更為嚴謹的實證研究來支持其論點。

貳、何茲伯格的激勵保健兩因理論

激勵保健兩因理論係何茲伯格及其研究人員在匹茲堡心理學研究所 (Psychological Service of Pittsburgh) 從事的一項研究。他們針對 203 位工程師和會計師進行訪談,請受訪者列舉出在工作中有哪些因素會使他們覺得滿意或不滿意。結果發現,受訪者覺得不滿的項目,大多與工作的「外在環境」有關;而感到滿意者,則均與工作本身有關。何茲伯格因此稱那些僅能防止不滿的消極項目為保健因素 (hygiene factors),而對那些能帶來滿足的積極項目,稱為「激勵因素」(motivation factors)。

保健因素如工作場所、薪水、監督、工作保障、人際關係等係屬消極性質,這些因素如未具備,就會產生負面的不滿足 (dissatisfaction) 現象,導致對工作的不滿;反之,如果人們對保健因素感到滿意,則僅可維持原有的工作水準,卻無助於績效的進一步提升,故又稱為「維持因素」(maintenance factors)。所以何茲伯格提出一個重要的洞見:即使不斷改善工作的保健因素,你也不會立刻變得熱愛這份工作,頂多只是不討厭而已。對工作不滿意的反面不是對工作滿意,只是你對這份工作的厭惡感消失了。(廖月娟譯,2012: 70) 若欲促使人員發揮潛力、產生自動自發的精神,心甘情願為組織效力,則必須運用具有積極作用的「激勵因素」;唯有這些因素才能增加工作滿足感,而且如未具備的話,也只會產生極少的無滿足 (no satisfaction) 結果,即無所謂

的現象。可見動機因素是工作的熱情之火，甚至如一句古老諺語所說：「如果你找到你愛的工作，你將沒有一天覺得自己在工作。」（廖月娟譯，2012: 77）工作帶來意義，賦予成就。茲將激勵保健的相關因素表列如下表 5-1：

表 5-1　何茲伯格的激勵保健因素

保健因素（不滿意）	激勵因素（滿意）
工作場所 (work place) 薪資 (salary) 公司政策 (policy) 工作保障 (security) 人際關係 (interpersonal relationship) 監督 (supervision)	工作本身 (work itself) 賞識 (recognition) 提升與發展 (advancement) 成就感 (achievement) 責任 (responsibility) 自我實現 (self-actualization)

　　何茲伯格的激勵保健兩因理論是繼馬斯洛的需求層次理論之後，廣泛應用到工作系絡分析上的理論。其重點在於：若想激勵員工努力工作，應把重點放在與工作有關或工作可能帶來的結果，如個人陞遷、個人成長、認同、職責及成就等，只有這些因素才能讓員工的內心更加充實；（李青芬、李雅婷、趙慕芬合譯，2006: 184）反之，如金錢、地位、薪水和工作的穩定性等保健因素只是樂在工作的副產品，而非快樂的源頭。如果瞭解這點，就可專注在真正重要的事情上，而不會迷失。（廖月娟譯，2012: 77）該理論深刻地影響 1960 年代後的工作設計，特別是工作豐富化 (job enrichment) 和工作生活品質 (quality of work life, QWL) 方面❸。然而，此一理論也有以下三項缺失：

　　1.兩因理論是根據訪談歸納所得的結論，多數的受訪者在接受面對面的訪談及回答問題時，有可能基於自我防衛的社會機制 (ego-defensive social device) 而扭曲了理論的實質意涵和相關內容。

---

❸　直至 1950 年代，工作設計在實質上仍為工作專業化的同義詞，其實除了專業化之外，各種工作設計方法還蘊含著人性的課題。例如，工作生活品質是為了提高員工滿足感和生產力的工作設計構想。至於工作豐富化則與工作擴大化有別。工作豐富化係增加垂直性的工作內容，即工作深度 (job depth)；工作擴大化則指擴大工作範圍 (job scope)，即工作的多樣性。由於工作豐富化乃在讓員工對自己的工作享有較大的控制權，並肩負某些通常由主管承擔的任務——規劃、執行及評估其工作，因此，員工擁有更多的自由度、獨立性和責任感去從事完整的活動，同時可以藉由反饋以評估自己的績效並加改正。（李茂興等譯，1994: 98, 101-102）

2.研究對象僅限於工程師和會計師，致使許多批評者懷疑其依據特定對象有限的樣本所得出的結論，恐無法擴及類推至其他職業。

3.激勵因素和保健因素的認定並無標準可言，例如有些工資或工作安全保健因素，對藍領工人而言亦可能為激勵因素。

參、阿德福的 ERG 理論

為了讓激勵理論更具實證性，阿德福於 1972 年從事組織系統中工作動機的研究時，將馬斯洛的五種需求層次簡化為三種需求類別：生存 (existence)、關係 (relatedness) 與成長 (growth)，簡稱為 ERG 理論。其主要的意涵分別為： 1.生存需求 (existence needs)：係指維持生存的物質需求，相當於馬斯洛的生理及安全需求。 2.關係需求 (relatedness needs)：指在工作場所中與他人建立並維持良好的、有意義的人際關係，透過與他人互動來滿足社交、獲取身分認同的慾望，此相當於馬斯洛的社會需求和尊榮的外在部分。 3.成長需求 (growth needs)：係指個人努力表現自我，透過發揮潛能，來獲得發展的慾望，相當於馬斯洛的尊榮內在部分和自我實現。

相對於需求層次理論，ERG 理論強調：(1)人可能會同時有數種需求，每種需求也都具有激勵效果，而非如馬斯洛所述的需求之間呈現階梯式的關係；(2)挫折—退化的程序 (frustration-regression process)，當較高層次的需求無法得到滿足時，會退而尋求較低層次需求的滿足。亦即一個人如果在成長需求上受挫，自然會退縮轉而追求關係需求，若無法得到滿足，他只好再退而追尋最基本的生存需求。（李青芬、李雅婷、趙慕芬合譯，2006: 185）

整體而言，雖然阿德福的 ERG 理論較馬斯洛的需求層次理論，獲得更多的實際支持，但不意味 ERG 理論在管理實務上就有突破性的應用。有些論者對於這個理論的適用範圍感到懷疑，認為它未必在所有的組織中都行得通，特別是在如監獄等公共組織。甚至有人認為，ERG 理論不過是反映出一般常識而已。儘管如此，ERG 理論是需求層次理論的進化，它提供了管理者一個更進一步的思考方式，得以有效激勵組織成員。

上述的內容論雖提供管理者瞭解那些因素與工作滿足感有關，好讓管理者明白那些因素具有引發工作績效的動機，然而，這類理論對於為什麼一個人會選擇某特定行為以滿足其需要，進而達成其工作目標，似乎解釋得甚少。如欲補足這些觀點分析之缺漏，則有賴「過程論」提供的理論說明，故本文特再介紹佛洛姆的期望理論和亞當

斯的公平理論。

肆、期望理論

　　人因期望而活。因為明天會更好，才會活得更有意義，產生成就的動能。沒有期望的人將如同著名導演伍迪艾倫 (Woody Allen) 引述《舊約聖經》的話：「那些未因刀劍和餓荒倒下的人，將因瘟疫而倒下，……那我們幹嘛還要刮鬍子？失敗者的墓園裡，充滿那些勇敢、愛冒險、樂觀的人……那我們幹嘛還要努力？」生命的美好需要期望來填充，而工作的激勵亦復如此。於是佛洛姆提出了工作期望理論。

　　佛洛姆的期望理論大意是：人之所以會採取某一行為，主要取決於他預期行為後能得到什麼結果，以及該結果對他有何吸引力。期望理論的公式為：

$$M = E \times V \times I$$

　　此一公式表示，激勵的動力或作用等於期望、期望值與媒具之乘積的總合。茲就公式中的主要因素分述如下：(*cf.* 康裕民譯，2008: 244–247；李青芬、李雅婷、趙慕芬合譯，2006: 201–203)

　　1.期望 (expectancy)：指某一特定的努力將會產生某一特定績效水準，以及某一特定績效會獲得某些報酬的主觀信念和認知。例如某人盤算後，認為他所做的努力與績效表現無關，或有績效卻無法得到應有的報酬，他就沒有工作的動機；反之，個人確信所做的努力與績效有關聯，而且有了績效就可得到合理獎酬，那麼他就有工作的動機。所謂「一分耕耘，一分收穫」就成為工作動機的來源。

　　2.期望值 (valence)：即組織獎酬對個人的目標是否有意義、有價值。當某人的工作績效所獲得的組織酬勞符合他心中的評價，就是正面價值；反之，則沒有價值或負面價值。這種期望值也會是工作的動力來源。「把精力花在值得的地方」、「用力在對的地方」就是這個觀念的寫照。

　　3.媒具 (instrumentality)：係指一個人在努力獲取績效的過程，及在實現個人目標的過程中，組織提供了助益的作用，稱為媒具作用。如果得到充分的援助，就會形成工作的激勵動力；否則，就沒有激勵的動力。

　　總之，在佛洛姆的期望理論裡，激勵作用取決於：⑴組織成員有無完成任務的可能性？⑵完成任務後能否得到報酬？⑶報酬是否為其期望的價值？⑷組織對於完成工

作和工作價值的實現是否給予援助？上述激勵的重點可用圖 5-2 表示如下：

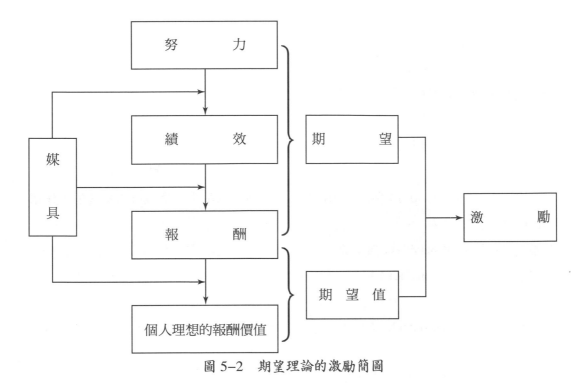

圖 5-2　期望理論的激勵簡圖

伍、公平理論

公平是政治哲學爭議的核心。記得昔日教筆者西洋政治思想史的朱堅章教授曾言：「這世界沒有絕對的公平或不公平，只有相對的幸與不幸。」而筆者亦認為公平不是絕對的「定錨」，而是相對的比較。公平是一種心理效應，相對的剝奪感占了很大的因素。公平是所有努力分配的目標，卻常成為分配衝突的來源，因為當事者都會想像如何使分配公平，而不論分配什麼。根據史東的觀點，任何分配都有三個重要面向：接受者 (recipients)（誰得到什麼？）、項目 (item)（分配什麼？）及程序 (process)（如何決定和執行分配？）(Stone, 1997: 42；朱道凱譯，2007: 81) 事實上，這三個面向都會遇到挑戰，因此公平性就會受到質疑。例如績效獎金的發放，為何高層人員分到「獅子額份」(lions share)，而低階者只有「鼠標共享」(mouse share)？或為何不騰出少許獎金作為員工福利，然後再按貢獻程度進行分配？或獎金分配過程有無讓低階員工代表參與？像這類議題都會牽涉到公平與否的爭議。關於公平理論如何運用在激勵上，

讓我們且看亞當斯提出的分析。

　　當一個人覺得其工作結果及工作投入的比率，與他人的工作結果及工作投入不相稱時，他會感受到不公平；唯有結果與投入的比率被認為相等時，方為公平。在公平理論中，投入是指一個員工在工作上的努力、技能、教育及任務等；結果則指完成任務所獲得的獎酬如薪資、晉升、褒獎、成就及地位等。當個人覺得不公平時，他就有意願去袪除不公平，故而，一個人期待恢復公平待遇的強度與其對不公平的感知程度成正比。基本上，員工選擇的參考對象有可能是下列四者：（李青芬、李雅婷、趙慕芬合譯，2006: 198）

1. 組織內自比 (self-inside)：在同一組織內，員工將現今的工作與以往曾擔任的工作相比較。

2. 組織外自比 (self-outside)：員工將現在的工作，與自己在其他組織中的工作相比較。

3. 組織內他比 (other-inside)：在同一組織內，以自己現在的工作與他人目前的工作相比較。

4. 組織外他比 (other-outside)：員工現在的工作，與其他組織中他人目前的工作相比較。

　　上述公平理論的敘述或可簡化為：（李誠，2012: 185）

$$\left(\frac{結果}{投入}\right)自己 \begin{array}{c}<\\=\\>\end{array} \left(\frac{結果}{投入}\right)他人$$

　　此外，公平的種類也常存在著分配的公平 (distributive justice) 與過程的公平 (process justice) 兩種。分配的公平，是指員工覺得獎償分配的量及質是否公平的程度；過程的公平是在考慮分配的決策過程是否讓人覺得公平。（李青芬、李雅婷、趙慕芬合譯，2006: 200）所以公平理論看似簡單，但運作起來卻爭議不斷。此外，公平理論也缺乏足夠的經驗研究，說服力尚嫌不足。

陸、官僚人格與行政激勵

　　除了上述激勵的內容論與過程論之外，筆者以為有關行政激勵理論尚可注意的是關於官僚人格的分析。因為在行政組織裡，官僚性格與激勵種類密切相關，有人會為了理想而工作，有人會為權力而工作，有人會為金錢而工作。三個石匠的故事，正是

最好的譬喻。同樣做一件工作，有人視為「砌磚、築牆」，有人視為「養家餬口」，有人則有「在建造大教堂」的夢想。茲以黨斯 (Anthony Downs) 建構的官僚人格類型敘述如下：(Downs, 1967: 88–89)

1. 爬升者 (climbers)：在他們的價值結構背後，權力、所得與威望可說是最重要的考量。

2. 保守者 (conservers)：由於他們是以安全與利便作為最主要的考量，所以他們在乎的是維持在組織中既得的權力、所得與威望，而不是想擴大它們。

3. 狂熱者 (zealots)：他們熱衷於範圍相對偏窄的政策或理念，如發展核子潛艦。對這類人員而言，他們為權力而拼搏，為自己所忠於的政策而發揮影響力量，故而宣稱他們的政策是種「神聖政策」(sacred policies)。

4. 倡導者 (advocates)：他們比起狂熱者更熱衷於功能或組織的擴充，但仍以追求權力為主要考量，因為他們想在社會功能或組織政策與行動中產生影響力量。

5. 政治家 (statesmen)：他們志在整體社會，並企圖去獲取必要的權力，以對國家的政策和行動產生重大的影響。就重要程度而言，他們是利他主義者，總是關心於自己所看到的「總體福利」(general welfare)，所以這類人員酷似於一般行政教材中所稱的「理論性官僚」(the theoretical bureaucrats)。

　　大體而言，上述前兩類官僚人員的動機是自利的，後三類人員是混合的，將自利與利他動機結合以追求更大的價值。由此看來，官僚人格特性與激勵種類是息息相關的，漠視不得。

　　綜合上述，筆者以為，激勵主要來自於需求，但是需求依史東 (Deborah Stone) 的分析，可以擴大為五種彼此對應面向觀之，包括：物質 vs. 象徵、絕對 vs. 相對、直接 vs. 工具性、目前 vs. 未來、身體存活 vs. 人際關係，甚至史東引用哲學家瓦澤 (Michael Walzer) 所言：「人不但有需求，還對自己需求有想法。」(Stone, 1997: 87–99；朱道凱譯，2007: 134–149) 由於需求不純粹是維持身體存活必要之物，在種類、程度、範圍及時間之考慮也互不相同，使得激勵理論的多元觀點也就相應而生。

柒、官僚制度中的激勵修練

　　人雖為利益所驅使，為追求利益而奮鬥，也為利益被剝奪而抗爭。然從上述激勵理論的介紹，行政激勵不止是利益上的計較，其實也是一種修練，培養員工從工作中獲得真實的生命意義，以達成自我成長與公共利益的雙贏局面。歌德 (Johann W. von

Goethe) 早有明訓：「若一個人以其現有表現期許之，他不會有所長進。以潛能與應有的成就期許之，他就會不負所望。」（顧淑馨譯，2007: 249）茲就行政激勵的短、中、長程作法分別說明如下：（*cf.* 吳瓊恩，1997: 472–475）

一、短程的作法

行政激勵的短程作法可分為正負向的誘導及額外的獎賞，但其衍生的心理或行為效應不可不慎，分述如下：

1.正負向的誘導：主要為「紅蘿蔔與木棒」的作法。組織為建立良好的工作習慣，樹立主管權威，可採取正向的誘導辦法，例如獎金、加薪，或非關財務的認可、地位象徵、工作滿足感。而且激勵獎賞不應一成不變，而是吸引再賣力的「變動獎賞」(variable reward)。相對的，負向的誘導則強調某種型態的懲罰或紀律，以停止不良的工作習慣。惟負向的誘導可能使員工產生怠工或消極抵制。

2.額外的獎賞：意指由組織或他人對工作人員所提供的額外誘因，以激勵工作的士氣，例如提供假期、醫療計畫、健康檢查等福利措施，並納入組織的制度，以滿足生理和安全感的需要。

值得思考的是，巴納德 (Chester I. Barnard) 談到加薪時，認為這類獎勵措施的效果可能只是曇花一現。他說：「我還記得剛結婚的時候，回家告訴太太，『我今天加薪了！』太太隨即說：『那麼，你下一次加薪會在什麼時候？』」加薪固然可以改善經濟狀況，但總不能無休無止地期待下一次加薪帶來的激勵。（齊若蘭譯，2001: 112）甚至管理階層精心設計的紅利制度和獎勵措施，反而創造了貪婪的文化，讓個人視野變小，讓金錢的多寡成為成功的象徵。（齊若蘭譯，2001: 112）就此而言，情況嚴重的話，加薪甚至會扭曲判斷力，妨礙細緻的思考。在筆者看來，生命不見得就是要掙扎拚命賺錢，當工作、內在本質、未來理想緊密結合，金錢就會變成生活中有機的一部分。

二、中程的作法

基本上，行政激勵的中程作法是為提昇核心工作的意義。所謂意義感即指員工認為其工作是有價值的，值得去做的，使得努力奉獻與工作發展結合成一體之感。依哈克曼 (J. Richard Hackman) 與歐德漢 (Greg Oldham) 之見，工作要有意義，關鍵在於五個面向的齊備：1.技能多樣性：即工作所需的活動，必須運用各種不同的技術與能力

來完成；2.工作統整性：即需要瞭解並完成工作的整體程度，而非一人負責一小部分，形成技術的割裂；3.工作重要性：工作對其他人生活或工作的實質影響程度；4.工作自主性：工作讓員工有實質的自由、獨立作業及裁量權，員工可以自己安排進度及決定採用何種工作方法的程度；5.工作回饋性：工作讓員工能直接而清楚地獲知個人工作績效情形的程度。（李茂興等譯，1994: 106）

三、長程的作法

行政激勵的長程作法則在培養員工內在的成長、全人的人格和達成利己利人的工作目標，主要的意涵如下：

1.內在的成長：意指讓員工自己在工作中獲得成就感，並在工作中享受樂趣，促進個人的成長與發展，符合馬斯洛的自我實現需求。易言之，內在的激勵因素是以一種接受工作、樂在工作、使自己融入工作的態度，提高專業精神，讓天賦自由，達成工作不僅是維生的手段，亦是彰顯生命意義的最佳方式。

2.培養全人 (the whole person) 的人格：所謂全人即不會僅以專業的角度來詮釋複雜的世界，而成為馬庫色 (Herbert Marcuse) 所說的「單向度人」或莊子所說的「一曲之士」。所謂的全人，能將專業知識融會貫通，建構「普世智慧」，充分理解技術與人文之間的關係，成為有「道」之士。既不會為無止境追求享受而工作，也不會為追求權力的榮耀而工作，而是在工作中融入對生命意義的體認，為公共利益全力奉獻自己的才華。

3.透過工作達成利人利己的實現：工作不僅是個人自性的實現，亦是幫助他人開創其生涯，和造就他人事業的重要手段。因此，工作最大的獎賞，就在幫助他人又成就自己。

總之，組織是種集體努力參與的集合體，而集體努力的參與不但需服從於物質定律 (laws of matter)，亦需服從熱情定律 (laws of passions)。集體努力的目的雖在達成某個結果，更有來自於參與本身。（朱道凱譯，2007: 290）因此，激勵不在追求物質的報酬而已，更是整體生命的實踐。若能建立融合個人目標與組織願景的工作設計，為個人、團體、組織創造三贏，那是個卓越的組織，也是個人幸福的支柱。

工作激勵的好處一如上述，然而今日看來，卻格外的諷刺。由於全球化、政府再造等影響，組織瘦身、機關整併、員額精簡已呈常態，而非個例。工作安全與保障，

相對成為員工心中卑微的要求。所以當有人被解雇時，其他人並不因此而高興，因為下一次被解雇的，可能就輪到自己了。尤其是看到失業率直線上升，員工不禁會感嘆道：「安穩之錨，何處求？」追求工作的著落、穩定與歸屬感，似乎已成為現代人的集體焦慮。由於常有「誰需要我？」的迷惑，難免減低了人類的自我價值感。當人失去工作信心時，如何要求他對職涯發展作出長遠的規劃？如果人們無法從工作中創造自我價值，就會使自己陷入漫無目的之中，繼而形成深深的匱乏感。工作中的自我實現，將是一種高不可攀的奢侈品。李普曼 (Walter Lippmann) 曾道：「我們在精神上都是移民」，這句話可說是全球化與政府再造下的現代人面臨工作感到哀愁的寫照。（黃維玲譯，1999）

第二節　行政領導

　　誠如邊尼斯 (Warren Bennis) 和拿魯斯 (Burt Nanus) 所言：「沒有成功的組織，眼前的問題就無法解決；缺乏有力的領導，組織絕不可能成功。」其又云：「當前的危機亟需靠社會各個階層及所有組織都能出現優秀領導人來解決。沒有我們期待中的領導人，實在難以想像這個國家或世界如何能塑造一個更令人嚮往的未來。缺少優異的領導或領導者無方，即意味著這個社會缺乏遠景，毫無夢想，結果頂多是社會維持現狀，但最糟的情況，卻是社會因為沒有目標和共識，終致分崩離析。」（楊振富譯，1997: 43, 245）大前研一 (Kenichi Ohmae) 亦云：「如果船頭朝著錯誤的方向，再怎麼努力也沒有用。」來隱喻領導之於組織、社會、國家的重要性。惟當代的管理學者逐漸意識到，作為一位領導者，不僅應具有某種專業知識及技能，也應具有「認知的複雜性」(cognitive complexity)，從多元面向詮釋問題的意義，協調多方的努力，發展組織的願景 (vision)，和激勵他人熱情等。（吳瓊恩，1997: 367）由此可見，有效的領導是把組織從目前的狀態提升至未來願景目標，為組織塑造潛在的發展機會，讓員工內心激發尋求突破的決心，並且在組織內部塑造創新的文化與策略，進而減少組織內部對變革的抗拒心態。這種能力與責任承擔的培養，不僅被視為一種科學的活動，亦被視為技藝與藝術的表現，更是領導者重要的修練。

　　基此體認，本文試圖探討領導的涵義，進而敘述領導與管理的差異，引申出轉換型領導的行為特徵，並提示若干的領導方略及相關的自我修練，以提升其應變的能力及組織績效。

壹、領導的涵義

談到領導，加拿大前總理穆隆尼 (Brain Mulroney) 在追悼美國前總統雷根時，稱他具有「難以言喻的品質」(that ineffable quality)。何謂領導？一般的教科書可能會將領導界定為：在特定情境下，影響一群人為達成目的而努力的過程。(Starling, 2008: 350；陳志瑋譯，2015: 372–373) 另外，根據美國教授艾文西維其 (John M. Ivancevich)、史賴宜 (Andrew D. Szilagyi, Jr.)，及華理士 (Marc J. Wallace, Jr.) 三人的界定：「領導存在於兩個人以上團體，其中之一人試圖去影響他人，以達成某一或某些目標的效果」。(張潤書編譯，1985: 319) 胡蘭琪 (J. R. P. French) 及史奈德 (R. Snyder) 則認為「領導是團體中一部分人對其他人所可能產生的社會影響，如果該團體中的一份子，對其他分子具有某種的權力，那麼他對他們便有某種程度的領導作用。」(張潤書，1998: 393) 羅聖朋 (David H. Rosenbloom) 和克拉夫秋克 (Robert S. Kravchuk) 認為領導的核心便是影響他人，以激發大家為共同目的服務，並培養促成團體成功的行動，所須履行功能的一致性能力。(Rosenbloom & Kravchuk, 2005: 152)

有關領導的定義龐雜，不勝枚舉，惟討論領導的涵義，大致可歸納為四種類型：

1.重視權威者：領導是運用組織正式賦予的權力，係透過組織職位或職務的規定而來。就這層意義而言，一位領導者因其肩負組織的設計、指揮、用人及控制等功能活動，而被賦予權力和拘束力。

2.重視影響力者：身為領導者，其影響力量並非全由組織所賦予，而是來自於人在團體所需要的某種特質所自然形成的。《社會科學大辭典》(*A Dictionary of the Social Sciences*) 認為：「領導是多少帶著集體活動的自願努力，以獲致既定的目標。領導等於一種集體的無形影響力，在社會行為的互動中，發生共同的情感，以從事並完成客觀目標之工作。」(張潤書，1998: 393) 另外，亨利 (Nicholas Henry) 將組織成員比喻為牛群，領導者的任務就像引牛入柵，誘導成員朝向其希冀的方向。以此看來，領導似可界定為「影響成員達成及分享目標的行為過程」。(Henry, 1999: 143–144)

3.強調目標、價值、意義和遠見者：根據邊尼斯的看法，領導與管理的主要差異就是：領導是做對的事情 (do the right thing)，管理是把事情做對 (do the thing right)。簡言之，領導者就是在創造願景和作出決斷，以達成效果；而管理者是在精通例行公事，以達成效率。領導者關心組織的基本目的與整體方向。所以，他們不是把時間花

在「該怎麼做」，而是思考行動準則，把時間花在「做對的事」。套句卡謬 (Albert Camus) 的話來形容，領導者會「險中創造」，而非精通基本常規 ❹。（楊振富譯，1997: 44–46）

4.重視調適者：調適活動 (adaptive activity) 看似一種被動的因應，其實也有主動學習的意涵，目的在化解各種價值歧異所引起的衝突，消弭人們過於偏執的價值觀，並將價值觀與現實的差距予以正視和彌合，啟動人們學習拓展新的視野和提出解決方案。哈佛大學教授海菲茲 (Ronald A. Heifetz) 將領導形容為「調適性領導」(adaptive leadership)，並以「動員」(mobilize) 一詞來指陳領導代表著化解歧異、激勵、組織、指出方向與專注態度等面向的綜合。他說：「調適性領導與民主社會所需相同，除了現實測試外，尚包括：重視衝突、談判與社群歧異性；提高社群凝聚力；發展讓社會承擔、學習與革新的規範；保持社會壓力在可忍受的範圍之內」。（劉慧玉譯，1999: 42, 45, & 50–51）

有關於領導的涵義，可謂言人人殊，難以用有限篇幅形容盡致。難怪根據統計，數十年來的學術分析，提出了 350 種以上的領導定義。學術研究對於「有效領導」與「無效領導」以及「有效組織」與「無效組織」的差異，迄今尚未產生一致的共識與結論。邊尼斯和拿魯斯就對領導這麼的形容：「領導就像天山的雪人，雖然在雪地上留下遍地的足跡，卻又見不到他的真實面目」 ❺。（楊振富譯，1997: 24, 43）故而，許多領導理論出現了又沉寂下去，似乎隨時起伏不定。為了掌握領導的精義，接下來討論領導與管理的差異中，或許可歸納出一些端倪。

貳、領導與管理的差別

關於領導與管理的差別，杜拉克 (Peter F. Drucker) 說：「要把管理和領導分開，根本是胡來。就像要把管理和創業分開一樣行不通。它們都是同一項重要工作的基本要

---

❹ 換句話說，領導強調「你是否騎在錯誤的馬上？」或如表 5-3 所述「梯子是架在對的牆壁上嗎？」

❺ 根據一項全面性的調查，有關領導的研究多達 7,800 篇以上，且在二十世紀中，每十年此類的研究就呈倍數的增加，特別是 1980 年代，對領導的研究有如雨後春筍般的出現。美國人對此一課題的興趣有如宗教的狂熱，依亨利的看法，美國文化中個人主義和理想主義的色彩，是為主要動力因素。(Henry, 1999: 140)

件。它們確實不一樣，但它們的不同頂多只右手和左手，或鼻子和嘴巴的差異而已，它們都屬於同一個身體。」不過就字意來看，領導 (lead) 有「去、行進、引導」的意義，領導富有動態、行動的意思，領導者追尋新的秩序，引導我們走向新而未知的目的地。相反的，管理 (manage) 的英文字根是「手」，所以管理本質在於「處理」事情、維持秩序、組織和控制。管理和領導最重要的差異，正好反映了其一係處理事情與另一則是走去某地。(殷文譯，2005: 332–333) 卓茲尼克 (Abraham Zaleznik) 曾在〈管理者與領導者有何不同？〉(Managers and Leaders: Are They Different?) 一文中，指出領導者與管理者之間的分野，經彙整如表 5–2 的說明：

表 5–2 領導者與管理者差異的比較

差異所在	管理者	領導者
目標取向	採取非人情化態度；事後回應；目標係依實際需要而非渴望來設定。	重視個人遠見；事前預應；目標係依個人積極理念型塑；改變氣圍；引發意象和期待，建立明確期望目標。
工作取向	透過交涉與強制力來達成；平衡對立的觀點；設計妥協；限制選擇；和避免冒險。	以新穎途徑解決問題；增加議題選項；將理念轉換為令人悸動的意象；當機會具遠見時，則勇於追求冒險。
人群關係取向	偏愛工作流程而非人員，但也會維持最低量的情緒投入；缺少同理心；關心工作完成的方法，而不是要去制定決策；溝通是以模糊的符號進行；員工認為他們自己是無法自我預測的、疏離的、可控制的；組織最後是以官僚制和政治謀算來呈現。	執著於理念；與他人接觸是直接地、直覺地和同理心地；關心事件和決策的實質，包括其對成員的意義；員工將自己描述為帶有豐富的情緒；關係是變動的、激烈的，和非組織化的，動機是強烈的；非預期的結果是不斷增生的。
自我取向	來自讓既存的制度能夠持續存在並不斷擴大；認為自己是組織的一部分。	來自深層改變人類和經濟關係的鬥爭；感覺自己與組織的關係是孤立分離的。

資料來源：Zaleznik, 1977: 67.

另外，被《時代》(*Time*) 雜誌譽為「人類潛能的導師」柯維 (Stephen R. Covey) 亦曾將領導與管理的不同，整理如表 5–3：(殷文譯，2005: 335)

表 5-3　領導和管理的差異摘要

領導		管理
人	▶	事
自發、機動	▶	結構
釋出、授權	▶	控制
效能	▶	效率
投資	▶	費用
原則	▶	技巧
轉化	▶	交易
以原則為中心的權力	▶	實用
辨識	▶	評估
做對的事情	▶	把事情做對
方向	▶	速度
毛利	▶	淨利
目的	▶	方法
原則	▶	實務
在系統之上	▶	在系統之中
「梯子是架在對的牆壁上嗎?」	▶	快速爬上梯子

資料來源：殷文譯，2005: 335。

　　就上述而言，領導者將焦點放在組織的願景上，關注組織「情感與精神上的資源」，也就是重視組織的價值觀與遠見、成員對組織的投入及關注；管理者則運用組織的「物質資源」，即組織的資金、人力技能、材料及技術；並善盡監督之職，使工作在效率高、進度快、品質好及產量豐的情況下完成。誠如史瓦斯摩學院已卸任的校長法蘭德三世 (Theodore Friend III) 所強調的，領導能力是種「有著自知之明及合作的幹勁，逆風前進，並且使別人願意追隨其後。」(楊振富譯，1997: 66)

參、轉換型領導

　　為了區辨領導與管理的不同，並突顯領導的新時代意涵，柏恩斯 (James M. Burns) 於 1978 年在其所著《領導》(*Leadership*) 一書中，最先使用「轉換型領導」(transformational leadership) 一詞，並將領導界定為「一人或多人在與他人的互動中，領導者與部屬都將彼此的動機與道德提昇至高度水平中」。(Henry, 1999: 144) 其後，貝斯 (Bernard M. Bass) 補充說明這種轉換過程的三個重點：(1)領導者在不同的情境運用不同的領導型態時，應本於個人良知，確實明瞭各種領導行為的價值意義和可能帶來

的結果；⑵領導者應以超越私利的心態，為謀求組織更大的利益來努力；⑶領導者在這種利他的實踐過程中，賦予部屬更寬廣的自主權力與自我發展空間，以促進自我的實現。換言之，轉換型領導肯定人員有自我實現的需求，並有自主自動的能力，領導者透過激勵與引導，喚醒成員自發的意識與自信心，而能心悅誠服地認同組織的目標，肯定組織與自己的未來發展，置個人私利於度外以成就組織整體的事功。（張潤書，1998: 426）

為期更明白轉換型領導的底蘊，國內學者張潤書教授特將布勒 (P. Buhler)、卡慎 (D. S. Carlson) 和培利 (P. L. Perre) 的觀點，歸納轉換型領導者的特質如下：（張潤書，1998: 432–433）

1.創造前瞻願景：轉換型領導者的個人魅力來源，在於其能創造組織前瞻之願景，藉以凝聚內部的向心力和信任感，使人員的努力有了可以期待的目標，而不至於徬徨無措。願景是組織期望達成的未來景況，是理想實現的藍圖，可以是夢想的美好未來，也可以是具體的計畫與任務目標。前瞻願景的建立係以人員的自我需求與體認為基礎，反映人員長久以來的期許和關懷。而透過領導的作用來結合人員不同的需要，並發展為可行的構想，此一構想成為人員工作意義的所在，成為人員努力的最大動力。

2.啟發自覺意識：轉換型領導並非透過強制的方式來獲取權力，而是領導者能夠洞察人員不同的長處和潛能，循循善誘加以啟發，而部屬從授權的過程中得到自我發展，並心悅誠服。所以轉換型領導者要能深切體察人員的個性能力、組織的變革需要，以長期性投資的眼光，以無比的耐心，培養部屬自我覺省、自我管理的能力。

3.掌握人性需求：轉換型領導必須能夠瞭解成員需求的個別差異，並給予適當的回應。就馬斯洛的需求層次論言，人的需求區分為生理、安全、社會、尊榮與自我實現五種層次，領導者不但要設法滿足人員低層次的需要，更要引導人員的需求期望朝更高的層次發展，如此才能有效激發其潛能。

4.鼓舞學習動機：在科技日新月異、競爭激烈的現代環境中，資訊和知識是組織圖存發展的唯一利器。轉換型領導者本身不但有渴求新知的強烈學習欲望，還要能培養部屬不斷學習新知的習慣。

5.樹立個人價值：轉換型的領導過程中，領導者是組織上下信仰的對象，操縱組織存續的重要關鍵，所以轉換型領導者必需樹立起誠實、有信、正義、公道等價值信念，做為人員奉行的依據。並透過個人的躬身力行，產生風行影從的教化效果。

6.樂在工作：轉換型領導的施行，奠基於工作的倫理觀念。領導者要求部屬全力投入工作，自己也必須展現對工作的高度熱情，並能將這份熱情加以擴散，感染所有的組織成員。

抑有進者邊尼斯和拿魯斯於 1985 年出版《領導者》(*Leaders*) 一書，也說明若欲成就轉換型領導應該具備四種要素：(楊振富譯，1997)

1.透過願景引起注意：身為領導者，為了選定組織方向，必須先在心理上為組織描繪出一個合意且可能達到的未來狀態，此即「願景」，願景可如夢境般含糊，也可能像一個目標或任務說明那般詳盡。但最重要的一點是，願景對組織而言，代表一個實際、可行、吸引人的未來，就某些重要層次而言，是一種比現狀更好的情況。「願景」就是一個向人招手的目標。如同甘迺迪 (John F. Kennedy) 總統擬定的計畫，要在 1970 年以前送人上月球；或是像美國運通 (American Express) 的維爾 (Sanford Weill)，立志要把美國運通變成全球數一數二的投資金融公司。一旦有了「願景」，領導者就能為組織鋪設一座由現在通往未來的重要橋樑。(楊振富譯，1997: 107-108)

惟在打造願景時，領導者需要有「先見之明」，才能判斷這個願景如何因應環境改變而調整；還需要有「後見之明」，這個願景才不會違背組織的傳統和文化；要有「世界觀」，藉以詮釋新發展和新趨勢可能帶來的衝擊；要能「深度領悟」，才不會遺漏整個藍圖中應有的細節和層面；要有「寬闊的視野」，才能算準競爭對手和其他利益相關人對新方向可能產生的反應；最後還必須有「修正願景」的過程，讓先前曾綜合整理出的藍圖，能隨時因環境改變而修正。(楊振富譯，1997: 118-119)

2.透過溝通傳達意義：領導者不是僅提出一幅未來的願景後就夠了，願景必須一再審視，必須融入組織的文化中，透過策略和決策過程不斷地強調，而且必須經常拿來評估與溝通，讓組織成員能夠瞭解而有所追尋。換言之，美麗的願景必須是來自整體組織的需求，必須由全體重要參與者所「共享」或「共有」，必須成為組織內一個新敘述架構的一部分。簡言之，願景要想成功，必須能夠將你希望事情達成的狀態說得讓人悠然神往，勾起別人的滿腔熱誠，願意為這個目標全力以赴。誠如佛莉特 (Mary P. Follett) 所言，「所有領導者中最成功的一種人，就是能看到尚未成形的願景。他能看到屬於他現在眼前景象，卻尚未到來的事物。……尤其重要的是，他應該讓共事的同仁了解大家要完成的不是『他的』目標，而是大家共同的目標；這個共同目標出自於團體的渴望和努力」。(楊振富譯，1997: 124-125, 155-157)

　　身為領導者如何為新願景凝聚向心力，扮演「社會建築師」的角色？其任務主要包括：發布及修訂招募新人的方法與目標；影響員工融入新的組織價值觀；以及採用或修改足以彰顯和強化新藍圖的共同符號。

　　3.透過定位尋求信任：「信賴感」是維繫部屬與領導者關係的情感黏著劑，是所有組織的基本要素，也是維持組織運作的潤滑劑。能夠被信任的領導者一定能使別人認識自己、敦促自己的立場明確。就像企業組織為產品定位一樣，領導者應使組織在外在環境中，保有一個恰當且可運作的地位，這樣的著力過程就是「組織定位」，如同大學校務評鑑指標，首重學校定位與特色。而「願景」和「定位」之間的關係如同思想和行動之間，或大圖像和路徑圖之間的關係。至於領導者如何為組織定位，首先，應針對環境的變遷做好快速的掃描工作；其次，必需擔任組織內外環境所需的中間溝通人；第三，設立工作道德或規則來規範組織成員的行為；第四，領導者應具備堅定不移的毅力，戮力貫徹。

　　4.自我肯定，施展自己的才能：誠如布洛諾斯基 (Jacob Bronowski) 於《人的提升》(*The Ascent of Man*) 一書中所言：「我們都會對自己的信心、對未來和對這個世界感到害怕。這是人類想像的天性。然而每一個人，每一種文化，總會因為已設定了的目標而安然發展。一個人能專注於發展自己的技能，揉合了智慧與情感的投入，就能『使人提昇』。」（楊振富譯，1997: 207）基本上，肯定自我的定力，需要去瞭解自己的優缺點，發展自我的優勢力量，並使自己的優勢與組織需求相結合。而且，一位成功的領導者必須對事件的結果，採取更多正面和樂觀的看法，而非將全副心思花在避免錯誤、防患未然上❻。如果不幸有所失敗，亦能將失敗看成是個開始、是個希望的出發點，而勤加學習。甚至，對於合理的失敗亦不以憤怒的態度去看待。

　　無獨有偶地，在邊尼斯和拿魯斯出版《領導者》一書的前一年，行政學者李懷適 (Eugene Lewis) 以胡佛 (J. Edgar Hoover)、李克河 (Hyman Rickover) 以及牟雪書 (Robert Moses) 三人為典範，出版了《公共的企業家精神：官僚的政治權力論》(*Public*

---

❻　此為瓦稜達 (Karl Wallenda) 效應，瓦稜達於 1978 年在波多黎各聖胡安走一條七十五英尺高的鋼索時墜落身亡。與其同行的妻子論及那次致命的危險表演時說：「那大概是他一生中最危險的一次表演。他在表演之前想了大概有三個月。那是他這輩子第一次考慮表演的方式，我覺得他全副心思都花在避免『墜落』上，而不是思考怎麼走鋼索。」接著又補充道：「他甚至親自監督繩索的安裝，確定繩索的安全無虞。這是他以前想都沒有想過的事情。」因此瓦稜達失敗之因，在於其全神貫注的不是走鋼索，而是避免墜落。

Entrepreneurship: Toward a Theory of Bureaucratic Political Power）一書，歸納出企業家型領導者的共同行為特徵，以彰顯轉換型領導的特質，頗值得品評。茲分五項特徵敘述如下：（Rosenbloom & Kravchuk, 2005: 155–156；江岷欽、林鍾沂合著，1995: 238–239）

1.視組織為達成個人目標的工具：企業家型領導者善用組織內部的資源及力量，實現個人目標，而非僅於加冠晉爵而已。以上述三人為例，胡佛創建聯邦調查局（Federal Bureau of Investigation, FBI），以史無前例的強勢警網，打擊犯罪，維護治安；李克河將美國海軍艦隊帶入核子潛艇紀元，維持國防優勢；牟雪書則以獨特的「願景」，重整紐約都會區的公園景觀以及運輸系統。

2.專精某些社會關注的領域：企業家型領導者善於應用傳播媒體、國會聽證會以及其他各種管道，展現其專精的領域，成為某些公共政策的代言人。例如胡佛擅長犯罪統計資料之應用與解讀；李克河掌握海軍核武戰備之脈動；牟雪書則對紐約公園建築與都會橋樑瞭若指掌。

3.運用組織擁有的潛在影響力量：企業家型領導者在其生涯中，終將體會龐大複雜的公共組織，是進行社會改革、政治改革以及經濟改革最有力的工具。因為公共組織所擁有的龐大資源與政治權力，不但能保護企業家型領導者不受內部反對勢力的掣肘，亦能成為對其他外部勢力施壓之支持力量。以胡佛與牟雪書為例，在其影響力全盛時期，幾無反對勢力可以撼動渠等作為。

4.營造社會對其完成任務的信賴：企業家型領導者向聽眾傳達他所擁有而其他人卻無法實踐任務的知識及能力。例如李克河讓大眾相信，唯有將核子科技引進海軍，讓潛艇能長期在海底作業，方能建立真正的潛艇嚇阻戰力；胡佛亦讓民意深信，唯有建立全國跨州警網，方能根本防治犯罪及叛亂；牟雪書則讓多數人肯定其能力：唯有借重他，方能動員大量資源，完成像三星大橋的艱鉅工程。

5.設法擴展專屬的公共政策範圍：例如胡佛、李克河及牟雪書均曾設法延伸所屬組織的影響力範圍，而涉入更多的控制權力。這種擴張的作法，雖然會悖離代議政府的民主程序，卻能有效降低不確定性、增加自主性。美國聯邦調查局在胡佛任內不斷擴增職權，其社會角色原為「協助全國地方政府的警力，防治犯罪」，爾後增為「杜絕共產黨員及其同路人的顛覆陰謀」。就理論層次而言，胡佛應受總統、司法部長以及國會三方面的節制與約束，但實際上他卻不受任何機關管轄，權傾一時。李懷適指出，胡佛在 1972 年死於任內，不論敵友莫不額手稱慶。

肆、返回特質論的一項調查研究

　　早期對領導品質的研究途徑之一，乃聚焦於成功領導者的個人人格特質。在某程度上，這個途徑是從韋伯的魅力型 (charismatic) 權威理論而來。根據韋伯的說法，有些人稟賦就是擁有誘導他人跟隨其領導的不凡特質。這些有效領導之特質因素，常被學者論及的有：1.相信成功的可能性 (belief in the possibility of success)；2.溝通技能 (communication skills)；3.同理心 (empathy)；4.精力 (energy)；5.良好判斷 (sound judgment)；6.一致 (constancy)；7.自我管理 (self-management) 等。(Rosenbloom & Kravchuk, 2005: 154) 甚至根據高曼 (Daniel Goleman) 的分析，成功的領導者更需要具備高度的情緒智商 (emotional intelligence)，它的內涵包括下列四者：1.自我意識：正確評估自己優缺點的能力，且具健康的自信心；2.自我管理：平衡情緒，並對破壞性或傷害性的情緒，如憂慮、恐懼或憤怒等具控制能力；3.社會意識：瞭解別人與同情他人的能力；4.關係意識：與他人建立連結，回應他人需求以及影響他人的能力。(陳志瑋譯，2015: 498)

　　多數的領導特質論分析，頂多只是來自論者的主觀詮釋和解讀，以動人的故事為情節的寫作，缺乏實證的科學效力，亦無科學的嚴謹與邏輯，如同諾貝爾物理學獎得主費曼 (Richard P. Feynman) 所稱的「貨機膜拜科學」(cargo cult science)，或稱「草包族科學」❼。(徐紹敏譯，2007: 46-47)

　　然而，有一項對領導理論的探討深具科學實證的研究與貢獻，非常值得參考，那就是庫塞基 (James M. Kouzes) 和波斯納 (Barry Z. Posner) 在《領導挑戰》(*The Leadership Challenge*) 一書中的調查發現。庫塞基和波斯納針對數以千計的企業和政府機關主管，進行「對領導者的特質之期許」的調查，以開放式的問題請教受訪者：「你

---

❼　「貨機膜拜科學」大意如下：南太平洋有一種族群的膜拜儀式。這個族群在戰爭期間看到飛機載著許多物質降落，期待還有飛機帶來源源不絕的補給品。所以，他們賣力地鋪設跑道，在跑道兩旁豎立火把，還蓋了座木屋，裡頭坐著一個人，頭上掛著兩片木片當成耳機。這副耳機還插上一根竹棒當成天線。原來，這個人就是塔臺管制員。萬事俱備之後，這群人就等著飛機降落。雖然做好了準備，完全依照機場的形式，結果卻徒勞無功，根本不會有飛機在這裡降落。這個隱喻用來說明，一些書籍文章都宣稱內容是經過嚴謹的科學方法而來，實際上卻停留在說故事階段，沒有符合科學標準，缺乏科學依據，只是披著科學的外衣，預測能力和熱帶島嶼上椰子殼做的耳機不相上下，因而被稱為「貨機膜拜科學」。(徐紹敏譯，2007: 46-47)

的領導者有什麼價值觀（個人特質或特色）是你欣賞的？」在遍及非洲、北美洲、南美洲、亞洲、歐洲和澳洲等 75,000 個受訪者身上，其調查結果竟呈驚人的規律性，也就是領導者普遍具有四種特質：誠實 (honest)、前瞻性 (forward-looking)、勝任能力 (competent) 和善於鼓勵 (inspiring)，在 1987 年、1995 年、2002 年上述四項特質均能得到 50% 以上受訪者的認同，其他特質如公正、果斷、忠誠等，多未在每次調查中得到 50% 以上的認同，可見受訪者對這些特質的相對忽視。（詳情參見表 5-4 最受欣賞的領導人特質，和表 5-5 最受欣賞的領導人特質跨文化對照）因此，他們認為模範領

表 5-4　最受欣賞的領導人特質

選擇該項特質的受訪者比例 (%)			
特　質	2002 年調查結果	1995 年調查結果	1987 年調查結果
誠　實	88	88	83
前瞻性	71	75	62
勝任能力	66	63	67
善於鼓勵	65	68	58
聰明才智	47	40	43
公　正	42	49	40
心胸寬大	40	40	37
給予支持	35	41	32
坦　率	34	33	34
可　靠	33	32	33
樂意合作	28	28	25
果　斷	24	17	17
富想像力	23	28	34
企圖心	21	13	21
有勇氣	20	29	27
具有愛心	20	23	26
成　熟	17	13	23
忠　誠	14	11	11
自我控制能力	8	5	13
獨　立	6	5	10

表 5-5　最受欣賞的領導人特質跨文化對照

選擇各項特質的受訪者比例 (%)				
國　家	誠　實	前瞻性	勝任能力	善於鼓勵
澳　洲	93	83	59	73
加拿大	88	88	60	73
日　本	67	83	61	51
韓　國	74	82	62	55
馬來西亞	95	78	62	60
墨西哥	85	82	62	71
紐西蘭	86	86	68	71
北　歐	84	86	53	90
新加坡	65	78	78	94
美　國	88	71	69	63

註：這些百分比代表來自六大洲的受訪者：非洲、北美洲、南美洲、亞洲、歐洲和澳洲。大部分的受訪者都來自美國。因為我們要求受訪者選出七項特質，所以總數會達到 700%。

資料來源：高子梅譯，2010: 51、52。

導的五大實務要領為：以身作則 (model the way)、喚起共通願景 (inspire a shared vision)、向舊習挑戰 (challenge the process)、促使他人行動 (enable others to act)、鼓舞人心 (encourage the heart)。（Kouzes & Posner, 2002: 13–22, 24–25；高子梅譯，2010: 47, 50–51）

筆者看來，這項的調查結果具有相當重要的實質意義，因為除了從事三次的大規模調查外，在調查結果後的特質呈現：誠實、前瞻性、勝任能力和善於鼓勵四者，非常符合我們對領導者特質的正常期待，也是孟格所強調「普世智慧」的一例。

伍、行政領導的治理方略

現代民主的社會裡，人民自稱為國家的主人，但實務上，一般選民卻又期望能有高瞻遠矚的領導者，這可說是時代治理的矛盾現實。根據羅爾德 (Carnes Lord) 的敘述，當代領導者太過強勢，又太弱勢；太獨斷，又太膽怯。他們盡力做了太多的事，可是在某些方面卻又做得太少。（韓文正、吳家恆、陳俊斌合譯，2004: 260）現代的領導者不但受到媒體自由化和政治激進文化的包圍、官僚體系和利益團體的掣肘，而且來自全球性的經濟與科技潮流的重重束縛，治理失能 (ungovernability) 似乎已成為常態，規劃及推動改革更是舉步維艱。不過放眼未來，在亂局之中更需要卓越領導力。是以本節將對行政領導的治理方略 (statecraft) 提出一些淺見。

在上文探討領導的精義和轉換型領導的意涵裡，其實我們隱約可以看到行政領導的治理方略。筆者以為打造優質的行政領導祕訣，似可從下列要點為之：（*cf.* 韓文正、吳家恆、陳俊斌合譯，2004；江美滿、黃維合譯，2003）

1.釐清組織形貌與系絡：領導者想要建立組織的王國，開展組織的未來，必須先清楚瞭解組織的本質、利基、產品、服務與資源，甚至認識組織的內外環境與優勢限制等。自知之明或許聽來有些教條，但是培養敏銳的自知之明，才能對帶領組織隨時應變不致迷失方向，甚至能反敗為勝。

2.瞭解利害關係人範圍及需求：行政不同於企業，它是在政治系絡下運行的。行政領導者除了自我知覺，也應留意社會壓力，引導民眾注意問題、提出問題，並設法找尋問題解決方案，而不是自我感覺良好與自我陶醉。透過利害關係人的參與，設定共同的目標與方向，既可集思廣益，又可避免遭受聲譽的攻擊。身為領導者雖然運用權勢，但也要懂得適度分工、良性互動、調適壓力。既是積極投入 (active)，又是善於

反思 (reflective)，（劉慧玉譯，1999: 366）讓需要改變的人一起扛下責任，分享負擔。

　　3.打造未來願景：誠如上述，領導人最重要的任務是負責未來，而不是日復一日的營運。（江麗美譯，2017: 122）若未能為組織勾畫未來的願景，就談不上領導力。有了願景，就不應該忘記它。唯有全神貫注於願景，願景才會讓組織持續營運。惟潛心規劃願景時，切忌一步到位，應該有手段、有策略地逐步實現。領導者腦中要有未來的大圖像，手上也要有達成的路徑圖。

　　4.對外交涉與跨域協調：誠如史達林 (Grover Starling) 所言，政治上的勇者應去瞭解一個非常重要的事實真理：達成目標通常不如落實這個目標所使用的方法來得重要。（洪聖斐、郭寶蓮、陳孟豪合譯，2008: 119）權力的遊戲，不純為零和賽局 (the zero-sum game)，要能夠調和各方勢力，創造多贏局面，才是箇中好手。所以在政治上，除了避開赤裸裸的衝突對抗外，更應強調說服、交涉、妥協、互助、聯盟、吸納 (cooptation)，甚至是跨域協調技巧等來贏得支持及信任。柯維在《第 3 選擇：解決人生所有難題的關鍵思維》(*The 3rd Alternative: Solving Life's Most Difficult Problems*) 一書中，不斷提醒我們第 3 選擇思維是：我看見自己，我看見你，我努力瞭解你，我與你發揮綜效。（彭雪影、蘇偉信合譯，2013）

　　5.掌握資訊做對決斷：資訊向來就是決策的基石，尤其在全球資訊網路發達的現代，沒有人會懷疑資訊的重要性。然而在資訊到處充斥的情況下，訊息不貴在多，而貴在吸收消化析事明確。諾貝爾經濟學獎得主西蒙 (Herbert A. Simon) 說得好：「豐富的資訊創造出貧乏的注意力」，（楊玉齡譯，2010: 205）如何讓搜集得來的資訊引導成為掌控事物的真實理解能力，實是決策的一大考驗。關於此議題，著名政治學者紐斯達 (Richard Neustadt) 研究美國數任總統的資訊搜集習慣，提出如下的評論：「並不是一般的資訊能夠幫助一位總統看清他個人的風險；也不是摘要報告；亦不是民意調查；更不是枯燥乏味的龐雜資料。反倒是具體細節的零星瑣碎 (the odds and ends of tangible detail) 能夠在總統心中加以組合而成❽，這樣就能照亮了橫擺在他面前之問題的隱藏面 (the underside of issues)，他必須成為他自己所需重要資訊的掌控者。」（Mintzberg, Ahlstrand, & Lampel, 1998: 70；林金榜譯，2006: 111–112）可見當我們要選擇一位組織或國家的領導者，不是一味地聽他所描繪的願景，而是要看他過去所做的正確決斷。在勾勒渴望的未來時，厚實的決斷力才是致勝的基石。誠如雷根總統所云：「不要聽我

---

❽　亦即能夠將不同意見引導成為正確決定的真實理解能力。

所說的,而要看我所做的」。凡是優秀的領導者,一定要能看穿視野所及之處的細節,一而再、再而三地做出正確的決斷來。

6. 政府行銷與媒體溝通:假如你製造一款性能良好的捕鼠器,也要讓他人知道,促使他人能夠到你家排隊購買。過去主張為政不在多言,現在卻非常重視行銷溝通,與民互動。行銷固然是在說個動聽的故事,讓人悠然神往,更在乎差異化的優質產品或服務,並傾聽使用者對產品的挑剔及回應。否則,沒有良好的產品作後盾,即使一個精幹的行銷人員也有可能變成一位無根的漂浮者 (drifter)。

7. 策略運用與危機管理:在上一章,我們對於策略已有深入的討論。大抵說來,策略是種規劃、定位、視野、模式和布局的綜合體。尤其能夠善用同理心來看清敵我的優勢、劣勢、機會、威脅,並充分運用資源,建立一套完善制度與程序,以達成明確的目標。策略行動的期限可能很短,也可能很長。計畫的可行性和可欲性也要納入考慮。但是身為領導者總應扮演著策略的守護者。(韓文正、吳家恆、陳俊斌合譯,2004: 228–230)危機管理現已成為領導者必須面對的核心要務。當危機發生時,未能洞察危機,或漠視不理,或處理不善,會讓領導者陷入重重的險境之中。「危機」(crisis) 這個字在古希臘文的原意是「判斷」(judgment) 或「決定」(decision),所以當一連串的事件發展到重大轉折時,需要領導當局做出明智的判斷或決定,(韓文正、吳家恆、陳俊斌合譯,2004: 234)並且明瞭莎士比亞有句至理明言:「眼前的恐懼並不如幻想般恐怖」。(王永年譯,2010: 334)尤其在民主社會裡,領導者動見觀瞻,如何化險為夷,是考驗著領導者智慧與經驗的重要挑戰。

8. 塑造及引導民意:「民意如流水」說明了民意的善變與不可掌握,但身為領導者就是要去傾聽民意和引導民意。只是誘導民意與煽動輿情應有區隔。誘導民意是由領導者對現況設定問題和謀求解決對策,並教育民眾理性思考;煽動輿情則是營造政壇與媒體氣氛,不斷操弄人民的關注和胃口,鼓動群眾的激情,激化意識型態的對立,讓問題不斷翻滾提升到最上位概念,始終纏繞不清而無法解決。可見民意的分寸拿捏,對領導者有多麼重要。

9. 離開舞臺,自反而縮:領導者對舞臺進出場的判斷是領導力的一部分。領導者固然要站在舞臺盡情演出,有時卻要離開舞臺,站到包廂或陽臺上,旁觀事態發展,調整步伐,讓行動歸零冷卻。誠如美國詩人惠特曼 (Walt Whitman) 所云:「身歷其中,卻置身事外」。領導者要聆聽內在的聲音,反問自身的處境,成為基督徒所稱的「行動

中的冥思」(contemplation in action) 或佛教徒所稱的「正念（思）」(mindfulness)。（江美滿、黃維合譯，2003: 82）

陸、領導者的修練

前述是基於治理策略的觀點來看待領導的技能。然身為領導者，尤其是公部門的領導者，攸關國家福祉，如何修練自己成為有智慧的領導人，亦為領導的一大課題。關於領導者的修練，吳瓊恩教授提出其看法為：1.哲學思考；2.辯證思考；3.內省真理的體驗；4.培養全人的人格；5.理性與直觀能力的互補。（吳瓊恩，1997: 393–395）倡議「真誠領導」(authentic leadership) 的喬治 (Bill George) 和席姆斯 (Peter Sims) 在其著作《正北方：發現你的真誠領導》(*True North: Discover Your Authentic Leadership*)，亦歸納真誠領導的五大面向：1.熱情追求目標；2.實踐堅實價值；3.從心領導；4.建立持久的人際關係；5.展現高度自律。（楊美齡譯，2008）海菲茲 (Ronald A. Heifetz) 與林斯基 (Marty Linsky) 則認為置身火線的領導者應注意下列四者：1.管理慾望；2.穩住自己；3.愛的渴望；4.神聖之心。（江美滿、黃維合譯，2003: 224–310）曾擔任約翰霍布金斯醫學院系主任及美國國家衛生研究院主任的哲侯尼 (Elias Zerhouni)，以三個隱喻並排列它們的順序來回答領導者的修練：心胸 (heart)、脊髓 (spine) 和頭腦 (brain)，分別代表領導者要有開放的胸襟、擔當的風骨以及足夠的知識。（洪聖斐、郭寶蓮、陳孟豪合譯，2008: 25）

有關領導的修練和如何培育優秀主管之討論，不妨先看看多夫 (Dove) 對優等雞隻所做的實驗。在雞隻研究中，優等雞隻在各方面都居於優勢，牠們有較漂亮的羽毛和雞冠，所生的蛋也較健康，牠們的社群等級較高，能自由地選擇對健康有益的食物。將這些優等雞隻的食物拿來餵劣等雞時，情況也會有所改善。牠們的體重會隨之增加，蛋的品質也更好，在社群中的地位跟著提高，有更多與異性接觸的機會，但仍無法如天生就具有優勢的雞隻一般優秀，大約只能提升百分之五十。（李美華、吳凱琳合譯，2004: 152）

因為這一實驗的證明和啟示，會讓有些論者認為優秀的領導好比優等雞隻一樣，是與生俱來，不是靠後天努力得來。但是，此一觀點迄未得到嚴謹的科學證實。通常都認為領導還是可以學習和磨練的。好比著名領導學者邊尼斯在其回憶錄《驚喜的年代：我走過的領導路》(*Still Surprised: A Memoir of a Life in Leadership*) 提到，領導是

從熔爐中鍛鍊出來的，是在重大的事件或奇特的經驗裡，通過考驗而成長的；人很少因為單一的挑戰或磨練，就此陶冶定型；相反的，得因應不同的挑戰，逐一通過不同的熔爐試鍊，接受自己的改變。（劉麗真譯，2012: 243）筆者亦認為，領導者的智慧是可經歲月迴廊的雕琢而練就的。首先，應從正念開始；其次是，描繪願景；再次是，追求內在平衡；復次是，用心傾聽與善於鼓勵；最後是熱情、力行和學習。茲分述於下：

第一，領導者起心動念時，應自覺為良知的趨使和德性的發揮。善知自己的本性，瞭解個人的品格，管好自己的欲望，才能由內而外地全面造就自己。不誠、無物：心術不正的人，很難做出正確的判斷。能力對於一個領導者固然重要，但內在品德更為重要。如同歷史家麥卡勒 (David McCullough) 在評論杜魯門 (Harry Truman) 總統的領導能力時所說的：「品格是一位總統最重要的資產。」有品德沒能力的領導者固然令人扼腕，但有能力沒品德的領導者卻是令人氣餒。孔子講究正心、誠意、修身、齊家、治國、平天下的「內聖外王」之道，就在指出：領導的出發，是在「心」的跑道上起飛。

第二，描繪願景是領導能力的必需品。如同管理大師彼得杜拉克所云：「預測未來的最佳之道，就是去創造未來」。（蔡卓芬、李靜瑤、吳亞穎合譯，2007: 42）領導者能夠提出具有說服力的願景，才能創造偉大的未來。沒有願景想像，等於沒有未來，也是不值得期待的未來。根據史東納 (Jesse Stoner) 和齊加米 (Drea Zigarmi) 的敘述，一個具有說服力的願景想像應包括下列三要素：1.有意義的目標；2.未來的圖像；3.清楚的價值觀。例如迪士尼 (Walt Disney) 開始建造主題樂園時，其目標是：「創造幸福的產業」，而非「主題樂園的產業」；未來圖像為：「要讓每個離開樂園的人，臉上洋溢著與剛進樂園時一樣的笑容」；清楚的價值觀是：迪士尼的員工應奉行安全、禮貌、精彩表演和效率等具有優先順序排列的價值信條。（蔡卓芬、李靜瑤、吳亞穎合譯，2007: 48-56）

第三，追尋內在的平衡是領導者可進可出的關鍵。領導者要堅持理想，卻不能自我感覺良好；要注意情勢的發展，又不能隨波逐流；要關心別人的評價，又能穩住自己；要前瞻未來，又得注意目前的處境；要與人交涉協商，又須跨越派系、部門的藩籬；要瞭解輿情，又不能走上民粹；要有所作為，又得承擔壓力。面對這般的兩難，難怪海菲茲 (Ronald A. Heifetz) 在 1994 年的大著《領導大不易》(*Leadership without*

Easy Answers)，即以書名諄諄地告誡領導者應戒慎為之。領導是個危險工作，領導者必要時還得從舞臺走到包廂，甚至為自己找到一個庇護所。

第四，用心傾聽與善於鼓勵，也是領導必備的能力。一般領導者心中都曾有這樣的反應：「我是領導者，我不必自貶身價，傾聽任何人說話，要洗耳恭聽的不是我，而是別人。」然而在所有溝通原則中，最違反邏輯的一條真理是：傾聽反而令我們更具說服力，因為一般人都樂於服從願意傾聽他們說話的領導者。(陳俐雯、黃治蘋合譯，2004: 101) 閉上嘴巴，張大耳朵傾聽，才是說服他人的良方。這個乍聽之下似乎異於常理的說法，其實是千古不變的真理，能夠把它形容得最貼切的，莫過於《心靈地圖：追求愛和成長之路》(*The Road Less Traveled*) 的作者佩克 (Scott Peck)，他曾說：「真正的傾聽有一重要關鍵，就是暫時拋開個人偏見、觀點和私慾，以期能經由內心深處體會說話者的心境，這就如同踏進對方的鞋子裡，與對方合而為一。這種說者與聽者互相融為一體的經驗，其實就是自我的延伸和擴展，而新的知識和經驗經常得以藉此獲得」。(陳俐雯、黃治蘋合譯，2004: 104) 另外，根據《領導的九條自然法則》(*The Nine Natural Laws of Leadership*) 作者布朗克 (Warren Blank) 的估算：一般人對於他人所說的話，只能聽到 1/2，注意到 1/4，只聽得懂 12%，相信 6%，而記下來的就更少了，只有 3%。(陳俐雯、黃治蘋合譯，2004: 104–105) 可見用心傾聽多麼重要，卻常被忽視。

激勵是人類渴望成功的動力來源。在強烈的動機下，即使是不可能的任務都可能達成；相反的，當人們未受到激勵，連最簡單的事也做不成。是以一位領導者應激發追隨者擁有更多夢想與熱情，讓他們學習更多、做得更多，使他們成為更有用的人。(陳俐雯、黃治蘋合譯，2004: 78–79) 故而，領導者的真正挑戰之一，即在讓員工或群眾活在被鼓舞的氛圍中，而他可從中來領導，而非高高在上。

第五，所有出色的領導者，都懷有一股工作熱情，為它而生、熱愛它。(羅耀宗譯，2003: 272) 誠如帝普雷 (Max De Preé) 所說：「若要跑 100 碼，不是要『衝刺 95 碼』，而是要『衝刺 110 碼』」。(江麗美譯，2017: 151) 有了熱情，才能堅持所信，把事業變成志業，讓事情臻於卓越才肯罷休。再者，如佛學所言：信、願、行。在深信不疑，事理通明之後，就要貫徹實踐。持續不斷，不達成功絕不終止。若過程上有所偏差，則要勇於改正，讓學習、再學習成為領導者勇敢地面對自己、精益求精、向上提升的一股動力。

關於上述，謹以羅斯福 (Theodore Roosevelt) 總統著名的演說〈競技場上的人〉作為本節的結語：「功勞不是歸給批評的人，不是歸給指出強人怎麼跌跤、指導別人哪裡還可以做得更好的人；而是歸給投入其中，臉上沾滿塵土、汗水和血的人，歸給勇敢奮鬥的人。因為沒有一再犯錯和缺點，就不會有所成就。功勞屬於那些真實投注心力的人；懂得什麼叫偉大熱情和偉大奉獻、為了高尚目標奉獻自己、成功時懂得什麼叫豐功偉績、失敗時至少知道什麼叫敢作敢為的人。這些人是那些不知什麼叫勝利，也不懂什麼叫失敗的冷漠、膽小之徒難以望其項背的。」（洪聖斐、郭寶蓮、陳孟豪合譯，2008: 443）

在結束探討之際，若對領導還有值得一提的事，那就是領導者有責任去培養下一代合適的接班人。缺少這個聯結，領導者像是在人生彩虹上少了一塊拼圖，無法為組織事業繼往開來。

第三節　行政決策

李維 (Primo Levi) 在《停戰》(*The Truce*) 一書中，回憶當年他從德國納粹在波蘭西南部城市奧西維茲所設的猶太人集中營被釋放出來，返鄉途中聽到一位難友所說的故事。這位難友名叫「葛立克」。李維對葛立克所穿的鞋子很感興趣。葛立克說，他是拿食物去換來的。李維聽了大吃一驚，因為在集中營裡面，食物是攸關生死的必需品。葛立克說，鞋子當然比食物還重要，鞋子可以讓一個人走路回家、逃離危險、必要的時候，還可以靠它去找食物。（羅耀宗譯，1993: 202–203）美國前總統雷根曾說：「不要聽我所說的，而要看我所做的。」或許可以將此段話改為：「不要聽我所說的美麗承諾，而是要看我昔日所做的正確判斷。」因此，選擇一個國家的領導者或組織的領袖，就不是光聽他的花言巧語，而要看他實際上曾做出哪些正確的判斷。決策不但涉及問題的認定、尋找方案、評估方案、執行所選定的方案以及評估結果等客觀活動；更涉及決策者態度、價值、思維傾向等影響決策行為的主觀因素。

爰此，本文首先將探討決策的一般模式；其次說明行政決策理論；繼而討論人類決策的偏差及預防對策；最後論述行政決策者的思維修練。

壹、決策的一般模式

有關決策模式可供探討者，實不勝枚舉，以下僅舉其犖犖大者加以說明之：

一、易君博的決策判斷模式

先師易君博教授利用韋伯的理想型分析法 (ideal-type analysis)，再透過經驗的印證及邏輯的推演，建構了決策的判斷模式，（易君博，1975: chap. 4）如圖 5–3 所示：

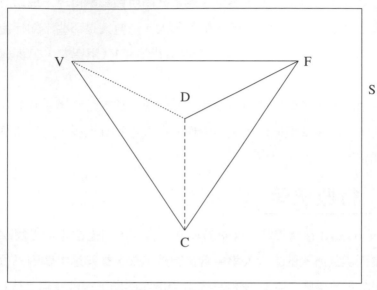

資料來源：易君博，1993: 89。

圖 5–3　決策判斷的基本型模

在此一模式中，首先某個決策是發生在特定的場合（情境）之中 (decision-making situation)。廣義而言，此一場合（情境）是由三個部分所構成：一是決策者（個人或個人所組成的團體），二是圍繞決策者的特殊環境（包括自然的、文化的以及行為交互影響所形成的狀況），三是決策者懷有一個主觀的目的，並企圖從克服環境或利用環境而加以實現。不過，決策場合（情境）只是決策發生的必要條件而非充分條件，若沒有存在決策場合（情境），就沒有決策行為，但有了決策場合（情境）不一定就有決策行為發生。這個論述猶如西蒙所提出的著名比喻：「人類的心智猶如一把剪刀，剪刀兩片中的一片刀是大腦，另一片刀則是大腦在運作當下所面對的特定情境。」（楊玉齡譯，2010: 14）

其次是任何簡單或複雜的決策，在決策過程中，絕對脫離不了三個方面的判斷：價值判斷、事實判斷與後果判斷。此三種判斷，在決策者做決定的過程中，是彼此關

聯的和互為條件的。無論任何偉大的決策或渺小的決策，其理想狀態必然是憑藉這三種判斷而作的一種選擇行為，必須是此三種判斷透過決策者的心智而產生。

關於「決策場合（情境）」、「決策者」、「三種判斷」之間的關係，按照圖 5-3 所示：S 代表特定時空中的決策場合（情境），D 代表決策者，V 代表價值判斷，F 代表事實判斷，C 代表後果判斷。VF、CF、CV 代表各種判斷之間的關聯性。DF 代表決策者對已呈現的環境事實進行判斷，比較容易得到經驗上的印證，所以用「──」來表示。DV 代表決策者主觀的願望傾向，難作客觀的衡量，所以用「———」來表示。DC 代表決策者對未出現的可能發展方向之推測，難於準確，所以用「┄┄」來表示。

為了分析方便，易君博教授以司馬光幼時「毀缸救友」的故事，來加以說明。據說寫《資治通鑑》的司馬光，幼年時，某一天與幾個小朋友在大水缸旁邊遊玩。其中有一個小朋友不慎失足墜入水缸，陷入被淹死的危機中。其他小孩都慌忙的逃跑了，附近又沒有成人可求援，於是司馬光靈機一動，搬來了一塊大石擊破水缸，而救了他的朋友。在這個故事中，顯然有一個決策場合（情境）存在。「司馬光」是決策者；「友人陷於被淹死的危機中」，「沒有成人在附近可以求援」，「水缸很深，司馬光沒有能力下水去救朋友」，「司馬光沒有足夠氣力推翻水缸」，「水缸是瓦質的」，「在水缸旁邊有一塊足夠打破水缸的大石」，這些都是決策者所面臨的環境及條件；「司馬光必須立刻救他的朋友」是決策者企圖實現的目標。再者，「司馬光決定救友是他的目的」，即等於作了價值判斷。「他用石毀缸，是根據環境及條件的限制衡量各種可能救友的方式之後所作的選擇」。這等於做了許多的事實判斷。「如果跑回去找成人來幫忙，可能尚未及返回，朋友已經氣絕。」、「如奮不顧身的跳下水去救朋友，可能兩人同時淹死。」這些即是他所做的後果判斷。

至於三種判斷彼此關聯而非孤立的呈現可再分析如下：「毀缸救友」與「不毀缸又能救友」比較，當然後者比前者更有價值；但是，基於衡量各種條件的限制，不可能達到後者的程度，只好選擇前者。這是事實判斷影響了價值判斷的選擇。反之，假如司馬光有一個頑固的信仰，相信「毀缸」是不道德的，是罪大惡極的。這一價值判斷占據其心靈有如宗教信仰一般，那麼他可能不願意採用或根本想不到「以石毀缸」這一步驟。這便是價值判斷影響了事實判斷的考慮。至於後果判斷對於事實判斷及價值判斷，也是互相關聯的，此種關聯，只要類推即可想像得到。（易君博，1993: 88-90）

筆者看來，易君博老師可說是國內建構決策判斷模式的第一人，他的論述結構嚴

謹，脈絡清楚，強調決策必在特定的情境下發生，但更為重要的，決策應重視事實判斷、價值判斷和後果判斷，來充分展現決策的核心要點：清楚的目的感、看清現實的條件、根據當下資源而採取行動、觀察行動路徑的可能發展。像這樣的分析，可謂是將決策的輪廓作了具體明確的描繪。

二、柏伊德的 OODA 模式

軍事戰略家柏伊德 (John Boyd) 可說是美國史上最偉大的戰鬥飛行員。他支持 F-16 這類好操控的輕型戰機，因為在與米格 15 的高空纏鬥中，米格 15 雖然速度較快、飛得較高、攜帶的火力較強大，但 F-16 像彈簧刀一樣好用，飛行員能夠在操控桿上前後推移，逼使對手瘋狂開火，然後迅速轉彎取得戰術優勢。柏伊德之所以能夠智取對手，不是因為率先攻擊而是等待對手先開火。此外，戰鬥的關鍵不僅是攻擊的速度，還有攻擊的時機。（曾沁音譯，2012: 174–175）柏伊德的結論是，美國戰鬥機的成功是因為有兩個關鍵的設計因素：1.它有液壓控制系統，能比米格機更快地從一個動作切換至另一個動作（如爬升、側飛、加速等等）；2.它有氣泡式座艙罩，讓飛行員有更佳的視野及情境意識，使他們能更快速處理資訊與做出決定，增添每個動作優勢，直到壓制敵機的地位。（李芳齡譯，2014: 156–157）

柏伊德從 F-16 戰鬥機這個例子研究出一套動態互動模式，他稱之為「OODA 迴路」(OODA Loop)：觀察 (Observing)、定位 (Orienting)、決策 (Deciding) 與行動 (Acting) 的循環流程。（李芳齡譯，2014：第七章）其實這樣的流程，恰可與佛門宗師談到要達到開悟境界，必須依序開發「正見、正思和正行」，是相符合的。

1.觀察：「萬物皆有象」，做好正確決策的第一要務，就是要充分認清現實。即在找什麼？這個過程，首先要眼觀八方，細看視野所及之處，迅速察覺環境位置的特徵與變化。其次在於把各個有意義的點連結起來，構成連貫意理的能力，我們稱之為意義建構 (sense-making)，在籃球界則稱為臨場感知力 (having court sense)。若用在軍事上，當敵我對峙時，觀察就是留意對方的行動並把得到的資訊組合成更大圖像的理解能力，這樣就能辨察敵軍的「表面與缺口」(surfaces and gaps)。表面指的是敵軍明顯且具體的長處，而缺口指的是可以攻擊的敵軍弱點。攻擊表面是浪費精力，找出缺口或創造缺口才能有效致勝。然而，缺口鮮少是永久的，缺口通常會快速消失，因此想要利用缺口必須機動且快速。（李芳齡譯，2014: 158–161）因此，一位解決問題的決

策者，他會一開始把問題的診斷當成進一步檢查的平臺，而非就此馬上確認其診斷的結果。唯有越過欺騙的高牆或深壘，才能看清世界的真實面貌。（黃涵音譯，2012: 85）此即為「正見」。

2.定位：即如何詮釋觀察到的東西？首先，它是將實際的觀察與腦海中的推測予以比較，以辨識出事實與推測之間的吻合程度。其次，如有落差，再次評估觀察的現象，讓現象與推測愈是明確，就愈能判斷可能面對的狀況。良好的經驗與推測會迫使你仔細考慮手邊的證據，看看有何新的資訊與意外情況足以推翻你的研判；以及提醒你犯錯的風險。誠如決策學家克雷恩 (Gary Klein) 所言：「預期性思考使我們能管理我們的注意力，讓我們在正確的地方去注意有無異常情況出現。」（李芳齡譯，2014: 162–164）在軍事上，定位是將觀察後的結果，細心地調整自己，同時地預期和瞭解對手，看看他何時會搞不清楚狀況。此即，運用同理心「進入我的世界」與「進入他的世界」，達到「知己知彼」的意境。所以，一位好的決策者不會太快決定或否決一個診斷，直到有明確的理由支持可以這麼做為止。（李芳齡譯，2014: 171）能夠定位清楚，成功就不會太遠了。此即所謂的「正思」。

3.決策：即什麼時候必須做出怎樣的選擇與該如何做？在不確定的狀況下去做決斷，總是會令人提心弔膽，然而猶豫不決卻比做出二流決定還要糟糕。就算是最精湛的棋手也無法預期和考慮到所有的可能性，因為未來的可能性任憑誰也說不上來。「一位棋手如果要預想接下來的八個棋步，他面對的選擇就會比銀河裡的星星還要多！」（李芳齡譯，2014: 168）然在正見與正思之後，就應選擇正確時機果斷地做出決定；猶疑不決，機會稍縱即逝。此為「正行」的第一部分。

4.行動：即在正確時空下採取行動並從行動中學到什麼？對於決策，我們需要的不只是觀察，而是行動。唯有在行動裡，我們才能夠反思和學習。人類不只是最會模仿的動物，應該也是最會學習的動物。然而，學習的發生總是在思考與行動的交界處。所以我們做完決策，採取行動，察看結果，如沒產生預期的結果，而策略和戰術上又沒出錯時，那麼我們就得去調整原先的假定或預期，展現克雷恩所言：「有強烈的看法，但不頑固堅持 (strong ideas, weakly held)」。（李芳齡譯，2014: 172）這是「正行」的第二部分。

柏伊德 OODA 模式曾在交涉談判、運動場合、股市交易、企業經營等領域被廣泛應用。其中最有名的例子，就是被形容為「經營之賭」的專家夏比洛 (Eileen C.

Shapiro) 和史帝文森 (Howard H. Stevenson) 在其合著《賭贏你的運氣：在企業中創造好手氣 12 撇步》(*Make Your Own Luck: 12 Practical Steps to Taking Smarter Risks in Business*) 一書中稍加改變，而提出為聰明賭徒經常使用的「OOPA 程序」：即定位 (orient)、組織 (organize)、預測 (predict) 與行動 (act)。此即在夏比洛與史帝文森看來，我們可以從仰賴偶然的運氣晉升到賭贏你的運氣，並增加對自我命運的掌握。在「唯有智賭，不確定中才潛藏機會」的理念下，他們開發智賭的 12 步驟如下：(馮克芸譯，2006)

A. 定位與組織

1. 大目標：我在嘗試創造何種未來？

2. 利／弊：這遊戲值得我玩嗎？

3. 變賭：我現在就必須改弦更張嗎？

4. 作戰計畫：我需要什麼人，如何找到這些人？

5. 暗策：我目前的賭局需要多少的運氣？

6. B 計畫：如果現行計畫受阻，上上之策是什麼？

B. 預測及行動

7. 預測圖：我下注搶進的未來有何展望？

8. 壁紙柔術：對我而言，可專注的確定性項目有那些？

9. 風險分割：我能擺脫或轉移多少風險？

10. 行動點：我的賭局核心「它」是什麼？

11. 骨牌效應：我將深陷一連串棘手的後續之賭嗎？

12. 遊戲結束：我如何知道何時該喊停？

三、邊尼斯的領導決斷模式

　　長期以來對領導學有深入的研究，被稱為「領導學之父」邊尼斯與提區 (Noel Tichy) 在合著《決斷：贏家的領導者如何做出偉大的判斷》(*Judgement: How the Winning Leaders Make Great Calls*) 曾經指出：「做決斷是領導人的根本要務，決斷做得好，其他重要的事情便不多了；決斷做不好，其他事情便無關緊要。」他們並認為，領導人的決斷流程都經歷三個階段：準備、決斷、執行。(羅耀宗、廖建容合譯，2008)

　　在他們看來，決斷是要有好的直覺的，不過決斷光靠直覺，那將只能意會，難以形容的。"Fingerspitzengefuhl" 意指「用指尖去感受」，這個德文字眼是他們已經溘然長逝的朋友，美國軍方特種部隊的四星上將唐寧 (Wayn Downing) 用來描述決斷之直覺，他說直覺是種「有把握的本能」(sure instinct)。然在現實的世界中，要做好決斷通常會是要經過緩步漸進過程之磨練。因此，邊尼斯和提區認為決斷過程，與其像葛拉威爾 (Malcolm Gladwell) 在《決斷 2 秒間》(*Blink*) 一書中所說的「眨個眼」，不如古柏曼 (Jerome Groopman) 所著《醫生，你確定是這樣嗎？》(*How Doctors Think*) 所云：「太過依賴直覺很危險。令人信服的醫療決斷必須要結合第一印象與嚴格的分析。」甚至他們把決斷的階段分為準備階段、決斷階段和執行階段，並應涵蓋下列的流程：察覺／確認、定義／表述、動員／齊心、決斷、付諸實施、學習／調整。其簡要圖形如圖 5-4 所述，茲就大意說明如下：

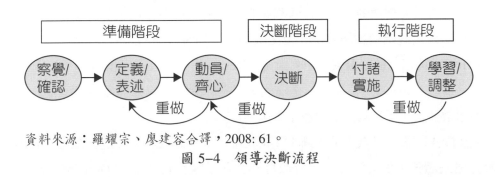

資料來源：羅耀宗、廖建容合譯，2008: 61。

圖 5-4　領導決斷流程

　　1.察覺／確認：此一階段包括：⑴縱觀全局，研判環境情況；⑵看清現實真象；⑶在環境中及早確認需要。此一流程就像 Intel 前執行長葛洛夫 (Andrew Grove) 所說：「你的眼光必須超越地平線，放眼明天的環境，然後再像偏執狂那樣，努力改造一切。」(羅耀宗、廖建容合譯，2008: 46)

　　2.定義／表述：它包括：⑴能夠抽絲剝繭，並用一針見血的方式描述複雜的事物；⑵把某個問題的參數說明清楚；⑶提供背景和表述語言。於此，邊尼斯和提區提出領導人要利用理念、價值觀與情感動力的「可傳授觀點」(teachable points of view) 和故事大綱來激勵及整合組織成員的努力，這樣才能發揮每人的決斷力，進而群策群力達到更大的組織效能。例如 IBM 前執行長葛斯納 (Louis V. Gerstner Jr.) 在「我們想要踏進什麼業務？」如此定義他的決策：「1993 年春，我必須做的事情，有一大部分是引

領這家公司重新聚焦於市場，並把這件事視為成功的唯一有效方法。我幾乎逢人就說 IBM 是由顧客經營的，我們將從顧客那邊重新建構公司。」（羅耀宗、廖建容合譯，2008: 49）又如，1980 年代中期，Intel 前總裁葛洛夫眼見日本的記憶晶片比 Intel 品質更佳又大舉進軍美國市場，曾說：「我們完全失去方向，在死亡幽谷裡漫無目的地走著」，終於有一天我轉身問身旁的幕僚：「如果我被踢走，董事會又找來新的執行長，那個人會怎麼做？」幕僚毫不猶豫地回道：「他會停產記憶晶片。」我木然地瞪著他，然後說：「那我們何不現在就停產記憶晶片？」1986 年，葛洛夫宣示「『英特爾，不是記憶晶片，而是微電腦公司』，這正是我們努力想達到的目標。」（王平原譯，1996: 179；黃涵音譯，2012: 141-142）可見定義／表述對決策而言，是多麼重要。能夠有效的定義／表述，就可清楚地勾繪問題，發現機會，甚至找到未來方向。

　　3.動員／齊心：在此一決策階段包括：⑴確認關鍵性的利害關係人；⑵號召和鼓舞相關人員定義需要做的決斷；⑶不管來自何處，只要有好的構想就加以借用。這種作為，宛如羅馬政治家加圖 (Cato) 曾比較過他那個時代的兩位著名雄辯家之別：「西塞羅 (Cicero) 開口，聽眾驚嘆不已。凱薩 (Caesar) 講話，人們邁步向前。」（羅耀宗、廖建容合譯，2008: 22）領導不只是演說，而是講話時，讓人們感同身受邁步向前。聽眾不但被號召，而且同心協力產生共鳴。

　　4.決斷：⑴做出是或否的決斷；⑵清楚的解釋決斷內容。在釐清觀念、找出內在邏輯完成論證後，做出決斷時，會像奇異公司前執行長伊梅特 (Jeff Immelt) 所言：「砰，我做了決定。」甚至宛如賀格史川 (Robert G. Hagstrom) 所作的形容：「在黑暗中找鑰匙」，「而不是因為這裡才有光啊！」（李明譯，2001：第 8 章）

　　5.付諸實施：決策的實施階段為：⑴領導人繼續坐鎮；⑵支持實際執行者；⑶設定明日的里程碑。談到執行過程，包熙迪 (Larry Bossidy) 曾在《執行力》(Execution) 一書說道：「如果什麼事都沒發生，光是空想一點用也沒有。不過，太多人又像無頭蒼蠅般瞎忙，什麼事也辦不成。」甚至可以這麼說，當領導人做出正確的解決方案，卻沒勇氣採取行動。就好比莎士比亞筆下的哈姆雷特，舉槍半天，老是在「瞄準」，而不曾「射擊」的愚蠢行為，心中徒留「我真的知道該怎麼做，就是沒有去做」的遺憾。（羅耀宗、廖建容合譯，2008: 53, 106-107）

　　6.學習／調整：決策的最終階段是：⑴取得回饋；⑵進行調整；⑶持續回饋。持續性回饋和調整的過程，好比導演史柯西斯 (Martin Scorsese) 所說：「老兄，你不做決

定的話，那兒都去不了。所以，快點開始做決定，但要是你發現自己錯了，要夠開明、理智、彈性地改變你的心意，好嗎？」（李芳齡譯，2014: 167-169）

此外，在邊尼斯和提區看來，好的領導人不只是帶來好的績效，更要創造長遠的價值。惟領導人要做出好的決斷力和創造價值，應該具備兩項根本特質：品格與勇氣。徒有好品格，缺乏勇氣，一點價值也沒有；只有勇氣沒有好品格，往往也帶來危險。（羅耀宗、廖建容合譯，2008: 118）能夠建基在良好的品格上，然後再如葛洛夫的書名一般：「唯有近乎偏執，才能生存」(Only the Paranoid Survive)，拿出貫徹的勇氣和毅力，才會看到成功的一天。

四、史比哲與艾凡司的管理決策模式

史比哲 (Quinn Spitzer) 與艾凡司 (Ron Evans) 在《贏家管理思維：成功企業的管理思考模式》(*Heads, You Win: How the Best Companies Think*) 一書中曾經指出，如果管理的領域之內有所謂罪惡的話，就是發明很多駭人聽聞的新名詞。1994 年有一次他們在愛爾蘭一家小館喝酒聊天，被一位當地人聽到，就走過來斥責道：「你們這些人喜歡花俏的言詞，而（愛爾蘭）一般人並不是這樣的。如果能言簡意賅並且守好基本面就很夠了。」所以史比哲和艾凡司花很多的時間反覆思索決策和解決問題的「基本面」，期望寫下對每一個組織而言都是根本要務、歷久彌新、不受時代潮流影響的決策基本過程。於是他們採行翠果 (Benjamin B. Tregoe) 和凱普納 (Charles H. Kepner) 多年前創立的決策和解決問題模式，並加發揚光大。認為管理決策的過程有四：(1)狀況判斷；(2)問題分析；(3)方案分析；(4)潛在問題與潛在機會分析。茲將這四個過程步驟說明如下：（董更生譯，1999）

1.狀況判斷：一種研判、簡化和將繁複的問題分析出先後順序的方法。一般而言，狀況判斷乃在提出以下六個問題：(1)我們為何做此事？(2)我們做此事的環境中有何威脅和機會？(3)這些事件彼此有何關連？(4)我們如何簡化這些事件以利瞭解並加以因應？(5)我們的注意力應放在哪裡？(6)我們現在該如何行動？

2.問題分析：指找出問題發生的根本原因的過程。基本上，問題分析的流程，可分為：(1)描述問題；(2)找出問題可能的原因；(3)評估問題可能的原因；(4)確認問題的真正原因。

3.方案分析：此即確保對替選方案之利益和風險的每一面向，都有足夠考量的方

法。其流程為：⑴釐清目的；⑵評估替選方案；⑶評估風險；⑷做成決定。

4.潛在問題與潛在機會分析：意指發現新問題、並抓住未來機會的作法。誠如魏達夫斯基 (Aaron Wildavsky) 所言：「問題是人為的，它是我們從無限的可能中找出其中的一種（而非另種）來加以克服。問題是由假設性的答案 (hypothetical solution) 所界定的……，職是說，問題與其說被解決，毋寧說被取代」。(Wildavsky, 1999: 83) 就此而言，解決方案頂多是解決了部分問題，而非全部的問題；甚且解決方案也會帶來新的問題。因此，良好的決策分析還應注意以下的流程：⑴認清潛在問題或機會；⑵辨識其可能的形成原因；⑶採取預防或促進的行動；⑷規劃應變的或發展性的行動。

其實，經過上述的決策模式介紹後，我們不難歸納出決策過程的「普世智慧」如下：1.狀況觀察，尋找問題（或機會）；2.框架決策，辨識定位；3.方案分析，搜尋論據；4.作出決斷；5.決策執行和評估，並且學習與修正。

這套模式彰顯的重點有五：⑴觀察環境系絡及其變化；⑵強調以合理的注意力、價值觀與判斷力來界定問題；⑶對方案搜尋認真地考察與理性推論；⑷從錯誤中學習；⑸重視「準備、準備、準備、瞄準、發射」，而非僅「準備、瞄準、發射」的過程，因為認為事前多點準備、仔細思考，要比隨機反應好得多了。誠如帕特諾伊 (Frank Partnoy) 在《等待：延擱的藝術與科學》(*Wait: The Art and Science of Delay*) 所云：「頂尖高手會花足夠的時間確認機會，儘可能等待；不是『看一打』模式，而是『看一準備一打』模式，柏伊德 OODA 決策過程純粹是此種加長版的『看一準備一打』策略。事前周詳準備，然後快速行動，彰顯『慢想，讓決定更好』」，（曾沁音譯，2012）並學習歐諾黑 (Carl Honore) 的書名「慢速解決」(The Slow Fix) 的思維。❾（謝樹寬譯，2013）

---

❾ 就決策的實用觀點，筆者以為史達林提供了一個有用而實際的決策架構圖。個中要義認為決策不應將理念意識無限上綱，讓問題層層纏續，以致無法解決，而是針對實際情況，找出可行的方案。其中必包括兩方面的思考：其一是決策的上限 (upper limits of a decision)，即決策的一般限制因素，如允許的限制（是否合法？他人是否接受？）、可得資源的限制、可用時間的限制、先前承諾的限制和可用資訊的限制等；其次，更為重要的，則是決策的下限 (lower limits of a decision)，即決策制定的策略因素 (strategic factor in decision making)，包括如策略性因素 1、策略性因素 2、策略性因素 3 等。舉例來說，股票投資的策略性考量（即下限因素），應重視公司的前景、實力、股價相對位置和誠信。有關決策的基本模型，如下圖所示：

貳、行政決策理論

當論及行政的決策理論時，學者們常按照理論的發展順序分為：廣博理性模式 (comprehensive rationality theory)、滿意足夠決策理論 (satisficing theory)❿、漸進主義 (incrementalism)、混合掃瞄理論 (mixed-scanning theory)、組織決策的垃圾桶理論 (a garbage can theory of organizational choice) 以及漸進主義的再議等，茲將上述理論擇要敘述如下：

一、廣博理性理論

廣博理性理論可說是傳統經濟學的產物，而且在預算分配、企業管理和公共行政等領域中廣被使用。根據戴伊 (Thomas R. Dye) 的分析，一位決策者如要選擇一個理性的決策，他必須：1.知道涉及該一決策的所有社會價值和偏好，並可對其權衡輕重；2.瞭解所有可資使用的政策方案；3.知悉每一方案的所有結果；4.計算每一方案的成本與利益的比例；5.選擇一個最具效率的政策方案。(Dye, 1978: 28) 這種「出口成章」 (speaking prose) 的理性決策理論，（Stone, 1997: 233；朱道凱譯，2007: 306）根據羅賓斯 (Stephen P. Robbins) 的分析，其步驟為：1.定義問題 (define the problem)；2.確認決

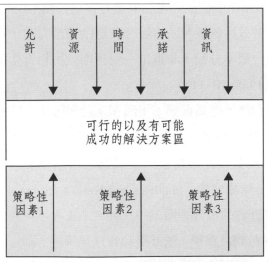

❿ 坊間對西蒙所倡導的決策理論通稱為滿意決策論，但此一稱呼不足以形容其意涵。因為考其英文，西蒙使用的名稱為 "satisficing" 有 "satisfying + sufficient" 的意義，故翻譯為「滿意足夠理論」或「滿裕理論」。

策準則 (identify the decision criteria)；3. 分配準則的權值 (allocate weights to the criteria)；4. 找出所有可行方案 (develop the alternatives)；5. 評估所有可行方案 (evaluate the alternative)；6. 選擇最佳方案 (select the best alternative)。

　　上述的理性決策理論或可稱為「主觀預期效用理論」(subjective expected utility)。如西蒙所云：「在過去半個世紀裡，數理統計學者與經濟學家業已建立一個令人印象深刻的正式理論，用不著引進新的邏輯，就可幫助我們對這類問題進行推理。這個理論的基本觀念，是將所有的價值納入到一個單一函數——效用函數 (the utility function) 之中（即所有列入考量的因素，最後必須換算成同一尺度或公分母，以便產生全部效用的單一尺度）。靠這種方式，巧妙地處理不同價值如何比較的問題。假如事件的每一種狀態都被指定了效用，那就等於它們可被比較了。」他並認為主觀預期效用理論的主要構成因素或假定有四：1. 決策者有一個定義明確的效用函數，從而假定決策者能指定一個基數 (cardinal number)，用以衡量和評價其對未來事件任何具體可能狀態的偏好程度；2. 決策者面臨了一組定義明確的備選方案，並可從中做出選擇。這些備選方案不一定用於一次性的選擇，而是可以有一系列選擇，或者稱為策略，其中每一次的次選擇 (subchoice) 是在某個特定時刻，使用當時可資運用的資訊來作成；3. 決策者能就未來的全部事件設定一個具一致性的聯合概率分配 (joint probability distribution)；4. 決策者願意就效用函數的標準，選取一個預期價值最大化的備選方案或策略。簡言之，主觀預期效用理論的四個要素：一個基數效用函數、一套綜合廣泛的備選方案、每一個策略選擇相對照的未來可能狀態之聯合概率分配，和選取一個預期效用極大化的備選方案。(Simon, 1983: 13；林鍾沂譯，1988: 10-11)

　　扼要言之，上述理性決策理論若要有用，必須做到：1. 問題清楚明確；2. 所有備選方案均為已知；3. 偏好清楚且一致；4. 沒有時間和成本的限制；5. 獲取最大的效益。

　　然而，這套理性決策理論或主觀預期效用理論曾被西蒙譏為它只存在於柏拉圖 (Plato) 的理想國裡，亦被史東批評為「分析癱瘓症」(analysis paralysis)，(Stone, 1997: 233；朱道凱譯，2007: 306) 將其應用在真實的世界裡顯然不可能，未來亦不可能（不管它是否使用大型的電腦）。西蒙認為在數理經濟學、統計學和管理科學裡，雖有試圖使用此一模式的許多主張，惟細加審視，在典型的真實狀況下，決策者簡直就沒有應用主觀預期效用的條件：人們既缺乏事實根據，也缺少一致的價值結構，又沒有強力的推理能力。(Simon, 1983: 17；林鍾沂譯，1988: 12)

話雖如此，理性決策理論留下以下的優點提供想像： 1.將崇高的目標化為行動方案； 2.排定方案間的優先順序； 3.審視環境的機會與威脅； 4.創造資訊網絡； 5.重視系統分析、評估、反饋等功能。

二、西蒙的滿意足夠（滿裕）決策理論

西蒙的多樣才華使他能從政治學、經濟學，轉到認知心理學和電腦科學，優遊於多種不同的學術領域，西蒙後來稱自己涉獵如此廣泛是「帶有偏見的漫步」，而指引他所有研究的一貫心路歷程或關注焦點，則是他對於人類的決策制定和問題解決的過程，以及這些過程對社會制度的影響。1978 年，他以「第一位研究經濟組織的決策制定過程」著作，而榮獲諾貝爾經濟學獎；他還曾因為在電腦科學的成就獲得圖林獎 (Turing Prize)，以及因為行為科學的研究而獲得第一屆美國國家科學獎。（齊若蘭譯，2001: 259）這些成就，誠如威廉森 (Oliver Williamson) 所形容的：「西蒙和他在卡內基美隆大學的同事，投入了經濟學和組織理論的研究，試圖揭開黑盒子中的奧祕，……從更務實的層面來探討企業（組織）的運作」。（齊若蘭譯，2001: 259）

古典經濟學派將人類視為完全理性的決策者，認為人是在追求利益的最大化，而西蒙的觀念卻完全背道而馳。西蒙主張應將決策的主觀預期效用理論的全知觀點予以揚棄，而以「有限理性」(bounded rationality) 取而代之。西蒙認為，人類在經濟的舞臺上面對眾多的選擇和決定，但人類儲存和處理資訊的能力卻非常有限，尤其面對複雜和不確定時，理解能力和評估能力亦顯得相對不足，再者，人類沒有具備深入瞭解所有可能性的能力，於是往往選擇了還算「滿意」或「夠好」的解決方案，而非新古典學派經濟學家所主張的「最佳」解決方案。許多人「想要依理性行事，卻只是具備有限的理性」。（齊若蘭譯，2001: 260–261）有關西蒙決策理論的論述，茲依決策的有限理性、決策的行為模式、決策的直覺模式、決策的人一機體系、決策過程的補充等加以敘述之。

1.決策的有限理性

1950 年代早期，西蒙、賽爾特 (Richard Cyert) 及馬區 (James G. March) 合作，展開了有關有限理性的初步研究。當許多組織分析的學者，探討如何運用「管理這看得見的手」和「市場那看不見的手」，來整合協調不同的工作和複雜的機構時，西蒙等學者便把關注的焦點放在決策制定上，並對那些因素會影響企業員工的決策，以及決策

行為如何影響企業組織運作的方式，特別感興趣。西蒙最重要的觀察是，決策前提、習慣和「行為的一般規則」，在人類做選擇和形成決策時扮演了重要角色。其決策的有限理性理論包括了以下四個主要觀念：（齊若蘭譯，2001: 260–261）

第一，組織並不是經濟學家所描述的抽象、單純的實體，而是由不同的個人和利益所組成的極端複雜實體。這些不同的個人和利益可以彼此交易、結盟、約束，甚至包括巴納德所謂的「誘因」與「貢獻」等。

第二，組織並沒有掌握完整的選擇方案，對於決策和行動的後果也不具備充足的知識，這和古典經濟學的假設恰好相反。組織就好像攀登特別險峻的高峰一樣，探險隊員只能猜測有好幾條路線可抵達山頂，但只能選擇其中一條，而且永遠無法曉得所選擇的那一條是不是最好的路線。他們必須經常搜集可能的選擇方案、資訊和知識，以為決策。所以，想瞭解組織如何做決策，就必須先瞭解組織如何搜集資訊。

第三，組織往往不是在尋找最佳解決方案，而是根據目標或渴望達到目標的程度，來區分和考察結果是否「差強人意」，也就是著重在尋找能夠在天氣變壞之前登上山頂的安全路徑。

第四，無論在組織內部或外部，許多人類行為都和遵循規範有關，而不是理性地評估行動可能會帶來的結果。例如，在平常狀況下，企業會和既有的供應商維持合作關係，而不是每次採購時，都在尋找及評估新的供應商。因為尋找更好的供應商太耗時耗力，而且過程中還蘊含著許多的不確定因素，至於與現有供應商之間的關係及供貨品質是彼此所熟悉的，而且比較安全。所以，若將「交易成本」納入考量，其實決策的效益都差不多。

關於西蒙的有限理性決策觀，西蒙的好友馬區很幽默地改編西蒙最喜歡提到有關人類決策限制之比喻──「在乾草堆中找針」。他說：「假設有個農夫面對一堆乾草，需要決定這些乾草堆可以拿來做什麼。如果依照古典學派的決策方式，他會希望先了解乾草堆裡總共包含了那些東西、這些內容和組合所有可能的用途，以及可能產生的一切後果之或然率分配。西蒙觀察的結果是，會這樣做的農夫寥寥無幾。農夫通常都會把問題的範圍縮小。他注意到，他的襯衫缺了個鈕扣，於是他想在乾草堆裡找到最尖的一根針。但是，這是很困難的事情。於是，他決定只要找到一根可以拿來縫鈕扣的針就好了。在這個時候，他又想到家裡有個老規矩，應該把所有需要縫鈕扣的襯衫掛在洗衣間裡。於是，他就這麼習慣地將這些襯衫掛在洗衣間裡。西蒙的偉大貢獻就

是指出，在經濟組織中，決策比較像是把缺了鈕扣的襯衫掛在洗衣間裡，而不是在乾草堆裡找最尖銳的一根針」。（齊若蘭譯，2001: 277-278）

2. 決策的行為模式

在談及決策的行為模式 (behavioral model) 時，西蒙開宗明義地寫道：反思一下，到底你在實際中是如何做成決策的，其實有幾個論斷可供查對自己的想法：⑴決策不是在你的廣泛生活範圍內做出綜合性選擇，而只涉及非常具體的特定事物，而且相對獨立於生活的其他面向❶；⑵當你做任何特定的（即使是重要的）決策時，你不可能詳細規劃未來的情節，也不可能就備選方案設定概率分配，只會對自己的生活方式或前景有一般性的圖像，甚至只思考一兩個近期將發生的主要變動或一兩件偶發事件；⑶當你思考做某事時，你會把注意力集中在生活的若干面向和價值上，而相對地忽略其他者❷。一心想買車，可能會勾起你對外出遊玩的眷戀或嚮往，而暫時不再考慮欣賞立體聲音響或為朋友舉行家宴的愉快。因此，單一的綜合性效用函數不可能涵括了你做決策的整個範圍；⑷當你致力於做某一決定時，只要找到相關的事實和價值，又當偏好被引發時，實際的決定就不需花太多的時間便可做出。顯然地，在有限理性的行為模式下，人類的決策顯然不是追根究底，窮盡事理，也不是涵蓋全部價值；以及不是把每個問題和其他的問題連結在一起❸，而是植基於有限理性，考量方案的優先順序。當 A 方案先於 B 方案，而且 A 方案被視為可行的或至少是滿意的，那麼 A 方案就被選擇了；反之，如果 B 方案在 A 方案之前提出來，而被視為可行的或滿意的，那麼 B 方案就被選用了。（Simon, 1983: 17-19；林鍾沂譯，1988: 18-20）

西蒙又認為人類之所以能夠做出這種實際、有限理性的行為決策，主要來自三種機制的發揮：第一，人類要具備集中注意力的方式，以專注於特定時間內值得注意的事情，否則，我們只要分心，便不能做好決策。而且情緒在決策過程的主要功能之一，

---

❶ 因為人的注意力有限，不可能都能關注所有事務。僅能選擇最感興趣的一二件事情加以關心。甚至只能集中專注於一件事情上。例如你不可能涉及所有領域的專著，而僅就個人有興趣學門的相關書籍加以閱讀，以形成你的生活知識和價值觀點。

❷ 例如當你購買股票投資時，其實只需注意⑴產業的未來前景；⑵經營的實力；⑶公司的誠信；⑷財務的結構等；⑸相對的價位，而不需鉅細靡遺地考量所有變項，即可做成投資決定。

❸ 西蒙認為我們是生活在一個被稱為幾近真空的世界裡 (a nearly empty world)，面對複雜的情境，唯有將注意力集中在某一特定時間裡一個或幾個問題之上，理性方有可能達致。

便是將我們的思慮焦點，轉移並貫注於當前最需注意的事情上。在這機制上，情緒機制在決策上扮演的主要作用之一，是確保緊迫而新的問題在議事日程上占優先順位，所以它在人類認知過程中是個極為重要的資產；第二，我們需有產生或形成方案的機制。在解決問題過程中，我們會花大部分的努力和心力在找尋較好的方案，或謀求對現有方案的改進；第三，我們需要瞭解身處周遭環境的事實，並且能從這些事實進行推理的能力 ❶。再者，這種能力既可幫助我們形成方案，又可幫助我們評估可能後果，而與我們相關決策的部分世界維持一種簡單模式，並從中做出常識性推理。（Simon, 1983: 20–23；林鍾沂譯，1988: 18–20；楊礫、徐立合譯，1989: 120–121）簡單說來，決策可以看成面對情境，並從中找出熟悉的模式加以因應的過程。亦即，決策作成是種情境與模式的對應分析。

3.決策的直覺模式

直覺究何所指？它是指人們在做決策時突然呈現的不同程度直覺感受：「哎，原來如此！」或「啊哈」經驗。人類的思維和人類做出正確決策的本事，主要來自人類具有良好的直感和判斷能力，突然間想到問題的答案。西蒙是個西洋棋棋迷，對西洋棋大師的直覺本領有他獨到的見解。他說：「如果從一般棋賽取一中盤陣勢，而非隨機地擺放棋子，讓一位西洋棋大師或超級大師看一眼，其只需看個 5 秒或 10 秒，一般就能提出一個很好的下一步走法，而且該一走法常常是該局勢下實際的最佳走法。如果棋逢對手，旗鼓相當，他不會馬上就走那一步，而會坐在那兒思考三分鐘至半小時，以確定他的最初直感是否真實正確。不過通常百分之八十或九十的可能，他第一次的直感是對的。」（Simon, 1983: 25；楊礫、徐立合譯，1989: 123–124；林鍾沂譯，1988: 23）

一位國際西洋棋大師常有正確直覺的解釋，對西蒙而言，已是心理學家所熟知的事，不足為奇。西洋棋大師正是因為識別了陣勢，才會立刻想出合適的應對棋招，能夠快速地下出不失水準的好棋。專家之所以有上述的表現，乃是源於過去的學習，使他在腦海中儲存了一大套經過建立索引的西洋棋棋路百科全書，這也是大師的直覺和判斷的祕訣。據估計，專家記憶中的熟悉模式數約有 5 萬個，而一位美國大學畢業生的自然語言詞彙量約為 5 萬字到 20 萬字。上述兩者處在同一儲存量範圍內。學生先認

❶ 例如從事股票投資時，我們會關心未來產業發展趨勢，而有那些廠商在這一趨勢中組件生產上扮演主要角色。

出字，再聯想出字義來，這與棋手先認出模式，再聯想出其對棋賽的重要性，有異曲同工之意。西蒙認為，直覺並不是那麼的神奇，或不可思議。它是反覆思辨與操作的習慣使然。對此，西蒙重申：直覺和判斷（至少良好的判斷）只不過被凝結成習慣性的分析，或透過識別熟悉的情境類型，迅速做出反應的能力而已。（詹正茂譯，2004: 119；鍾漢清等譯，1999: 154）簡言之，在幾乎陌生的環境，專家的判斷並不比新手高明許多，然在類似的熟悉環境裡，專家頭腦中擁有建立索引的百科全書，讓專業的準確率就不可同日而語，甚至可達到 95% 的正確率。（詹正茂譯，2004: 115）

要能成為一個問題的直覺處理者，需要在該項領域付出長達十年或十年以上的專注與苦練。針對此者，西蒙引述其朋友海斯 (John R. Hayes) 在蒐集了西洋棋高手、作曲家、畫家和數學家的經驗資料後，指出：「十年是個魔術的數目。幾乎沒有一個人在該學科裡，能不下至少十年勤練的功夫而可達成世界級的成就。」就連天才神童也是如此。莫札特能譜出世界級的樂章，應是十七歲那年才真正開始。而莫札特四歲就在譜曲了，所以到十七歲的時候，他已自我訓練達十三年之久。因之，要獲得傑出成就的必要條件，必須專注在那個領域裡長達十年或十年以上。葛拉威爾 (Malcolm Gladwell) 也指出：莫札特磨了十年工，十年代表一萬個小時的苦練，一萬個小時就是敲開成功大門的神奇數字❺。（廖月娟譯，2009: 36–37）

最後，西蒙指出，直覺型與行為型的決策風格兩者並不互相衝突、對立。再者，此二種模式也不意謂兩者各據頭腦的另一半，而彼此各自發展心智的不同思維方式❻。所有健全的思考往往需要它們兩者，一是有如搜索般的過程，另一是對熟識型態的迅速認知。沒有基於過去經驗的認知，重新在複雜時空裡進行搜索，會像蝸牛爬行一般，而直覺是在搜索和使用早期得來的知識。在大多數的問題情境中，需要結合創新與熟

---

❺ 我國古諺：「十年寒窗無人問，一舉成名天下知」，可見如要有成就，需要十年的苦讀，而且「十年」並未經電腦統計就可得知，真有意思。再者，一個人購買股票，如政經環境沒有重大丕變，股價指數跌破十年線，通常是較佳買點的浮現，頗有可觀的利潤。

❻ 史佩莉 (Roger Sperry) 和其他學者指出人類大腦左右兩半部各有功能專司的現象，依其論述，人類大腦的左半部是相當平庸，只具分析能力，而人類的右半腦，則蘊藏著思考的想像力與創造力。此外，雷勒亦將頭腦分為情緒腦與理性腦，但他認為感受不到情緒，人便無法更加理性，以及「有情緒，也要有邏輯」；甚至應該傾聽腦袋裡情緒腦和理性腦的爭辯。（Lehrer, 2009；楊玉齡譯，2010）

悉兩種因子，而直覺與搜索應互為合作以提出答案。（林鍾沂譯，1988: 25-26）上述的觀點，可以雷勒 (Jonah Lehrer) 的話來形容：「一旦你在某個領域發展出專長，亦即，你已經犯過所有不可或缺的錯誤，這時，你在該領域做決策時，就必須信任你的情緒。畢竟，能捕捉到經驗智慧的，正是你的感情。」（Lehrer, 2009: 249；楊玉齡譯，2010: 316）

4.決策的人—機體系

其實西蒙早在 1969 年寫過《人工科學》(The Seiences of the Artifical)，並於 1981 年修正再版，他儼然是現代流行人工智慧的先驅。1997 年 5 月在紐約市，世界西洋棋棋王卡斯帕洛夫 (Gary Kasparov) 面對了職業生涯中最可怕的對手。經過了五場激烈廝殺後，卡斯帕洛夫的對手在第六局閃電出擊，棋賽只進行到第十九步就戛然而止。卡斯帕洛夫輸了這場棋賽，從他手中奪走冠軍寶座的是 IBM 的超級電腦「深藍」(Deep Blue)。西蒙聽到這個消息並不感到意外，早在多年前，他就預測電腦將在 1967 年以前擊敗世界頂尖棋手，西蒙的預測不是失去了準頭，而是晚了幾十年才實現而已。西蒙是個大棋迷、人工智慧、電腦科學和認知心理學領域的先驅人物，他對電腦應用的描述及其對人類決策的影響，深值探討。（齊若蘭譯，2001: 258-259）

根據西蒙的分析，電腦的應用可分為多種比喻。第一，電腦是種功能強大的數字運算器：特別是在工程及科學上，電腦在數值運算上的成果非凡，並隨其運算速度與日俱增。第二，電腦也是個大型的記憶體：讓我們開始思考大型資料庫（如全球網際網路）應如何組織，以利我們針對某一特定任務，能選擇性地存取並便宜地檢索其中相關的資訊。第三，電腦像是專家：在某些領域如醫療診斷、工程設計、下西洋棋、法律資料檢索，愈來愈多的應用，且其績效直逼人類的專業水準。第四，電腦是全球通信網路核心：它像一條「資訊高速公路」，每一個人幾乎可與任何人進行通訊。第五，電腦為一巨型頭腦：它能夠學習、思考與解決問題。電腦能夠發揮的重要作用尚待持續地發掘，像在新的決策領域，如信用風險評估、基金投資、生產安排和公司財務問題診斷等，電腦的應用效果越來越神奇。（鍾漢清等譯，1999: 23-24；詹正茂譯，2004: 18）

上述五種電腦的比喻，西蒙將其歸納為三種功能系統：第一，電腦的儲存功能。電腦的編索能力，適於快速提取資訊。自從電腦問世以來，技術進步的一個重要發展方向，就是我們對檢索過程和資訊提取過程的認識，以及採用機械手段（編寫程式）

執行這些過程的能力。第二，電腦的處理功能。迄今，此項功能使電腦在決策制定上發揮最重要的應用（並非在組織中花費電腦時間最多的應用），即對各種複雜情境建立模型和對備選方案的結果作出推斷，甚至模擬一個系統對不同決策戰略的各種反應路徑。第三，電腦接觸外部訊息。例如報紙、專業雜誌、技術期刊等很大部分是用普通語言文字來表述，如果能夠將其轉換為機器可讀的形式，那麼它們就可儲存到電腦記憶體當中，一旦儲存起來，便能編寫電腦程式，利於對儲存訊息進行自動檢索，並根據各種查詢條件從中搜索訊息。（鍾漢清等譯，1999: 271–275；詹正茂譯，2004: 211–215）筆者以為，或許為利讀西蒙對電腦發展的定位，把它分為「辨識」、「分析」和「理解」等三個階段，不失為一套方法。

　　在西蒙看來，電腦有能力輸出大量的資訊，容易讓我們遽下錯誤的結論：善用電腦便是提升資訊儲存和資訊擴散的能力。其實與之相反的，電腦的發展史給我們最核心的教訓是：資訊不再是稀少的或迫切需要加以擴散的。現在與過去極為不同，資訊變成豐富的資源。資訊革命使每個人能在組織中或全世界裡散播信息的數量呈倍數的增加，然而每個人每天擁有的時間沒變，可用來消化資訊的時間也沒有增加。因此，組織溝通系統設計的主要重點，並不在於降低資訊的稀少度，而在於人與資訊的洪流戰鬥中，讓人可以有更多時間來關注與任務相關的資訊，俾從資訊的泥沼中迅速找到出口。（鍾漢清等譯，1999: 24；詹正茂譯，2004: 18）此又可看成注意力在資訊處理與決策中之重要角色。

5.決策過程的補充

　　西蒙於 2001 年辭世。辭世之前，他對伴隨他走過 50 載時光，而於 1947 年出版《行政行為：行政組織的決策制定過程之研究》(*Administrative Behavior: A Study of Decision-Making Processes in Administrative Organizations*) 一書的部分（並不是所有的）章節，在後文裡加註了「評論與延伸」，而讓決策制定過程的論述更加充實。但西蒙對於昔日所撰的《行政行為》還是這麼的形容：「對於我來說，《行政行為》就像一個可靠的啟航港口，讓我可以遠行去探索人類決策行為的真知，這個探索的啟航從組織結構與決策行為之間的關係、操作學和管理科學之形式化的決策行為、到近年來對人類思維和問題求解行為的理解，讓我大受神益。」（詹正茂譯，2004: xv）尤其在〈管理決策心理學〉一章的「評論與延伸」補述，令人印象特別深刻。西蒙告誡我們，應正視古典決策理論所欠缺的三項基本要素，而它們又是實際決策必定會涉及的：(1)針對

特定時刻須制定那些決策的設定議程 (setting an agenda) 過程；⑵就選定要注意的問題，獲取或建構模式再現 (representation) 過程；⑶可供決策者探索及選擇備選方案的一系列形成過程。（Simon, 1997；鍾漢清等譯，1999: 135–142；詹正茂譯，2004: 103–110）

⑴設定議程：西蒙認為在真實世界中，我們必須把可用的注意力導向需要及時採取的措施，而不必浪費心思去關心那些無關緊要的事情，因此，一定要有設定及修正議程的過程。古典理論沒有議程設定的理論，因為它毋需選擇有那些有待解決的決策問題。設定議程的優先順序通常有若干的簡單規則可加遵循：首先，關注於最需要滿足的需求。其次，構成議程的項目，不是問題，就是機會，尤其是意外的驚奇。除非它們能被注意，否則就不會納入議程之內。所以，決策過程最為缺乏的，是注意力而非資訊。注意力是人類非常珍貴的資源，組織可採取下列機制來確認及找出問題之所在：對有興趣的系統建構其模型，然後用它來預測；或對已有的資訊具選擇性的監視，以形成可靠的早期預警系統。

⑵再現模式：就決策角度言，組織結構的設計意謂組織面對著任務需找到一組再現模式以為處理。當組織面對著新的決策情境時，如果能將問題的特徵描述清楚，或將之轉化成為可解的形式，並從中找到再現的模式，那麼相似問題出現就不難求得解答。所以對問題的分解與形式化，就是一種解題的過程。惟問題的再現模式不會自動呈現，它要透過確認類似的情境加以獲得，或透過選擇性地蒐集資訊來從中發現。

⑶搜索並選擇備選方案：在西蒙看來，經濟人理性理論有一個顯著的特性，就是所有留供他選擇的備選方案在決策過程之初就產生了。這像是上天送給決策者的免費禮物，他既不用關心備選方案從何而來，也不用理會那些備選方案可能進入行為者的候選名單。然在實際的組織生活中，備選方案通常不是給定的，而是要透過選擇、搜索活動才能發現。組織大部分的管理工作即在尋找可能的行動方案。組織的搜索活動就是對已知的和熟悉的行動方案，加以推理以及找到較創新的方案。有時可行方案業已存在，只要採取重新定位即可。然在許多情形下，組織所要找尋的方案並未出現或存在，需要去創造和設計。

最後，西蒙重申決策過程的設定議程、再現模式、搜索和選擇備選方案，不是線性運作過程而是連續性的過程，而且決策過程中的每個子過程，亦會涉及設定議程、再現模式、搜尋備選方案、選擇和評估方案等過程的不斷呈現。

在簡單介紹西蒙滿意足夠決策理論後，可以發現西蒙窮盡一生的努力，是利用認知心理學的知識，來探討人類實際的決策制定，尤其是專家做成決策的過程。相較於以往，西蒙認為決策會涉及情報 (intelligence)、設計 (design) 與選擇 (choice) 活動，晚近他更提及，人類（包括政府本身）應該善用注意力的寶貴資源去觀察情境，框住問題，並從情境中看到解決問題的熟悉模式，那麼就很容易成為問題的直覺處理者。換言之，專家正確的直覺不是捷徑，而是長期經驗的累積。「情境提供了線索，線索讓專家得以從記憶提取信息，訊息提供了答案，直覺就是辨識 (recognition)，不多也不少，就是它」。（洪蘭譯，2012: 30）

綜合言之，西蒙的滿意足夠決策理論涉及範圍非常廣泛，非三言兩語所能交代清楚。惟其立論要旨，即在說明人類的決策受到注意力、決策前提、思考模式、資訊和習慣等的限制，只能達成有限理性，或是足夠的滿意。在這之中，值得申論的是，人類如同多數的有機體般，一次只能處理一件或少數幾件事件。由於注意力並非無限的資產，所以對周遭環境亦只能採取有限的及選擇性的注意，但這種議程設定方式卻讓我們得以專注，留意當前迫切而重要的事情，俾使決策得以簡單化，不會變得更加複雜。此為其一。決策制定在某種程度上是屬習以為常的領域，就像「掉了鈕扣的襯衫，習慣性地把它掛在洗衣間」那般，當我們的腦袋中儲存了約五萬至二十萬個模式，一旦碰到類似的熟悉情境，就會主動提存於腦袋記憶中的模式來反應，好比在路上走路時碰到老友，不待思索便可叫出名字來。此為其二。人類的決策過程需要不斷搜索和直覺二種機制，西蒙將它們稱為行為模式與直覺模式。2002 年獲得諾貝爾經濟學獎的另一位得主康納曼 (Daniel Kahneman)，將之稱為「系統一」和「系統二」。「快思的系統一」是直覺式思考，自動化的運作，非常快、不費力，它不受自主控制且很情緒化。「慢想的系統二」是邏輯式思考，要動用注意力去做費力的心智活動，包括複雜的計算。（洪蘭譯，2012: 39）惟西蒙認為行為模式和直覺模式二者互為強化，而非彼此對立。直言之，要產生直覺須在過去時間裡經過苦練及累積經驗，甚至是十年的苦練。此為其三。西蒙的決策理論像是以過去的經驗是指引未來的明燈，然而另類決策觀點則指出：在失序的年代，依據過去經驗而來的假設迷霧，可能忽視新的事物或創新，我們不但可能忽略週遭事物正在改變的線索，也不讓自己有機會思考不同於以往的未來、路徑、可能性。能夠接受混亂、複雜與不確定性，才能使我們成為一位有力量的決策者。這是西蒙觀點的另一挑戰。此為其四。❶ （許恬寧譯，2014）

三、漸進主義

著名政治經濟學者林布隆 (Charles E. Lindblom) 強調，政策分析不但是一門應用性的科學，而且是一套考慮民主實際的有用知識。是以，任何涉及公共政策的決定，應去瞭解分析的限制及政治的可行性，才是核心的關鍵。類此想法，以其 1959 年發表的〈摸索調適的科學〉(The Science of "Muddling Through") 一文最具象徵與震撼力。根據林布隆的說法，決策制定者不需要每年都做如下的事情：檢查所有的現行政策和政策建議；確定社會目標；研究達成社會目標的政策方案之效益和成本；根據淨效益的最大化程度，排列每個備選方案的優先順序；和獲得所有相關資訊以作出政策選擇。以上這些都是前述廣博理性決策模式的特徵及決策步驟。相反的，由於時間、資訊和成本的限制，政策制定者無法分析所有可供選擇的政策方案及其可能結果。且政治的本質和限制也有礙於確立明確的社會目標，以及對成本和效益的準確計算。於是林布隆提出了連續的有限比較 (successive limited comparisons) 來取代傳統的綜合理性方法 (rational-comprehensive method)。甚至他將兩者之差異比喻為「根本方法」(root method) 和「枝節方法」(branch method)。茲就兩者特徵的明顯不同說明如表 5-6。

由上述對比可以看出，連續的有限比較不認為政策可以全然創新，而應視為政府過去活動的延續，其中還伴隨著透過團體或黨派之間彼此的調適與妥協，而達成對既定政策的逐步修整和增訂，難怪林布隆自認為其所倡導的決策方式，可被稱為「漸進主義」(incrementalism)。甚至可用哈佛大學法律學教授桑思汀 (Cass R. Sunstein) 的形容，它是種「寧淺勿深」、「寧窄勿寬」、緩步調整的「最小主義」(minimalism)。（Sunstein, 2014: 185-201；堯嘉寧譯，2015: 251-252）這種鼓勵決策者面對挑戰，採取較小幅度的改變，或對現狀作最小的修正，林布隆及其同僚在 1963 年更把漸進主義進一步描述為「欠缺關聯的漸進主義」(disjointed incrementalism)。換言之，政策制定是種「序列的」(serial)、「修補的」(remedial) 以及「零碎的」(fragmented) 過程。決策制定不但與終極目標無關，甚至不同決策之間亦甚少關聯。在少有中央權威的協調下，不同行為者所參與從事的決策過程，充其量只是「彼此適應」(mutual adjustment) 的非正式過程。

---

❼　上述的敘述似乎符合「克拉克法則」(Clarke's law)，其公式為：當一個備受尊崇而年高德劭的科學家聲稱什麼事情是有可能的，幾乎可以確定他是對的；當他聲稱什麼事情是不可能的，那麼他很可能就是錯的。(Starling, 2008: 225；洪聖斐、郭寶蓮、陳孟豪譯，2008: 269)

表 5-6 綜合理性方法與連續的有限比較之對照

模式 標準	綜合理性 （根本）方法	連續的有限比較 （枝節）方法
目標與行動	價值或目標的澄清與不同政策的經驗分析之間是互為區隔的，而且前者通常是後者的前提。	價值目標的選擇和需要行動的經驗分析並非明確區隔，而是緊密連結著。
目的與手段	政策規劃是透過目的—手段的分析來達成：先是孤立目的，再找達成它們的手段。	目的—手段間並不相互區隔，目的—手段分析經常是不顯著的或有限的。
「好」的政策	「好」的政策之檢定是由達成目的的最佳手段來呈現。	「好」的政策之檢定，通常是不同分析家發現他們均能同意該一政策（他們對達成同意的目標，有一最適當的手段並無不合）。
分析的情形	分析是廣博的：每一個重要相關因素都被考量。	分析極為有限的：1.重要的可能結果被忽視；2.重要的、潛在的可行方案被漠視；3.重要的影響價值被忽略。
理論著重情形	經常太依賴理論。	由於連續比較，嚴重減低或根除對理論的依賴。

資料來源：Lindblom, 1959: 81.

林布隆在後續出版的《政策制定過程》(*The Policy-Making Process*) 一書中更表明此一漸進式的政策制定觀點。政策制定典型上是一種永無止境的過程，「以連續一口一口的蠶食，代替大口大口的鯨吞」。這種逐步修補的漸進主義者，看起來也許不像英雄人物；然而，他的確是一位聰敏又富有機智的問題解決者，他一直與一個對他而言太過於浩瀚博大的外在世界，奮勇地博鬥著。(Lindblom, 1968: 27；林金榜譯，2006: 257) 抑有進者，這種植基於分析的有限、社會的互動、黨派的調適與權力的現實所作成的決策方式，林布隆在 1977 年出版的《政治與市場》(*Politics and Markets*) 一書裡另有詳細的解說。首先他認為在人類社會中有兩種社會控制，一是權威體系，講究的是教條，灌輸命令與服從；另一是自由市場，強調的是廣告宣導、自由交易、遊說勸導等。後來，他認為這兩種機制適足以反映人類問題解決的兩種方式，所以建構了模式 1 與模式 2 來對照比較，詳見表 5-7。

表 5-7　模式 1 與模式 2 的比較

模式　　　　解決問題	模式 1	模式 2
知識現狀與能力的基本假設	充實、樂觀	不充實、悲觀
解決的基礎	真理（客觀）	意願（主觀）
解決的標準	正確（先驗的）	同意（經驗的）
決定的作成方式	發　現	選　擇
人際關係	不平等	平　等
決策單元	一個單元	多　元
需求	和諧一致	紛歧衝突
解決問題的途徑	知識思考：廣博的、決定的	社會互動：交易的、議價的
解決問題的過程	同心協力	相互牽制
思考的範圍	周全：全體	各為己謀：局部
對錯誤的態度	規　避	修　改
衡量接受與否的依據	結　果	程　序

資料來源：Lindblom, 1977；張世賢，1982: 228-229。

　　大體說來，模式 1 被稱為智慧導引的社會，它來自人類智慧能力的樂觀論點；模式 2 則植基於人類智慧能力的較悲觀論點，假定尚有其他形式足可引導社會。亦即，模式 1 的基本假定是人們有足夠、充分的知識，可以透過知識思考解決問題；可是模式 2 的基本假定是人們沒有充分的知識，分析亦有其限制，但可透過社會互動來彌補不足。

　　總之，林布隆的漸進理論可以綜合歸納出兩個基本特色：1.從政策的可欲結果轉移到政策實際制定的過程；2.從整體性的體系邏輯轉移到參與者的邏輯。（張毅、韓志明譯，2005: 98）然而，這樣的轉折招來不少爭論。

　　例如在昆恩 (James B. Quinn) 看來，林布隆主張的漸進主義是可接受的，但其中「欠缺關連的漸進主義」則是不被贊同的。因為在組織裡，核心的行為者會同心協力

以獲致一項最終的策略。組織雖由一序列的次級系統所組成，但在高階主管的心目中，每一個次級系統所作成的決策，應該發展或維持前後一致的模式。於是他把這樣的過程稱為邏輯的漸進主義 (logical incrementalism)。他說：當內部的決策和外在的事件交會時，若高階管理團隊的主要成員之間，能夠產生全新而又廣泛分享的行動共識，實際的策略就很容易逐步達成。在經營良善的組織中，管理者會主動而漸進地把這些行動和事件流勢 (streams of actions and events) 引導成有意識的策略。此外，邏輯的漸進主義認為最有效率的策略，乃是從組織一系列部分的（漸進的）承諾中，反覆在進行探索未來、實驗與學習過程中逐步形成的；而不是透過整體策略的全面規劃 (global formulations of total strategies) 來產生。組織的政策制定需要去感應需求、建立警覺、擴大支持、匯集承諾、建立承諾、持續注入動能。管理這樣的過程，將會是有意識、有目的、具前瞻的和自我認同的行政作為，而有別於缺乏方向、沒有目的與缺乏自我認同的漸進主義。（洪聖斐、郭寶蓮、陳孟豪合譯，2008: 255–257；林金榜譯，2006: 258–263）

四、混合掃描理論

對漸進主義的批判，還有愛尊尼 (Amitai Etzioni) 所倡議的混合掃描理論。愛尊尼認為漸進主義式的決策，往往是在反映社會中有組織、有權勢者的利益，而相對忽略了政治上缺乏組織與權勢者的利益；再者，漸進主義只注重短期目標，只追求對過去政策的有限調整，因而不去考慮社會的基本變革。小步累積固然可能逐步形成重大變遷，然則漸進主義模式並未提出累積良方，它的變革步程可能是循環式的——巡迴到起點，也可能是散布式的——同時指向多個方向卻不能達致任何目標。誠如包丁 (Kenneth E. Boulding) 所言，根據該一理論，我們就像一個醉漢，邁著跌撞的步伐在歷史中蹣跚而行。此外，漸進主義似乎低估了它對決策者的影響。正如卓爾 (Yehezkel Dror) 所言，儘管林布隆的理論包含了許多的限制性條件，但這些都不足以掩飾其作為一種主張維持現狀、反對革新的意識形態之強化力量，所發揮的主要影響力。（彭云望譯，2008: 43）因此，愛尊尼提出混合掃瞄理論以為補充。認為在理性規劃和漸進互動之間有其中間折衷地帶可尋。

愛尊尼認為當我們作決策時，一方面要顧及基本決策，另一方面要考慮漸進決策。儘管從數量上看，漸進決策遠遠超過了基本決策；然而，後者對於社會的重要性是不

能和其數量相提並論的。再者，大多數的漸進決策是以基本決策為條件或為基本決策作鋪墊；漸進決策的累積價值，受相關基本決策的影響不小。也就是說，儘管行動者的決策包含了兩種類型，但基本決策的價值及地位遠勝於漸進決策。一旦迷失了基本決策，漸進調適就無異於飄忽不定，在行動中迷失方向。所以有效的社會決策方式應該將兩種機制結合起來：高階的、調整重要方向的基本決策過程，以及為基本決策作鋪墊，並執行基本決策的漸進決策過程。此即所謂的混合掃描理論。(彭云望譯，2008: 43–45)

愛尊尼以氣象衛星裝設的全球氣象觀測系統為例，說明混合掃描的策略是利用兩架掃描儀來進行天空氣象的觀測。這種作法如同我們一方面利用廣角的掃描儀，它的分辨率不高但可以覆蓋整個空域；另一架高分辨率的掃描儀則瞄準第一架掃描儀顯示過的某些區域，以進行更深入細緻的探尋。混合掃描方法也許會遺漏一些只有高分辨率掃描儀才能發現的問題區域，但與漸進主義模式相比，它對不熟悉區域中的明顯問題點所造成遺漏的可能性要小得多。(彭云望譯，2008: 45) 然而，這種兼顧基本決策與漸進決策的方式，應由誰來負責，在愛尊尼看來，免不了要透過社會中的秀異分子來作「由上而下」的控制，然它還應配合著社會中「由下而上」的共識形成 (upward consensus formation)，如此才能避免公共政策的利益僅在表達上層精英者的偏好，而促使社會有更大的改革空間。(Friedmann, 1986: 114–115)

五、垃圾桶決策理論

垃圾桶決策模式的代表人物是柯漢 (Michael Cohen)、馬區，以及歐爾森 (Johan Olsen) 三人，他們於 1972 年發表了〈組織選擇的垃圾桶模式〉(A Garbage Can Model of Organizational Choice) 一文，而提出了有別於理性分析的決策過程模式。此一理論的基本理念在於，組織中之決策過程通常無法像理性決策途徑所言，在確定的情境下運作。由於決策參與者人數眾多，每一決策參與者之偏好、能力又各有差異，所提出的解決方案也是種類不一、難免各自表述。此外，整個決策系統時常超載著過多的問題、解決方案以及選擇機會，而呈現所謂的「組織化無序狀態」(organized anarchies)。也就是說，「組織化無序狀態」具有以下三種特徵：

1. 有問題的偏好 (problematic preferences)：決策參與者無法明確界定問題偏好與目標，即使他們各自瞭解自己的偏好，然這些偏好也有可能隨時改變，而非呈現一致

的狀態。因此，組織就像是「一種理念鬆散的聚合體」(a loose collection of ideas)，而不是連貫一致的統合結構。亦即，制度像是在不一致和不良界定的偏好上運作著，決策參與者往往透過行動來發現偏好，而非基於偏好再採取行動。

2.不明確的技術 (unclear technology)：組織參與者雖然深諳自己的知識與技術，卻無法明瞭他人的專業，進而掌控整個組織運作過程的所有面向，造成「只知其一，不知其二」的限制。因此，他們習慣以「從錯誤與經驗中學習」的方式來解決問題。

3.流動式的參與 (fluid participating)：組織的決策並非一次就可作成，而是經由無數次的會議決議或決策來促成，由不同的人於不同的時間在不同程度的參與下，顯現出流動的性質。

正因為組織決策具有上述的特質，所以柯漢等人提出了決策過程四股量流 (streams) 的看法，它們分別是問題量流 (problems streams)、解決方案量流 (solutions streams)、參與者量流 (participants streams) 以及選擇機會量流 (choice opportunity streams)。這四股量流時而獨立，時而相互依賴。亦即，解決方案的出現，並不全是為了解決問題，而是基於維護參與者本身的利益；在決策場域中進出的參與者，雖然帶著問題與解決方案，但解決方案未必切中問題，且不一定會引起其他參與者的興趣；問題甚至早已呈現，解決方案也都擺在那裡，卻遲遲地未找到適當的對象來引發。像這種鬆散耦合的決策場合，與傳統的決策程序大相逕庭。因此它最為誘人的另種觀點，就是決策的垃圾桶理論。組織中之決策，宛如決策參與者、問題、解決方案與解決機會在垃圾桶中隨機碰撞的結果。在垃圾桶中究竟會產生什麼樣的決策，端賴問題是否碰上了解決方案、解決方案是否符合參與者的利益，以及決策者是否有機會同時發現問題與解決方案而定。柯漢、馬區和歐爾森曾將組織決策的垃圾桶模式簡要描述如下：組織是個集合體。在集合體內，選擇在找尋問題，問題和感覺在找尋正流動中的決策情境，解決方案在找尋能有答案的問題，而決策者在找尋工作。(Cohen, March, & Olsen, 1972; Frederickson, Smith, Larimer, & Licari, 2012: 186)

關於垃圾桶理論在公共領域最著名的應用，也許是金頓 (John Kingdon) 在《議程、方案和公共政策》(*Agenda, Alternatives, and Public Policies*) 一書中的論述。政府的議程如何設置？金頓在該書中描述了與上述雷同的三個獨立量流：問題、政治和政策量流。這些相互分離的問題量流、政策量流、政治量流均有其各自的生命。問題的特有認知和界定過程，是有別於政策發展和政治事件的方式；同樣的，政策提議也是按照

自己的誘因和選擇標準來進行，而不問其是否能解決問題或回應政治的考慮；政治事件亦經常按照自己的時間表和規則前行，而不是與問題或方案牽連著。但在某些時刻下，這三股量流卻會連袂地匯流在一起。例如，當某一個緊要問題受到關注，作為解決方案的政策建議便與問題關聯起來，加上政治量流中的事件（如行政變革）需要不同的方向，使得攸關政治事件的政策建議（如迎合新政府的哲學創舉）就會來到臺前，而與成熟的政治氣候串連在一起，這又使得某些問題更受重視，其他問題則被忽略。（Kingdon, 2004: 152；彭云望譯，2008: 149）總之，當政策之窗 (policy window) 打開時，原本不是有效連結的問題、政策方案和政治量流即有機會突然地結合起來。

從上述的說明中，我們不難看出組織決策的垃圾桶理論乃意涵著「巧遇的能量」。唯有當問題、解決方案、參與者與解決機會能夠匯流在一起，得到天時、地利與人和，組織決策不假多時便可作出。所以決策作成就像人才選用一樣，擁有專業才華者能夠遇到好的主管、搭上對的時機、找到有利的引薦，即可脫穎而出。這種「來得早，不如來得巧」的邏輯，學者稱之為「適當性邏輯」(the logic of appropriateness)，它與理性決策論的「結果邏輯」(the logic of consequences) 形成一個明顯的對照。(Frederickson, Smith, Larimer, & Licari, 2012: 186)

尤其當世界晦澀難明、環境混亂不清時，我們將會遭遇到很多的雜訊、意外、巧合和難以言語的機運。有些時候某些議題突然被提上議程，我們卻全然不明其因；某一時間我們會對所發生的組合感到訝異不已；而關鍵參與者的偶然出席或缺席也會影響到事情的結局。這些不可預見的特性，並非緊密地結合，而是鬆散耦連著。換言之，世界沒有什麼事是一定的，非如此不可，一切都是在碰、在等、在慢慢中尋找。

走筆至此，筆者想起史東在談及「議題與利益如何相互界定」(how issues and interests define each other) 時，其提出一段類似的形容：「政策議題無法決定將出現那一種的政治競爭。反而是，政治事先形塑了人們對問題及政策議題的認知。問題並不是與生俱來的，也不是落在某一種形式的固定效果裡，不管你喜不喜歡。政治有很大一部分存在於企圖影響他人如何理解政策和提案的效果內。這個詮釋說明了為何議題似乎隨著每次的競爭過程而在議程表上移來移去。」（Stone, 1997: 224；朱道凱譯，2007: 296）他又說：在「理性計畫」(the rationality project) 裡，我們往往先看到一個問題，然後再去找尋答案和宣示目標；在政治模式裡，我們先是看到一個解決方案，然後才去構思一個需要解決方案（及其服務）的問題❶。（Stone, 1997: 11；朱道凱譯，

2007: 45-46）至於決策的垃圾桶模式與理性模式的差異，請參見表 5-8 的說明：

表 5-8　理性決策理論與組織決策的垃圾桶理論之比較

面　向	理性決策理論	組織決策的垃圾桶理論
目標與偏好	社會行動者間彼此一致	不明確的、曖昧不明的，可能在行動之後才建構或發現的
權力與控制	集權化的	非常分權化的，混亂的
決策過程	有秩序的、實質的理性	臨時的
規則與典則	最適化原則	分割的、片段的決策參與過程
資訊與計算的要件	廣博的和系統的	資訊的隨機蒐集與使用
對行動／結果之關係的信仰	至少能瞭解或然率之分配	不明確和曖昧的技術
決　策	遵循價值最大化的選擇	與意圖無關；而是參與者、解決方案與問題間的交錯結果
意識型態	效率與效能	玩家功夫 (playfulness)、鬆散耦合與隨機性

資料來源：Pfeffer, 1992: 420.

六、漸進主義的再議

　　林布隆在 1959 年發表〈摸索調適的科學〉一文後，經過了 20 年，他又在相同的期刊《公共行政評論》(*public Administration Review*) 撰文〈仍再摸索，尚未洞明〉(Still muddling, Yet Not Through)，針對學者們的攻擊加以澄清，並對其所主張的漸進主義予以補充。

　　首先，林布隆區分了漸進政治與漸進分析。前者是指小規模、逐步改變的政治形態；至於後者，林布隆認為我們對於複雜的政策問題所能做到的分析，仍只是漸進分析 (incremental analysis)，頂多是策略性分析 (strategic analysis)，而無法做到全位的或統觀性分析 (synoptic analysis)。其情形如圖 5-5：

⓲　例如先決定取消國中小學老師免稅規定，再構思這些稅收要用到什麼地方的配套措施。

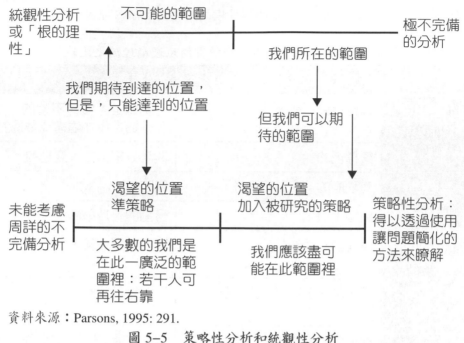

資料來源：Parsons, 1995: 291.

圖 5-5　策略性分析和統觀性分析

　　再者，林布隆將漸進分析區分為三種主要形式：1.簡單漸進分析 (simple incremental analysis)；2.欠缺關聯的漸進主義 (disjointed incrementalism)；3.策略性分析 (strategic analysis)。

　　1.簡單漸進分析：它是指在做政策決定時，就所提的幾個可行方案中，與目前政策相比較，選擇差異甚微者。此一分析被視為有保守的漸進政治藉口，但林布隆則認為它是個有用的決策方法，若被使用來補充政治哲學和其他廣泛的被視為是有高度烏托邦思想的政策觀點時，這種分析分方式反而能提昇我們對政策的知識素養。(Lindblom, 1979: 522)

　　2.欠缺關聯的漸進主義：它被視為簡化並聚焦問題的實用分析策略。基本上，有六種實現的方法：(1)將分析限制在少數熟悉的方案上；(2)把價值、政策目標與問題的經驗分析關連在一起；(3)聚焦於可加修正的錯誤，而非去尋找目標；(4)嘗試錯誤的學習；(5)分析有限的方案及其結果；(6)把分析工作分配給政策制定中多元派系之參與者。

　　3.策略性分析：此一分析是林布隆與過去主張存在較大差異，而被視為 1979 年內文裡的另一視角。面對著批評者如西蒙、愛尊尼、德羅爾等的挑戰，林布隆認為我們

可以在廣博的或統觀性分析的理想和極不完備的分析之兩端中，選擇可加期待的位置，那就是策略性分析。它是指經由理智思考後，來簡化問題，以做出較佳的選擇，如圖5-5 所示。這些具理智性的、仔細推敲的工具包括：嘗試錯誤的學習、系統分析、作業研究、目標管理、計畫評核術等。惟這些方法的運用，並不在讓分析朝向周全理想的道路前去，而是為決策者提供若干具發展性和導引性的策略建議，且加以區別那些事是要做的，那些事是要研究和學習的，以及那些事是能夠趨近成功的。又因為不完備性是既定的且非偶發存在的，因此策略性分析頂多只能就其預測的情境在假定和期待上是真實的，並且讓它試著朝著可能的實際前進。

話說回來，上述的觀點，攸關林布隆對多元主義的觀察和理解。時值 1960 年代，林布隆認為當時的多元主義旨在展現社會不同團體或派系間的勢力互動和競爭，因此其認為所倡議的漸進主義應是最符合實際的決策制定方式。然而，到了 1980 年代，林布隆則發現傳統的多元主義並非如想像中純粹是多元的互動與調適，其目睹了權力不平衡現象益加嚴重，尤其是企業的特權地位更為突顯，而扭曲了政治運作，形成學術上所稱的「變形的多元政體」(deformed polyarchy)，所他認為如要打破漸進政治的因循怠惰和不合理現象，如否決權、滾木立法 (logrolling) 與不公平等，可以透過較完善的分析技巧來提升決策資訊和理性層次，並使黨派間的相互調適更具「智慧」(the intelligence of partisan mutual adjustment)，漸進政治才有改善或扭轉的可能。關於此點，林布隆更在他當選美國政治學會會長後，於 1982 年美國政治學會大會演說〈另一種心境〉(Another State of Mind) 可以看出。演說稿中他認為要想拯救美國當前民主政治的危機，似乎可以參考批判理論 (critical theory) 學者如馬庫色 (Herbert Marcuse)、哈伯瑪斯 (Jürgen Habermas) 的觀念，利用有用的知識、理論實踐與批判論證，使制度獲得反省與改變的機會。(Lindblom, 1982: 19–20)

由於林布隆上述的論點確實會讓不少學者認為其晚期的決策理論思維有別於早期觀點，例如帕森思 (Wayne Parsons) 就認為我們可以把林布隆的漸進主義修正為「分析的漸進主義」(analytical incrementalism)，而漢姆 (Christopher Ham) 和希爾 (Michael Hill) 則認為林布隆的後期觀點似乎更加接近西蒙的滿意足夠理論；(Ham & Hill, 1984: 91–92) 岡恩 (Lewis Gunn) 和侯格伍德 (Brian Hogwood) 更指出，林布隆提出策略性分析，代表著它和過去的觀點有段殊異的差距，並且宣稱：「明顯地，這種作法是種理性的修正，而非早期想把理性加以逆轉」。(Ham & Hill, 1984: 91)

　　筆者以為上述學者的看法或許過度解讀了林布隆的思考轉折。因為林布隆和柯漢1979 年在合著《有用的知識：社會科學和社會問題解決》(*Usable Knowledge: Social Science and Social Problem Solving*) 的簡冊裡，即在闡述專業的社會調查 (professional social inquiry) 對社會問題的解決並不具權威性，所以它所擁有的功能僅止於「啟蒙」(enlightenment)，而非具備「工程」(engineering) 功能，倘若再將「社會過程提供專業社會調查之方針」與「專業社會調查提供社會過程之方針」相互比較，顯然地，專業的社會調查只不過是社會問題解決中多種投入的一種，且為促進互動性的問題解決(interactive problem solving) 之補充。再者，林布隆進一步認為專業的社會調查若要成為有用的知識，還要融入在所謂的「常理知識」(ordinary knowledge) 之中。所謂「常理知識」，林布隆和柯漢特別將之描述為：常理知識不在於把知識的起源、檢定、印證程度、真理地位或流行等，歸屬在獨特專業社會調查中的專業技術裡，而是將之歸屬於共同意識 (common sense)、偶發的經驗現象 (casual empiricism) 或仔細思慮過的想像和分析 (thoughtful speculation and analysis) 裡。它可能是充滿錯誤的，但即便有錯誤的可能，我們仍應將它稱為知識。正如同在科學知識的場合裡，不論其真假與否，知識之為知識，對任何人而言，是若干信諾或行動的基礎。(Lindblom & Cohen, 1979: 12)

　　依此看來，昔日西蒙曾批評泰勒、費堯等的傳統管理原則不具科學嚴謹，只不過是一堆「行政諺語」罷了，而今看來，這些號稱「行政諺語」的常理知識，在林布隆心目中是別具用途的、可加溝通的決策知識。總之，林布隆對於應用專家分析解決社會問題，不抱持極度的樂觀，但對民眾在決策制定中的廣泛社會學習與更多參與之潛能，得以促進社會正義，作為制定更佳決策方式，林布隆則抱持樂觀期待的態度。(Parsons, 1995: 293) 茲再次引用林布隆的論述作為討論的結束，林布隆道：「政治參與者各方之間的策略分析和相互調適，是民主體制採取達到明智行動水平的必經之路。透過這些方法，而且當他們這樣做時，即使再複雜難纏的社會問題都會變得可加管理。思想、研究和行動本就不是『客觀的』或『沒有偏見的』，相反的，所有人類活動就是徹頭徹尾的具有黨派的意識，一方面它是由從事分析的各方期望和優先順序所形塑的，另一方面則是由使用訊息的人們轉化為解釋與應用。資訊的蒐集與整編不可避免地會和政治互動、判斷和行動糾纏在一起。」(Lindblom & Woodhouse, 1993: 31-32)

　　準此而言，對林布隆來說，政策過程是不可能捨棄政治因素的影響，這可能也取決於政策議題是否涉及到高度爭議或牽連甚多利益衝突的狀況。誠如夏茲施耐德

(Elmer E. Schattschneider) 曾經強調的，民主政治根本就是利益團體或黨派間的偏見動員 (the mobilization of bias)。因此，公共政策的過程若涉及諸多利益糾葛或黨同伐異的情事時，決策所依據的政策分析結果，時常視其是否符合執政者的政策偏見或喜好，若不符合時，也許就被束之高閣。

參、人類決策的偏差與預防對策

人類決策通常受到思考與行動兩種面向的影響，然思考或行動到底何者較為優先與重要，一直是爭論不斷。組織心理學者韋克 (Karl Weick) 就這麼強調：我們會嘗試各種事物，察看結果，然後加以解釋，並且持續此一過程直到有所改變為止。這種觀點打破了數十年來策略管理或決策的傳統：思考先於行動。韋克並認為「所有的理解，都源自（行動後）深思反省與回顧而得」。(Mintzberg, Ahlstrand & Lampel, 1998: 195–198；林金榜譯，2006: 280–281) 惟就另一觀點言，當我們沒有經過深思熟慮的思考推敲而冒然採取行動時，則是否為好的決定或壞的決定便會高下立判。不過，不論在決策的思考或行動上，人類還是常會做出不良的決定，掉入決策的「黑洞」，甚至如莫赫 (Christian Morel) 所言：「最關鍵的決策，卻是最荒謬的決定」。（黃敏次譯，2004）孰令致之，如何避免決策的偏差，實為探討人類決策值得深思的課題。

曾經在麥卡錫顧問公司工作，現為日本京都大學教授的瀧本哲史 (Tetsufumi Tarimoto)，在《決斷思考就是你的武器》一書中提及，人們容易陷入三種偏頗的判斷：1.比較重視自己習慣的事務：維持現狀、沿襲過去的成功經驗，不但容易，而且看似順理成章，所以就會比較重視過去、輕忽未來；2.憑藉著有限的資訊或框架思考：人們思考時，往往只會根據目前已知的事項去做判斷；或拿既有的框架，去做「定錨效應」(anchoring)，而無法做出正確的判斷；3.沉澱成本 (sunk cost)：一言以蔽之，就是把至今花費的成本（時間、努力、金錢）看得太過重要。（江裕真譯，2013: 54–58）

史達林特別引述西蒙的觀點，認為人類的決策除只能做到「有限理性」或「滿意足夠」(satisficing) 的程度外，還得預防以下的決策偏差：1.未能蒐集資料：經常忽略關鍵性的資訊，而懊惱莫及；2.太過偏重既得或最近發生的訊息：就資訊搜尋的「可接近性」，來推斷決策的因果；3.過於自信：自認決策的變化隨時都可掌握，萬一情況有所改變，自己應可發現，不會淪為「最後的一隻老鼠」；4.忽視隨機定律：雖然趨勢是不可以從單一、偶發的事件來詮釋的，亞里斯多德說得好：「一燕不成夏」，但是當

隨機一再發生，便應判斷是「雜訊」還是「信號」。誠如葛洛夫所言：「大多數策略轉折都是躡著貓足，悄悄靠近的，不會擊鼓鳴金，堂而皇之地降臨。通常一些看似微不足道的模糊影像，卻暗示著即將改變的細節」；（王平原譯，1996: 127） 5.不願意去審核並改進決策：組織雖有檢討報告，卻不願意花時間仔細分析，從善如流，改進學習；6.只看到不確定性的單一面向：管理者通常只從一個或兩個觀點加以分析就做出決定，而忽略問題之間互為因果的循環。（Starling, 2008: 292–293；洪聖斐、郭寶蓮、陳孟豪譯，2008: 344–345）

不過筆者以為能夠對決策的偏頗作出深刻而意賅的分析，應為芬克斯坦 (Sydney Finkelstein)、懷海德 (Jo Whitehead)、坎貝爾 (Andrew Campbell) 合著的《思考再三：為什麼好的領導者做出壞的決策以及如何避免在你的身上發生》(*Think Again: Why Good Leader Make Bad Decisions and How to Keep It from Happening to You*) 一書。他們先是引述一些令人不堪與跌破專家眼鏡的決策故事來切入其重要論點：例如擁有 30 年防災經驗的美國國土安全部應變中心主任波德瑞克 (Matthew Broderick)，還是誤判卡翠納颶風威力，淹掉了紐奧良；曾是 IBM 頭號勁敵的王安電腦，卻在 1980 年代勃興的 PC 市場中慘遭淘汰；二戰時日本海軍大將山本五十六 (Isoroku Yamamoto)，執意攻占中途島，反造成日軍逆轉敗；美國總統甘迺迪剛上任 90 天，卻蠢到搞出入侵古巴慘敗的拙劣行動。（李振昌譯，2009）

暫且不論為什麼這些拙劣決策會重複出現。一般而言，當我們做決策判斷主要來自兩種機制，一是型態辨認 (pattern recognition)，另一是情感標籤 (emotional tags)。型態辨認是指我們的大腦會接收某個情境，將它和記憶中類似的型態進行比對，然後做出反應。情感標籤是指情緒的作用，情緒一直在觀察、搜集線索，並在我們毫無所覺的情況下，將線索連結在一起，以找出有用的型態。（黃涵音譯，2012: 40, 64）其實這兩類決策判斷的機制，約等同於上文西蒙所言的分析模式和直覺模式。

但是，這兩種機制各有二個原因會影響決策的誤判。在型態辨認上，造成誤判的二種原因：誤導性的經驗和誤導性的預判。當我們碰上一些看似熟悉的狀況，大腦說「我們瞭解這些狀況」，其實卻不然，過去的經驗與目前的狀況不是很符合，讓我們妄下論斷、以偏概全，這個預知能力的問題可稱之為「誤導性的經驗」。正如辛納屈 (Frank Sinatra) 的名曲歌詞所寫的：「我們知道的太少，還有很多等著去發掘」。（徐紹敏譯，2007: 41）至於誤導性的預判，則是指我們在接收輸入的訊息之前，已經有先

入為主的想法,如果這些「自以為是」的定見或定錨不適合目前的狀況,就會混淆干擾型態辨認的程序,誤判所接受的訊息。卡洛尼斯 (Erik Calonius) 把它稱為「上鎖的盒子」:「一旦我們達成結論,就很厭惡去改變它,於是把它藏起來,鎖在盒子裡。」(黃涵音譯,2012: 76) 這其中著名的例子,是第一次世界大戰期間,美國心理學家桑戴克 (Edward Thorndike) 針對陸軍軍官考評部屬的方式進行研究,他得到的結論是:「軍官們彷彿認為,一位相貌堂堂、儀表出眾的士兵,應該也是射擊高手,皮鞋擦得雪亮,還很會吹口琴。」桑戴克把這種現象叫做「光環效應」或「印象概推」(the halo effect)。(徐紹敏譯,2007: 87–88)

至於由情感標籤所造成誤判的原因也有兩種:一係來自不當的個人利益,另一是來自不當的情感依附。個人利益是現代組織與社會前進的動力,不過人總有「自利偏誤」(self-serving bias),一遇到自己的利益考量時,不但自我隱瞞,甚至還相信自己是以公正或利他立場來做決定。就像諺語告訴我們的:「惡魔會按照自己的目的引用經典」,(王永年譯,2010: 244) 人也會為自己利益找藉口。十八世紀經濟學家斯密 (Adam Smith) 說過:「我們能夠吃到晚餐,並不是肉販、釀酒人或麵包烘焙師的慈悲,而是他們為了自己的利益。」可見要完全避免個人利益產生的偏見是不可能的,但應設法去除不當的個人利益對決策之影響。其次,不當的情感依附是指人們對於自己深愛或仇視的東西總是無法自拔。情感依附會像愛用國貨般,不只是使我們覺得決策合理,還使我們做決策時感覺良好,使我們受到蒙蔽,因此風險也隨之增加,甚至來到「只要我喜歡有什麼不可以」的茫然無知。(李振昌譯,2009)

難能可貴的是,芬克斯坦、懷海德和坎貝爾不但提出了決策的「紅旗警訊」,而且力陳避開錯誤決策的陷阱。在他們看來,降低錯誤決策的風險,最好的方法就是找出「適量、不多也不少」(just enough) 的預防對策。主要方法為:⑴導入新經驗、補充資料與分析:接觸到新的經驗或資料,可以對自己的預判產生質疑,從源頭思考解決問題。⑵團體辯論與質疑既有想法:強化決策團隊,設置獨立小組,並採用魔鬼發言人或辨證法。⑶強化管理機制:設立管理小組,雇用獨立顧問,建構完整的決策管理程序等,來審核決策小組提出的方案。⑷強化監督機制:利用監督機制追蹤決策的進展、修正錯誤決策、公布決策資訊。若有必要,外部的監督可視為預防決策錯誤的最後一道防護網。關於上述的分析,請參考圖 5–6 的說明。

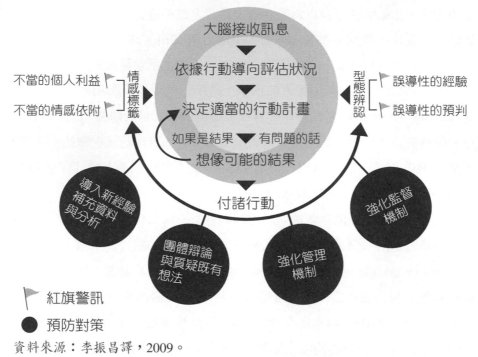

資料來源：李振昌譯，2009。

圖 5-6　決策的誤判及預防對策

　　筆者看來，從芬克斯坦、懷海德和坎貝爾的分析，當我們面對決策時應不斷提醒：1.個人層面：避免主觀的自我，釐清客觀的事實真相，尋找適當的定位，評估不正當的利益；尤其要越過利益的高牆或深壘。2.團體層面：利用對話與辯論，防範團體盲思，識別潛在的價值觀，督促相互的學習，和運用相互監督機制。3.組織層面：建構明確的規章制度，改進信息流通方式，推動誠信透明的組織文化，留意決策意義的流失。除此之外，我們仍應記得人類的決策總是理性和感性的綜合。關於此者，如同柏拉圖的比喻，說道：「人類就像是騎師，騎著純種賽馬，在起跑柵欄裡。人小而馬大，如果馬在狹小的金屬柵欄內太過興奮，騎師就會受到傷害，甚至喪命。所以騎師要非常溫柔小心，騎師就像是理性，馬就像是情感，這個複雜的體系經過長久的演化，藉由經驗而形成，為你的生存而存在。這個體系非常有力，能使你做到自己想都沒想過的事情，讓你做出自己都不相信能夠做到的事情。騎師沒有馬贏不了，馬沒有騎師也無法參賽。」（李振昌譯，2009: 81）縱然型態辨認和情感標籤會有扭曲的風險，但要成為有遠見的決策人才，就像外科醫師，需要深入的觀察和豐富的臨床經驗，並配合

著直覺的判斷。甚至如雷勒所言：「做決策沒有祕方，我們唯有保持警覺，決心避開那些可以避開的錯誤。」（Lehrer, 2009: 250；楊玉齡譯，2010: 318）

肆、行政決策者的思維修練

誠如前述，佛門宗師常說，要達到開悟境界，必須依序開發「正見、正思和正行」。（杜默譯，2009: 180）要是看待問題的方式不正確，定位又不清，要制定正確的決策就像緣木求魚。為求決策的有效性，決策者本身的決策修練，是至關重要的。以下提供幾點淺見：（*cf.* 吳瓊恩，1997: 419–426）

一、自我指涉與自我超越的能力

一般而言，決策人員面對環境變遷的洪流，並非坐以待斃，一籌莫展，而是速謀對策因應環境的變化。惟許多人在因應的過程中，欠缺自我指涉、自我認同，以致成為追逐潮流與隨波逐流者，而為環境所劫。自我指涉著重的，乃在將外在的變化轉化為內在的型態，使其具備御變的自主性。它猶如一個「自我創生」的組織(autopoiesis)，在與變化環境的互動中，形塑自我認同，使外在環境成為自我認同的延伸。這種自我指涉的過程，可以幫助我們審視以下的決策思考：

1. 我的立場如何？
2. 環境發生了什麼？
3. 我將朝往什麼方向？
4. 我的方向對嗎？
5. 如何才能找到定著點？

與上述自我指涉密切相關者是自我超越。「自我超越」的修練在於學習不斷深化個人的真正願望，透過集中精力，培養耐心，並客觀的觀察現實以實現之。它是學習型人格的精神基礎。精熟「自我超越」的人，能夠不斷實現他們內心深處最想實現的願望，他們對生命的態度就如同藝術家對藝術作品一般，全心投入、不斷創造和超越，是一種真正的終身「學習」。要言之，自我超越的修練，是以釐清對我們真心嚮往的事情為起點，讓我們為自己的最高願望而活。（郭進隆譯，1994: 11）

二、系統思考

系統思考乃聖吉 (Peter Senge) 在《第五項修練——學習型組織的藝術與實務》 (*The Fifth Discipline: The Art and Practice of the Learning Organization*) 一書中的神髓。所謂系統思考是指，要瞭解重要的問題，我們的眼界必須高於只看個別的事件、個別的疏失或是個別的個性。我們必須深入瞭解影響我們的個別行動，以及這些個別行動的背後結構。因此，結構性的解釋應專注於回答：「是什麼形態造成行為變化？」只有它方能觸及行為背後的原因，並進而改進行為變化形態。所以系統思考是「看見整體」的一種修練。它是一個架構，讓我們看見相互關聯而非單一的事件，看見漸漸變化的形態而非瞬間即逝的一幕。也就是說，系統思考修練的精義在於心靈的轉化，要求做到：（郭進隆譯，1994: 105）

1. 觀察環狀因果的互動關係，而不是線段式的因果關係。
2. 觀察一連串的變化過程，而非片段的、一幕一幕的個別事件。

非但如此，在處理複雜狀態時，系統思考所面對的不是「細節性複雜」(detail complexity)，而是「動態性複雜」(dynamic complexity)。如果我們的關注只是細節性複雜度，研究其中數以千計的變數和複雜細節，實際上將分散我們的注意力，而看不見那些主要的互動關係及其變化形態。然而可悲的是，對大多數的人而言，系統思考的意思就是「以複雜對付複雜」，他們往往想出更加複雜的方法來處理複雜的問題。事實上，這和真正的系統思考正好相反。也基於此，系統思考一方面告訴我們：「最顯而易見的解決方案通常是沒有功效的；短期也許有改善，長期只會使事情更惡化」。另一方面也顯示，「小而專注的行動，如果用對了地方，能夠產生重大、持久的改善」。系統思考家稱此項原理為「槓桿作用」(leverage)。而傅樂 (Buckminster Fuller) 對槓桿作用有一個絕佳的比喻，那便是船上的「輔助舵」。它是舵上的小舵，功能是使舵的轉動更為容易，船也因它而更加靈活。船愈大愈需要輔助舵，因為在舵四周大量流動的水使舵的轉動困難。（郭進隆譯，1994: 92）誠如阿基米德所言：「給我一個支點，我就能舉起地球！」

三、非均衡的前瞻思考

對渾沌理論 (chaos theory) 的學者而言，其探討的理論重點在於系統行為容易落入

不同「吸引力因子」(attractors) 的影響被牽引到特定方向演變。有些吸引力因子將體系拉向均衡狀態或近似均衡狀態，其他吸引力因子傾向將體系轉向新的組合。如同圖 5-7 所示的「羅倫茲的吸引力因子」(Lorenz attractor)。

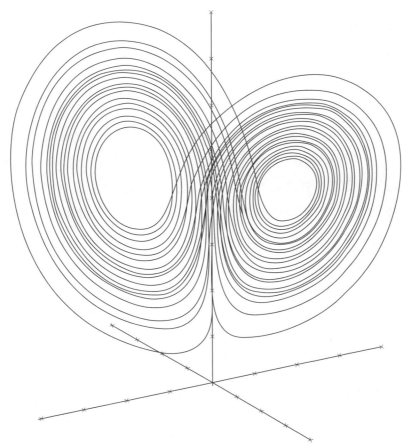

資料來源：Morgan, 1998: 224.

圖 5-7　羅倫茲的吸引力因子

在這裡的「分叉點」(bifurcation point)，就像是人走到分叉路上，將選擇不同的未來一般，也象徵著體系具有自我組織的潛能以朝向新形式的演化。將之應用於決策中，意謂著不要把任何事件的發展看作恆久的均衡，具有願景的決策者總是在尋找組織發展的關鍵點，因而對於即將到來的突破點 (break-points) 掌握得相當敏銳，並事先做好御變的措施。摩根 (Gareth Morgan) 針對這類情況下的組織決策，提出其個人見解： 1.讓組織、層級體系和控制自然浮現； 2.學習管理與改變系絡的藝術； 3.使用小改變來

創造大效果；　4.與隨制應變相處，將之視為自然事務狀態。(Morgan, 1998: 226–234)

四、超越物化的批判思考

所謂物化的思考是一種過度客觀化的思考方式，把組織中的法令規章、制度規範、慣例常規等視為客觀的存在，為人意識所創造出來的東西反而被其所困。因此當環境有變動時，仍未能立即調整自己的思維，反視其為絕對不可動搖，這樣的決策品質自然會產生令人遺憾的結果。若要超越物化的思考必須經常注意具體情境的特殊性，必要時打破常規和逆向思考，只有多對話，多傾聽不同的聲音，才能向問題挑戰。至於決策手冊或鉅細靡遺的程序說明，都不能取代經由對話所產生的朝氣和活力。誠如杜拉克所說：「在一味附和聲中，主管所做的決策不會收到最好的效果，只有在對立的觀點衝擊下，以不同觀點的對話和不同判斷下的選擇為基礎，才能做出最好的決策。決策的第一條守則就是：一定要經過辯論，才做判斷。」（張定綺譯，1989: 63）同時也要聽聽所謂「行外專家」或是「外卡」(wild cards) 人士的立場，他們也許沒有正式資格，也沒有受過傳統專業訓練，但擁有第一手深度之相關經驗。（許恬靜譯，2014: 99, 227–228）不要自說自話，以免淪為只看見、只相信和只支持我們所預期的事，成為前述所言「上鎖的盒子」。有時我們可能需要容忍曖昧或錯誤，才能學習新的觀點。

五、瞭解未來發展趨勢，建立社會責任意識

決策者必須對未來發展趨勢時時謹記於心，要在各種獨特的事件中理解到它可能的未來意義，善於捕捉機會，未雨綢繆。其次，決策者建立社會責任意識，不僅是出於高尚的道德理由，而是在複雜及相互依賴社會中，必須去審視決策結果與社會環境之間的關係。

總之，未來的決策視不同的情境，將有不同的相應途徑或模式，運用此種「權變觀點」去學習「多元的思考」，利用辯證對話來質疑心中的定見，不再只是一味地想避免做出錯誤的判斷，須知害怕犯錯的心智模式只會逃避現實，甚至會刻意隱瞞對己不利的資訊，如此對決策判斷反而會有不利的影響。決策者應該是要嘗試從不斷的錯誤中學習；再者，決策者必須容忍曖昧情境，並在思想－行動過程中反覆論證與求證，從舊問題尋找新的意義，對變動環境保持警覺，以確立自己觀點並開啟新的發展途徑。

第四節　組織溝通

著名管理學者巴納德曾經指出：「組織的結構、廣度和範圍幾被溝通的技巧所決定。」西蒙亦云：「沒有溝通，便無組織可言。」溝通可為管理之鑰，甚至說管理即溝通。因為缺乏溝通，群體不可能影響個人的行為，除非能讓組織內外的相關人員瞭解，否則管理的作為或決策就無意義可言。而且組織在規劃、決策、領導、執行等方面，在在需要溝通或運用溝通技巧。尤其在二十一世紀的今天，影印的便利、傳真機的普及、辦公室的電腦化、電子郵件和即時通訊軟體的普及、溝通媒體的多樣化，這些媒介的變化的確改變了人類的社會生活及溝通型態，也衝擊了組織的行為模式。尤其是網際網路、全球通訊體系、數位神經系統及人工智慧的發展，不但令人確信地球村已然來臨，而且會更加同意，媒介雖非訊息，但它對組織內部和外部訊息的流動已產生重要影響，也成為溝通的重要一環。

為便於系統地介紹組織溝通，先以溝通過程及其功能作為探討的開端。

壹、溝通的意涵、過程和角色

依格林博格 (Jerald Greenberg) 與巴儂 (Robert A. Baron) 的界定，溝通意謂某一個人、團體或組織（發訊者）將若干型態的資訊傳遞給另一個人、團體或組織（受訊者）。另一學者李懷適 (Philip V. Lewis) 則將溝通定義為：「訊息、觀念或態度的分享，並在發訊者與受訊者之間產生某種理解的程度。」（吳瓊恩，1998: 428）惟在克萊納 (Robert Kreitner) 與奇尼奇 (Angelo Kinicki) 看來，溝通是指發訊者與受訊者間的訊息交換，以及個人對訊息的認知；他們並將溝通過程稱之為溝通的認知模式 (perceptual model of communication)，以有別於傳統認為溝通就是把訊息像管線一樣在人與人之間的流傳而已。（康裕民譯，2008: 447–448）而溝通的認知模式大致可描繪如圖 5–8，茲擇要說明如下：

1.傳訊者 (sender)：在溝通過程中必須有一個傳訊者，傳訊者可能有一個觀念 (idea) 或訊息 (message)，期望能夠傳遞給他人。

2.編碼 (encoding)：傳訊者既有一個觀念或訊息想傳遞給他人，他就必須將這個觀念或訊息變成他人能瞭解的語言或符號，也稱為觀念的具體化 (ideation)。亦即編碼是指透過理念的轉化，以使收訊者得以瞭解。

3.溝通管道 (channel of communication)：這是指經由某種媒介把訊息傳播出去。溝通的媒介有許多種類，一般包括面對面的談話、電話交談、電子郵件、視訊、即時通訊、便條或信箋、照片或圖片、開會、公布欄、電腦以及統計圖表等。(康裕民譯，2008: 448) 簡言之，溝通管道是指訊息得以傳送的通路。

4.解碼 (decoding)：受訊者將收到的訊息轉譯為可理解的符碼。亦即受訊者收到訊息時，必須經主觀的解釋後方能瞭解訊息的意義之過程。

5.反饋 (feedback)：一旦訊息被解碼後，受訊者可將新的欲回復訊息進行編碼然後傳遞給原先的傳訊者，藉此回饋機制，傳訊者才能瞭解訊息對受訊者的理解及影響；同時，受訊者亦可透過回饋得知他們的訊息是否被正確的瞭解。如果發訊者與受訊者需要進一步溝通時，回饋將會反覆進行。所以，回饋等於是對訊息理解的檢核，讓訊息的發送者與接收者得以相互理解確認的過程。

6.噪音 (noise)：雖然有些時候溝通的過程非常簡單，但是它的運作很難被完全無誤的描述，箇中有許多扭曲的潛在因素，即被稱為噪音。亦即噪音是指阻礙或干擾訊息有效傳達與理解因素之總稱。舉例而言，訊息如被不良的編碼或錯誤的解讀，甚至溝通管道過於僵化及單一就形成噪音的來源。

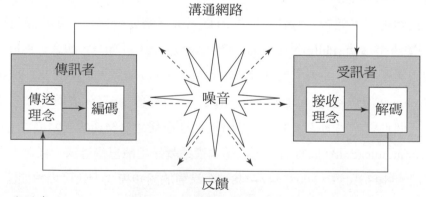

資料來源：Greenberg & Baron, 2000: 293.

圖 5-8　溝通過程的基本模式

至於組織溝通所應扮演的基本角色為何？一般而言，約有下列幾項：

1.引導行動：即讓別人按照自己所冀求的目標方向而採取行動。

2.協調行動：組織並非單靠一個人的努力，而是借助溝通以達成雙方或多方的一

致行為，組織若無法有效協調個人與團體，就不能有效達成功能性的活動。

　　3.資訊分享與建構智慧：藉由彼此的互動、溝通，組織成員才能夠分享他人的經驗與資訊，進而形成解決問題的組織群體智慧。

　　4.形塑人際關係和建立信任：透過溝通方能將組織中的不同成員加以凝聚，建立社會關係、獲致認同、彼此信任。

　　一般而言，組織的溝通約可分為告知 (telling) 和徵詢 (asking) 兩種，惟組織溝通的可貴不在於訊息的傳達，而是意義的理解，因此徵詢遠比告知來得重要；甚至努力傾聽用心體會，才能有助於訊息分享而解決問題。

貳、組織溝通的種類

　　依據一般的分類，組織溝通方式可分為正式溝通與非正式溝通兩種。所謂正式溝通是指依循命令鏈及組織架構所形成的訊息流動；而非正式溝通則指在組織正式活動之外所傳達非正式的訊息。在討論正式溝通時，學者又將其分為向下通溝 (downward communication)、向上溝通 (upward communication)、平行溝通 (horizontal communication) 與外部溝通 (external communication) 等四類，茲就上述各種溝通形態之要旨概述如下：

　　1.向下溝通：是指訊息沿著組織的結構從上級主管到下級部屬的流程。一般而言，管理階層通常有五種下行溝通的方式：工作建構、工作輪調、組織程序與運作、績效回饋、目標教導。（康裕民譯，2008: 463）雖然，向下溝通會由組織的一個層級進入次一個層級，而緩慢地抵達組織的底層，惟每經過一個層級，組織的訊息經常會減少一分的正確。是以，即使進行組織的向下溝通，應讓被訊息影響的成員能夠直接接觸完整的訊息來源。

　　2.向上溝通：它係指組織的低階層將訊息傳送給高階層的流程。通常，這些向上流動的訊息型態包括改善建言、工作反映、狀況報告以及新理念的表達等。基本上，下級對上級的溝通往往有報喜不報憂的傾向，將「上級喜歡聽的」資訊向上溝通，而保留負面的訊息。甚至，根據李克特 (Rensis Likert) 的研究指出，上級主管往往自認下級與他討論重要問題時非常自由自在，但下級並非如此感覺；其次，上級認為下級所重視的問題，與下級本身所重視者往往也發生認知上的差異。可見組織主管對向上溝通不可等閒視之。（吳瓊恩，1998: 435）

3.平行溝通：所謂平行溝通即指組織中同一層級的人員或單位之間的溝通，以及業務與幕僚之間的溝通，它們多屬協調性質或相互支援的活動。平行溝通大多運用在專案小組、會議、團隊建立、矩陣結構等。不像垂直溝通，平行溝通因涉及相同層級或地位成員之來往，而顯得較為容易與友善，甚至較為隨和與直接。不過，平行溝通亦有其問題，例如不同單位間的本位主義或因爭功諉過，而不如預期般順暢。

4.外部溝通：外部溝通為組織與外部機構或人員之間的溝通。外部機構或人員多指其他行政機關、媒體、國會議員、社區居民、利益團體、利害關係人等。組織一般的作法是成立正式單位如發言人室來負責外部溝通。

5.非正式溝通：無論組織建立的溝通系統有多麼精細，總會存在著非正式溝通管道對正式系統進行補充。組織非正式溝通係指來自組織人員的自發行動所形成的溝通網路。由於組織裡的個人行為不僅指向組織目標，亦考慮個人目標，當兩者不一致時，那麼非正式溝通系統就會出現並顯得活躍。非正式溝通常為組織的隱藏路徑 (hidden pathway)，並呈葡萄藤 (the grapevine) 的形態發展分布。

根據西蒙的研究，任何組織裡的大部分非正式溝通，都遠遠不如派系活動那麼有目的，甚至不如一起進餐的經理或行政首長的對話那麼有針對性。此外，還有大量非正式溝通可能屬於「流言蜚語」。此類訊息的主要缺點在於，首先，由於散布的是祕密，所以不夠坦率；其次，傳輸的訊息往往是未求證過的，真假難辨。但另一方面，它卻也是反映組織「輿論」狀況的晴雨表，管理者可以從中瞭解到組織成員關心的主題，以及他們對這些主題的態度等。（詹正茂譯，2004: 187）此外，值得注意的是，另有研究報告指出：⑴葡萄藤式的信息傳播速度比其他正式管道迅速；⑵消息正確率約為 75%；⑶當個人感到不安全、受威脅或面對組織變革時會提高對它的依賴程度；⑷多數員工在工作方面的訊息大多透過葡萄藤模式取得。（康裕民譯，2008: 466）

參、電子化政府

隨著私部門電子化企業與電子化商務的發展，政府的公共服務也逐漸採用了「電子化政府」的方式，並成為政府與公民間溝通的重要管道。電子化政府這個名詞，曾被侯姆斯 (Douglas Holmes) 定義為：「使用資訊科技，特別是網際網路 (Internet)，讓公共服務的傳遞更為方便、顧客導向與成本效率，來達成更佳化，並和過去有所不同」。甚至廣義來說，只要政府採用了任何資訊與通訊科技，便被視為電子化政府。這些科

技包括視訊會議、按鍵式的資料輸入 (touch-tone data entry)、光碟、網際網路與內部網絡 (intranet)，以及如互動式的電視、手機和個人數位助理 (personal digital assistant) 等。（呂苔瑋等譯，2006: 257）在個人攻讀博士學位時的授課老師魏鏞教授對電子化政府這麼形容：電子化政府是政府建立一個與各界網網相連的資訊網路，把政府的公務處理及服務作業，從現在的人工作業及電腦作業轉為數位化及網路化作業，以便利各界在任何時間、任何地點都可經由網路查詢政府資訊，即時通訊，並且直接在網路上進行申辦作業；簡言之，電子化政府就是化身在網路上來替民眾服務的政府。（魏鏞，2004: 215）綜上看來，電子化政府是以民眾的需求為核心，政府機關運用資訊與數位科技的串聯形成網絡，發展出不同形式的服務設施，供應不同的服務選擇，使政府在行政、服務、管理方面的效率大幅提升。

　　資訊科技尤其是資訊網路，帶給社會和行政的衝擊，可以說是形成後現代主義 (postmodernism) 和現代主義 (modernism) 的重大分野。現代化的行政運作方式，基本上是以韋伯的官僚模型為中心，而韋伯的官僚模型又以「辦公室」觀念為核心。辦公室意指行政人員工作所在地、民眾前往洽公之處，以及所有紀錄保存的固定地點；辦公室亦為組織技術與處理資訊之核心所在。唯當連線的電腦在政府中被廣泛應用時，就會引發公共服務的一大變革。現在在個人電腦和網際網路的導引和連結下，各式各樣的資訊與資料可以簡單便宜地被收集與傳輸；機關與機關之間的互動，以及機關與民眾之間的溝通，非但沒有地理位置的隔閡，又能不分遐邇地彼此分享，而且服務的提供又能快速或及時地取得。甚至可以這麼形容：電腦讓大量的人類在須臾之間，在長距離之下，開啟了溝通的方便之門。（楊佳陵譯，2011: 384）這種新技術所釋放出的力量除可降低政府的服務成本外，並有助於重新建立政府和民眾間的公共關係，亦會改變人際關係、工作團隊和組織的未來。難怪《經濟學人》(*The Economists*) 在2000 年曾云：「在十年前流行但未成熟的政府再造，終因網際網路成為可能。」或許更可以這樣說：科技無可避免地啟動了新公共管理，然電子化政府則增強了已經發生新型態的管理變革。（呂苔瑋等譯，2006: 265）顯然地，若說行政管理技術在近幾十年所跨出的一大躍進，當非電子化政府莫屬。

　　關於電子化政府最典型的例子，可用「護照」(passport) 為例加以說明。過去護照，是指統治者（國家）允許通行者利用水路或陸路「通過」某一城市「城門」的紙條。現在護照變成為記載通行者的簽證戳記以及個人資訊（如姓名、地址、最親近的

家人等）的小冊子，如果某位通行者被視為可疑的人物，那麼他的護照就會被仔細檢查，以確定裡面的戳印與資料是否屬實。然而，到了後現代，護照在塑膠條碼上所儲存的隱密性資料，可以讓移民官讀到通行者的生活點滴和醫療紀錄等，甚且包括他本人及其相關人士的網絡資訊。這些資訊到底會被拿來做何用途？是否被濫用而侵害個人的自由？我們無從得知。所以後現代的護照說明了資訊時代無所不在的潛能和危險。(Shafritz, Russell, & Borick, 2007: 291) 除此之外，隨著資訊網絡的發展，也會讓不少組織理論學者深信組織的中間階層會從中消失，邊尼斯預言官僚體制會死亡將成事實，「在家辦公」絕非夢想。

　　關於電子化政府的發展階段，依據休斯 (Owen E. Hughes) 的看法大致分為四個進程：(呂苔瑋等譯，2006: 266–267)

　　1.資訊：這是電子化政府所經歷的第一個階段之內涵。政府部門和機關使用全球資訊網 (Worldwide Web) 張貼相關的資訊，方便外部使用者瞭解和利用。此時網站係以被動的方式提供部門的資訊，而非採取功能化的形式。要言之，網站只描述公部門組織之目的以及與其接觸的方式等。

　　2.互動：此一時期網站已轉變為雙向溝通的工具，允許民眾提供有關他們的新資訊，利用電子郵件等來與政府機關溝通接觸。政府機關網站內的目錄檔案則呈現了關於更多的議題、功能與服務的資訊，並可供使用者下載。

　　3.處理：此時網站可為正式量化價格的交易。如給付證照或罰金，甚至提出退稅申請等。若干公務執行的任務可轉由網路自動服務，像 ATM 等。

　　4.交易：這個階段的入口網站提供的服務相當廣泛，入口網站包含的意義遠比單一的網站多。經由入口網站，所有政府部門與機關的資訊系統都可以連結起來，達成整合性的服務，而在某種程度上，使用者並不需要瞭解政府機關架構與背後操作之問題。

　　總而言之，第一階段或第二階段的網站架設是重要的，因為它們比舊式官僚體系更能提供民眾更廣泛的資訊，而更多的改變在第三階段與第四階段的互聯網中產生。如今物物相連已呈現了政府對政府的連結 (G2G)、政府對企業的連結 (G2B) 以及政府對民眾的連結 (G2C)。由於網際網路為政府、企業、民眾提供了理想化的橋樑機制，所以史達林預告，網路化的政府會從多層級的煙囪型科層官僚組織 (bureaucratic multilevel stovepipes) 轉變成整合的水平式政府 (the horizontal processes of integrated government)，如圖 5–9 所示。尤其是物聯網時代的來臨，它將是快速通訊加上智慧機械的運用，使得物物相連，透過強大的洞察力綜觀布局，成為新一代的生活方式，也為行政運作帶來極大的溝通轉型，成為智慧型的辦公室。

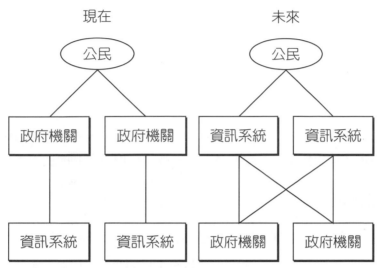

資料來源：陳志瑋譯，2015: 591。

圖 5–9　從官僚式的煙囪層級到網際網路化政府

　　電子化政府雖然是政府改革的一個嶄新階段，但其運作也並非毫無問題。其中常被提及的，有資訊不平等、隱私權與安全性等問題。資訊不平等是指雖然網際網路無所不在，但總有一些人不會上線，說不定一輩子也不會上網，可被形容為「數位的一無所有者」(digital have-nots)。（陳志瑋譯，2015: 596）這對私部門的服務提供不會造成太多的問題，但公部門必須要能讓所有人都能以相同方式獲得服務，不管它的顧客使用科技到何種的程度，例如報稅或退稅的通知。資訊不平等的現象，尤其使得開發中國家人們的接觸管道遠比已開發國家人們來得少，這種資訊落差加重了富有國家與窮困國家間的極大落差。另有關隱私權與安全性的問題，由於網際網路或電子郵件的使用都會被記錄下來，並且比一般郵件或電話更容易被追蹤，加上駭客的入侵，甚至政府服務或是資訊科系統的委外，都讓隱私權與安全性的問題一再重現與備受重視。難怪《經濟學人》曾經說道：「政府蒐集、儲存與搜尋關於人們資料的能力增加，就會產生對於隱私權與公民自由權被侵犯更為擔憂的充分理由。快樂電子公民的代價將是無止盡的擔心與警戒」。（呂苔瑋等譯，2006: 277–280）

　　此外，電子化政府對組織的影響，會讓員工（民眾）感覺茫然，工作不斷地浮動與移動，缺乏穩定與安全感；人際疏離，無法贏得信任與責任；在自動化的監控下，沒有自主和自由；組織的體系、權力、權威、角色等全都有了不一樣的發展。不僅是個虛擬的實境，也是個矛盾的世界。

　　最後，電子化政府較不為人所討論的，就是機器語言。像 Line 的使用，固然可以讓人們自由盡興地通訊、聊天和問候，成為人類日常生活的「信使者」，也成為人類無聊、憂鬱的「治癒所」，甚至聯繫感情的「親密愛人」。然網際網路或電腦最麻煩的地方，若無法瞭解其程式語言或步驟，不時遭遇難以理解的「當機」，百般呼喚卻無法得到同理的回應，此時「美麗的使者」頓成「呆滯的機器人」。人在飽受機器程式的折磨下，像坐困愁城，束手無策。有關此者，下一節「官僚語言」的敘述，可見一斑。

肆、官僚語言

　　如前所述，探討組織溝通有個重要面向而鮮少為公共組織理論學者所觸及，那就是官僚語言。針對官僚語言的奧祕，賀梅爾 (Ralph P. Hummel) 先是引述韋伯的一段話來形容：官僚機構最重要的權力工具是通過臭名昭著的「部門機密」概念把官方訊息轉換為機密材料。（韓紅譯，2013: 93）賀梅爾自己亦評論道：「官僚語言是種虛擬的言詞，官僚是在影響和提供訊息，並不在溝通」；「只要你走進官僚機構，你的頭腦和雙手就宛如套上了枷鎖」。（韓紅譯，2013: 1, 5）何以如此的形容？賀梅爾先以一段民眾與官僚打交道的真實經驗說明如下：

　　蓓雷西亞 (Pasquale Plescia) 老遠從加州搭巴士到華盛頓，為的是想瞭解有關社會福利支票延期的原因，卻發生一些意想不到的官僚經驗：

　　「嗯，我得跟你談談這個城鎮。他們使用神祕語言，你曉得嗎？他們使用的是官僚語言，類似我們所使用的雙關語，那些政府人員根本就不睬你，一副心不在焉的樣子，一看你想開口，心裡就盤算著你最好閉嘴，好像話還沒出口前，他們就已知道你可能要說的話。我在此造訪兩星期以來，每個人都忙於自己的文書工作，似乎都沒空管別的事。我去見一名國會議員——他是名牧師，所以我想他會是個人道主義者，但他的助理卻告訴我應先寫封信過來，另一助理則以我不是他選區轄內的選民而不讓我進去。還有一位給我一份新聞稿，然後說道：『這是國會議員的會場。』一點也不假，這是真的！於是我又到了衛福部，有十八萬人在那兒服務，結果怎樣？居然找不到半

個可供抱怨的對象。」（史美強譯，1997: 242）

在這個案例裡，蓓雷西亞道出了與官僚溝通的困難心聲。簡單來說，語言本是用來溝通的，但在官僚語言中，它不是用來溝通而是用來告知；官僚機構會說話，但是由它決定談話的框架；官僚機構的話語是獨白的，是單向的，沒有系絡的。難怪有人形容官僚機構「門難進，臉難看，話難說」，像似隱姓埋名的機器人。甚至如同雅各 (Herbert Jacob) 所形容的，對人們而言，案件的申請似乎就像「掉進了一個黑暗的滑道，然後被一隻看不見的手神祕地處理完畢」。（楊佳陵譯，2011: 154）相較之下，社會的庶民話語是雙向的對話，有系絡的。茲詳細說明於下：

首先，官僚話語是獨白的告知 (monological telling)，而非徵詢 (asking)，也不在分享民眾的真正生活體驗。著名語言哲學家維根思坦 (Ludwig Wittgenstein) 在論及「語言之死」(the death of language) 時，即曾指出：「所謂溝通，意指起碼兩位人員以上之一種雙向的意義建構，而語言成為溝通工具的可能，端在於人類經驗的共享。只有這種經驗的分享，才稱得上『生活形式』(forms of life)」。雨果 (Victor Hugo) 也說，「生活就是理解」。相對的，官僚語言是由一個人對另一個人所做的逐字的、形塑性的告知，沒有溝通的雙向內涵。甚至有些時候，告知還未必由官員親自擔任，委由機器亦可做到，透過電腦或網際網路連線的電子化政府來實現。所以身處在官僚語言的世界裡，我們是被迫在極為陌生的環境中行動和互動。(Hummel, 1994: 170–171)

其次，官僚世界是種強加的實際 (reality-imposing)。它不願意也不會依人們的說法行事，人們必須對之言聽計從，按照它們所設定的方式來做。當我們對官僚機構有所要求或請託時，典型的回答是：我很樂意幫助你，但請依規定必須先回答一些問題或符合一些條件。當你在回答問題或說出條件之際，官僚的判斷又像是早就築好一道藩籬似的；「議題架構」的設定是由他們決定的，若無法配合，便只有接受「愛莫能助」的待遇了。「應付了事」的心態昭然若揭，又訂定了規則的適用場合，鮮少為人所瞭解。舉例而言，臺北市政府設定淹水的補助標準，50 公分到 100 公分補助一萬元，100 公分以上補助兩萬元。像由這樣的規則或框限所設下的實際，其實只是種強加的實際，而非互動的實際。而且你不能與之抗衡，只能逆來順受就是。

第三，官僚語言是種沒有系絡的類比推理 (contextless reason by analogy)。在官僚制度中非常多的判斷、規則或依據，就是透過類比推理而形成的。所謂類比推理，即拿一件事與另一件事相互對照描摹以找出相似之處，或經由比較過去的型模而產生定

見。由於其參考點是抽象性和類化的，所以它無法針對特定情境中的個人或群體之具體需求做到差異化的行動，也因此它是不存在於系絡中的、成為一個沒有系絡的、沒有因果的，且與真實脫節的處理方案或例行公式，並成為官僚機構對事不對人的、類別化的刻板管理。針對此者，史諾 (C. P. Snow) 曾評論道：「它真是一種既古怪又抽象的語言，其最大特徵就是將意義從文字中分離出來」。（史美強譯，1997: 266）例如國內多年前曾發生了八掌溪事件，國軍海鷗部隊直升機近在咫尺，卻相應不理，其理由是「二千五百公尺以下的救難是屬於警政署空中警察隊的責任」，這些類別成見與模式也許就是「官腔官調」的由來。有關官僚體系與社會之間的語言和思維之比較，請參見表 5-9 的說明：

表 5-9　官僚體系和社會的言論和思維比較

官僚體系	社　會
言論為： 單向的； 無因（無系絡）； 附加實體的。	言論為： 互惠的； 因果的（系絡的）； 共建實體的。
思維是： 類比的； 具普遍性的； 以抽象模型為依準。	思維是： 具體的； 具個殊性的； 沈潛於經驗中。

資料來源：Hummel, 1994: 160–166.

伍、改善溝通的技能

有人說過：好的公共關係不能拯救壞的計畫，但壞的公共關係卻會摧毀好的計畫。羅絲蔓－麥金尼 (Kelly Rossman-McKinney) 和沃羅 (R. Dee Woell) 也曾說道：「好的計畫可能因為沒有注意到公共關係，或操作時不專業，因洩露了計畫的問題而毀了該計畫。」（陳志瑋譯，2015: 596）公共關係的基本原則，便是與民眾進行雙向溝通，去傾聽民眾的看法，和分享他們的心聲，並讓其瞭解政府為何與如何做這些事。至於進行溝通應盡可能作到以下 8C 原則：（陳志瑋譯，2015: 596–597）

1.信息的內容 (content)：傳遞的訊息能引起注意嗎？能真正傳達意思嗎？能讓聽眾產

生共鳴嗎？能讓你的活動濃縮成一句令人難忘的名言嗎？

2. 一致性和持續性 (consistency and continuity)：無論訊息如何傳遞、將傳遞給誰，訊息都必須一致，若一致性和持續性欠缺，其可信度便會降低。

3. 信息的脈絡 (context)：訊息的傳遞時間是聽眾能注意到的時間嗎？訊息的來龍去脈能交代清楚嗎？

4. 顧客的益處 (customer)：標的聽眾，亦即顧客，總是想知道他們能從訊息中得到什麼好處？讓聽眾看見益處。

5. 溝通的管道 (channels)：選擇對受訊者最為直接有效的管道。例如千萬別仰賴網路來教育那些窮人如何看懂食物標籤。因為多年來年收入低於 15,000 美元者並沒有太多人會使用網路。

6. 聽眾的能力 (capability)：訊息的流通是否能適當轉換和包裝，以利標的聽眾的接觸和理解？

7. 信息的可信度 (credibility)：傳訊者必須讓聽眾覺得所接觸到的訊息具有可信度。

8. 呼籲起而行 (call)：告訴人們，採取行動才能發生作用。起而行的方式，首先是讓他人知道你的想法，然後提供方法、管道讓人表達意見。

　　除此之外，以下試就如何克服障礙以達到有效的溝通提出一些看法：（姜占魁，1993: 449–450；吳瓊恩，1998: 440–442）

　　1. 使用可理解與簡單扼要的語言或文字：無論選擇何種媒介，應以簡單扼要和易於瞭解的語言或文字來表達訊息。艱澀文字看似典雅，但很容易為人所誤會。

　　2. 設身處地為對方著想：俗云：「把你的腳放入他人的鞋子裡試一試看。」這個意思，也就是同理心 (empathy)。同理心是指發訊者能夠感受到對方的觀點與情緒，所以在傳遞訊息之前，最好先就對方的經驗、價值觀和參考架構作一考量，使之對於訊息能有充分瞭解並克服心理的抗拒。

　　3. 鼓勵反饋：在溝通過程中，傳訊者須不時徵詢對方對溝通內容是否瞭解，以改善溝通的效果。不斷的反饋，訊息才會獲得一再的確認而不失其真實，避免招致扭曲。

　　4. 有效的傾聽：「傾聽」意指主動地搜尋對方話中的意義，敏於感知對方心態，除借助於語言外，亦往往會借助非語言的傳達。傾聽不是一件容易的事，如以「聽而不聞」的漫不經心態度來聽，其溝通效果是極為有限。

　　5. 避免壞的聽訊習慣：大多數的傳訊者與受訊者都不善於聽訊，其原因約有下列

數端：⑴注意力不集中；⑵聽得太快；⑶過於激動；⑷欠缺耐心；⑸欠缺宏觀的理解；⑹因人廢言；⑺易受外物影響而分心。如果能避免上述壞的聽訊習慣，將有助於彼此的溝通。

6.保持自己的信譽：溝通者必須使自己成為可信賴的人，每一次的承諾或指示，皆是建立自身的信譽，但若習於言不及義或毫無誠信，則會破壞自己言行的信譽。

另依國內學者吳瓊恩教授的看法，溝通的技術除了要重視上述的觀點外，尚應注意中西文化在溝通技巧上的顯著差異。中國的溝通技巧著重溝通的「術」與做人之「道」是不可分的，故還要瞭解下列數項：（吳瓊恩，1998: 444–445）

1.中國的溝通之術，不僅言及技術層面的溝通技巧，且更上達到形而上的「道」之境界，非如西方偏重於溝通技術而已。

2.中國的溝通之術，必將言與行並舉，言行之教乃一個人道術的外在表現，而道術是無形無聲且無跡可尋的。

3.中國的溝通之術，重視言外之意，無為無形不可言說者的廣大領域，才是體道者的重點，此與伯蘭尼 (Michael Polanyi) 所謂：「吾人所能知者超過吾人所能言說者」有相通之意。

4.中國的溝通之術，重視互動者雙方的境界，可言與不言，知默猶知言，須視溝通的時機、對象、情境等生態因素而妥善因應，溝通時須考量當時的生態環境，而非僅從技術面向考量溝通問題。

最後，個人以為在東方社會溝通有個不算太差的管道就是飯局，雖然有點突兀，但是席間如能放下心防，坦言以對，多少不易解決的難題，將可在餐桌上共謀解決之道，它的功效實在神奇。行政溝通不見得事事須正式行文，如能以更技巧性方式來處理，其結果說不定更為圓滿、更超乎預期。古今多少難事，當飯局過後，大家就不再心存芥蒂，完全釋懷。凡事在通則之中都有例外，以飯局作為溝通橋樑可視為例外中之例外。

第五節　危機管理

危機管理，此一課題過去行政學甚少論及，如今卻成為行政學的顯學。身為國家的領導者或組織的主管無不隨時關注危機的發生，並把危機管理視為執政的第一要務。實因危機妥應與否，關乎一位領導者的感知力、判斷力、執行力以及聲響之所繫。筆

者以為，戰爭是行政的一種原型，如今國與國的爭戰已相對減少，而國際與國內的危機卻伺機而動，常突如其來，令人不可捉摸。危機似已成為「現代版的戰爭」。應付危機如面臨作戰，危機其實是考驗著一位領導者才德的開始。2015 年，蘇迪勒颱風來襲，臺北市市長柯文哲先生就這樣的形容：「我們正遭遇到一個真實的敵軍。」果不其然，蘇澳颳起最大的十七級強風，臺中市梧棲十六級風，臺北市也有十三級風。颱風過後，新北市烏來區頓成「孤島」；臺北市路樹倒塌泰半，滿目瘡痍；市民連續二、三天喝又黃又濁的自來水，柯市長還為此向市民道歉。以此看來，如果說風險管理是「打預防針」，危機管理就是發生病症或意外時的緊急處理機制，讓病症受到控制，進而消除病痛迅速恢復健康。

在醫學中，危機是指在患病過程中的一個「轉捩點」(turning point) 或一個「相當危險和艱難的時刻」(time of acute danger and difficulty)，它與「正常的」(normal) 或「健康的」(healthy) 情況相反。基本上，危機可分為三種：致命的危機 (terminal crisis)、慢性的危機 (durable crisis) 和可醫治的危機 (curable crisis)。(Dunleavy & O'Leary, 1987: 59) 然根據密特洛夫 (Ian I. Mitroff) 和歐巴斯蘭 (Murat C. Alpaslan) 的分類，危機可以分為：第一類自然的事故 (natural accidents)，例如火災、地震、風災。第二類常態性的事故 (normal accidents)，此又可細分為經濟危機（例如大蕭條、股市震盪）、實體危機（例如車禍、供應短缺、產品嚴重瑕疵），以及人事危機（例如罷工、專業技術人才的出走潮、職場暴力）。第三類非常態性的事故 (abnormal accidents)，這類意外又可分成三項：犯罪危機（例如恐怖攻擊行動、綁架或擄人勒索）、資訊危機（例如盜竊有價值的資訊、破壞機關檔案、網路攻擊）以及信譽危機（例如謠言毀謗、破壞商標）。值得一提的是，危機有時並非單獨存在，而是相互關連，產生連鎖效應。例如颱風的處置不當帶來了社會不安，造成了領導者的信任危機等。（Starling, 2008: 221–222；洪聖斐等譯，2008: 264–265）

正因為熱門議題，所以對於危機管理階段的論述雖不能說是多如過江之鯽，但已呈現出雜然紛陳的看法。然在史達林看來，危機管理莫過於採用三個不可或缺的步驟：1.預防 (prevention)；2.準備 (preparation)；3.防堵 (containment)。（Starling, 2008: 222–224；洪聖斐等譯，2008: 265–267）

一、預防階段

此涉及到管理者採取行動來防止危機發生，並能偵測潛在危機之警訊。危機的風險偵測與警覺應是此一階段的重點。能夠及早的偵測，及早的預防，乃為危機管理的上上之策。此階段的另一重點工作，就是要與重要的利害關係者建立彼此關係，如員工、顧客、受託人、其他機構、其他轄區負責人、社區等。開放的溝通、彼此的尊重、相互的瞭解才能幫助管理者及時地認識問題，避免事態惡化。

二、準備階段

《孫子兵法》有云：「勿恃敵之不來，恃吾有以待之。」此一形容正可謂危機管理的金玉良言。危機發生時能否照著標準作業程序進行，就要倚靠平時詳盡的規劃和務實的演習，所謂「演習如同作戰」，所以危機管理計畫 (crisis management plan, CMP) 就格外的重要。危機管理計畫應包括以下內容：危機管理團隊、危機指揮中心、發言人制度、救難人員的編制與整合、通訊計畫、電腦系統支援、修復與保護程序、疏散的安全地點、媒體聯繫與利害關係者的連結等。

一般而言，危機管理計畫包括下列四項要點：(1)危機管理計畫是一份詳盡的書面文件，明確規定在危機發生時誰應該採取什麼樣的步驟；(2)危機管理計畫是一個活的文件，要定期檢討、演練，必要時加以更新；(3)危機管理計畫要有一個重要內容，即通訊計畫，用來成立一個危機指揮中心，並設立完整的溝通和信息傳遞系統；(4)危機管理計畫要能為特定的危機量身訂做。

三、防堵階段

此一階段側重於組織對於一個真實危機的反應，以及所有後續改善動作。無疑地，遭逢危機時，迅速反應是至關重要的。除了速度之外，坦誠也是一個重大關鍵。「把醜陋的真相攤開來」，一方面能避免以訛傳訛、眾說紛紜，降低傷害；另一方面才能有助於找出真相，面對問題，解決問題。再者，回應員工的情緒需求及人員安全需求也是非常重要的工作。組織應帶給人們安全感與歸屬感，提供相關的諮商和服務，俾及早回到正常的運作模式。最後，組織有必要從危機中學習，藉以強化其預防和準備的能力。危機就是轉機，「危險」與「機會」經常如影隨形。經過多一次的危機，我們就有

了多一次的學習，從而添增了一份的能力。例如處理 SARS 的經歷，就是個從無到有、建立制度的學習。

縱然史達林對危機管理的程序與作法有了言簡意賅的敘述，但對一些學者來說，危機管理既然日趨重要，就有必要為之詳細的闡述。在他們看來，危機管理是從因應危機至危機復原的一個不斷學習、適應的連續過程；亦即它是個辨識危機、發展緊急應變計畫、危機應變、危機溝通、危機復原和經驗學習的不斷反覆過程。茲說明如下：（李金同，2016）

一、正確辨識危機

處理危機的第一步，首先要能正確的認識危機，這是極其重要的一步。但也往往因為危機複雜，難以預測，如果沒有及時「對症下藥」，將導致決策游移不定與處理上的重大落差，造成危機擴大，徒然增加損失與處理成本。其主要程序為：

1.第一時間辨識、預見危機：危機管理者應在行動前的第一個時間認識、辨識危機，掌握危機形成的原因與影響的範圍，據以確定處理方向，如此才能在危機處理上找到適當支持的資源，及較正確的解決方法，奠定良好的危機管理基礎。

2.掌握危機應變的趨勢與結構：可從危機的程度性、破壞性、複雜性、動態性、擴散性、結構性等六方面來進行分析與研判，注意與加強使危機影響正向的因子、削減負面因子，並用變化的趨勢動態修正危機管理的決策與行動，瞭解危機的結構，以確定處理行動各方面的周延性，讓危機的管理，站在有利的決策位置，不致弄巧成拙，帶來許多無謂的損耗。

3.評估危機影響範圍與層級：藉助相關的專家，迅速評估危機影響的範圍與層級，瞭解組織運作的底線與運作標準，以及釐清需協調整合的相關部會與所需危機處理的人才，作為危機處理的負責人，再者，相關的設備等資源，亦應做好有效的安置，如此危機發生時才能迅速有效。

4.分析易遭致危機的時機：危機的不定性，讓發生的時間點難以預測，誘發危機的因素非常的多，加上來自外在環境變動所產生的危機更難以捉摸。但某些情境的時機，的確較易發生危機或讓危機加劇。從民眾對政府機關的功能運作來看，易遭致危機的時機有：重大天然災害發生、法令或制度變更、重大的政經環境變化、社會結構的急遽變遷、大型群眾聚集或活動、重大的社會事件、全球性競爭與相互聯結的改變、

重要首長身故、失能或發言失當、國家安全與社會治安遭遇重大威脅時。

5.釐清危機的重要利害關係人：危機處理須掌握各利害關係人的觀點並充分的溝通，依據重要度來排序，配合機構運作與資源分配，俾達成適當有效的處理。

二、發展緊急應變計畫

先確立危機處理的目標及策略，再擬定危機發生時之緊急應變計畫。在定位危機處理的目標與策略時，應該參考下列原則與要領：

1.最好的依據是過去曾發生的危機事件之事後檢討，以最迫切需要加強與改進的項目列為優先；

2.應依照組織架構與功能，訂定危機處理的最低作業水準與基本人力，作為危機處理決策的先前標準；

3.應依組織功能與業務，釐定最基本的資源與需求；

4.平時建立健全的系統，有效的決策行動規範，以利狀況發生時能即時發揮作用；

5.依照面臨危機與衝擊的特質，考量單位資源與組織功能，在不違背危機處理目標與原則下，靈活使用下列手法處理危機及其衍生的衝擊：迴避、抑制、控制、削減、中和、分散、轉嫁、保留與承擔等；

6.加強遵循計畫、檢視行動流程與改善作業循環，作為日後傳承與策略調整的重要依據；

7.組織的應變計畫，還應包括設立危機應變的小組，如指揮官、發言人、其他應變所需人力；建構危機預警系統、決策支援系統；訂定危機管理準則及程序，包括公關溝通、善後處理等標準作業程序；最後透過測試與演練驗證應變計畫的有效性。

三、危機應變

危機發生時，組織啟動應變機制，找出問題核心，立即處理，避免危機擴大。其應變作為要點如下：

1.啟動危機處理小組，確立指揮系統，明確分工；

2.找出問題核心，評估損害程度與範圍，針對核心問題優先處理；

3.原有應變計畫若不可行，另擬替代方案；

4.時間是敵人，掌握第一時間、第一現場，立即處理；

5.隔絕危機，避免擴大，思考其他地方是否也可能發生相同情況，是否會發生衍生性危險，以及設置停損點。

成功的危機處理會提升民眾與媒體對政府的信任，在企業經營上，好的危機處理能力也會成為企業的競爭優勢，金車集團面對「三聚氰胺」危機事件的有效處理就是很好的例子。

四、危機溝通

危機發生後取得利害關係人的瞭解與協助，化阻力為助力是危機管理機制中必須的作為。其溝通重點在於：

1.與重要利害關係人保持溝通，讓他們知道發生什麼事，以及組織正在做的努力，以避免他們臆測或聽信謠言；

2.主動公開發布資訊，公布危機之性質範圍，及時更正錯誤報導，迅速公布具體解決方案及未來處理方向與進度，建立媒體與大眾的信心；

3.對於可能造成正常溝通方式無法運作，應有其他的溝通備案；

4.掌握新媒體如網路、簡訊之溝通力量。

五、危機復原

危機管理的重心在於危機的善後與復原的工作，妥善的復原工作可以使危機所造成的損害程度降到最低，也可以增強組織內部及外部對組織的信任，並有助於鞏固組織內部的團結。其不僅要求做到對受害者心靈的撫平，更要確認組織的運作回復正軌。

六、經驗學習

前事不忘後事之師，危機管理最後要有檢討機制，必須記取教訓，調整因應作為，其重點如下：

1.追究危機管理的前因後果；

2.檢討事先防範工作的缺失；

3.檢討危機處理的有效性，據而修訂作業規定、程序，甚至增修法令，以建立未來處理能量；

4.檢討組織運作與決策，必要時進行人事調整及獎懲。

　　談到危機管理時，令人印象深刻的，應算是 2001 年美國發生 911 恐怖攻擊事件。當時紐約市市長朱利安尼 (Rudolph W. Giuliani)，在和庫森 (Ken Kurson) 嗣後回憶這段往事並合寫了《領導》(*Leadership*) 一書，其中有段關於危機處理的精彩描述，迄今仍在腦際不斷的回繞著：「當危機降臨之際，個人的經驗是無法替代的，因為時間不允許你慢慢琢磨。日常生活養成的智慧，遇到危機時將扮演前鋒角色。911 事件爆發之後，許多人稱讚我有膽識，居然敢跑到現場。其實我只是照章行事，沒什麼特別的。我處理危機一向遵行兩個原則：親臨現場和以身作則。這不是憑空想像，也不是為了寫書臨時編造的。」（韓文正譯，2002: 6）這段忠告，是對危機管理的第一個補充。

　　此外，許多人大概會欽羨「沒有危機的危機管理工作」。然而，在現代變動頻繁的年代，要奢求沒有危機的發生，已屬不易。危機管理不是追求「零風險」或「零危機」，而是強調在可接受的風險下，追求最大的利益和最小的損失，很多事件發生的機率或影響是可以透過風險管理或危機管理來減低的。所以，我們希望危機的降臨不是那種毀滅性的危機，而是可以治癒的危機，並且讓危機能夠使我們得以建構具有韌性回彈、自我修復的「免疫安全體系」。誠如雷默 (Joshua C. Ramo) 寫道：「主啊，既然有震撼，乾脆多點花樣吧，最好是溫和震撼，好讓我們對系統做個壓力測試。」（Ramo, 2009: 181；杜默譯，2009: 233）這是對危機管理的第二個補充。（有關此一部分的分析，請再參考本章「變革管理」的敘述。）

第六節　交涉談判

　　治理概念的崛起，益發使人覺得行政運作將會面對更多的交涉談判 (negotiations)。行政機關交涉談判的對象包羅廣泛，例如員工本身、其他行政機關、第三部門組織、私人企業、社區團體、工會、甚至一般民眾等。那麼，何謂交涉談判？它是一個程序，是由兩個或多個當事人，彼此各有偏好，但必須共同協商作出一項決定，達成一致的協議。（洪聖斐等譯，2008: 165–166）這個定義大致符合一般人的觀點，在衝突過程中，與其互相進行冗長的訴訟或抗爭，不如談判出一個彼此可接受的和解方案。

　　如何進行交涉談判？在政治理論中，交涉甚或說服有著兩副面孔，一是令人害怕，另一是受人尊敬。對於這兩者，哲學家培根 (Francis Bacon) 有其獨到的見解，其文字深藏智慧且發人深省。他道：「如果你要與任何人工作（交涉談判），要不就了解對方的天性和方式，並以此引導他們；要不就了解對方的底線，然後說服他們；要不就洞

悉對方的弱點和劣勢，然後使他們敬畏你；要不就挖掘他們的利害所在，以此支配他們。面對狡猾的人，我們必須考慮他們的底線，解讀他們的弦外之音，這時最好不要和他們說太多話，因為並不需要。在所有困難的談判（交涉）中，或許一個人無法同時播種、同時收穫，準備是必須的，這才能逐漸讓果實更甜美。」（王永年譯，2010: 218–219）培根雖非活在我們的年代，但他的談判智慧，用來與競爭對手交涉如今依然務實有效。

另外，費雪 (Roger Fisher)、尤瑞 (William Ury) 與派頓 (Bruce Patton) 於 1983 年合著《達成交易：毋需退讓的交涉協議》(*Getting to Yes: Negotiating Agreement without Giving In*)，國內翻譯為《哈佛這樣教談判力》，認為談判結果必然會出現一個贏家與一個輸家，交涉談判必須靠力量與詭計來取勝。他們並提出五項具建設性的談判重點，被視為從租屋到國際外交等任何情況的交涉談判都能適用：（李芳齡譯，2014: 18–19）

1. 聚焦在「利益」，而不是聚焦在「立場」；
2. 把「人」和「問題」分開來看；
3. 提出「互利」的選擇；
4. 堅持使用客觀的標準；
5. 研擬你的「談判協議最佳替代方案」(best alternative to a negotiated agreement，簡稱 BATNA)，也就是當你無法達成想要的協議時，可以嘗試研擬你的最佳替代方案，再檢視自己的資源和籌碼，考慮採取相關行動，為下一次談判鋪設較佳的機會基礎。

然而，同為哈佛大學教授惠勒 (Michael Wheeler) 則認為交涉談判應該持著較為寬厚的立場，反對傳統的強硬戰術。交涉者不應該閉鎖在固定立場，而應著眼於雙方利益的深入挖掘，稍加應用創意，把許多零和問題轉變為互利機會，以便看到潛藏在眾多談判中，各種解決問題的可能性；惠勒甚至認為要達成高效的交涉者，應該臨機應變、將談判策略建立在應付不確定性上。亦即有關利益、選擇、情勢發展以及談判的雙方關係均非靜態的；「利益」會改變、「談判協議的最佳替代方案」也找不到標準。所以他以這樣的觀點來形容交涉談判技巧：「標準談判模式無法呈現出實際談判過程中的動態複雜性。就如同博物館裡的鳥類標本無法展現出翱翔的精妙，無法展現出鳥兒如何乘著風上衝下俯。我們需要的不是一張快照，而是呈現談判過程如何演變的動畫。」（李芳齡譯，2014: 20–25）

為了強調交涉談判的機動彈性、靈活調整與隨時因應，惠勒提出兩個譬喻。一是

將交涉談判看成是爵士樂，是一個主題的即席發揮。他引用爵士樂小號名家馬沙利斯
(Wynton Marsalis) 的話說道：「爵士樂真正動人與創新之處，是一群人可以共同創作藝
術作品、即興創作，並彼此協商談判。」（李芳齡譯，2014: 127）另一是把交涉談判
視為兩架戰機，在空中接戰。借用第三節行政決策所述的柏伊德 "OODA" 迴路，主張
交戰的成功取決於比敵人更為快速的回應，或是打斷、干擾、延長敵人的 OODA 迴
路。（李芳齡譯，2014: 156–157）

在擁抱與應付不確定性、創造價值、朝向目標路徑的前提下，惠勒提出交涉談判
的九項重要原則如下：（李芳齡譯，2014: 80–81）

1. 訂定一個短暫的目標：大方向很重要，但太窄的目標會讓談判變成一種「非全有，
即全無」(all-or-nothing) 的交易。

2. 研擬備案計畫：協商過程中的障礙，可能隱藏著另一個不同交易的種子，甚至可能
比原先期望的交易更好。

3. 想像最後的結果：從你的目標往回推，來發覺達到目標的可能途徑。

4. 把學習列為優先要務：應用早期的測試與探索來照亮談判的全貌。

5. 必要時做調整：交涉對手未必願意達到你希望或預期的事，接受這個現實。

6. 從競爭者的角度思考：對你的策略進行壓力測試，思考對方可能會如何利用它。

7. 使用多種話術：帶著蘿蔔與棍棒。

8. 保護你的退場選擇：就像玩撲克牌一樣，知道何時該留著牌，何時該亮牌；何時該
離開，何時該前進。

9. 朝成交邁進：自始至終，每一步都應該以更接近成交為目標。

綜合上述學者所提的交涉談判基本觀念後，筆者以為交涉談判是以快速變化和不
可預測為關鍵所在，沒有人一開始就知道自己的最佳利益。所以掌握隨機應變的基本
要領，權衡自己的取捨，觀察對手的行為，開啟可行的協議空間，彈性調適地朝向成
交的目標邁進，都是必要的。而不是完全以自己利益為考量，追逐耀眼的彩虹，採取
冷血策略，欺敵誘敵，與對手玩一場全贏或全輸的「零和遊戲」。管理學先驅佛莉特
(Mary P. Follett) 寫道，衝突有三種可能的處理方式：第一是較強的一方支配局勢；第
二是雙方妥協，各有所得但皆非真正滿意；第三則是整合，也就是克服眼前的難題，
在不必妥協的情況下，找出對雙方皆有利的解決方案。（許瑞宋譯，2014: 187）尤其
第三者的管理靜言，對於交涉談判格外有意義和重要。

再者，在交涉談判過程中隨機應變的調整，也非懷柔討好。關於此者，葉瑟若 (Robert Axelrod) 在其深具影響力的著作《行為的演進》(*The Evolution of Behavior*) 中提供有用的建言：即談判雙方應採取一種「有條件的開放」策略 (a strategy of conditional openness)。這種策略是指談判的一方先試行開放及合作的行為模式，當對方也跟著如此行為時，則繼續保持。然當對方改採敵對立場時，則原先採取開放立場的談判者也跟著採取敵對立場，直到對方再變回合作的立場。在葉瑟若的驗證研究中，他發現這種有條件的開放策略比任何冷血的敵對策略都來得有效。(Starling, 2008: 143)

最後，在交涉談判過程中，「創造價值」(creating value) 遠比「主張價值」(claiming value) 要有用和有意義得多。對此，巴雷澤曼 (Max H. Blazerman) 和倪爾樂 (Margaret A. Neale) 曾闡述：「價值創造者傾向於相信，在各種情況下，成功的談判人員必須具創造力與合作精神，以雙贏賽局的談判來取代贏一輸的賽局，除了應該要做到資訊共享與誠實對談之外，各方當事人應把談判看成解決一個共同的問題，激發彼此腦力，提出巧妙的提案。反觀，主張價值者則是把促進雙方利益看成天真弱智。對他們而言，談判就是一種艱難、冷酷的協議。為了要『贏』得談判，你必須一開始即拉高姿態，壓迫對方，然後慢慢讓步，並誇大自己所讓出的價值，盡量把對方讓步的價值輕描淡寫，隱藏自己的資訊，強力推銷有利於己的和解原則，並且耐心等待對方中計。」(Starling, 2008: 142；陳志瑋譯，2015: 158) 或許如富蘭克林 (Benjamin Franklin) 所說：「如果你想要說服別人，要訴諸利益，而非訴諸理性。」(李繼宏等譯，2011: 288)

此外，值得一提的是，交涉談判也是種修練，面對競爭對手和不可知的未來，除保持開放的心胸之外，卓越的交涉者必須能夠：既冷靜，又警覺；既耐心，又主動；既務實，又創意；既自信，又謙遜；而且能在矛盾心態間自由切換並保持平衡。(李芳齡譯，2014: 105-108) 誠如韓第所言：我們必須設法使弔詭變得有意義，並善用弔詭以建立更美好的未來。(周旭華譯，1995: iii) 總之，若我們能將交涉談判過程視為是一項共同解決問題的合作賽局，以創造價值的態度來進行，將更可能達成雙贏的局面。

第七節　變革管理

不可諱言地，現代的世界向我們訴說著「確定的年代已經結束，變革的年代已經

來到」。現在我們所處的環境已是一個變動非常快速的世界，其中唯一不變的就是「變」，唯一確定的就是「不確定」。「變革不可逆」已是時代的命運與特徵。變革雖然促進了許多人面對改變，卻也讓許多人感到無所適從。當一個組織無法去適應變革，它極有可能變成死亡的組織；一個國家不去因應變革，就會淪為「時代的孤兒」；一位領導者無法前瞻變革，就會成為政府失能；甚至一個成熟的人若不知道變革，就會被稱為 "LKK"。若未能體察時代的變革並跟上腳步，我們都可稱為變革的「受害者」。本來生命就是充滿著驚奇與冒險，歷史就像一條源源不絕的河流，不斷的流動。難怪歐巴馬第一次競選美國總統的口號，就是「改變，我們可以做到。」(Change: Yes, We Can!) 競選連任時的口號為「向前」(Forward)。這都再再指出：「思考未來發展的改變」，乃是時代進步的力量。若不敢面對變革的挑戰，我們幾乎成了「變化盲視」，組織只是封閉的堡壘，員工會像機器中的齒輪，人活在沒有希望的未來，過著沒有明天的今天。(顧淑馨譯，2015: 20) 既然如此，那麼就讓我們嘗試改變吧！巴菲特 (Warren E. Buffett) 曾在 2016 年波克夏・哈瑟威 (Berkshire Hathaway) 公司的股東大會上說道：「如果只有諾亞方舟才能保證生存，那怕目前一切看起來風和日麗，就從今天開始建造方舟吧！」

有關變革的故事，最為人所津津樂道的，莫過於 1968 年前後瑞士鐘錶的發展史。雖然是一段陳年往事，讀來卻令人震撼莫名。在 1968 年以前，如果有人詢問鐘錶業者「那一個國家會在 1990 年執鐘錶業之牛耳？」答案絕對是瑞士。因為瑞士的鐘錶業，已經獨領風騷六十多年。瑞士製的鐘錶不但精準，而且美觀，有許多製品更因價值不凡，而成為收藏家眼中的珍品。然而瑞士的鐘錶業者並未因此而自滿，相反的，他們以精益求精的態度，改進分針及秒針的設計，不斷地推出新款的齒輪、轉軸、自動震盪以及防水等多功能的鐘錶，令人目不暇給。到 1968 年為止，瑞士鐘錶業者在世界上的市場占有率高達 65% 以上，獲利率則在 80%–90% 之間。這種業績，在當時無與倫比。

但是，到了 1980 年，瑞士鐘錶業者的市場占有率從 1968 年的 65%，滑落到 10% 以下，利潤從原來的 80%–90%，重挫到 20% 不到。從各項指標來看，瑞士鐘錶業的桂冠，已經拱手讓人。令人不解的是，瑞士的鐘錶業者從未懈怠，世界的經濟景氣也未完全蕭條，為什麼他們會從成功的高峰跌入失敗的深淵呢？管理學者白凱 (Joel A. Barker) 認為，最重要的關鍵是「典範轉移」(paradigm shift)。瑞士鐘錶業者所全力改

善的對象——齒輪、軸心、發條及指針，與新的鐘錶製造方法毫不相干。從 1968 年起，不到十年的時間，瑞士的鐘錶王國，風光不再。從 1979 年到 1981 年原本的六萬二千名製錶工人，竟然有五萬名失業。對小國寡民的瑞士而言，這麼高的失業率，不啻晴天霹靂。

在 1968 年的「典範轉移」之中，日本是受惠最多的國家。1968 年，日本的鐘錶業在世界的市場占有率，不到 10%。經過 1968 年的典範轉移，以精工錶 (Seiko) 為首的日本鐘錶業者，在 1992 年，以電子石英裝置的產品，奪得 33% 的世界市場占有率以及獲利率。在這場成敗互易的變局中，最諷刺現象莫過於：瑞士的鐘錶業者，原本可以避免這場浩劫；因為引發典範轉移的主角——電子石英錶，本來是瑞士研究機構發明的產品。然而，瑞士的鐘錶業者卻只專注於現狀的改進，而忘記思考未來的發展。瑞士的鐘錶研究機構 (Watch Research Institute in Neuchatel) 於 1967 年發明電子石英錶，並向鐘錶業者建議改採新式的製造方法，但遭拒絕。鐘錶業者認為：鐘錶應該要有發條、指針及軸心；沒有這些成分，絕不可能成為未來的鐘錶主流。於是瑞士的鐘錶業者將研究機構這項「無用的發明」，放到 1968 年的世界鐘錶展覽會 (the World Watch Congress, 1968) 展示。日本精工株式會社的商務代表，在展覽會場驚鴻一瞥，從此改寫了世界鐘錶業的歷史及市場。（江岷欽、林鍾沂合著，1999: 23–25）

至於組織變革的種類有那些？關於此者，學者的論述頗多。例如早期學者李維特 (Harold J. Leavitt) 將組織變革分為結構變革、技術變革與人員變革等三類。魯易克 (Richard Luecke) 站在李維特觀點上，將變革管理擴充為四類，分別為結構變革、削減成本變革、流程變革與文化變革。（國家文官學院，2013: 40–41）賴特 (Paul C. Light) 主張政府改革大致分為四類：第一類著重組織與管理的科學原則以追求更大的效率；第二類重視成果與員工參與的績效改善；第三類提升審計與調查系統功能以防止舞弊；以及第四類促進政府透明度與資訊公開來增加公平。(Starling, 2008: 333) 為了說明變革的廣度與深度，擬以組織理論學者羅賓斯在討論組織變革與發展時，將變革視為靜水譬喻 (calm waters simile) 和湍流譬喻 (white-waters simile) 兩種。（林財丁、林瑞發編譯，2003: 452–453）

就前者而言，組織就像由寧靜的地中海駛向某個港口的一般大船，在和這次航程的水手們共事之前，船長早已有了數百次的航海經驗。偶爾會有暴風雨來襲，船員們都必須有所反應，而船長也會視情況做出適當的調整，惟在暴風雨過後，船隻會再度

回到平靜的水域。但是，就後者而言，組織更像是一條 40 呎長的竹筏而非一艘大船；不像是航行在平靜的海面，卻像是漂浮在波濤洶湧的白色湍流之中。更糟的是，竹筏是由十個素昧平生從未共事的人員所操控，而且沒有任何一人曾經在此湍流中航行過；航行途中多是晦暗不明的水域，河流中滿布著漩渦、峽谷和暗潮，確切的登陸地點也不是很明朗，三不五時還得把竹筏停靠岸邊，讓有些人離開、有些人加入，改變就是如此的不確定與隨機。（林財丁、林瑞發編譯，2003: 452-453）

筆者以為，上文的兩種譬喻，似乎可以拿來形容組織變革的兩個截然不同的型態和不同時期。根據摩根的分類，直到 1960 年代為止，成功的管理者和組織只要掌握某一特定的技術，搭配一套標準作業程序，改善人際關係，再加上概念技能 (conceptual skills)，就能創造效率，並奠定成功的基礎。它可視為靜水的譬喻。然到了 1970 至 1980 年代以後，情況產生了巨大的改變。許多國家面對的國內與國際局勢更加動盪、混亂和不確定性，需要管理者和組織去面對一波又一波的新技術、新市場、新的競爭形式、新的社會關係、新的組織和管理形式、新觀點和新信仰等變革浪潮，而非著眼於局部細微的變化。它猶如湍流的譬喻。（*cf.* Morgan, 1988: xi-xii；孫曉莉譯，2002）

為何變革會排山倒海而來與詭譎多變？曾於美國柯林頓總統政府時期擔任勞工部長瑞奇 (Robert B. Reich) 認為，它是由新經濟體所引發的。奠基在科技和想像力之上，結合了網路、無線衛星、光纖、大幅躍進的電腦計算能力、寬頻、人類基因圖譜、基因與分子的改造方法等，讓我們看到一個即時的全球大賣場，讓我們能從世界各地找到更好、更快、更便宜的交易。當消費者對於全球各地的產品和服務的選擇性越來越大，價格和品質的資訊就會越來越多，消費者越容易在別家買到更好的東西，廠商就得越努力吸引和留住消費者，因而強化了廠商之間的競爭，激起了令人驚異的創新浪潮。（梁文傑譯，2002）或許這是瑞奇個人獨到的見解與推理。其實，要解釋現代的多變和創新，實非單一重大因素所導致，而是許多因素累積作用而成為「不可歸納的未知」。例如臺灣現代面對的困境，至少有少子化、人口老化、財政懸崖、政黨對立、意識形態衝突、產業結構空洞化、紅色供應鏈的威脅和環境生態惡化等。倫敦商學院管理學教授葛拉頓 (Lynda Gratton) 認為，想要瞭解未來，需要知道影響未來世界的五種力量及其中的 32 個片斷因子。關於這五種力量和 32 個片斷因子，彙整為表 5-10，不擬贅述。

表 5–10　影響未來世界的力量及因子

科技的力量	1.科技能力呈倍數地增加 2. 50 億人互聯網 3.雲端計算的普及 4.生產率持續的提高 5.社會參與度的提升 6.世界的知識將朝向數字化呈現 7.巨型公司和微型企業家的顯現 8.無時不在的虛擬人和虛擬世界 9.「認知助理」(cognitive assistant) 的崛起 10.科技取代工作
全球化的力量	1.不間斷服務和全球化 2.新興市場改寫全球貿易規則 3.中國和印度幾十年發展的影響 4.低成本、節約型創新的重視 5.中國與印度將成為人才庫輸出國 6.城市化越趨明顯 7.持續性的泡沫和破滅 8.地區性的下層階級
人口和壽命的力量	1. Y 世代的主導地位 2.壽命的延長 3.一些步入老年的嬰兒潮世代將陷入貧困 4.全球移民不斷增長中
社會的力量	1.家庭重組 2.自我反思的增強 3.女強人角色的影響與日俱增 4.男人尋求財富與家庭的平衡 5.不信任感的增強 6.生活水平增加，幸福感卻下降 7.被動式休閒增多
能源的力量	1.能源價格上漲 2.環境災難讓人們流離失所 3.永續性發展文化的強調

資料來源：高采平等譯，2012: 2–19。

如何瞭解與處理變革呢？在許多人看來，它宛如滔天掀起的巨浪直撲而來，沒有

太多徵兆、不消片刻、傾洩而下，既快速又全面，或許只有那些異端奇行、跳躍思考、重構想像的人才，才能夠在適當時機甘冒風險，並以極度講求精確與小心地在動盪時刻中創造產生神奇效果。（杜默譯，2009: 64–65）然而，與前者稍加不同，但又有幾分神似，是有許多的研究指出：生物、地質和經濟上的大規模事件，未必是由某個單一重大因素所造成，而是許多較小因素積累起來，造成了類似雪崩的效果。丹麥物理學者巴克 (Per Bak) 提出了一項系統運作的整體理論，他稱為「自我組織的臨界」(self-organized criticality)。也就是說，由無數互動部分所構成的大型複雜系統之所以會崩潰，除了單一的大型災難之外，也可能是由於一些較小事件的連鎖反應所累積釀成大禍所致。

為了說明這種自我組織的危機，巴克常以沙堆作為隱喻。當沙子一粒一粒的落下，會逐漸形成沙堆，惟當沙堆高度慢慢增加達到頂點時，它就來到「臨界狀態」，瀕臨不穩定的邊緣，這時如果再落下一粒沙，就可能引發大崩塌。這種場景被形容為「造成崩塌的那一粒沙」或俗諺「壓垮駱駝的最後一根稻草」。沙堆潛藏的物理學，正是我們解釋自然系統或社會系統為何變動的過程：系統形成交互關聯的次系統，並自我組織而到達臨界邊緣，終於在某些情況下猛然瓦解，稍後再重新自我組織起來。（李明譯，2000: 95–96）難怪法國作家雨果 (Victor Hugo) 曾說：「我們怎知世界萬物的創成不是由落沙決定？」（杜默譯，2009）

與巴克的沙堆理論頗為一致的，是組織理論兼策略管理學者明茲伯格 (Henry Mintzberg) 等學者曾以下列的形容來敘述策略的形成，他們說道：策略很少來自正式規劃的結果，甚至不是在高階主管的辦公室裡完成的；相反的，策略可以追溯到由所有各種不同人士所做的各種微不足道的行為和決策（有時是出於意外或僥倖，或根本沒有去考慮這些行為或決策所具有的策略性後果），長期累積的結果，這些小小的改變經常產生策略方向的重大轉折。（Mintzberg, Ahlstrand, & Lampel, 1998: 177–178；林金榜譯，2006: 255）

然對巴克的沙堆理論作了廣泛解釋並用來對變革管理作最佳的詮釋者，便是雷默 (Joshua C. Ramo) 在其既充滿新知又令人激賞的著作《不可思議的年代》(The Age of the Unthinkable) 中的論述。（Ramo, 2009；杜默譯，2009）該書分為兩大部分：前一半是透視深層肌理的沙堆效應 (the sandpile effect)，後一半是建構全球免疫系統的「深層安全」(deep security)。

　　由雷默看來，在複雜變動、不可預測的新世界裡，單純互動、簡單圖示的動力學已無法幫助我們理解身邊的環境，如果強將舊時代的思維去解決複雜的事件或世界，無異會犯了經濟學家海耶克 (Friedrich A. von Hayek) 所說的「知識的僭妄」(the pretence of knowledge)。因此，他呼籲「不要像工匠塑造手工藝品一樣扭曲歷史，而要像園丁對待花木的方式，提供適當環境培育其成長」。而新時代的真實面貌與正確模型，正是巴克的沙堆理論。在沙堆的複雜系統裡內含著參與者人數的增加以及他們之間的關係，他分別以「粒度」(granularity) 和「依存度」(interdependence) 稱之，但重要的是這兩種因素效應會引發革命性的變化，使得傳統思維頓失作用，讓我們無法預測不穩定的臨界狀態，甚而是崩塌的浮現。唯這過程中帶來的危機和應變，卻也充滿令人悸動的發現與再創新的可能性。

　　繼而，雷默在建構全球免疫系統的「深層安全」指出：「安全」是每個政府、機構、組織甚至個人希望尋求的目標，也是所有活動的基礎。面對宛如沙堆隨時可能崩塌的世界，危機的樣貌跟過去已經完全不同，我們必須建立全新的安全觀，嶄新的面對方式。他認為，我們必須學會：⑴「混搭」(mashup)：如繪畫的立體主義風格，把世界當成以不可預測的多元角度混合而成的多重物體；⑵進行「脈絡觀察」(contextual observation)：緊盯主目標反而是盲點，深入觀察和專注於移動與變化的物聯網脈絡；⑶回彈的強韌度 (resilience)：將強韌度事先建置於系統之內，使之成為學習型的複雜調適系統 (complex-adaptive systems)；⑷「效應導向行動」(effect-based operations)：以間接手法因勢利導，使環境為我所用，產生積小勝為大勝的「蝴蝶效應」(butterfly effect)；⑸「分散式的權力」：集眾多個人微小之力，達成改變的正面能量。誠如韓第所言：「我們每個人要自食其力，在黑暗中點燃自己的小小火焰。」（周旭華譯，1995: 352）雷默並指出：世界下一刻的變化，就掌握在你我的手中，並非他人。（Ramo, 2009；杜默譯，2009）

　　上述的沙堆理論告訴我們的就是，在這個複雜萬端的世界，唯一可以確定的就是不確定性。正因為如此，複雜調適系統是我們這個時代的特徵。在參數和可能性不斷變化的情境下，我們會展開研究探索，卻不會立刻找到問題答案，反而是在長期努力中偶然機會上可能會碰到一次大突破。換句話說，大部分問題的解決，總是長期努力累積的許多小勝利而造就的光輝。對此柯林斯 (Jim Collins) 指出：不管最後的結果多麼驚人，從好變成偉大的轉變絕非一蹴可幾。繼而，他又寫道：「世上並不存在單一的

決定性行動、宏大的計畫、殺手級的犀利創新，或是獨次的幸運一擊或奇蹟時刻。相對地，過程像是努力推動一個巨大沉重的飛輪，朝某個方向前進，一圈復一圈，不斷累積動能，直到它突破並超越了關鍵的那一點」。（謝樹寬譯，2013: 333–334）

　　總之，上述的沙堆理論及其應用提醒我們應該重視以下幾個要點：1.它非常適合描述現在流行的「複雜調適系統」，尤其當系統來到臨界狀態就會失去平衡，就會有意料不到的表現，甚至是「蝴蝶效應」的產生。2.此一理論也非常吻合哈佛大學古生物學家古爾德 (Stephen J. Gould) 的「間斷均衡論」(punctuated equilibrium)，其主張演化的關鍵在於嘗試與錯誤。然生物的發展並非全是達爾文所主張溫和改變的演化論，而是在物種成長的變異——淘汰過程中，會發生突然劇烈的改變。為此，古爾德寫道：「在地球上任何一個角落的歷史，就像一個士兵的生涯一樣，包含了長時間的無聊和短暫的恐懼」。(Mintzberg, Ahlstrand, & Lampel, 1998: 302) 3.歷史學家柏林 (Isaiah Berlin) 在其著名的短文〈刺蝟與狐狸〉，引用一行古希臘詩句「狐狸知道很多事，但是刺蝟只知道一件大事。」刺蝟是一種小型哺乳動物，全身長滿了刺，受到攻擊時，牠們就會把身子縮成一個圓球，好讓全身的刺都朝外，這是刺蝟唯一的防禦之道。反觀狐狸受到威脅時，不會單單靠一種策略，相反的，狐狸會因應情況來調整策略。（楊玉齡譯，2010: 308–309）就上述的沙堆理論言，較佳的變革之道，一定要向狐狸學習而非刺蝟，就像諺語所說「對手上只有一把鐵錘的人而言，其眼前每個問題看來都像一根釘子」，這種單向思考的心智模式是無法因應劇烈變遷的狀況。4.人世間的變革是必然乎或偶然乎？究竟而言，也許可以說是：必然中的偶然，偶然中的必然。在巨觀的世界裡，偶然性會逐漸的消失，而為必然性所取代，但事態的發展卻又告訴我們：必然性是建立在個別的偶然性上；任何的必然因果關係，也都有偶然的影子，「偶然」會逐漸滲透到「必然」的領域裡。（王溢嘉，1992: 65–66）5.和我們的預期相反，應付變革是要採取出其不意的行動，但「快不能解決問題」，最有可能造成系統內重大轉變的，不是在快速變數中產生的變化，而是在慢速變數中的轉變。好比颱風一般，徘徊停留最久的事象對系統的影響往往最深遠，而且，正由於進行和變化的速度很慢，因此它們往往是我們所忽略的事。（杜默譯，2009: 232；謝樹寬譯，2013）

　　除了上述的沙堆理論外，在面對動盪不定、變化多端的「時代黑洞」，是否有另一個變革管理理論來讓我們接觸與適應不可知的未來？換言之，是否有個良好的理論指引我們即便遭意外之變的打擊，仍有繼續向前的實力，使它像是流感季節之前的強化

免疫反應一般，可以賦予我們穩健的御變能力？在筆者看來，摩根的變革管理理論雋永而深邃，閃爍著思想的光輝，值得品評。在第三章「組織是流變與轉型的意象」中，曾經提及摩根把組織形容為自我創生系統、具備渾沌和複雜的邏輯、互為因果的邏輯，以及辯證變遷的邏輯，就提供了許多寶貴的智慧。為了更加詳明此些觀點在變革中的因應方式，並闡述未來管理者駕馭變革的管理能力，摩根繼《組織意象》之後，推出另一本深具影響力的著作《駕馭變革的浪潮：開發動盪世界的管理能力》(*Riding the Waves of Change: Developing Managerial Competencies for a Turbulent World*)。該書是摩根針對加拿大一些高階企業經理人，採用行動學習途徑 (The Action-Learning Approach) 的集體調查程序而完成的。摩根整理調查結果指出，因應未來動盪環境的管理能力或稱為「隨制應變的管理能力」(emerging managerial competencies)，約有下類數端：

1. 解讀環境 (reading the environment)：掃描和情報功能、預測和未來學、情節規劃 (scenario planning)、識別「轉折點」。

2. 前瞻式管理 (proactive management)：培養前瞻式思維、「由外而內」的管理 (managing "from the outside in")、定位與再定位的技巧。

3. 領導與願景 (leadership and vision)：用「願景」框架行動、並加傳達溝通。

4. 人力資源管理 (human resource management)：將人視為重要資源、培養熱愛變革的能力、融合專才與通才的品質、在平等的環境中管理。

5. 提高創造力、學習和革新 (promoting creativity, learning and innovation)：發展適宜的企業文化、鼓勵學習與創造、在混亂與控制之間尋求平衡。

6. 遠端管理的技能 (skills of remote management)：尋求組織「去中心化」與宏觀目標相一致的「直昇機式管理」(helicopter management) [19]、秉持「規模小但又不斷成長」的原則來建構功能相似之衛星組織的臍帶式管理 (managing through an umbilical cord)、促進自我組織 (promoting self-organization) 能力、增進管理模糊技能、讓專業人員具「使用者導向」的思維。

---

[19] 直昇機的起降不像一般飛機需要嚴格的標準設備，而可隨時應變，所以以之形容未來管理，會是種應變性的直昇機式管理。正如同現代父母親的角色被形容為直昇機父母 (helicopter parents)，在孩子的上空盤旋，無時無刻守望孩子的一舉一動，一遇到孩子的需求，隨時提供直接而個別化的服務。

7.使用資訊科技作為轉型力量 (using information technology as a transformative force)：開發新產品與服務、組織的新網路概念、新的工作設計、從事即時決策制定 (real-time decision making)、發展演化心智的規劃 (planning with evolution in mind)、資訊管理思維、軟體的重要戰略角色。

8.管理複雜性 (managing complexity)：管理多元利害關係人、在同一時間裡管理多樣事物、管理轉型階段 (managing transition)。

9.發展系絡能力 (developing contextual competencies)：建立橋樑與聯盟、重新架構問題以創造新答案、在國家與地方層級上聯合行動和培養社會責任感的新途徑。

也許有人會質疑這一套「隨制應變的管理能力」，頗為困難且複雜，但摩根卻認為：「如果你懂得知識祕訣，它會變得相當簡單！」(It's so simple——If you only know how!) (Morgan, 1988: 125) 古云：「拳打千遍，其理自現」或許可以拿來作此解釋。這也猶如開車一般，只要熟悉駕駛動作和相關的注意事項與規則，並養成良好的習慣，對某些人是困難之事，然對精通人士卻是輕而易舉。再者，「隨制應變的管理能力」也非毫無章法地盲目改變，而是隨著時空的更易，找到變革的軸心，展開布局，發揮「得機得勢」。雖然不敢說：「千變萬化，理為一貫」（可是仍值得深思），但凡沒有找到軸心的變革，就像沒有颱風眼的颱風，很快會變成低氣壓，威力不再。所以太極拳有句名言：「定無常定，不失中定，方為中定」，也許是御變的最佳形容。相較而言，摩根的「隨制應變的管理能力」是種「由上而下的變革」，而非「由下而上的轉型」。雖然改變總是發生在思考與行動之間，照理應由最前線的行動員工最能感受變動的壓力，但是摩根似乎沒那麼屬意變革落在低階人員身上，而是認為應由高階人員來負起責任。此處若將「隨制應變的管理能力」與第四章所言的「全像圖組織設計」兩相比較，可以發現個中所述的重點有幾分神似。目的無他：一個能夠應變未來的組織，將也是個全像圖的組織。這是摩根對未來組織發展最有力的核心論述。

惟值得一提的是，「變革管理」是一種矛盾的修辭。因為變革常被形容為突如其來，而無法事先加以「管理」的，也不太可能刻意引導成為完全有條不紊、按部就班的程序，是以管理變革的最佳方法就是容許變革自然發生，並藉由改變自己來因應，亦即變革管理端視我們對於變革的準備程度而定，正如林肯總統所言：「我會自我準備，然後我的時機一定會來到。」這才是真正的變革管理真義。(Mintzberg, Ahlstrand, & Lampel, 1998: 324-327；林金榜譯，2006: 450-452) 也許變革的道理多少

蘊藏於「天下難事，必做於易；天下大事，必做於細」的箴言裡。個人和組織若能在處理變革上預為培養一些條件、程序和習慣，肯定會較得心應手，學習更快與更好，並在事物的嫻熟精通與創新碰撞之間更能維持巧妙的平衡，或許就如同個人的太極拳師伯暨國立藝術專科學校前校長劉思量教授曾提及：「揣摩、心追、神會」的意思吧！順便在此一提，就格拉頓的預言，隨著未來的轉變，將來工作變動會朝向三種的樣態發展：⑴從膚淺的通才到精通的專家；⑵從孤立的競爭者到創造性的連結者；⑶從貪婪的消費者到充滿激情的生產者。（高采平等譯，2012）這三種樣態或許能夠提供每個人尋求未來工作定位的些許認識和修為。

最後，許多人認為未來的變革有如手機的 APP 應該全面更新。其實不然，很多事物是仍舊不變的，如家庭關係、工作態度、社會信任、宗教信仰等。在管理上，像是傳統時期的管理原則、人群關係學派的人本思考、系統理論時期的開放管理、倫理道德觀的戒律規範等，仍有繼續沿用的價值。尤其對公部門的變革，變革的歷程並非完全深不可測的，而是「漸進的突破」以及「有底子的創意想像」，它意指在熟悉事物上看到奇特的影子。正如帕特諾伊 (Frank Partnoy) 所言：「當重大發現浮現時，不會像驟亮的燈泡，反而像歷經數十年累積，最後才出現的高潮」。（曾沁音譯，2012: 273）「懷舊、改變、創新」恐怕還是公部門變革的三部曲。此亦印證了我國古代名言：溫故而知新。也印證了「有遠見的人很重要的一個特質：他們不是看見了不存在的東西而改變世界，而是看見了已經存在、其他人卻沒有看見的東西」。（黃涵音譯，2012: 106, 181–184）。變革應該是累積性的突破發現，而非深不可測的發明。凡事過分，都非完美。傳統觀點縱使有缺失，但並非代表迂腐，說不定還是真理蘊藏之所在。

記得趨勢大師奈思比 (John Naisbitt) 在《定見！》(*Mind Set! Reset Your Thinking and See the Future*) 這本書中提出未來發展的 11 個定見，其中如：不是所有的事物都在改變；變革不要走得太快；變革是需要時間的；變革要端出牛肉來，在在都在告誡人類不要說變就變，為變而變，而要仔細分辨：是基本要素，還是無謂的粉飾；是中心本質，還是操作技巧；是大勢所趨，還是一時流行；是創新突破，還是精進改善。（潘東傑譯，2006: 23）畢竟在追求變革之餘，應該謹記「新的不見得是真的，真的不見得是新的」的不朽名言。但也應該切記哈丁 (Garrett Hardin) 在〈公有地的悲劇〉中的警示：「當人們長期期待的社會穩定最終成為現實的時候，清算的日子也將來到。」（彭云望譯，2008: 391）這裡有個另類的字義，可以拿來作為變革的提醒，那就

是 "verso"。它的意思是書的左頁，是硬幣的反面，是事物的逆轉。看起來，"verso" 不是我們習慣的方向，"verso" 似乎想的不太相同。其實，"verso" 只是思考的還原。也就是說，當想像若能回到成見與習性之前，我們可能會有新發現。（洪慧芳譯，2015：折口頁）就此看來，變革是多麼的弔詭，唯有體驗「時代規則的動態改變」，在傳統與創新之間自由切換並取得平衡，或可讓我們「用心凝望不害怕」並跨越未來的障礙。還是那句老話，唯有「正見」、「正思」、「正行」才是駕馭變革的「正途」。

結　語

　　有關行政運作可探討的主題甚多，本章僅就行政激勵、行政領導、行政決策、組織溝通、危機管理、交涉談判、變革管理加以論述。上述這些主題都有著各式各樣的理論，但是要妥當地管理運用，還有賴主體生命的內在實踐，所以個人的心靈修練格外重要。策略管理大師魯梅特曾言：「你從一個人身上學習的，不會是一個概念性架構或理論，而是與這個人的人格特質融為一體的觀點」。（陳盈如譯，2013: 336）所以學習上述的行政運作單元，還必須體會其內在理念，發揮同理心。例如行政激勵包括有形、無形，物質、非物質之分，但要完成個人志業，就得具備馬斯洛自我實現和超越激勵的動力。行政領導主要是在創造願景，做對的事情更甚於把事情做對，並鼓舞他人效尤，更重要的還需具備良善的心、穩住自己、追求平衡和獲取社會認同。行政決策固然有不同模式和理論，但前瞻思考、辯證思考和責任意識是不可或缺的，以及佛門宗師所說的「正見」、「正思」、「正行」。行政溝通，首重與民眾分享，須注意官僚語言與庶民語言的隔閡問題，尤其是晚近電子化政府雖帶給民眾更為有利的互動，但是面對機器語言的冷漠與無助，將是有待克服的溝通障礙。危機管理已成為行政學的顯學，處理危機除了事前的周全準備、系統思考、危機預警制度的建構外，當事件發生時，身為危機的決策者若能親臨現場、以身作則和平日養成良好的應變習慣，這些是危機管理重要的成功因素。在交涉談判過程面對競爭者與不可知的未來，若能常保一顆開放的心胸，分享機遇，創造價值而非主張價值，彼此拓展合作空間，想像最後結果，朝共同利益的成交方向邁進，如此方能達成雙贏的局面。變革管理則在重視「沙堆效應」的變動下，建構符合沙堆效應的深層安全肌理，如多元智能、系絡性觀察、強韌彈性、效應導向行動和分權等，以及儘可能找到變革的軸心，才是成功御變的關鍵要素。

第六章　政策分析，設計、執行與評估

從歷史演進的事實來看，「公共政策」(public policy) 的實務可說和人類組織的存在一樣久遠。自人類組織社會、成立政府以來，對於政府政治權力的運作及其施政內容的採行，即有各種的分析、研究、批評及建議。例如，我國古代有所謂的「策」、「論」，便是屬於「公共政策」的著述。而西方，柏拉圖、亞里斯多德 (Aristotle)、馬基維利、霍布斯、洛克 (John Locke)、麥迪遜 (James Madison)、斯密 (Adam Smith) 等都對治國之道發抒己見，他們不愧為政策學家。(蘇偉業譯，2010: 6) 然「公共政策」被視為一門系統化的學科，大約始於 1951 年拉斯威爾 (Harold D. Lasswell) 和賴納 (Daniel Lerner) 合編：《政策科學：範圍與方法的新近發展》(*The Policy Sciences: Recent Developments in Scope and Method*) 一書的出版。(Dunn, 1994) 在該書中的一篇論文〈政策導向〉(The Policy Orientation)，拉斯威爾即呼籲應追隨實用主義哲學家杜威 (John Dewey) 的觀點，將社會科學想像為實際解決社會問題的方法，並以「政策科學」(policy sciences) 來名之。如此一來，廣泛的社會科學知識才能有助於對公共政策過程的瞭解與應用。(Torgerson, 2007: 15) 然也有論者認為公共政策的系統研究可以追溯至 1930 年代美國聯邦政府採用成本—利益分析於公共政策上，尤其是在水利工程方面。(蘇偉業譯，2010: 6) 不過根據達梅爾 (Fred R. Dallmayr) 的敘述，政策研究的興起並蔚為學術主流，應與 1969 年時任美國政治學會 (The American Political Science Association) 會長伊斯頓 (David Easton) 在該學會年會上發表了題名為〈政治學新革命〉(The New Revolution in Political Science) 開啟了政治研究的「後行為主義」時期 (The Period of Post-Behavioralism) 密切相關。(Dallmayr, 1984；林鍾沂譯，1991: 3)

由於公共政策的研究，可說是社會科學中相當晚近的事，對於各種公共政策的理論、方法和途徑之討論，學者見解紛歧，迭有爭論；甚至連「政策」、「公共政策」的意義為何，也意見不一，意義混淆。正如巴布洛 (Davis B. Bobrow) 與德雷傑克 (John S. Dryzek) 利用大家熟悉的瞎子摸象故事來做隱喻，說明公共政策研究領域，就像不同文化的人，講述各式各樣的語言和談論不同的事件，沒有交集。(Bobrow & Dryzek, 1987: 4) 爰此，本章將首先析述「公共政策」與「政策分析」的意涵；繼而，探討公共政策制定過程的分析架構：階段論與反階段論；第三，試圖提出政策的整合性總體分析模式；第四，探討政策設計；第五，瞭解政策執行；第六，討論政策評估的意涵、

發展和思考邏輯作為結束。

第一節　公共政策與政策分析的意涵

　　公共政策一直與公共權威如影隨形地連結著，並深刻影響我們的生活，直到晚近對於它的研究才蔚為學術領域的顯學。為掌握公共政策研究的意涵與分類，擬以探討公共政策與政策分析的意義作為論述的開端。

壹、政策與公共政策的意涵

　　政策有著極為豐富和複雜的意義。根據《牛津英語字典》(*Oxford English Dictionary*) 的解釋，政策的意義可分為：(1)政治睿智 (political sagacity)；(2)治國之道 (statecraft)；(3)實用智慧的行徑 (prudent conduct)；(4)操作技藝 (craftiness)；(5)政府或政黨等採用的行動路線 (course of action adopted by government, party etc.)。莎士比亞 (William Shakespeare) 在談到政策時，亦指出政策有四種意涵：(1)實用智慧 (prudence)；(2)政府形式 (a form of government)；(3)事務和行政 (affairs and administration)；(4)像「馬基維利主義」一般 (as Machiavellianism)。(Parsons, 1995: 13–14) 從上述的字意來看，政策雖帶著幾分權力運作的機巧，卻要讓民眾真實感受其作為。就此，李懷適 (B. Lewis) 曾引述一位九世紀的巴格達大臣的雋語，說道：「政府在本質上是個騙局，但若這個騙局要有所作用並得以維繫，它就得變成所謂的政策。」莎士比亞亦在《黃金夢》(*Timon of Athens*) 這麼形容：「權力不能只靠武力來維持。套用馬基維利的術語，權力需要政策；而且『政策要在良知之上』。」(Parsons, 1995: 14) 有鑑於政策不應如政治般，只是一再運用權力操作與設計騙局，而應實質嘉惠於民眾，是以帕森思 (Wayne Parsons) 曾對政策說道：「政客被期待要有政策，恰似商家被期待要有可以出售的貨品；在熊彼得的真實民主意義 (the Schumpeterian realistic sense of democracy) 中，『政策』或『黨綱』形同民主交易的基本貨幣 ❶。」(Parsons, 1995: 15–16) 直言之，政策雖被形容為「姿態」(policy as stance)，是種風向球，但它基本上是經過深思熟慮「端出的牛肉」，倘若黨綱不能用一致性較強的政策來兌現，僅是騙取選票的「大餅」，恐怕無法長期贏得民眾的信任。是以卓爾 (Yehezkel Dror) 把

---

❶　熊彼得認為在一個社會之中，統治的精英分子經由選舉競爭方式來輪流執政，那麼民主政治就可實現。所以政黨提出誘使民眾認同的黨綱或政見，是民主政治的基石。

政策界定為「在兩種主要方案的選擇中，加以有意識的理解，以引導社會。」
(Parsons, 1995: 13) 另安德森 (James E. Anderson) 將政策界定為：「一個或一組行動者為解決一個問題或相關事務，所採取的相對穩定的、有目的的一系列行動。」（謝明等譯，2009: 3）其用意都在訴說：政策是經過理性思考後的有意識選擇與作為。

繼介紹了政策概念之後，那麼什麼是公共政策呢?茲舉二位學者的看法略加敘述。首先，公共組織理論學者丹哈特 (Robert B. Denhardt) 在《行政學》(*Public Administration*) 一書裡，認為「公共政策」是指合法性政府對於公共問題所作的權威性陳述 (authoritative statement)。(Denhardt, 1991: 31) 此一定義旨在突顯合法性政府、公共問題與權威性陳述三個要點。其中合法性政府是指具有統治正當性的政府及其機構。公共問題，則與私人問題相對立。它意指私人的問題在解決的過程中會直接或間接牽涉他人，進而引起相關的迴響和反應。於是鍾斯 (Charles O. Jones) 對公共問題闡述如下：若干人類的需要、挫折或不滿足，由本人或他人所認定，而試圖謀求一解決的方法。然在謀求解決時，與問題沒有直接關係的人，認為他們受到牽連，並起而響應者。（朱志宏，1991: 15）至於「權威性陳述」，是指政府的政策具有拘束力，不得違反，嚴重違反者會被處罰、坐牢、甚或處以死刑。例如政府對於國小、國中的教育採取強迫入學及義務教育，不因種族、宗教而有例外。

戴伊 (Thomas R. Dye) 則謂「政府選擇作為或不作為，即為公共政策。」(Dye, 1992: 2) 亦即，在戴伊看來，一般學者和百姓均較重視政府作為的一面，然政府消極不作為亦對社會大眾產生不小的影響，不能輕忽。例如太平島是「島」或「礁」，政府作為或不作為，對我國經濟海域衝擊極大。

參考上述的界說，「公共政策」似可界定為政府部門或人員為處理大眾關心的問題或事件，所採取有意義及有目的行動方案，甚至包括不作為的決定。

在瞭解公共政策的意義之後，有關公共政策的運作尚須注意以下的幾項特點：(*cf.* Ham & Hill, 1993: 12–14)

第一，決策網絡 (decision network)。在時間的長河上，政策非源自於單一的決定，而是由一個接著一個的決定所串連而成的。再者，在空間的背景上，一個政策會與其他政策互相關連，而結合成政策網絡；第二，政策是具目標導向的行動，而非隨機的作為或偶發的意圖；因此政策方案是在重視目標達成的前提下，採取系統的、邏輯的行動步驟；第三，政策必然會發生改變，不論是漸進調整或重大變革，政策的意圖今

昔會有不同；第四，就政策制定過程而言，政策會有所謂「政策終結」(policy termination)，但也會產生「政策賡續」(policy succession)，政策一旦發動，它會自行產生應有的動能和力道或沉澱成本，很難說停就停；第五，政策除了積極作為，亦應考慮如戴伊所言的不作為；第六，政策應深入看似「沒有決策的行動」(action without decision) 領域，尤其是攸關政策成敗的第一線行政人員或基層官僚 (street-level bureaucrats) 的執行態度與方式❷。

貳、政策分析的意涵

何謂「政策分析」？關於它的界說，亦與「公共政策」一樣，常陷入爭議之中。對魏達夫斯基 (Aaron Wildavsky) 來說，與其花時間去界定政策，不如去實際操作它。對此，魏達夫斯基說道：「分析不在於界定，沒有任何事情要比去追求亞里斯多德的本質 (Aristotelian essences) 更沒有意義的了。」(Wildavsky, 1979: 410) 關於此一主題的處理，首先，有個常用的分類為戴伊所提出，即「政策倡議」(policy advocacy) 與「政策分析」(policy analysis) 的區別。就前者而言，它是指規範 (prescribing) 政府去追求何種被視為好的政策。這需要言辭、說服、組織與積極行動的技巧。就後者而言，它旨在解釋不同政策實施的原因 (cause) 和結果 (consequence)；強調「政府做了什麼，為何做它，以及產生何種差異？」(Dye, 1976: 1, 3)

申言之，戴伊認為政策分析的主要屬性有三：第一，它著重政策的解釋，而非政策的建議：任何政策分析應先從政策的描述和解釋開始，理解政策是提出政策建言的前提要件，而真正的理解是要通過細緻且系統性的分析，而不是透過修辭技巧或辯論來獲得。第二，它重視對政策因果的嚴謹探究：研究和探索過程需要有科學的推論，而複雜的量化技術或許可以幫助政策因果的有效推理，但並非不可或缺。第三，它試圖去發展和檢定政策因果的一般性原則，並累積可靠而相關的研究發現：如果公共政策能夠提出具有普遍性和可靠性的理論，就能夠應用到不同部門和不同政策領域，而且可在不同的時空中經得起時間的考驗。（孫彩紅譯，2008: 7；Dye, 1992: 7）

至於「政策分析」與「政策倡議」的差異，可以美國昔日推動的教育政策為例說

---

❷　然而，根據李斯基 (Michael Lipsky) 的研究，基層官僚擁有一定的裁量權，以及在組織權威下享有相對的自主性，他們掌握著決定公民權利和義務分配的關鍵資源，每天所做決定的累積就可被形容為「政策制定者」(policy makers)。(Lipsky, 1980；蘇文賢、江吟梓譯，2010)

明之。到底何種因素最能解釋與預測學生的學習成就？學校設備的投資、每位老師所帶班級學生數（師生比）、教師的待遇、課程的品質、家庭的背景、朋友等因素中，究竟何者最具相關性？諸如此類的探討，往往需要經過科學驗證、系統調查與分析，才可發現關聯性和因果性。其中頗值得玩味的是，根據社會學家寇樂門 (James S. Coleman) 及其同僚的經驗研究指出：學校的設備投資、老師的待遇、課程的品質對於學生學習和成就沒有如想像中有太大的關聯；相反的，學生的家庭背景以及同儕的相處，才是與學生們的學業表現和學習態度密切相關。此一研究報告後來成為美國民權委員會 (Civil Rights Commission) 據以訂定學校校車政策 (school busing policies) 的重要依據，而成為轟動一時的「寇樂門報告」(Coleman Report)。(Dunn, 1994: 63)

　　在教育政策的倡議，則在論證教育的目的為何？推行成人終身教育或學童義務教育的基本方向為何？除了啟發學習者智能的發展，增加其閱讀識字率外，是否應包括倫理道德、群體生活的培養與陶冶，並提供適切的社會經驗，以提昇社會適應及生活能力或為進入社會作準備。又當智能發展與道德涵泳發生衝突時，應如何選擇，孰輕孰重？

　　除了上述攸關「政策分析」與「政策倡議」的區分外，學術上亦有個對於公共政策分析之不同用途的類別分析，那就是侯格伍德 (Brian W. Hogwood) 和岡恩 (Lewis A. Gunn) 建構的「公共政策制定的型態」(types of public policy-making)，如圖 6-1 所示：

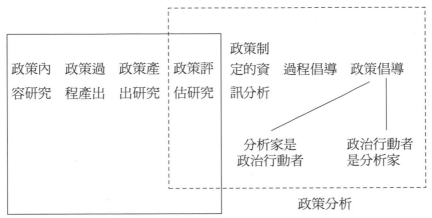

資料來源：Hogwood & Gunn, 1984: 8.

圖 6-1　公共政策制定的型態

　　繼承了拉斯威爾將政策研究分為政策過程的知識 (knowledge of the policy process) 與政策過程中的知識 (knowledge in the policy process)，侯格伍德和岡恩亦將公共政策制定過程分為「政策研究」(policy studies) 和「政策分析」(policy analysis)。前者是指關於政策與政策過程的理論知識，後者則指表現在及用來改善政策過程中的知識，它們兩者各涵蓋以下不同的活動：(Hogwood & Gunn, 1984: 26–29)

一、政策內容研究 (studies of policy content)

　　它指的是針對國家推行的特定政策（諸如：社會住宅、刑事司法、醫療保健、社會安全等），探討其起源、意圖、運作方式與預算等，藉以描述（及解釋）該項政策的歷史沿革，以告知決策者及後學者關於政策的意涵為何。因其屬於描述性質，並以個案方式來處理，因此想要達到相當抽象層次的理論建構，也就相對困難。

二、政策過程研究 (studies of policy process)

　　顧名思義，它是就政策制定的階段加以研析。依照鍾斯的分析，此一過程可細分為四個範疇十一項活動，詳見表 6–1：(Jones, 1984: 27–28)

表 6–1　政策過程的分析架構

功能活動	政府的範疇活動	可能的結果
1.問題認知／界定 2.問題集結 3.問題組織 4.問題表達 5.議程設定	政府面對問題	問題； 需求； 接觸； 優先順序
6.政策規劃 7.政策合法化 8.政策預算	政府採取行動	政府草案； 政策方案； 預算（資源）
9.政策執行	政府處理問題	服務；支出； 設備；控制
10.政策評估 11.政策調整／結束	政策影響政府	政策合理化； 政策推薦； 政策變遷； 政策解決

資料來源：Jones, 1984: 29.

三、政策產出研究 (studies of policy outputs)

這類的分析活動乃在研究攸關政策產出，如環保支出、垃圾減量或其他指標分布形態的決定因子。舉例而言，經濟、人口、政治、技術或社會因素，那類變數最能說明政府環保政策的推動成果。從事這類研究，通常須要用到複雜的統計分析。

四、政策評估研究 (evaluation studies)

所謂評估研究，簡單言之，是指就政策績效及其欲達成目標或解決問題的程度，作一審慎判斷的過程。評估活動會涉及兩種性質，一是描述性，另一是規範性。前者會涉及政策績效的事實敘述；後者則會涉及政策活動是否確實地解決問題，以及政策所標榜的價值是否值得追求？因此，政策評估提供的資訊，一方面讓我們瞭解那些因素會影響政策績效，另一方面則在論述政策制定的應有方向。

五、政策制定的資訊分析 (information for policy making)

比較而言，政策制定的資訊分析是指為達到決策者特定政策目的或提供特定政策建言，所從事資訊的蒐集與分析。也就是說，這類活動的資訊蒐集與分析，往往具有為特定政策合理化的動機，期能幫助決策者找出政策的立論基礎。例如行政院環境資源部想制定「碳權交易」制度、經濟部想致力推動水費、油電浮動費率，乃委請學術團體或研究機構，從事相關方案或措施之利弊得失的分析和建議。明顯地，此類研究具有使用者導向，目的是為使用者企圖推動的政策或方案從事嚴謹的分析，並提供相關的建言。

六、過程倡導 (process advocacy)

此一分析不僅想瞭解政策制定過程，更希望去改變政策制定過程。原因是一般都會相信：過程的改變，較能讓政策獲致顯而易見的成果。最近的政府再造、流程再造、公私協力、甚至行政程序法的推動實施，就是此中的範例。

七、政策倡導 (policy advocacy)

如前所言，此一活動關心的焦點，擬借用分析做為採行某一特定政策的論證依據。

其中政策分析人員扮演下列兩種角色：一是分析人員應該利用其學養與專長，為某種政策的選擇和理念從事推薦和辯護工作，所以分析者變成為推銷政策的「政治行動者」(the analyst as political actor)。二是政治行動者不再為自己的地位或已採行的政策所限，而提升自己成為客觀的分析家 (the political actor as analyst)。惟當此二種角色均遭到質疑時，例如學者或分析家太過熱衷於政治活動而成為政策倡導者，將會犧牲學術的客觀與中立性；而政治行動者如政治人物和行政人員將自己定位為分析家，其分析的品質和動機將被懷疑。也就是說，不論是分析家或政治行動者，他們所汲汲於有興趣的分析，將只是用來支持或確認自己立場或已經實施的政策。

顯然地，在侯格伍德和岡恩的分類中，政策研究是屬於描述性質 (descriptive)，以理論性知識的取得與建構為首要；政策分析帶有制約性質 (prescriptive)，試圖透過政策分析為實際政策帶來更好的建言或改善。

此外，為綜合公共政策的科學分析與批判論證，唐恩 (William Dunn) 在 1981 年出版的《公共政策分析：導論》(*Public Policy Analysis: An Introduction*)，對「政策分析」做了如下的界定：「政策分析是一門應用性的社會科學學科，運用多元研究方法與論證，以產生和轉換政策相關資訊，藉以在特定政治環境中解決政治問題。」(Dunn, 1981: 35) 嗣後，為強調「政策分析」論證的重要性，唐恩在該書 1994 年第二版修訂時，將政策分析定義重新定義為：「政策分析是一門應用性的社會科學學科，在論證和公共辯論的系絡下，使用多元的研究方法，去創造、批判性地評估與溝通政策的相關知識。」(Dunn, 1994: 24) 唐恩又在該書第四版增訂時，將政策分析再次修改為：「一種有助於瞭解及促成政策的創造、批判性評估及溝通資訊的多元性學科之探究過程。」(Dunn, 2008；馬群傑譯，2011: III) 總之，在唐恩看來，政策分析應不止於戴伊主張的科學性分析，而應兼具指涉性 (designative)、評斷性 (evaluative) 和倡導性 (advocative)。其中指涉性關乎著政策實際結果的敘述；評斷性係就政策結果產生的作用加以診斷；倡導性則主張何種政策觀點是對的堅持。誠如其言：政策分析的活動就像社會學、心理學、經濟學等，用以描述和解釋政策行動的限制和機會為主要目的；也像政治哲學、法理學、倫理學等，在展現政策的價值和道德行動。(Dunn, 1986: xiv) 至於唐恩強調以政策論證 (policy argumentation) 為基礎的政策分析架構，詳見下一節「公共政策過程的分析架構：階段論與反階段論」。

探討政策與政策分析的意義後，接續的問題便是政策分析的特徵為何？早年拉斯

威爾即認為政策科學應該是系絡的 (contextual)、多元方法的 (multi-method) 及問題取向的 (problem-oriented) 三者的綜合。(Parsons, 1995: 19) 侯格伍德和岡恩則認為政策分析的主要特徵為：⑴應用性的而非純科學性的；⑵科際整合的 (interdisciplinary) 和跨學科研究的 (multi-disciplinary)；⑶政治敏感性規劃的；⑷顧客導向的。(Hogwood & Gunn, 1984: 29–30) 然在李斯特 (James P. Lester) 和小史都華 (Joseph Stewart, Jr) 看來，政策分析應具備：⑴規範性哲學本質的綜合 (synthesis) 和科學的方法；⑵務實性與理論性；⑶跨學科研究；⑷較為精確的計量以及比較簡單但有系統的方法；⑸既非自由主義亦非保守主義的立場。(陳恆鈞譯，2001: 30–32) 而戴利翁 (Peter deLeon) 和波錦貝克 (Danielle M. Vogenbeck) 指出政策分析有別於政治學、公共行政、溝通學、心理學、法學和社會學，乃在彰顯其為：⑴問題導向；⑵跨學科；⑶規範性或價值導向的。(deLeon & Vogenbeck, 2007: 4–5) 綜合上述，政策分析除可看成跨學科與科際整合、應用性學科外，尚應強調問題導向、系絡性的觀察、政策論證及以證據為導向的探究。

順便一提的是，身為知識分子到底要在政策分析上扮演何種角色？這是個爭論不休的問題，也涉及到政策分析要為本身的內在邏輯理念或為服務對象服務的大哉問。例如，被稱為「公共政策研究之父」拉斯威爾便認為身為一位政策科學的研究者，雖然要利用所學知識貢獻社會，但還應冷靜客觀，不要與權力者過從甚密，而被形容成「學術傭兵」；惟要達成魏達夫斯基所言「向權力說真理」(speaking truth to power)，身為一位政策分析人員如未能涉入政治權力，焉能期待。可見，身為一位學者究應致力「政策理論的分析」抑或「指導實務政策」，實在仁智互見。不過，依筆者之見，如能審慎檢視政策分析的情境，從事以證據為基礎之「普世智慧」(worldly wisdom) 的理性分析與論辯，則身為政策分析的研究者應不至於偏離知識分子的本質矣！

第二節 公共政策過程的分析架構：階段論與反階段論

探討公共政策過程的分析模式，常被學者們提及的，內容上主要有政治系統理論 (political systems theory)、團體理論 (group theory)、精英理論 (elite theory)、制度理論 (institutionalism)、理性選擇理論等 (rational choice theory)。方法論上包括邏輯實證論 (the logical positivism)、後實證論 (the postpositivism)、參與研究途徑 (the participatory approach)、歷史研究途徑 (the historical approach) 等。惟在眾多的公共政策分析模式中，最常引用的，莫過於公共政策制定過程的階段論和反階段論 (stages and anti-stages in the public policymaking process)，茲做一簡單的介紹：

壹、政策制定過程的階段論

　　探討公共政策制定過程的階段論，通常會令人聯想到拉斯威爾在《政治科學的未來》(*The Future of Political Science*) 一書所指稱的，每個決策大致會涉及七個重要階段：問題的「情資」(intelligence) 階段、議題的「提議」(promotion) 階段、應何作為的「約制」(prescription) 階段、政策的「響應」(invocation) 階段、政策實務的「執行」(application) 階段、政策影響的「評價」(appraisal) 階段以及政策問題的「終結」(termination) 階段。(Shafritz, Russell, & Borick, 2007: 53; Hudson & Lowe, 2004: 5) 然建構在此一基礎上的理論，要以唐恩「以問題為中心的政策分析模式」最為具體與細緻。唐恩認為政策分析必然會涉及到五種政策資訊與五種分析方法的邏輯思考，如圖 6-2 所示：

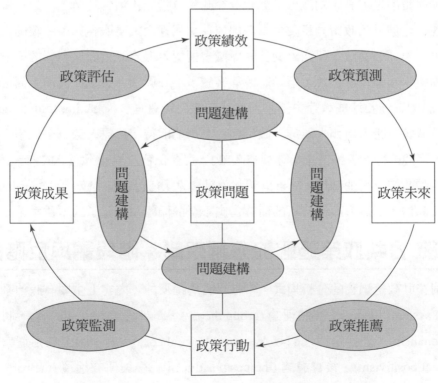

資料來源：Dunn, 1994: 15.

圖 6-2　五種政策分析方法

一、政策資訊

　　政策分析通常會被五個典型的問題所包含：(1)政策是要解決什麼問題？(2)應該採取何種行動以解決問題？(3)採取行動的目標是什麼？(4)達成的目標是否解決了問題？(5)若採取其他行動，可以預期會達成何種目的？對應這五大問題，政策資訊的基本構成要素為：政策問題 (policy problems)、偏好的政策 (preferred policy)、預期政策成果 (expected policy outcomes)、觀察到的政策成果 (observed policy outcomes) 和政策績效 (policy performance)。(Dunn, 1994: 68–70；馬群傑譯，2011: 3–5) 茲將這五個要素內涵說明如下：

（一）政策問題

　　並非所有的問題都會成為政策問題。即便少數人指出問題所在，也不代表如其所願成為政策問題。問題要先成為公共問題，再經問題認定 (problem identification) 才能成為政策問題，進入議程設定 (agenda setting) 之中。由此觀之，政策問題是指擬透過政策行動以達成改善尚未實現的價值或機會。若要瞭解政策問題，勢需對問題出現的情境及其原因有所認識，例如貧窮問題的解決，應先瞭解貧窮的成因、系絡因素、分布地域和因應對策的基本假定等。假若未能對政策問題確切的瞭解，則往往會有「使用正確方法解決錯誤問題」的危險。又如，對治安不良的社區，給予更多的經費補助改善保全設施，反而會讓員警心無警惕，進而疏於職責，讓治安問題無法獲得有效改善。因之，政策問題的有效認知，是政策分析最為重要的一環，不可不慎。

（二）預期的政策成果

　　它係指若透過公共政策的實施，將可實現的未來狀態。因為時空環境易生變化，所以在擬訂政策方案之際，不僅須瞭解政策未採行前的現況及發展，亦應想像採行政策後的可能發展與限制。從事這類活動，政策分析家應有洞察力、想像力、直觀與判斷力等。例如廢除第四核能發電廠，電力供給須由那些替代能源來補足，尤其是夏季酷暑電力不足及大量工業用電，如何處理限電危機，降低對經濟發展及民生用電衝擊；甚至替代能源的技術發展及原料來源是否穩定，及其對環境污染的影響評估等。所有這些政策的後果，都儘可能在政策規劃及分析階段能被設想得到。

（三）偏好的政策行動

　　它是指政府為達成有價值的未來狀態所採取的政策方案。為能推薦一個良好又具

品質的政策方案，勢需對不同的政策方案之正面和負面結果分別加以預測，並植基於評估標準，以決定何種政策方案是否可行和恰當。例如為抑制房價過高致民眾購屋不易的問題，政府幾經斟酌偏好採行大量興建社會住宅政策方案。

（四）可觀察的政策成果

簡單地說，可觀察的政策成果是指政策行動後，能被觀察得到的後果 (observed consequence of policy action)。或許有些成果並非短暫就可察覺，而要長期的追蹤；另外，有些成果並非政策行動所產生的，而係來自政策網絡其他交互影響因素，所以要找出政策行動的成果或影響，需要仔細推敲與研究再三。不過，這類資訊通常只能在政策執行後取得，在政策執行前僅能做預測及依據政策設計的邏輯理路推論而得。

（五）政策績效 (policy performance)

它指政策成果對欲改善的事物或價值之改變的程度。實際上，政策問題很少是被完全解決的，只是被暫時的舒緩 (resolved)，或重新型塑問題 (reformulated)，甚或「無法解決」。「解決問題始終殘留著問題或帶來新的問題」，因此，政策績效絕非一步到位的，它有更上層樓的空間。例如臺北市的交通問題，屬行違規停車的拖吊方案，僅是諸多的交通措施之一，用以解決或嚇阻某些路段大量湧入車潮的燃眉之急措施，不是解決臺北市交通問題的根本。這是我們評估政策績效應有的體認。但是，政策績效的資訊卻可提供未來預測預期政策成果的基礎。

二、轉換政策資訊的分析方法

從圖 6-2 中，顯示著五種政策資訊鑲嵌五種政策分析方法，而這五種政策分析方法分別為：(Dunn, 1994: 17-19；馬群傑譯，2011: 57-59)

（一）問題建構 (problem structuring)

問題建構是指產生應該解決何種問題的相關資訊。如前所述，政策問題的認知，往往攸關它是否成為政府的政策。例如貧窮問題如被看成對個人怠惰的懲處，與被視為政府財政及貨幣政策不當而拉大貧富差距的結果，即因不同的問題切入視角而有不同的政策處置；又如，援交被視為個人私德敗壞，或因教育政策未能普及品德教育未迨的後果，問題著重焦點的不同及大眾被吸引注意的程度，而影響其是否成為政策議程 (policy agenda) 的命運。是以，問題建構經常涵蓋找出問題的價值假定、診斷成因、探查可能標的、綜合各方衝突，以及顯示、找出和設計新的政策選項。

（二）預測 (forecasting)

預測是指期待政策將會產生何種成果的相關資訊。亦即，它可提供當不同政策方案被採用後（或擱置不予推動時），未來事務狀態可能發展的相關政策資訊。因此，政策預測會含括以下幾項重要的活動：

1. 檢視若干可能的、潛在的、合乎規範而有價值的未來狀態；

2. 推估現行政策和擬採行之政策的各項可能結果；

3. 敘述達成目標的可能限制；

4. 考慮各種政策選擇的政治可行性 (political feasibility)。

（三）推薦 (recommendation)

推薦旨在提供偏好的政策行動之相關資訊。此項活動是就政策可能達成的成果，預測其成本與利益，以幫助決策者決定是否採行政策。是以，此項工作涵蓋：

1. 預估政策的風險和不確定性的程度；

2. 認識政策的外部性或外溢 (externality or spillover) 效果。例如工廠排放廢氣對環境的污染，會產生外溢的效果由全民承擔；

3. 具體化政策選擇的標準；

4. 設定執行政策的行政責任，即課責等。

（四）監測 (monitoring)

監測乃是指觀察政策方案採行後的政策產出或產品的相關資訊。當政策方案被採納後，監測的目的即在監督政策方案是否按原定的計畫確實執行，及其可看見的有形成果或例外狀況。因此，該項工作旨在幫助決策者：

1. 評估政策順服的程度；

2. 發現政策意想不到的結果；

3. 認清政策執行的阻礙與限制；

4. 設定不同單位間的責任歸屬。

（五）評估 (evaluation)

評估是指產生預期成果與實際成果的相關資訊。它是種就政策的實際績效與預期績效間的差距加以審慎判斷的過程。一般而言，評估活動不僅重視政策問題被解決的程度，還會重視以下幾項工作：

1. 政策價值的批判與澄清；

2.政策的調整與重新規劃；

3.政策問題的重新建構。

最後，如就上述的五項政策分析方法與前述表 6–1 的政策制定過程的不同階段加以對照比較，即可看出它們之間的對應關係如圖 6–3，限於篇幅，不擬多贅。

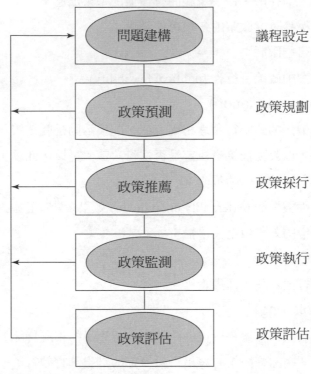

資料來源：Dunn, 1994: 17.

圖 6–3　政策分析程序與政策制定階段的對應關係

唐恩建構公共政策分析模式之最大特點，乃在於他按照公共政策的流程所做的邏輯安排，從政策的問題建構，經政策未來的預測、政策方案的推薦、政策行動的監測，到政策成果的評估，幾可涵蓋了探討公共政策的主要內容。

再者，唐恩一再宣稱其所建構的模式，是「以政策問題為核心的政策分析觀」。萬事起頭難，政策分析亦復如此，當以政策問題的建構為最優先。因為政策問題若發生嚴重的錯誤認知或偏頗認知，即有可能導致政策往錯誤方向偏移，或最終將可能導致政策的失敗，所以在推動政策之前，即應對政策問題加以審慎而明確的分析，萬不可草率敷衍、模糊帶過。也由於唐恩對於問題建構的格外重視，所以他極力主張以多元

方法、政策論證或公共辯論做為對政策問題真實理解的主要方式。這是唐恩模式的另一重點。

可惜的是，唐恩致力於以「政策問題」為核心的階段論政策分析，卻未對攸關政策推動的國家角色給予適當的說明或分析。國家的基本價值和意識，尤其是政府官員的決策理念與風格，實影響著政策的發展與成敗。

關於此者，可以先後兩任行政院院長對於「股票市場」的觀點作一說明。在前行政院長郝柏村先生看來，當時國內股票市場制度未臻完備，乃至投機風氣大行其道，工作倫理為之蕩然，簡直是個散戶與金主對作的市場。因之，主張政府干預抑制股市飆漲，在其任職期間，股價指數從六千三百點左右降至三千一百點。相對地，連戰先生當行政院長時則較主張自由市場的運作，股票市場既為國家經濟發展的櫥窗，應由市場決定供需，政府不宜動輒干預，這也使得股價指數在其上任之初，由三千多點回漲至（民國 84 年 2 月）六、七千多點。此外，李登輝總統任內對中國大陸採取「戒急用忍」，發展「南向政策」；而馬英九總統積極推動「九二共識」，發展兩岸服貿協議政策。上述的敘述，不在於評價主政者那位孰優孰劣，只在闡述國家的理念意識，尤其是主政者的決策風格，密切關係著公共政策的運作。爰此，在下一節的論述裡，擬就總體觀點來探究公共政策過程分析模式。

此外，唐恩雖然一再宣稱政策分析是種創造、批判性評估與溝通政策的探究過程，但其提及的政策過程仍多以分析工具為主題的論述，即便其主張政策論證，也較著重推理模式、形式與非形式邏輯和推理謬誤 (the reasoning fallacies) 等，鮮少談及政策價值的論辯。關於此者，或可參考第六節所述之「政策評估的邏輯分析」。畢竟，對公共政策的追根究底必然會涉及到價值判斷及選擇，甚至觸及理念意識的爭論。舉例而言，歐肯 (Arthur M. Okun) 在《公平與效率：取捨的大困境》(*Equality and Efficiency: The Big Tradeoff*) 就曾指出：「當今的美國社會之所以出現分裂結構的外觀，在政治和社會結構裡，普遍地分配權利和特權，並宣稱所有公民是平等的。但在經濟體制下，以效率為主導原則，創造了公民在生活水平和物質福利的對立。這種平等權利和不平等的經濟地位的混合，產生了民主的政治原則和資本主義的經濟原則。當有錢者想去獲取假設的平等權利外之額外資助，又當市場的運作不允許任何人均有最起碼的生活水平時，金錢就侵犯了權利。」(Okun, 1975) 甚至歐肯最後認為：「一個同時實施民主制度和資本主義的社會，一定會不斷想辦法在權利的領域和金錢的領域之間劃出界線，也

一定會找出愈來愈適當的界線。不過，由於平等與經濟效率的衝突是永遠避免不了的……因此，平等之中多一點理性，效率之中多一點人性，這正是它們需要彼此的緣故吧！」（許晉福、高翠霜譯，2017: 213）像這樣的價值主張和評判，在唐恩模式中是較少著墨的。

　　此外，以階段論作為政策分析的架構，大致還被質疑有下列幾項缺失：(Parsons, 1995: 79-80)

1. 它不能提供政策如何從一階段移轉到下一階段的任何因果解釋；
2. 它無法經得起經驗檢定；
3. 它基本上將政策制定描述為「由上而下」的過程，而鮮少就基層人員和其他政策行為者加以說明；
4. 它漠視政策制定的真實世界會涉及多階層的政府及其彼此間的互動循環；
5. 它無法提供政策過程分析的整合性觀點，尤其是政策過程上所運用的知識、資訊和研究方法。

貳、政策過程的反階段論

　　至於政策制定的反階段論論述，應以前一章探討林布隆 (Charles E. Lindblom) 的漸進主義以及柯漢、馬區和歐爾森 (Johan Olsen) 的垃圾桶決策模式作為典型的代表。除此之外，對政策制定過程有獨到見解又可作為反階段論的主要論述之一，筆者以為前美國政治學會會長且為加州柏克萊大學公共政策研究所首屆所長魏達夫斯基的名著《向權力說真理：政策分析的藝術與技巧》(*Speaking Truth to Power: The Art and Craft of Policy Analysis*) 見解深刻，寫作犀利，頗值介紹。(Wildavsky, 1979)

一、魏達夫斯基的政策分析觀

　　在魏達夫斯基看來，誠如《向權力說真理》該書的副標題所提，政策分析是種藝術和技巧，政策分析不是在創造必然性的科學，而是在創造可能性的藝術。政策分析乃在探討政策設計、問題界定與偏好形成三者間交互影響的過程；因之，其範圍與標準，不應純落在經濟學的效用 (utilitarian) 或效率 (efficiency) 等機械式的概念上，而應去考慮以下兩種不同的概念：一是利益的調和 (interest reconciliation)：問題應如何建構以使持有不同價值偏好的個人或黨派被說服去調和各自的意志，獲致同意的結果；

另一是方案的精心設計 (program deliberation)：一個方案的擬定不僅要考慮目標，更要考慮過程；既要說明可欲的，也要注重可行的，尤其讓參與者能在彼此磋商、妥協的公開過程中，開拓知識領域，學習和預期行動的可能後果，從而改善政策品質。申言之，魏達夫斯基認為：當我們從事政策制定時，應本著「不思解決問題，就無問題可言」(no solution, no problem)、問題與其說「解決」(solution) 不如說「化解」(dissolution)，以及分析的功能乃是創造問題得以解決的過程與活動、民主化的政策制定應多點「徵詢」(asking) 少點「告知」(telling)，來彰顯政策過程乃為資源和目標 (resources and objectives)、規劃和政治 (planning and politics)、教條和懷疑 (skepticism and dogma) 三種張力的組合。（Wildavsky, 1979: 17；彭云望譯，2008: 408–412）茲扼要敘述如下：

首先，資源對比目標 (resources versus objectives)：在談及目標與資源時，魏達夫斯基指出，目標可以是無窮的，但資源卻是有限的，目標的訂定必須受到資源的限制。因此，任何政策的實現，除了要考慮目標、可欲性之外，還應考慮資源、可行性；政策的過程不應僅著重目標的設定，還應考慮組織誘因 (organizational incentives)。魏達夫斯基認為 1950 年代以後，美國陸續推動的管理資訊系統（如計畫評核術、目標管理、社會指標、設計規劃預算制度）之所以相繼失敗，乃在於它們不具歷史觀、缺少組織面向。因之，今後的政策推動，為避免重蹈覆轍，應注意制度沿革、權力、利益等，甚至對於目標進行策略性撤退 (strategic retreat on objectives)。於此，他道：「美國公共政策的方向，已從集中關注於宏大的設計（像對貧窮宣戰），經眼前的執行困境，到目標的策略性撤退。設計的年代已經過去，執行的年代也已消失，修正目標的年代正巧來到。」(Wildavsky, 1979: 43) 再者，在有關政策來源的論述裡，魏達夫斯基相信，政策與其說是外部的環境需求，毋寧說是因內部的政策形塑。因此，他道：「政策有其自身的原因」(policy as its own cause)。然而，值得注意的是，目標固不宜定得太高，但如果定得太低，不但不能彰顯未來的企圖，也會導致資源流向錯誤的方向。

其次，「社會互動對比知識思考」(social interaction versus intellectual cogitation)：魏達夫斯基類似林布隆建構模式 1 與模式 2 的對比，闡述在多元競爭的社會裡，政策的設計形式上是經由個人心智深思熟慮的結果，實際上乃是社會互動的產物。他說道：「集體目標如何設定？本質上，它不是設定，而是個人互動的副產品，……個人做出的決策，藉著社會的交易便能產出影響。而人類的智慧如何在行動上產生？那便是透

過許多心智的互動。」所以他十分強調，動機雖是政策形成的基礎，但是政策結果則遠非我們所能預期；動機也許是個人之惡 (private virus)，但經由互動卻能成為公共之德 (public virtue)。對魏達夫斯基而言，分析如要產生影響，知識思考應與社會互動結合起來，分析的最高形式即在使用知識來幫助人們的互動。亦即，人類的知識是要蘊含在社會互動之中，方能彰顯其價值。茲將社會互動模式與知識思考模式的差異，列表 6-2 以供參考。再次，為強調社會互動的重要，魏達夫斯基遂提出「朝向聯邦制的偏見」(a bias toward federalism)，目的無它，乃因聯邦制下的協調是透過許多政府單位的互動，而非單一政府的知識思考來進行。聯邦制意味著相互性而非層級性；多元的因果而非單一的因果；權力的分享取代了權力的壟斷。甚至在錯誤的經濟更勝於虛假的政治之前提下，魏達夫斯基主張帶給普通百姓互動性選擇的「機會成本」(opportunity costs)，更優於乞求哲君的「價值需求」(merit wants)。

表 6-2　社會互動模式與知識思考模式的比較

模式標準	社會互動	知識思考
制　度	市場與政治	規　劃
計　算	部分的	廣泛的
計算者	許多心靈的互動	單一心靈的決定
決策制定	交易和協商	瞭解與決定
錯　誤	矯　正	避　免
標　準	同　意	權　利
執　行	反　應	命　令

資料來源：Wildavsky, 1979: 123.

　　三是，教條對比懷疑 (dogma versus skepticism)：我們經常都抱著這樣的信念，即教條是有害的，懷疑是合理的；然而，實際生活上教條是不可或缺的。在某些時候，如果不對某些事物視為理所當然，而將所有事物都抱持懷疑態度或常處於變動，這樣會使「交易成本」往上增加。所以，當我們設計或規劃政策時，不但要洞燭機先、前瞻未來，還要檢討過去以策勵未來。前瞻與回顧其實是一個錢幣的兩面，兩者缺一不

可。任何的政策設計不能只是一味地放眼未來，而未能記取過去的教訓，否則，將會重蹈過去的失敗和苦痛。有鑑於此，魏達夫斯基提醒政策設計當要有所謂「重歷過去的能力」(retrospection)。既明此理，當我們從事政策評估時，如何使得評估建言能夠落實與應用，便不能不顧目前的組織運作，而提出一些不切實際的理想，與其找一批外來的專家作評斷，不如由組織內部自己進行評估，所以他說一個理想的組織是個能「自我評估的組織」(self-evaluating organization)❸。當然，要在多少的教條與多少的懷疑中取得平衡，並非易事。

總之，如同林布隆，魏達夫斯基認為在自由主義式的民主體制下，政策的運作應考慮如何與社會的多元、民主政治的生活方式相結合，而非背道而馳，因此，所謂分析與思考只能看成是寓意於社會互動之中，進而幫助人們相互學習，藉以培養出明智理性的公民來。也因為這個原因，魏達夫斯基說：「如果有人要我解說什麼是政策分析，我會認為 2/3 的政治加 1/3 的規劃，這種社會互動與知識思考的混合，才可謂之『政策分析』。」(Wildavsky, 1979: 124)

二、公共政策的批判理論觀

雖然魏達夫斯基期許政策分析能夠做到「向權力說真理」，但是政策分析若未能深入體察權力的作用與本質，要達成這樣的成效恐怕令人質疑。就像夏茲施耐德 (Elemer E. Schattschneider) 在〈權力的偏差動員〉(The Mobilization of Bias) 所說的：「牧師讚美的天國是有缺陷的，合唱的聖歌帶有中上層的口音。」(吳友明譯，1998: 71–72) 在實際的權力世界裡，那些缺乏組織的窮人所說的話，在政策制定時，往往被棄如敝屣不被聽見，他們的利益總被忽略著。不僅如此，權力的作用還帶著如魯克斯 (Steven Lukes) 所形容的「潛藏性衝突」(latent conflict)，而非多元主義 (pluralism) 所形容的「明顯性衝突」(overt conflict)。魯克斯就曾這麼形容權力的作用：「以形塑百姓的感受、認知和偏好的方式，使得民眾或基於無法看到，或想像成現有秩序的替

---

❸ 要讓政策評估在組織裡提出真實的建言，宛如「忠言逆耳」般，很難被接受。因為組織往往討厭評估，認為外部（專家）的評估免不了要對組織運作提出批判和質疑。另一方面，政策評估如果不能被有效的使用，以之作為改善績效的參考，那就枉費了設計評估的用意了。是以政策評估如基於落實或採用的考量，採取自我評估的方式較為可行。所以說，政策評估要達成說出真理與能被使用，確實面臨了兩難的困境。

代方案，或將之視為自然的、不能改變的事實；或把它視為是種神聖的規定並可從中受惠，而去接受現實事物秩序中的角色，避免牢騷的發生，這難道不是權力的最高與最陰險的使用嗎？倘若我們假定沒有牢騷發生，即等同產生了真正的共識，這不啻是連界定性的規定 (definitional fiat) 所造成虛假的或操縱的共識 (false or manipulated consensus) 之可能性，都予以排除了嗎？」(Ham & Hill, 1984: 67)

　　為彰顯權力的潛在作用並加以反省批判，在反階段論中另有一深刻描繪者，那就是批判理論 (the critical theory) 的觀點。在批判理論大師哈伯瑪斯 (Jürgen Habermas) 看來，科學作為一種認知的形式，依其所展現的認知旨趣，大致上可以區分為三種形式。它們分別是經驗分析科學 (empirical-analytic sciences)、歷史詮釋科學 (historical-hermeneutic sciences) 和批判取向科學 (critically oriented sciences)。大致而言，所謂的經驗分析科學的旨趣，乃在於客觀過程中，從事控制性的觀察和操控性的分析，其目的是達致技術性的控制。歷史詮釋科學是透過意識的彰顯，來達成「可能之行動取向間的相互瞭解，及具主體互通性 (intersubjectivity) 概念的保存和拓展」。批判取向科學則藉由人類透過自我反省與批判，以某種理念來檢驗命題的校準性，和其他諸多現象的意義，其意旨是追求自我與社會解放。（葉啟政，2004: 65-66）

　　本著哈伯瑪斯批判取向科學之追求自我和社會解放的認知旨趣，佛瑞斯特 (John Forester) 雖同意林布隆、魏達夫斯基、西蒙的「有限理性」觀，認為公共政策的規劃和運作受諸內外環境及主客觀因素的限制，難於達成完全的理性，卻力陳在種種的限制中，有些限制不是與生俱來的，而是人為的操作，並且是哈伯瑪斯指稱的「系統性的但非必要性的扭曲」(systematic but not necessary distortion)。諸如：許多政治人物或行政人員常將政治問題隱藏成為技術問題，如核能發電與環保問題等；專家向他的服務對象創造了不必要的倚賴和不切實際的期待，如「這種事交給我來做，你不必過問，屆時你就可得到答案」；經濟政策製造了一些不切實際的看法和假象，如「公共部門較私人部門不具效率」；和來自資本主義生產關係之組織生活，所形成的消費者理念意識的扭曲，如「努力浪費才能大量生產」。像這些偽裝、誤導、依賴創造和理念意識的扭曲，不可諱言地會帶來公共政策理性的傷害。(Forester, 1989: 139-140)

　　為了進一步讓我們更能看清阻礙公共政策達致理性的限制，佛瑞斯特按照權力之扭曲是社會無可避免的扭曲或不必要的扭曲，以及短暫性的扭曲或系統性的扭曲，歸納劃分為表 6-3 所述的四種面向：(Forester, 1989: 25)

表 6-3 規劃行動的明顯界線

扭曲的類別	扭曲產生的來源	
	社會短暫的扭曲	社會系統性的扭曲
無法避免的扭曲	①影響溝通之個人特質的異質性 ②偶發的噪音 1.認知限制（Simon）	①來自合法分工所形成的資訊不平等 ②因組織界限所帶來的傳遞／內容流失 2.分化（Weber）
社會上不必要的扭曲	①刻意地不加反意 ②人際間的欺騙 ③人際間的交易協商 3.多元主義的協商 （Lindblom）	①壟斷式的交易扭曲 ②壟斷式的需求創造 ③對階級及或權力結構的理念意識的合理辯護 4.結構的正當性 （Marx）

資料來源：Forester, 1989: 34.

從上述四種權力運作的象限來看，無庸置疑地，批判理論特別關注的，要以「結構的正當性」之扭曲來得最為嚴重。只要社會形成不必要且系統性的扭曲，都顯示了政治體制運作面臨巨大的阻力，呈現哈伯瑪斯所謂的「正當性危機」(the legitimation crisis)。唯如何打破和抑制這種既有社會體制之壓榨性利益與霸權意識，使社會朝理性化方向邁進，讓公共決策更臻完善，以哈伯瑪斯觀點，唯有訴諸對談性溝通 (discursive communication) 一途。基於此，哈伯瑪斯運用普遍語用學 (universal pragmatics) 的觀點，構築其「理想的言談情境」(ideal speech situation)，而預設著當我們說話時，應會做到以下四項典則：⑴說得可以理解 (speak comprehensibly)：即說話用語不要令人難懂或口齒不清；⑵說得誠信 (speak sincerely)：即善意的表達，而不是有意愚弄、誤導或操控他人；⑶說得正當 (speak legitimately)：即說話內容合乎系絡理路。例如一位建築師無法期待他作好《聖經》的解釋；同樣地，一位傳教士也無法期待他提出建築規劃的遠景；⑷說得真實 (speak truthly)：即談話的內容符合事實真相，

並有證據加以支持，而不是道聽途說、捏造虛構、妄想猜測等。然將此四項溝通典則用來檢視面對面溝通、組織溝通、政治經濟結構溝通會呈現著表 6-4 的扭曲。

表 6-4　生活經驗所面對的溝通扭曲

實際的層次	實際溝通的典則			
	可理解性	真誠性	正當性	真實性
面對面的溝通扭曲	曖昧不明；混淆不清；欠缺理解。	欺騙，不真誠。	意義遠離了系絡。	錯誤表達。
	「它究竟是什麼？」	「我能夠信任他？」	「這是對的嗎？」	「這是實情嗎？」
組織的溝通扭曲	由於專門術語以排除大眾。	冠冕堂皇的保證；假性關懷；隱藏動機。	不加理睬；強詞奪理的解說；專業的宰制。	資訊的扣留；責任的不明；需求的錯誤表達。
	「它意指什麼？」	「我們能夠信任它們嗎？」	「它能被合理化嗎？」	「這是實情嗎？」
政治—經濟的溝通扭曲	神祕化；複雜性。	公善的操縱。	欠缺責任；透過華而不實的巧辯而非積極的參與所進行的合理解說。	政策可能性的模糊、隱藏、或誤導；意識型態的聲明（如國營事業總是無效率的）。
	「你是否想過他們瞭解箇中的意涵嗎？」	「那是他們的立場。」	「是誰說了這些話？」	「那些是他們從沒有告訴我們的訊息？」

資料來源：Forester, 1989: 150.

　　既然如此，政策制定就不應本著「民可使由之，不可使知之」之想法；相反地，應在個人層次、組織層次和政治經濟結構層次，讓民眾和利害關係者看清這些扭曲，並允諾多重的意見表達、溝通對話與批判澄清，而不受制於專業的偏見或階級利益的壟斷等。在仔細傾聽、多元論辯、直接對話、共同商議與組合期望下，政策制定方有

誠信與共識的根基，而可達到較具理性的境界。

爰此，佛瑞斯特認為用來補充政策規劃的技術運作之實際溝通策略 (the practical communicative strategies)，應重視以下數點：(Forester, 1985: 219；林鍾沂譯，1991: 58)

1. 培養相互連結的和可加接觸的社群網絡 (community networks)，而非依賴文件力量，以提供和傳播資訊；

2. 仔細聆聽並評估在規劃過程中所有參與者的考量和利益，俾預期可能出現的政治障礙、鬥爭和機會；

3. 注意在任何規劃過程中會被影響的不健全組織者的利益（健全組織的團體在事業中如能得到相同的資訊，就毋需給予同樣的注意）；

4. 教導民眾及社群組織相關的規劃過程和「遊戲規則」；

5. 提供技術性的和政治性的資訊，務使民眾能夠行動而成為明智有效的政治參與者；

6. 瞭解社群和里鄰社區中非專業組織是否已接觸到公共規劃資訊、地方規章 (local codes)、計畫、相關會議的通知，及與機關接觸的諮商，並藉由「專業人員」來補充本身「內部的」專業不足；

7. 鼓勵社群團體要求政府對研擬中的計畫和可能的設計，提供公開而完整的資訊；

8. 發展與團體合作和衝突情境連結的技巧，而不是期待進步是從孤立的技術工作中獲得；

9. 強調社群利益有效地參與計畫評審之非正式過程的重要性；並且採取步驟使此類設計—改變的協商會議 (design-change negotiation meetings)，也同樣適用於專業性不足的團體 (professionally unsophisticated groups)；

10. 鼓勵獨立性的、以社群為基礎的計畫評審和調查；

11. 預期足以形成設計決策 (design decisions) 的外部政治—經濟壓力，並予以補償；亦即，妥善運用「可以使用的」壓力（例如反制既得利益者），而非一味地尋求降低外在壓力。

對於政策過程的實際溝通行動有了上述的瞭解後，我們似乎可以再次引用佛瑞斯特的看法，補充說明制定公共政策過程如下：

「問題的解決，不是單靠一個專家，而是聚集所有專業與非專業人員的貢獻；不是只靠正式程序，而是透過非正式的協商與參與；不是過度倚賴資料基庫，而是審慎

地使用可資信賴的『資源』、『接觸』及『朋友』；不是透過正式的理性管理程序，而是經由內部的政治和運行中共識的凝聚；不是靠解決某一工程方程式，而是透過政治的巧思、支持的建立、聯繫的行動，和（最後）甚至憑藉直覺和幸運方式來補充技術上的表現。因此，只有在一極為孤立的或例行性的案例中，未來導向的規劃才以『一、二、三』簡單直截方式來進行。」(Forester, 1985: 212；林鍾沂譯，1991: 54)

綜上所論，誠如《月亮與貧民窟》(*The Moon and the Ghetto*) 一書所述，我們可以憑藉科技力量將人類送往月球，但以技術方法來解決貧窮問題卻成就有限或徒勞無功。(Nelson, 1977) 甚至如韓第所言：「我們雖能解開銀河的奧祕，卻解不開自己家園的難題。」（周旭華譯，1995: iii）不論是魏達夫斯基或批判理論的分析，也都一致地指出政策制定幾乎不可能單憑技術方法就可達成，而是要透過政治途徑與社會互動來補充或實現。然而，非常弔詭的，政治雖是政策制定的有用途徑，卻充滿著骯髒、虛偽、傲慢、壓榨和結構性對抗。隨著時間的過往，林布隆或魏達夫斯基在 1980 年代看到美國政治運作中企業的特權地位，深感不安。惟其認為補救之道只有更加民主，透過更加的社會多元和更多的制度設計，並依麥迪遜所言：「以野心對抗野心」、「以制度對抗制度」，才是趨使政策制定的理性保證。然在批判理論看來，權力非但玩權弄錢，更是有權者趨之若鶩的「春藥」，並總是護衛和偏袒著上層的政經利益，若未能看清權力的隱性面貌，並將之拆穿、解放，健全的民主治理焉有可能？是以林布隆或魏達夫斯基主張的自由主義式的民主 (liberal democracy) 與批判理論的對談式民主 (discursive democracy) 看似同路人，其實它們判若兩人。(Forester, 1985；林鍾沂譯，1991：第五章)

第三節　政策的整合性總體分析模式

在上節中，我們已分別介紹了二種最常用來探討公共政策制定的階段論與反階段論。雖然它們稱得上政策分析的有利工具，然不可諱言，此些理論無法涵括公共政策所有環節的討論。例如早在 1984 年漢姆 (Christopher Ham) 和希爾 (Michael Hill) 在《現代資本主義國家的政策過程》(*The Policy Process in the Modern Capitalist State*) 便認為經濟和社會會對政策有所影響，而政策也會對經濟和社會發生作用，因此政策分析應對政策問題所處的社會、政治和經濟系絡給予相當的關注，若不如此，政策分析頂多只停留在局部的事業之中。他們甚至直言政策的研究應深入國家角色的討論。也就是

說，在漢姆和希爾看來，要適切的瞭解政府行動，有必要針對政策過程的不同階段以及不同層次加以分析。進而，他們主張將政策分析分為三個層次：第一，組織內部決策制定的個體層次：如政策執行、組織行為、官僚性格和裁量權等；第二，政策形成的中程分析：如權力面向和理性層次等；及第三，政治體系的總體分析：如國家角色、官僚制度與國家等。(Ham & Hill, 1984: 17–18；林鍾沂著，1991)

　　類似的想法也可在帕森思《公共政策：政策分析理論與實務導論》(*Public Policy: An Introduction to the Theory and Practice of Policy Analysis*) 看到。帕森思呼籲公共政策的分析應就四個層次來理解 (Parsons, 1995)：第一層次是後設分析 (meta analysis)：旨在用不同的隱喻 (metaphors) 來探索公共政策的意涵，並考查政策分析的哲學架構與研究途徑等。第二層次是中層分析 (meso analysis)：主要是探討政策問題如何界定、政策議程如何設定、重視政策制定的「前決策」面向 (the pre-decisional dimensions)，以及政策決定與政策決定後情境系絡間的關連性：如社會問題認定的途徑、政策問題的類型、民意與政策、全球化與政策制定、權力的形貌（多元主義、非決策制定、權力第三面向），以及政策發展、網絡 (networks)、量流 (streams)、倡導聯盟 (advocacy coalitions)、間斷均衡論 (punctuated equilibrium) 和政策問題的象徵意涵等。第三層次是決策分析 (decision analysis)：探討政策決定如何採行、決策如何作成，以及如何進行決策過程的分析。權力、理性、公共選擇、制度主義、資訊觀點和心理途徑，可視為釐清此一層次的主要視角。第四層次是傳達分析 (delivery analysis)：係針對政策的執行、評估、變遷和影響等進行探討。

　　抑有進者，哈森 (John Hudson) 和羅威 (Stuart Lowe) 在 2004 年所著《理解政策過程：解析福利政策與實務》(*Understanding the Policy Process: Analyzing Welfare Policy and Practice*) 一書裡，雖以「混亂」(mess) 來形容政策過程，但他們還是認為政策過程的內在地圖，可用總體層次、中程層次和個體層次來加以析述。就總體層次言，全球化、政治經濟、工作世界的改變、科技變遷和變動中的治理，是其關注的議題。就中程層次言，如權力結構、政策網絡、制度運作和政策轉移便是探討的主題。就個體層次言，重視焦點有決策制定與人格、執行與傳達、評估與證據等議題。(Hudson & Lowe, 2004)

　　誠如上述，前述相關的學者及其著作在在提出政策分析的完整架構，應涉及到政策制定的不同層次和不同階段。所以筆者將這些構想統稱為「整合性的總體政策分

析」。亦即整合性的總體政策分析至少要對公共政策的過程，從大至全球化、國家角色，小至執行人員的性格、心理動機，作一全面性的探討與審視。其中如：全球化對政策議題的影響？政治體系的基本運作規則是什麼？國家的性質及定位為何？科層體制（行政組織）的行動邏輯如何？它與民主政治有何關聯？權力的本質為何？權力運用於公共政策的設計及執行時，對民眾的利益表達產生何種作用？理性如何界定？公共政策的理性觀點意涵為何？執行的性質是什麼？何種執行策略較合乎情境脈絡，而達成有效的成果？基層執行人員的特性如何？他們的裁量權限到底有多少？公務人員的責任與倫理為何？（林鍾沂，1991）諸如此類的問題，有如魔術師手中的彩帶一般，拉出一頭，繼之不斷地延伸，似乎沒有盡頭，讓我們在分析時，不會陷入政策過程的見樹不見林的迷霧裡，更能深入理解政策的目的、利益、規則、效率、脈絡、權力、原因、執行、評估和困境等，進而助益於政策的持續再規劃和再調整。

　　茲再舉一學理說明之。邊森 (J. Kenneth Benson)，當他在探討組織間的互動關係 (interorganizational relationship) 時，就不時批評若干學者僅注意如何確保組織得以順利運作之道，而忽略了組織背後更廣泛的利益結構 (interest structure) 之操縱。接著他指出，如果我們想為組織間的互動關係提出一完整的分析，那麼就應注意該政策領域的三個層次：

1. 行政結構 (administrative structure)：即組織間彼此的資源相互倚賴 (resource dependency) 所形成的聯結或網絡。

2. 利益結構 (interest structure)：團體間利益的安排所型塑的權力關係。

3. 結構形成的規則 (the rules of structure formation)：特別是在高度資本主義的社會裡，這類的規則主要是與資本累積維持密切的關係。(Ham & Hill, 1984: 176–177)

　　邊森更於 1985 年和魏柔 (Caria J. Weitzel) 在其合撰的〈組織間政策分析的社會結構與社會實踐〉(Social Structure and Social Praxis in Interorganizational Policy Analysis) 一文，認為過去政策研究僅著重於考量韋伯式科層官僚制運作之道，如計畫、分工、權力困境、協調、執行態度等因素，進而提出改進鬆散組合的組織間關係之相關建議，所以它們頂多只能視為讓科層官僚制較有創意、彈性和調適的另種替代，而未能看穿政策運作的深層肌理。因此他們主張採用辯證途徑 (the dialectical approach) 來彰顯政策運作的二大特徵：(1)植基於解放性的實踐 (an emancipatory praxis)；(2)將組織間的政策網絡置於整體社會形態 (total social formations) 或稱整體性 (totalities) 之中。申言之，

政策的運作若是只顧及組織的表面層次，頂多只能達到表層控制，或狹窄的技術效率目標。而這樣的政策研究和組織分析是保守的、秩序導向的、講究細節的，我們所需要的是重視整體環境系絡的觀察與影響分析，力求變革的解放性實踐，來補充在資本主義下組織間政策網絡的執行迷障。透過此種宏觀的政治經濟分析，才有可能達成重建資本主義的秩序 (reproducing a capitalist order)。(Benson & Weitzel, 1985: 267–281)

以此觀點，他們認為未來從事組織間的政策分析，應重視以下幾個重要面向的剖析：(Benson & Weitzel, 1985: 274–278)

1.組織間的政策網絡隨著資本主義不同發展階段而相互關連著：即組織間的往來聯繫會與重建資本主義生產方式 (the reproduction of the capitalist mode of production) 密切相關，並為其不可或缺的一部分。例如當資本主義發展成為先進的資本主義之成熟階段時，企業公司和行政組織便會開展更為廣泛的和密切的關係網絡，甚至形成所謂的「統合主義」(corporatism) 來取代官僚權威，以使資本主義體制的運作更加精進。

2.組織間的政策部門分化 (the differentiation of interorganizational policy sectors) 會與特定的資本主義發展階段所面對的功能性問題 (the functional problems) 互相呼應：資本主義的發展必然會面對一系列相互關連，卻也有相互矛盾的功能性問題。例如資本主義體制除了促進資本累積快速增加外，亦須面對統治的正當性，是以，先進國家莫不開辦社會福利等相關政策以爭取民眾的支持；在因應經濟發展的同時，亦須考慮利益的分配。不過，這些相關的福利措施之推動與國家自主性，仍有極大部分會受限於資本累積的要求。

3.政策典範 (policy paradigms) 的運轉會與廣泛的政經體系結構表裡一致：在特定政策部門裡擬想推動政策活動，必然要採取系統性的且相互連結的一致模式。然這些運作模式看似相互競爭且公開公正，實則它們卻被某些結構規則所圍限。例如在高度資本化的體制中，健保體系的運作模式似較偏好為民營化、高科技與使用者付費的方式，而非寄望由政府機構從事公共醫療、直接或間接的給付，尤其在專業醫療院所的治理模式下，更加強調使用者付費制度。又如在勞工的保險政策中，企業雇主較關心提供受傷害勞工的合理賠償，相對的，漠視了工廠安全設計與職災防護措施。

4.利益和權力結構的維繫，是透過組織或組織間的政策部門來負責：政策部門的組合除了來自組織或組織間的權威關係、功能性互賴與分工外；更包括非正式團體間彼此在日常業務、分享假定、共同關懷、透視問題的方法及利益分享上，形成所謂的

「行動邏輯」(logics of action)。這種互賴性的連結非但是權力資源的重要基礎，且讓權力的形式呈現出「政治的性質」，致使公共政策極有可能淪為特定利益團體的「守護神」，而呈現出「階級利益」(class interest)。例如在美國推動健保或所得維持政策時，有錢者或資本家會組成各種形式的聯盟結構，並施展各種手段，來對抗社會弱勢團體，俾於政策制定中獲取特定的利益。

總之，邊森和魏柔對於分析公共政策的特色，在於將政策制定與執行置放在廣泛的政經體系下，透過整體社會形態（資本主義）的運作規則、政策部門的聯盟模式、行動典範以及利益和權力結構，來觀察組織間的往來互動，這是一般討論政策分析的書籍有意或無意忽略的，雖然不是一個劃時代的發現，卻也多少提供了政策分析的另一思考方向。茲就其論述結構簡要說明如圖 6-4 所示：

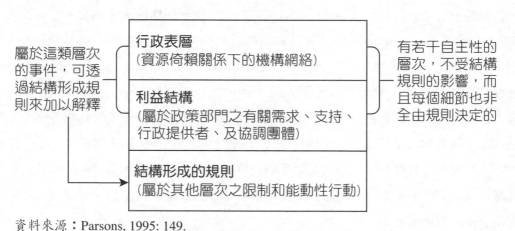

資料來源：Parsons, 1995: 149.

圖 6-4　邊森的政策部門模式

為更能說明此一總體性政策分析模式的特性，特舉一個例子說明之。在美國的政治運作上，有一種奇特的現象，那就是行政組織有時會因作為利益團體的利益守護神，轉變成「俘虜性組織」(captive organization)。其中又以美國「軍事－工業複合體」(the military-industrial complex) 最為人所熟知。美國著名經濟學家高伯瑞 (John K. Galbraith) 就曾這麼描述：「美國國防部五角大廈，在武器的研究發展和製造，深深受到諸如洛克希德、麥道公司等利益團體的影響，國防部的行政首長雖然名義上是海陸空三軍的領導人，但他們通常都扮演虛位的角色，實際上的控制力量，往往仰賴軍火或國防公司的合作或首肯。甚至，這些資深官員和高級文官一旦退休後，即被延攬，

轉往國防工業任職或擔任顧問之類的有酬職位，成為一個封閉的共同利益圈一分子，是以，要他們依其職責，強烈反對其中的利益運作，幾乎是不可能的。

此外，美國國會及其委員會的角色和功能運作，也和前述情形沒有多大的差別。其部分組織有時也是虛偽性的。尤其是軍事委員會自然會吸收與軍火公司利益密切配合的國會議員加入，而這些議員亦多能獲得高級軍事官員和軍火公司的細心照顧和報酬關照。

例如有些議員透過政治行動委員會 (the political action committees)，廣泛地接受軍火公司的報酬，而紛紛成為他們選區或本州軍火公司和軍火單位的俘虜。就因為這樣，向來批判軍方權勢不遺餘力的加州參議員克蘭斯頓 (Alan Cranston)，仍然發現有必要放 B-2 轟炸機一馬，因為這種軍機可望帶來該選區可觀的收入和就業機會。來自紐約長島的眾議員道尼 (Thomas J. Downey) 是一名極力主張武器管制並具成效的代理人，卻也不得不護衛其國會選區的古魯曼公司軍事生產的前途」。（楊麗君、王嘉源譯，1992: 126–127）

有鑑於行政機關或國會議員太過倚賴國防公司的觀點和勢力，竟而喪失自己的立場，淪為捍衛其利益之守護神，無怪乎艾森豪總統在他的總統告別演說裡呼籲美國人應重視此一問題。基於前述，著名政治學者羅偉 (Theodore J. Lowi) 亦著書《自由主義的終結》(*The End of Liberalism*)，來說明利益結構下的美國民主政治運作現實狀況，亦係有感而發的智士仁人。(Lowi, 1979)

第四節　政策設計

基本上，設計的要義，乃在期盼「前方充滿悸動的發現與再創新的可能」。（杜默譯，2009: 41）邱契曼 (West Churchman) 也曾這麼形容設計：「要言之，設計即是知識靈魂 (intellectual spirit) 的充分解放，因其促使靈魂挑戰無窮盡想像之可能性」。(Jun, 1986: 83；黃曙曜譯，1994: 150) 雖然設計充滿著美好的憧憬，但務實而言，設計乃指構思解決問題的方式，它就像「打造解開鎖的一把鑰匙」。對於設計的解讀，可謂言人人殊。例如對明茲伯格 (Henry Mintzberg) 而言，設計是指利用 SWOT 分析，使內在潛能（獨特能力）和外在可能（環境變化）之間達成相稱的搭配。對米勒 (Trudi C. Miller) 而言，「設計科學」(design science) 是指有助於創造其所要研究標的 (the objects) 而進行任何領域的探究。對林德 (Stephen H. Linder) 和彼得斯 (B. Guy Peters)

而言，設計乃指考量政府運用不同政策工具的能力。亞歷山大 (Ernest A. Alexander) 則將設計視為政策提出替選方案的努力。德雷傑克認為設計是種創造、發展和調整行動路線的過程。(Bobrow & Dryzek, 1987: 219) 綜合上述觀點，政策若為針對政策問題提出未來的前景方向，那麼政策設計應可理解為在特定系絡下，創造可加行動的形式 (an actionable form)，以實現希冀的政策成果。其主要在彰顯以下特徵：(Jun, 1986: 83；黃曙曜譯，1994: 151)

1. 透過思考來區辨不同的行為類型；
2. 試圖判斷何種行為類型有助於特定目標的達成；
3. 與其他心智溝通彼此的想法，從而將想法轉化為行動，來完成設計所要求的目標。

　　基本上，政策設計和建築設計、工程設計有些雷同與差異。就相同部分而言，它們都在特定時空進行有目的的活動以追求價值實現，強調情境系絡的敏感度，使用工具來達成目標，以及特別關注於變動的因素。就差異部分而言，政策設計要比建築設計、工程設計面對著更為動盪的環境、複雜且模糊不清的目標、難以分解成獨立的和可加管理的問題要素，以及派系之間對於價值和利益的對立衝突、不確定性和無法完整的掌控。職是之故，依照巴布洛和德雷傑克的看法，要做好政策設計應重視下列三項要素的組合：價值、系絡和（同時能應用於政策內容和過程之中）形式的創造 (the creation of form)，茲分述如下：(Bobrow & Dryzek, 1987: 201–211)

壹、覺察政策價值

　　每個人在政策議題上均非一張白紙，不太可能沒有自己的價值觀。既不想把價值觀留在家裡，亦不想主張「價值中立」，作個旁觀者，更不想不和他人討論想法，甚至價值的定位可以這麼形容：「價值決定政策，政策決定利害，利害決定心理構思」。所以價值是政策的靈魂，是毋庸置疑的。然而，公共政策的設計，必然會面對許許多多模糊的價值與渴望，例如公平、效率、自由、安全和平等，但需要加以釐清，以提供創造和評估可行動形式的藍圖。一般而言，討論政策價值會涉及三個面向，一是時間：何時應去追求目標？它要維持多久？二是數量：多少算是足夠？更多的價值是否更好？滿意的門檻為何？三是優先順序：那種價值應列入優先考量，並捨棄那些較不重要的？

　　如前所述，公共政策所追求的目標價值經常不是可以量化的、單一的、精確的、靜態的和沒有爭議的，反而是多元的、複雜的、曖昧的、流動的和富爭議的。但不論

如何，政策價值若過於偏頗、傾斜，「針對性」太高，則政策設計恐怕是種「政治謀殺」，誠如但丁 (Dante) 在《神曲・煉獄篇》所云：「惡劣的導引，正是這個世界變壞的原因。」所以迪士尼 (Walt Disney) 在開始建造主題樂園時，除了定位清楚的目標：「創造幸福的產業」而非「創造主題樂園的產業」，「要讓每個離開樂園的人臉上洋溢著與剛進樂園時一樣的笑容」，他更加要求在迪士尼員工們必須奉行四個具優先順序的價值，分別是：安全、禮貌、精彩的表演與效率。萬一在園區裡，雲霄飛車處傳來尖叫聲，明確的「安全」價值觀會驅使員工直奔現場，瞭解情況並做適當處置，而不是說：「我正在實踐『禮貌』的價值，讓遊客開心也是我的工作選項，反正這裡天天都有尖叫聲。」相類似地，我國要在 2025 年成為「非核家園」，以避免核電廠所產生的生態破壞，以及核災帶來的輻射污染之家園損失，為明確的價值觀。但在轉型過渡上，如何避免核機相繼停止運轉所導致能源缺口，以及相關的能源替代及其對百姓、產業、經濟發展和生態造成的衝擊與爭議，有時要透過論證或評判方式來澄清，至少也要經由政治互動的協商來解決。至於年金改革更需要不預設立場，心胸開闊，廣納意見，懂得學習，讓「轉型正義」能夠客觀、明確、合理和公平的達成，避免造成軍公教與勞工階級對立或世代間的誤解，那將是個嚴峻的挑戰，不容輕忽。

貳、掌握情境系絡

　　遠觀方知脈。正如一位司機總不能老是盯著方向盤看，應該把頭抬起來注意前後三百公尺的人事物，才能看清周遭輪廓，而為必要的處置。再者，根據雷默 (Joshua C. Ramo) 的說法，政策設計更需要「觀察那些超乎想像的部分，使其變成可想而知的現象，更應清楚地理解那些突然變成清晰可見現象背景所隱含的危機和可能性」。（杜默譯，2009: 39）然何謂政策情境系絡？它一方面是指讓政策產生作用的外在環境，另一方面則為設計者或相關者採行和執行政策時所面對的政策過程。縱然公共政策的設計過程，通常會去前瞻國家整體的發展需求、依機關任務所欲達成的願景、依法令規範或重要政策文件所應達成的事項，以及環境變遷和民意的期待，但是依照巴布洛和德雷傑克的看法，政策情境系絡還得去注意複雜性和不確定性 (complexity and uncertainty)、潛在反饋 (feedback potential)、控制 (control)、穩定性 (stability) 以及政策群眾 (audience) 等五種面向，(Bobrow & Dryzek, 1987: 203–207) 分別敘述如下：

　　1.複雜性與不確定性：所謂複雜性，是指在決策體系的環境中，所涉及的不同因

素及其互動。當這些因素和互動需要被放大或縮小檢視時，便會對政策產生一定的影響，使得政策從單純到動態複雜，不一而足。此外，當政策環境可以用理論、公式或知識來說明時，或被明確劃分為容易理解的不同組成部分時，它會變得相當單純。反之，當政策環境無法建構出可信賴的因果機制，或加以分解為分析單元時，就變得相對複雜。尤其是當政策價值和政策方案脫離現況甚遠，遠非我們所能加以理解和預測時，其不確定性便會大幅提高。但依明茲伯格得出的分析，即便是一個複雜的環境也可能是相對穩定的，例如在醫院裡各種科別林立，或在大學裡科系多元，但箇中的學術理論變化不會太大，相對穩定。

　　2.潛在反饋：複雜性和不確定性可以透過良好的反饋機制來改善。反饋是指政策體系利用決策執行結果之資訊來導正未來決策的機制，所以反饋應該是即時的、明確的、正確的和全面的。此外，反饋的品質通常取決於下列因素：政策涉及有形與無形之價值、識別政策因果關係的難易程度，以及提供資訊反饋者之利益和能力等。如果政策資訊經常遭到扭曲，或不利的訊息常被漠視時，那麼政策判斷的品質就會下降。

　　最後，反饋機制會帶給相關行動者分享彼此的工作理念與經驗，進而更精確地定義社會實際狀況。基此，詹士區 (Erich Jantsch) 認為政策過程是一種持續不斷的學習過程，透過大量的互動反饋，能夠將我們及我們的理念與世界實體聯結在一起。(Jun, 1986: 83) 可見政策可因良好的反饋而得到有效的傳達，並獲得有力聯結和矯正機會。

　　3.控制：就政策的運作而言，採納一個有效的政策方案，應該考慮目標與方案間的因果關係，並讓該方案在執行階段被忠實地實踐。然在實際的政策世界裡，要達到完全的控制實屬罕見。因為阻礙控制的因素很多：派系的衝突、官僚的裁量權、政策過程的垃圾筒傾向、偶發的事件、甚至是前述的複雜性、微弱反饋等。為使政策採取單純、果決、敏銳的行動，以解決複雜的難題，美國海軍陸戰隊便針對「決策恐慌症」(decidophobia)（想要蒐集更多資訊的傾向，反而拖延了艱難的決定），而研發了「70%的解決方案」：如果你掌握了 70% 的資訊，做了 70% 的分析，有了 70% 的自信，那就著手進行吧！(Starling, 2008: 265；陳志瑋譯，2015: 283)

　　4.穩定性：公共政策的環境，始終圍繞在從穩定到動態的循環。在某些政策議題上，相關的行動者和利益，是明確界定和始終不變的；然在其他議題上，行動者卻以不可預知的方式，在機會選擇間不斷地跳動（如同前章所述「垃圾桶模式的鬆散連結」）。這些動態因素，包括政務官員的離職與重新任命、議題關注的循環、經濟結構

的變化、精英分子的鬥爭和科技的改變等。受到它們的影響，所以要找到適當的可行方案之困難度也會提高。

5.政策群眾：政府以公權力介入政策問題，往往會對許多人造成影響，有人受益，有人受害。在公共政策的用語上，標的人口 (target population)、利害關係人 (stakeholder) 以及議程設定者 (agenda-setter) 是三個常用的概念。

標的人口乃指因政策執行而直接受影響之個人或團體；利害關係人則是受到政策直接或間接、有形或無形、正面或負面影響的所有人員。利害關係人包含標的人口，但其範圍比標的人口要更為廣泛。例如我國目前長期照顧政策的標的人口主要是 65 歲以上身心障礙的老人，而平常照顧這些老人的子女並非標的人口，但他們卻是利害關係人，可以得到政府提供的「喘息服務」。（國家文官學院，2016: 9–10）

至於議程設定者意指在政策制定過程中，具備議題主導能力、占據關鍵性決策，或具行政指導的制度性參與者。依照金頓 (John Kingdon) 的看法，他們可分為政府內部與外部兩種。內部的包括總統及其幕僚、官僚體系以及國會。而外部的則包括利益團體、專業社群、媒體、政治團體（政黨等）以及一般民眾等。（國家文官學院，2016: 10）

參、選用備選方案的適當途徑

當政策價值得到澄清、政策情境系絡被釐清後，就須考慮適當的方案途徑以解決政策問題。如何選擇方案的適當途徑，全鍾燮 (Jong S. Jun) 提出扼要的政策設計模式，可供參考。

全鍾燮認為政策設計可以按照相關行動者價值認知的高低程度，以及問題解決與變革的積極或被動程度，分為四種設計類型，如表 6–5：

表 6–5　四種設計類型

價值認知			
問題解決與變革		高	低
	積極	社會設計	理性設計
	被動	漸進設計	危機設計

資料來源：Jun, 1986: 81–97；黃曙曜譯，1994: 147–172。

　　1.危機設計 (crisis design)：所謂危機設計，是指面對著變動和複雜的競爭環境，多數的政策管理者變得被動保守而非積極創新，他們將解決問題的重點置於「化解危機，求取生存」。再者，危機設計既無法促進員工或服務對象的參與，又強調形式主義 (formalism) 的採用，以規章、規則和標準作業程序做為行事的依據，使得決策的制定須透過正式的權威或權力來達成。

　　2.理性設計 (rational design)：管理科學的興起，強調凡事依照專業知識，講究嚴謹的程序和技術，以客觀指標作為問題解決的基礎。專家的觀點和價值被預期是政策目標與方案的最佳決策者，一般民眾的態度和經驗甚少受到考量。(關於理性設計請參考上一章所述的「理性模式」。)

　　3.漸進設計 (incremental design)：漸進設計被林布隆形容為「摸索調適」的科學，除了經驗、想像力、創造力、普通常理和美學外，尚須倚賴談判、磋商、交易和吸納 (cooptation) 等政治技巧。全鍾燮更以如下的描述來說明漸進設計：和諧地達成目標、傾聽聲音、感知情境的「感覺」、將複雜因素彼此整合，以及把全部成果融為一體。(Jun, 1986: 86) 基本上，漸進設計的重點並非「誰制定決策」，而是讓參與者說服其他行動者，利用「相互調適」(mutual adjustment) 逐漸開展以解決問題、價值和權力的歧異。(有關漸進設計亦可參考上一章及本章有關林布隆、魏達夫斯基的相關論述。)

　　4.社會設計 (social design)：社會設計是將理性設計與漸進設計、科學與藝術結合而產生的一種新架構。問題解決與變革的發展是社會設計的精髓，透過行政人員、專家、政務官員、社團及服務對象間，對特定議題的互動、對話與相互學習，來制定可行方案，強調不同理念、經驗與社會知識的意義，並藉由分權來促成責任分擔。專家的知識雖受到重視並加採行，但專家的投入須經過詳細的審查與討論；相反地，經驗性的知識及其他參與者的直接感受，尤其公民參與，在社會設計的過程中更扮演著舉足輕重的角色。有鑑於社會參與的重要，雷默曾言：「我們需要的是既可適應世局變化，又可普及為數百萬人的參與，並建立此種變革有益、持久和永續的架構。……少了這兩個要素，上焉者產生無力的挫折感，下焉者淪為恐慌。」(杜默譯，2009: 33)

　　茲將理性設計、漸進設計與社會設計的比較，列表 6-6：

表 6-6　理性設計、漸進設計與社會設計的比較

設計焦點	理性設計	漸進設計	社會設計
設計者	專家	具影響力的政客	多樣的行動者
目標	長期的	短期的	短期的／長期的
權力基礎	技術的知識	政治的知識	責任分享
設計焦點	理性的／技術的	漸進的／功能的	社會的／互動的
指涉架構	客觀、理論、秩序、行為	主觀、情緒、政治互動	交互主觀、參與、互動／行動
研究方法	價值中立、量化分析	價值介入、計質評估	價值批判、量化與質化並重
活動	研究、評量、理性規劃	領導技能、共識建立	對話／開放性溝通、相互學習、理論實踐
過程	理性的／機械的	神話的／調適的	演化的／創新的

資料來源：Jun, 1986: 86, 90.

　　遺憾地，雖然全鍾燮建構了政策設計的四種模型，但他認為危機設計是種靜態被動方式，顯然錯估了現代恐怖主義的興起與蔓延，以及時常得面對各種突發狀況的危機情境。再者，在理性設計中，對於市場機制亦欠缺著墨，亦顯缺失。雖然市場是以自我利益為出發，但若以為市場缺乏公共利益的概念，就會和社會設計沒有自我利益的空間犯下同樣錯誤。幸好，全鍾燮論述的不足，恰可在史東 (Deborah Stone)《政策弔詭》(*Policy Paradox*) 一書中加以補足。在史東看來，政策設計大致區分為：理性計畫 (the rationality project) 與城邦模型 (the polis model)。理性計畫又可分為：推論模型 (a model of reasoning)、社會模型 (a model of society) 和政策制定模型 (a model of policy making)。（朱道凱譯，2007: 39–48）其中，推論模型約同於理性設計，社會模型是市場模式的寫照，政策制定模型像似危機設計，城邦模型有如社會設計。透過這些設計模式的理解和選用，政策問題的解決又進了一大步。

肆、應用適當的備選方案途徑

　　當然，選擇了適當的方案途徑之後，緊接著的步驟便是應用適當的方案途徑了。

惟在應用之前，為了對抗「虛偽的精確」和「錯誤的確定」❹，仍應仔細辨識和檢視以下相關要點：

1. 對問題和績效目標的解釋：政策設計人員必須學會問對的問題，及瞭解政策的目標和價值所在。

2. 認識和蒐集所需的資訊：藉由資訊的蒐集與分析，以導引決策者作出正確判斷的真實理解能力。

3. 發現和推論政策方案：透過類推比擬、歷史紀錄、案例分析、標竿學習、甚或創造力等來設計替選方案。

4. 評估和比較政策方案：設計者應該透過下列問題的回答來助益備選方案的釐清：就價值成果言，替選方案的最佳結果是什麼？最壞結果又是什麼？這二者發生的可能性有多少？從事這類判斷可能會犯下那些的差錯？不確定性又如何？具備清楚而快速的反饋迴路嗎？是否還有其他更具競爭性的方案？

5. 論證的建構：當從事建設性、批判性的對話，才會有助於對政策價值、目標、架構、途徑、方案與工具的清楚認識，甚有可能，在正反對立的辯證中得到解決方案的啟發與整合。

　　綜合上述的論述，其實有關政策設計的基本理念在上一章「行政決策」和本章的討論裡已有不少的介紹。在此扼要歸納如下：政策設計像極了病理的診斷，須在現象與原因之間反覆查察，以找到真正問題的原因，從而設定有意義的目標和明確的價值觀，並從情境系絡裡看出政策問題的關鍵，從而擬定處理政策的途徑，發展和推論政策替選方案，透過論證方式選擇替選方案並執行之。不過，在結束政策設計的討論前，筆者再次引用史東的一段話，作為提醒。史東說道：「政策故事（象徵）是策略工具，政策制定者及利益團體常製造問題（在藝術意義上），替他們想要採取的行動建立背景依據。這不是說他們實際造成傷害和破壞，好讓自己有事可做，而是說他們描繪世界的方式，使他們本身、他們的技能及他們偏愛的行動路線，為政策行為所不可或缺。」（朱道凱譯，2007: 221–222；Stone, 1997: 162）但是，個人擔憂的是，以政策設計之名，創造出一連串的偽裝，來讓不少人遭受悲傷和痛處。一個不正當的政策設計，無疑是場謀殺，是個「政治鬥爭」的工具，是項「政治清算」的準備工作。政策設計變

---

❹　此處的用語，是採用孟格 (Charles T. Munger) 的形容。當談到投資原則的檢查清單，他提到謙虛要件的神髓：抗拒追求「虛偽的精確」和「錯誤的確定」的慾望。（李繼宏等譯，2011: 85）

成「政策詭計」。這樣的形容或許有幾分危言聳聽，卻有幾分真實。所以筆者非常同意威爾遜 (James Q. Wilson) 的一段話：「公共政策的妥當設計，必須要對人的本質有清楚且冷靜的理解。」否則，魔鬼不僅藏在細節裡，也藏在抽象思考中。（高忠義譯，2014: 27, 60）

第五節　政策（方案）執行

「政策／方案執行」，這個課題在過去常為公共政策學者所忽略，蓋因一般均認為政策一經制定或法案一旦通過，執行殆無疑問，必然水到渠成。但事實上，許多政策之所以失敗，關鍵便是在執行的環節上出了問題。普瑞斯曼 (Jeffrey L. Pressman) 和魏達夫斯基 1973 年的名著《執行：聯邦政府的期望在奧克蘭市落空……》(*Implementation: How Great Expectations in Washington Are Dashed in Okaland; Or,...*)，即在指陳政策執行往往成為政策過程中「欠缺的一環」(the missing link)，並導致政策失敗的主因。故此書一經付梓，便引起極大的迴響，討論政策（方案）執行的書籍與文章，如雨後春筍般的出現。

關於政策（方案）執行的意義，一般泛指具法律責任的行政人員，為既定的政策擔負起實際的執行，惟現代的政策執行還包括私部門、第三部門和社群涉入的跨域行動。所以，普瑞斯曼和魏達夫斯基就將執行界定為：「介於設定目標及達成該目標行動之間的一連串互動過程。執行的成功與失敗，並不只是依賴於實際目標的設定得當與否，更加依賴眾多行為者和組織單位間的互動。」芮恩 (Martin Rein) 亦認為「本質上，政策和行政是不斷融合的，政策目標在執行過程中的每一階段會被重新的界定與釐清。」(Jun, 1986: 233)

就此看來，執行照字義而言是指實行、達成、實踐、產生、完成，「不走向山，如何登山？」但要深入透視深層的核心，還會論及上文所述的國家角色、利益與權力結構等。惟為敘述方便起見，本節擬就政策／方案執行模式、政策／方案執行機制，以及政策／方案執行的檢查清單分別予以說明。

壹、政策（方案）執行模式

有關政策（方案）執行模式，可以分就政策制定與執行的權力嬗變，以及執行組織的內部運作加以分析。就前者而言，權力有如輪軸，當它靜止不動時，權力像似握

在決策者的手中；當它轉變時，權力又似悄悄然地流向執行者身上。這種權力的流轉可在中村 (Robert T. Nakamura) 與史謨伍德 (Frank Smallwood) 建構政策制定與政策執行的五種互動模式中加以發現，茲敘述於下：(Nakamura & Smallwood, 1980: chap. 7)

一、傳統技匠 (classical technocrat) 模式

政策制定者不但規劃詳細的政策目標，並且樹立嚴明的指揮監督系統，以確保目標的履行。而政策執行者猶如一位被指派的技術人員，按圖索驥，以合乎要求的程序、技術與手段去達成。因此，政策若無法成功，應可歸因於缺乏必要的技術知識與執行態度，而非來自政治的緣故。

二、指導性授權 (instructed delegate) 模式

政策制定者雖詳述政策目標，但留給執行者部分的裁量權，去決定以何種合理手段來達成，是以，執行者擁有對執行方法、手段和程序的選擇。在此情況下，政策的失敗除了缺乏足夠的專業技能外，可能導因於不同執行者對於達成目標的手段發生爭議。

三、協商者 (bargainer) 模式

政策制定者雖然陳述目標，但與執行者的認知並非一致；甚至在執行手段上亦有可能發生爭議，因此政策制定者與政策執行者雙方會就目標與手段進行交涉協商。在此情況下，政策失敗的原因，主要來自政策制定與執行者未對目標給予確認而發生誤解，甚至將政策資源援為己用。

四、裁量性實驗者 (discretionary experimenter) 模式

政策制定者由於缺乏專業知識，及受到環境不確定與複雜性的影響，只能就目標方向約略陳述，而無法予以明確的規範。授權的執行人員可以在概略的約束下，擁有較多的彈性去發展政策目標與手段，像似實驗室裡的實驗。這也可能導致政策的失敗，除了上述專業知識的不足、政策本身的模稜兩可和執行人員的陽奉陰違外，政策執行者和政策制定者之間的職責劃分不明亦為一個主要原因。

五、科層官僚企業家 (bureaucratic entrepreneur) 模式

執行者不但規劃本身的目標與執行活動，而且動員政治支持，迫使政策制定者屈從。由於執行者控制了整個政策過程，使得解釋政策的失敗又增添了另一個因素：即執行者的權力不受政治體制的牽制，導致所謂的「政策僭越」(policy preemption)。

從上述五種政策執行模式的權力分析裡，不難看出從傳統技匠模式到科層官僚企業家模式，整個權力關係剛好走了一圈。起初是政策制定者對政策過程享有完整的權力，到最後，執行者不但壟斷方案的執行，也主導政策的規劃。這種權力轉折不禁令人想起民主治理到底「由誰領導？——是政治人物或行政官僚？」的議題。甚至用「賽局」(game) 來形容政策制定與政策執行的權力轉移亦不為過，整個政策過程可說是充滿著「交涉、說服與操作」的遊戲，因此有必要將注意力擺在參與者、參與者的賭注、策略和戰術、掌握的資源、遊戲規則以及賽局結果的不確定性等。(陳志瑋譯，2014：421) 甚至即使是政策執行過程還充斥著如：門面主義、抗議、謀叛、地盤、卸責、頑強抵制、建立王國、賺取好賺的錢、建立聯盟及專業技術的遊戲等。(陳志瑋譯，2015：421–422；林金榜譯，2006：332–334) 有鑑於此，拉斯威爾曾這麼的形容道：「雖然立法機關通過為數可觀的法規，或行政機關發布無數的命令，但它們對社會持續存在的政治狀態並沒有什麼改變，這是政治魔術角色的概略指標。」(Dunleavy & O'Leary, 1987: 181–182)

政策執行的另一模式，另可從執行組織的內部觀點來分析。艾摩爾 (Richard Elmore) 在〈社會方案執行的組織模式〉(Organizational Models of Social Program Implementation) 一文中建構了四類型的執行模式，提供有用的參考：(Elmore, 1978; Hudson & Lowe, 2004: 209–211)

一、系統管理 (systems management) 模式

此一模式係前述「傳統技匠」模式的延伸。它屬於傳統理性論的觀點，是種由上而下的執行方式。不過根據艾摩爾的看法，即使再複雜的組織運作，仍須將部分權威下授給實際達成目標的工作人員，他稱此一現象為「次最適化」(suboptimisation)。惟裁量權的授與並非漫無限制，要唯量是問。因此高階管理者有必要去劃定裁量權行使的範圍，監督次級單位的績效，及處理「外溢效果」與可能的錯誤，並讓低階人員能

依中央決策來執行。因此，執行的失敗可歸因於部屬未能認清執行績效的缺失所導致。

二、官僚過程 (bureaucratic process) 模式

相對於系統管理模式，此一模式強調由下而上的執行觀點，賦予實際執行者若干程度的裁量權，讓其發揮判斷能力。由於基層人員的作為，動輒影響民眾的權利，所以艾摩爾這麼的形容：「從顧客的觀點，基層行政官僚像極了政府」。然在另一方面，基層人員每碰到民眾的問題，總想方設法找尋行政慣例或樣板方式以為因應，這種例行常規長此以往容易滋生制度惰性。再者，因為基層官僚的工作性質常與顧客利益緊密結合，進而建立長期的互惠關係，讓變革的推動難上加難，此為政策執行缺失的另一要素。

三、組織發展 (organizational development) 模式

此一模式認為政策管理者與基層員工之間是否建立和諧關係，對於政策或方案執行至關重要。原因是管理者與基層人員雙方都渴望從組織中獲取資源、溝通回饋、彼此互利並建立信任。由於此一模式關心個人在組織的發展並擴大服務傳送的效能，而非在意組織「高層」與「低階」的差別，故其缺失，並非來自控制的問題或官僚的例行公式，而是組織與員工的共識不足，或員工缺乏服務熱忱所致。

四、衝突和交涉 (conflict and bargaining) 模式

相對於其他三種模式，此一模式較關注於權力的議題。當組織昧於變遷，部門爭取權力各自為政，員工又欠缺政策指示，彼此共識尚未達成時，組織內部就易生歧見、彼此傾軋。影響所及，政策或方案執行成為利益衝突的競技場，也變成爭議解決的交涉場。雖然機關不必全然拋棄政策目標，但勢需有所調整，以融合各方的利益。所以執行的成功與否，不在於對政策方案或政策目標獲致完全的合意，而係藉著衝突與交涉過程提供爭議的化解。

有關艾摩爾系統管理、官僚過程、組織發展以及衝突和交涉四種模式之比較，請參考表 6-7。在這之中，系統管理講究嚴格控制、官僚過程著重彈性裁量、組織發展強調建立共識、衝突和交涉模式鼓勵談判妥協，不過這四種運作方式卻深藏著有效執行的運作之道：在控制－彈性、共識－衝突間取得平衡。

表 6-7　艾摩爾的社會計畫執行模式

	系統管理	官僚過程	組織發展	衝突和交涉
核心原則	理　性	自由裁量；例行公式	自主；透過員工達成控制	行使權力；競爭
權力分配	集中的	分散的；片段的	責任平等	不穩定的和分散的
決策制定過程	次最適化	漸進主義	具強烈的人際關係之工作團隊	解決衝突的談判
執行過程	監控；順服	改變既定的工作實務	建立共識	不同利益的爭議化解

資料來源：Hudson & Lowe, 2004: 210.

貳、執行的機制

　　就現代的行政來看，政策或方案的執行常會涉及三個領域：國家、市場與公民社會，連帶地，執行的機制也因而分為層級節制／官僚體制 (hierarchy/bureaucracy)、市場 (market)、社群／網絡 (community/network) 三類。如圖 6-5 所述：

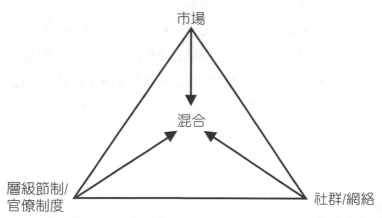

資料來源：Parsons, 1995: 493.

圖 6-5　政策傳遞機制的混合

（一）層級節制／官僚體制

　　迄今在多數國家，大部分的政策或方案執行和服務傳達仍多由官僚體制負責，並

藉由命令和控制層級去達成。像這種觀點的討論，以岡恩提出「完美執行」的十個要件最負盛名：(Ham & Hill, 1994: 98–99)

1. 外圍環境不會對執行的組織強加阻撓；
2. 須有充分時間與足夠資源可為政策使用；
3. 不僅政策所需的所有資源沒有限制外，連執行的每個階段所要的資源組合亦能隨時提供；
4. 政策執行是植基於有效的因果理論之中；
5. 因果關係是直接的，如有干預性的連結 (intervening link) 則要使其微乎其微；
6. 由單一的機關而非倚賴其他機關來執行政策或方案，比較容易獲致成功，因此若有其他機關非涉入不可，則倚賴關係在數目上和重要性上應維持最低量；
7. 對於擬達成的目標應有完全的瞭解與同意，而且此一條件必須能持續於整個執行過程之中；
8. 在朝向既經同意的目標時，能夠闡明並以完整順序說明每位參與者所應履行的任務；
9. 對政策所涉及的不同因素應有完整的溝通與協調；
10. 取得權威並得到完全的順從。

惟細究言之，岡恩對於官僚執行政策或方案所述的十項要件，在內涵上比較符合由上而下的執行方式；再者，政策或方案執行難免遭遇到以下的問題情境：由下而上而非由上而下的方式；複雜的聯合行動而非單一機構的行動；基層人員的裁量權而非層級式的命令指揮；聯盟交涉而非「一條鞭」的管控。因此，政策的「完美執行」僅係理想情境，實際的政策執行實很難擺脫普瑞斯曼和魏達夫斯基所陳述的執行失靈的總結觀點：參與者的多樣性和觀點的歧異性。(陳志瑋譯，2015: 419)（有關官僚體制的執行特徵，請參見本書第二章，於茲不擬多贅。）

至於政府可應用那些工具來從事政策或方案執行，依休斯 (Owen E. Hughes) 之見有四：(1)供應 (provision)：政府經由預算供應財貨或服務；(2)補助 (subsidy)：政府以經濟手段協助某一對象，提供政府所希望的財貨或服務；(3)生產 (production)：政府生產財貨與服務，再以「使用者付費」方式在市場中販售；(4)管制 (regulation)：包括利用國家的強制力，允許或禁止私經濟中的某些活動。(呂苔瑋等譯，2006: 115) 然在史達林 (Grover Starling) 看來，執行工具大抵分為管制、服務、金錢和稅賦四類。與休斯觀點頗為相似，只是稅賦較為特殊，稅賦乃指藉由租稅工具以鼓勵或抑制某些行為。

（陳志瑋譯，2015: 423）

（二）市　場

　　來到二十世紀末的近二十年間，有關政府角色和政府規模的爭論，仍然持續著，但是政府／官僚體制不應作為政策或方案執行的唯一方式，卻有一致的共識。尤其對那些信奉新自由主義者或公共選擇理論家而言，市場雖是一群分裂的、沒有共同生命的人聚集在一起，各人都有自己的偏好，卻能透過互相交易以增進個人福祉。（朱道凱譯，2007: 4）因為自由市場是活絡經濟的基礎，是以公共財或服務的提供，應將部分提交私部門負責，甚至師法於私部門，達成顧客的滿意。（利用市場機制以提昇政府效率的理論與實踐，可參考第二章新公共管理或政府再造的相關分析，不擬多贅。）於是利用民營化 (privatization) 方式提供公共服務雖非解決公部門難題的萬靈丹，但它儼然成為現代執行政策的工具之一。

　　民營化這個名詞一直到 1983 年才出現在字典中。史達林借用薩巴斯 (E. S. Savas) 的界說將民營化定義為：在活動進行或者資產擁有權上，降低政府的角色，或者提高私部門角色的一種行為。（陳志瑋譯，2015: 422）在此一寬泛定義的基礎上，史達林繼而將民營化描述為如圖 6–6 的連續性活動：（Starling, 2008: 398–406；陳志瑋譯，2015: 422–432）

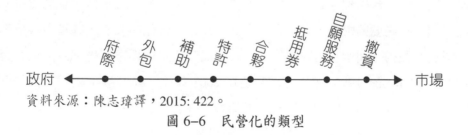

資料來源：陳志瑋譯，2015: 422。

圖 6–6　民營化的類型

　　唯嚴謹以觀，上述民營化範疇略顯寬鬆，似可將它限縮在外包 (contracting)、補助 (grants)、特許 (franchises)、公私合夥 (public-private partnerships)、抵用券 (vouchers) 和撤資 (divestiture) 等方式上，而排除府際活動與自願服務。因為府際活動涉及到不同層級政府的權力關係，公權力作用相當明顯；而自願服務多屬非營利組織的範疇，在性質上歸為網絡治理似更為恰當。

　　1.外包：公部門將各種財貨和服務外包給私部門和非營利部門。外包方式有二，一是祕密競標 (sealed bidding)：讓所有競標者站在相同立足點，標案發包給標價最低

者（政府採購價格標，最低價者得標）；另一是競爭性交涉 (competitive negotiation)：負責採購的單位並非考慮成本因素，而是與有管理經驗、技術和績效的廠商來進行競爭性談判（亦即政府採購公開評選，採最有利標方式進行）。

2.補助：它是一種形式上的給與，附帶地使受贈者負擔某種義務，而也讓贈與者能提出要求。

3.特許：政府指定某私人企業為特許供應者，而顧客通常僅能在某種特定價格下去購買該物品或服務。

4.公私合夥：公私部門共同承擔風險和責任，以滿足特定關鍵社群的需要。

5.抵用券：在補助制度中，政府補助生產者，並限定持抵用券顧客只能選用被補助的私人企業所提供的產品和服務。

6.撤資：政府將其資產或事業賣給企業廠商、社會大眾、管理者或者員工，再不然，就是合資企業 (joint venture)，政府或在不同階段各釋出一部分股權；或引進私人企業投入資本、知識，並承擔營運責任，掌控而獲得一半股權等。

最後，有關爭議不斷的民營化作為，擬以經濟合作發展組織 (OECD) 和自由主義市場經濟學泰斗傅利曼 (Milton Friedman) 的看法作為總結。經濟合作發展組織認為「應該鼓勵公共行政人員引進民營化 (市場類型機制)，以改進資源分配效率和節省公共支出。唯民營化（市場類型機制）若設計不善、補貼不足和施行不當，它們幾可確定不能達成目標。把必要的財務、人力和技術資源投入民營化的設計，應被視為是健全的投資，但這需要告知民眾和利害關係者，有關民營化（市場類型機制）的性質與作用以為補充」。(Parsons, 1995: 509) 另傅利曼在 2001 年的一篇訪談中提到，他昔日對那些正從社會主義制度轉型的國家只有三點建議：「民營化、民營化、民營化」，如今他坦承，「但是我錯了，後來的發展顯示，法治可能比民營化更為根本。」（閻紀宇譯，2005: 47）由此可見，民營化的市場機制確實能發揮貼近民眾需求、滿足顧客偏好的效用，但也要受到條件的限制。

（三）社群／網絡

既然利用市場管道來提供公共服務，會產生如弗格森 (Robert A. Ferguson) 所言的弊端：當一個人被化約到別人的「市場理論」裡，而無法加以參與，就會「祛除了對人類完整潛能的關注」，（高忠義譯，2014: 214）那麼目前政府利用社群／網絡來從事服務和產品的提供，就不再像二十世紀末期被當成那麼新鮮的事了。尤其是第三部門、

非營利組織的日益蓬勃發展，益讓政策（方案）執行有了社群／網絡從旁協助或替代。根據史達林的分析，網絡組織蔚為風潮原因有二：首先，現代社會所面臨的問題複雜性，是單一組織很難處理的；其次，電腦科技與通訊技術的發達引發數位革命，使組織之間的聯繫變得更為快速與容易。（陳志瑋譯，2015: 346–347）

　　利用非營利組織來解決公共問題具有以下特徵和優勢： 1.一如多數政府部門，非營利組織主要為服務取向； 2.非營利組織可以成為政府部門與服務對象之間的橋樑，例如它提供公共參與的管道； 3.自願性組織是行動取向：透過它們直接將服務提供給服務對象； 4.較諸企業或政府組織，非營利組織的結構較少層級節制（甚至無層級節制）。若再以組織的生存與學習而言，彈性也是非營利組織的一項強項； 5.非營利組織通常用來作為檢測創新理念或社會實驗的替代場所； 6.非營利組織扮演著捍衛公共利益的角色：不僅關切公共組織的服務和產出品質，更密切注意它們對消費者或社會造成的影響。(Jun, 1986: 117)

　　至於網絡管理觀點和古典管理觀點的比較，可參考表 6-8 的說明：綜合來看，網絡管理並不像官僚制度是在穩定環境下運作，而是發生在變動的環境中；多元行為者的參與，問題的變化不定，讓協調工作、流程管理、網絡建構變成主要的軸心，而非指揮控制；選擇策略夥伴與處理調適性的複雜成為網絡管理的策略。（關於網絡管理可參看第二章「治理」的相關論述。）

表 6-8　古典管理與網絡管理的比較

觀　點	古典觀點	網絡觀點
組織情境	單一的權威機構	分立的權威機構
目標結構	活動是由清楚的目標和界定良好的問題所導引	問題和目標的界定來自不同和不斷的變化
管理者的角色	系統控制者	調和者，流程管理者，網絡建構者
管理任務	規劃和指導組織流程	導引互動和提供機會
管理活動	規劃，設計，領導	選擇行動者和資源，影響網絡條件和處理策略性的複雜

資料來源：Hudson & Lowe, 2004: 216.

最後，有關政策（方案）執行機制的總結討論，筆者擬提供四點淺見作為補充：

1.執行機制雖分為官僚體制、市場與網絡三種，但執行時它們並非各自分立，而是混合使用；

2.赫希曼 (Albert O. Hirschman) 在其經典著作《離開、說話與忠誠》(*Exit, Voice, and Loyalty*) 提及人類遇到與自己價值觀衝突時，有三種方式可供選擇：一是退場，離開是非之地；二是發聲，表達觀點；三是忠誠，團結和諧。若將此三種方式與上述的三種執行機制加以連結，就會變得很有意義，不妨參考表 6-9 的說明。

表 6-9　國家、市場和公民社會之間若干差異

領　域	管制的主要形式	協調的主要形式
國　家	發　聲	指揮和控制層級
市　場	離　開	競爭性的市場
公民社會	忠　誠	協力網絡

資料來源：Benington, 2011: 37.

3.政策（方案）執行若依此官僚、市場和網絡三種機制來進行，則其評量標準將會介於抽象的公共利益與具體的獲益之間，並著眼於可見的公共價值 (public value)，重視政策（方案）的結果與過程，是否能為社會大眾或利害關係者帶來實質的作用或有用的價值；

4.根據歐斯朋 (David Osborne) 與蓋伯勒 (Ted Gaebler) 的分析，公部門、私部門和非營利部門各有其較適合的執行任務之分工。政府重視政策管理、管制、落實公平性、防止歧視、防止剝削和促進社會融合；私部門傾向達成經濟任務、投資任務、創造利潤和滿足自我；非營利部門講究社會任務、需要志工人員的投入、創造利潤不多的任務、促進個人責任、社區推廣和促進對於他人福祉的承諾。（陳志瑋譯，2015: 424–425）這樣的分工圖像雖非精確，卻可為上述三種執行機制提供有用的參照。

參、政策／方案執行的檢核表

事務運作自有其邏輯，但有時結果卻非我們意料之中，所以政策（方案）執行須要有檢核表，以確保如實地進行。孟格就曾告誡我們：「聰明的飛行員即使才華再過人，經驗再豐富，也絕不會不使用檢核表」。（李繼宏等編譯，2011: 83）他在談論投資原則檢核表時，亦一再告誡我們：「凡事反過來想，常常反過來想」，認為許多難題

只有在逆向思考的時候，才能得到最好的解答。也就是說，要解出 X，得先研究如何才能得到非 X。基於這個提示，對於政策（方案）執行實有必要研究它最後為何會失敗。有關此者，杜拉克 (Peter F. Drucker)、基歐 (Donald R. Keough) 與全鍾燮等均曾就執行失敗或不力因素提出分析，頗可作為擬訂政策（方案）執行檢核表的論據前奏。

　　早年著名管理學大師杜拉克在其〈行政的致命傷〉(Deadly Sins in Public Administration) 一文中，曾經力陳行政之所以績效不彰的六大因素：(Drucker, 1980: 103−106)

1.政策目標太過理想，缺乏明確衡量的標準，充其量僅為一模糊的口號；

2.政策想畢其功於一役，不思建構優先順序並予以堅持；

3.政策相信「大就是美」(fat is beautiful)，不顧其過重負荷；

4.政策缺乏實驗，太過教條，沒有學習不同方式之創新勇氣；

5.組織與人員不能從經驗中加以學習，亦不做前瞻性的思考，並對期望的結果加以反饋，以致未能發現自己的能力限制、缺失與盲點；

6.行政人員不能及時放棄過時事物，逕自盲目擁抱。

　　再者，曾任可口可樂公司總裁兼執行長基歐在 2008 年出版《企業失敗的十一誡》(*The Ten Commandments for Business Failure*)，便開宗明義說道：「在商場上打滾了半輩子之後，我從來沒辦法整理出一套法則，或是一步步循序漸進的公式，能保證做任何事都會成功，更別說是在企業這樣一個充滿動態和多變的場域裡了。」相反地，當他提到企業為何失敗，便自信滿滿地說道：「只要你遵行其中一個或多則誡律，就一定會失敗，不然至少也已經站在失敗起跑點，踏上通往最終失敗的墮落路徑。」基歐歸納企業失敗的誡律如下：（齊立文譯，2009）

　　　　第一誡　若要失敗，就要放棄冒險；

　　　　第二誡　若要失敗，就要不知變通；

　　　　第三誡　若要失敗，就要孤立自己；

　　　　第四誡　若要失敗，就要死不認錯；

　　　　第五誡　若要失敗，就要遊走在道德尺度邊緣；

　　　　第六誡　若要失敗，就要別花時間思考；

　　　　第七誡　若要失敗，就要盡信專家和外部顧問；

第八誡　若要失敗，就要熱愛官僚；

第九誡　若要失敗，就要語焉不詳；

第十誡　若要失敗，就要害怕未來；

第十一誡　若要失敗，就要對工作與人生失去熱情。

全鍾燮亦對政策執行不力加以指陳，認為以下因素是關鍵之所在：(Jun, 1986: 232–238)

1.應用錯誤的理論於政策設計：政策設計如無適當的理論為基礎，政策執行將難有所成，甚至是越做越錯。若能採用「情境描述」(scenario writing) 來補正，不失為有效的校準。

2.不必要的層級：政策執行若是遇到層級過多或太過複雜，將帶來行動和權限的爭議及程序的混亂，因而癱瘓了整個執行過程，帶來嚴重的執行落後。

3.缺乏交互主觀性與對話：行為者間交互主觀性的程度高低，可能影響其執行的意願及承諾，也會改變計畫的設計。

4.行政裁量權的問題：政策制定者對政策過程常抱持在適當時機通過法律即可，再由行政人員考慮執行細節的觀念。不幸的是，授與大量的裁量權，會造成「有政策無法律」(policy without law) 的窘境。

5.缺乏遵守並順服法令的意願：若人民對政府制定的法律或規定拒絕順服，則預期實現的目標恐怕落空。

6.課責及評估的問題：沒有評估檢討，就很難論斷某一機構是否確實履行責任，是否完成預定目標。至於課責不周，則會讓責任的實踐無心無感。

7.過度濫用管理的技巧：例如美國聯邦政府曾於 1965 年引進規劃設計預算制度 (the planning programming-budgeting system)，成為融合理性設計與績效評估的分析工具。然它在方案成本與效益的計算上過於僵化、複雜與量化，而無助於公共政策的實際運用；況且許多國會議員認為該一制度會讓他們流失對年度計畫的控制與督導權力。

另外，卡特 (Jimmy Carter) 總統實施零基預算制度 (zero-based budgeting system)，希望新的年度每一計畫方案之預算重新歸零。然零基預算制度亦難逃失敗的命運。原因在於行政機關很難基於理性思考，針對每一政策做到逐一的重新定位。

8.執行發展目標的問題：許多發展中國家之發展計畫之所以會執行失敗，可能是

出自中央集權的規劃、缺少各級政府的支持，以及補助者與受補助者之間沒有建立適當權利義務關係等。

綜合上述對執行不力或失靈的指陳，並加入相關執行模式的檢核，不揣提出一份政策（方案）執行的檢核表。然而，應注意的是，如孟格所言：「實際的運用並不會按照檢核表的順序逐一進行，且出現的先後，也與其重要性無關。每個環節都必須被視為整個執行過程的一部分，就像整幅圖案中每個單獨的小色塊那樣。」（李繼宏等譯，2011: 83–86）

⑴政策設計：「錯誤的政策比貪污更可怕」已是慣常的諍言。

　＊具備多元交叉思維「普世智慧」的設計理論

　＊政策指令明確，方案優先順序一目了然

⑵溝通與行銷：「只做不說」已成過去；「傾聽意見」方知問題所在。

　＊傾聽和瞭解他人需求，改正政策缺失或不足

　＊做好溝通、對話、甚至跨域交涉

　＊加強數位科技的技術，建構關係連結

⑶策略清晰：如果「不曉得要去那裡，那麼任何一條路都可以走」。

　＊將使命、策略清楚傳達給員工

　＊專注或聚焦要事，避免備多力分

　＊在核心能力圈作事，別把事情搞複雜

　＊建立關鍵指標的績效考評

⑷完善的作業流程：願景還須一套完整作業程序來實現。

　＊嚴明的標準作業流程，能夠直覺及本能地行動

　＊作業或流程或有漏洞，能及時補正

　＊檢查員工該做的工作，切記：魔鬼出在細節裡

　＊掌握工作時程與時效

　＊備妥危機管理計畫，以防不測

⑸高績效的組織文化：讓文化具有現代感與未來性。

　＊追求具公共價值的卓越

　＊重視誠信是最有價值的資產，認同並投注熱情於自己的角色與作為

　＊負起責任，勇於面對困境與未來

* 求勝心切，不但追求短期成就，更要重視長期成功
* 信守賞罰原則，強化激勵效果
* 努力求知，勇於改正和學習

第六節　政策評估

　　在 1930 年代的霍桑實驗，儼然已具評估研究的雛形。當時，社會學、心理學與管理科學的研究者，十分盛行使用社會科學研究法，以評估各類社會行動方案的成效，不過真正奠定評估研究的基礎，而為此一領域的濫觴者，應屬史蒂芬 (A. S. Stephan) 為美國羅斯福總統「新政」(the New Deal) 計畫之成效所做的分析，史蒂芬首度應用實驗設計的方法來評估新政計畫的成敗，正式掀起了評估研究的熱潮。及至 1960 年代詹森 (Lyndon B. Johnson) 總統推動「大社會」(the Great Society) 計畫後，由於其動見觀瞻與影響深遠，更促使學界對評估研究如火如荼地展開。

　　何謂政策評估研究？根據戴伊的界定，政策評估研究係指現行的政策（方案）就其所要達成的目標，對於標的對象 (targets) 之影響從事客觀的、系統的和經驗的檢視。他並認為政策評估乃是種對公共政策結果的學習 (learning about the consequences of public policy)。(Parsons, 1995: 545) 錢德勒 (Ralph C. Chandler) 和皮拉諾 (Jack C. Plano) 則認為政策（方案）評估是使用研究設計，對政策（方案）效能加以評核，以獲得政策（方案）結構、過程、產出和影響之有效又可印證的資訊。(Chandler & Plano, 1988: 101) 路特曼 (Leonard Rutman) 將方案評估形容為，為了決策制定的目的，使用科學的方法去衡量方案的執行和影響。另亨利 (Nicholas Henry) 則將政策評估定義為「有關政策成果的資訊，及對政策的可欲性或價值所作的判斷」。(Henry, 1999: 193) 由此看來，政策評估必然會觸及兩個面向：一是有關政策成果的資訊，政策產生了什麼差異？另一是政策成果究應如何評價的議題，如政策評估乃可能基於效率性、效能性、公平性、回應性、適當性等標準的考量。為深究討論政策評估的意涵，本節先探討政策評估的特性與功能；繼而敘述政策評估的分類；復次討論政策評估的方法演變；最後論述完整的政策評估在方法論上的邏輯思考。

壹、評估的性質與功能

　　如前所言，評估的主要特徵，本質上是探討政策的成果及其影響的評價過程，因

此，其主要關鍵除描述政策行動的成果外，更在乎政策成果是否值得進行的規範性考量。政策評估通常具有下述特徵而與其他政策分析方法有所區別：（Dunn, 1994: 404–406；馬群傑譯，2011: 363–364）

1. 價值聚焦 (value focus)：相較於政策執行的監測，政策評估強調對政策（方案）成果的可欲性或價值之判斷。亦即政策評估致力於確定政策（方案）價值或社會效用，而非只對政策所採取行動的純粹描述。亦即我們可在史達林的話上加入「價值意涵」：我們關注的「不是一隻蜻蜓拍動幾次翅膀，而是牠飛了多遠？」尤其是判斷「牠的飛行距離是否有意義？」

2. 事實與價值互依性 (fact-value interdependence)：政策評估需有事實與價值陳述作為論證基礎。換言之，宣稱某項政策和方案具備高績效的水準，一方面要顯示採行政策方案及其後果的關聯性，另方面還要指出該一政策的績效對於某些個人、團體或社會整體是否具有價值。

3. 目前與過去取向 (present and post orientation)：政策評估不同於政策推薦，主要是它著重於目前與過去的成果，而非著眼於未來的預期。亦即，評估是回溯性的 (retrospective)，為政策採行後的事後 (*ex post*) 分析；政策推薦則是前瞻性的 (prospective)，發生於行動被採行之事前 (*ex ante*)。

4. 價值雙重性 (value duality)：政策評估所處理的價值具有雙重特質，既可視為目的，亦可視為手段。例如衛生保健政策的價值，是在促進社會大眾的健康，又社會健康可為創造財富、增進福祉的基礎；又如廣建社會住宅，既可讓弱勢的貧窮家庭有能力賃屋居住、不致淪為「無殼蝸牛」，亦有推廣房價合理化的效用。所以政策評估中的價值意涵，同時具內滋性與外滋性。也因此，價值若能以層級方式排列，藉以反映目標與目的之相對重要及相互依存，則較不會帶來政策評估的爭議。

惟在另一位資深的評估研究學者魏斯 (Carol Weiss) 看來，政策評估有別於其他的分析，它係在彰顯以下六種特徵：(Parsons, 1995: 545)

1. 它為決策制定而來，且為決策者而非研究者自行界定問題的分析；
2. 它本質上是判斷的，針對方案目標的評估而來；
3. 它是屬鑲嵌在政策場域而非學術場域中的研究；
4. 它經常讓研究者與實務工作者陷入衝突；
5. 它通常不是公開發表的；

6.它可能使研究者陷於屈從於提供研究資金的機構，而又擬提出改善社會變遷的困境中。

至於政策評估的功能，一般而言，旨在達成下列目的：⑴有意義的課責；⑵改善方案的傳達；⑶增加社會科學的知識。依據唐恩看法，具有以下三項目的：(Dunn, 1994: 404-406)

1.提供政策績效之可靠及有效的資訊：藉由評估，可以得知政策需求、價值及機會，並透過公共行動所能達成的程度。

2.致力於潛藏目標或目的價值之澄清與批判。基本上，政策價值不但可透過界定及操作化政策目標，而獲得部分的澄清，亦可透過處理政策問題時，對目標與目的之設計適當與否，提出質疑與批判。當對目標與價值的相適性提出質疑時，分析者通常會對價值的來源（例如公共官員、既得利益者、服務群體等）與理性基礎（例如技術性、經濟性、法律性、社會性及實質性等）等進行檢視。

3.助益於其他政策分析方法的應用，包括問題建構 (problem structuring) 及推薦等。假如政策績效不彰時，可以藉由評估，對政策問題進行重新建構。再者，評估的結果也有可能產生新的政策方案，而將舊的方案加以揚棄。

除了上述積極目的外，政策評估亦可作為消極目的，此為學者們所忽略。根據薩其曼 (Edward A. Suchman) 的分析，政策評估消極目的有五類：(Dunn, 1994: 421；馬群傑譯，2011: 377)

1.欺瞞 (eyewash)：將焦點集中於表面特質以使方案看似不錯；

2.掩飾 (whitewash)：隱匿方案的失敗；

3.襲擊 (submarine)：破壞方案；

4.故作姿態 (posture)：如同實務上像接受基金般的儀式性評估；

5.擱置 (postponement)：遲延解決方案的企圖。

總之，事情總有兩面刃，政策評估亦不例外。在注意評估的積極意義之同時，亦應小心評估的負作用。能夠審慎判斷，才不會落入有心人士的圈套之中。

貳、政策評估的分類

基本上，對政策評估的分類，大致分為預評估 (pre-evaluation)、執行評估或方案監測 (program monitoring) 以及成果評估 (outcome evaluation) 三大類。茲依上述的分類

敘述如下：

一、預評估

　　預評估是指尚未進行政策評估前，對於政策及其目標的連結和理論依據、政策利害關係者的意圖和利益以及政策的資訊能否被使用的情形等，先作事前的分析，俾營造評估的氣候，讓對政策應否、能否、值不值得評估產生莫大的助益。預評估又可分為規劃評估 (planning evaluation) 和可評估性評估 (evaluability assessment) 兩類：

（一）規劃評估

　　規劃評估應以動名詞而非名詞來理解，所以規劃評估不是指政策規劃的事前分析，而是指政策評估的事前準備。也許翻譯為「評估規劃」更為貼切。如前所述，政策評估有積極和消極目的，為避免消極作用，發揮積極功能；或避免評估落入唐恩所形容的「虛擬評估」(pseudo-evaluation)：評估僅係拿一些不證自明的價值作為分析，而沒有考慮到使用者的觀點；或決策者未能合理地使用評估資訊，而達不到預期目的，乃有必要在評估政策之前檢視一些要件，此應為規劃評估的基本要義。例如小夏立希 (William R. Shadish, Jr.)、庫克 (Thomas Cook)、李必敦 (Laura C. Leviton) 在《方案評估的基礎：實務的理論》(*Foundations of Program Evaluation: Theories of Practice*) 一書裡指出，要達成良好的評估應注意下列幾個重要問題：(Shadish, Jr, Cook, & Leviton, 1991: 35)

　　1.社會方案 (social programming)：有什麼重要問題是政策方案要去處理的？方案是否有改善空間？方案的改善是否值得去做？如果不是，那又有什麼事項值得去做？

　　2.知識使用 (knowledge)：如何確信評估成果能很快地、及時地被用來協助方案？我們是否希望這麼做？如果不是，又有什麼其他方式可以讓評估更為有用？

　　3.價值 (valuing)：這是好的方案嗎？好的方案是以什麼觀點來看待？合理的結論又有那些？

　　4.知識建構 (knowledge construction)：評估者所建構的知識是獨特的嗎？他們是如何建構知識的？這些知識的信任基礎為何？

　　5.評估實務 (evaluation practice)：在有限的技能、時間和資源裡，以及看似無限的可能下，如何縮小選擇以達到評估的可行性？當評估者將其角色視為是教育家、方法論專家或方案的評判者，會對評估產生何種意義？又如何對那種問題加以探詢，以及

有那些方法加以使用？

（二）可評估性評估

如前所言，方案評估需要仔細加以規劃，以確保研究具有相關性和可信賴性。而可評估性評估則是種前端的分析 (the front-end analysis)，以決定方案擬被評估的方式和程度。在路特曼看來，可評估性評估會涉及兩種主要考量：⑴方案結構 (program structure)：如方案是否能明確界定？是否依事先規範方式來執行？目標和結果是否明確界定？它們（即方案所涉及範圍）是否可行？⑵執行所期待運用的方法論之技術可行性 (the technical feasibility of implementing the desired methodology)：如從事方案評估需要考慮資金、時間框限、資訊的可取得性，以及法律、政治、倫理和行政上的限制。所以當可評估性評估就緒後，它應該提出包括評估的目標、焦點（要處理的議題和問題）、擬蒐集的資訊、資訊來源、研究設計、時間架構和資源等。(Rutman, 1984: 19–20, 27–28) 復根據美國華盛頓「都市研究所」(The Urban Institute) 學者侯立 (Joseph S. Wholey) 和史卓柏 (Martin A. Stroberg) 的看法，進行可評估性評估旨在檢驗三項要件：⑴政策目的和績效指標是否明確界定；⑵政策方案內容和預期結果或目的間是否存在因果連結；⑶決策者和管理人員是否有可能使用評估資訊來提升政策績效。(Stroberg & Wholey, 1983: 67–69)

至於可評估性評估的步驟，大致如下：(Dunn, 1994: 412–413)

1.對政策一方案的具體陳述 (policy-program specification)：那些活動在聯邦、州和地方構成了政策？政策有那些目標與目的？

2.蒐集政策一方案的資訊 (collection of policy-program information)：應該蒐集那些資訊，以界定政策一方案的目標、活動與基本假定？

3.將政策一方案模型化 (policy-program modeling)：就意圖運用績效資訊的使用者觀點，尋找何種模式最能描述政策、相關目標與活動？又有何種因果假定能夠連結行動與成果？

4.從事政策一方案的可評估性評估 (policy-program evaluability assessment)：政策一方案模式是否夠清楚，而使評估確實有用？那種評估研究型態最具使用價值？

5.可評估性評估對使用者的反饋 (feedback of evaluability assessment to users)：當可評估性評估的結論，提供給所欲運用的使用者之後，應該再採行何種步驟以評估政策績效？

　　總結而言，為何要進行可評估性評估，此一先前準備工作，乃基於評估不宜冒然地進行評量那些華而不實的政策，肇致毫無具體結論及無效用可言，而應就政策的要素加以詳實檢核，只有當要件充分時，評估得出的結論才會適當、可行。再者，許多的評估資訊，因欠缺考慮不同使用者的立場，使其結論不是被束諸高閣，就是被低度使用，而枉費了評估的投入與作為。最後，應使用何種方法進行評估，它們彼此間互補或排斥，亦會影響評估成果，不可不慎。由此可見，可評估性評估是屬實用觀點的先行作業。

二、政策執行評估和方案監測

　　政策執行評估與方案監測是有系統地探討政策或設計方案執行過程的內部動態。一般而言，政策執行評估應去瞭解下列幾項問題：

1.政策的抽象目標與具體目的彼此關聯為何？
2.政策的重要特性為何？能否被執行？
3.政策的標的人口特性為何？政策是否有效地落實到他們？
4.對某些標的人口而言，有那些政策活動與目標對其特別適合？
5.有那些政策問題可以適時地獲得解決？
6.組織的領導、控制、溝通與結構各為何？
7.政策執行的人力、財力、設備是否適當？
8.執行者的執行動機及道德承諾為何？尤其是基層執行人員的熱忱、能力及相關知識能否適當配合？
9.政策應作何種修正以達成目標？

三、政策成果評估

　　政策成果評估主要是在回答下列問題：

1.政策或方案是否能有效達成預期目標？
2.政策或方案是否產生某些非預期的效果？
3.政策或方案的成果是不是能由方案外的其他環境因素來加以解釋？
4.政策對參與者輸送服務的成本和利益各為何？
5.和其他計畫比較，政策或方案是否能有效地使用資源？

惟嚴格言之，政策成果評估包括政策產出 (policy output) 和政策影響 (policy impact) 兩部分。所謂政策產出係指政策行動對標的團體提供所欲的服務、貨品或資源。所謂政策影響乃指涉政策產出對標的團體或政策環境所產生的預期或非預期改變，而且此種改變通常是指標的團體或相關利害關係人的行為與態度之轉變。

對於政策成果評估的衡量，經常使用成本利益分析 (cost-benefit analysis) 和成本效能分析 (cost-effectiveness analysis)。成本利益分析是指針對政策運作的全部投入與產出，轉換為貨幣成本和利益加以計算，以得出政策獲致的淨利益 (net benefit)；而成本效能分析的設計，則在彌補政策成本可以計算，但政策利益無法用市場幣值加以衡量的情況，故而採用計算達成相同目標的單位成本，或投入相同的單位成本所能達成目標的效能程度。詳言之，成本利益分析與成本效能分析表現出如下的主要差異：(Dunn, 1994: 295, 304)

1.成本利益分析乃在衡量政策對社會所造成的所有成本和利益，其中亦包括了難用貨幣的成本和利益加以衡量之各種無形結果；成本效能分析則避免以幣值去衡量利益的問題，因此，它的操作比成本利益分析較為簡單；

2.傳統的利益分析概稱為經濟理性 (economic rationality)，其經常使用的衡量標準是全球性的經濟效率 (global economic efficiency)。假如某項政策的淨利益（總利益扣除總成本）大於零，或高於其他公共或私人投資的淨利益，則該項政策被認為是有效率的；成本效能分析概稱為技術理性 (technical rationality)，因為它企圖去決定政策方案的效用，而不將政策結果與全球性經濟效率或總體社會福利加以關連；

3.傳統成本利益分析使用私人市場 (private marketplace) 作為推薦政策的出發點，公共投資的機會成本之計算，經常參照其在私部門中投資所獲取之淨利益作為基礎；成本效能分析由於極少倚賴市場價格，因此，它並不依循私部門的利潤最大化邏輯；例如，成本效能分析並不企圖去決定利益是否超過成本，或私部門的其他投資是否更可獲利；

4.現代的成本利益分析，有時稱為社會成本利益分析 (social cost-benefit analysis)，亦可用來衡量重分配利益，因其關注公道標準，並與社會理性 (social rationality) 相一致；成本效能分析則非常適合外部性和無形影響之分析，因為這些結果的型態，很難用共同的衡量單元──金錢來表達；

5.成本利益分析較適合處理變動成本與變動效能的政策問題 (variable-costvariable-effectiveness problem)；而成本效能分析則較適合處理固定成本或固定效能的政策問題。

此外，在測量政策成效時，學者通常會使用實驗設計、準實驗設計、統計分析工具，來瞭解政策是否達成預期的目標，甚至是否為政策所真正發揮的效用。關於此者之相關說明，請參閱下個單元「政策評估的方法演進」。

除了上述預評估、政策執行評估和成果評估之分類外，在學術界裡比較經常引用的分類，就是總結性評估 (summative evaluation) 與形成性評估 (formative evaluation)。簡單來說，總結性評估重視政策的影響（如衡量學生學習間學習成就的期末考），而形成性評估注重政策的過程；相對地，總結性評估是種回溯取向和量化性研究，而形成性評估是種建構性和質化性研究（如衡量學生學習進度是超前或落後的期中考）。它們之間的差異形同成果評估與執行評估的差異。詳見表 6–10 之說明，不再贅述：

表 6–10　總結性評估與形成性評估的比較

	總結性評估	形成性評估
性　質	非干預性的	干預性的／改善式的
問　題	到底發生什麼？ 你過去做了什麼？	為何發生？ 你現在做了什麼？
評估者	獨立者	參與者和共同研究者
時空性	回溯性的	前瞻性的
焦　點	成本效能	過　程
目　的	判斷的衡量	使用資料以質問問題和引發改善
希冀的影響	為達判斷所做的評估	為求改善所做的評估
結　果	追求課責的證據	尋求改善的證據
主要問題	它發生了作用嗎？ 它是否值得投資？	我們可以達成何者？ 它能夠改善嗎？

資料來源：Hudson&Lowe, 2004: 230.

參、政策評估的方法演進

關於評估研究的方法，美國學者古巴 (Egon G. Guba) 和林肯 (Yvonna S. Lincoln) 依據時間的演進分成四個階段：(Guba & Lincoln, 1989: 22–31；翁興利等，1998: 442–445)

一、第一代評估強調「測量」(measurement)

「政策評估即實驗室實驗」是第一代評估的特色，此時期的評估研究都是在實驗室內完成的，舉凡智商、學習成就的測量，皆是此時期評估研究的典型代表。析言之，第一代評估的重點，側重在技術性的測量工具，且是以實驗室內的實驗為主。此一階段的評估者角色就是技術家，他不是要瞭解所有可資運用的工具，將所要探討的任何變數都變成能被衡量，就是在找不到適當工具下，運用專業去開創新的衡量工具。此點也正是第一代評估的限制，即過分強調測量工具與測量結果，而產生「衡（評）量上恣意的不確定性」。(高忠義譯，2014: 119) 不過，時至今日，衡量性的評估還是在現實生活中到處可見，例如大學入學程序、學校或學院的排名、學科及格測驗等。

二、第二代評估重視「描述」(description)

第二代評估除了仍維持原本測量的特性外，更加著重描述功能的發揮，認為測量只是評估的手段之一，評估者更應扮演描述者的角色。因此，第二代評估主張「政策評估即實地實驗」，強調現實生活實地調查與訪談的重要性。其優點在於強調實驗現場的自然性，符合實際狀況，但其缺點在於過分主張忠實紀錄實驗現場的狀況，扮演一個客觀的旁觀者，這種中立的態度對政策的建言貢獻仍然不大。

三、第三代評估注重「判斷」(judgement)

此時期認為，作為一位評估者，他必須有能力判斷那一種目標是值得追求的？應採取何種方式去追求？使得政策評估開始進入「判斷評估」(judgement evaluation) 時代，所以評估者就像法官般要承擔審判的角色。簡言之，政策評估者不僅要客觀地分析實驗對象與場地狀況，而且對於政策目標本身及其價值假定，亦應有所判斷和評論。正如常言道：「不值得做的事，就不值得把它做好」，所以身為評估者就應義不容辭地

扮演判斷者角色，說出自己良知的判斷，即使遭致各方批評或政治報復亦在所不惜。但是，判斷的基準和價值觀卻充滿著爭執與對立。

四、第四代評估主張「回應性－建構式評估」(the responsive-constructive evaluation)

　　第四代評估與前三代評估研究的最大差異處，在於前者重視一套多元風貌的回應性評估方法與思考架構。第四代評估認為以往的評估傾向於管理主義、未能涵蓋價值的多元，以及太過執著於科學的研究典範，而簡化了科學與真實世界的因果關係，忽視了社會現象有些不易測量的特性，甚至太過強調單純的描述與判斷力，而無法滿足複雜的且多元社會的問題解決。在「政策評估即政策制定」的主張下，第四代的評估研究特別著重政策利害關係人的內心感受，及其訴求、關切、爭議等回應性觀點的表達，希望經由與利害關係人的反覆論證、批判和分析過程，建構政策評估的共識。為此古巴和林肯認為第四代的評估者應負起以下的責任：(Guba & Lincoln, 1989: 72–74)

1. 認清會因評估而遭受風險的所有利害關係人；
2. 針對每一利害關係團體，找尋其對評估項目的構想及其相關的聲明、考量與議題；
3. 提供相關的系絡與方法論（詮釋的和辯證的），以使不同的構想，以及互異的聲明、考量與議題，得以相互瞭解、批判和說明；
4. 儘可能在許多不同的構想及相關的聲明、考量與議題中形成共識；
5. 針對沒有共識或不具完全共識之項目，備妥交涉協商的議程 (an agenda for negotiation)；
6. 蒐集和提供交涉協商議程所需的資訊；
7. 建構和調節利害關係人代表可以交涉協商的論域 (the forum)；
8. 擬訂能夠形成任何共識的報告（或可能的多種報告）與利害關係人溝通，以及提出對於聲明、考量和議題的任何解決方案；
9. 就尚未解決的構想及其相關的聲明、考量和議題再行評量，以形成循環。

　　最後，將古巴和林肯建構性研究的方法論 (the methodology of constructivist inquiry) 繪成圖 6–7。

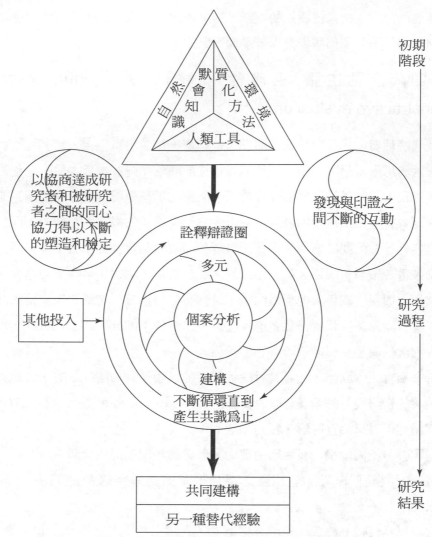

初期
階段

詮釋辯證圈

多元

個案分析

建構

默會知識

質化方法

自然

環境

人類工具

以協商達成研
究者和被研究
者之間的同心
協力得以不斷
的塑造和檢定

發現與印證之
間不斷的互動

其他投入

不斷循環直到
產生共識為止

研究
過程

共同建構

另一種替代經驗

研究
結果

資料來源：Guba & Lincoln, 1989: 174.

圖 6-7　建構性研究的方法論

　　筆者以為古巴和林肯所提出「回應性－建構式評估」，在國內有被濫用之虞。在許
多的研究中彷彿進行利害關係人的訪談，記載和陳述箇中相異的觀點或內容，或進行
些許的差異比較，就算完成了該一模式的工作。其實對於「回應性－建構式評估」，更
需要從不同意見中設法找到議題的核心，建立共識的框架，乃至新的觀點，才能顯現
「回應性－建構式評估」的意義，否則，各說各話，再多的陳述也無法看到「回應」
和「建構」的影子，甚至連一點真相也沒有。

除了古巴和林肯敘述政策評估的演進外，唐恩另依據評估目標與假定基礎的差異，將評估研究分為虛擬評估 (pseudo-evaluation)、正式評估 (formal evaluation) 及決策理論評估 (decision-theoretic evaluation) 三類，也多少意謂著評估研究的演進階段過程。在唐恩看來，政策評估具有兩個相互關聯的面向：一為利用各種方法對公共政策或方案的結果進行檢測，另一為應用某些價值系統就「政策成果對某些個人、團體或社會整體產生的意義」進行分析。尤其對價值判斷的基礎，在民主化的當下，更應把政策利害關係人的多元利益列為首要考量，而非僅是研究者或官方的基本主張。亦即，政策評估想要促進拉斯威爾所言「政策科學的民主」(the democracy of policy sciences)，就必須去回應與實踐社會多元的價值判斷。這種觀點與上述古巴和林肯的「回應性─建構式評估」有其異曲同工之妙。至於唐恩為何會使用「決策─理論評估」這個名稱，是否認為決策必須具備回應社會多元價值，並以理論方法建構政策評估共識，確實讓人有點費解。（個人以為若把此一理論視為普世智慧的一支，就不難理解）。茲就唐恩為政策評估所作的分類，概述如下：（Dunn, 1994: 406–414；馬群傑譯，2011: 365–375）

（一）虛擬評估

所謂虛擬評估研究途徑主要係應用描述性的方法，藉以產生可靠而有效的政策成果資訊，至於政策成果對個人、團體、組織或整體社會是否具有價值，則不加以質疑。亦即，虛擬評估的主要假定為，對所具價值進行的評量是不證自明 (self-evident) 或沒有爭議的。這種欠缺對評估價值的綜合考量，在唐恩看來，即便使用最嚴格的科學分析方法，包括社會實驗設計 (social experimental design)、社會系統評量法、社會審核法等，其所獲得的結論頂多只是種政策績效的描述。

（二）正式評估

與虛擬評估一樣，正式評估途徑亦在使用一些描述性分析方法，以產生一些可靠而有效的政策成果資訊。惟與虛擬評估不同的是，正式評估是依據政策制定者或執行者正式宣示的目標作為評估的基礎。所以在進行正式評估時，會對法案、計畫文件、甚而與政策制定者進行訪談，藉以對正式目標與目的加以界定、確認與詳述。也就是說，政策制定者或執行者的目標或目的被正式地發布後，將成為評量價值的適當標準。

（三）決策理論評估

傳統的評估研究往往只重視一方的價值，事實上，在政策之規劃與執行階段有許

多的利益團體與行為者的介入，因此必須以多元的價值觀點，評估政策與方案的成效，才具代表性。決策理論評估即是一種著重多元利害關係人觀點的政策評估，旨在凸顯政策利害關係者的顯性和隱性目標，而後根據其多元目標和目的再加以評估。所以唐恩認為前述的可評估性評估和多元屬性效用分析 (multiattribute utility analysis) 是決策理論評估的兩種主要方式。顯然地，決策理論評估由於重視多元價值的特性，恰足以克服以下正式評估及虛擬評估的缺失：1.績效資訊的低度使用與不被使用；2.績效目標的模糊；3.多元衝突的目的。

　　平實而言，政策評估不但要有適當的對照標準，而且要建構適當的衡量標準，該二者有欠缺時，我們是無從去比較和判斷政策的良窳。而對照與衡量的標準可能蘊藏在學理的論據、他人的經驗、歷史的基期、官方的目標或利害關係人的共識之中。然在古巴和林肯或唐恩看來，政策評估標準應將政策利害關係人的基本理念和價值觀點列為首要；否則，政策評估易淪為評估者自身或是官方判斷的一己之見，無法凸顯其多元價值。

　　為了強化政策利害關係人所持的理念價值與事實分析的綜合考量，個人認為評估理論的精緻化展現，應朝向「批判評估」(critical evaluation) 來發展。所謂批判評估，係指針對政策行動的成效和政策的目標意義，透過有效論證進行廣泛而審慎的判斷及分析。亦即，它是要就整個政策目標的合理性 (the reasonableness)、正當性 (legitimacy)、公道性 (fairness) 提出深入的檢討和健全的論證，以使國家能因推斷「正確的」政策而實現「正確的」目標。(林鍾沂，1994: 124) 批判評估之所以如此重視政策目標的適當性，乃因許多學者，特別是新左派人士，批評過去羅斯福總統推動的「新政」與詹森總統的「大社會」，尤其是「向貧窮宣戰」(War on Poverty) 計畫，不是太過天真地一廂情願，就是未能確實地瞭解百姓的真正需求，因之，他們提出了「效率究竟為了誰？」的嚴肅問題來挑戰，認為一項政策若只是為少數幾個團體或社群而服務，而不是為了廣大的群眾，即使再有效率，也談不上達成政策的公共利益或公善 (common good) 目標。

　　同樣基於此一深刻反省，學者郝斯 (Ernest R. House) 曾作了以下鞭辟入裡的闡釋，他說：「評估的本質是種政治活動，它乃在為決策者服務，形成重分配以及對誰得到什麼加以合理化。它深切地關係著社會基本財 (basic goods) 的分配。因此，它不只是理念的陳述，也是一種分配的社會機制 (a social mechanism for distribution)，進而企圖成

為制度性地位。評估不應只是真實的，它更應是正義的，目前的評估架構不論其真實價值 (truth value) 如何，都應以不同的角度去回應正義。更何況，正義正是政策評估應該考量的一個重要標準。」(House, 1980: 121)

是以，筆者認為過去的政策評估，始終圍繞在考量政策達成目標的效能、效率和管理可行性等方面，但它僅係履行了評估功能的一半，還有另一半，則需再深入評估目標本身，就目標會被採行的理由加以有力的論辯，基於「良好理由」(good reason) 的支持下，讓被評估的政策不但反映人們的需求，而且被認為是公道的與合理的，甚至是更能照顧到社會上的弱勢團體或族群，如此，政策或方案評估才算是完整而周延的。這種情形，就像學習理論，不只是在偵測目標與實際成就的差異之「單圈學習」，更應重視目標設定之價值意義的「雙圈學習」。

肆、完整評估的邏輯分析

在探討了政策評估的特徵與途徑之後，其中隱含了一個重要的期待，即是如何使政策評估研究能夠合理而完善。而且，擬對政策評估建構一個較為全面性與論證性的分析架構，也是當代評估學者亟思突破的課題。誠如費雪爾 (Frank Fischer) 所言，無疑地，政策評估的方法論問題已開始從「那種方法論取向是較好的？」轉移到「它們之間的關係如何？」事實上，像這樣的反省與重建的工作，並非始於政策評估領域，像社會學與政治學這些比較成熟的學科便早已進行。例如費依 (Brian Fay) 在 1975 年出版的《社會理論與政治實踐》(*Social Theory and Political Practice*) 一書，就曾指出過去的學科研究經常出現知識及應用、社會科學及其哲學、科學分析與政治活動，以及理論與實際之間嚴重的脫節，因此今後社會科學的理論重建，應從邏輯實證論出發，經由詮釋的社會科學 (interpretive social science)，進而至批判社會科學 (critical social science) 的發展。(Fay, 1975) 有趣的是，相隔於一年後，著名政治學與社會學學者伯恩斯坦 (Richard Bernstein) 亦在其著作《社會與政治理論的重建》(*The Restructuring of Social and Political Theory*)，認為一個適當的社會與政治理論，必須是綜合經驗的、詮釋的與批判的等三種途徑。(Bernstein, 1976: 235)

在社會科學理論（尤其是認識論）的檢討與衝擊下，政策評估學者巴布洛與德雷傑克直指政策評估應深入「認識論的法庭」(the court of epistemology) 或「探究的哲學」(the philosophy of inquiry) 裡，他們並認為欲建構有效的政策評估，有必要去考慮

政策的成果、評估資訊的用途、衡量工具與方法、評估標準與價值與認識論的證成 (epistemological justification) 等相關問題。(Bobrow & Dryzek, 1987)

　　筆者以為能夠結合上述因素的考量，並在政策評估的方法論結構上提出完整的邏輯，要屬費雪爾建構的政策評估理論。在多次的討論裡，費雪爾強調政策評估即是在政策論證 (policy argument) 的前提下，以「良好理由」(good reason) 來充實評估的完整性，這有賴於經驗理論、現象學與政治哲學等知識的應用，所以費雪爾認為公共政策的批判評估 (critical evaluation of public policy) 基本上會涵蓋經驗印證 (empirical verification)、情境確證 (situational validation)、系統驗證 (systems vindication) 和理性的社會選擇 (rational social choice) 等四種層次的考量。再者，為使政策評估具有邏輯推演性與理論廣博性，並助益於理論與實際的密切結合，費雪爾試圖以啟智方案 (Head Start Program) 被西屋知識公司 (Westinghouse Learning Corporation) 評為失敗案例，所引發的後續討論和分析，配合上述的四種論證層次來開展政策評估的完整邏輯： (Fischer, 1980: chap.5; Fischer, 1985 & 1995；林鍾沂，1991: chap. 4)

一、政策目標的經驗印證

　　無庸置疑地，政策目標的經驗印證是長久以來主流性社會科學所考慮的問題。奠基於邏輯實證論的觀點，它植基於基本的技術—分析或方法學上的問題 (the basic technical-analytic or methodological questions)，著重經驗—分析的觀察 (empirical-analytic observation)、實驗、衡量和假設檢定 (hypothesis testing)，更試圖利用諸如成本利益分析、作業研究、系統分析和電腦模擬等方式，來測量政策是否如預期般地達成目標。也由於它重視價值中立的客觀性、經驗的運作主義 (empirical operationalism)，以及專業化的與實證性的知識，所以它與技術治理方式形影相隨。其探討的問題不外是：1.政策方案是否循例達成它既定的目標？ 2.是否有經驗的分析顯示，次級的或無法預期的政策方案影響會損及其目標？ 3.政策方案是否比其他的替代措施更能有效率地達成目標？

　　例如在啟智方案的討論中，費雪爾就曾指出部分學者深受主流社會科學的經驗分析影響，使得他們對於西屋知識公司所作的負面評論——參與啟智方案的貧困孩童，在改善認知、概念和表達的閱讀能力是微弱的，較集中在是否使用了恰當的方法和程序等諸如此類問題上來進行討論，如統計方法是否正確？統計樣本是否適當？實驗性

工具能否準確地衡量閱讀成就？事後回溯研究設計 (ex-post facto research design) 有沒有先天上的缺陷？控制組是否適當？也就是說，他們不對政策手段與目標是否具相關性 (relevance) 產生質疑，而只探討政策是否如預期般地達成目標？如果不是，衡量工具與程序是否發生了問題？政策目標是否明確和運作化？執行手段有無偏差？管理技術能否有效運用？以及是否有其他的政策替代方案？

若有些研究超越了此等技術性問題的考量，進而去質疑啟智方案目標是否配合環境需求且具相關性時，則評估的考量便要深入一層，為既定的目標作合理的辯護或反駁，這一工作便會進入政策評估所謂的情境確證。

二、政策目標的情境確證

情境確證，顧名思義乃指政策目標的實施是否與社會情境產生密切關聯，而得到合理解說和辯護，若非如此，則政策就失去了相關性。亦即，政策效能的評估，應深入服務對象的感受和理解，而不是僅就量化指標為之。相關性乃是後行為主義或後經驗主義學者所重視的課題之一，他們批評過去的行為主義，將知識定位在客觀律則 (law) 的追求，然後將律則一體地適用在不同的情境上，變成是種「教條」。相對地，他們主張一位研究者應該投入在社會情境之中，以便掌握行為者對事件的詮釋，重視其不同的生活方式、日常規則與價值標準，進而考察政策與社會情境的關連性。在研究方法上，則重視質化的方法，像來自社會學或人類學所發展的方法，如質化訪談、參與觀察，尤其是現象學 (phenomenology) 和詮釋學 (interpretive social science) 的方法。此一觀點使得政策評估的考量，在於重視下列幾個方法論的問題：

1.政策目標是否與問題情境具有相關性？
2.在情境中有無情況需對目標作例外的考量？
3.是否有兩種或多種標準對問題情境同具相關性？

就此而言，在啟智方案相關的討論中，我們似乎可以專注於那些批評西屋知識公司的研究結構未能重視社會相關性的分析，尤其是貧困社區許多地方領袖的看法。在他們看來，西屋知識公司單從以測量閱讀分數的高低作為結論的依據，實際是其未能瞭解啟智方案的廣泛性質與目的。因為在政策立法中，改進閱讀能力只是啟智方案的一個目標而已，除此之外，提供貧困孩童社會的相關經驗，諸如擴大他們人格自尊與自律的意識，以及發展對社會負責的態度，也是同等重要的。甚至有許多社會與心理

學家指出：這些社會相關經驗的獲得，對貧困的孩童能夠過渡到中產階級的過程，是不可或缺的。準此以觀，如果僅以個人閱讀分數的窄向經驗衡量，據以判定啟智方案的失敗，實是方法論上的缺失與謬誤。為了取代聚焦測量分數這類客觀性經驗資料的分析，評估者勢必要就貧困兒童所學習到的社會經驗和自我瞭解從事第一手資料的分析，如此，才能對政策的相關性有深入的瞭解。由於深入了此一層面的考量，所以一篇有別於西屋知識公司的研究報告就這麼寫道：「研究顯示啟智方案在降低失學率上，在改善智力分數和閱讀成就上，以及在幫助孩童獲取自信上，均相當的成功……兒童接觸啟智計畫越早，或接觸越多，他們的獲益也就越大。」

惟在分析層次上，情境確證過程仍圍於政策定位所處環境的相關標準與價值上，而應從廣大的社會體系需求與社會價值理想，給予更上層樓的分析。啟智方案努力的目標雖是：(1)改善弱勢孩童的認知、概念和表達技巧；(2)開展文化和教育的好奇心；(3)提供貧困孩童更好的醫療和牙齒照顧；(4)協助貧困孩童改善自律；(5)擴大人格尊嚴和自我價值的意識；(6)促進學齡前的孩童及父母發展出對社區及廣大社會負責的態度，但是這些目標是否能讓實施對象跨越「貧困」的藩籬，進而促進美國社會的發展和穩定，以及美國社會是否更應該趨於平等主義的理想，來正視啟智方案的相關作為，一旦這些類似的議題被提出後，論證的層次無形中又必須向上提升一層。

三、政策目標的系統驗證

系統驗證是指政策的影響，需就社會、文化、技術、經濟、生物、政治、自然條件等全盤因素，加以社會系統的分析 (social systems analysis)，而非像過去僅著重經濟面或技術面的單向考量。亦即，採用系統驗證的方式，用意即在使我們能夠綜合社會、經濟、文化和自然環境各方面所受到的影響，來判斷政策的推動能否裨益特定理想或生活方式的實現。也就是說，政策評估除了應考慮政策是否達成特定目標外，尚須考慮它對整體社會結構的衝擊，所以說，這個階段的問題是屬於結構考量的問題，而非單純政策的效率或效果。

惟當我們從事政策的助益價值 (contributive value) 或工具價值 (instrumental value)之考量時，主要還是從經驗分析著手，就各種經驗性資料來檢視政策對廣大社會體系造成影響的意涵及其限制。因此，費雪爾稱系統驗證是種「實用性檢定」(pragmatic test)，而哈伯瑪斯則用更適切的說法將它形容為「第二層級的技術性知識」(the second-order technical knowledge)，藉以敘述政策成果的個體層次轉移到總體層次的分析。也基於此，系統驗證主要在探討下列三項問題：1.政策目標是否為社會整體產生工具性或助益的價值？ 2.政策目標是否導致具重要的社會影響之不可預期的問題？ 3.政策目標所致力實現的成果（如利益和成本）是否被評判為公正地分配？

根據上述的分析，啟智方案在這個層次中，最明顯的問題莫過於圍繞在「貧窮文化」(the culture of poverty) 的爭論上。什麼是貧窮文化？按照李懷適 (Oscar Lewis) 的界定，它意指破壞了辛勤工作、自我約束和立志向上，以及為求一時的滿足而犧牲未來報酬的一種低社會階層的價值體系。也就是說，貧窮是來自怠惰、懶散的結果，且經由世代相傳惡化成為所謂的「貧窮循環」(the cycle of poverty)。更由於他們未能加入美國優勢社會的成就取向文化中，所以這些低層級的社會階級只有陷入困境而難以自拔。也因為如此，它阻礙了貧困孩童的生活發展，是以，若未能洞識此一問題的根本，而妄圖推動像啟智方案的補償性教育方案 (compensatory educational program)，無異揚湯止沸。

此外，班菲德 (Edward Banfield) 也認為這種低俗的文化往往將黑人及少數民族鎖在無助的貧困之中，自甘墮落，聽天由命，實非推動一、二項政策改革就可奏效的。因之，政策如要改革成功，需要政府拿出魄力來作激進的變革，而這種方式卻不為美國政治的權力結構與決策規則所允許，尤其是它違背了壓力團體政治和漸進主義精神。準此以觀，班菲德堅決反對政府的對抗貧困政策，認為政治體制未作大幅的變革之前，像啟智方案等政策能發揮多少效用，實難預料。也基於此，他所作的分析被視為一種新的現實主義 (a new realism)。

然而，像班菲德的看法，亦遭到自由派人士的攻擊。其中主要批評的觀點，是將現存的政治制度視為是僵化的，且無法改變的。例如漢尼斯 (Timothy M. Hennessey) 和費恩 (Richard H. Feen) 就指出，「在美國都市中，若社會和政治氣候發生令人擔憂的惡化傾向時，它適足以迫使他們（指政府和社會人士）去使用廣泛的技巧，設計實際的政策，以緩和問題。」再者，經濟學家高伯瑞 1992 年出版的《自滿文化》(*The Culture of Contentment*) 亦發出不平之鳴的控訴。高伯瑞指出在當時美國社會由大企業經理人、商人、律師、醫生、會計師、科學家，以及接受政府補助年收入十萬美元以上的農民，組成「選舉的多數」或「自滿的多數」，他們足以左右政局及國內施政。在該自滿年代裡存在著三個主要的社會特徵：第一，自滿的多數堅信他們所獲得的報酬

正是他們所應得的，也正是個人的品德、才智和努力的成果；第二，自滿的多數寧願著眼於短期利益而採取「再研究看看」的無為 (inaction) 態度，也不願為長期利益而採取因應行動；第三，自滿的多數將政府視為一種負擔，因此應「自人民背上卸下政府這個負擔」(to get government off the back of the people)，而把放任主義、市場經濟奉為教條。所以牽涉到拯救窮人的問題時，很不幸地，政府行動就會被視為極不適當或會帶來嚴重的反效果。(楊麗君、王嘉源譯，1992: 18–22; 168) 像類似的結論和控訴並沒有為民主黨人士所遺忘，所以在重新審視啟智方案的若干結果之後，卡特政府重新恢復了部分的啟智方案預算。

　　上述例子存在著正反兩種論點，其交互論證的結果，往往會迫使我們去考慮到底何種生活方式才是最佳的選擇。誠如費雪爾所言，這樣的論證，不但開展了不同路線對談的途徑，而且深入了評估邏輯的核心，以及去考慮另一種政治文化觀點的可能性。要言之，在啟智方案的辯論裡，我們考慮的重點是接受貧困文化的現實？還是邁向平等主義的教育制度？是將貧困孩童鎖在無助的生活方式之中，還是提供其認識自我努力向上的文化理念？這些考慮，均會促使我們繼續尋求「理性的社會選擇」更高層次的分析。

四、理性的社會選擇

　　理性的社會選擇是個政治哲學考量的基本課題，其目的乃在建構一種生活方式所以優於另一種生活方式的選擇標準，亦即探討一個「良善社會」(good society) 或「理性的生活方式」(rational way of life) 的構成因素為何。例如在羅爾斯 (John Rawls) 的《正義論》(*A Theory of Justice*)，便認為社會公道應為理性的選擇基礎，一項政策若缺乏公道的考量，不管其效率如何，仍是有缺陷的。費雪爾也認為理想的社會選擇基礎，應該能夠充分地履行下列三種條件：自由、無私 (impartiality) 與啟迪 (enlightenment)。準此以觀，這裡使用的「理性選擇」是不能等同於管理科學中所稱的「理性決策理論」。蓋因它指的是政治理論和政治哲學的核心工作：理想生活方式的建構。如果理想的生活方式是奠基在某些特定價值上，如平等、自由、社群的觀念與其組合，那麼，此一理想建構將提供政策評估標準的合理基礎。換句話說，如將它用在政策評估上，會促使我們思考以下的問題：

1.能夠組合既經接受的社會秩序 (the accepted social order) 之基本理想（或理念意識）

能否正當性解決判斷衝突？

2. 假如社會秩序不能解決基本價值的衝突，那麼是否有其他的社會秩序能夠公道地規範衝突中所反映的相關利益與需求？

3. 規範反思 (normative reflection) 和經驗證據是否支持合理化及採用另一種理念意識和社會秩序？

在啟智方案的爭辯中，那些主張政策評估應繫於理念意識觀點的人士，基本上是屬於此一層次的爭論。對那些人士而言，由於美國的社會體制本來就是一種講求競爭、技能和專業知識導向的「精英統治體系」(a meritocratic system)，所以為使貧困地區的孩童及早習得知識技能，加強其競爭能力，作為踏入社會之準備，為符合此一體制的要求，極其自然地，啟智方案中強調閱讀分數的重要性，乃屬合理的邏輯；然對另一批人士而言，政治的治理與政策的實施是在兼善天下，關懷社會，並能基於社會共享價值與同胞愛精神，來實施平等的社會秩序，尤其是「福利」這個詞最初是指作為「窮人幫手」的政府。（丁煌譯，2007: 11）是以對啟智方案的評估，就應重視社會生活的理想，除實現機會均等 (equal opportunity) 外，更應注意平等主義社會 (the egalitarian society) 的實現。

此外，有個有趣的研究，能夠加以引用來說明此一層次的論證性質，那就是包勒斯 (Samuel Bowles) 和金提斯 (Herbert Gintis) 所著的《資本主義美國的學校教育》(*Schooling in the Capitalist America*)。包勒斯和金提斯在該書研究中指出在資本主義社會裡，透過補償性教育政策來實現機會均等雖有可能，但因資本主義社會所追求的是社會控制，而不是社會平等與公道，若不能重視此一事實，推行再多的教育政策，也只是為資本主義社會提供了更強勢的穩定力量。要言之，包勒斯和金提斯認為唯有透過採用社會主義的平等觀點而非資本主義的均等原則，來引發激烈變革，教育的公平才有實現的可能。

五、整合性架構

上述的分析，在在說明了一個整合性的評估架構，應該涵蓋政策判斷的經驗陳述與規範假定的所有範圍，它並從政策的經驗印證、經情境確證、體制的系統驗證、到理性的社會選擇，展現了其邏輯的推理過程，茲就此一推理過程和相關的考量內容，扼要的描繪成表 6–11 的說明。

表 6-11　評估的邏輯程序與內容

邏輯程序	主要內容
經驗印證	1.政策目標 2.經驗結果 3.非預期的影響 4.另一種的政策方案
情境確證	1.政策相關性 2.情境系絡 3.多元目標 4.決策規則的優先性
系統驗證	1.整體系統的綜合影響 2.政策的公道性
理性的社會選擇	1.理念意識的衝突 2.另種社會秩序的追求

資料來源：Fischer, 1980: 206.

再者，上述的邏輯思考，若再配合著政策論證或實際對談模式，則又可將政策評估的邏輯結構敘述如圖 6-8。

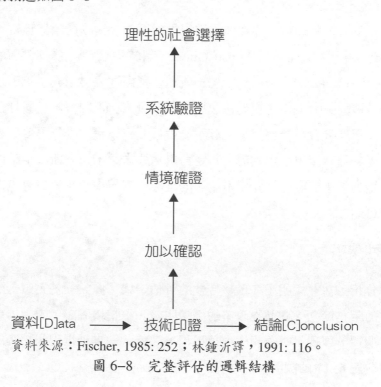

資料來源：Fischer, 1985: 252；林鍾沂譯，1991: 116。

圖 6-8　完整評估的邏輯結構

最後，費雪爾在其 1995 年出版的《評估公共政策》(*Evaluating Public Policy*) 將啟智方案就方法論取向、審議層次和政治議題加以連結如圖 6–9。

方法論取向	審議層次	政治議題
理念意識批判	社會選擇 （正當性危機）	機會均等與平等 主義社會的比對
社會系統分析	社會層次驗證 （制度障礙）	權力結構與貧困 的比對
質化方法	情境確證	閱讀分數與社會 相關經驗的比對
實驗設計 →	經驗印證 → （研究設計和衡量）	結論：啟智方案 失敗與缺陷的研 究設計之比對

資料來源 Fischer, 1995: 62.

圖 6–9 啟智方案的論證和政策審議

伍、政策評估是種實踐性的審議

公共政策是國家發展與社會福祉的命脈，良好的政策若無法制定或不能推動，必然會使國家空轉。但是政策的擬訂與推動須經深思熟慮，甚至根據帕特諾伊 (Frank Partnoy) 的敘述，大議題的處理時間可能需花十年或二十年。（曾沁音譯，2013: 311）除經時間的磨合外，公共政策尤需以「公共」為考量。除了社會大眾的公共參與，還要針對政策的成果從事價值的綜合思考，如效率、效能、合適、公平、回應與適當等研判標準。是以從上述費雪爾建構的政策評估的邏輯結構中，在在顯示一個完整和廣博的評估活動應是從經驗印證、經情境確證與系統驗證、到理性的社會選擇。在這過程中，政策評估跳脫了過去實證主義的傳統，不再將事實－價值作了截然的兩分，並將其侷限在政策是否達成既定目標的科學檢定；亦不再認為價值只不過是個人主觀偏

好表達的「相對主義」(relativism)；而是希冀透過政策論證的方式與實際對談的「非正式邏輯」(informal logic)，綜合了事實與價值兩者的分析與討論，並結合了專業語言與日常對話，以使政策能在生活的實際中，因有「良好理由」的說服與支撐，而得到合理的存在和推動。

像這樣的作法，最為典型是在回應亞里斯多德所稱的「實踐智慧」(phronesis) 的觀點。在亞里斯多德的觀念中，所謂「實踐智慧」是指理解如何運用一般性原則於特定情境中。更明確地說，智慧的體現就是能夠在特定且明確的情境中，融入普世的道德和政治信條，知道什麼時候該做什麼事情。它既涉及實際的理解方式，又適合於變動和隨機的領域，不會把原理原則給限縮了。亦即在亞里斯多德看來，知識可分為三類，即理論的、技術的和實務的。理論的知識是指知識因其本身而存在（它與現代「純」科學有點勉強相關）；技術的知識則指有關人工器物的製作 (the making of artifacts) 所需應用的知識（它是在為現代的應用科技鋪路）；實務的知識是指經由生活經驗和實際行動累積儲存而來的洞識力（它尤其適用於公共事務的處理）。政治（包括政策）的實踐既為實務性知識，所以政治的行動與判斷應該符合情境，不應遠離政治社群 (political community)，而且政治預設了政體 (polis)，就在這具正當性的制度之中，才會存在著共通的理解和典則，而可成為判斷和行動的基礎。(Torgerson, 1995: 248)

如此一來，政策評估如要促進政治理解 (political understanding)，不應只是植基在科技治理制度下科學主義的產物，而應是深具民主政治的內涵，在講究溝通、論證和政治學習的民主實務中，兼具經驗的分析與規範的知識。一方面要能洞悉政策行動所產生的影響，又要透過理解社會所共同持有的典則和道德標準並加以詮釋，進而再透過批判對談的方式呈現出實踐的理性，讓政策的活動能夠經由民眾與專家的參與、分析、對話和審議的創設性過程，得到合理的共識及解決，那麼拉斯威爾所宣揚的「政策科學的民主」才有更為長遠的發展可能性。

結　語

亞里斯多德曾經說過「人是政治的動物」，盧梭 (Jean-Jacques Rousseau) 亦言「人生而自由卻在枷鎖之中」，這都顯示人是過著群體的生活。然如何經營群體生活，便產生了公共政策及其相關管理活動，而如何使得公共政策的制定與管理更具理性、效率、正當與公道，不但是眾人的期待，更是學者們經常思索的課題。而本章的寫作，即以

此為出發點，來瞭解公共政策的性質、分析模式、運作過程和邏輯思考。首先，就公共政策與政策分析的意涵加以敘述。分別對何謂公共政策及政策分析的種類提出論述。復次，討論了公共政策過程模式，分就階段論與反階段論來說明，階段論尤其聚焦於唐恩所建構的「以問題為中心的政策分析模式」上，反階段論，則以魏達夫斯基和批判理論的觀點加以介紹和比較，以彰顯公共政策的綜合性總體分析架構之重要。強調公共政策的研究應擴大及於國家角色、利益結構、權力運作、組織決策等面向分析，才可對公共政策給予較全面而周延的理解。

基於上述的瞭解，再就政策設計、政策執行與政策評估等構成公共政策的核心主題加以細究。就政策設計言，設計是發揮想像的極致，但如何避免偏狹利害考量的針對性，個中有幾個要點值得注意，如覺察政策價值、掌握情境系絡、選擇並運用適當途徑，如此才能避免魔鬼藏在細節裡和魔鬼藏在抽象思考之中。至於政策執行，先從權力運作關係探討政策制定與政策執行的互動模式，再瞭解組織內部的運作方式，繼而關注政策執行所強調的官僚、市場和網絡之混合應用，顯示政策執行難免有賽局 (game) 和管理色彩之揉合。最後導引政策執行的檢查清單，希望在多元的考慮下，讓政策得到有效的執行。

對政策評估的討論，首先就政策評估的性質與功能加以介紹，繼而分析了評估的種類和方法演進，最後說明隨著多元民主社會的來臨，政策評估應重視價值—事實的論證及政策利害關係者的看法之「回應性—建構式」評估，在「良好理由」的支持下，讓政策評估不但反映了人們的需求，更被認為是公道的與合理的。而引用費雪爾提供的政策評估論證邏輯架構，強調政策評估應為經驗印證、情境確證、系統驗證與理性的社會選擇之合理推論和審議式思考，庶幾才能達成拉斯威爾所揭櫫的「政策科學的民主」理想境界。

第七章　人事行政與集體協商

　　人才被視為國家發展的棟樑。前奇異公司執行長威爾許 (Jack Welch) 曾說，要當執行長 (Chief Executive Officer, CEO) 的人，一定要打從心裡相信人是萬事之本。(李誠，2012: 60) 企業競爭日趨激烈，人力資本越顯重要。對公部門而言，人才攸關政策的成敗，決定組織的興衰。「人才進，服務出」，一個機關如何選才、用才、育才和留才，是人事行政的基本要務。過去人事行政不被視為專業實務，並為阻擋機關前進的絆腳石，但是現在的高階主管卻常從人事實務者身上尋求專業意見，以幫助組織成長卓越。人事行政不僅是行政的基石，甚至是人才爭奪的前哨站。其重視程度的演變就像從令人嫌惡的毛毛蟲蛻變成美麗的蝴蝶。羅聖朋 (David H. Rosenbloom) 和克拉夫秋克 (Robert S. Kravchuk) 曾經論及，如果你是機關的管理者，你會依據什麼觀點和組織安排，進行招募、選用、訓練、陞遷、支薪和懲戒公職人員呢？如何激勵他們達到好的績效？如何確保他們對國家的忠誠，以及對領導者的合作意願？如何與之集體協商？這些都是現代人事行政亟需面對的管理核心議題。(Rosenbloom & Kravchuk, 2005: 202) 然要瞭解這些議題的內涵，還得先去理解人事制度的發展歷史。是以，本章先行探討美國人事制度的發展演進，大致分為：⑴仕紳制 (the era of gentleman; 1789–1828)；⑵分贓制 (the spoils system; 1829–1882)；⑶功績制 (the merit system; 1883–1977)；⑷ 1978 年聯邦政府文官改革 (The Federal Civil Service Reform of 1978)；⑸政府再造的人力資源管理改革 (HRM Reform in the 1990s)；⑹ 2002 年《國土安全法》改革 (Homeland Security Act Reforms, 2002)，並企圖彰顯每一階段改革背後所隱含的價值理念。再就管理、政治與法律觀點，指出人事行政的相應措施與制度；繼而討論勞資關係的集體協商 (collective bargaining) 及其管理、政治與法律內涵；最後則論述員工生涯發展和學習性組織的相關作為❶。

第一節　美國人事制度的發展歷史

　　美國公部門的人事行政有時看似雜亂無章，不禁令人會問，它是如何肇致的？在 1960 與 1970 年代，有個普遍的觀點：公務員是「非親民的」(uncivil)；功績制也是「非功績的」(meritless)。其實，如此的指責卻也不令人感到訝異，因為美國公部門的

---

❶　本章的主要論述，是參考羅聖朋和克拉夫秋克的論點及其他相關學者的敘述來加以鋪陳。

人事行政發展歷史，乃是針對時代演進要求改革而不斷予以回應的。如欲瞭解美國人事制度的歷史走向，實有必要對過去的演進歷程加以扼要的回顧。

壹、仕紳制

美國公共人事行政的第一個時期稱為「仕紳制」(gentleman) 時期，始於 1789 年華盛頓 (George Washington) 擔任第一任總統，結束於 1829 年傑克森 (Andrew Jackson) 總統上任。華盛頓認為人事行政是十分重要的，希望建國初始即能為美國建立一套合理的文官體制，樹立文官長遠發展的良好慣例。華盛頓任命的人員首重「合適的品格」(fitness of character)。合適的品格是指對國家社群及個人之廉潔操守具有高度且一致的水平。在這樣的條件要求下，晉用上層階級的社會成員顯然成為仕紳制的實質內涵。文官成員雖然缺乏任用職位所需的技術能力，但因擁有崇高的聲望，政府將之延攬，反而可以提高政府的正當性。考諸當時情勢，公共事務較為單純，許多政府工作由具一般識字能力者即可達成。

華盛頓除了希望「合適的品格」在政府行政中發揮正當且具效率的功能外，亦在尋求實現效能上，作為選才的另一標準。1795 年，當漢彌爾頓派 (Hamiltonion) 與傑弗遜派 (Jeffersonion) 二派，對政府用人的看法出現嚴重分歧時，華盛頓即體認到「政治」應在人事的甄選與任用上有其重要分量。任用反對其政策的行政人員來推動事務，無異是種「政治自殺」(political suicide)。換言之，華盛頓認為政府用人除了應講究良好的品格外，亦應重視政治忠誠。

華盛頓建構的先例，為後繼者所重視與沿用。亞當斯 (John Adams) 總統雖然仍自上層階級中任用行政人員，但他已開始重視政治面向的重要性，而且制度上的首次採行政治解雇 (political dismissal)，亦由此開始。惟關於政治在人事行政中要扮演何種角色的明確理論，一直到傑弗遜 (Thomas Jefferson) 總統始告確立。

傑弗遜總統在就職時抱怨亞當斯總統於其任內安插太多反對黨人士在聯邦政府機構中，如聯邦黨 (Federalist Party)，於是試圖以兩種方式來舒解此一困境：首先，他禁止聯邦行政人員積極介入、參與任何競選活動，可說為聯邦政府首次在行政部門中嘗試推動「政治中立」(political neutrality) 的構想。在傑弗遜看來，若行政人員介入或參與競選活動，無異抵觸了憲政精神，不符合行政官員身負憲政體制應有的責任。身為公共行政人員應在人民信託下來促進公共利益，而非僅扮演專屬某一黨派的政治角色。

第二，與華盛頓相同，傑弗遜認為行政人員在制定公共政策過程中應扮演政治角色。因此，他設法任用更多的共和黨員，使其在行政部門能與聯邦黨員大致平衡，符合兩黨的政黨席次比率。換句話說，傑弗遜試圖讓聯邦的文官透過政治安排來反映黨派在全國中的政治代表性 (political representativeness)，並極力禁止黨派間的傾軋。

總之，仕紳制的文官體制，是在華盛頓總統建立了先例，後有亞當斯、傑弗遜、孟羅等總統的依循，此一時期聯邦文官制度展現了良好管理、正直、效率、效能等美譽，並贏得美國歷史文獻中文官最具倫理風範的歷史評價。

貳、分贓制

仕紳制在 1829 年傑克森當選總統就職後便產生了極大的變化。究竟是傑弗遜或傑克森開始以「恩寵制」（或賄徇制）(patronage) 任用公務員，曾引起歷史的爭議。不過，傑克森將「分贓制」(spoils system) 予以制度化，並提出理論基礎則是個不爭的事實。傑克森在還沒上任總統之前，便宣稱社會大眾急盼人事行政進行改革。因為傑克森認為「仕紳制」之人事行政已呈現以下數種嚴重弊端：

1.仕紳制的長久任期，讓仕紳們與民眾疏離，無法對公共利益作出正確的評價。傑克森總統在言談中不時提到：「所有的政府職務是（至少被認為應是）如此地平凡與簡易，以致稍有智慧的人士，均有能力勝任；而本人不得不相信久任其位，與其累積經驗好處相比，造成損失要大的多了。」

2.聯邦文官具有上層階級的意識偏差，在美國這樣的民主國家是難以忍受的。傑克森刻意與前幾任總統區隔，以突顯不同選區民眾 (constituency) 的文官任用，並尋求支持。一般而言，傑克森總統的民意基礎大多來自於西部或拓荒人士，而且多屬中產階級或中下階層的人士。他們大部分並沒有受過正式的教育，甚至有極高比例是文盲。傑克森為了能讓一般民眾經由服務公職以參與政府事務，曾道：「在一個自由的國家中，對於道德的要求應優先於對才能的要求」。基於平民任官之理念，傑克森從其忠誠支持者給任公職作為獎賞，藉以強化他個人在政治上的地位。傑克森甚至認為公職輪調 (rotation)，將可構成「共和信條的先導原則」(a leading principle of the republican creed)，助益於政治體系的運作順暢。

3.聯邦行政人員久任其位，將導致文官體系的老化。不僅無法提昇公共事務的效率，且讓政府無法運作，甚至造成許多人士將政府職位視為私有財產與權利，而與民

主原則背道而馳。

不僅於此，傑克森總統的改革，試圖為聯邦行政人員建立四年一任的任期限制，提議公職人員的任期應與總統任期相一致，俾使新選出的總統有權對其支持者進行「勝利者的分贓」(the spoils of victor)，而不必面對被解雇者的不悅。

傑克森的提案一直受到反對黨——輝格黨 (the Whigs) 激烈的反對。一直到了 1840 年，這年亦稱為「輝格黨的出清」(Whig sellout)，輝格黨為報復而擁護分贓制。從那時起，直到詹森 (Andrew Johnson) 總統主政時期 (1865–1869)，皆為分贓制的鼎盛時期。分贓制造成的主要影響有：

1.行政倫理、效率、效能均嚴重的衰退：分贓制時期非但被許多大大小小的醜聞所折騰，而且還創造出許多不必要的職位以作為政治的酬庸；再者，在職者既知任期有限，便盡可能利用在職期間，無所不用其極地盜取公款、貪污、接受賄賂、勒索，以致文官素質日益低落，對於政府的威信是一大打擊。

2.行政與政黨政治徹底的混同：影響所及，部分公職人員僅從事與政黨有關的工作，甚至未在聯邦辦公室內現身，僅配合政黨總部的指派和行動。其中最為聲名狼藉的陋習是，政黨對聯邦公職人員徵收約其薪資 1% 至 6% 的「政治稅」(political assessments)。這簡直是對聯邦國庫的「間接掠奪」(indirect robbery)。

3.高度的政治競爭：由於選舉勝利的政黨可以從事政治分贓，所以政黨全力鞏固、增強其優勢地位，以確保未來的選舉能再次獲勝。理論上，分贓制可促成一黨制的執政優勢。然而，實際上，在 1841 年、1845 年、1849 年及 1853 年的總統選舉均發生執政黨落選的慘狀。尤其在 1841 年至 1861 年的二十年之間，民眾（至少就合格的選民而言）參與激烈的政黨競爭極為踴躍。箇中的解釋是，贏得選舉的政黨能夠進行分贓，但因分配不均而塑造政敵；再者，選舉失敗的在野黨藉由允諾未來勝選後的大量分贓以爭取政治支持。如此高度的惡性競爭，政治風氣也隨之敗壞。

4.聯邦行政人員在社會階級地位降低：對社會大眾而言，聯邦公職因分贓制的實施，反而變得更具社會代表性，卻也因此終結了菁英公職人員發展的可能性。但文官要反映社會多元化的聯邦勞動力，尚值得期待。

參、功績制

一般而言，美國聯邦政府功績制的發展，約始於 1860 與 1870 年代，確立於 1883

年《潘德頓法》(The Pendleton Act) 或稱《文官法》的通過，結束於 1978 年《文官改革法》(Civil Service Reform Act of 1978)。至於州和地方政府推動功績制，則是 1880年代至二十世紀初所發展的事了。

　　一般均認為，1881 年，加菲爾德 (James Garfield) 總統被謀求公職不成者所暗殺，致使民意沸騰譴責分贓制的流弊，而非只是指責其瘋狂的暗殺行為，故而加速推動文官法的通過。儘管當時根據文官法只有 10% 的公務員適用功績制原則。基本上，實施功績制的初期在於達成下列目標：

　　1.透過公開競爭考試來任用人員：凡參加公開考試者，須符合如年齡、識字能力與公民資格等要件，以防止政客們選出一群政黨忠誠的支持者；再者，競爭考試依考試成績高低依序任用，分數最高者，就以第一名任用，杜絕了政客們基於政治理由而安插或隨意更換人員。雖然公開競爭考試是避免分贓制任用私人的有效方法，但其以考試成績優劣，作為工作績效的適切指標之運作邏輯，頗值得懷疑。

　　2.文官制度去政治化 (depoliticization)：改革者認為文官制度運作背後的主要精神是文官中立（其實應稱政治中立）（後詳），公職人員應基於專業能力以執行職責，完成政府所交代的任務。而公職人員的權威與合法性，本因為其專業與技術能力，而非政黨活動之參與。基此觀點，公職人員不但要像企業般有效率的執行公務，也應竭盡能力來服務大眾，而非僅對政黨輸誠。

　　3.職位的任期：分贓制的前提是公職人員的任期，應隨著政黨的輪替而更迭，這是對民主政治的另類期待。然而，改革者卻認為公職人員的任期，應依據其工作能力之表現，而非政治或政黨的酬庸，它是要透過功績制來達到此一目的。影響所及，在1890 年代初期，逐漸演變為對公職人員提供一個法定保障的任期。1912 年通過了《佛列特法》(Lloyd-La Follette Act)，確保聯邦行政人員的解職，要以促進聯邦的服務效率為由，雖然它提供了公職人員若干程序保障，但以現在的標準來看，效用實在有限。

　　4.文官委員會 (The Civil Service Commission)：改革者認為人事行政應由中央人事機構負責管理，如文官委員會。再者，一個強勢且獨立的機構將可保障公職人員，以對抗恩寵取向的政客之迫害和報復。1883 年的《文官法》成立了一個總統提名經參議院同意任命，由三人組成兩黨派的文官委員會，同時也賦予文官委員會擁有制定規則與調查的權力。

　　自 1883 至 1978 年期間，聯邦文官功績制的發展大致如下：1920 年代之前，聯邦

人事官員較少去對抗政治贍徇，較專注於公務效率的提昇；1930 年代的早期，文官委員會成為主要的考試機關；隨後 1931 年，在其權威下，開啟了集中的人事功能計畫，推動了職位分類、績效評等與退休事務等。1938 年，羅斯福 (Franklin D. Roosevelt) 發布一道行政命令，進行人事的分權化改革，要求每個機關均建立人事監督和管理機制。1939 年制定《赫奇法》(Hatch Act of 1939)，禁止常任聯邦公務人員參與某些政治活動，並禁止政治任命之首長利用職權來引誘或強迫部屬支持某一政黨。1947 年，杜魯門 (Harry S. Truman) 更將人事管理的責任授權給各個部會與單位，進而納入 1949 年《職位分類法》(The Classification Act of 1949) 規範。據此，所有的機關均須為職位分類、陞遷和其他人事功能負起應有的責任。

不過功績制原則的真正確立，要等到卡特政府致力推動的《文官改革法》後才告底定。功績制原則概要如下：(Cooper, et al., 1998: 266)

1.招募應就適當來源及符合要件的個人為之，以達成工作力反映社會的各個層面；選用和陞遷也應該純以相對的能力、知識和技能，並在公平而公開的競爭下，確保所有的人都能得到平等機會。

2.所有員工和求職者不論黨派、種族、膚色、宗教、族裔、婚姻、年齡或殘疾狀況，應在人事管理的各方面得到公正平等的對待，而且他們的隱私和憲法賦予權利也應受到適當的保護。

3.重視同工同酬，並就私部門雇主給付的薪資水平，分別在國家及地方範圍內給予適當考量，對工作績效卓越者予以適當的誘因和肯定。

4.所有員工都應維持高度廉潔、合宜舉止和考量公共利益。

5.聯邦勞動力應該兼顧效率和效能。

6.員工應維持適當的績效，績效不佳者應予改正機會，並對那些不能或不願達成指定績效者加以分開處理。

7.應對員工提供有效的教育和培訓機會，使其達成更好的組織和個人績效。

8.保障員工免受專斷行動、個人徇私或政黨政治目的所拘束；禁止員工運用職權或影響力，去干預或影響選舉結果或選舉提名。

9.保障員工合法揭露資訊免被報復，只要他們有證據表明確實發生著：⑴違反法律、規則或管制；⑵管理不善、資金嚴重浪費、濫用權威，以及對公共衛生和公共安全造成持續和具體的危險。

自 1883 年實施功績制後，經過一個世紀的發展，到了二十世紀的 70 年代末期，適用功績制的聯邦政府工作人員已達 90%，美國所有的州，以及人口在二十五萬人以上的市，對於功績制都至少做了一些成文規定。然而，自 1930 年代後期，文官委員會逐漸被視為執行有效人事管理的障礙，主要原因是嚴苛的法令規章，以及層層疊疊、混亂不堪的執行障礙。在倡議聯邦人事制度的分權化下，文官委員會的集權化「看管」(policing) 功能，便顯得不太合宜。另在夏福利茲 (Jay M. Shafritz) 等學者看來，一個兼具管制性且獨立性的人事機關要為政務官員和公共管理者提供服務，又要扮演管理團隊和組織監督者，想達到既服務又控制，對當今人事行政而言，是個非常的兩難。(Shafritz, Russell, & Borick, 2007: 420) 為使日趨僵化、複雜化的功績制更具彈性與分權，在改革呼聲不斷下，終於誕生了 1978 年的《文官改革法》。

肆、文官改革法

1978 年的《文官改革法》是由卡特總統所推動的。卡特總統希望透過重新改組聯邦政府人事制度，達成兼顧管理、效率、效能與政治回應的目標。因此，他批評過去的文官制度：「我們的功績制不夠功績，它欠缺激勵功能，因為工作卓越者得不到太多的獎賞，工作不力者受不到應有的懲處。」

然而，要如何達成既有效率又有政治回應的文官改革呢？在改革的構思上，卡特政府認為應將管理、政治與法律觀念加以分開，不應混同合一，過去的文官委員會就是企圖將這三種功能合併，反而招致缺乏方向的批評而終致死亡。質言之，設若人事行政的主要價值是在達成工具性成就 (instrumental achievement)、政治回應、任人唯才規範 (meritocratic norm)、社會公正 (social equity)，以及保障員工權利與福利，那麼將這些不同價值與功能分屬在不同機構管轄，應更為有效、更具意義。

是以，卡特政府將過去的文官委員會加以改組，分別成立以下數個機關，分掌不同職能：

第一，功績制保護委員會 (The Merit Systems Protection Board, MSPB)：該委員會的職掌係針對違反人事規則的聯邦公職人員施予懲戒，並為遭受不利處分（如降級或解職）的聯邦公職人員進行申訴，因此，它被視為聯邦功績制的看門狗與政府員工權益的保障者。甚至，功績制保護委員會還具備保障「弊端舉發者」(whistle-blower) 的特有權威，讓其敢於揭發行政機關的浪費、欺瞞或濫權，以免遭受報復。近年來，功

績制保護委員會還從事攸關人事管理的重要面向，如性騷擾、離職的深度研究。此外，在功績制保護委員會下設有特別檢察官辦公室 (office of the special counsel)（此一單位於 1989 年成為獨立機關），以確保功績制度原則與要件能被遵循，以及人事法律與規則沒有被違反，它還可對機關活動和行政官員進行調查。

第二，聯邦勞動關係局 (The Federal Labor Relations Authority, FLRA)：該局的主要設立目的，是在監督聯邦政府集體協商的過程。它訂定了許多有關公平的勞資關係以及集體談判的規定，亦有權介入以及解決工會與政府之間的爭議。至於公部門的集體協商，則留待第五節再予討論。不過，值得注意的是，集體協商會與法律、政治和管理有關。集體協商的過程是高度法律性的，它就像一般的管制委員會，握有司法聽證、訂定法規、執行法律的權力。再者，集體協商也是一種「給與受」的妥協過程，而帶有政治意味。最後，集體協商會反映許多管理途徑的特徵，特別是為了保護管理者的權力，而對談判的範圍予以限制。

第三，公平就業機會委員會 (The Equal Employment Opportunity Commission, EEOC)：依 1964 年《民權法》(The Civil Rights Act of 1964) 便已設置公平就業機會委員會，只是當時它對聯邦雇用實務並未擁有權限。而且保障聯邦公平就業機會的功能，也分散在許多機關，包括文官委員會。但對那些鼓吹公民權利和少數族群團體而言，公平雇用機會方案交給一個重視管理的人事機關來負責，不會獲致成功的結果。原因是功績制與功績考試對於少數族群進入聯邦公職的高階層級是個主要障礙。1978 年的改革法，尋求聯邦政府也能反映全國勞動力具有社會各階層人口代表性。該法為公平就業機會的主要對象團體定義何謂「低度代表性」(underrepresentation)，同時提出克服的程序。是以，平等就業機會委員會的部分任務，是在促進少數民族和婦女在聯邦政府的勞動力擁有代表性。就此而言，雖然大部分公平就業機會過程是法律性的，但其最終的代表性目標卻是政治性的。

第四，人事管理局 (The Office of Personnel Management, OPM)：改革法將過去文官委員會的管理功能交由人事管理局來負責。人事管理局成為總統的左右手，它繼承文官委員會的管理功能，如考試、訓練、退休以及監督其他聯邦機關一般人事運作。此外，為使管理導向的人事管理局更為總統所用，而非過去兩黨制的文官委員會僅強調獨立性，《文官改革法》特別主張使用多項新的管理工具，包括功績薪給制度與績效評估系統，待後詳述。

第五，高階資深行政文官 (the Senior Executive Service, SES)：此一職位的設立，乃在將聯邦政府服務的高階職涯管理職位 (top career managerial position) 納入此一範疇，俾使高階資深文官能在行政上結合管理與政治途徑。質言之，此一設計相信：(1)讓「公共管理」(public management) 的技能或專業知能，可以轉移至組織；(2)高階聯邦管理者可以在各行政部門間移動，以發展更為廣泛的公共利益，是政治上可預期的；(3)政務人員需要更大彈性，以指派與領導這些高階資深文官，來執行其政策指令。

美國高階資深行政文官約計 6600 個職位，大約有 10% 的高階資深行政文官是政治任命者，從功績制管道以外的方式被遴選出來，他們效忠於總統。其他則是常任文官，他們效忠的是聯邦政府，而不是總統。（陳志瑋譯，2015: 481）另根據羅聖朋和克拉夫秋克的敘述，高階資深行政文官分為四類：(1)非永業性任命 (non-career appointment)：他們約占整體職位的 10%，其任務是在協助各個部門和機關的政務人員去履行政策及方案；(2)限制任期的任命 (limited term appointment)：這種任命是完全政治性的，三年一任後就不再續任；(3)永業性任命 (career appointment)：此類人員占高階資深行政文官的大部分，他們通常在政府部門待了很長的時間，而且可循一定的職級陞遷到文官的頂層；(4)有限任期的緊急任命 (limited emergency appointment)：被任命者最多只能服務十八個月，比較不具重要性。此外，還有兩種職位類別：保留職涯和一般職涯 (career reserved and general)。只有職涯型的任命是屬前者，其他任何型態的任命均屬後者。

除了上述機關外，《文官改革法》其實亦設立了人事研究方案與示範專案 (Personnel Research Program and Demonstration Project)，旨在幫助聯邦政府的人事行政進行新的技術與途徑實驗，這種實驗有時會涉及五千名員工，時間亦長達五年之久。

伍、政府再造的人力資源管理

國家績效評鑑 (National Performance Review) 認為聯邦人事行政已經嚴重惡化到非加以改造不可的時刻了。在其觀點下，過去人事行政不是過度管制或過度集權，就是無法適應機關特殊的需求與任務。例如公務員的工作依等級劃分，在每一等級內，薪水由年資決定，而不是考績；當部屬有良好的工作績效，人事部門不允許主管給付更多的薪水，因為這與規定不符。又如不得任意解雇的規定，使得「政府的公務員就像沒有釘頭的釘子一樣，釘得進去，拔不出來」，除非主管以幾個月、幾年的時間，仔

細記錄不良表現，否則就不能解雇職員。這種情形所造成的結果是：主管無法培養人才，平庸之才則如朽木般地繼續留任，人事費用因而形成大量浪費。是以國家績效評鑑就指出「如欲創造一有效的聯邦政府，我們必須徹底地改革整個人事體系、甄補、任用、職位分類、陞遷、薪資和報酬體系。」(Shafritz, Russell, & Borick, 2007: 421–423) 這導致在政府再造浪潮下，對人力資源改革提出下列幾點願景：

1. 藉刪除一萬頁的聯邦人事手冊和所有機關多餘的執行指令，來減低人事行政業務的管制；
2. 賦予所有部門和機關可對全部的職位進行個別的甄補和考試，和取消所有的集中登記和標準的申請格式；
3. 大幅減化目前職位分類制，俾使機關更具彈性地進行員工的職位分類和敘薪；
4. 允許機關設計本身的績效管理和報酬體系，以改善個人和組織績效目標；
5. 確認因不良表現而辭退聯邦管理者和員工的證據，應縮減至一半的時間內達成。

　　另依羅聖朋和克拉夫秋克的看法，政府再造的人力資源管理改革方向，約有下列幾項重點：(Rosenbloom & Kravchuk, 2005: 216)

1. 減低管制，將機關從集權的人事管理局及和其他人事控制權手中加以解放；
2. 分權化，讓聯邦行政主管和管理者為人事管理成效負責和課責；
3. 向那些設計完善人力資源管理體系的主管和管理者購買其「所有權」(ownership)，並採納其原則加以運作；
4. 將人力資源管理專家納入管理團隊，而非只是於外圍監督人事體系者；
5. 促進人力資源管理系統能夠適應機關的組織文化；
6. 將人事官員從紙上作業的處理者，賦能轉換為專家顧問和諮商者。

　　總之，「政府」如果是一部機器，「人事制度」就像引擎，如何讓它永保活力，以帶動公務的推行，並讓它像在企業裡具有「支援」作用，協助主管能更有效率的經營企業，而非作為「控制」的工具，讓主管們深惡痛絕，這是政府再造的新人事制度的核心要旨。

陸、國土安全法改革

　　根據羅聖朋和克拉夫秋克的看法，美國的聯邦立法過程就像香腸製造機一般，一條接續著一條。繼政府再造後，人力管理資源的改革浪潮，就是 2002 年《國土安全

法》(The Homeland Security Act of 2002)。該法在人力資源議題上大致分為兩大部分，部分條文只限於國土安全部，雖然該部最後也成為其他機關改革的樣板；至於其他條文則廣泛地應用在政府機關間。綜觀該一法案的基本主題，其實就是要把「彈性」帶入聯邦的人事行政之中。

小布希 (George W. Bush) 總統曾經堅持聯邦政務人員和高階文官應該擁有更大的自由，以管理聯邦機構和工作人員。國土安全部基於過去的經驗，亦認為員工權利和人事規則對國家安全是種阻礙。誠如運輸安全署的主管羅益 (James Loy) 所言：打擊恐怖主義需要彈性的工作力，使其能夠快速回應威脅。這意味著需要去改變雇用的工作指派和其他條件，但它卻與工會的協商交涉機制不相吻合。為使在《國土安全法》的規範下，能夠發展出適合於國土防衛之特殊需求人力資源管理體系和程序，雖在國會發生爭議性的辯論及長時間的延擱，國土安全部最終取得了不受一般公務員法和集體協商的限制，以及有關員工的工作指派、懲處、解職、陞遷、績效考評和薪資等的規定。然而，卻有批評者強調，彈性作為在對抗恐怖主義固然重要，但是國土安全部仍應遵守功績制原則、高階資深行政文官規則、反歧視規範、退伍軍人禮遇要件、弊端揭發人保護，及其他提供員工利益與權利的條款。

至於《國土安全法》所規範而廣泛應用於政府機關的改革條款，則倡議聯邦政府每一機關都應設置「人力資本長」(a chief human capital officer)，來執行人力資源管理的監督、協調和積極規劃等工作，並為提升人力資源管理在策略規劃及一般管理決策制定的重要程度，人力資本長亦得對聯邦機關進行如雇用和買斷 (buying out) 員工、獎酬行政主管，和支付給員工較高教育程度薪資的彈性。

總之，《國土安全法》另為聯邦人力資源管理的改革踏出了一步，但是這個良好的開端卻沒有得到總統或國會的適當重視。不過，將之視為改革之路的開始，而非結束，或許是許多美國民眾和官員的共同期待。(Rosenbloom & Kravchuk, 2005: 216–217)

上述之所以不厭其詳地介紹了美國人事行政的歷史發展，目的無它，主要在幫助我們瞭解美國文官改革的想法與作法，以及其核心價值，使其不要在改革的道路上圍繞著技術打轉，成為「技術勝於目的」(technique over purpose) 的犧牲者。像這樣的發展過程，有學者將之形容為「路徑倚賴」(path dependency) (Starling, 2008: 443)，但在筆者看來，與其說是路徑倚賴，不如說是典範轉移 (paradigm shift)。因為其中代表著極為鮮明差異的人事假定和發展定向。這些差異化的人事發展定向，擬再透過管理、

政治和法律途徑下的相應措施及其涉獵的規範加以扼要指陳。

第二節　人事行政的管理途徑

　　傳統上，人事行政經常被界定為如何讓工作人員在組織下達成適才適所的特定過程。因此，人事人員的首要職責便是工作分析 (job analysis)，俾便洞悉工作的重要內容及履行工作所需的相關技能。其次，俟工作分析完竣後，須將所有工作進行歸類，以遂行職位分類 (position classification)，成為行政人員適才適所發揮專才的設計。復次，針對應徵者加以招募、遴選，並在晉用後，提供相關訓練發展和考績考評，以強化工作績效。惟晚近人力資源管理的另一重點，著重在工作的重新設計 (work redesign)。其流程可參見圖 7–1 的說明：

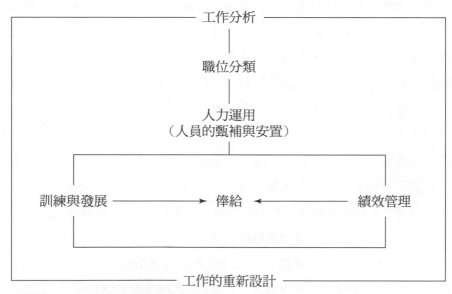

資料來源：Cooper, *et al.*, 1998：270.

圖 7–1　人事行政的管理流程

壹、工作分析

　　何謂工作分析？一般泛指對特定工作資訊的蒐集過程。細究言之，工作分析包括工作組成之各項任務的定義與規範（稱為工作說明書），以及能成功完成各項任務所需的基本知識 (knowledge)、技能 (skill)、能力 (ability) 及其他特質 (others)，四項簡稱為

KSAOs（稱為工作規範）。（李誠，2012: 63）機關應進行詳實的工作分析，才能便利人才的甄選。另根據庫伯 (Phillip J. Cooper) 等學者的看法，工作分析是指蒐集特定工作的資訊，以確定工作責任與資格要件的過程，期達成下列目標：(1)確保工作的有效分類；(2)植基於對工作所需的知識、技能和能力之正確瞭解，以利於人才甄選和任用；(3)發展訓練計畫以提昇工作績效。(Cooper, *et al.*, 1998: 271)

在許多公部門體系，工作分析均採集中式處理。原因在於，除了規模經濟的考量，避免不同部門間同類型工作被重複評估而造成資源浪費外，並力求工作的資格要件與報酬，應獲致一致性與客觀性考量。但是，根據美國國家績效評鑑報告指出，人力資源管理在集權與彈性之間已發生顯著的變化。過於集權非但不能維護功績制，反而對吸引、留用優秀人才成為主要障礙。是以該報告呼籲應該授與公部門各機關的人事制度更多的自主決定權，讓主管擔負起人事制度的責任，而不是死守既有的條文規定。

貳、職位分類制度

傳統的職位分類制可以被看作是二十世紀早期科學管理運動的衍生物。它主要是把所有完成工作的最佳方法和責任，加以組織成為一套系統，所以職位分類是功績制的核心基礎，並與考試、任用、薪俸等息息相關。根據張潤書教授的看法，職位分類「係依據職位的工作性質、繁簡難易、責任輕重及所需資格條件等區分若干具有共同識別的特徵和運用上便利的分類，以作為人事處理基準的一種科學方法。凡屬同一類之職位，其人員之人事管理適用同一標準處理，以求簡化、公平與確實。」因此，凡屬職位之工作種類，困難程度，責任輕重，及所需資格充分相似者，則歸併為同一個職級，使得支領的俸給能同工同酬，考試及任用標準得以客觀化，考績標準具體明確，工作規定詳細確實，訓練及進修計畫更為簡明等。（張潤書，2012: 521–524）

再者，根據美國 1923 年《職位分類法》(*Classification Act of 1923*)，職位分類是基於以下幾個原則：(1)職位才是歸類的對象，而非人員；(2)職位的職責乃區別一個職位與其他職位的主體；(3)職務性質決定執行職務所需具備之教育、經驗、知識與技能；(4)擔任職位者所具有的個人特質不應對職位之歸類有所影響；(5)擔任相同職級的職位者，應被視為具有同等資格，可擔任同一職級內之其他職位。

無疑地，職位分類制度是極有價值的管理工具，它告訴了管理者和員工，某項職位所需的工作資格和專業能力；設計了員工循序陞遷的階梯；推動了申請者勝任能力

的檢定；和提供了工作績效的評估等，但這種同一性、客觀性分類方式卻使制度過於僵化而受到批評。亦即分類體系的設置雖然為了促進公平，防止發生任人唯親的現象，但其負面效應卻為管理的手腳戴上了一道枷鎖。（王巧玲、李文釗譯，2006: 271）在現代科技和政府機關變動過速度的年代，分類標準往往不久即成為昨日黃花，職等的設計亦產生所謂「職等牛步」(grade creep)。因為職等無法適時調整，肇致許多人員久任某一職等，得不到更合理的待遇。關於此者，庫伯等學者曾謂：「尤其在技術飛快變遷的時代裡，分類的標準經常落後延滯，以致其難以將目前的工作與現有工作名稱相符，行政主管無法為工作表現超越工作規範的員工予以升等，而感到挫折，並成為管理者與人事人員間關係緊張之來源。當人事人員把其責任視為只在防患『過度升等』(over-grading) 而節省開銷時，結果只會讓許多機關被迫去採取『管理預算』，或『管理支薪』的方式，亦即當薪水水平不會超越機關年度內所獲配的總預算，管理者才被允許去設計或分類他們的工作。」(Cooper, *et al.,* 1998: 272)

　　當代對職位分類的改革，主張應將複雜的分類體系加以簡化，透過職位分類與薪俸制度之「寬幅」（擴展幅度，broad-banding）設計，將原有兩個以上的薪俸職等結合成新的寬幅。每一個寬幅實即代表著工作範圍與能力，員工可在核予的寬幅內表現工作能力，並在該寬幅內敘薪，甚至予以訓練和發展。（施能傑，1999: 39）例如我國就採取「官職並立」制度。依《公務人員任用法》規定，公務人員依官等及職等任用之。官等分為委任、薦任、簡任；職等分成第一至第十四職等。第一至第五職等配屬委任官等；第六至第九職等配屬薦任官等；第十至第十四職等配屬簡任官等。（張潤書，2012: 527）

參、招募、遴用與陞遷

　　所謂招募 (recruitment) 是指鼓勵社會民眾應徵政府職位的過程。在管理的觀點下，政府如要將招募工作做得有效，應該設法做到：(1)提昇政府雇主的形象；(2)致力招募永業性而非一次性的工作；(3)彈性化的考試時間和地點；(4)取消無用的資格條件，如年齡或非關工作的訓練要件；(5)普及於所有個人均能參與 (Rosenbloom, 1998: 231–232)。此外，根據史達林 (Grover Starling) 的看法，積極的招募方案包括下列要素：(1)以清晰易懂的語句來撰寫招募公告；(2)在能觸及各類民眾的媒體宣傳物中刊登招募訊息，也可使用其他媒體，例如廣播和電視；(3)建立親民的就業資訊中心；(4)拜訪大學、

高中和社區組織；⑸利用流動或便捷的招募中心；⑹持續與少數族群或女性組織之接觸。（陳志瑋譯，2015: 494）

至於遴用 (selection) 是指選用職位應徵者的過程。通常遴用是透過公開和競爭的考試為之。凡在考試中得最高分者，就有最優先任用的機會，如有足夠空缺，則依序進用錄取合格人員直到額滿為止。然而在實務上，卻有採取三人、十人或任何其他數目法則 (rule of three or ten or any other number)，即任用單位須自考試成績最高的三人或十人中選用之。其理論基礎是讓任用機關在遴用上擁有用人的裁量權，卻又能確保遴用過程的公開競爭性。

由此看來，考選制度的一個重要步驟，就是由考選機關對所有合格者依考試成績高低或其他標準建立候用名冊 (eligibles register)，並且排列高低順序。用人單位在實際補實空缺之競爭職位時，應向考試單位要求推薦合格人選。（施能傑，1998: 73）例如在「三人法則」下，如果有空缺，就從候用名冊中以成績最高前三名加以諮詢並擇一錄用。如仍有空缺，則應就上述所餘二名，加上第四名，加以考量。然而，如果某人一再地（通常為三次）被跳過，即有可能從名冊中被刪除，而不問其成績高低如何。

至於考試可分為集體考試與非集體考試兩類。並有下列幾種方式：

1.實作考試 (performance examinations)：此法強調應徵者能力是否能合乎工作要求，如檢視一位打字員一分鐘能實際打出多少正確的字；

2.筆試 (written examinations)：強調實績、態度，或兩者皆重視。通常以複選題、電腦計分為之；

3.口試 (oral examinations)：此法經常被用在涉及裁量權行使的高層職位上，或只有少數應徵者時，並由一群人所組成評審小組建立一套評判標準為之；

4.評量中心 (assessment centers)：評量中心嘗試重複某些績效考試的若干評量項目，但只對那些比較不具體或較主觀評價的工作。應試者必須經歷一連串活動，如模擬從事擬雇用之工作，或與人相處、從事領導、執行裁量等相關活動，並由評審小組以事先建立的評估標準加以評分。

不管使用何種考試方式，考試設計之有效性，乃是選用人才的重要關鍵，考試的結果應作為預測日後工作績效的標準。惟衡量考試的有效性之主要問題有三：第一，很難建構一項考試可以真正反映工作的情況，尤其是某項工作需要人際關係、政策制定和裁量權時。這樣的問題還會涉及工作嫻熟 (job proficiency) 與工作績效 (job performance) 間的區辨，前者是指完成工作的操作能力精熟程度，後者則為如何將工作做好達到組織要求的績效的實務。若兩者得兼，將是考選的理想；若未能得兼，一般均寧以工作績效來取代工作嫻熟，並以達成工作績效的概念技能和關係技能列為主要考量，而技術技能次之。

　　第二，當在僧多粥少且競爭激烈的情況下，又當競爭者彼此分數相差無幾，甚至同分，而且都是很高分時，光靠考試就更難以預測日後的績效；第三，考試旨在遴用有傑出工作績效表現的人員，唯績效不易客觀衡量，致考試的有效性連同被質疑。根據羅聖朋的研究，固然考試的有效性應著重效標的途徑 (criterion-related approach)，俾使分數高低與工作績效良窳具有關聯性。不過在效度上還需重視下列三種：一是內容效度 (content validation)：考試內容符合工作內容，讓考試實際能反映工作的知識、技能、能力和態度；二是建構效度 (construct validation)，透過考試以顯示一位應徵者的誠實、信賴感或機智等的「心理素質」(psychological construct)；三是表面效度 (face validation)：舉辦考試起碼令人覺得在表面上是合理的。

　　儘管如此，考選過程仍受到少數民族和工會的挑戰，例如昔日美國文官委員會在 1974 年為大多數擬進入聯邦的專業和行政工作者舉辦單一考試，稱為「專業性與行政性永業考試」(Professional and Administrative Career Examination, PACE)，其內容本質上是屬於智能測驗的考試，不是與工作相關的考試，測驗內容包括五大部分：閱讀與解釋、決策能力、問題解決、歸納與演繹理解力、計量能力，然此項考試卻因對少數族裔有不利影響而被控告，人事管理局乃於 1990 年發展「美國行政永業考試」(Administrative Career with America, ACWA) 加以取代。該項考試之內容設計是立基於所謂全人途徑，除了測試與工作類別相關的技能外，尚包括邏輯推理、文字與數字能力（此一方向可避免對種族產生的偏見），並要求應試者提供個人成就紀錄，將其學校或其他工作領域的經驗與成就一併考量。若應試者具備學院以上教育程度，畢業成績為班上前百分之十或換算後平均成績 (grade point average, GPA) 為 3.5 以上（四分為滿分）者，則無需再參加考試，直接視為合格，即所謂的傑出學術者計畫 (Outstanding Scholar Program, OSP)。此二種考試運用的結果，少數族裔及格比例較舊制的專業性與行政性永業考試高出甚多，而被人事管理局認為具有效度且合於平等就業機會政策的考試設計。（施能傑，1998: 70–71）

　　至於陞遷方面，在崇尚效率和生產力的管理途徑下，陞遷通常以工作績效或（和）

陞遷考試為之。在行政組織裡，上焉的職位少，大多數是為組織的中下層級職位，是以陞遷機會相對渺茫，競爭激烈而常呈「零和賽局」(zero-sum game)。在陞遷上，有時會採筆試為之，不但可減少成員的誹議與不睦，且可杜絕私相授受或機關政治運作的可能性。再者，陞遷也會以資深制 (seniority) 為之，這是工會常在集體協商中的主張。惟資深制雖可減少員工之間的不和睦，但它並非生產力的指標，因而，在管理上往往未受到重視。所以行政機關通常採用功績表現與資深制的混合方式作為陞遷的主要途徑。惟新公共管理觀點倡導彈性和扁平化組織，故主張對績效優異的員工或團隊給予實質獎酬，而不是全然以陞遷作為人事手段。(Rosenbloom, 1998: 235–236)

肆、考 績

在美國，考績可說是自 1970 年代以來才漸獲關注，在 1978 年的《文官改革法》中，雖強調全面品質管理、團體績效，但亦提供個人績效的考評方式。為期考績與績效管理能夠充分結合，其致力於推動以下的主要功能：(施能傑，1999: 170)

1. 鼓勵員工參與績效標準的設定；
2. 釐清組織目標，並溝通讓員工瞭解；
3. 確認達成組織目標之個人與團隊責任；
4. 找出個人和團隊的發展需求，並提供符合需求的發展計畫；
5. 改善個人、團隊與組織間的績效連結；
6. 善用績效評估作為獎勵與肯定員工工作成就的基礎，以及員工訓練、獎勵、工作重新指派、陞遷、調降職、留任與免職等各項人事措施的依據。

雖建立許多的績效考評方式，但仍有許多的爭議存在。基本上，考績會涉及主觀的決定，易受個人價值判斷因素的影響，例如有些主管追求工作績效而不問品德氣度，有些主管悅人贊己而鄙斥才德原則；有人喜好逢迎；有人器小妒才；這都是主觀的偏執。這種個人主觀的偏見，形成考評人才的首道難關，也因此，考績的差距往往呈現不顯著的情況，例如在 1978 年改革之前，美國聯邦公務員有將近 98% 獲得「滿意」效率的評等。惟為求考績能客觀公正起見，現在許多的考績技術強調自我評鑑、同儕評分，以及團體或外界評分等綜合運用，並在「追求技術的過程中」，注重以下的幾種考評方式：

1. 評等量表 (rating scales)：此種量表係就被考評者的績效因素、倫理道德，以及

能力、技能和才能，編制成圖表評量量表 (graphic rating scale) 來加以考評；它係屬操作簡易、所費不貴、清楚而且可廣泛使用的一種方式。

2.評價報告 (essay report)：為獲致結果，乃針對員工所需，實施進一步訓練和員工潛能與能力之發展所用之考評，這項技術相當費時。

3.檢核表 (checklist)：包括對員工表現的陳述，由評分者勾選最合適的陳述，有些陳述在達成總體評鑑上會比其他者的評價更高。

4.關鍵事件法 (critical incident)：此方法首重主管觀察員工工作表現做成紀錄，指出好與不好的地方。

5.強迫選擇 (forced choice)：要求主管以描述性的陳述為基礎，替員工打分數，這種陳述必須有完整結構，以使主管不能事先預設那項員工績效指標是被認為最可欲的。強迫選擇雖可提升客觀性，但對主管與員工而言，評分結果很難解釋，並不易作為一種改善工作表現的方法。

6.分級 (ranking)：以員工的績效相互比較予以排名。

7.強迫分配 (forced distribution)：要求評分者為員工分類，如最好 5%、次好 10%、次次好的 25% 等。

伍、訓練與發展

在第二次世界大戰前，美國並未對聯邦公職人員的訓練給予太多的重視。因為國會和許多的管理者均認為應徵政府公職者供過於求，隨處就能找到具備所需的技能與知識之人才，這種思維直到第二次大戰期間才有了改變，甚至到 1950 年代，艾森豪 (Dwight D. Eisenhower) 總統發布聯邦訓練政策聲明後，逐漸受重視。1958 年《政府員工訓練法》(*The Government Employees Training Act*, GETA) 授權各個機關去決定、管理和補助各自的訓練需求。從此開始，訓練功能才在政府部門大為開展，根據 1989 年人事管理局的估計，聯邦政府每年在訓練自己員工上，約花費十億美元，其主要理由乃為增加工作專業知能、技術變遷和逐漸體認應將員工視為長期的資產投資。

一般說來，所謂訓練，是指為增進員工個人工作知識與技能，改變工作態度與觀念，以提高工作績效的學習過程；而發展則側重個人未來能力的培養與提昇，故它不只在傳授工作所需的技能與知識，更在培養新的觀點與願景，使其在組織裡有成套的知識、技能和能力，俾對未來的可能情境預作準備，兩者稍有不同。（吳復新，1997：

162-163）至於訓練所能發揮的功用甚多，歸納言之，主要有以下數項：（吳復新，1996: 163-164）

1.增進員工的工作知能（知識與技能）：透過訓練使員工能不斷的獲取新知識，習得新技能。

2.提高組織生產力：例如一位新手經過訓練後，便能很快熟悉器械或工具的操作方法，生產效率馬上提高。又如工作安全的訓練可減少許多職業災害的發生，自然能夠提高生產力；而且有效的訓練常常可以使工作人員在生產過程中減少材料的浪費，防止不良的產品發生，這些都是提高生產力的可行方法。

3.增進員工的工作生活品質，幫助員工個人的事業生涯發展：透過訓練增進員工的工作生活品質，進而促進員工發展潛能，助益個人事業的生涯發展，達成個人人生目標。

4.發掘人才：在訓練的過程中，可及早發掘可造之才，加以有計畫的培育，使之成為組織的棟樑之材。

雖然培訓能發揮上述功能，但是培訓仍舊面對如下的質疑：政府並不瞭解應該為員工提供何種的培訓（長期還是短期）？如何確定誰最應該接受培訓（新員工還是老員工）？什麼時候需要進行額外的培訓（一年一次還是更多一些）？職業培訓是否有價值？再者，培訓在政府財政支出拮据下，成為一項極其脆弱的人事功能。根據功績制保護委員會 1995 年出版的工作檢討報告〈變革需要的領導力：聯邦政府的人力資源發展〉，指出聯邦政府人力資源發展工作面臨四項基本問題：（施能傑，1999: 183-184）

1.缺乏充分的訓練經費是影響訓練的最重要因素。

2.機關對訓練發展工作未能真正認同，因此在預算緊縮時，訓練經費常是首要被刪減的項目。

3.機關並未真正做好訓練需求評估，並缺乏將訓練發展計畫和機關整體策略加以整合之能力，導致機關業務單位不認同員工訓練。

4.訓練結果與訓練效益評估並未真正獲得重視，大多數僅及課程反應評估，極少深入訓練實益檢討，進而改善訓練發展計畫工作。

面對上述的困境，國家績效評鑑據以提出如下的建議：（Cooper, *et al.*, 1998: 278；王巧玲、李文釗譯，2006: 277）

1.讓訓練更具彈性，使訓練和相關部門或機關任務相聯結，而非僅與員工的公務

職責結合；

　　2.消除政府與非政府培訓的區隔，從而使技能發展更能回應市場的需要；

　　3.允許機關在其他方面「再造」中節省的公帑，用於員工訓練與發展的投資上。

　　此外，溫特委員會 (The Winter Commission) 指出，在預算緊縮時，政府隨即刪減訓練費用是種弄巧成拙的自我挫敗作法；回復教育培訓的基金，創造一個「學習性政府」(a learning government)；為所有員工搭建新的技能平臺；以及植基於技能而非任期，作為薪資成長的主要依據。

陸、薪資體系

　　人事行政措施中最受公務人員重視者，莫過於薪資和福利兩項。而且人事的考用和個人的工作績效亦深受薪資型態的影響。一般而言，薪資是由工作本質和工作績效所決定的，但在公部門中，薪資計畫的建構卻非易事，主要是它植基於兩種相互矛盾的原則之下，一是薪資應做到公平而合理，發展同工同酬和相等價值 (comparable worth)（後詳）；另一是薪資應具競爭性，能夠回應變遷的政治和經濟環境。也就是說，決定薪資的水平，可分為內在因素與外在因素兩項。就內在因素而言：它是指與工作的性質本身有關的因素，包括有：

　　1.職務的責任：對於職務權責較重的員工應給與較高的薪資，因其判斷與決定往往對機關的品質、市場、信譽、盈利與定向等產生極大的影響。

　　2.工作的時間：對工作時間較長者應給與較高的薪資，另外對季節性或臨時性的勞動者，應給與較編制員工為高的薪資，因為這些人一過了季節或節期就失業，受雇期間既無社會安全保障，又欠缺福利措施，如紅利、休假等。

　　3.知識與技能：工作所需具備的知識與技能程度較高，和對工作較嫻熟者應獲得較高的薪資。

　　4.工作的危險性：有些工作具有危險性，或者會妨礙健康，或者需忍受不悅的氣味或溫度等，因而需要較多的膽識、體力。所以，他們的薪資應比在平時環境中工作的人員為高。

　　就外在因素而言，它是指工作本身以外有關的因素，主要有：（吳復新，1996: 219-220）

　　1.勞動市場：勞力供給和商品相似，以稀為貴。若勞力的需求大於供給，則薪資

提高，否則降低。

2.社會的均衡：在決定薪資政策之前，一般均會先行瞭解類似企業或相關機關的薪給水平。假如薪資的訂定在當地同業的水準之下，將會有優秀人才難覓或相繼離職的不良後果。

3.基本生活費：員工依賴薪資生活，故其所得必須足以維持本身及家庭生活之所需。否則，員工怎可能竭盡心力為機關效命，是以訂定薪資標準自應參考物價水準和基本生活水平。

除了上述的說明外，羅聖朋亦認為政府的薪資結構雖可與職位分類體系相結合，兼而達成激勵員工增加生產力的目標，但運用上亦有其爭議，理由約有以下數端：

第一，政府服務的提供，有時是無形且難以衡量的，以致如何決定績效，以為敘薪標準，常生爭議。

第二，如前所言，政府薪資需與私人企業能相對比較 (comparability)；即公務員的薪資應和社會上其他行業（工商界）保持平衡，不能與工商界的薪水相差太遠。如果政府公務人員的待遇過高，則支付於人事費用必然增加，間接排擠及影響到建設的進步；再者，政府薪資過高，使得人才集中於政府，私人企業往往不能雇用到優秀的人才，造成人才分布的不平衡。反之，政府的待遇過低，則不利吸引有才能的人到政府工作，他們必然會競相進入私人企業求發展，政府人員的素質將會降低。美國情形如此，所以美國最優秀的人才集中在工商企業界，政府公務人員的社會聲望也不如工商界。（張潤書，1998: 599）

第三，政府薪資常訂有「上限」(pay caps)：在美國聯邦政府一般職類 (General Schedule) 的基本薪資不應超過政治主管第五層級薪資 (Executive Level V pay)。一般常任公務人員雖有許多用以增加其薪俸的工具，但總是受限於一個最高可支領之上限，這個邏輯反映的是美國聯邦政府薪俸水準的層級性特色。政治任命人員的薪俸是位居層級性的最上層，所有永業性文官薪俸則依次減少。（施能傑，1999: 140）

第四，政府薪資應考慮相等價值：如前所述，「相對比較」是就不同雇主或機關間訂定工資的差異水平進行比較，而「相等價值」與之不同，它意謂同一雇主或機關對不同工作勞動者給予的薪資比值 (pay rates)，尤其當履行不同工作時，需要相類似的技能和訓練，是否因性別的不同而給予相等的待遇。為此，丹哈特 (Robert B. Denhardt) 特舉了兩例說明相等價值的意涵。(Denhardt, 1999: 233)

其一，有研究顯示在同一工廠中，女性電子操作員和男性電子操作員均做相同的工作，卻獲取較少的薪資，在這樣的情境下，雇主是否應增加女性員工薪資以期與男性員工同工同酬？

其二，另有研究顯示同一工廠中的護士比電子操作員更需工作技能和廣泛責任，卻比電子操作員的待遇為低，而且大多數護士為女性，而大多數電子操作員為男性，那麼在此情境下，雇主是否應增加護士的待遇以吻合其工作技能和責任？

前者問題是屬大家所熟悉的同工同酬問題，後者則屬相等工作的平等薪資 (equal pay for comparable work) 問題。兩者性質並不相同。在 1963 年的《平等薪資法》(The Equal Pay Act) 中，雖未明文禁止性別不同在履行非相同的工作，可得到不同的薪資比值，卻禁止一位雇主對在相似的工作環境中履行類似的工作，因性別不同而施予差別的待遇。其後，1992 年的《平等就業機會法》，亦可視為因透過訴訟以爭取到相等價值的落實基礎，惟挑戰者必須舉證證明：刻意的性別歧視導致了薪資比值的不公平，當然，「舉證之所在，敗訴之所在」，挑戰者擬透過舉證而獲得訴訟的勝利，其遭遇的困難則是預料中的事。

柒、政治（文官）中立

有關政治中立 (political neutrality) 的概念，學者的定義仍見分歧，甚至出現立場相對的看法。不過似可舉底下的例子，助益於「中立」概念的澄清，進而裨益對政治中立的瞭解。設想有人觀看另外兩個人打架的情景。一個中立者，可能會採取三種不同的行動方式：第一，他單純是位旁觀者，只是看人打架而不會干預或對任何一方表現出明顯的成見；第二，他會根據習慣規則，確保這場打架是「公平的」，好比裁判般地干涉；第三，他會積極介入，想要確保這場架在程序上、在手段上是公平的。這種「積極性中立」(actively neutral) 是要確保每位競爭者得以公平地競爭。(Dunleavy & O'Leary, 1987: 45；羅慎平譯，1994: 48-49)

就第一種角色言，文官不應介入政黨鬥爭，僅以「行政向立法負責」的代議精神，忠實地服膺執政黨的政策，因此，文官隨著政黨的更替，它宛如變色龍般，推動由執政黨所制定的政策；然就第二和第三種角色言，文官會基於專業觀點、憲政和公共利益的考量，「客觀無私地」提出政策建言，不受任何政黨或團體的影響，遠離社會的衝突，成為專業保障、超越黨派的憲法或民主制度的捍衛者。

上述的文官角色：一方面以執行者的變色龍角色自居，另一方面以捍衛憲政的專業形象自許，類似於英國學者瑞德立 (F. F. Ridley) 為政治中立所勾繪出的兩層意義：⑴文官被假想為對其部長提供無私 (impartiality) 的忠告 (advice)。面對各種政策議題，文官會依專業觀點先列舉出所有可能的解決方案及其可能的後果，然後送交部長，依其政治承諾作出最後的決定。瑞德立認為這屬於專業中立 (professional neutrality) 的概念；⑵因為英國的部長無法任命太多自己的親信進入部門內，故高級文官幾乎是部長最密切的合作者，這些高級文官一方面要提供公正無私的建議，另一方面又要努力推動部長的政策。因此，當政府因選舉而改朝換代時，他們必須具備像「變色龍」似的能力，繼續忠誠執行蘊含相當不同觀點的政策。(陳建誌，1997: 14–15)

另外，威廉斯 (Chris Williams) 與柯年漢 (Kenneth Kernaghan) 認為政治中立可由六個層面來評估：⑴政治和行政是分立的，即政客做決策，由文官來執行；⑵文官的任命與陞遷是以功績為基礎，而非根據黨派的忠誠；⑶文官不涉入黨派的政治行動；⑷文官不應公開表達其對政府政策或行政的看法；⑸文官私底下為部長提供無私的忠告，而部長為其部門的行動負完全的責任；⑹不論執政黨的政治哲學與計畫為何，文官應該忠誠的執行他們的政策決定。(陳建誌，1997: 15)

在實務上，有關公務員政治中立的實踐，可由美國聯邦政府對公務員的行動限制來理解。自 1883 年《文官法》通過後，確立了功績制，名義上排除了政黨的干預，行政人員不再被迫參與政治等活動。到了 1907 年老羅斯福 (Theodore Roosevelt) 總統簽署一項行政命令 (Executive Order No. 642)，首度限縮公務員積極參與政治的權利。根據該行政命令，文官委員會詳細明定了文官不能參與政治的限制規範，尤其就「積極參與政治」的界定包括以下數項：(鄧志松，1999: 627)

1. 參與政黨全國代表大會，除非是旁觀者；
2. 在政黨初選集會或幹部會議中表現積極，例如演說；
3. 組織政治團體，參與政治遊行；
4. 在政黨政治委員會中擔任職務；
5. 募集、收取或管理政治獻金；
6. 散發競選傳單；
7. 在政黨報紙上發表文章、出版或發表任何文章支持或反對特定的黨派候選人；
8. 在投票場所從事除了投票以外的活動，例如政黨監票員；

9.發起或傳布提名聯署書；

10.競選公職；

11.公開認同任何政治運動、政黨，或任何候選人。

　　到了 1939 年，參院議員哈契 (Carl A. Hatch) 指出總統力量過於膨脹（當時小羅斯福總統推行新政），政治任命迫使文官為保住職位而支援競選活動，參院遂通過了以該議員為名的 1939 年《哈契法》。其主要內涵如下：

　　聯邦政府及所屬行政部門各機構的人員，禁止利用其職務權力或影響力介入選舉或企圖影響選舉的結果。聯邦政府及所屬行政部門各機構的人員均不能在政黨管理和政黨競選上積極參與。惟這些人員仍能保有自由投票權，以及對政治議題或候選員發表個人意見的權利。

　　事隔一年後，國會修正《哈契法》，擴大適用至州政府和接受聯邦政府或聯邦文官委員會補助經費的機構人員（通常以教育或福利機構為多）。如果文官委員會認定某位州政府公務員違反規定，則應受免職處分，地方政府若未加處置，聯邦政府則可終止與該名公務員有關的中央補助款項。（鄧志松，1999: 629）

　　《哈契法》通過後施行的期間內，歷經了兩度違憲的挑戰，第一次指控它違背憲法所保障的表意自由權利；第二次則指控《哈契法》過於廣泛而模糊，無從遵守。然而，它都安然度過。

　　及至 1990 年代，《哈契法》原本擔心行政官僚為政黨所利用，實屬事過境遷，甚有論者認為龐大的政府、複雜的組織和各自為政的現象，難以形成共同信念或行動共識，況且，嚴格限制行政人員參政所立基的兩個支柱──「政治─行政分立」和「公務員特別權力關係」早被學界所拋棄。在絕大多數的聯邦公務員均為永業人員，早有「已非政治的玩物」的想法下，修正《哈契法》的聲音已甚囂塵上。

　　而且，在美國國會中支持放寬管制者比反對者多，眾院通過的版本容許聯邦公務員在非公務時間從事政治活動，參與黨派地方性選舉，向社會大眾募款，擔任黨職；不過，全國具有黨派性政治職位的競選仍在禁止之列。參議院則較眾議院稍加嚴格，禁止參選所有具黨派性的政治職位（不管是全國或地方）；不得向大眾或下屬募集資金，此外尚臚列不適用本修正案的機構達十三個之多。1993 年眾議院以絕對多數通過了參議院的版本。茲分別就修正後的《哈契法》所規範的聯邦政府工作人員可以從事的工作和不可以從事的工作，臚列為表 7–1。(Cooper, *et al.*, 1998: 288；王巧玲、李文

表 7-1　哈契法對聯邦雇員的限制

㈠聯邦雇員可以從事的工作：
　　1.作為選民登記投票；
　　2.公開或私下發表個人意見；
　　3.佩戴政治徽章，在私人汽車上張貼廣告標語；
　　4.為競選活動捐贈物資；
　　5.在不妨礙聯邦政府職責有效履行的條件下，接受公共部門的任命；
　　6.作為候選人或者候選人的支持者參加無黨派的選舉，如果當選，在不妨礙其公職責任的情況下可以就任；
　　7.參與同政黨無特別關係的政治性活動，如修訂憲法、公民表決等；
　　8.加入某政黨組織或其他政治組織；
　　9.參加政治會議、集會、或募捐活動；
　　10.簽名請願，包括提名候選人的請願；
　　11.向國會議員陳述自己的觀點；
再者，1993 年《哈契法》改革後，雇員重新獲得以下先前被禁止的活動權利：
　1.在政黨中任職；
　2.可以在遠離工作場所的地方，利用工作外的時間，分發資料、拉選票，或進行其他一些為政黨候選人、政黨事業服務的活動；
㈡聯邦政府工作人員不得從事的工作：
　　1.利用公職之便，干預或影響選舉；
　　2.進行政治募捐，除非捐贈者與自己同屬於一個聯邦勞動組織或員工組織，並且不是自己的下屬；
　　3.有意要求或故意阻礙於所在部門有一定聯繫的人進行政治活動；
　　4.在工作期間、在政府辦公室大樓、身穿制服或在政府交通工具上，從事政治活動；
　　5.從一般民眾那裡謀求私利；
　　6.成為政黨職務的候選人。

釗譯，2006: 286-287）

　　行文至此，讓筆者想起但丁 (Alighieri Dante) 筆下對「中立者」(neutrals) 不堪聞問的形容：「這些多不勝數，追求安全至上且始終如此的人，既不願因為善而受苦，亦不願因作惡而蒙羞。在這裡，他們赤身露體，生活於廢土荒地和碎石瓦礫之間，世上沒有關於他們的記載，沒有資格進天堂，也不見容於地獄。他們毋須死，因為他們從來沒有真正活過。他們一如既往，盲目跟隨著一面毫無意義的、不斷搖晃的旗幟，他從不表態支持任何事，因為他從不駐足停留，鎮日漫無目的，像變動不休的磁鐵。他們的痛苦微不足道，他們的血淚只配用來餵飽蟲子。」（堯嘉寧譯，2015: 272；Sunstein,

2014: 204）甚至他說：「地獄最暗黑的地方，是保留給在道德危機中，故作中立的人。」或許但丁對中立者的形容，若將它擺在「文官中立」上，是指那些沒有理想、不用心思、不思進取、不想透過理智判斷，每天照章行事的公職人員。相對地，「政治（文官）中立」一詞給人較深刻的期待，政治不宜介入文官人事太深，文官也不應該介入政黨鬥爭；文官應以其專業和道德知能作出消弭歧見、理智判斷、尋求問題的合理定位，來提供無私的政策建言，扮演上述「積極中立者」角色，或如第二章《黑堡宣言》，文官應成為社會砥柱的憲政參與者。

　　著名法律學者桑思汀 (Cass R. Sunstein) 在《陰謀理論和其他危險的理念》(*Conspiracy Theories and Other Dangerous Ideas*) 一書中，提出「保持的權衡者」(preservative trimmers)，概念非常類似「積極中立者」的角色。他認為保持的權衡者會從對立的觀點中試圖找出和保存最必要、最深刻感知和最具價值的部分，並從中學習其觀點，設身處地檢視 (sympathetic scrutiny) 明顯對立的雙方以及審辨 (vindicate) 雙方立場中最具吸引力的部分，企求達成原則的論證 (principled argument)，減緩社會的衝突和憤怒，並確保沒有人受到排擠、羞辱或傷害。（Sunstein, 2014: 208；堯嘉寧譯，2015: 277）筆者以為「保持的權衡者」的功能描述，恰好是對「政治（文官）中立」的最佳說明，而不是但丁所形容「他們毋須死，因為他們從來沒有真正活過」那些尸位素餐的「消極中立者」。這是筆者對「政治（文官）中立」的概念性及哲學性看法。剛好也符合前述瑞德立所形容的：「作個有見地、有能力、有專業的變色龍」。

捌、精簡人力

　　早在 1970 年代末期，美國政府便注意到利用減稅、避免財政赤字和刺激經濟成長等，以增加公部門的生產力。在人事行政上更欲透過「精簡人力」(reduction-in-force; RIFs) 的作法來達成此一目標。這種作法主要在刪減公部門最沒有生產力的員工和服務，並將其委託外包給私部門能夠提供或做得更好的服務。國家績效評鑑更基於員工賦權授能的論點，主張裁減管理者和監督者。

　　按照羅聖朋和克拉夫秋克的看法，裁減人力的主要做法為：(1)相對於其他員工，為若干員工提供更多的保障，如退伍軍人或一些資深人員；(2)倚賴自然的退離，遇缺不補；(3)利用「買斷」或「及早退休」方式鼓勵員工自願離職；(4)對所有層級的員工和所有政府的功能進行「跨單位」整合與減縮。然而，這些做法被若干評論家認為，

公部門中有些高度價值和高度需要的事務會因及早退休而無法銜接，需要再以契約進用方式把那些及早退休者重新聘回，因此裁減人力的實際效益實屬有限。(Rosenbloom & Kravchuk, 2005: 233-234)

玖、人力資源管理策略的變遷

　　如上所述，傳統人事功能分別為工作分析、職位分類、遴用、考績、訓練與發展等，雖是人力資源管理的重要部分，惟歷經幾十年來的發展，它們的基本方向已然改變。在過去，這些功能是在達成保障員工和維護體系完整，避免遭受政治報復和管理濫權，而今則著重提供顧客滿意服務，並透過人事功能極力來促成。也就是說，過去管理強調控制與過程遵守，現在則重視彈性與成果實現，所以，人事功能與角色不再是扮演「保障者」，而是「促成者」。誠如圖7-2所示：

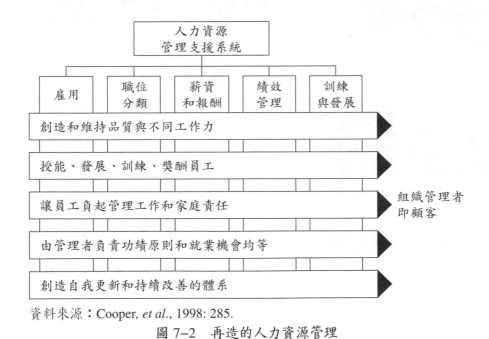

資料來源：Cooper, *et al.*, 1998: 285.

圖7-2　再造的人力資源管理

　　甚至為了因應科技的變遷和未來工作力的調整，庫伯等人更針對傳統型的人事和轉換型的人事作了如表7-2的對照比較。

　　從表7-2中可以顯示未來轉換型的人事體系，在職位分類上，講究彈性，以因應變遷的技術和工作需要；在遴用過程上，重視建構取向 (constructed-oriented)，而非擁

有某一固定的專門技能（它有可能被科技所淘汰），以培養樂於學習且熟諳管理技能的熱情工作者；在訓練上，不但強化員工的認知技能，且教導員工對新技能的自我學習，以備不時之需；在界定工作責任上，倚賴團隊建立才能聚合達成目標所需的廣泛知識與技能，並為確保每位員工克盡職守，以及應付家庭緊急之需，所以組織應進而考慮員工的家庭需求與負擔；最後，由於科技的發展，朝向以家庭為考量的雇用，除重視工作時間和地點的彈性化外，更爭取員工的獨立自主和減少上層的直接監督。以上種種均將成為未來人事運作的重點。

表 7-2　傳統型和轉換型的人事比較

人事管理面向	傳統型	轉換型
工作分析	單面向	多面向
職位分類	僵化的	彈性的
遴　用	內容取向	建構取向
訓練和發展	專業化、技能取向	多元學習
工作安排	個人的	團隊的
薪　俸	個人基礎的	團隊基礎的
績效評量	個人基礎的	團隊基礎的
工作時間	固定的	彈性的
工作地點	集中的	分散的
監　督	直　接	間　接
生產力	產出取向	品質取向

資料來源：Cooper, *et al*., 1998: 302.

第三節　人事行政的政治途徑

　　以政治途徑來理解人事行政，顯然與前述管理途徑所要彰顯的價值與措施產生鮮明的對比。其中最顯著的不同，便是如何擴大文官勞動力對政務官員和社會大眾的回應性，並且認為公務人事尤應注重於對國家忠誠、社會階層代表性以及平等就業機會等。

壹、回應性

　　有關政治回應性的基本前提之一，即行政人員不應利用其職務權力來改變政務官員或政治社群整體所致力追求的政治目標 (political goal)。行政人員除了追求政治中

立、專業知能與管理的人事行為外，還得考慮政治性決策的意涵。關於此者，約有幾個面向值得加以探究：

首先，美國昔日實施的分贓制，乃在確保文官體系的政治回應。如「戰利品屬於選舉的勝利者」的說法，即在表彰贏得選舉的政黨有權分配國家資源（包括政府職位）。文官的去留需隨著政黨的更迭，不但促成文官直接向執政黨負責，亦間接向民眾負責。再者，民選官員有權力去解雇、重組以及拔升行政人員，以確保行政人員不敢冒犯政治主人的決定。分贓制雖然弊端叢生，卻要求文官制度的政治回應，達成「政治課責」(political accountability) 的目的。

第二，在 1978 年的《文官改革法》中，設有了高階資深行政文官，亦在強化文官的政治回應。按其規定，該職位中約有百分之十是屬政治性任命。不但賦予政策協調的任務，還能在各機關中遷調，比起一般永業文官更具彈性，既不受職位分類制的限制，也沒有降級減薪的威脅。主要目的是協助各機關追求廣泛的公共利益而非機關利益來運作公共政策。

第三，確保文官體制達成政治回應的方法之一，即從事國家的忠貞調查。其中最有名者，莫過於 1940 年代晚期以及 1950 年代初期的忠貞－安全計畫──「麥卡錫主義」(McCarthyism)。當時每位聯邦行政人員及應徵者的操守，以及對國家的忠貞均被懷疑。例如是否為絕對的共產黨員與自由至上主義者？是否閱讀《紐約時報》或潘恩 (Tom Paine) 的讀本？是否主張種族融合、自由和民權？是否從事婚前性行為？是否支持與中國建交？這些均被視為對國家不忠誠的衡量指標，都在調查之列。現在看來已是事過境遷，但是美國依然恐懼聯邦行政人員不去回應政治體系的主要價值，並利用職權來對抗或破壞政治目標。

第四，為能確保人事行政的回應力，國會從事許多關於人事變革的立法，還利用各種委員會來處理公務人事事宜，並監督人事方案的執行。最著名的例子便是對退伍軍人的禮遇 (veteran preference)。若按照功績制的邏輯，擬對任何曾經服役的軍人提供優惠措施，是不被允許的，任職考試也不應加分。但從政治的角度觀之，除考試加分（通常五分或十分）外，甚至還在若干場合中，將退伍軍人提升至合格名單中的第一位，退伍軍人更享有在精簡人力時不被辭退的禮遇。另一個案例就是涉及集體協商（參見後續的討論）。勞動關係法往往將如職位分類、薪俸、陞遷等人事事項透過集體協商達成，這種作法與管理觀點迥異有別。

貳、代表性

　　一般均認為行政體系成員來自社會，本應具有社會代表性。因此行政人員的社會背景若能反映在政治社群的整體人口結構中，其所制定的政策與執行的方案，較被預期能符合公共利益的融合功能。如果文官的任用僅依憑功績制，那麼它將挑選最有資格的人，對於非裔美國人、拉丁裔以及原住民族而言，都會有不利的衝擊，被視為文官機會平等與社會代表性的主要障礙。所以賦予人事行政的「代表性」(representativeness) 更加被重視。

　　對官僚組織代表性的要求，主要是反映在平等就業機會 (the equal employment opportunity, EEO) 原則上。綜觀其理由乃有以下數端：(1)平等就業機會有助於社會正義與分配正義的申張；(2)文官的社會代表性與政策和政治的正當性密切相關，至於官僚社會背景與政策作為間的關係為何，目前尚未完全瞭解；(3)代表性官僚制比較能夠強化不同社會團體對政府體制的忠誠；(4)政府可以是社會的榜樣，它可以對其他的私人公司或團體的人事行政制度產生示範效果。

　　1940 年代，當聯邦政府推動反歧視方案，平等就業機會就開始成為人事行政的焦點。該方案的引進，主要是為了對抗聯邦文官中普遍的種族歧視與隔離現象。嗣後，1964 年《民權法》，將平等就業機會落實成為法律，第七項權利規定，任何人不得因種族、膚色、宗教、性別等因素而歧視他人。1972 年《平等就業機會法》將這些權利的適用範圍擴張到聯邦公務員上，(Cooper, *et al.*, 1998: 287) 並進一步延伸至州及地方政府。1978 年的《文官改革法》則更上一層樓，致力於建構聯邦人事勞動力的社會代表性之政策。

　　總之，經過多年的發展，平等就業機會法得到了可觀的成就，除了將就業保障與利益表達之觸角，延伸至諸如印地安人、原住民族、婦女、甚至身殘人士，1990 年通過《身障法》即是一例。不僅如此，《平等就業機會法》並以下列數點作為人事改革的基本目標：(1)促成人才遴選能夠普及社會的各個階層；(2)消弭平等就業的人為障礙，如身高、體重等；(3)消除功績考試的種族偏見；(4)建立婦女與少數民族得以向上階級流動的訓練計畫；(5)消除人事行政上任何帶有歧視的思想和作法，包括陞遷、任用和職位分類。

　　為了達成上述的理想，《平等就業機會法》大抵採用二類廣泛的作法：一是平等就

業機會申訴系統 (EEO Complaint System)，另一則是平權行動。顧名思義，平等就業機會申訴系統企圖提供被禁止歧視的個人，能夠很快的獲得問題解決的機會。它強調非正式的解決以及矯治行動，讓當事者雙方能夠在裁決性的聽證會上提出證據、作證以及辯駁等，俾獲得合理的補救，其中包括恢復薪資、陞遷、期望的訓練，以及其他的人事行動，並對有歧視行為的主管加以懲處。然而，此種制度施行的效果卻不盡理想，原因在於申訴往往無法獲得即時處理、受害者無法獲得即時充分保障、申訴體系並不公正，容易偏袒政府部門。

　　至於論及平權行動，廣義而言，是指美國政府於 1965 年起，為保障婦女、少數種族，或其他特殊條件人士從事某些職務的優惠，並為防止種族、性別歧視所採取的積極行動。（吳懿婷譯，2005: 14）理念上，平權行動是有別於平等機會的理念。它用意不在確保競爭公職者的平等機會，而在確保競爭公職的結果能夠趨於平等，是以會有「所有政府的職位應按不同的社會團體而有比例代表性 (proportional representation)」之主張。平權行動的支持者認為過去受歧視的團體，應有資格要求特別的、補償性措施，直到歧視的效果消失為止。畢竟，奴隸制度及種族隔離政策的創傷很深，如果只是解除種族隔離的過去障礙，那麼只是原地踏步而已，必須進一步採取更為有力優惠弱勢族群的積極政策。這些特殊的補償作法甚至包括特別的遴用、優惠訓練和職位分類的重新設計等。

　　然而，平權行動卻碰觸到種族問題的最敏感神經，引發了極大的爭議和反彈。反對平權行動者認為平權行動適足以造成了「反轉歧視」(reverse discrimination) 和戕傷了功績制。因為成績好、能力高的白人會因平權行動而犧牲了「個人權利」，讓給了那些基於種族因素而有錄取機會的能力較差者。他們覺得這種優惠性措施會威脅他們的工作、他們的家庭，而且違背了美國憲法第十四條修正案之平等保障條款。難怪法學者傅利曼 (Lawrence M. Friedman) 說，現在，最高法院要煩惱的已經不是種族隔離措施了，反而是有關「反轉歧視」、平權行動等相關議題。（楊佳陵譯，2011: 267）

　　很明顯的，最高法院對平權行動的判決意見前後有些分歧。舉例而言，自 1954 年種族平等的運動達到高峰，最高法院在「布朗訴教育局案」(Brown v. Board of Education)，宣布了一件毫無異議且石破天驚的判決，即是學校裡的隔離制度是違法的、違憲的。（楊佳陵譯，2011: 360）然在 1978 年，高度分歧的美國最高法院在加州大學董事會訴貝克案 (Regents of the University of California v. Bakke)，做出它對高等教

育平權行動有史以來首次判決，最高法院的裁定，公立大學不准保留特定名額，但可以將種族列為決定是否錄取的數個因素之一。（朱道凱譯，2007: 486）同樣的情況亦發生在平權行動的公務人事管理上。不過，法院的做法似乎愈趨嚴格。法院認為，種族分類的任何用途，即使出於良性或補償動機，都會被視為「嫌疑犯」並受到「嚴格檢驗」。雖然在葛雷戈斯訴杜克電力公司 (Griggs v. Duke Power Company, 1971) 一案中，最高法院對第七項權利所做的解釋是，錄用工作不得在少數族裔和非少數族裔中產生不平等的結果，並且根據所謂「4/5 規則」：如果被錄用的少數族裔人員少於被錄用的非少數族裔人員的 80%，法院就可以認定公司的行為有歧視的嫌疑；況且有無歧視的現象，應由被告的一方（雇主）提出論據。可是在沃茲・寇訴安東尼奧 (Wards Cove v. Antonio, 1989) 一案中，最高法院卻把舉證責任由雇主轉到了原告身上，同時也摒棄了「4/5 規則」；而且法院也降低了「工作的必要標準」，提出考試的目的並不一定要以公司的需要為基礎，只要雇主的目的合法，他（她）就可以採用考試作為錄用標準。(Cooper, *et al.*, 1998: 287)

在此標準下，公部門若想使用種族分類的平權行動須符合「強制目的」(compelling objective)。（朱道凱譯，2007: 488）亦即使用機關必須承擔說服的責任，告訴社會非得採用種族分類，而且只限於那些極為狹隘的強制目的項目上。尤其值得一提的是，美國最高法院認為在公部門的雇用上採行「定額」(quotas) 方式作為對過去的補償，早就被證明是不合法、違憲的種族歧視；在解雇或精簡人事上，若同樣採取有利於少數族群的定額方式，也可能是不合法的或（和）違憲的，因為它們會導致非少數族群的公務員因為種族或族裔因素而被解雇。但是，法院支持平權行動的合法性（而非合憲性）係屬在陞遷上的自願（指非刻意就過去的歧視給予補償）。顯然地，最高法院在平權行動的立場是，嚴格的種族配額制是於法不合的，但可以接受在決定錄取與否時，把種族視為一個考量「因素」，這是某些法官為了解決平權行動的爭議而製造一種符合憲法的權衡。（堯嘉寧譯，2015: 280）

總之，平權行動的難題核心，不在於「個人的傷害」，而在於「因傷害了個人進而傷害了團體」。（朱道凱譯，2007: 168）當一名求職者因種族因素而被拒時，所造成的傷害不只是這個人找不到工作及賺不到薪水、地位、尊嚴和工作經驗的直接損失而已，連同該個人所屬的團體也會被排拒在外。如果處理不當，美國的理想：「多元平等」、「整合同化」，恐化為烏有。畢竟，種族平等或平權行動的終章尚待寫就。

第四節 人事行政的法律途徑

以法律途徑來處理人事行政有幾個要點值得重視。首先，它強調公民與政府之間的憲法關係，應高於公共機構的雇傭關係；再者，它著重個別公務人員和應徵公職者的權利與自由，特別是在不利的人事行動和其他情境下，更需要公正和平等的法律程序；第三，它重視法律的平等保護之需要，而反對因種族、族群、性別和若干其他形式的歧視。大體而言，法律途徑與管理和政治途徑是有相當的落差。法律途徑採員工權利和正當程序的擴張性觀點，弱化了傳統管理途徑對政府員工的層級節制和指揮的倚賴。它亦混淆了新公共管理對人事管理的減低管制。最高法院針對分贓制和平權行動設下憲政障礙，而否定了政治途徑所主張的「表達」價值。法院也認為 1940 和 1950 年代的忠貞－安全調查，難以在憲法上站得住腳。惟在若干面向上，如平等就業機會、平權行動和平等保障等領域，卻與政治途徑仍有些共識。(Rosenbloom & Kravchuk, 2005: 243–248)

壹、行政人員與應徵者的憲政權利

如上所述，在 1950 年代初期，美國聯邦行政人員只要被合理的懷疑不忠於國家，即有遭解雇之虞。甚至，更荒謬的是，若行政人員結交間諜朋友就可能被貼上「非美國人」(un-American) 的標籤，會被迫離開公職。雖然在被解雇前，可在「忠貞調查局」進行聽證，然該局成員均為聯邦調查局或文官委員會之成員，甚且提供的資訊也是來自不明人士和未經公開宣示的證詞。對於這些不利的「證詞」，行政人員並沒有權利對抗或交叉詰問。此外，在最高法院判例中，只要行政人員寫信給紅十字會抗議種族的血緣歧視，亦被認為有不忠貞的行為。法院的裁定是：憲法並無規範基於政治信仰、活動與忠誠而禁止對公務人員的解雇。簡言之，對於公職人員的權利與自由，憲法是少有保障的，爰須發展嚴密的程序，免除被恣意的解職。

當時流行的憲政原則即為通稱的「特權原則」(doctrine of privilege)，亦稱為「特別權力關係」。意謂行政人員既然同意接受公職，就應放棄一般的憲政權利，政府可以自由設定符合公職任用所需的條件，即使這些條件會侵犯了公職人員的憲政權利。正如霍姆斯 (Oliver W. Holmes) 大法官所言：「請願者有討論政治的憲政權利，但是警察可就沒有」。(Rosenbloom & Kravchuk, 2005: 244) 具體言之，根據特權原則，公務員和

其雇主（國家）是處於權利不對等的關係中：

1. 公務員對於國家機關所頒布的各項法令與內規有服從的義務。
2. 國家機關管理者對於不遵守規範之公務員可予以懲處。
3. 一旦受到懲處，公務員僅能循行政層級體系尋求救濟，但不能尋求司法救濟。
4. 公務員必須有服從的義務，且其工作的範疇並不確定。
5. 公務員不能像普通公民般，充分行使憲法所賦予的基本人權。如被選舉權、結社自由、表意自由等。

　　直到 1970 年代，此種「特權原則」，才做了大幅的修正。無論憲政權利所關注的政府利益被形容為「權利」或「特權」，最高法院已將此一觀念作了「完全和最終地」(fully and finally) 拒絕。取而代之的是，法院申明公務人員應該享有憲政權利，而且這些權利是不能被冷凍、迫害、違反與否定，更不可因其擔任公職而被恣意剝奪。只有在若干領域裡（如文官的政治中立），政府作為若限縮了公務員行使憲政權利時，必須顯示此種限制與工作需要直接關連，而且是為了更高的價值（如良善、非黨派性的政府）。(Rosenbloom & Kravchuk, 2005: 245)

　　法院對於公務人員憲政權利的保障，舉其舉舉大者：首先是程序的正當過程。當行政人員遭受不利的人事處分時，當事人可依程序的公平請求聽證，尤其是不利的處分涉及到：(1)違反一般的憲政權利之行使，如結社自由；(2)侵犯個人的聲譽，如視其為不誠實者或不道德者；(3)解除職務致嚴重損及未來就業之可能；(4)員工在工作中所擁有的契約、任期和其他的「財產利益」(property interest)。更有甚者，此種的人事法律途徑相當強調抗辯程序，聽證不但應在公正無私的審問官下進行，而且部屬可與主官進行直接的抗辯，幾與法庭的實質審判過程無異。

　　其次是言論自由。當今美國公務人員擁有「舉發弊端」(whistle-blow) 的廣泛憲政權利，而可相對自由地與外界談論公務中的浪費、濫權、欺騙、貪污、危害公共安全或公共健康和錯誤的政策。甚至只要行政人員不是蓄意欺瞞或罔顧事實，當他們向外界吐露資訊時，即使有若干不確實，亦須加以保護。「舉發弊端」的權利，旨在說明公務員的最後忠誠對象是社會大眾，而非特定機關或主管，據以證明透過對組織的忠誠和對組織領導的嚴格服從，冀圖提高組織效率的作法，將會面臨若干的限制。

　　復次是結社自由。行政人員可以擁有自由地加入組織（包括工會）的憲政權利。對此，美國法院不但作成了裁決，甚且認為行政人員的結社自由可以助益於公部門集

體協商的發展（參見後續討論）。惟值得注意的是，最高法院雖支持公務人員擁有結社自由，卻認為員工不應被迫加入如政黨、工會組織。

第四是法定產假的規定。站在傳統管理的觀點，認為孕婦在小孩預定出世之前，即應著手產假的規劃，俾使機關能夠及早安排代理人和避免孕婦因生理狀態而影響工作績效。然而，最高法院卻持相對見解，認為若雇主要求婦女因懷孕而須離職，除非孕婦個人的生產離職是配合個人的醫療狀況（亦即是否影響她的工作能力），或在正常懷孕的晚期才離職，否則介入婦女是否要擁有小孩的選擇自由，就構成違背憲法的侵犯個人權益情事。

最後是平等就業機會的影響。晚近法院在建構標準，對於決定何種人事實務樣態違反法律平等保障之權利，著實扮演了相當重要的角色。當今在最高法院的判例下，除非是刻意的歧視，否則對某一特定社會團體採取不利的人事實務，不被認為是違憲的。然一旦當法院發現有違憲的歧視存在時，便會強力干預。例如發現若干功績考試不能被接受時，就會要求有權的機關去發展新的雇用、陞遷和解雇程序。

貳、公務員的賠償責任與免除

在所謂主權豁免權 (sovereign immunity) 的原則下，政府機關、官員及公務員不必為他們執行公務造成某種的損害負責，例如警察在飛車追逐或搜索民宅的過程毀損財物。但是隨著時間的過往，政府的自由範圍已逐漸限縮。（朱道凱譯，2007: 169）連帶地，美國行政人員的個人權利和自由之保障，則較之往昔獲得重大進展。為使憲政或法律權利的聲明能夠落實，需要有獨立的落實機制加以配合。一般而言，在人事制度中，主要有兩種落實的途徑：一係前已述及的正當法律程序過程；另一係課予公務員損害賠償的責任。

1970 年代美國最高法院擴張解釋公部門員工在侵害憲法保障個人權利所造成損害的民事訴訟中，所應負起的責任。不過權利受害者不只為民眾個人，也有可能是公務員。在州或地方的層級中，假如一位管理者或公共人事管理員或其他官員侵犯了部屬的憲政權利，那麼部屬可以提起民事訴訟請求賠償。同樣的情況亦對公職申請者加以適用。如果他的憲政權利被刻意違反，亦可提出損害賠償。甚至主管解雇了一位加入工會或其他社團的員工，即有可能招來相關的訴訟。損害賠償的責任標準，乃取決於行政人員是否合理地意識到其行動已違反了憲法的相關規定。如果行政人員早就瞭

解其行動是違憲的，不管其意圖為何，都必須負起損害賠償的責任。為何會要課予行政人員行政損害賠償的責任呢？除了在補償過失行為的損失外，主要為嚇阻作用，避免公共官員肆意違反個人的憲政權利。有了此一落實機制，便可強烈要求公共官員謹言慎行，毋任意侵犯其他人或員工的憲政權利。

惟值得一提的是，聯邦與州、地方公務人員在此一議題尋求救濟的方式是不同的。在布希訴盧卡斯 (Bush v. Lucas, 1983) 的案例中，最高法院認為聯邦行政人員（與地方不同）不能向管理者控告其違反憲法第一條修正案的權利而請求賠償損失，原因是國會已經建立了替代性的保障措施，向功績制保護委員會進行申訴。此一決定確認了另一種補償，它沒有增加或減少聯邦員工的憲政權利範圍。

總之，誠如傅利曼所言，如果某人的健康或財產遭受嚴重的危害，那一定是有人犯了錯，而且那位犯錯的人應有義務賠償他人的損害。事實證明，有許多案例都出現過政府或企業說謊、欺騙、操弄資料、隱瞞實情，並且在光天化日下使用各種技巧規避責任。（吳懿婷譯，2005: 402）不過，損害賠償的立意雖好，警示公務人員謹慎行事，勿助長「故意過失」(willful negligence)。但若不加以約束，反使公務人員動輒得咎，產生「寒蟬效應」。例如現代醫療糾紛頻傳，讓醫事人員聞之卻步，不敢積極作為，甚至部分好訟的民眾或員工成為侵權行為的「地下蟑螂」，啃噬因模糊空間所產生的利益。

第五節　集體協商的營造

從上述管理、政治與法律途徑的分析，實不難瞭解各個途徑各有不同的價值與理想，是以，建構整合性的人事制度並非易事。若能取道於集體協商 (collective bargaining) 來驅使人事政策的管理、政治和法律途徑之相互接軌，則為期待的奮鬥目標。

壹、集體協商的建構

顧名思義，集體協商是指為解決雙方利益衝突，勞方透過工會來和管理階層進行協商。其中組織內的任何工作者非以個人身分表達其利益，而是由同樣職業中的人員（如警察、教師、消防人員）或從事類似工作者（如一般行政工作）組織成為各種協商單位 (bargaining units)，再由單位內大多數員工指定單一員工代表所有員工進行協商，此稱為「排他性的認定」(exclusive recognition)。至於協商範圍可寬可窄、可大可

小。範圍大時，包括工資、工時、福利、職位分類、陞遷、程序、訓練、紀律、申訴、假日、病假、資深禮遇、加班和其他工作環境。範圍小時，則可能僅包括懲處、下午休息時間、辦公活動空間、制服的安全性等。

根據葛哈特 (P. F. Gerhart) 的看法，集體協商兼具理性與衝突性質。在權力鬥爭與理性決策的矛盾下，它係以一種動態與彈性的過程，促使代表勞方的工會和代表國家的資方兩個團體達成希冀的目的；它亦被形容為一種交易的模式，亦即，勞方以提供服務作為交易籌碼，而與資方協商俾取得企圖獲致的薪資等福利。在此過程中，假若勞資雙方無法達成共識，雙方皆會運用某一程度的權力以趨使對方付出代價；且雙方權力的運用，往往決定協商的結果。在許多活動上，權力雖然重要，但非必要，若欲使衝突能夠成功地化解，還有賴建立妥協的互信與協商的意願。(Jun, 1986: 205)

在美國，關乎集體協商和公務員工會意識的一個重要轉捩點，是甘迺迪 (John F. Kennedy) 總統在 1962 年 1 月所發布的 10988 號行政命令，允許聯邦公務員可以組織工會。這項行政命令提到：「有效率的政府施政和員工的福利，需建立在組織中管理者與員工間能夠維持有秩序、具建設性的關係上」。除此之外，其他的重要發展，也刺激到政府機關的工會運作，例如在 1935 年《瓦格納法》(*Wagner Act*)❷ 之後，紐約市府員工據以組織工會，以及 60 年代中期民權運動的勃興。

為何雇員要組織工會？原因在於公務員要被組織起來，才能向他們的管理者提出要求，並獲致較好的待遇。奈格羅父子 (Felix A. Nigro & Lloyd G. Nigro) 便曾說道：「公務員並沒有理由要比私人組織受到較差的待遇和工作條件。他們也希望能夠被尊嚴地對待，並參與決策。在規模日趨龐大的機關組織，加上對事不對人，以及缺乏與上層管理者面對面的溝通，益使高薪的專業者感覺其應聘請幫手，以因應與組織進行協商之需」。(Jun, 1986: 206)

貳、集體協商的程序與方式

然而，公部門的集體協商亦產生了一些非私人企業所能想像的問題。因為參與的人數與涉及的層級愈多，協商團體的規模愈大，談判的複雜性也就愈高。再加上立法因素，更添增了政治的複雜性。

儘管如此，一般而言，集體協商的主要程序為：⑴建構協商組織；⑵規劃需求；

❷ 此法為美國《國家勞動關係法》極其重要的一環。

⑶協商需求；⑷執行勞動合意條件。並可用圖 7–3 表示如下：

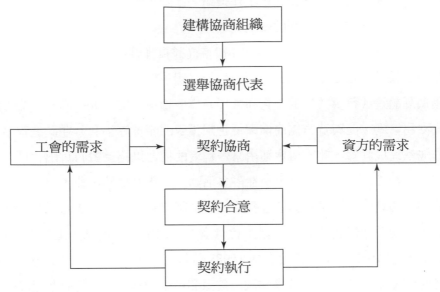

資料來源：Shafritz & Russell, 1997: 434.

圖 7–3　集體協商的主要程序

當勞資雙方不能對於法定協商的事件達成共識時，僵局就會產生。關於化解僵局，大多採取以下三種方式為之：⑴調解 (mediation)；⑵事實調查 (fact-finding)；⑶仲裁 (arbitration)。

一、調　解

調解是指僵持不下的勞雇雙方同意聘請中立的調解人介入，蒐集資料，瞭解雙方立場、難處和最需迫切解決的問題，進而導引勞雇雙方建立和諧互信的關係，協助雙方繼續協商以得出最可接受的方案。然而調解人並沒有權力強迫雙方達成協議。

二、事實調查

當勞雇雙方因協商破裂而形成僵局時，得由事實調查者 (fact finder) 根據所蒐集的事實，及其提出所擬促成協議的最佳解決方案，作成「事實調查報告」，並公諸於世。事實調查與調解最大不同之處，在於它較為正式，須召開公聽會，並作成建議書，不過建議書亦不具備拘束力。

三、仲裁制度

仲裁制度為美國聯邦政府、大多數州政府及地方政府所設計用來解決公部門勞雇之間利益爭議的最後途徑。它為一種正式制度，做出的仲裁決定具有確定力和拘束力，爭議雙方均須服從。仲裁制度又可分為二種：

1.自願仲裁：係指勞雇發生利益爭議時，經法定程序後，雙方均同意將問題送至仲裁者請其仲裁，並遵守其決定。

2.強制仲裁：係指勞雇協商破裂時，法律規定須由仲裁者介入，作成決定供雙方遵循。仲裁者可為單一仲裁者，或是三位以上的合議庭仲裁方式，合議庭組成者可能均為中立者，或是勞方、雇方及立場中立者混合組成之。（吳定、張潤書等著，1998: 183）

至於調解、事實調查與仲裁的主要差異，則可參見表 7-3 的說明。

表 7-3　僵局化解的類型比較

	調　解	事實調查	仲　裁
過　程	在協商雙方的要求或請求下，由聯邦調解與調停服務局或其他適當的第三人介入；或是自行提議。	係屬強迫性合議的程序，經常為形成仲裁前的最後方案。	以最後程序方案來取代事實調查，或兼採事實調查。
主　題	擬協商之新協議約定。	擬協商之協議約定。	擬協商之協議約定（也是申訴程序的最後階段）。
場　景	調解者試圖決定協議的基礎，並說服各方去達成合意。	各方以論證方式去說服事實調查者。	各方以論證說服仲裁者（有些與事實調查相同）。
第三者	調解者是由聯邦調解與斡旋委員會委員或其他第三人士擔任之。	事實調查者是由各方或行政機關選派公職人員或社會人士擔任之。	仲裁者是由各方或行政機關選派公職人員或社會人士擔任之。
權力因素	調解者只侷限於說服和找出妥協之道。	事實調查者作成化解僵局的建言。	仲裁者作出拘束性的決定。
公開性	過程祕密；不保留及公開紀錄。	以半公開過程紀錄和報導所作的建言。	以半公開過程紀錄和報導所作的決定。

資料來源：Shafritz & Russell, 1997: 436.

參、集體協商的管理、政治與法律意涵

如前所述，集體協商被視為達成人事行政的管理、政治與法律三種途徑的匯流，又兼具效率與民主的體現。(Rosenbloom & Kravchuk, 2005: 249–252) 就管理的途徑而言，其表現的優點如下：第一，它明確界定資方的權力，並明訂某些權力不得討價還價，如行政首長有權領導部屬和決定機關預算等；第二，它促成勞資雙方的溝通，提供主管和其他官員如何改善效率和經濟的有用資訊；第三，它增進勞方或員工相互參與，藉以決定工作條件，並達成更大的工作滿足感；第四，它可以透過勞方的申訴體系，以警惕資方須特別重視嚴重的問題和不適任的主管。誠如庫伯等學者所言：「在聯邦政府各部門，進行勞資合作通常意味著，管理方給予工會參與決策的權利，但政府仍依法保留其最終的決策權，作為交換。工會必須相對『接受』一項新的政策，並放棄其訴訟的權利」。（王巧玲、李文劍譯，2006: 291）

除了上述的管理功能，集體協商也具有政治途徑的功能。第一，行政人員的聲音表達，可透過工會的部分目的來達成；第二，行政人員可藉由工會來反映和影響政府雇用員工的工作環境之現況與變動；第三，除在協商期間外，平時行政人員亦可透過工會傳達許多公務機關內部事務，達成非協商期間討論與諮詢的效果。

惟在政治途徑下，公部門的集體協商被視為是在服務公共目的，所以不應因此而損及政府對選民的回應性。是以，有些協商範圍有必要加以嚴格限制，促使若干主管機關經常會通過強而有力的管理權利條款來限制協商的項目。例如機關任務、預算、政策、技術、甄補、晉用和懲戒程序等，均列在協商的範圍之外。又如有些學校不允許老師對班級學生人數、學期行事曆進行協商。這些限制係為主權概念的延伸，強調政府乃是民眾的最高代表，它不應被迫與私人組織分享權威。限制協商的活動範圍，乃在確保公共政策是由代表性的政府機構所決定，而非是私己團體自由伸張意志並得其所願。

最後，在政治途徑下的最大爭議，要屬罷工權的限制。在美國若干州政府和聯邦政府對於公務人員的罷工權施予嚴格限制。罷工被視為集體協商中最嚴重與迫不得已的手段。尤其是在政治途徑下，往往將罷工排除在協商之外，除了它會帶來混亂或無政府狀態，也會因為過分屈從於組織工會的要求，減低政府對民眾的回應性。舉例而言，在有關學校行事曆與課程安排的勞資協商中，若給予老師罷工權，無異是讓家長

只能被迫同意與配合就範，因為身為學生家長對於家長這個角色並無罷工權，他們頂多只能推舉學校代表或董事與老師進行協商，這樣非但不公平，並使學生權益淪為討價還價的「籌碼」之嫌。

為何要反對公務人員的罷工權，丹哈特將其歸納為以下若干因素：⑴罷工違反國家主權，會使行政權威屈服在任何特殊利益團體之下，致違反了公共利益；⑵公共服務是基本的且不能中斷的，所有政府服務皆是重要的；⑶影響公共政策的管道，如申訴和投票，已因工會而存在著，毋需再有罷工權；⑷私人部門的罷工是屬經濟性質，但公部門罷工為政治性質，採用的罷工策略常造成大眾的不便，並肇致預算的優先順序之調整。(Denhardt, 1999: 225)

不過話說回來，如協商範圍太過狹隘，則勞資集體協商似無太多意義。再者，政府員工如無類似罷工的武器，則資方（國家）恐怕只會漠視勞方的意見。因此，主張公務人員應有罷工權的理由大致如下：⑴公務人員罷工不管合法與否，或者是否會受到法律嚴重的處罰，罷工的存在已是不爭的事實；⑵在罷工情勢下，勞資關係的衝突可視為溝通的管道，具有社會建構性，藉使勞資雙方相互諒解並明瞭公共服務中斷的後果；⑶罷工權可以強化工會作為協商單位的力量；⑷許多私部門的工作性質與公務人員所從事者幾乎雷同，卻享有罷工權，公部門的罷工權唯獨欠缺，顯失公平。(Denhardt, 1999: 225)

一般而言，公部門通常是禁止罷工的，因此勞資爭議須有賴其他方式來化解僵局。這會把集體協商帶到法律途徑之中。集體協商的法律途徑，所表現的方式，便是透過上述的仲裁管道來化解僵局。有關仲裁種類，除了前述的自願仲裁和強制仲裁外，尚有：⑴利益仲裁 (interests arbitration)，如工資、工時等；⑵申訴仲裁 (grievances arbitration)，如對員工的歧視、性騷擾或違反契約等。尤其在強制性的利益仲裁下，當僵持發生時，它會強迫勞資雙方進入仲裁程序，並接受仲裁者的決定。仲裁是屬司法型態的程序，由個別或一群仲裁者採類似抗辯程序，聽取各方的觀點和建議，衡量事實並斟酌原則，即可做出決定。同樣的途徑亦可適用於申訴仲裁，申訴仲裁類似於對不利行動所採取的聽證制度和法律程序，它會對於部門主管帶來新的挑戰，並限制其運作彈性。

總之，利益和申訴仲裁類似於司法過程，它意圖去管制罷工和避免衝突演變成為遊行示威，因而遠離談判桌，希冀雙方能在類如法官功能的仲裁者手上化解爭議。

再者，在美國範圍廣泛的集體協商政策會涉及到公務雇用關係局 (Public Employment Relation Board, PERB) 及其他機關，如聯邦勞動關係署。之所以設立這些機構，目的乃在裁決或監督不公平的勞動實務之判決，化解授權協商範圍的爭議，以及決定勞方組織協商單位的合適性等相關問題。甚至，公務雇用關係局還擁有制定勞動關係法律的相關權威。

值得一提的是，基於憲政權利與個人自由的考量，會使集體協商呈現若干難題。其中之一便是組織員工（包括公職人員）無法享有以個人之名從事集體協商談判的權利，他必須加入工會，由工會行使，無形中，個人的訴求淹沒在整體組織結構之中。第二，在集體協商單位中，員工被要求加入「排他性認定」的工會，明顯地違反了自由結社的權利，而且一旦加入了工會，工會便有權要求所有參與者繳交費用。最高法院之所以不太能接受工會的「排他性認定」原則，乃因它抑制了公職人員在公共論域中對政策表達的自由權利。第三，對公務員權利的強調也有不利一面。因為它有可能讓一些不稱職的員工免於被裁處，最終因為他們的行為「造就」了政府效率低下的形象。解雇一位「問題」員工，通常需要經歷一段相當漫長的過程，管理者往往會因此而感到灰心喪氣。申訴的裁決書須花好幾個月的時間才能完成，在這段時間裡，有問題的申訴者仍將待在原來的崗位上，而且他還可能會因一個很小的法令技術問題而最終勝訴。（王巧玲、李文釗譯，2006: 283）

肆、勞資的夥伴關係

雖然集體協商在管理、政治和法律途徑上，展現了上述的特點和優點，但在國家績效評鑑看來，傳統公部門勞資關係不但創造了僵化、受限於法規規範的人事實務，其違反了績效的要求，也助長了勞資雙方的對抗，於是主張勞資關係運作模式能夠作到誠心交談 (meet-and-confer discussion)，而非談判協商，倡導了勞資夥伴關係 (labor-management partnership)。其要點如下：(Rosenbloom, 1998: 268)

1. 聯邦工作人員在實質的和程序的決策制定上，應被尊重為完全的夥伴者 (full partners)，並在組織結構和工作過程的改造上扮演關鍵角色；
2. 雙方應以形成共識取代抗辯來化解問題；
3. 當勞資協商能夠把建構優良政府之相關因素納入考量，便可促進既符合公務員需求又符合政府的公共利益，如品質與生產力的改善、顧客服務、任務實現、效率、工

作生活品質、員工培力、組織績效，及在國防部經常採用的「軍事整備」(military readiness)；

4.爭議的化解應力求公平、簡便、果斷和費用不高；

5.工會的效能是促成生產力提升的重要職場夥伴之一。

上述的要點，若再依據工會幹部處理公部門合約糾紛的調查顯示，如果勞資雙方在談判協商過程中，能夠相互瞭解與妥協，就會降低日後合約糾紛的比例；再者，勞資間存在非正式的溝通管道，正式申訴的糾紛也會相對減少。只不過令人不解的是，集體談判的透明度對日後合約糾紛並沒有影響，對合約用詞的爭議也會隨著雙方關係的好壞而有所不同。（陳志瑋譯，2015: 515）

第六節　生涯發展與學習型組織

在探討公部門的人事行政中，往往會遺漏了一個重要的課題，那就是組織如何開創和支援員工的生涯發展 (career development)。就廣義而言，生涯發展係指組織員工可以去設定、創造和完成兼顧個人成長與組織目標實現的工作生活品質計畫。亦即，組織員工的生涯計畫，一方面係實現個人成長的預期目標，他方面又融入組織的基本目標，在魚與熊掌得兼下，發展一套提升個人工作生活品質的組織成長策略。

根據柯維 (Stephen R. Covey) 的分析，一個人的成長過程主要包含了三個循序層次，分別是依賴、獨立、互賴，他並對其內涵簡要說明如下：

1.依賴：圍繞著「你」這個觀念——你照顧我；你為我的成敗得失負責；事情若有差錯，我便怪罪於你。

2.獨立：著眼於「我」的觀念——我可自立，我為自己負責，我可以自由選擇。

3.互賴：從「我們」的觀念出發——我們可以自主、合作、集思廣益，共同開創偉大前程。

相應於上述的觀點，一個能夠提高工作生活品質和兼顧自我與互賴關係的生涯發展計畫，應具備以下的特徵：(Jun, 1986: 300)

1.由管理者與員工共同分享責任，以設計讓員工參與的生涯發展；

2.組織須提供所有成員參與工作生活品質計畫的機會；

3.個人和組織需求應加以分別界定並聯合考量；

4.組織必須提供個人成長的誘因，諸如：陞遷機會、教育補助、諮商、彈性工作時間、

帶薪休假和工作輪調等；

5. 管理者應該發掘和實現員工成長與變遷的潛能。

　　最後，筆者以為，聖吉 (Peter M. Senge)《第五項修練》(*The Fifth Discipline*) 一書雖在探討學習型組織的內涵，但其內容其實包括了員工工作品質與生活意義的營造，它可謂是融合個人成長與組織發展的重要連結，灑放在員工職涯發展上的智慧火花，其中所述的五種特徵，頗值參考：（郭進隆譯，1994: 219–351）

一、系統思考

　　系統思考是型塑學習型組織五項修練中的首要，也是展開變革行動的哲學與理論基礎。系統思考的基本修練，基本上是要創造一系列的心智模式，來引領我們理解周遭的複雜系統，同時設法瞭解和我們一切努力息息相關的眾多事件，和行動間彼此環環相扣的緊密關聯。（齊若蘭譯，2001: 248）非但如此，系統思考也將引導一條新路，使人從迷失在複雜的細節中，到掌握動態的均衡；並使我們看見小而效果集中的高槓桿點，產生以小搏大的功效。其要點如下：1. 體認事物互為因果的循環關係；2. 把握動態的系統回饋；3. 培養整體性的思考習慣；4. 發揮以小搏大的槓桿作用。

二、自我超越

　　「看見每天的夕陽也會有變化，人也要在徘徊孤單中成長」。基於人是追求自我成長的假定，組織才能說是實現自我的場所。惟有透過個人學習，組織才能學習。雖然個人學習並不保證整個組織也在學習，但是沒有個人學習，組織學習也無從開始。如果員工本身未被充分激勵去挑戰成長目標，當然不會成就組織的成長、生產力的提升，和產業技術的發展。惟要開發員工的潛能，自我超越的修練應重視：1. 建立個人願景；2. 保持創造性張力；3. 看清結構性衝突；4. 誠實的面對真相；5. 運用潛意識來處理複雜的問題。（郭進隆譯，1994: 219–248）

三、改善心智模式

　　想改變自己，而不去改變心智觀點，那是徒勞無功的。尤其是組織若繼續延用傳統層級節制的管理方式，那麼對組織內人際互動關係會造成扭曲、對溝通會形成阻礙、對決策會有所誤導，以及對人員創意會扼殺生機。所以學習如何將我們的心智模式攤

開，並加以檢視和改善，有助於改變心中對於周遭世界如何運作的既有認知，且對於建立學習型組織而言，這是項重大的突破。這也說明了人是心智的俘虜，唯有改變心智，才有可能達到思考的想像與解放。其技巧有二：

1.反思 (reflection)：係指個人存著戒慎、恐懼、疑惑的心境，對自己執著的心智模式加以檢討和省察。

2.探索 (inquiry)：是指個人實事求是的態度下，藉由與外在人、事、物往返互動，來探求深層事實、謀求最佳替選方案的過程。

四、建立共同願景

願景就像「隱形的翅膀」，載著你我及組織越過前進道路的每一道關卡。共同願景最簡單的說法是「我們想要創造什麼？」和「未來的最後圖像如何？」正如個人願景是人們心中或腦海中所持有的意象或影象，共同願景也是組織中人們所共同持有的意象或影象，它創造出眾人是一體的感覺，並遍及組織全面的活動，而使各種不同的活動融合起來。（郭進隆譯，1994: 308）建立共同願景的修練要點如下： 1.鼓勵建立個人願景； 2.塑造整體圖像； 3.絕非官方說法； 4.不是單一問題的解答； 5.學習聆聽。（郭進隆譯，1994: 314–325）

五、團隊學習

在現今，工作團隊是組織學習的基本運作單位。團隊係指基於任務所需因跨越部門、層級等職務分工所形成密切關係的團體。團隊若未能整體搭配，許多個人的力量會被抵銷浪費掉；反之，當一個團隊能夠有效的搭配，就會匯聚出共同的方向，聚合個別力量，發展出一種共鳴或綜效，就像凝聚成束的雷射光，而非光源分散的燈泡。基本上，團隊學習需要具備四個面向：（郭進隆譯，1994: 350–351）

1.必須學習如何萃取出高於個人智力的團隊智力。

2.需要既創新又協調一致的行動。

3.不可忽略團隊成員在其他團隊中所扮演的角色與影響。

4.必須精於運用「對話」(dialogue) 與「討論」。

總之，未來的組織必定是朝向競爭優勢與高績效的目標，然而競爭優勢和高度績效絕不是那種毫無人性、壓榨勞力以獲取利潤，以及將員工看成僅是「經濟單位」的

管理，而是能夠體恤員工、尊重人性，以及體悟生命真義的人性化管理。聖吉所提出的學習型組織，正是此種未來性組織設計的最佳寫照，也是組織員工得以發展生涯、安身立命的最佳場所，企業組織都在努力做到，公部門組織也應戮力實現。

結　語

　　美國的公務人事體制，自 1880 年代迄今，確由相對的簡單轉變為可觀的複雜，其發展歷程從華盛頓總統的仕紳制、經傑克森總統的分贓制、1883 年以後的功績制、1978 年卡特總統的文官改革、柯林頓總統的國家績效評鑑、到 2002 年《國土安全法》改革，各個階段均充滿著極大的變革。若再以管理、政治與法律途徑觀之，個中的主題內涵亦呈極大的差異。例如在管理途徑上，有工作分析、職位分類制度、招募、遴用與陞遷、考績、訓練與發展、薪資體系、政治中立、精簡人力、人力資源管理的轉型策略；在政治途徑上，有文官的回應性與代表性的相關人事措施，如公務員的忠貞一安全計畫、高階資深行政職、平等就業機會和平權行動等；在法律途徑上，有行政人員與應徵者的憲政權利、公務員的賠償責任與免除。甚至能夠接合管理、政治和法律途徑的勞資關係集體協商。明顯地，公部門人事功能的主要價值是在彰顯如：功績制或中立能力、政務領導、管理彈性、政治回應、文官代表性、憲政權利、賠償責任和集體協商等，這些價值自非私部門重視生產力標準所能相提並論。因此，公務體系人事制度面臨的最大挑戰，莫過於如何在這些眾多且相互衝突的價值中保持平衡了。

第八章　預算制度與理論❶

政府預算對升斗小民而言，或許是天文數字的天書，很難窺其究竟。但俗話說「財政為庶政之母」，各項政策推動非錢莫辦。誠如崔斯特 (Lynne Twist) 所云：「金錢是一道流，一個載體，一個意圖的管道。金錢攜帶著靈魂的同意書」，(蔡孟璇譯，2012: 107) 尤其是公共預算的編列，除了反映政府的選擇、政策與哲學外，亦因資金的挹注而成為推動政策方案的「血液」。(Henry, 1999: 242) 政府預算既可視為「政府收入與支出的陳述」(the statement of revenue and expenditure)，又可看成「一長串貼有價格標籤由政府向民眾宣示承諾的政策目標及措施」。

雖然常云：「瞭解預算，就瞭解政府；控制預算，也就控制政府」，但公共預算所涉層面經緯萬端、錯綜複雜，在行政中很少有比預算更為混亂的領域。惟預算決策卻十分重要，不僅因為它決定了政府計畫，也讓我們關心著政府應該做什麼以及該由誰來負責解決等問題。為了弄清預算的作用與程序，本章擬借用美國著名行政學者羅聖朋 (David H. Rosenbloom) 的基本論述，配合其他學者的觀點，期讓預算制度及其理論得到較清晰的瞭解。準此，本章擬先探討政府預算的主要特質、原則與目標；其次，分析構成美國政府預算的收入與支出範疇；再者，針對美國聯邦政府預算編列的過程與相關經驗加以論述；復次，申論政府預算編列所面臨的若干問題；最後，就管理、政治與法律途徑來分析公共預算的相關途徑及定位價值。

第一節　政府預算的特質

談及政府預算時，海德 (Albert Hyde) 曾這麼形容：「預算在龐大而複雜的格式中，同時記錄政策成果、指明政策重點以及規劃所欲達成目標和目的、描繪政府的整體服務成就，並測量其績效、影響和整體效果。」(韋曙林譯，2010: 2) 復根據魯賓 (Irene S. Rubin) 的敘述，政府預算有別於其他預算，乃在於：(Rubin, 1997: 1–2；張成福、黨秀云，2007: 218)

1. 預算反映了政府做什麼或不做什麼的選擇，以及政府應該提供給民眾什麼樣服務的共識；

---

❶　本章原發表於《行政學報》，第 27 期（1996 年 9 月），後經程中平、傅彥凱博士加以補述和修正，嗣後又經李天申博士加以增修，讓整體論述更顯一致，脈絡分明。

2. 預算反映了政府所提供服務的優先順序；

3. 預算須在地方和全國民眾之間，以及效率、效能與更長遠的公共目標之間，反映了政府所作決策的相對比例分配；

4. 預算要讓民眾知道政府如何花錢以及它是否依循民眾的偏好，為連接民眾偏好和政府產出的一種強而有力課責工具；

5. 預算係在反映民眾對於不同種類的稅收和不同的稅率之偏好，以及特殊納稅人群體對於轉移稅賦的負擔能力；

6. 預算關係國家的整體經濟極為深遠，尤其是就業水平或在某一時間會有多少人失業，均為財政政策的主要考量；

7. 預算反映出不同個體、組織對預算編列分配的相對影響力量。

此外，根據伯克利 (George Berkeley) 和勞斯 (John Rouse) 的敘述，政府預算係指：（丁煌等譯，2007: 355）

1. 政府如何運用資金的計畫：什麼樣的活動需要政府提供資金？如政府將投入多少資金於國防、國家公園、醫療照顧方案以及魚肉等食品的檢查？

2. 政府如何為自己的活動尋找資金的計畫：政府可以通過各種不同的稅收，如所得稅、消費稅、社會保險稅，提高多少稅收收入？

3. 政府借款和還款的計畫：如果稅收大於開支，那麼政府就有盈餘資金可供支配。當政府有盈餘資金時，就能夠減少國家債務。

4. 影響國家經濟的計畫：有些類型的支出，例如提高教育水平以及支持科學技術的支出，能夠提高生產力和未來的收入水平。然而，稅收則會減少人們收入，進而減少可供支出的資金。

5. 受國家經濟影響的計畫：當經濟景氣繁榮時，人們能夠賺到更多的錢，失業率下降。在這一情況下，稅收增加，赤字縮小。

6. 一份歷史紀錄。

壹、政府預算的內涵

就上述的觀點，若把預算僅視為是種技術或會計的問題，實在過於膚淺，而且大錯特錯。（韋曙林譯，2010: 1）基本上，政府預算的內涵可以抽繹如下：

第一、預算如同政策 (budgets as policy)：在預算編列過程中，到底「先有預算，

後有政策」或「先有政策，後有預算」，實在很難分辨清楚。不過預算載著政策前進，卻是不爭事實。預算的靈魂就是政策目標的實現。換言之，政策如同一張空白支票，有了預算，政策才能成為可兌現的支票。而且預算必須揭露了諸多不同政策間的經費分配，也提供了明確可行的政策執行優先順序，使得預算被視為分配政府資源的「政策白皮書」。當我們擬對國家的政策內容及優先順序有所瞭解，進而比較今昔政策的差異，透過年度預算的解讀，不失為一個便捷的途徑。尤其在計畫預算（下詳）下，更有助於明白國家政策的走向。舉例而言，從國防部的預算編列，可以看出國防政策推動的重點和發展方向。誠如魏達夫斯基 (Aaron Wildavsky) 所言：「政府預算乃是為達成政府政策目標，所作的財務資源與人類行為的連結。」一部內容完整且具體翔實的預算說明書，即在標示一個國家下個年度公共政策藍圖，實不為過。

第二、預算如同管理 (budgets as management)：現在各個國家及政府均面臨著日益險峻的財政環境，故無不重視政府如何徵稅、如何開支，以及如何以公共利益之名把錢花在誰的身上等問題。所以預算書應當詳細說明提供公共方案與服務的具體方式與方法、預算成本以及實施成效的評價標準。亦即，公共預算的管理意涵，會涵蓋了一系列廣泛的行政活動，其中包括財政收支的預測和策略規劃、生產力及成本分析，以及各種形式的政策評估。例如在防治青少年犯罪上，觀察政府到底編列多少預算去執行加強警察巡邏、家庭扶助、學校宣傳、中輟生輔導、社區守望相助等，即可推知政府各部會對青少年犯罪的相關管理作為。

第三、預算如同經濟 (budgets as economics)：預算與經濟如影隨形的連動著。經濟榮枯決定預算消長，預算分配關係經濟走向。至少從二十世紀 30 年代起，經濟學家和政府官員就已認識到政府稅收和支出，即通常所謂的「財政政策」，對經濟有著重要影響。公共預算這個有力的工具，可以利用來刺激經濟發展、促進就業、抑制通貨膨脹、保持社會穩定、透過移轉性支出推動所得重分配等。作為公共財的提供者，政府會在預算中說明未來將進行那些基礎建設的投資，以創造工作機會、提升土地價值和收益利潤等。有關預算如同經濟，更可在下文中介紹凱因斯理論和供給面經濟學時，再予深入而詳實的印證。

第四、預算如同政治 (budgets as politics)：就資源分配的權力觀，預算係記載了「誰在何種政策上獲得了多少利益和承擔多少成本」的政治文件。預算中的每個方案或政策，均或隱或顯地反映了特定團體和組織的利益和主張，是否得到政府的照顧與

重視。是以，政府預算的大餅在資源有限下，成為各方勢力競逐利益的動態展現。

根據魏達夫斯基的分析，預算處理的是行政人員、政治人員、利益團體領袖和公民，對於政府分配的「誰得到什麼和得到多少的」強烈關切，預算參與者的政治鬥爭會集中在機構本身的預算增量規模，以及同其他機構獲得的預算增量所進行的比較上，而不可能深入整個預算規模作全面性的控制，所以預算最激烈的鬥爭，乃是一場以預算差額為目標的戰爭。(呂育誠等譯，2000: 229；陳振明、朱芳芳譯，2013: 227)另根據丹哈特 (Robert B. Denhardt) 的看法，政府及政策的改變，會決定了政策利益的改變，以及決定那些行為者的參與預算過程，而充分地展現政治性格。因此，預算可視為是種妥協、交易、協商、虛誇或反虛誇的互動性決定。(Denhardt, 1999: 176)

第五、預算如同課責 (budgets as accountability)：俗話說政府的稅收來自民脂民膏，預算分文的開支應用在刀口上，並公開揭露，接受民眾檢視，才算有所交代。所以政府在預算的籌編，必須準備一套詳實的政策計畫，顯示其欲將金錢往何處花及如何花；在預算執行上，應就預算的總額、上限及資金流量等審慎處理，勿濫用公帑；在執行後，也應設有決算和審計機制，使得預算執行做到合理的監督和評估。整個預算過程除應重視興利除弊外，亦需獲得民眾的瞭解與信任。就此看來，「一個沒有預算的政府，是個『看不見的政府』；而一個『看不見的政府』，即是個不負責的政府。」(*cf.* 韋曙林譯，2010: 1)

貳、政府預算的原則

根據夏福利茲 (Jay M. Shafritz)、羅素 (E. W. Russell) 和薄立克 (Christopher P. Borick) 的敘述，1773 年當美國的拓荒者在波斯頓將他們的茶葉貨櫃拋擲在港口，拒絕向英格蘭繳交不合理的稅賦，在「沒有代表就不納稅」(No taxation without representation) 的口號下，即為日後美國公共財政管理體系確立了主要價值和設計原則。舉凡政府的稅收和公共支出，應以投票為之，而成為民主支持的標記。是以美國憲法規定所有的稅收立法必須出自眾院，並使國會部門成為最能反映民眾意志的機關。以此而言，美國公共財政管理體系的設計核心乃奠基於下列六項原則：(Shafritz, Russell, & Borick, 2007: 484–485)

1.民主同意 (democratic consent)：政府的稅收和支出不應率爾妄為，未經被統治者的同意而做成；

2.公平合理 (equity)：政府無論在稅賦的課徵或支出上，應力求公平，對相同處境的人給與相等的待遇；

3.透明公開 (transparency)：政府在徵取稅收和支用公帑時，應向大眾公開，並接受民眾檢查；

4.誠實廉潔 (probity)：國會議員和行政人員在處理公帑時，必須格外誠實，並以公僕心態 (steward) 而非所有者 (owner) 自居；

5.謹行慎謀 (prudence)：國會議員和行政人員基於公僕心態，不應去冒過度風險而將公帑作不當處理；

6.課責性 (accountability)：公帑的處理應定期透過國會的考核和審計過程，來達成公僕風格 (stewardship) 的負責精神。

上述原則只不過是主觀規範下的「應然」，實際客觀環境卻充斥著不法與濫用公帑情事。當政府公務採行機密預算時，預算編制的民主同意就無法兌現；預算分配若太在乎對選區、顧客或團體的肉桶恩惠 (pork barrel favoritism)，公正的考量也會不可得；預算過程若欠缺透明公開、誠實廉潔和謹行慎謀，也將鬆懈對公共財政管理的戒心，招致大意投資或故意違失的實質財政損失。更何況在預算過程中可能會遭遇到許多的「逆流」，如經濟危機、公民對政府支出的不滿與失望，以及對政府機構的不信任，這些難題經常會讓政府空轉，沒有作為。(陳振明、朱芳芳譯，2013: 220)

參、政府預算的目標

早期的政府預算僅是國王向國會所提出的財政需求，惟隨著時代的變遷，預算的功能日益複雜。根據學者馬斯葛雷夫婦 (Richard & Peggy Musgrave) 在《公共財政的理論與實務》(*Public Finance in Theory and Practice*) 一書的分析，政府財政的收入與支出應發揮以下幾種功能：(Cooper, *et al.*, 1998: 137)

1.配置功能 (the allocation function)：它是指整體資源的使用如何在公、私領域作一劃分，及對社會財的混合 (the mix of social goods) 加以選擇的過程，以達成公共財政的提供。

2.分配功能 (the distribution function)：它係就預算收入和財富分配予以調整的過程，藉以達成社會公認的公正或公平的分配狀態。

3.穩定功能 (the stabilization function)：透過預算政策來維持高就業率，實現穩定

而合理的價格水平，以及適當的經濟成長率，並期在預算追求收支平衡的過程中，兼顧著穩定的目標。

　　惟要達成上述的功能，學理上存在著兩種有關政府預算應該扮演的政策角色之經濟理論，一係對抗景氣循環的政府財政政策 (countercyclical governmental fiscal policy)；另一是供給面經濟學 (supply-side economics)，茲扼要說明於下：(Rosenbloom, 1998: 284–288)

一、對抗景氣循環的政府財政政策

　　大體而言，依照美國憲法和法律規定，州和地方政府應致力於維持平衡性的預算運作，避免出現長期的預算赤字。因此，州和地方政府即便可透過資本預算（如長期公債）來提供地區性發展基金，然其未被視為提振或降低短期經濟景氣的基本手段；相對地，聯邦政府的赤字預算則經常成為管理國家經濟的重要手段，此一發展與當代行政國 (administrative state) 的不斷擴張密切關聯，這可由歷史的演變進程來加以理解。

　　在 1930 年代之前，平衡性預算被奉為規劃及管理政府財政的最高指導原則，聯邦政府一旦違反此項原則，被認為是種財務浪費與失控的警訊，不但會引發政府的信用危機，更有形成經濟恐慌之虞。一直到 1930 年代中葉，新的學派主張才逐漸興起，從而改變了傳統平衡預算的單一論點，此即著名的凱因斯學派 (The Keynesian approach)。

　　凱因斯學派的崛起和「經濟大恐慌」(Great Depression) 密不可分。1929 年 10 月中旬，華爾街股市大崩盤連帶引發美國經濟大恐慌。短短的三年之內美國的經濟倒退至 1913 年的水準，失業率高達 25%，有 1/3 的銀行倒閉，並呈現通貨緊縮；胡佛政府的聲望陷入低迷，及至 1933 年的總統大選敗給民主黨籍小羅斯福 (Franklin D. Roosevelt)。小羅斯福入主白宮後，推行新政 (New Deal)，採用凱因斯學派主張的赤字預算政策，揚棄力守平衡預算的古典經濟學，奠定了凱因斯學派未來數十年在美國經濟政策上的重要地位。

　　就凱因斯經濟學的觀點而言，經濟發展不穩定乃肇因於需求面波動的結果。因為高失業率和低所得造成市場財貨需求降低，而需求降低又促使企業必須減產與裁員，進一步又使得原已低迷的市場需求更加地緊縮，於是經濟發展便呈現停滯與衰退的現象，對此凱因斯學派認為因應之道唯有設法擴大市場需求面。因此主張政府不僅應涉入經濟事務活動，並且更須積極扮演實質性的角色，靈活運用各種財政政策支出以擴

大需求，從而對抗經濟景氣盛衰的循環趨勢。換言之，政府支出既然占國民生產毛額 (GNP) 之極大比重，自應將其用以做為對抗經濟景氣循環變動的有利工具。是以，當經濟面臨蕭條或衰退期，政府即應以赤字預算來刺激景氣復甦；反之，當經濟活動過熱，則應降低財政支出，增加政府歲入與歲出之盈餘來抑制經濟成長與通貨膨脹。

在凱因斯經濟學的影響下，政府如何運用龐大的預算支出，勢將對經濟發展形成莫大衝擊。顯然地，在此考量下，政府預算所重視者，既不在政府從事的活動內容，也不在成本和收益的分析計算，而是政府究應扮演何種角色以維持經濟穩定。這也使得政府支出與收益偏重於整體經濟的穩定功能，而不只是注意到個別政策預算的需求多寡。例如美國於 1946 年所頒定的《就業法》(The Employment Act of 1946)，旨在透過聯邦政府的預算支出，以提昇社會就業水平與購買能力，進而帶動政治與經濟的發展，藉此弱化自由放任的資本主義意識，並據以建構了政府干預經濟的法律基礎。1970 年，尼克森 (Richard Nixon) 總統還宣稱「我們都是凱因斯主義者」。(孫彩紅譯，2008: 156)

然而，凱因斯以政府預算對抗景氣循環的主張，實務上卻引起了相當的爭議。首先，經濟的前景難以分析預測，遑論將之與漫長的預算過程結合運用。一般而言，國家的年度預算編訂過程通常需要耗時達十八個月，甚至更長的時間，如此便造成了預算動支難以應付短期而急遽的經濟變動之窘境。其次，預算的政治特質使得政府欲藉提升預算盈餘來緩和經濟成長的目標，幾乎不可能達成。面對選舉的壓力，國會議員較關心的是，可以直接投射到選票上的選民利益，而不是國家經濟所面臨的難題，因此，以削減國家預算造成選區民眾的失業率提高，是任何國會議員均無法接受的作法。在此現實政治壓力下，凱因斯因應景氣循環的預算理論效力，顯然會大打折扣。

然而，在凱因斯的預算理論的影響下，美國政府自從 1931 年以來，幾乎年年呈現預算赤字現象（除極少數年度外），如果對巨大的赤字不加以遏制，那麼它將會「像傷口膿瘡般產生越來越難以治癒的問題」，成為政府財政的嚴重負擔。(陳振明、朱芳芳譯，2013: 223) 長此以往，許多經濟和政治學家開始擔心，將會對美國利率水準與美元幣值產生不利的影響，進而波及整個國際金融。於是再次主張平衡預算的呼聲不絕於耳，希望能透過憲法修正的方式縮減政府支出，以免財政赤字持續惡化甚至失控。再者，1970 年代的兩次石油危機引發停滯性通貨膨脹，通貨膨脹率、失業率皆居高不下，這現象已非凱因斯經濟學能有所解釋及因應。因此到了 1980 年代供給面經濟學便

起而代之，成為政策的主要理論依據

二、供給面經濟學

　　供給面經濟學 (supply-side economics) 的重要學者首推拉弗 (Alfred Laffer)，其最著名的理論為拉弗曲線 (Laffer Curve)，說明稅率與總稅收之間的關係。傳統的想法是稅率越高，政府的稅收就會越多；然而，拉弗卻認為只有當稅率訂定在最適稅率時，總稅收才能達到最多。申言之，拉弗主張當稅率低於最適稅率時，稅率與總稅收才能呈現同向變動關係；當稅率高於最適稅率時，將會打擊勞工、廠商的工作與生產意願，總稅收不僅無法隨稅率的提高而增加，反而會減少。以 1970 年代的個人所得稅為例，當時最高稅率為 70%，供給面學者認為這已經超過最適稅率。是故，過高的稅率才是導致稅收不足，進而讓美國陷入赤字的關鍵。

　　相對於凱因斯學派認為經濟不穩定乃肇因於需求面波動，從而主張以政府財政支出來對抗經濟循環週期；供給面經濟學者則力促將經濟發展的焦點置於財貨與服務的供給上，認為擴大社會生產力，才能抑制物價，並且穩定通貨膨脹率，因此政府的角色不在干預，而在降低稅賦以鼓勵廠商投資並提升勞工工作誘因，進以促進財貨與服務生產。準此，供給面經濟學乃主張政府應採取較少的管制、較低的稅收，以及有限的預算支出。此種論點認為，政府對經濟的干預，例如在分配財貨與勞務、引導投資和刺激經濟成長方面，往往較自由競爭市場本身的調節機制更不具效率，尤其採用高稅賦政策時，往往使得具有生產力的私人部門之資金，被轉移到缺乏效率的政府手中，剝奪了社會經濟的活力，阻礙了產業發展和繁榮的生機。

　　就如哈佛大學經濟學教授薩克斯 (Jeffrey D. Sachs) 所說：依照一般自由主義者的思維，政府既然取走國家整體收入的 1/3，有如美國人一年當中有四個月是當政府的奴隸。（廖月娟譯，2013: 82）因此，政府的管制與重分配政策便成為眾矢之的，影響所及，「解除官僚制度」(dismantle bureaucracy) 和「推動民營化」便成為當時政府致力實現行政改革的基本目標，希望藉由私人組織以取代政府對於財貨與勞務的提供和管制之功能，達成更有效率、公正、回應與顧客滿意的理想。是以，目前多數美國州政府之垃圾處理、監獄行政、社會福利措施等，越來越朝「民營化」的趨勢發展，亦可謂是供給面經濟學帶給政府行政的另一番景象。

　　卡特政府所留給雷根 (Ronald Reagan) 的經濟及財政狀況，是高達 12% 的通貨膨

脹率，7.4% 的失業率，與約九千億美元的債務。1980 年雷根競選美國總統時，即力促將供給面經濟學引進聯邦政府中。他在 1981 年向國會提出的《經濟復甦法》(Economic Recovery Tax Act of 1981) 中提出四項重要宣示：首先，降低稅率，將個人所得稅率由 70% 減為 50%；第二，增加國防支出以對抗蘇聯；第三，削減國防以外的政府支出；第四，要在三至五年之內達到預算平衡。其就任後不僅力圖削減聯邦政府支出與降低政府管制，甚且大力推動降低富裕階級的稅賦負擔，1986 年的《租稅改革法》更進一步地將美國高收入階層的個人所得稅從 50% 降至 28%，減稅的幅度可謂不小。

　　遺憾的是，雷根政府雖致力推動供給面經濟學，強調民營化、解除管制等措施，但稅收增加的速度卻始終趕不上政府支出，反而使得預算赤字空前嚴重，僅僅聯邦政府的公債，即較諸過去高出兩倍之多，失業率高達 5.4%，經濟成長也僅達 2.6%，和 1970 年代後半期相差無幾。此外，在對富人減稅的同時，為了抑制支出而縮減對窮人的社會援助計畫，亦使得供給面經濟學招來「利於富人，害於窮人」的質疑，被謔稱為從「向貧窮宣戰」變成為「向窮人宣戰」，（廖月娟譯，2013: 84）甚至被冠以「巫毒經濟學」(voodoo economics) 的名號。總結而言，供給面經濟學的成就是令人沮喪的，難怪曾任雷根政府經濟顧問委員會成員的供給面經濟學家尼斯坎南 (William Niskanen) 批評道：「我們擁有一個高支出的大政府，即便已然致力減低管制，仍舊無力回天以將之導正，換言之，因而所謂雷根革命也就未能產生了」(Rosenbloom, 1998: 287)。甚至柯林頓競選總統期間，還公開諷刺雷根與老布希執政年代的供給面經濟學為「滲漏經濟學」(trickle-down economics)，（孫彩紅譯，2008: 163）他並以「笨蛋，問題在經濟！」作為競選標語。薩克斯亦認為，雷根革命最大的禍害就是政府不再是國家經濟問題的解決者。（廖月娟譯，2013: 88–89）

　　綜合上述兩種理論的爭議，筆者引用著名經濟學者薩繆森 (Paul Samuelson) 所提出的「混合型經濟理論」，作為討論的結束：（廖月娟譯，2013: 51）

1. 就社會的稀少資源而言，市場具有一定效率的分配機制，能促進生產力，維持均質的生活水準；

2. 然而，效率並不保證所得分配的公平性（或正義）；

3. 要實現公平，必須靠政府重新分配所得，尤其是取鉅富者之餘裕，補貧弱者之匱乏；

4. 在市場機制下，某些「公共財」普遍供應不足，如基礎建設、環境保護、教育、科

學研究等，而要由政府擔任提供，才能達成適足水準；

5. 市場經濟容易出現金融不穩定的現象，政府可透過積極的政策運作使其穩定，如金融管制或引導合宜的貨幣政策和財政政策。

第二節　政府財政的主要來源與去向

政府預算乃一個國家於一定期間內，為達其施政上的目的，根據國家施政方針，以國家整體資源與國民負擔能力為估算基礎，所預定之年度財政收支計畫書。各項預定之財政收支計畫，需經國會審議通過，始能作為政府推動政策的依據。因此，政府預算的編製必須從收入與支出兩方面著手，收入面表示政府財源籌措的方式和規模大小；支出面則表示政府所推動之公共政策的支出方向和種類多寡。若財政支出的總額大於各項財政收入之加總，則會產生預算赤字 (budget deficit) 的現象；反之，則出現預算盈餘 (budget surplus) 的情況。是故，本節將先探討美國聯邦政府財政收入的主要來源，其次才分析聯邦財政支出的去向。

壹、財政收入的來源

政府取得經費的來源眾多，且多採課予義務的方式為之。因為民主政治下的政府，若以借貸方式向私人部門籌措預算，仍須負償還之義務。同時，舉債支應政府開支，既缺乏穩定性又容易陷入政府財政赤字的泥淖之中。職是之故，基於合乎民主契約的原則，各國政府多透過立法程序訂有明文，據以向人民強制徵收各種稅款，以維持政府施政之財務穩定。

總體而言，政府取得經費的主要來源，計有下列數端：

一、個人所得稅 (Individual Income Taxes)

所謂「個人所得稅」，意謂稅賦植基於個人的工資、薪資或投資所得者，即將個人可課稅所得 (taxable income) 予以加總，並減去一定的扣除額 (deductions) 及／或免稅額 (exemptions) 之後，再乘上某一級距適用稅率得之。扣除額可分為列舉扣除額和標準扣除額兩種。前者是法律明文規定某些特定支出的減免，納稅人在申報時，必須逐項列出並檢附證明；後者則是一項固定金額，不需要任何證明文件；納稅人可在兩者之間選擇對自己負擔有利者而採用之。免稅額則可視為對撫養小孩的補償，亦可被認

為是減輕低收入者納稅負擔的方法。(李秉正譯,2005: 340–341)

此種課稅的類型,又可區分為三: 1.累進稅率制 (progressive system),指高所得者負擔較高稅率,低所得者相對負擔低稅率; 2.齊頭稅率制 (flat-rate system),指無論所得高低,皆採同一稅率; 3.累退稅率制 (regressive system),指高所得者反而負擔低稅率,低所得者相對負擔高稅率。而今日各國大多採用「累進稅率」,美國亦不例外。

由於當今各國政府多採累進稅率制,因此稅率的穩定與公平,便成為稅賦政策成功與否的關鍵所在。申言之,不適當的稅率不但無法達成社會正義,更可能降低人民追求高所得的意願,減緩整體國民生產力。有關此一現象,茲以我國 93 年度的個人所得稅速算公式為例說明之,如表 8–1:

表 8–1 個人所得稅速算公式

級　別	綜合所得淨額	× 稅率	− 累進差額	= 全年應納金額
1	0~370,000	× 6%	− 0	=
2	370,000~990,000	× 13%	− 25,900	=
3	990,000~1,980,000	× 21%	− 105,100	=
4	1,980,000~3,720,000	× 30%	− 283,300	=
5	3,720,000 以上	× 40%	− 655,300	=

假設某甲的綜合所得稅淨額為三百萬元,其所得淨額落於第四級距,應納稅額與稅後所得分別為:

$$\$3,000,000 \times 30\% - \$283,300 = \$616,700$$
$$\$3,000,000 - \$616,700 = \$2,383,300$$

若某甲將所得增加至四百萬元,則應納稅額與稅後所得分別為:

$$\$4,000,000 \times 40\% - \$655,300 = \$944,700$$
$$\$4,000,000 - \$944,700 = \$3,055,300$$

由本例可以發現,所得增加雖然會使稅額增加,但最後的稅後所得也會增加,僅

在降低稅後所得增加的幅度，因此我們的現行稅制並不會降低納稅者的工作意願。然而，若將第五級距的稅率調整為 60% 將會如何呢？此時，某甲若將所得淨額增至四百萬元後，其應納稅額與稅後所得分配將分別為：

$$\$4,000,000 \times 60\% - \$655,300 = \$1,744,700$$
$$\$4,000,000 - \$1,744,700 = \$2,255,300$$

在此稅率下，某甲所得淨額增加到四百萬元，與所得淨額為三百萬元時，兩者相較後，後者反而增加稅後所得 $128,000。如此一來，某甲可能因為稅制的設計不當，而放棄爭取較高所得、努力工作的意願。因為提高所得淨額並不必然會增加實質收入，反而可能因稅賦增加而導致實質收入減少的惡果。尤其是為了增加所得，通常需付出更多的勞力或思考作為代價，這使得第 4 級距所得者對高一級距之所得望之卻步。

誠如上述，所得稅率之設定與課稅級距的劃分，涉及社會正義與人民的生產意願，故各國政府莫不在擬訂稅制時，多方衡量以求謹慎周延。在美國，個人所得稅（15,460 億美元）約占聯邦政府主要歲入（33,000 億美元）的 46.8% (2016)，是為政府財政的最大宗收入（如圖 8–1 所示）。

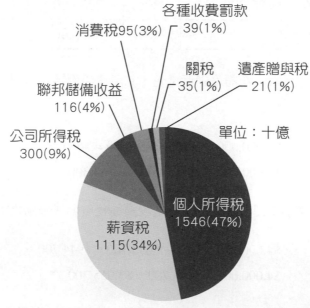

資料來源：顧偉、李健，2017。

圖 8–1　2016 會計年度美國聯邦政府收入分配項目比率（共約為 3.3 萬億美元）

二、公司所得稅（Corporation Income Taxes）

公司所得稅課徵之對象並非自然人，而是公司法人。申言之，其並非針對公司所有權人課以納稅義務，而是著眼於公司資產及所得累積和增加，而課以累進的稅率。國家既已向自然人課徵所得稅，為何還要對法人課稅？其主要原因有三：首先，公司本身是具備行為能力的實體，可以簽訂契約、握有財產、負債、控告他人或被告，故應與自然人相同，負擔納稅義務。其次，公司可自社會獲得許多特權，股東卻僅在他們投資於公司的金額及股份範圍內，負擔有限的責任，公司所得稅可視為這些利益的使用費。第三，徵收此稅除達成重分配政策的社會正義之目標外，亦在遏阻個人將其所得歸於公司名下，逃避納稅義務，因而有助於個人所得稅的課徵。然而以經濟發展角度觀之，公司盈餘乃為股東承擔風險之報酬，對之課稅可能會打擊股東投資意願，妨礙資本形成，甚至影響股票市場價格。再者，對法人課徵所得稅，其盈餘分配給股東時又需課徵個人所得稅，亦會產生重複課稅之不公平現象。但時至今日，在美國公司所得稅雖採累進稅制，分成八個級距，稅率分別為 15% 至 39% 不等，不過該稅占聯邦政府稅收的比重，已不復以往般重要了，其金額（3,000 億美元）約只占聯邦政府主要歲入的 9.1% (2016)。

三、薪資稅 (Payroll Taxes)

薪資稅起始於 1935 年 8 月美國國會通過的《社會安全法》(*Social Security Act*)。該稅賦係為籌措對失業者或老年人提供社會安全、失業保險 (Unemployment Insurance)、醫療照顧 (Medicare) 等服務所需財源，而課予的一種稅收。是以，其資金來源主要是由雇主與員工按固定比例分攤。由於它是一種齊頭稅制，既無扣除額 (deduction)，亦無免稅額 (exemption) 之規定，只需按固定比例繳交。

在《社會安全法》的立法初期，年金制度與私人保險制度相當類似，是將個人在工作期間的部分薪資提存在某基金，年滿 65 歲退休後再從該基金的本金及孳息支領退休年金。該制度稱為「完全資助」(fully funded)。然而，當時多數老年人的積蓄已因經濟大恐慌而不復存在；再者，擔心某些政客介入會造成政府管理基金無效率，於是1939 年便將年金制度改為「隨收隨付制」(pay-as-you-go)，即由工作中的勞動者繳納薪資稅，支應退休者全部的年金。不過，可預見的是二次大戰後的嬰兒潮將逐漸屆齡

退休，社會邁向高齡化，年金支出將不斷攀升，加上生育率呈現逐漸下降的趨勢，越來越少的勞動者負擔退休者年金，勢必要繳交越來越高的薪資稅，否則只能透過降低老年人年金數額以因應資金的短缺。有鑑於此，年金制度在 1983 年再度調整，政府成立「社會安全信託基金」(Social Security Trust Fund)，但實施的方式仍不脫離隨收隨付制的框架。

除了年金，薪資稅亦會用來提供醫療與失業保險。1965 年詹森政府實施醫療照顧，其中 A 部分稱為「住院保險」(Hospital Insurance)，屬於強制性保險，範圍涵蓋了幾乎全部 65 歲以上的人口，勞動者所繳納的薪資稅即是其財源。（李秉正譯，2005: 207）失業保險異於醫療保險的是，在大多數的州，該稅僅由雇主負擔，而非雇主與員工共同分擔；且不同雇主間的稅率並不相同，這是因為失業保險是採「經驗訂價」(experience rated)，即稅率取決於廠商的解雇經驗，解雇較多員工的廠商會對失業保險制度產生較高的需求，這類廠商之稅率也較高。（李秉正譯，2005: 195）目前美國固定的薪資稅率合計為 7.65%，其中 6.2% 用於社會安全，1.45% 用於醫療保險。薪資稅（11,150 億美元）在美國已成為聯邦政府歲入的第二大項目，約占聯邦政府總收入的 33.8% (2016)。

四、營業稅與特產稅 (Sales Taxes and Excise Taxes)

營業稅與特產稅皆屬消費稅之範疇。營業稅乃是對物品或勞務之銷售行為，所課徵的普遍性租稅 (general tax)，因此是以交易為基礎，而非對人課稅。意即當供給者提供財貨或服務時，必須繳納一定比例之稅，而其大多是在零售 (retail) 或批發 (wholesale) 階段課徵。其所有交易均須課稅，即應是「課稅為原則，免稅為例外」。相較而言，營業稅的徵收在技術上較為容易，並可產生可觀的歲入。通常，營業稅屬地方性的稅收，在美國則成為州政府主要財源之一。同時，營業稅課徵項目之訂定，亦具有彈性。例如主管機關可以同意雜貨店的食品銷售行為免徵營業稅，而百貨公司販賣香水卻必須課徵一定比例的稅金。申言之，政府可透過營業稅課徵項目的調整及認定，達成某種程度的分配正義。從上述例證觀之，民生必需品的交易行為，乃維持基本生活水準所必需，故政府宜減少介入干預。但是，香水屬奢侈性商品，其製造過程耗費相當多的自然資源，政府則採取課徵營業稅的手段，進行資源的重分配，以維持公平原則。

而特產稅或國產稅乃是針對某些特定產品或勞務，基於特定理由所課徵的「選擇性租稅」(selective tax)。該項稅收之課徵，係以「免稅為原則，課稅為例外」。特產稅常以從量稅 (unit tax) 或從價稅 (ad valorem tax) 的形式出現。前者係指每購買一單位的物品要繳交一定數額的稅；後者是按其價格的某一百分比計算稅額。其課徵或基於資源使用效率、矯正外部性等事由，如污染稅、菸酒稅；或基於使用者付費原則，如汽車燃料費等；或基於某些奢侈性的財貨與勞務的消費，所課徵之特產稅，用以充作一般財源。如前述所舉的例證而言，購買民生必需品以維持生活，政府應考慮不予課稅；但香水非屬維持生存所不可或缺的物品，政府為維持資源使用的公平原則，可對消費者之購買行為予以課稅。換言之，交易行為可能包括供給者（或生產者）及相對的消費者。因此，各國政府不僅對供給之一方課稅，亦可透過稅額轉嫁的方式，對消費之另一方課以一定比例之稅金。誠如前述，政府可透過營業稅的認定，達成分配的正義，而特產稅亦具有相同的功能。在美國，營業稅與特產稅（950 億美元）約占聯邦政府稅收的 2.9% (2016)。

營業稅與特產稅之課徵固然較具彈性，而且可針對個別商品或服務活動課以義務，直接達成分配正義，國民健康或道德性目標（抑制吸菸、酗酒等行為），惟其施行常遭遇種種限制，故其稅收呈現衰退的現象。究其原因，主要有三：(1)政府擬定營業稅與特產稅的課徵項目，具有高度公開性，增加其運作上的政治阻力；(2)營業稅與特產稅的課徵，純就經濟發展的角度觀之，具有抑制消費的效果；(3)營業稅與特產稅的課徵，對於低所得者所造成的實質所得降低的效應，較諸於高所得者的消費能力，使其成為實質上的累退稅制（見前述個人所得稅部分），反而喪失公平性。關於此點，尤可突顯政府在擬定課稅項目時，應當更為謹慎周延，以免原本重分配政策的美意，最後卻成為社會不公的禍端。

五、財產稅 (Property Taxes)

財產稅乃指對所擁有之財產予以課徵之租稅，屬於地方稅的性質。財產稅主要是針對不動產，如土地與地上建築物（房屋）的部分課徵租稅，如地價稅、房屋稅、土地增值稅等。再者，財產稅的徵收方式，通常亦採累進稅制，只是其鑑價常涉及複雜且專業的評估技術；同時，地價或房屋現值的標準，亦往往欠缺一致性的衡量標準，因此僅憑稅務機關本身，欲獨力完成該項稅務行政幾乎不可能。職是之故，財產稅的

評估工作，尚須專業的地政機關來充分配合。此外，因為遺產繼承、財產贈與所衍生之遺產稅、贈與稅，亦可視為財產稅之範疇。

課徵財產稅的理由如下：第一，因政府保障人民的財產權，促進地方繁榮之各項行政作為，使人民享有所持有土地地價上漲的經濟利益，財產稅乃為對政府作為的回報。第二，所得稅有許多免稅的規定，且申報所得容易產生故意逃漏或疏忽遺漏的現象，而財產必須累積所得方可購得，並較容易掌握，因此課徵財產稅可以補充所得免稅或是逃漏稅所造成的不公。然而，財產價值並不能代表納稅人的財富淨值。例如某甲和某乙皆擁有價值一千萬的房屋，某甲以自備款全額付清，某乙因自備款不足須向銀行貸款五百萬，兩人擁有財富不同卻要繳納同額的房屋稅，顯有不公。再者，土地、房屋的鑑價和市價之間必有落差，該以何種標準來課稅，不無討論空間，也容易引起納稅人與稅捐機關、地政機關之間的紛爭。雖然爭議不斷，但財產稅仍是地方稅賦的主要來源之一，尤其在都市化的社會中，其更扮演著重要的角色。

六、其他歲入來源

政府除了上述五種主要稅源之外，亦訂有其他種類不一的稅賦，或諸如規費等名目繁多的政府收入項目，以為庶政開源。以下僅將常見的收入來源，大致加以臚列：

1.關稅：政府對輸入或輸出國境之貨物加以課徵之稅金。在美國約為 350 億美元(2016)。

2.行政規費：人民向政府申請提供服務，所支付之服務費或工本材料費，如戶籍謄本的申請、法院公證、土地或房屋過戶等所需繳納之規費。

3.證照使用稅：人民經主管機關核准使用證照所應繳納之稅金，如汽、機車使用牌照稅等。

4.公營事業盈餘：政府經營之企業盈餘，亦可視為財政收入之來源，如水、電、油等營利所獲之盈餘分配。

5.公物使用費：人民使用公物（道路、橋樑、公園、大眾運輸系統等）所付出之費用，如高速公路（橋樑）通行費、公車票券等。

6.懲罰性費用（罰鍰）：人民因違犯法令，政府對其課以強制性的金錢義務，如違反交通規則之罰鍰。

7.政府投資或利息所得：政府將資金投入其他商業活動或儲存於金融機構所獲取

之利潤或利息。

8. 特許事業經營稅：政府將某些管制性的商業活動，特許民間經營或開發利用而課徵之稅，如礦區稅、彩券特許經營權利金或利潤抽成。

9. 彩券經營收入：政府經由銷售彩券所得之一定比例利潤，如公益獎券等。

貳、財政支出的去向

政府所扮演的角色是多元的，第一、它可能是一個生產者，生產並提供公共財貨與勞務；第二、它可能是一個消費者，購買私人部門生產的財貨與勞務；第三、它可能是一個所得重分配的主導者，藉著政府對家庭移轉收支，以尋求公平合理的社會福利分配及縮減貧富差距；第四、它可能是一個管制者 (regulator)，以各種法令規章來規範、鼓勵或抑制私人部門的行為。以上不同角色所涉及的支出項目繁多，有些支出計畫可以直接撥付經費，有些新興計畫則需透過舉債以支應政府開支，前述經由不同來源所獲得的財政收入，其並無法充分滿足政府在財政支出上的種種需求。該現象自凱因斯學派興起後尤為明顯。

如前所述，政府預算如同一本國家政策白皮書。政府的政策執行具體表現於政府的財政支出上，財政支出結構及其變動則反應當時政府政策執行的重點，例如，當國家正面臨強大軍事威脅時，國防支出勢必增加；或經濟蕭條時，失業率提高，有關失業給付的支出就會暴增；或因人口結構的改變，老年人口的增加造成醫療及長期照護的支出也會提高。換言之，在不同的時空及條件之下，各自會產生不同的財政支出重點。

1990 年美國通過《預算強制法》(*The Budget Enforcement Act*) 後，聯邦政府支出區分為裁量性支出 (discretionary spending) 和強制性支出 (mandatory spending)。裁量性支出係指得於例行的年度預算中，彈性調整並經國會審議授權的公共支出。由於此等支出的應用，是經由一般年度預算審議程序獲得國會授權，所以其被視為是「可加掌控的」(controllable) 費用。為了遏阻財政赤字的持續擴大，預算強制法對於國防、外交與內政三大範疇的裁量性支出，均設有最高支出上限 (ceiling)。1994 年以後已將前三種範疇合併。目前國防支出約佔聯邦政府總支出的 16% 左右。

而強制性支出則是指符合法定資格身分 (entitlement) 的民眾，即可合法獲得給付的聯邦計劃支出，亦即所謂「資格權益方案」(entitlement programs) 或「資格權益支

出」(entitlement spending)，範圍包括社會安全與福利、醫療保險與救助、退休公務員與退伍軍人津貼，以及失業救濟金與各種食物津貼等。這些強制性支出屬於過去國會既有政策承諾，且獲有法定的支出保證，因此無法透過一般的年度預算程序來控制其規模。近年來，由於社會福利範圍不斷擴大，資格權益受惠者資格限定放寬，以及補助金額隨各種指數連動 (indexation) 而有逐年調升趨勢，使得強制性支出規模迅速膨脹。其經費之高，使得美國被稱之為福利國家，一點不為過。

另外，聯邦政府經由借貸融通所必需支付的債務支出，占聯邦政府總支出的比率也高達 7%。根據資料統計，截至 2004 年，美國聯邦政府舉債已超過七兆美元，瀕臨法定的八兆一千八百四十億美元國債上限。可見美國在財政上的沉痾已積重難返。債務利息加上強制性支出成為美國政府預算中「無法掌控的支出」(uncontrollable spending) 範疇。有關聯邦政府政府支出情形，包括裁量性支出細項、強制性支出內涵，請參考圖 8-2。

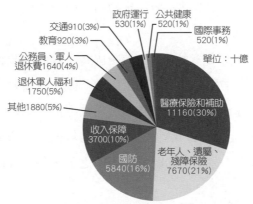

圖 8-2-1　2016 會計年度美國聯邦政府支出分配項目比率

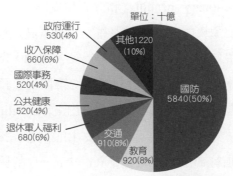

圖 8-2-2　2016 會計年度美國聯邦政府裁量性支出分配比率

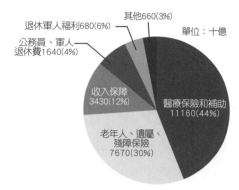

資料來源：顧偉、李健，2017。

圖 8-2-3　2016 會計年度美國聯邦政府強制性支出分配比率

第三節　聯邦政府的預算作業程序

關於聯邦政府的預算作業程序，所涉及的項目頗多，為求言簡意賅起見，筆者僅就第一、預算制度的沿革與發展；第二、預算編製、審議、執行和審計等議題加以分述說明。

壹、預算制度的沿革與發展

預算是歷史的產物，亦是議會與國王長期鬥爭的結果，美國早期的預算制度深受英國的影響。1921 年美國國會通過《預算暨會計法》(*The Budget and Accounting Act of 1921*)，採用「行政預算制度」，美國才正式開啟預算改革。在經歷經濟大恐慌後，聯邦政府幾乎年年呈現預算赤字，此現象與其後預算制度的發展有著高度相關；再者，行政部門（總統）與立法部門（國會）爭奪預算主導權，是預算制度演變的另一個重要因素。為了清楚呈現預算制度的歷史脈絡，以下依時間順序，將各時期的預算制度之背景作介紹，至於各預算管理制度的優缺點，將於第五節作更完整的陳述。

一、預算的起源（1910 年代之前）

1215 年英王約翰簽署《大憲章》(*Magna Carta*)，議會據此獲得租稅的立法權。1688 年光榮革命後，議會進而控制政府的支出。幾經演變，最後議會將控制權擴張到事後的審計監督。1787 年首相威廉皮梯 (William Pitt) 任內，議會通過一項《總基金法

案》(*Consolidated Fund Act*)，將所有基金合併成為聯合王國彙總基金 (Consolidated Fund of the United Kingdom)。此基金的原則為：除特殊情形外，所有公共收入皆繳入此一基金，而所有政府支出都由此一基金支應，因此，使行政部門不但在行政管理上獲得很大的便利，而且更便於立法部門對既定政策執行的控制。直到十九世紀中葉，立法部門對財政的收支方得以充分掌握，其權限包括經費核定、撥款與審查。預算制度發展至此，不但對財務具有一定的控制權，且成為指導、監督及批評一切行政活動的有效工具。惟此一時期預算的主要作用，即以減少支出為終極的目的，此純基於自由放任主義的經濟活動最高原則，對政府作為加以限制，以利個人經濟的自由發展。（劉永憲，1984：294–295）。

　　在二十世紀初進步的年代 (The Progressive Era, 1895–1910)，預算決策沿襲新英格蘭鎮民會議 (Town Meeting) 傳統，強調公民參與，藉公聽會方式說明預算需求。美國在 1921 年以前的預算制度，便是所謂的「國會預算」(Congressional Budgeting)，即承襲此一傳統。聯邦政府預算案的編製是由國會負責，參議院與眾議院內各委員會均擁有管轄撥款案 (Appropriation bills) 的權力，國會每年據以通過無數零散且互不相關的撥款案。此種國會編製的預算制度，缺乏有效的支出控制，政府支出並沒有一套完整的分類與總體目標。(徐仁輝，1998: 188) 難怪菲斯勒 (James W. Fesler) 和凱特爾 (Donald F. Kettl) 曾這樣的形容當時的預算編製：「事實上，行政機關提交國會「預算草案」所做的工作，只是由財政部來匯集各機關和各部門的撥款要求。」(Fesler & Kettl, 1991: 214；陳振明、朱芳芳譯，2013: 225)

二、1910 年代至 1950 年代

　　惟隨著政府的組織規模成長與業務複雜性的增加，政府支出不斷的擴大，繼而要求預算改革的呼聲愈來愈大。1912 年，塔福特委員會 (Taft Commission) 便建議設立一個國家的預算制度。該委員會成員之一的行政學者魏勞畢 (William F. Willoughby) 更於 1918 年提出預算改革必須觸及三個主要的條件：(1)預算如何強化提供民眾控制；(2)預算如何促進國會和總統的合作；(3)預算如何確保行政和管理的效率。(Shafritz & Russell, 1997: 497) 1921 年《預算暨會計法》終獲通過，該法分別授權財政部成立了預算局 (The Bureau of the Budget) 和國會設置了美國審計總署 (The General Accounting Office, GAO)。預算局負責集中和在必要時調整政府各部門的各項撥款要求，使之與

總統的預算計畫相一致，總統也據此獲得了編製本身預算的權力，從而掌握了影響各聯邦行政機關及機構的力量。而財政部的審計職能則轉移給國會的美國審計總署。換言之，美國政府所進行的第一次顯著的預算改革，即授權行政首長（總統）負責編製與執行預算，而由國會負責預算的撥款和審計，形成預算控制由行政權與立法權的分享。然而，在此一「行政預算制度」下，預算的編製和審計程序仍維持簡單，僅由每個部門或機關建構「預算的項目」，並將資金分配在特定項目的支出上，即俗稱的「項目預算」(the line-item budgeting)（詳見第五節）。

1930 年代因經濟大恐慌，小羅斯福總統推行「新政」，與 1940 年代的第二次世界大戰，皆使聯邦政府支出快速成長。這種行之多年的項目預算，在 1940 年代受到相當大的挑戰，例如凱伊 (V. O. Key) 即曾撰文指出，長久以來政府預算作為過於機械化，欠缺理論基礎，並對預算理論的核心問題提出質疑：「到底基於什麼基礎，將費用花在甲政策而非乙政策上」。(Cooper, *et al*, 1998: 318) 在這樣的衝擊下，1940 年代和 1950 年代期間，首先由布朗婁委員會 (Brownlow Committee) 提出，並經 1949 年胡佛委員會 (The Hoover Commission of 1949) 的背書，終使績效預算制度 (performance budgeting) 蔚為當時預算理論的主流（詳見第五節）。

值得一提的是，在這期間，由於總統職能不斷擴張，遂於 1939 年通過《組織改造法》(*Reorganization Act*)，將原財政部轄管的預算局改隸為新設之總統行政辦公室 (The Executive Office of the President) 所管轄的單位，藉以強化總統在統合經濟發展的管理角色，並使總統成為實質上擔負總體預算構想之發展，並向國會負責的主要人物。事實上，該一階段的預算制度深受科學管理的影響。1939 年小羅斯福總統以行政命令規範預算局的職掌，其中之一便是「協助總統獲得政府業務推動之更大經濟與效率」，為達此目標，遂有績效預算之倡議。然而，這種以管理取向的預算制度相當重視成本和產出的關係，以及對績效的檢視，反倒無法對預算的長程目標做出良善的規劃。

三、1960 年代

1961 年甘迺迪 (John F. Kennedy) 總統任命曾於福特汽車 (Ford Motor) 受訓的麥克納馬拉 (Robert McNamara) 擔任國防部長。當時國防部體制混亂，各單位的自主性極高，麥克納馬拉於是引進產業界的觀念，實施規劃設計預算制度 (Planning Programming Budgeting System, PPBS)，加強政府預算的集中控制。甘迺迪遇刺身亡

後，繼任的詹森總統積極地推動「大社會方案」(Great Society Programs)。為因應國家
政策與方案的大肆創新與政府職能擴張，須要有新式的預算制度加以配合，於是詹森
總統於 1965 年 8 月命令將重視效能標準的多年度規劃、政策分析和政策方案的設計，
與預算結合之規劃設計預算制度推行至聯邦政府各機關。(詳見第五節) 基本上，這種
力求預算管理的完全理性，雖然要求行政人員必須具備前瞻的規劃能力，完整的方案
設計，方案比較分析，並編製完善預算，但在實際運作上仍面臨了許多限制 (詳見第
五節)，1971 年遭尼克森總統下令廢止。

四、1970 年代

在規劃設計預算制度式微後，目標管理制度（management by objectives，簡稱
MBO）便取而代之，並在尼克森與福特 (Gerald Ford) 執政時期深受歡迎。目標管理的
目的，是在增強管理人員的管理能力，注重的是方案執行的效率，所以它比較像是管
理策略而非預算策略。其與規劃設計預算制度相較，目標管理制度不但更加分權化，
而且與預算較少關聯。惟機構一旦確定了它的目標，並將目標逐級下授給各下級單位，
資金自然就會循著這一層級分配而下。(Fesler & Kettl, 1991: 218–219)1977 年，當卡特
總統上任後，開始推動零基預算制度 (The Zero-Based Budgeting, ZBB)，此種預算制度
在 60 年代即試行於企業界，卡特於喬治亞州州長任內便已引進並運用於州政府預算。
其主要特點在於個別機關與計畫的所有預算支出，都須在事前加以確認 (justified)。換
言之，不論是既有或新增的每一筆預算編列，均須針對其必要性加以質疑並嚴予審查，
因而零基預算制度被視為對漸進式預算制度的一種否定（詳見第五節）。

在 1970 年代中，有兩種主要的發展圍繞著預算的改革：(1)國會與總統對誰應控制
預算，重新開啟了另一階段的競爭；(2)中東爆發石油危機，經濟不再持續成長的情況
下，必須面對接踵而至「資源匱乏」(resource scarcity) 的問題。尼克森總統為強化預
算的領導能力，於 1970 年將預算局擴編為管理預算局 (The Office of Management and
Budget, OMB)，進一步職司預算與政策管理的重責大任。但在另一方面，最具象徵性
的預算改革，便是 1974 年實施的《國會預算暨截留控制法》(Congressional Budget
and Impoundment Control Act of 1974)。由於尼克森總統與國會曾為了公共支出的優先
順序發生多次爭論，認為國會在撙節支出的紀律已經蕩然無存，並威脅截留部分國會
已授權的經費，包括污染防治、交通、住宅、教育基金共 180 億美元，而國會為能重

拾美國憲法所賦予的預算權力，乃於 1974 年通過《國會預算暨截留控制法》來與總統相抗衡，防止總統怠於執行國會所批准的預算；同時，國會也設立國會預算局 (The Congressional Budget Office, CBO)，藉以提供國會有關國家施政計畫和預算需求的相關資訊與分析。藉由國會預算局的協助，國會總算具備相當的實力來對抗總統和預算管理局，成為監督與控制預算的實權機關，而非僅具預算背書的橡皮圖章角色，達成美國憲法所揭櫫「牽制與制衡」的基本理想。

有關《國會預算暨截留控制法》，對控制公共支出的主要作法如下：(張四明，1999: 196–197)

1.在參眾兩院分別建置常設的預算委員會 (budget committees)，負責有關年度總收入、總支出及相應赤字的概算，作為國會各個委員會從事預算審查或撥款決策的依據。這項變革直接挑戰撥款委員會 (appropriations committees) 和授權委員會 (authorizing committees) 原有的權限；

2.國會應建立一個時間表 (timetable)，將與預算相關的立法工作設定期限，以確保審議通過聯邦預算和撥款法案，能在會計年度開始時如期實施；

3.明定一個預算調節過程 (reconciliation process)，使預算決議案 (budget resolutions) 所訂的歲入、歲出以及公債上限水準，在指導撥款委員進行預算刪減時能達成一致性；

4.在預算委員會的主導下，希望透過預算決議案和調節過程兩種程序性機制，加強由上而下的控制能力，並允許撥款委員會得以整合各類公共支出的需求。再者，國會各個委員會可以在自行管轄的範圍內調整預算，使財政收支與預算決議案所訂的數額趨於一致化，也有助於加速預算審議過程。

由於國會與總統的預算職權在此一法案上競爭激烈，難怪著名預算學者習克 (Allen Schick) 形容其為「七年的預算戰爭」(the seven-year budget war)。(Cooper, *et al.*, 1998: 315)

五、1980 年代

1981 年雷根就任總統後，面對龐大的預算赤字與債務，必須加強對政府支出的控制。但在傳統的預算制度下，由下而上 (bottom-up) 的過程雖然符合民主精神，卻難以要求單位主管主動刪減自己的計畫及經費，因此無法達到縮減支出的效果。雷根任命

史塔克曼 (David Stockman) 掌管管理預算局後，宣布廢止零基預算，並大力推行「由上而下預算」(top-down budgeting)，由中央制定支出目標與計畫目標。除了預算過程集權化，管理預算局及其官員對政策的影響力也大幅增加。此外，為了對抗預算赤字的不斷增加和政府公債的大量發行，國會於 1985 年通過了《平衡預算和緊急赤字控制法》(*Balanced Budget and Emergency Deficit Control Act*)，通稱為《葛蘭姆法》(*Gramm-Rudman-Hollings Act*)，其中最關鍵與最具爭議的特徵，即為納入一項「假扣押」(sequestration) 的條款；當預算赤字超出法定限額時，這項自動支出刪減 (automatic spending cuts) 的機制即開始生效。該法明定未來五個會計年度內，聯邦政府預算赤字的上限及逐年遞減的目標，並於 1991 年達到零赤字的理想。若某年度的預算赤字超過法定上限水準，國會有權對各項計畫的支出進行「跨部門刪減」(across-the-board cuts)，以符合法定的赤字限額要求。在經歷 80 年代初期預算赤字的夢魇後，美國朝野原先對該法曾寄予高度的期望，但隨即落入失望的深淵中。聯邦政府的赤字依舊蔓延在法定限額之上，國會也數度被迫展延預算赤字的刪減目標。（張四明，1999: 197）

由於《葛蘭姆法》授予國會會計總署的審計長自動刪減權，而審計長卻必須同時向總統和國會負責，違反「三權分立」，於 1986 年被宣告違憲；1987 年國會將該法修正為《平衡預算和緊急赤字控制再加強法》(*Balanced Budget and Emergency Deficit Control Reaffirmation Act*)，即《二代葛蘭姆法》，將整個估測赤字與決定支出刪減之責任交給管理預算局，其執行成果再向國會預算局報告。當假扣押條款生效時，該法要求預算刪減一半來自國防支出，另一半來自非國防支出；至於債務利息與資格權益方案保障的支出則不受影響。該法並將達成零赤字目標的年限，向後展延至 1993 年。（徐仁輝，1999: 53–54）

六、1990 年代之後

延續 80 年代的新右派風潮，90 年代聯邦政府積極進行政府再造 (reinventing government)，將企業家精神導入公部門，強調效率、效能、回應力與責任。有鑑於此，1993 年國家績效評鑑 (National Performance Review) 提出包含「結果導向預算」或稱為「新績效預算制度」等多項預算改革建議，國會更於同年通過《政府績效暨成果法》(*Government Performance and Results Act*)，並規定執行這些改革建議的各種方

式。(蕭全政、林鍾沂等譯，2003: 447–448)

再者，美國國會更於 1990 年通過《預算強制法》(*The Budget Enforcement Act*)。鑑於《葛蘭姆法》的失敗經驗，預算強制法首先摒棄了《葛蘭姆法》所設定的赤字限額，轉而強調由上而下的控制 (top-down control) 以及訂定公共支出上限 (spending caps) 等雙管齊下的方式來減少預算赤字。其主要作法如下：(張四明，1999: 198–199)

1. 納入「隨收隨付」(pay-as-you-go, PAYGO) 條款：這項機制迫使國會撥款委員會的成員，在從事預算審查時必須進行零合的選擇 (zero-sum choice)；亦即某一項計畫經費的增加，須以減少另一項計畫的經費，或者是以相對數額的收入來源來支應；某些減稅項目的實施，也須以開徵其他新的租稅，或者籌妥替代的財源來交換。

2. 採用「分類假扣押」(categorical sequestration) 機制：亦即在一個多年期的預算計畫，只對國防、國內和國際等裁量性支出 (discretionary spending)，分別設定每年應撙節的額度及支出上限。

3. 使用「回溯」(look-back) 的機制：回溯機制規定本會計年度的任何政策變遷，所導致預算赤字增加，必須列為下一年度預算赤字刪減的目標，以確保經費並無超過支出上限。

此法案雖規定管理預算局與國會預算局負責監督支出限額之執行，惟預算赤字目標仍須予以設定，最大赤字期間在 1991 至 1995 年，以後年度預算皆予以限制，以確保其赤字不得超過目標赤字。1993 年國會通過《綜合預算調解法》(*Omnibus Budget Reconciliation Act*)，將《預算強制法》的約束效力延至 1998 年。(徐仁輝，1999: 55)

及至 1996 年，由於美國政府仍深受赤字所苦，國會不得不採取非常手段來增加總統的預算控制權。國會所採用的方法即是通過《單項否決法》(*Line-Item Veto Act*)，並由總統簽署後完成立法，賦予總統對預算部分項目的撤銷權，以降低赤字支出。

所謂單項否決權或撤銷權，是指民選行政首長對於立法機關所通過的法案之部分項目有權撤銷，但是，其餘未被撤銷的法案項目仍須簽署批准而成為法律。從這項法律的名稱看來，它表現出項目預算制度的邏輯和思維特徵，即州長或總統可以逐項、逐目地，撤銷他（她）所認為不適當的部分法案項目。

這項嶄新的單項否決法，其適用期間從 1997 年到 2005 年。一位參議員曾有這樣的描述：「這是國會在處理納稅人稅賦角色上巨大轉變的象徵」。在這項法律的支持下，總統可以刪除年度支出法案中的個別項目，可以撤銷影響少於一百位民眾或十家企業

的租稅優惠措施，也可以取消新的權益資格方案或暫緩既有福利措施的擴張。但在執行該項法律時，總統必須於接獲預算法案的 20 天以內，將所欲刪除的項目知會國會，而參、眾兩院亦可經由每院 2/3 的絕對多數，推翻總統的否決權。

國會之所以通過該項法律，乃希望單項否決權能夠成功並持續地消除赤字，然而，成效卻不顯著。事實上，多年來全美已有 43 個州的州長曾擁有單項否決權。惟分析這些州長的刪減支出型態卻可發現，就各州支出的刪減效率言，其成效並不一致。在某些州實施後，支出赤字大為縮減；但是，有些州卻是「完全沒有影響」。儘管如此，總統的單項否決權確具有降低赤字支出的可能。有一項由會計總署的研究報告指出，如果能讓雷根總統和布希總統擁有單項否決權，他們就可在 1984 年到 1989 年期間否決其所反對的法案項目，進而使得每年平均約可刪減 7% 的聯邦支出。此外，國會為使總統的單項否決權僅限用於赤字的減少，故於單項否決法中明文禁止總統不得於預算科目間進行經費流用。

在 1997 年柯林頓總統首次行使該項權力。不論國會是否經由授予總統單項否決權，而達成減少赤字的理想。可以確定的是，這項法律已經使得總統因擁有了單項否決權，而在預算權力上大為增加；相對的，國會則犧牲了自身的權力。不過，此一總統新增的職權，卻為司法部門所質疑。（Henry, 1999；蕭全政、林鍾沂等譯，2003: 491–492）此外，該年國會再通過《平衡預算法》（*Balanced Budget Act*），設定 2002 年為預算收支平衡年。

經過長期的努力，預算赤字的現象在 1998 年終於獲得逆轉，出現 30 年來首見的預算盈餘。雖有人視此為拜知識經濟、高科技產業興盛所賜，聯邦政府收入方得大幅提高，但眾人數十年來努力的心血仍不容抹煞。唯好景不常，2001 年發生 911 事件，政府因此致力於強化國土反恐能力，並派兵至海外執行任務；又適逢嬰兒潮出生者開始達到退休年齡；在種種因素同步發生下，2002 年起聯邦預算再度轉盈為虧並急劇惡化，2004 年的赤字已超過四千億美元。如何透過預算制度來因應赤字問題，是未來需要持續關注的課題。

關於上面所述的美國預算制度的沿革與發展，可參見表 8–2 的說明。

表 8-2 美國預算制度史上的重要里程碑

1921	《預算暨會計法》(*The Budget and Accounting Act of 1921*) 在財政部成立了預算局 (The Bureau of the Budget)，並在國會成立美國審計總署 (The General Accounting Office)。
1939	《組織改造法》(*The Reorganization Act*) 將預算局從財政部移轉至白宮管轄。
1950	胡佛委員會 (The Hoover Commission) 在《預算和會計程序法》(*The Budgeting and Accounting Procedures Act*) 中提出績效預算的概念。
1961	國防部設立了規劃設計預算制度 (Planning Programming Budgeting System)。
1965	詹森政府命令全部聯邦機構施行規劃設計預算制度。
1970	授予預算局更多管理的責任，並改名為「管理預算局」(The Office of Management and Budget)。
1971	尼克森政府正式停用規劃設計預算制度。
1974	《國會預算暨截留控制法》(*Congressional Budget and Impoundment Control Act*) 更改了國會預算程序和時間表，也成立了國會預算局 (The Congressional Budget Office)。
1977	卡特政府要求所有聯邦機構實施零基預算制度 (The Zero-Based Budgeting)。
1981	雷根政府取消零基預算制度。
1985	《葛蘭姆法》(*Gramm-Rudman-Hollings Act*) 簽署實施，藉由跨部門刪減來尋求在一段時間內達成聯邦預算的平衡。
1986	法院在「包社訴賽納」(Bowsher v. Sonar) 案中，判定「葛蘭姆法」中的幾項條款無效。
1990	《預算強制法》(*The Budget Enforcement Act*) 修正了《葛蘭姆法》，要求新的支出需要新的稅收或減少支出。 （為回應儲蓄和貸款醜聞）「信用改革法」(*The Credit Reform Act*) 嚴格限制聯邦借款和貸款擔保的要件。 「首席財政官員法」(*The Chief Financial Officers Act*) 在聯邦機構設立首席財政官員的職位來監督機關的財政。
1993	《政府績效暨成果法》(*The Government Performance and Results Act*) 要求行政機關應以達成的結果或成果為基礎，來合理化其預算需求。
1997	行政機關應提送策略規劃，包括任務說明和績效目標。
1998	政府績效計畫 (Government-Wide Performance Planning) 首度隨聯邦預算提出。
2000	行政機關必須告知國會它們如何符合在策略規劃上所設定的績效目標及目的。
2004	管理預算局不再從事超過 5 年的預算預測，終止了自 1971 年以後所進行的 10 年預測之實務工作。

資料來源：Shafritz, Russell, & Borick, 2007: 501.

貳、預算過程的階段

一般而言，美國政府的預算過程，經常涉及下列幾個階段：⑴總統及其幕僚單位設定預算收支的基本方針；⑵各機關提送預算需求；⑶總統和管理預算局審核各機關提送的預算需求，並彙編成概算 (budget proposal) 送交國會；⑷國會審查並分配撥款預算；⑸行政機關執行預算並加以負責；⑹預算的審計。茲依序分別闡述如下：

一、總統及其幕僚設定預算收支的基本方針

預算編製的首要步驟，乃是由總統及其幕僚預先規劃下年度施政的計畫與重點，以做為籌編預算的主要依據。其主要內容為評估未來政經情勢的發展、排定政策推動的優先順序、估算預算總額以及編訂預算的特別限制等。有了這些基本藍圖，各個行政機關才能依其經驗與需求，著手概算的研擬。

美國總統策訂預算收支的基本方針，大致上由三個幕僚機構來負責，分別是經濟顧問委員會 (The Council of Economic Advisers)、管理預算局和財政部。顧名思義，經濟顧問委員會是由一群經濟學者提供總統有關預算及其他經濟問題的建言，其職責在於將不同的經濟影響因素，以數學模式來加以建構 (the mathematical models of the economic factors)，進而顯示出採行不同預算方案對經濟造成的影響。管理預算局則致力於審核與分析各機關所提送的預算要求，因而其往往扮演刪砍預算的「黑臉」角色，以免預算浮列，而超出預估的支出基準，不過，機關預算如能獲其諒解與支持，則管理預算局亦可能例外地成為「施恩者」的角色。最後，財政部由於職司發行債券、印製鈔票、穩定幣值和參與國際貨幣基金的責任，是以它對於經濟與社會政策的規劃和影響，自亦不容忽視。

二、各機關預擬預算需求

預算編製的第二個步驟，則由各個機關（不論是隸屬總統管轄的部門機構或獨立機關）依其施政計畫編擬預算需求。當然，各機關在編擬預算需求時，不可任意妄為，而必須遵照管理預算局與各部門內部之預算委員會的相關意見辦理。例如管理預算局通常會提供有關預算支出總額，以及機關預算特定面向的藍圖與建議；同樣地，各部會的預算委員會和首長幕僚，則會要求所屬機關的預算編製必須與其他機關相互配合，

以確保預算編製能夠符合總統和部長的政策推動之優先順序。

經由此種籌編程序來看，各機關編擬預算需求，表面上是「由下而上」地，由各機關依其欲推動的計畫方案，編製經費收支概算，最後由主管機關（管理預算局和部長等）加以統合彙總而成。然則，究其本質，卻不脫「由上而下」的指導運作方式，即先由部門首長和內部預算主管機關確立所屬機關應有的施政重點，以及該機關的最高經費支出額度後，各機關再據此基準來編製本身的年度預算❷，關於此者，在下一步驟有關總統及其幕僚對於各機關預算籌編的監督審核中，即可得到充分的印證。

三、總統及其幕僚機關的預算審核與監督

當各部門與各機關概算編擬完成後，須送交管理預算局加以審查及評估。因此，管理預算局的主要職責，乃在評估各機關的預算經費並加以調整，俾使之符合總統對於施政優先順序和公共支出總額標準之要求。

如前所言，個別行政機關若能與管理預算局的稽核人員發展良好關係，使其支持機關規劃的政策方案，則預算經費或可免於遭到大幅刪減。然而，由於近來預算赤字不斷地增加，降低赤字已成各方共識；再者，設定預算支出的輕重緩急與優先順序，悉由中央決定，是以，是否有足夠的空間，讓稽核人員來決定各機關的預算分配或成長，答案已十分明顯。

此外，管理預算局審核各機關提送的預算需求時，往往以舉行公聽會的方式，讓各個機關有機會申辯其政策主張及構想，是以管理預算局雖傾向於裁縮預算支出，但亦不太可能分文不給，因為此種作法恐冒若干風險，極可能迫使行政機關轉而向其主管（部長）、總統、甚至國會尋求奧援；屆時，造成情勢僵滯，反而不利整體預算之推動——類此狀況再次顯示預算過程深寓的政治意涵。

總統需於每年 2 月的第一個星期一，將概算送入國會接受審議，雖然概算事關政府施政與公民福利，然基於聯邦憲法之規範，僅國會具有從事國庫撥款工作之權力，因此，此時的概算充其量僅屬建議性質，並無法律的拘束力。

---

❷ 關於上述的說明，可參考徐仁輝教授對預算階層理論 (hierarchy theory) 的分析。他說：「階層理論認為行政體系的上層機關對下層機關預算的編製影響甚大：在各下層機關編製預算之前，有關問題的確認、環境因素的評估以及政策大綱，皆已由上層機關決定。利益團體的影響，在上層機關做決定時，或預算官員審查各機關的預算時即出現：預算官員的審查標準係基於各機關的表現，以及行政首長的施政優先順序」。（徐仁輝，1996: 470）

四、國會的行動

國會的預算過程涉及三個主要行動者 (Rosenbloom, 1998: 294–5)：(1)國會預算局 (CBO)：其主要任務為檢視總統預算的基本構想，並據以發展成一套不同的歲入與歲出方案。再者，就預算對經濟可能造成的影響加以分析。最後，則須針對總統預算項目的優先順序加以檢討，藉以釐析此一順序與國會立場是否相抵觸；(2)眾院與參院預算委員會 (The House and Senate Committees on the Budget)：在與國會預算局共同檢討總統的預算構想後，參眾兩院預算委員會的主要職責，乃在研擬預算決議案，俾以建立預算支出的最高額度上限；(3)眾院與參院撥款委員會 (The Appropriations Committees)：撥款委員會的任務，在研擬撥款法案，並將撥款法案提交國會參眾兩院進行通盤審議，因此，撥款委員會往往是依據預算委員會所設定的預算限定架構來進行撥款法案規劃。

總體言之，國會的預算過程是依據以下的程序為之：在接到總統所提出的概算後，國會各委員會即針對下一會計年度的歲入與歲出計畫進行研究與審議，並將之提交參眾兩院的預算委員會。預算委員會則參酌國會預算局提供的經濟影響評估資訊和相關計畫，研擬國會之預算決議，此一決議包括歲入的水準、預算機構和未來支出。如果決議中的各種預設值 (assumptions) 均屬確實，則國會便可據以設定政府新會計年度的赤字或盈餘水平。依照規定，國會之預算決議案須於每年 4 月 15 日由國會決議通過後實施。

當國會預算決議擬規劃出整體預算的概廓後，通常由眾院撥款委員會參酌各委員會意見，擬定 13 條年度撥款法案 (The thirteen annual appropriations bills)，提交全體院會討論表決通過後，再送交參院審議。雖然眾議院的撥款委員會在此一過程中具有舉足輕重的角色，但由於撥款條款依憲法規定須分別經參眾兩院審議通過始告立法完成，因此參議院的動向亦同等重要。至每年 6 月，眾院撥款委員會應將支出條款向全院議員報告，而且最遲應於每年 6 月底完成；最後，所有的撥款立法應在每年 10 月 1 日前由參眾兩院通過之。

五、預算執行的控制應變

依前所述，整個政府預算程序極為複雜而冗長，經預算編配、國會審議乃至撥款

法案通過之後，即是將計畫落實為行動的預算執行階段。由於預算執行深深影響政府施政績效與經濟運作，因此其重要性不可言喻，然而，預算的執行常會面臨如下的困境：政府預估的歲入太過理想無法達成，是以政府如按原訂的預算支出加以執行，必然會發生入不敷出的赤字情形。為了避免預算執行過程產生持續性的赤字惡化現象，美國國會自 70 年代以降，制定了包括《國會預算暨截留控制法》、《葛蘭姆法》，以及《預算強制法》等相關法案，分別提出若干措施以為因應。(Rosenbloom, 1998: 295–299；cf. Levine, et al., 1990: 149–150)

（一）實施扣減 (sequesters)

所謂扣減，是指政府支出一旦超過或違反預算支出限額，除非國會在 6 月底以後額外追加撥款 (supplemental budgets)，否則即由管理預算局按照該計畫範疇的超支額度，預先扣留該預算機關下一年度的使用經費，達成自動縮減經費以對抗赤字的目標。1990 年《預算強制法》通過後，將政府支出區分為裁量性支出和強制性支出，並且對於兩種支出的扣減方式亦採取不同的策略。在裁量性支出的部分，為了遏阻財政赤字的持續擴大，預算強制法對於國防、外交與內政三大範疇的裁量性支出均設有最高支出上限。若有預算機關不依規定恣意違反，總統即可逕行採取自動扣減措施：即自該機關下一年度的預算編訂上限中，扣除本年度超限撥付的數額，藉以從支出面對政府赤字加以控制。1994 年以後，《預算強制法》已不再把前述三大範疇分開處理，而將其併合為一，以利預算的控制。《預算強制法》對於強制性支出的扣減策略，主要乃著眼於抑制新的支出所造成預算成長，希望落實收支相抵的概念，若要求在擴增立法或政策內容，致使既有資格權益支出增加時，必須同時削減其他支出或提出增加歲入之計畫，以免政府預算赤字更形惡化。

（二）凍結人事 (hiring freezes)

總統可以透過凍結人事、遇缺不補等措施，以達成對抗赤字的目標。雖然此舉不如整體預算的開源節流具有成效，但其象徵性意義可彰顯總統對抗赤字的決心。惟若政府凍結過多人事，常會發生人力不足的窘境，導致行政機關無法順利推動所撥付之經費，仍是政策執行的棘手問題。

（三）預算截留 (impoundment)

截留是指總統拒絕同意行政機關支用其原已撥配的款項，而加以控制。美國政府最早的截留行動是發生於傑弗遜總統任內，一直到晚近預算截留才逐漸盛行，但是，

長久以來預算截留控制的合憲性迄有爭議。在 1970 年代初期，尼克森總統截留了預定用於高速公路、保健、教育和環保建設等項約 120 億美元，引起了許多法律訴訟，進而催生了 1974 年的《國會預算暨截留控制法》，賦予總統扣留預算經費的權力，但仍須依程序得到國會的核可。(Denhardt, 1995: 165)

預算截留有二種方式：一是預算撤銷 (rescissions)，另一則是預算滯延 (deferrals)。前者通常是在某項特定計畫無需動用全部撥配款項即可完成時，或者基於其他財政之目的，而將機關或特定政策的預算經費予以終結，其程序必須由總統向國會提出撤銷撥款之議，國會若在 45 天內未予通過，則總統必須依原訂計畫執行該筆撥款；後者則是為因應偶發事件、應付危急問題和達成法律特別規定，暫時延宕該筆之撥付款項的支出。其由總統函送國會後，即可延緩支用特定撥款，惟延後支用的時間不得超過該一會計年度。

除了上述三種緩降赤字的措施外，由於人類理性有限、相關資訊不足，且政經環境變動不居，預算設計與實際執行間乃存在可能之落差，是故，預算執行時亦須有靈活的機制，以因應預算編製時始料未及的特殊狀況。首先，行政機關在執行政策時，需要彈性回應新的變動情勢、新的需求水平和不可預期的情況，然而其所執行的該年度預算經費，卻是在兩年或更早之前所編訂，動輒陷入預算編列項目難以符合實際需求之「遠水難救近火」的窘境。為避免膠柱鼓瑟，通常有二種設計來解決此一困境：其一是「科目流用」(transfers)，意即在程序上若能事先得到國會概括授權，則預算經費就可以由某一目的轉換至另一目的，例如將外交經費流用至軍事援助費用；另一種類似的彈性設計則是「重新擬議」(reprogramming)，係指在相同的撥付數額之下，將原已編列於某一計畫中部分或所有的經費移轉至其他計畫，基本上，這種方式是基於特殊目的 (specified purposes) 的預算撥款來做考量，而非宏觀於單一整體的預算視野 (not in terms of one whole budget)，希望藉由財政控制來確保公帑支出能夠符合原先之意圖。(Rubin, 1997: 242) 行政機關對於計畫重擬前，雖然毋須預先獲得國會另行授權，但仍須與國會相關委員會先行協商以獲認可，俾進行預算經費的流用。

其次，為避免產生蓄意消化預算之現象，授權允許某些機關得以保留未用罄之已撥付預算款項。一般均認為行政機關如果在會計年度終了時，未能將業經撥付的全部款項悉數用罄，應將剩餘部分繳回國庫（或財政部），然而，事實上有許多行政機關被授權合法保留其預算剩餘，並將之運用在下一年度的預算上。但由於這些保留款項的

積累數額，經常高達數十億元之多，所以往往被視為一種「不受會計年度限制的經費暗渠」("pipeline" of "no year" money)。

由上可知，預算編製與預算執行階段之間，可能存在相當的差異而須採取不同的策略或因應，因而在執行過程時，有涉及預算追加與扣減、滯延與撤銷、人事凍結，以及預算保留等手段之運用。惟這些手段或程序的行使，除了基於行政與經濟的考量外，藉此遂行政治目的之意圖亦昭然若揭，故而吾人當可瞭解，政府預算即便已經授權撥款而付諸實施，可是圍繞其間的持續性爭議仍是餘燼未滅。

六、預算的審計

預算程序的最後階段是決算或審計。尤其是事後審計 (post audit) 是發生在會計年度終了，並涉及機關經費運用的正確和恰當與否。在原初的意義裡，審計的目的乃在確保財政控制，諸如簿記的正確性、法規的遵守和沒有被發現的詐欺、浪費與不當管理。然而晚近的審計概念則擴大至涵括「績效審核」(performance auditing)，著重於分析和評估機關執行目標的績效。總而言之，事後審計乃在達成以下三項目的：(1)財政的活力 (financial viability)：是否如預期地有效使用資源；(2)法規的遵守和其他限制；(3)方案績效，如方案運作的成果。(Denhardt, 1999: 169–170)

一般而言，審計活動可由機關自行從事，但是亦有由檢察總長針對若干機關的浪費和欺騙進行查核；更有進者，設立獨立機關更成為晚近的趨勢。為了由第三方對行政機關的公平考核，事後審計逐漸成為國會而非總統的職權。例如 1921 年，美國國會成立美國審計總署 (GAO)，縱然過去曾有威爾遜總統否決此一立法，希望其向總統而非國會負責，惟美國審計總署不但仍隸屬國會，且其功能更由早期重視聯邦機關的財政審計擴大而為對政策評估。(Denhardt, 1999: 170) 2004 年，美國審計總署更名為美國責任署 (Government Accountability Office)，讓聯邦政府更能夠對國會和美國民眾負責。

第四節 聯邦政府預算蘊涵的其他問題

除了上文分別就預算制度沿革、預算編製過程，以及預算執行控制等層面的討論外，從宏觀的視角觀之，美國聯邦政府的整體預算過程尚存在若干基本問題，亟需加以正視，茲概述於下：(cf. Levine, et al., 1990: 151–155)

壹、預算循環的期限

一般而言，從提出預算構想伊始，迄於會計年度的結束，整個預算期間大約延亙 30 個月左右的時間。在這漫長的時間裡，會產生以下兩個問題：

1.實際的經濟發展狀況和預算編訂時的需求預期之間，常有落差失衡的現象。揆諸實際，影響經濟發展的因素不只一端，舉其犖犖大者，如國內外經濟的互賴特性、國際關係的急遽變動、經濟景氣波動，乃至於天然災害的影響（如氣候之於農業）、能源價格波動等，在在使得預算擬定時的經濟情勢預測準確性受到相當限制，進而造成政府歲入、支出預估失衡的窘境，由此更可說明前述預算執行階段之各項彈性措施確有其必要性。

2.預算週期限制新任總統的施政。美國新任總統的就任時間是勝選隔年 1 月 20 日，不論新任總統是否同意前任總統的施政理念，自其就職日起至 9 月 30 日止，仍需執行前任政府編訂的預算計畫；再者，當年度的預算早在 18 個月前已交由各機關逐步草擬規劃，新總統就任時雖然可以修正此一草擬中的預算內容，但是若要將之全數推翻、重新研擬，恐怕困難重重。由此可見，假如一位新任總統在 2016 年競選成功，並於 2017 年 1 月 20 日就任新職，卻要等到 2018 年 10 月 1 日起，才能真正實施自己的理念與預算構想，如此一來難免阻礙其政見之立即實現，並有違選民之期待。誠然，有人認為預算循環的期限可保障行政作為的持續性，但其限制了新任總統銳意革新及落實政見的意圖，亦是不爭之事實。

貳、預算賽局的操弄

基本上，行政機關無不極力設法擴增其預算配置額度，但是民選官員則礙於資源有限以及選舉壓力，而須努力地看緊荷包，以期減輕民眾稅負負擔並力圖撙節支出，因此，政府預算的運作過程，猶似民選官員與行政機關之間的一場賽局 (game)。在這場預算賽局中，行政機關有幾項共同策略殊值一提：

1.行政機關常以縮減最受民眾歡迎或最具政治指標的服務做為威脅，以遂行其擴增預算之意圖。舉例而言，教育行政機關以取消學生交通運輸服務為手段，迫使選民不得不同意增稅；又如美國國家公園管理局在預算的賽局中，一度威脅要關閉華盛頓紀念碑，以免預算遭到削減。

2.行政機關對於可能面臨到的削減幅度，除了會以預算浮編的方式來加以因應外，也經常使用「蠶食鯨吞的策略」(play the camel's nose game) 以逐步擴展預算規模。其做法通常先以一年期的計畫來取得初步的預算配置，然後再以此做為種子基金 (seed money) 而漸次獲取源源不斷的預算資源。換言之，行政機關有時並不一次編足政策所需的預算總額，而是盱衡政治系統的內外情勢，以越陷越深的方式來擴增其預算經費。

3. 行政機關為達成增加預算金額的目的，乃將現行計畫重新予以包裝 (repackaging)，以便迎合總統新的施政重點需求。

基本上，行政機關在利用上述手段以擴增預算版圖時，經常是隱而未揭而難以具體指陳，加上美國政治系統中行政與立法部門之間的對立歧見，使得這場預算賽局的耍弄更加顯得詭譎而複雜。

參、預算上限與舉債額度的不斷提高

大體而言，美國聯邦政府與民間輿論並不認同長期預算赤字的正當性，一般看法仍以預算平衡的觀念為尚，因此認為聯邦政府的累積赤字必須設定一法定上限，以免聯邦債務持續膨脹。然而，揆諸實際，立法部門和行政當局均發現舉債上限的設定，既不可能亦無法達成，往往到頭來仍舊行禮如儀地不斷提高預算上限與舉債額度。這種心理的困境與矛盾，著實令政府官員處境極為尷尬。

肆、無法控制的支出

現今美國聯邦政府預算中最為棘手的問題，係為每年將近 75% 不可控制的強制性支出。而這些難以控制的預算支出，主要型態有三：第一是聯邦政府公債的支應，僅僅是公債的利息支付即達聯邦支出的 7% (2004)，顯示過去赤字開支 (deficit spending) 所累積的龐大債務，今日已然成為美國政府的沉重財政負擔。第二是「資格權益」的開銷，包括社會保險、醫療補助、退伍軍人優惠等支出，不但隨著申請人數的增加而持續成長，同時為抵銷通貨膨脹，所給付的生活津貼亦須隨著物價波動而做調整。這些具有法定資格的龐大利益團體，已然構成國會與總統的壓力，若不謹慎以對，往往可能威脅其政治生命。第三是政府須依法履行業經簽訂的契約義務，如外包民間的處理費用、委外工程款的支付義務等。

第五節　預算理論之分析

關於公共預算的分配，必須考量一個基本思維哲學，就是多年前凱伊所提出的問題：究竟在何種基礎下，政府決定將某一資源分配在 A 活動而非 B 活動上？茲因管理、政治與法律途徑的不同，而有不同的理論視野，分別說明如下：

壹、政府預算的管理途徑

政府預算的管理途徑旨在促進達成效率、經濟和效能目標，亟思藉由預算的過程達到減少公帑浪費、提昇公共生產力，以及有效控制政府的整體運作。此外，新公共管理學派則更加強調績效取向，及對顧客的回應性。

一、項目預算

嚴格說來，美國 1921 年之前所實施的國會預算，欠缺管理精神，在此之後所開始推動的項目預算 (Line-Item Budgeting)，才算逐漸符合管理的要旨。乃因項目預算旨在向民眾確保政府的支出是經過合理的編製和簿記，以達成控制的功能。項目預算的基本假設為，所有機關均在購買相同的財貨和勞務，所以應設計能夠廣泛應用於不同機關或部門之會計帳分類，俾使審計人員得以應用一致性的標準去評估所有的支出。

所謂項目預算或支出預算，就是預算編列係依收支項目逐項排列，最後加以彙總，如人事費、業務費、差旅費等；這些項目可再細分為個別費用表，如人事費可再細分為固定薪資、臨時薪資、加班費與津貼等。（徐仁輝，2002: 250）基本上，它是以每一部門或機關別為單位，形成如下的預算格式：

	1998	1999
人事費	$75,300	$94,400
業務費	$12,320	$13,750
設備及耗材費	$13,500	$13,950
差旅費	$950	$750
印刷費	$1,200	$1,350
郵電費	$1,550	$1,900

　　項目預算的另一項特徵，便是每一預算項目費用的變動估計，通常會根據過去的經驗與分析；而且由於人事費用往往占了預算的大半，所以其關注的焦點，乃因人事的預期異動而導致的預算之增減。

　　惟項目預算迄今仍被廣泛地運用，原因是它易於瞭解，以及政治人物們可以將之用來刪減其認為不必要的項目，而非完全取消「方案」；再者，它非常適合於漸進性決策（僅在過去的預算上作微幅的修正）。然而，項目預算過於重視項目支出控制，而不在於工作計畫和方案績效，所以它無助於預算對於方案的規劃與管理。因為預算改革者希望除了在有效控制外，更能為預算多加如管理或規劃功能。

二、績效預算

　　行政人員不應僅盡力執行完畢政府所編列預算即可，最起碼也要瞭解每個政策方案到底使用多少的經費，產生何種效果。看見價值，才能彰顯預算分配的管理核心。正如懷德 (Oscar Wilde) 曾經定義犬儒者 (a cynic) 為：「一個人只知道所有東西的價錢，卻不知其價值」。（Starling, 2008: 520；陳志瑋譯，2015: 545）說得嚴重些，臺北市市長柯文哲先生曾經說過：「榮華的一生不過是一坨大便」，預算的使用有時也是如此。大家努力地把錢花光，而不去追問成效價值。為了對抗政府預算的犬儒主義，小羅斯福總統連任時進而提出績效預算。（陳志瑋譯，2015: 545；Starling, 2008: 520）1930 年代，當時聯邦政府的預算金額大幅成長，在預算局改隸白宮以後，各界對政府的預算管理抱持高度的關注。認為項目預算的逐項列舉僅著眼於僵滯的控制，無助於對方案的管理、過程、花費和效率的瞭解，並呈現更多關連的資訊。1949 年美國胡佛委員會，正式向國會提出預算改革的構想，開始大力推動績效預算制度。(Lewis, 1989: 156)

　　所謂績效預算制度，根據胡佛委員會的描述：「績效預算應該取代當前所使用的預算方法，因為它可以極其簡潔的方式記錄政府在服務、活動及工作計畫上的支出需求，而不是僅僅記錄政府究竟購買了那些東西。」（Cooper, *et al.*, 1998: 325–326；徐仁輝，2016: 174）因此，「績效預算將有助於政府各部會和機關根據其職能、業務或計畫，評估其工作成果，並將預算分配的重點，置於政府所要達成的任務或所欲提供的服務，而非僅著眼於經費的需索上」。（于宗先，1989: 258；Denhardt, 1995: 168）職是之故，績效預算被認為比項目預算更能達成落實預算合理分配的經濟效益，符合管理的目的。

甚至，嚴格言之，預算的彙整係以方案或活動，而非部門為基礎，而且包括實際作為與成本二者間的相互比較。要言之，績效預算的推動會去考慮下述相關的問題：（Rosenbloom & Kravchuk, 2005: 293；呂育誠等譯，2000: 218）

　1.在某特定期間內規劃和採行的活動和計畫方案為何？換言之，它會關注機關組織打算做什麼？為什麼要做？會花多少錢？以及何時？

　2.經費提撥著眼於方案成本和資源間的相互聯結；以及在一定的資源範圍限制內，機關所欲達成的工作表現。

　3.在有限的時間與資源內，執行或實現所授權的計畫。

　基本上，績效預算的採行，具備下列優點：（cf. 莊義雄，1993: 58–59）

　1.計算每一計畫方案所需花費的成本，以決定該計畫方案之各項工作是否值得實施。

　2.針對過去與現行計畫方案成果加以比較，藉以考核計畫方案的成本變動狀況。

　3.比較各機關同性質活動所需要的經費，俾瞭解不同機關間行政管理效率，並提出改進意見。

　4.把企業的成本會計觀念引進政府機關，有助於政府機關的成本效益分析。

　5.績效預算著重方案實施後的成果考核或追蹤，預算管理的責任得以落實。

　儘管具有上述優點，但績效預算亦存有若干限制，茲列舉數端：

　1.績效預算著眼於管理的經濟效率，卻往往忽視了政府活動的政治性。尤其是，行政方案會涉及回應性 (responsiveness) 的課題，須回應不同團體的個別需求。

　2.績效預算往往因各機關未建立成本會計制度與成本意識，而難以採行。

　3.政府機關之行政活動，因涉及無形成本、抽象成本或沉澱成本，而難以確立工作衡量的標準。

　4.強調單一年度預算與計畫的配合，無法跨年度連貫機關未來目標的總體政策設計。

　5.績效預算強調依各機關成本表現效率，相對忽略國家資源之整體規劃。

三、規劃設計預算制度

　所謂規劃設計預算制度，是指審視國家長期發展的政策目標與機會，以及掌控國家當前所欲達成的目標與可供運用的資源，利用成本效益分析 (cost-benefit analysis) 與

系統分析 (systems analysis)，評估各種公共計畫方案的成本與效益，以利國家整體資源的合理分配之預算制度。具體而言，規劃設計預算制度提出了諸多重要面向：首先，規劃設計預算制度將「規劃」、「設計」和「預算」這三個重要過程協調統一起來，並使計畫方案與預算相關聯；其次，為了進一步強調規劃面向，該制度把期程擴展為未來五年，要求對五年內的方案計畫和成本進行預測；再次，它以方案目標、產出以及替選方案等作為關注重點，推崇「效能標準」(the effectiveness criterion) 作為評估的準則；最後，規劃設計預算制度要求從策略規劃、系統分析以及成本效益分析過程中擷取新的分析技術，以使決策制定更有系統、合理。（Cooper, *et al.*, 1998: 327；王巧玲、李文釗譯，2006: 328–329）這種以規劃為中心，分析為手段，及提高行政效能與效率為目標之核心思維，會與以控制為中心的項目預算及以管理為中心的績效預算有所差異。（吳定，1996: 329）

基本上，規劃設計預算制度的主要特色有四：（Rosenbloom & Kravchuk, 2005: 295；呂育誠等譯，2000: 220–221）

1.以具體運作化觀點分析方案的目標。例如除了說出計畫方案目的是在促進高速公路上的行車安全之外，還可以指出目的是為了避免或降低因交通事故造成 X% 人員死亡、Y% 人員受重傷、Z% 人員受輕傷及 W% 的財產損失。

2.分析每一計畫方案一年至不同年間的總成本。

3.利用成本效益途徑，分析為達成目標所使用的不同方法之成本與效益。在上述的案例中，計算行車繫好安全帶和實施道安講習在降低每一死亡率所需的成本各多少？

4.藉由比較方式，發展一套考量所有政府方案的成本與效益之系統方法。也就是說，透過道安講習避免死亡的成本、推展公共衛生活動的成本和促進世界和平的成本各多少？每個途徑的總效益各多少？

具體而言，規劃設計預算制度下的方案預算之編製與運用，會依循以下步驟為之：（*cf.* 莊義雄，1993: 61）

1.政策目標的規劃：將組織的長期目標予以明確訂定，並擬訂達成此項目標的各種替代方案，分別予以評價並排定優先順位。

2.計畫方案的訂定：依政策目標設計計畫方案，推定一個較為可行的預定執行期間，通常為五年，預估整個期間所需的投入與期望的產出。

3.預算的編列：針對前二階段作成的結果，籌措將被採行的計畫方案所需的年度

經費，並編列預算。

綜合而言，規劃設計預算與績效預算不論在涵蓋範圍、追求目標與關注焦點，均存在著差異，謹將兩者的不同，比較如表 8-3 所列：

表 8-3 規劃設計預算制度與績效預算差異之比較

預算別 項目別	規劃設計預算	績效預算
範　圍	跨機關	機關內部
目　標	效　能	效　率
關注焦點	政策的目的和結果	政策實施的過程

　　1.就預算涵蓋的範圍而言：規劃設計預算係為達成國家整體施政的目標，整合不同機關的相關活動，不以一個機關為限。績效預算則強調機關內部的方案或活動。

　　2.就預算所欲達成的目標而言：雖然規劃設計預算與績效預算二者同為重視預算的管理，但前者強調計畫與預算之整體性以及任務之達成，以效能為目標。後者則關注方案的實施成本，較強調效率的要求。

　　3.就預算關注的焦點而言：規劃設計預算注重「計畫的目標」，如都市廢棄物清運方案所帶來的政策成果——疾病減少、土地增值等。績效預算重視「計畫的過程」，像垃圾處理所需的費用等。至於方案的評估亦有差別，前者為社區傳染病發生率；後者為每日清運垃圾的平均噸數。

　　4.就期限而言：規劃設計預算通常是以多年期（一般為五年）為基礎，然後分年執行實施；績效預算制度則是以一年為期。

　　規劃設計預算制度之所以受到詹森總統的青睞，主要緣於美國國防部的實施成效，其不僅在程序上將策略目標具體有效地轉化為預算，而且在方法上也以科學的態度做為研擬政策及其方案的基礎。大致而言，規劃設計預算制度的優點，約有下列七項：（*cf.* 莊義雄，1993: 61）

　　1.規劃設計預算制度融合規劃、設計、預算三者為基本構想，尤其注重規劃功能的發揮。

　　2.採用長程方法，預先設計數年間欲執行之政策成本與效益，詳實考察。

3. 釐清國家發展目標，確認何者為最迫切需要者，並確定達成目標之方案效益及成本，顯示政府努力朝向制定國家永續發展之公共政策決定之決心。

4. 益於政府資源做最佳運用，注重各項資源配置的效率，以最低成本最大效益之原則，發展及找尋達成目標之各種替選方案，使國家資源不致有所浪費，達到最適當計畫下的最佳報酬。

5. 使長期政策目標的設定與短期預算的編製形成有機聯繫，提高總體資源配置的效率。

6. 運用成本效益分析，對具決定性的重要方案，儘可能予以數量化，並符合具體評估標準。

7. 建立明確的政策目標，詳列各種方案的決定與實施過程，符合預算公開負責的態度。

然而，在實際運作上，規劃設計預算制度仍有下列的限制：

1. 實際成本不易確定，尤以間接及無形成本為最，共同成本亦難以精確推算，尤其是國防及外交政策等涉及國家安全之純公共財性質的重要施政工作，更不易確定其效益。

2. 預算決策全由高階層人員所作成，易使決策權集中於中央。

3. 以明確目標和量化方法解決問題，容易遭致政治衝突與質疑，明顯地忽略了政治可行性的考量。

4. 規劃設計預算制度雖強調「目標導向」，但目標常因國際政治與經濟情勢的影響而有所變動。

5. 在規劃設計預算制度下，決策制定高度依賴成本效益計算，民選官員和國會議員咸認為該制度會侵奪其原有的預算控制權；再者，中長期的計畫研擬顯然和政治人物追求任內可見短期績效的思考相互衝突。

此外，正如蓋柏 (Andrea Gabor) 所評論的，在規劃設計預算制度下，預算制定的流程主要著重於與成果相關的計畫和策略，而不是個別的預算項目，這使得美國前國防部長麥克納馬拉可以將策略規劃的控制權，從軍事將領手中轉移到國防部官員手中。這種現象，就好像泰勒時代的效率工程師，從工人手中奪取了對生產的控制權一般。（齊若蘭譯，2001: 178–179）光靠著財務人員「數字」計算或被稱為「數豆子」就可發揮政策的影響力，確實有些誇張。

四、零基預算制度

零基預算制度是由美國德州儀器公司於 1960 年代開始採用；1973 年卡特總統於喬治亞州州長任內，率先引用此制籌編該州政府預算；1977 年卡特入主白宮後，將之推行於聯邦各行政機關。

零基預算制度的基本前提是：應該利用預算編製的審議過程，重新檢視政治需求和政府方案的行政效率。所謂「零基」，是指在年度預算週期內，不只注意新的計畫，現行的計畫方案和業務，除非證明其有續存之必要，否則不予主動編列預算。所以，在理論上，每種政府方案和業務，都應在新的會計年度歸整於零，重新加以檢討。難怪庫伯 (Phillip J. Cooper) 等學者認為零基預算概念的提出，是對漸進預算模式進行第一次，也是最重要一次的駁斥。(Cooper, *et al.*, 1998: 327) 因為漸進預算模式是以上一財政年度的預算決策結果為出發點，重點放在每年的邊際變化上。而零基預算制度可以看成取消或裁減過時或不必要方案的工具，以便將預算資源移往優先性較高的方案，讓政府重視能做的事情中最為重要的部分。

零基預算制度的主要作業程序如下：(Rosenbloom & Kravchuk, 2005: 297–298)

1.確認「決策單位」(decision units)：這些決策單位是指在籌編預算時，最基層的組織單位或計畫任務編組，每個決策單位必須有位管理者負責整體行政事務之運作。

2.編擬決策案 (decision packages)（亦稱決策綱目）：決策案係來自每年對每一決策單位之目的和功能，從事廣泛的檢視。這項檢視所考量的包括如果決策單位未獲得資金，會發生什麼事？或是如果決策單位只獲得 50% 或 75% 不等的資金，會發生什麼事？要如何提升其功能？是否可以發展出較大的成本效益比率？一旦完成檢視，決策單位的運作，就會依其活動的重要性加以分類。第一優先順位的活動為第一決策案，第二優先順位的活動為第二決策案，依此類推。有關不同決策案的運作、成本、效益都要向預算決策者進行概要報告。

3.由高層管理者排列決策案的順序。這會發展出整個組織的計畫方案優先順位，並就可能得到的資金數額與機關對活動層次的選擇加以協調。排列決策案的關鍵，不是單純地只在不同活動中做選擇，而是在任何既定的決策案，就不同層級的活動中做決策。

依前所述，零基預算制度的優點約有以下數項：(*cf.* 莊義雄，1993: 64)

1.以「零」為預算編製的基礎，不受往年預算金額之拘束，對新舊計畫均須全盤整體考量，避免傳統預算持續累積與膨脹之弊端。

2.以決策案的效益評估為基礎，刪除效益較低的計畫，使得國家資源得以進行合理的分配。

3.相較於規劃設計預算制度，零基預算制度的決策案擬訂，較符合由下而上的利益表達之民主精神，並且適切地運用主管人員的專門知識與實務經驗，彌補了系統分析人才之不足。

4.不論新舊計畫在每一預算循環週期裡均須加以評估，這對提出創新計畫具激勵效用，對效益甚微的舊計畫，則予汰除裁併，兼有興利除弊、提高總體效益之優點。

5.決策案優先順序的排列與分級，有助於預算分配的彈性。在預算執行期間，如有新增之業務或應刪除之計畫，可以同步進行評估，不致造成龐大的會計剩餘與短絀之情事。

除了上述優點外，零基預算制度的限制，諸如：

1.以「零」為基礎編製預算，導入實施初期會增加主計人員及各級主管人員工作之負擔。

2.如同規劃設計預算制度，零基預算制度對於某些難以量化之計畫方案，亦難以衡量其效益。

3.刪除舊計畫或裁減機關員額人數，易增加人事的困擾。況且新計畫採行較易，舊計畫刪除阻力頗大，所謂減少資源浪費之效果非如預期一般❸。

五、精簡管理與成果導向預算（或稱為新績效預算制度）

誠如前述，當前政府預算分配的重點，乃在重視資源的匱乏，達成精簡管理 (cutback management)。昔日認為一位管理者若能為機關爭取更多的金錢、人力和物力，那麼他就是位稱職管理者的觀念，現在卻面臨了挑戰。一位有價值理念的管理者，乃在於他如何去減縮預算和精簡組織。換言之，公部門管理者應回應政經情勢不穩定

❸ 中華民國106年度中央政府總預算總說明亦提及，行政院於105年4月核定106至109年度各主管機關中程歲出概算額度時，責成各個機關加強開源節流措施，切實落實零基預算精神，通盤檢討現有施政計畫之優先順序及實施效益，顯見我國目前係以漸進預算為主，兼採零基預算精神，作為各項新施政計畫經費來源。

情況下，收入增加及短缺的幅度，並著手「調配需求」(rationing demand)，重新劃分組織的分工或終止若干政策方案，作對「選擇性的退出」(selective withdrawal)，在組織結構、政策和人事間進行精簡節約 (retrenchment)。根據李百恩 (Charles H. Levine) 等學者的觀點，精簡管理可由下列方式為之：

1. 那些活動是法律所要求的？

2. 那些活動可以被終止？

3. 能否開闢其他的歲入來源（例如採用使用者付費的方式）？

4. 那些活動可以委請其他民間專業服務者來提供？

5. 那些活動可以更為效率地處理（生產力）？

6. 那些活動可以使用低成本或毋需成本的勞力（如志工服務）？

7. 那些活動可以利用資本投資取代勞力投資？

8. 那些地方可以採用資訊蒐集方法？

9. 那些需求可以減低以及那種服務可以調整？

10. 何種政策可以強化經濟基礎（促進私部門投資）？

11. 何種作法才能確立並加強精簡管理程序的領導功能？

從上所列，精簡管理並不限於預算體系，而會及於政治、經濟和行政的實際管理策略，俾在脆弱的組織中建構效率的運作基石。

此外，1993 年國家績效評鑑 (National Performance Review, NPR) 更為預算制度納入目標導向和成果取向而成為新績效預算制度 (New Performance Budgeting)。也就是說，新績效預算制度認為政府機關的存在並非為了產出 (outputs)，而是為了成果 (outcomes)。例如公共衛生機關的存在，不是為了衝高疫苗接種數量，而是為了降低嬰兒死亡率；人力發展機關的存在，不是為了讓員工接受訓練計畫，而是讓他們有能力升任更好的位子；環保機關的存在，不是為了大量的工廠污染排放稽查率，而是為了改善環境條件。所以新績效預算制度希望落實以真正的績效來影響預算決策。(陳志瑋譯，2015: 545–546) 它並認為未來預算過程應植基於三個原則：

1. 強化成果的課責精神，政治領導者除應界定政治目標的優先順序外，還應針對管理者擬訂實現的目標，及就如何衡量的標準間達成合意；

2. 決策一旦做成，便應給予管理者必要的資源，使其不在嚴格的限制下，達成預期的成果；

3.合理化及改善預算的發展過程，讓管理者有更多時間去管理政策；並在政策的優先順位和資金水平下，擁有更多的即時資訊，有效使用資源；以及在預算資源、任務、目標和成果之間達成較佳的連結。

為落實此種任務導向和成果取向的新績效預算制度，個中有三個作法值得敘述：第一，袪除會計年度預算的浮報 (the fiscal year splurge)，過去預算制度強調當會計年度終了，所編的預算就應執行完畢，否則就會以當年度決算金額，減列為下年度預算數，導致機關拼命消化預算，形同浪費。因此，國家績效評鑑報告建議，應讓每個機關能在年度運用經費中，將超過百分之五十的預算剩餘移至下一年度使用；第二，給予管理者更大的自主決定空間，以使他們能在現成的預算額度下，對資金分配重新做出安排，以避免管理者被迫在某類活動上「大肆鋪張」，而在另一活動上卻「捉襟見肘」的尷尬局面；第三，實施「指標基準預算」(the target-based budgeting)。它的具體內容是：每個部門都將獲得一定範圍內的預算指標，以此為基準，部門的預算如果超標，會被刪減至基準水平；如果低於指標，那麼該部門可以保留預算指標與實支數之間的差額。其目的在於鼓勵各部門儘可能地提高效率，像企業家一樣將資金用於產生最大績效的地方。(Cooper, *et al.*, 1998: 329–330；王巧玲、李文釗譯，2006: 332)

甚至在歐斯朋 (David Osborne) 與蓋伯勒 (Ted Gaebler) 看來，過去的預算制度固然可以「防範壞人」、「控制政府的所作所為」，讓行政部門所用的每一分錢都不超過議會規定的限額；不過它在實施後，往往績效不彰，甚至無形中等同鼓勵浪費。相形之下，任務導向和成果取向的新績效預算制度則擁有如下優點：(劉毓玲譯，1993: 151–153)

1.鼓勵職員撙節經費；

2.釋放資源供嘗試新構想；

3.賦予主管因應改變的權責，形成有應變能力的政府；

4.精簡預算編列的過程，以長遠的眼光來考量，不在於成千上萬的項目中，逐項審議，予以增減；

5.省下許多審查人員和預算決策官員的人事經費；

6.可使立法者專注在重要議題上，從小格局的決策中釋放出來，從而專注於大格局的問題。

貳、政府預算的政治途徑

政府預算的政治途徑主要在彰顯三項的特點：代表性 (representation)、共識與聯盟的建立 (consensus and coalition building) 以及預算分配的權力位置 (the locus of power)；並成為預算的漸進主義 (incrementalism) 的重要支柱。(Rosenbloom, 1998: 311–312)

所謂漸進主義是指預算編列時，往往以上一年度機關或計畫的經費核撥規模做為基礎，參照經濟成長率或通貨膨脹率，採取漸增式地微幅成長，只在極為例外或爭議的情況下才會遭到縮減。由於預算的「基礎」是較少受到更動，因此真正的討論重心，便是各機關或計畫的「增量」部分。(Dunleavy & O'Leary, 1987: 56–57；Lewis, 1989: 157–158) 這種遞增的預算編列方式，規避了全面性的廣博分析、單位目標的明確陳述以及計畫方案的具體評估，因此它頗能迎合融洽政治氣候的塑造。但是，近年來美國輿論要求減低赤字和負債的聲浪日熾，面對預算緊縮的時代，漸進主義雖不致攖其鋒，但方向上只稍做修改，採取遞減主義 (decrementalism) 策略，即小幅度地刪減或統刪機關或計畫年度預算的若干比例，期達到歲入與歲收更趨平衡，或預算赤字降低到政治上可容忍的程度。

至於預算的漸進主義何以能夠促成多元利益的代表性、共識與聯盟的建立，以及預算分配的權力位置，茲扼要說明如下：

第一，就代表功能而言，任何像美國這樣的民主國家，必然存在著多元的社會與經濟利益團體，而且它們的需求也常相互牴觸，為了回應不同團體的利益，展現預算分配的民主涵融，往往不在以明確的目標和嚴格的分析來從事預算支配，而是儘可能地讓每一政策方案的利害關係人，經由協商交涉以達成利益調和。這種政治性極高與妥協性極強的預算分配，展現出「對極端的嫌惡」(extremeness aversion)，避免「零和賽局」，而是「利益均霑」。甚至，每一筆政策經費也不會在一夕之間改變，而是逐步的調整變動，讓各方的利害衝突降至最低。(Grizzle, 1989: 194; Dunleavy & O'Leary, 1987: 56–57)

這種反映不同團體觀點與利益的預算累增或遞減，可用美國聯邦政府對菸草生產者提供補貼又勸阻民眾不要抽煙為例。在美國，農業部代表了菸草種植者的利益，健康和服務部則代表了大眾健康的利益。兩者都可在預算過程中獲得補助。常年如此，

並無多大改變，直到公共衛生局宣示「抽菸有礙身體健康」之後，才逐漸鬆動對菸草生產者的補貼。由此可見，在政治的途徑下，任何對政府結構中有影響力代表性的團體，似乎很難發現預算會在瞬間流失，只是在長期的修正若乏有力的政治支持，預算資源將呈逐年的萎縮。

第二，政治觀點強調「給與取」(give and take) 的可能性妥協，贏家通吃非其想要的結果，避免社會衝突的激化才是主要目的。預算的漸進分配崇尚雨露均霑，有助於共識和聯盟的建立。相較之下，規劃設計預算制度、零基預算制度係基於理性經濟與績效考核來決定預算的分配，倘若沒有達成預期的績效，原有的經費支出有招致刪減或刪除之虞，導致它們會形成衝突、瓦解政治共識。

回顧美國政治史，羅斯福總統推動「新政聯盟」(New Deal Coalition)，不僅使得羅斯福獲得南方民眾、工會團體、都會階層和少數團體的廣泛支持，並成為民主黨在 1960 年代持續發展的基本主幹 (Rosenbloom, 1998: 313)。這都是拜漸進主義、利益均霑與政治妥協所產生之效果。再者，國會議員雖不及總統或政黨需要發展全面性廣泛的政治聯盟，但他們得照顧特定選區的民眾利益，並與其他議員推動「肉桶分肥」(pork barrel allocations) 的策略聯盟，漸進式的預算分配適足以讓其爭取足額經費，以反映轄區選民的利益 (*cf.* Dunleavy & O'Leary, 1987: 106)。

第三，國會成為決定預算分配的權力位置。大多數的預算管理途徑，乃在強化行政部門在預算中的分配角色，例如規劃設計預算制度使得預算的決策權力掌控在「預算官僚」(budget bureau) 手上，而非國會議員，有利於行政部門的集權，惟違反了政治的分權，也規避了國會的監督。相較之下，漸進主義的優點之一，即在於把預算的分配權，從行政部門重新回歸於國會。國會議員有預算的分配權力，才能回應選民需求，照顧選區利益，提高議員聲望，有望獲取連任，況且對於手握荷包權 (power of purse) 的國會，也才可以藉此維持其制衡行政部門的一貫角色。

預算的政治途徑雖有上述的優點，但亦有若干限制：

第一，預算雖為政治文件，同時也是經濟和管理的文件，不可重此輕彼而有所偏廢。然而，漸進主義的實施既難以避免浪費，也無力提昇行政效率，主要原因有二：一是漸進主義的本質講究多花少減 (spend more and avoid cuts)；二是國會不願意增加稅賦，使得預算難以維持平衡，赤字不斷增加。影響所及，將可能引起通貨膨脹，而需以提高利率水準控制貨幣供給量，可是它會促進本國貨幣升值，阻礙經濟成長和國

際貿易的發展。另一方面，即便政府欲藉增稅以平衡漸進主義下的預算支出，但因民間資金流向政府，依然會抑制民間投資對經濟體質造成負面影響。

第二，由於漸進主義避免針對政府目標和政策優先順序作出明確的界定，將使得行政的運作發生困難。在缺乏明確的目標，甚至目標間相互矛盾的情況下，機關組織如何進行管理？效率與經濟如何獲致？凡此皆困擾著行政主管的課題。

鑒於漸進主義衍生的問題，晚近美國的預算改革採取了根本性的作法，也就是致力推動平衡預算修憲 (balanced budget amendment)，要求除非國家遭遇重大而緊急的事件，並且獲得國會絕對多數的同意，否則聯邦政府必須維持年度的預算平衡。「全國納稅人聯盟」(National Taxpayers Union) 自 1975 年起即於全美各地推動修憲案，但因修憲門檻高，已多次功敗垂成。然而，平衡預算修憲案的可行性亦受到相當的質疑，原因在於政府可以利用各種會計操作手段、隱藏性預算，甚至發布不實的收支估計而加以規避。其他如前文提及的葛蘭姆法和預算強制法等措施，亦都是為削減赤字開支、改善國家財政的產物，惟其施行成效仍屬有限。(Levine, *et al.*, 1990: 157–158, 161–164)

此外，另一種牽制漸進主義的作法，則是致力推動落日條款 (sunset provisions)。所謂落日條款，係指政府的計畫除非重新獲得授權，否則應於一定年限後（通常為五年）自動停止。基此，一旦計畫期限終止時，支持該項計畫延續的行政人員或政治人物，必須提出需要延續的理由，重新採取立法行動。落日條款基本上吸收了零基預算制度的精神，冀圖發揮遏止無效的政策或方案無限期拖延之功能。

參、政府預算的法律途徑

法院雖然在預算編製過程中並不具正式的角色，但在實際運作上，則對於方案執行扮演著影響角色。若依預算的法律途徑來看，從維護憲法完整性、保障個人權利、確保平等的法律保護，乃至促進程序公平正義等戮力提昇憲政價值的作為，往往帶來相當可觀的成本。晚近美國各級法院對於監獄的革新、精神醫療機構的改造以及為推動學校反種族隔離等，所涉及公共教育體制興革的判決，都會影響到政府的預算支出。例如根據研究顯示，由於法院判決影響州政府對於矯正機構（監獄、感化院等）的相關支出，使得年度預算中的資本支出 (capital expenditure) 亦隨之而增加。(Straussman, 1992: 175)

　　一般而言，法院對預算分配的主要影響，有兩個面向值得一提：首先，法院通常不會直接干涉立法機關或行政機關對諸如獄政或精神醫療等業務活動核發經費，而是秉持下列的審判邏輯影響了它們：「你毋須事涉監獄、精神醫療或公立學校機構之運作，但若你選擇插手其中，那麼在過程中你便不可違反受刑人、病人、學生的憲法保障權利。」但是，要立法或行政機關完全漠視上述憲法標準，而停止相關職能的推動或經費的補助，將是種不切實際的空想，又如州政府雖可以取消或裁減某些公共醫療或教育計畫，卻不可能完全停止罪犯監禁，或根本無視於其在矯正教育中所扮演的公共角色，所以只要政府、國會或行政部門涉及相關的活動，必然會引來法院的介入；第二，法院雖認知到判決會對政府造成額外的增加成本負擔，但其認為資源的限制，並不足以做為政府無法保障民眾憲法權利的正當藉口。正如同一位法官所言：「不充分的資源絕不能成為充分的理由，而為州政府剝奪人民憲法權利做辯解」。(Rosenbloom, 1998: 316)

　　理論上，法律途徑並未從預算過程的角度考慮預算分配的優化議題，然而，就具體實務而言，司法的判決卻又深深地影響著政府預算的分配。舉例言之，為了保障民眾的憲法權利，曾有一項法院判決要求：州政府的精神醫療設施至少需符合每 15 位病人一套衛浴設備，每 8 人一間廁所，每間單人房不得少於 100 平方呎，以及室內溫度應在華氏 68 度至 83 度之間的標準。再例，一位密蘇里州的聯邦法官命令坎薩斯市花費 12 億元來建設學校，因為他相信這將會吸引白人家庭搬進少數民族居多的地區，該法官判決命令當地政府增稅來作為該項計畫之財源。(李秉正譯，2005: 123)

　　雖然法官並不直接觸及政府經費窘困的問題，然就機會成本與預算排擠效果而言，法院判決可能造成預算板塊的擠壓移動，因為立法部門往往囿於司法判決而犧牲那些未受司法關注的弱勢團體之權益。例如監獄或精神醫療機構的改革經費，可能來自於削減老人住宅計畫，或者減少學童營養計畫的預算開銷。基本上，法官是本於契約主義而非功利主義的基礎來看待憲法權利的保障，是以，法院應就憲法權利與經濟需求兩者間的平衡難題加以全面深思。

結　語

　　世界各國大多面臨預算赤字的困擾，使得政府預算之研究頓時成為備受重視的課題。為瞭解其底蘊，本章選擇美國的預算制度作為探討的焦點，希望從背景因素、運

作特質、過程和興革等面向加以瞭解，並對其所處的困境深入探究，俾為我國建立合理彈性的預算制度之參考。由前文的敘述中，約莫可歸納幾項要點，以供吾人思考省察：

第一、如前所言，由於美國聯邦政府預算赤字不斷的增加，使得總統與國會部門無不竭盡心力來達成縮減政府預算，此可由美國自 1970 年代以來，國會連續推動《國會預算暨截留控制法》、《葛蘭姆法》、《二代葛蘭姆法》、《預算強制法》以及《單項否決法》，授予總統強力執行預算扣減、撤銷與滯延、科目流用等彈性措施，足見其對抗預算赤字的決心。由此觀之，當今政府的預算作為，與其說是重視規劃設計預算制度與零基預算制度的規劃功能，不如說是強調縮減預算的管理與控制功能。

第二、美國近數十年來的預算改革，均集中於強化總統及預算官僚對預算的控制權，如績效預算、規劃設計預算與零基預算制度與由上而下預算的施行；但有趣的是，規劃設計預算制度隨詹森總統的去職而被取消，零基預算制度亦因卡特總統的離職而銷聲匿跡，這些都在在顯示欲以「計畫指導預算，以預算配合計畫」的構想，均有未如人意的困難，如同計畫永遠趕不上變化。尤其是強調三權分立的美國聯邦政府中，國會議員為重拾預算決策權力，在「肉桶分肥」的政治策略聯盟下，預算的遞增或遞減主義反而蔚為主流，此對誓言致力縮減赤字的國會與總統而言，實是尷尬與困窘至極！或謂國情不同，我國的預算編製與執行，仍可由行政部門主導，並在行政權的強力介入下，推動計畫預算的落實。惟面對近幾年的政局演變，行政、立法兩院的協商與交易勢所難免，以及在日益增加的選民壓力下，國會已不再是行政院的「立法局」，故其間的協商與交易勢所難免，因而計畫預算欲圖貫徹落實恐將困難重重。

第三、依美國預算運作狀況看來，預算的管理面向強調行政集權，以追求計畫目標的效能與效率為理想；預算的政治面向則重視預算的遞增（減）主義，回歸行政向政治負責的回應與課責精神；而預算的法律面向崇尚契約原則，冀望落實憲法保障的個人權利與社會正義。三者基本旨趣各有不同，雖難以找出彼此聚合的共通性，然而卻在現實預算動態過程中彼此雜揉拉鋸。因此，預算改革的進程亦隨時須盱衡時空變化與情勢發展，為預算制度作比重不一的加權，而不能陷入僵滯的單線思考之中。

第四、從美國近年來要求減低預算赤字與推動政府再造的呼籲看來，預算作為一種管理方式，似乎較不強調因應景氣循環的策略，而相對偏重於供給面經濟學，這使得重塑官僚制度與推動民營化之改革構想，頗受社會的期待。但另一方面，美國法院

則更強調預算分配的社會正義，主張給予諸如監獄犯人、傷殘病患與失業人士更為基本的福利照顧，以符憲法精神。兩相對照，實無法不令人感佩其設計制度之可貴與可愛之處，看似趨同卻又存異，這種特性是我國在推動預算民主化之際值得留心之處。

　　第五、一般而言，美國總統是推動預算運作、掌控全局的「舵手」，而國會則扮演著監督預算的「制衡者」角色，惟他們均倚賴於強而有力的幕僚群相助 ❹，譬如管理預算局之於總統，國會預算局之於國會，不論預算的規劃籌編、整合、協調與監督，皆出自渠等的傑作。而揆諸我國的情況，立法院雖已成立預算中心，掌理中央政府預算之研究、分析、評估、諮詢，並提供立法委員質詢時參考資料，但績效仍有待檢驗。是以，強化預算幕僚機構並發揮專業功能，洵為我國建立預算制度之借鑑與參考途徑。

　　第六、近年來，美國的稅制結構發生極大的改變，尤其是薪資稅稅收已接近聯邦政府收入的四成，成為政府預算的第二大稅源。此一事實說明，福利國家的推動需要龐大的資金，然天下沒有白吃的午餐，社會福利支出經費勢需從雇主與員工徵稅而來。就此觀之，未來我國的稅制除了稅基的公平性仍待改善外，社會福利相關稅目的設計課徵亦至為重要，以為因應未來邁向福利國家。

　　以上所列，僅是舉其犖犖大者，無論自宏觀與微觀的視角觀之，政府預算仍有許多值得吾人深入探討的課題。然誠如本章引言所指，預算行政極為錯綜複雜，既難以淺言片語而輕窺其堂奧，更無力開立放諸四海皆準之特效處方，而即時瘉解盤附其中的所有雜症病痾，希望抱持「見賢思齊」之心，見人之長、思己之短，進而綢繆政府財政更具效率、效能、回應、負責與公正的改革之道。

❹　美國預算過程的若干重要幕僚，請參閱下表：

經濟顧問委員會	它是依 1946 年的《就業法》而成立的，為總統行政辦公室單位，包括 3 位由總統提名經參院諮詢與同意任命的成員，其中一員由總統指定為首席。該委員會向總統提供預算及其他經濟問題的建議。1988 年會計年度預算為 2,400 萬美元，並約有 30 位的全職員工。
管理預算局	它是依據 1970 年重組計畫二號所成立的，為總統行政辦公室的單位。其職責為評估機關預算的需求、概算和預算的庶務。1988 年會計年度預算約有 3,880 萬美元，約有 580 位全職的員工。
國會預算局	它是依據 1974 年國會預算暨截留控制法而成立的，為國會的幕僚單位。它不但提供國會有關基本預算資料，而且提供不同的財政、預算與計畫政策問題之分析。此外，它亦作經濟預測。1988 年會計年度預算為 1,800 萬美元，約有 238 位全職員工。

資料來源：Levine, *et al.*, 1990: 143.

第九章　府際關係

何謂府際關係 (intergovernmental relations)？通常是指不同的政府層級間在發展和執行公共政策時，所形成的複雜而互賴的關係。根據夏福利茲 (Jay M. Shafritz)、羅素 (E. W. Russell) 和薄立克 (Christopher P. Borick) 的看法，府際關係是指透過不同層級政府間的互動，以服務和管理共同地理區域的一套政策和機制，它銜接和整合了各層級政府的基本憲政規範，及相對權力、財政勢力、種族分布與地理環境等動態因素。(Shafritz, Russell, & Borick, 2007: 138) 夏福利茲、羅素和薄立克進而引用 1763 年英國貴族院資深議員匹特 (William Pitt) 的一段話，來闡述此一關係的憲政架構：「一位身居鄉舍的窮人不可能會屈從於國王的所有力量。儘管房舍是如此簡陋，屋頂搖搖欲墜，風兒會吹進，暴風雨會打進，雨水會滲進，但是英格蘭國王還是進不了屋內！國王的所有力量是不能對廢墟般的房舍越雷池一步。」今天的美國，除非這位「窮人」犯了俗稱的「聯邦罪」，而聯邦官員握有搜查或逮捕令，否則「國王」（聯邦政府）是無法進入屋內的；而且只有地方官員取得地方犯罪嫌疑犯的逮捕令，才可以為之。爰此，1763 年甘迺迪總統的暗殺事件之調查，應由德州達拉斯 (Texas' Dallas) 地方警察局為之。就法律觀點而言，甘迺迪總統只不過是地方謀殺案的受害者；相對的，當時（現在也是）搶奪銀行是屬聯邦罪，應由聯邦官員來處理。(Shafritz, Russell, & Borick, 2007: 138)

從上述的說明，可見每一位行政人員確有必要對府際關係有所瞭解。為深入探討起見，本文擬先就府際關係中的主要類型，如單一制 (unitary government)、邦聯制 (confederation) 和聯邦制 (federal system) 進行分析；其次，就美國府際關係的發展階段分別指陳，並對學者們建構的府際關係發展階段予以比對；復次，針對美國財政聯邦主義 (fiscal federalism)，分為補助金制度和府際間財政職能的分工加以析論；第四，就美國聯邦政府與州政府、各州政府間，以及地方政府間所涉及的一般管理關係加以扼要的敘述；最後，就府際關係的晚近轉變，權力的轉移加以評析。

第一節　府際關係的類型

就府際關係運作而言，由於中央政府與地方政府的權力劃分，以及各級政府間的互動型態，大致可分三種類型，即單一制、邦聯制和聯邦制，茲就三種類型的運作特

性扼要陳述於下：

壹、單一制

單一制政府主要特徵在於，中央政府擁有最高的統治權，地方政府不具有與之抗衡的權限，其推動的各項政務均必須得到中央政府的授權或許可。換言之，單一制政府又稱之為中央集權制，中央政府為審酌國家情勢的需要或因應政府施政的要求，可將全國劃分成若干次級行政區域，並賦予相當職權及自治權，但此等權力的劃分、賦予、收回等完全操控在中央，地方只能被動接受。

法國為當前單一制形態中最典型的中央集權國家。法國區域性政治單位為省，地方性政治單位為縣（市），中央政府擁有最高主權，地方政府的權力全由中央所賦予；法國在中央政府部門裡設置內政部，負責掌管所有地方政府。此外，各區域行政首長（省長）統一由中央政府任命，而省長又是地方行政首長（縣市長）的上司，他有權批准縣（市）長所提之預算案，或撤換縣（市）長。可見法國政府的權力運作，是種由中央向下擴展至地方，完全符合單一制的權力運作模式。

一般而言，單一制政府有如下優點：(Shafritz & Russell, 1997: 152)

1.國家政策明確：政策是由中央政府單獨作成，毋須與次級政府協商或衝突；

2.責任清楚，不致發生混亂；那一層級政府應為那一種問題或功能負責，對於選民而言是相當明確的；

3.避免立法議事、行政功能設置與政策計畫的重疊，以節省大量直接成本；

4.不致引發各級政府對公帑的籌措和支出的公平問題。

貳、邦聯制

邦聯制是指一種特定的國家間聯盟，它是由許多自主的分子國所組成，這些國家為促進或實現某一特定目的，如對付共同的敵人或維持彼此的繁榮，所成立的一種聯合組織體。但聯盟中的各個成員國皆保持其獨立性，因為邦聯的決策制定都需獲得各成員國的全體一致同意，以確保各成員國的獨立性。二次大戰的大英國協及蘇聯瓦解前的獨立國協，皆屬邦聯制的形態。

也就是說，邦聯是依國際條約而非國內憲法而結合的。邦聯各分子國彼此不能相互直接命令或指揮；若邦聯條約有所修訂，也須經全體分子國的同意。分子國成員可

以自由進出邦聯，邦聯當局如有違法行為，分子國可以宣告該一行為無效。

參、聯邦制

聯邦主義 (federal system) 源自拉丁文 "foedus"，意指「協定」或「盟約」，代表著互惠 (reciprocity) 與互助 (mutuality)。聯邦主義作為一種政治型態，強調的是須有兩個相互區別的政府層級之存在，它們之間在法律上和政治上都不完全隸屬對方，而是分享主權 (share sovereignty)。賴克 (William H. Riker) 對聯邦主義下了一個簡要的定義：「聯邦主義指涉一種政治組織，在此組織下的政府活動，被劃分成中央與地方政府，這兩種類型的政府，對其領域內的活動，都擁有最後的決定權。」(Riker, 1975: 101)

其實，聯邦制國家依制度的設計可分為三類：一是實施行政、立法兩權分立的聯邦制國家，美國的總統制即為典型。在制度設計上傾向於確保政府權力在地域與功能上的分權，亦即兩個不同層級的政府之間存在的契約關係是多元的；二是實施行政、立法兩權融合為一之議會內閣制的聯邦制國家，加拿大和澳洲即為著例。維持聯邦制的平衡主要是取決於各級政府之行政部門間的關係，此即所謂的「執行式聯邦主義」(executive federalism)；三是行政式的聯邦主義 (administrative federalism)，如奧地利和德國，中央政府是主要的決策者，地方政府則被委以執行政策細節的責任。(蘇子喬譯，2009: 258)

儘管如此，絕大多數聯邦制國家都具備以下的共同特徵：(蘇子喬譯，2009: 258)

1.中央政府（聯邦層級）和地方政府（州層級）各自擁有不容對方侵犯的廣泛權力。這些權力包括一定的行政、立法與徵稅的權力，以及某種程度上的財政自主權。

2.每個政府層級的權責與權力，都在一部單一的成文憲法中明文界定。透過此方式，中央與地方之間的關係，得以在一套正式的法制架構中運作。任何一個政府層級都不能片面地去改變此一正式的法制架構。

3.憲法條文的疑義由最高法院或特定的司法機關予以解釋。當聯邦（中央）層級與州（地方）層級的政府間發生糾紛時，司法機關具有仲裁的權力。

4.具有連結性的制度設計，以促進中央（聯邦）政府與地方（州）政府之間的彼此合作與相互瞭解，並使地方在中央層級的政策制定過程中擁有發言權。此種連結性的制度設計通常是透過國會兩院制的第二院（亦即國會上院）來達成。

至於採行聯邦制的背景理由，大致有如下：

　　1.歷史因素：大部分採行聯邦制國家是由一些既存的政治社群結合而成，而且各個社群又希望能保有某種程度的自主權，美國便是一最明顯的例子。當時美洲大陸的十三個前殖民地，脫離英國統治獨立為十三州後，曾有組織邦聯之舉，惟邦聯組成以後，卻不易結合成團結一致的國家，乃於 1789 年由各邦領袖於費城召開制憲會議 (Philadelphia Constitution Convention)，制定聯邦憲法，組織聯邦。

　　2.地理因素：世界上幅員廣大的國家大多採行聯邦主義。主要原因是伴隨著廣大的領土，在文化上亦會呈現多元的風貌，為維持各區域的傳統，有必要將廣泛的權力下放給地方，於是採行聯邦制。

　　3.國防因素：有些國家面臨外在威脅或在戰略上處於弱勢狀態，會產生加入廣泛的政治聯盟動機，例如十九世紀，日耳曼各邦之所以有意願加入聯邦組織，主要是為防範奧國及法國的強大軍事威脅。

　　4.文化因素：文化與族群的異質性，也會促使某些國家採用聯邦主義。例如印度人口分布異常複雜，主要的語言就多達十五種，這樣一個廣大而複雜的國家，脫離英國統治獨立後，唯有組織聯邦，才能維持社會差異與文化多元的特性。

　　綜合上述，有關單一制、聯邦制和邦聯制的簡要敘述，可參見表 9–1：

表 9–1　府際關係的類型

制度類型	簡單定義	代表國家
單一制	所有重要權力集中於中央政府	丹麥、法國、日本、紐西蘭、英國
聯邦制	中央政府及地方政府分享權力	澳洲、加拿大、巴西、美國、瑞士、墨西哥、印度
邦聯制	權力源自擁有「主權」的分子國；但邦聯政府仍擁有若干界定性的權力	歐洲聯盟 (European Union)、前蘇聯的獨立國協

資料來源：Shafritz & Russell, 1997: 151.

第二節　美國府際關係的發展階段

　　美國自 1789 年立憲以來，在憲法架構下，奠定和施行了聯邦制。然而，歷經兩百多年的漫長發展，府際關係也在時間迴廊上呈現不同的變遷階段，茲就學者們對聯邦

主義發展階段之描述，概略說明如下：(Shafritz, Russell, & Borick, 2007: 147–151；Starling, 2008: 110–116；陳志瑋譯，2015: 124–131；歐信宏等著，2004: 67–72)

一、雙軌式聯邦主義 (Dual Federalism): 1789-1933 年

雙軌式聯邦主義的特色，在於聯邦政府與州政府共同劃分了大部分的政府權限。聯邦政府的權限集中在被賦與的特定權力上，包括國防、外交、州際商業活動及貨幣等，州政府則決定了國家內部事務的主要政策議題，例如教育、福利、刑事司法等。兩者間在功能與職責的劃分上相當的明確，聯邦政府不能剝奪州政府的權限，而州政府也不能逾越聯邦政府的權限，彼此關係是衝突的且互動程度極低。換言之，此一階段的府際關係主要是釐清聯邦、州和地方政府的管轄權限及行動界限。

對此，英國歷史學家布來斯 (James Bryce) 在 1880 年訪問美國後，於 1891 年撰寫的《美國共和國》(*The American Commonwealth*) 一書即作了如下扼要的描述：「美國共和國的顯著特徵和特殊旨趣，乃於它向我們表示兩個政府涵蓋相等的領土，卻有各異和不同的行動。它好像大工廠裡有兩套機器在運轉，雖有迴旋輪交相連結和鏈帶彼此跨越，但是每部機器在不影響或阻礙另一方下獨立運作。」

二、合作式聯邦主義 (Cooperative Federalism): 1933-1960 年

合作式聯邦主義的特色是聯邦、州和地方政府彼此合作，共同解決國家面臨的重大問題，即為了因應 1930 年代的經濟大恐慌及第二次世界大戰期間的緊急需要。1937 年羅斯福總統發表就職演說時，提到：「政府就是我們實現共同目標的工具，藉以在這紛亂複雜的文明社會，為個人解決層出不窮的問題。如果沒有政府之助，我們將茫然而徒勞無功，無從解決問題。」(廖月娟譯，2013: 73) 其後在「新政」(New Deal) 的推動下，說服了各州州長接受大量的聯邦公共工程計畫，增加就業機會，企圖重建景氣低迷的經濟。著名的經濟學者凱因斯更於此時提出透過聯邦支出以創造需求的理論，並經由財政政策的介入，刺激經濟景氣，而被稱為「凱因斯革命」。此外，聯邦政府亦積極透過補助制度 (grants-in-aid) 與州政府在公共救助、就業服務、兒童福利、都市更新、高速公路興建與職業教育及訓練等方面進行合作。理論上，此一階段的府際關係乃在主張政府應該透過財政支出，創造繁榮，藉以增加稅收，進而償還借貸。

三、創造式聯邦主義 (Creative Federalism)：1960-1968 年

創造式聯邦主義主要是指詹森總統主政時期推動的「大社會」(Great Society) 計畫，聯邦、州和地方政府共同規劃和制定各種府際計畫方案，目的雖然擺在市政焦點上，但更注意於提升美國窮人的生活水準及教育水平，例如著名的啟智計畫 (Head Start) 以及抗貧計畫 (War on Poverty) 便是。計畫的補助方式是採開放競爭，由各個州政府或地方政府自行提出符合當地需求和規劃詳實的計畫草案向聯邦政府申請補助；更有甚者，聯邦政府經常透過專案輔助直接向市鎮實施其所欲推動之政策方案，而跳過州政府。換言之，此階段的府際關係乃在強調聯邦政府對各州及地方政府給予具競爭性的專案計畫補助。

四、新聯邦主義 (New Federalism)：1968-1980 年

新聯邦主義的特色在於尼克森政府企圖將自主權還給州政府，但仍維持中央政府具有補助地方的重大權力。自 1972 年以後，新聯邦主義不但依照公式建構總體性的補助款項及層次，並賦予州和地方政府在各自轄區內享有運用補助款的實質裁量權。此種構想，雖是取代新政時期所推動的集權政府，然而它仍意識到中央政府有效存在的必要。因之，尼克森政府一方面透過一般收入分享 (general revenue sharing) 的方式來達成聯邦政府的分權管理；另一方面則將聯邦的區域管理 (federal regional management) 劃分為十個互相接壤的區域，俾讓每個區域均有其共同的區域中心。惟雷根上任後雖採取新新聯邦主義，但他執意將過去聯邦區域的分權管理轉變為聯邦與州政府的直接關係，並將權力與責任歸還給各州，而大大降低聯邦政府在內政上的角色。此種作法被學者們視為帶有前述十九世紀美國盛行雙軌式聯邦主義之懷舊色彩。

五、新新聯邦主義 (The New New Federalism)：1980-1993 年

根據夏福利茲、羅素和薄立克的敘述，所謂收入分享，乃是 1960 年代早期由甘迺迪總統經濟顧問委員會主席赫勒 (Walter Heller) 所提出的。其設計之目的一方面是在遏止不斷上升的州政府和地方政府財政負擔，另方面則又植基於若干經濟學者對聯邦財政剩餘之累積所作的考量。

這種 1960 年代早期對過多的財政剩餘之關心，在財政赤字或「財政懸崖」的今

日，確實有點詭異；不過，在當時卻認為財政剩餘不僅會對經濟產生財政延滯，而且會抑制貨幣在經濟上所發揮的效用，乃有主張收入分享的理念。其次，實施收入分享的目的是在減低各州間財政收入的不均衡，尤其是各州之個人所得呈顯著差異的情況；最後，實施收入分享的原因之一，在於聯邦政府因享有最有效與累進的稅源（聯邦所得稅）之壟斷權，而在要求收入分享上被合理化。基於上述理由，伴隨著 1972 年收入分享的實施，聯邦政府遂通過了《州與地方財政援助法》(*The State and Local Fiscal Assistance Act*)，惟實施至 1986 年時被雷根政府所取消。

到了雷根政府時期，一方面取消上述的一般收入分享，另一方面對於府際制度給予新的政策目標，被稱為「新新聯邦主義」，藉以說明它基本上是尼克森政府所推動的新聯邦主義的延伸。雷根總統在其就職演說聲明：「面臨當前的危機，政府不是問題的解決之道，政府本身就是問題，——聯邦政府的規模和影響力都必須削減。」（廖月娟譯，2013: 73）雷根總統和其顧問認為聯邦政府所推動的各項措施，尤其是社會政策，不但浪費，且沒有必要。因此，主張裁減聯邦的補助，並將許多的治理功能讓渡給州政府。但是州長及地方官員卻發現他們的工作推展變得較為困難，原因是經費無著落及相關的推動法規沒有資金補助，相繼使得地方政府不得不減少或結束某些設備與政策，或另闢財源以為因應。聯邦政府刪減對各州及地方政府的資金挹注，從數字上可看出其差異。1980 年聯邦政府提供各州及地方的補助款，占各州及地方政府年度支出的 40% 左右，到了 1985 年這個比例降至 30%，並且持續降低，1990 年降至 25%；另外，在 1980 年聯邦挹注各州的補助款占年度總支出的 15.5%，這個比例到了 1990 年減少到只有 10.8%。（陳志瑋譯，2015: 127）

六、權力轉移 (Devolution)：1993-2008 年

權力轉移一詞源自拉丁文 "devolutus"，意思是旋轉向下 (rolling down)，是指將權力或管轄權從中央政府轉移至州或地方政府，讓各州去解決有關衛生、社會福利、犯罪等的全國性問題，使州成為民主的最佳實驗地。

就某方面言，歐斯朋 (David Osborne) 和蓋伯勒 (Ted Gaebler) 在《政府再造運動》(*Reinventing Government*) 主張聯邦、州和地方政府應具企業家精神，其實是在反映雷根政府推動新新聯邦主義的財政需求。惟一項經常被引述的權力轉移例證，即柯林頓總統宣布「大政府的時代已經結束了」，（廖月娟譯，2013: 74）並於 1996 年公布實施

《個人責任暨工作機會調合法》(*Personal Responsibility and Work Opportunity Reconciliation Act*) 來替代基本的社會福利計畫。顧名思義，此法的訂定具有兩個立法宗旨：一是個人應對自己負更多責任，二是工作是公共救助的目標，而非提供社會福利。此外，本法的執行權責全部轉移至各州。(陳志瑋譯，2015: 128；Starling, 2008: 115–117)

小布希當政以後，亦不遺餘力地推動權力轉移，但與柯林頓總統有所不同。柯林頓對聯邦權力的轉移著重於特定的領域，但堅持聯邦政府機關負責制定全國性的標準，如保持空氣與水潔淨、消費者與勞工安全等國家標準。相對的，小布希總統上任幾個月後，即頒布新的行政命令，下授基本權力至各州，可稱為「以州為中心的聯邦主義」，讓聯邦政府官員更難否決各州的決策。(陳志瑋譯，2015: 129)

七、歐巴馬和各州、各市（2009-2016 年）

歐巴馬 (Barack Obama) 上臺以後，最大的改變或許不在於聯邦政府和各州之間的關係，而在賦予都市不同的意涵。希望都市政策不再被視為處理窮人問題之所在，而是促進美國經濟成長的主要動力引擎。歐巴馬在 2008 年 6 月告訴一群市長：「我們也需要停止將我們的市看作問題，而開始將它們視為解方，因為健全的市，構築了健全的社區，健全的社區乃是強大美國的基礎。」換言之，都會地區應該是美國主要經濟動力的來源，它是項資產而非問題。所以歐巴馬設置了一個白宮辦公室，負責擬定與推動都市政策。(陳志瑋譯，2015: 130–131)

除了上述對美國聯邦主義的發展所作的分類和敘述，另外庫伯 (Philiip J. Cooper) 等學者亦引用萊特 (Deil S. Wright) 的分析，將美國聯邦主義的發展分為八個階段，並將各個階段的主要問題、府際關係的機制與喻象、發展時期做了如表 9–2 的說明，深刻而細緻，頗值得參考：(Cooper, *et al*., 1998: 123–131)

表 9-2 美國聯邦主義的發展階段

階 段	主要問題	府際關係的機制	聯邦主義的喻象	時 期
衝突式	劃分管轄界限	法律規定 法 院 管 制	夾心蛋糕式聯邦主義	1800 年代 – 1930 年代
合作式	經濟蕭條 國際威脅	國家計畫 公式輔助 稅賦借貸	大理石花紋蛋糕式聯邦主義	1930 年代 – 1950 年代
集中式	服務需求 實體發展	類別輔助 服務標準	水龍頭（聚焦或導管）	1940 年代 – 1960 年代
創造式	都市－都會區 弱勢民眾	方案規劃 專案補助 參 與	花果盛開（擴延或融合）	1950 年代 – 1960 年代
競爭式	協 調 方案的效能 傳送體系 公民參與	補助性的資格權益 繞過州政府 貸 款 成本刪減 管 制	柵欄（分散化聯邦主義）	1970 年代 – 1980 年代
計算式	課 責 破 產 限 制 倚 賴 聯邦角色 大眾信賴	補助性的資格權益 繞過州政府 貸 款 成本刪減 管 制	外觀（對抗性聯邦主義）	1970 年代 – 1980 年代
收縮式	借貸與赤字 聯邦補助的刪減和變動 司法決定 管理委任命令	國會法令 法院決策 資訊來源 協商的爭議解決	自謀生計，事實的，及縮疊式聯邦主義	1980 年代 – 1990 年代
拘束－拼貼式	管 理	權力轉移 跨項制裁 授權指令	萬花筒	1990 年代 –？

資料來源：Cooper, *et al.*, 1998: 124; Shafritz, Russell, & Borick, 2007: 164. 及歐信宏等著，2004: 68。

一、就衝突式的聯邦主義 (conflict federalism) 言

此時期即為前述的雙軌式的聯邦主義。府際關係的安排是聯邦政府在最上層，州政府在中間，地方政府在最下層，彼此權力界限不僅明確且相互衝突，因此又被形容為「夾心蛋糕式的聯邦主義」(layer-cake federalism)。(Henry, 1999: 413) 其中地方政府支出占全體公共支出約 50% 左右，聯邦支出則僅占 36%，惟到了合作階段的晚期，聯邦政府的支出超過了 66%，地方政府支出則下降到 19%。這種財政結構的重大變遷，基本上是因應經濟大蕭條及第二次世界大戰帶來的變化所導致。

二、就合作式的聯邦主義 (cooperative federalism) 言

此時期約在 1930 年代至 1950 年代。由於州和地方政府無法解決所面對公共政策的難題，因而促成羅斯福總統「新政」的實施，透過聯邦政府扮演前導角色來減緩大恐慌的經濟蕭條所造成的影響，以及回應第二次世界大戰的國際威脅（希特勒在歐洲的崛起和日本在遠東所形成的緊張關係）。主要的政策創新方案包括：州際聯合失業補償計畫 (joint-state unemployment compensation programs)、社會安全計畫 (social security programs)、擴大全國電力計畫 (expanded national electrical power programs)（包括田納西流域管理局）和公共工程計畫 (public works projects) 等。

由於此一階段的聯邦主義強調各級政府間的互助合作與相互支持，府際關係亦從簡單的法規和行政命令移轉為全國性規劃模式 (national planning model)，而又被稱為「大理石花紋蛋糕式的聯邦主義」(marble-cake federalism)，亦即此一時期的聯邦政府、州政府和地方政府之職能是彼此融合的，難以區分。(Henry, 1999: 413)

三、就集中式的聯邦主義 (concentrated federalism) 言

此時期約為 1940 年代至 1960 年代。美國聯邦政府除積極推動上述的政策創新方案外，亦將服務的提供和財政的角色扮演擴延到社會公正 (social equity) 和生活品質的追求上。政策方案除考慮前述的經濟蕭條之影響和戰後的平時經濟，尚包括針對南方和西南方進行的大規模基礎建設。此外，聯邦政府對州和地方的補助，除重視類別補助，亦實施公式補助（聯邦政府補助分配是按某一地區的人口或其他標準來給與）（詳見下節說明），到 1950 年代為止，聯邦補助款約占州政府收入的 14% 以及地方收入的

30%；而且聯邦補助款的流向，是經過國會的批准從華盛頓特區流到州政府，再由州政府流到地方政府，因此，又被稱為「水龍頭式的聯邦主義」(water tap federalism)。(Henry, 1999: 413)

四、就創造式的聯邦主義 (creative federalism) 言

此時期約為 1950 年代至 1970 年代，係為詹森總統大舉對州政府、地方政府和其他團體所進行的聯邦金援活動。根據調查，聯邦政府的補助項目從五十項擴增為約四百項，金額從 1960 年代的七十億直線上升為 1970 年代的二百四十億美元。此時，新的聯邦政策主要集中在都市問題和弱勢貧者的議題上。重要政策涵蓋醫療救助、學校教育、就業與訓練計畫，以及都會地區的住宅和都市發展等。值得一提的是，1964 年《經濟機會法》(The Economic Opportunity Act of 1964) 通過後所推動的抗貧計畫及其他相關計畫具有四項特色：第一、它係針對州、地方政府、學校特區和不同非營利團體逕行補助，而非過去僅以州政府為主要對象；第二、它除了要求申請補助的單位應提送詳細的規劃和現代化的預算需求外，亦要求計畫推動能夠體現民眾參與的精神；第三、大部分的計畫補助多屬專案補助，申請者需要敘明特定的目的；第四、不同領域的實質計畫跨越各層級的政府，讓專業人士更有參與的管道。因此，在特定政策領域裡，市長、州長和總統間的關係遠不及地方官員、州官員和聯邦官員的連結。由於不同層級政府間呈現百花齊放的景象，使得此一階段又被稱為「花果盛開的聯邦主義」(federalism in flower)。(Henry, 1999: 414)

五、就競爭式的聯邦主義 (competitive federalism) 言

約為 1970 年代至 1980 年代，它主要是針對上述創造式聯邦主義的反動而來。乃因尼克森政府認為大社會方案往往設定太多的相應要件，反而不利於地方政府的方案執行，而且在特定的實質領域裡，應賦予次級政府享有主導政策執行的權力，是以其提議「新聯邦主義」，目的係在重建地方政府運用聯邦補助款的自主彈性。這種透過補助政策結構的改變以達成府際關係的重整，有二個重要的途徑：一係前述的一般收入分享，將資金從聯邦政府手中轉移給州政府和地方政府，藉以達成希冀的目標。雖然這些資金的分配有時是植基於繁複的公式，但一旦州政府和地方政治領袖取得這些款項後，便有足夠的彈性，運用在稅收減免、交通運輸、社區發展、法律執行上。另一

係尼克森政府將各類別補助統合為綜合補助 (block grant)（詳見下節說明），藉以推動二項政策，一是《綜合就業和訓練法》(The Comprehensive Employment and Training Act)：由中央提供資金給地方的發起者（通常是地方政府或政府團體）供作人力訓練之用，至於地方的主要發起者欲實施何種特定方案，則依其決定；另一是尼克森總統辭職後的兩週，由福特總統簽署的「社區發展綜合補助方案」(The Community Development Block Program)：它是把都市更新與「模範都市方案」(Model Cities Program) 等數個類別補助計畫加以整合而成。雖然尼克森和福特政府改變了聯邦補助的型態，但對州政府和地方政府補助的總金額仍在持續增加。(Denhardt, 1999: 79–80)

　　如前所述，此一階段的府際關係，一方面將專案計畫、類別補助和收入分享等聯邦補助制度加以整合，另一方面則由互為不同的補助計畫相互競爭，而又被稱為「柵欄式的聯邦主義」(picket fence federalism)。(Henry, 1999: 414)

六、就計算式的聯邦主義 (calculative federalism) 言

　　此一階段約在 1970 年代至 1980 年代之間，它係因應詹森總統推動「大社會」計畫及相關的經濟問題所帶來的挑戰。認為大社會計畫不僅帶給政府龐大的支出、繁重的財政負擔，並造成通貨膨脹、物價飛漲和加重家庭負擔，危及了政府財政健全，更造成個人和家庭不利影響。更由於政府施政的主要缺失，在於責任不明、財政倚賴，以及民眾對政府信任度的逐漸流失，於是在民眾殷切期望政府做得更多卻反對加稅的壓力下，促使政府的施政重點致力於追求平衡預算、減少管制立法和確立責任制度。尤其卡特政府對此努力更是不遺餘力。簡言之，此一階段的府際關係因為美國政府逐漸面對預算的緊縮，是以管理重點在於借貸、資格權益 (entitlement)、聯邦政府繞過州政府而直接與地方政府聯繫，以及全面減低管制等。州政府和地方政府則利用各種手段來競爭聯邦政府的補助。惟聯邦政府仍具主導力量，州和地方政府仍不具影響力，故學者們將此一時期的聯邦主義又稱為「外觀式的聯邦主義」(federalism as facade)。(Henry, 1999: 414)

七、就收縮式的聯邦主義 (contractive federalism) 言

　　它係反映雷根政府所推動「新新聯邦主義」的另種說法。在面對著通貨膨脹的壓力和嚴重的經濟停滯，雷根總統主張打擊通貨膨脹、縮減政府支出和租稅減免，並以

下列三種理論作為施政的策略重點：第一，倡導供給面經濟學，藉由降低稅收，尤其針對那些需要民眾花更多的金錢以獲取資源之稅收的減免，作為非基於通貨膨脹之經濟成長 (inflation-free growth) 的動力；第二，主張對龐大的政府機構和人事加以精簡；第三，認為長期以來聯邦政府的政策優先性方向錯誤，非但國防支出趕不上其競選政見「以優勢武力來實現和平」(peace through strength) 的理想，而且內政開銷過於龐大，尤其在支應如「資格權益方案」(entitlement program) 等社會福利更是數字可觀。因此，雷根總統極力強調唯有透過建構嚴格的預算壓力，才能破除社會支出的障礙。(Cooper, *et al.*, 1998: 129) 基此，雷根政府不但取消一般收入分享，更將類別補助綜合為區域補助，全力為削減預算赤字而努力。接續的布希總統與柯林頓政府亦莫不如此。簡言之，在面對經濟和預算困境下，不但促使各級政府在施政上力求創新與競爭，而且是所有政府都加入取得資源的競爭行列，不只是州政府和地方政府競相爭取聯邦政府的預算補助而已。所以此一階段的聯邦主義又被稱為「自謀生計的聯邦主義」(fend-for-yourself federalism)。(Henry, 1999: 414)

八、就拘束－拼貼式的聯邦主義 (coercive-collage federalism) 言

除了上述七種的府際運作模式外，晚近萊特認為，美國現行的聯邦主義正邁向「拘束－拼貼」的類型。其中「拘束」指的是聯邦政府對地方政府實施《未予經費補助的委任事項改革法》(*Unfunded Mandate Reform Act*) 所形成的爭議；「拼貼」說明了當今的聯邦主義像極了達利 (Salvdor Dali) 的圖畫，宛如在超現實的風景中逐漸熔化的時鐘，欠缺了「主題核心」(thematic coherence)。由於太多因素（如政府再造理論）和相互衝突的政治行為者參與府際關係，「萬花筒」可視為此一階段的最好形容。更加複雜的是，美國的內政問題已普遍受到國際化的影響，例如《北美自由貿易協定》(*The North American Free Trade Agreement*) 允許加拿大可挑戰美國各州實施的境內啤酒和酒類優惠措施的法律，使得各州的法律規定容易為國際協定法律優位所牴觸而無效。因此，對美國的啤酒製造商、葡萄酒商和州議員而言，這種變化是史無前例的。(Shafritz, Russell, & Borick, 2007: 164–165)

第三節　財政聯邦主義

從上所述，不論是聯邦制或單一制國家，必然存在著中央層級的政府與地方層級

的政府，而且每一層級政府皆有其特定的管轄及職能範圍；表現在財政上，也有各自的公共收入 (public revenue) 和公共支出 (public expenditure)，構成了所謂的「財政聯邦主義」(fiscal federalism)。換言之，所謂財政聯邦主義是攸關各級政府財政收入與支出的分配與財政權劃分，以及由此衍生的補助金制度等。是故，財政聯邦主義所要探討的基本問題包括：1.補助金的制度；2.中央與地方政府間財政權劃分的原則。以下將先就補助金制度的意義和類型加以說明，其次再就中央與地方政府的財政分工理論加以論述。

壹、補助金制度

　　補助金主要是上級政府對下級政府的一種移轉支付 (intergovernmental transfers)，目的乃在促使各州和地方政府因得到中央政府的資金挹注而能提供最基本的公共服務。日本著名財政學者藤谷謙二認為：「國庫補助金制度一方面係中央政府對地方政府實施行政統制之有利手段，另一方面是中央政府補助地方財政或調整地方政府財政不可或缺之制度。」（劉其昌，1995: 497）由此可見，補助金在中央政府與地方政府間扮演一個關鍵性的樞紐地位。關於補助金制度的探討，擬擇以下兩項加以說明，一是實施補助金制度的理由，另一是補助金的種類型態。

一、實施補助金制度的理由

　　一般而言，實施補助金制度的主要理由，約有以下數端：

（一）鼓勵生產具有外溢效果的公共財

　　公共財的生產如公園、道路、公共停車場等，常具有外溢效果的特性，亦即公共財的受益範圍往往超出某一轄區之外，使得鄰區也受益，這在經濟學上稱為外部性經濟。甚而，公共財的提供若只針對轄區內居民課徵租稅，而轄區外的居民卻不須負擔任何費用，顯然不公平。因之，上級政府便應透過補助款的方式將部分所得稅收入分配給州或地方政府，藉以鼓勵其生產具有外溢效果的公共財。

（二）提供最基本水準的服務

　　為了促使受補助者對於該一區域性公共財貨和勞務之提供，能夠達成全國一致的最低水準，以滿足各地區民眾的基本需求，通常採用特定補助 (specific grants) 方式來達成之。例如，在美國聯邦政府之特定補助，主要用於交通運輸、國民保健、教育及

職業訓練等。加拿大之特定補助，主要用途限於國民保健、教育和一般性福利計畫等項目。尤其是居住在自然資源較為缺乏或平均收入較低的貧困地區民眾，相較於居住在富裕地區的居民其所獲得的公共財貨和服務，顯然呈現了服務水平的差異。為消彌此種差異，使財政能力 (fiscal capacity) 與財政需求 (fiscal need) 各不相同的地方政府，均能為當地居民提供一致性最基本水準的公共財貨和服務，亟需建立補助金制度。

（三）解決州和地方政府間的財政不平衡現象

由於各州和地方政府因自然資源、人口結構、經濟條件和都市化程度的不一致，造成了各州和地方政府財政能力和財政需求不盡相同，進而導致各州和地方政府間財政收支的不均等情形。且州和地方政府稅基較小，卻要籌措大量資金進行重大建設，誠屬不易；而此時稅基寬廣、稅源充沛的中央政府便可透過府際間的移轉支出，進行所得的重分配，將取自富裕地區的財源運用於補助貧困地區，以達到縮小城鄉差距、均衡地區發展的目標。

（四）舒緩地方稅收的壓力

地方政府的主要稅收來源為財產稅，中央政府的主要稅收為所得稅。兩稅的差異在於前者稅收的彈性小，後者稅收的彈性大，一旦出現景氣衰退、經濟蕭條時，地方政府的稅收會大幅縮減，此時中央政府若能透過補助金制度，將經費補助給地方政府，將有助於減緩地方政府面臨地方稅收驟減的壓力，並可協助地方政府解決因地方建設和經濟蕭條所導致的困境。

二、補助金的種類

如前所言，聯邦政府與州政府關係建立的主要途徑之一係透過聯邦補助金制度，以達成聯邦政府所要推動的國家政策，例如將補助金運用在推動州政府的教育、農業技術及高速公路等政策上，美國已行之多年。如 1916 年所通過的《聯邦補助道路法》(The Federal Aid Road Act of 1916) 便是聯邦政府提供資金給地方政府以興建高速公路，意圖將道路運輸現代化，以滿足日益成長的汽車流量。近年來，聯邦政府對州政府的補助金種類，大致可分為以下三種類型，分別扼要說明之：(Rosenbloom, 1998: 124–125)

（一）類別補助 (categorical grants)

係指聯邦政府針對某特定計畫方案所給予的專項補助，嚴格限制州政府將補助款

項挪作他用，如作為社會福利支出之補助不得移轉為航空或高速公路興建計畫之用。聯邦政府較喜好此類的補助方式，原因在於其可透過地方政府之協助，而達成希冀的目標，因此類別補助金占所有聯邦補助的比例，從 1978 年的 73% 提高至 1993 年的 88% 以上，是所有補助類型的最大宗。

（二）綜合補助 (block grants)

係指聯邦政府提供一筆基金給州或地方政府，以供其推動一般日常業務之所需，此項補助並無嚴格限制資金的用途，而保留了州和地方政府運用這些補助金的彈性，如地方政府可自由決定分配在社區發展、教育、衛生服務和犯罪防制等方面的支出金額。

（三）收入分享 (revenue sharing)

於 1972 年開始實施，由聯邦政府將補助款支付給州政府和地方政府，以因應其所需，惟其主要的限制在於接受補助的州政府與地方政府不得從事被禁止的歧視作為。再者，收入分享的補助金額是依複雜的公式計算決定的，但到了 1980 年聯邦取消對州政府的收入分享計畫，而且大部分收入分享之補助限制用於設備、街道和道路，而非社會服務和健保計畫。由於此一種類的補助金額相當有限，且當聯邦政府精簡預算時常被操控，以致地方政府不太願意運用此一補助方式，所以它在 1987 年就被取消，使得一般目的的補助 (general-purpose grant) 目前只占美國聯邦補助比例的 1% 而已。

若根據補助金如何分配的方式，又可將補助金分為以下三種類型： 1.公式補助 (formula grants)：係指透過一定的計算公式來決定應補助各州政府及地方政府的金額，通常經由立法機關針對分配的公式加以立法；再者，國會議員及幕僚經常花了大半的時間來研究任一計算公式的改變對其所屬州或選區在補助數額上的增減； 2.專案補助 (project grants)：係指各州政府及地方政府自行提出計畫書草案，詳細闡述其用途，俾使行政機關根據國會所撥付該特定計畫領域的總金額來作資源的分配。亦即聯邦行政官員採用開放競爭的方式，針對各城市所提出的競爭性計畫進行專案的補助； 3.相對補助 (matching grants)：係指聯邦政府會要求州政府及地方政府在接受補助時，需對指定用途的補助金提出一定成數的自有資金來加以配合，惟其配合比例並無一定的規定❶。

---

❶　依據《中央對直轄市及縣市政府補助辦法》第 8 條規定，中央對直轄市及縣市政府之計畫型補助款，應依財力級次給予不同補助比率，除臺北市政府列為第 1 級外，其餘直轄市及縣市政

綜合上述，財政的聯邦主義是指中央政府透過補助金的移轉支付，將其運用在具有重大外溢效果的教育、道路支出項目上及著重於較貧窮地區較多之經濟援助，以求取公平之理想，並保證每個地區都能獲得具一致性基本水準的公共服務。在英國及大多數聯邦國家，公正性乃是各種政府補助計畫的基本考量因素。雖然有些論者認為補助金制度會增加中央對地方的統制力，並養成地方財政過度依賴中央的現象，導致中央集權的偏頗。然而根據府際運作的事實，若無補助金制度，則地方政府殊難推動地方建設，居民亦無法享受到基本的服務水平。因此，如何規劃合理的補助金制度，使得中央與地方之間的關係更為協調與合作，才是財政的聯邦主義重點之所在。

貳、府際間財政職能的分工

如前所述，政府在處理主要的經濟問題時，通常須達到以下的三種功能： 1.達成最公平的所得分配（分配功能）； 2.維持物價穩定下的高度就業（穩定功能）； 3.建立有效率的資源配置型態（配置功能）。而財政的聯邦主義則假定若欲有效地達到上述三項經濟功能，應彈性地讓中央政府或地方政府分別處理若干問題。例如公平的所得分配及物價穩定的高度就業，宜由中央政府來處理較能得心應手；而有效率的資源配置，則由地方政府接手，才能符合因地制宜的需求。(Shafritz & Russell,1997: 168−169)

針對此者，彼得森 (Paul Peterson) 則提出另一種看法，首先他指出政府的主要任務有二：一是重分配的 (redistributive) 政策，另一是發展性的 (developmental) 政策。發展性的政策係指國家為促進經濟成長所需的實體基礎建設之提供；相較之下，重分配的政策乃指國家將社會資源從「富者」(haves) 手中重新移轉給「貧者」。他並認為不論經濟發展如何，最低限的重分配水準是可以合理化的。甚至，經濟發展程度愈高，愈須對貧者和特殊需求者進行資源的重新分配。惟此二項任務應由何層級政府接手才能恰當勝任，彼得森認為地方政府最適宜處理發展性的政策，而由中央政府執行分配性的政策。基於此，他堅決反對州政府接手管理福利改革及其他的社會福利方案，而應致力於推動發展性的政策。惟若把許多發展性的政策交由州和地方政府執行時，並不意味聯邦政府不再扮演重要的角色。雖然有些州相較其他州有能力去勝任符合國家利益之發展性的政策，但是在基礎建設發展及問題解決方面則往往還有賴中央的協調。

府，應依最近 3 年度決算審定數之自有財源比率之平均值為其財力。我國則訂有補助比率及相對配合款比率之規定。

(Cooper, *et al*., 1998: 139)

　　除此之外，曾任柯林頓總統時期預算管理局局長的瑞佛琳 (Alice Rivlin)，亦曾對彼得森所強調過的問題多表贊同。雖然她主張重新定義府際關係，其對州政府和地方政府所強調的重要角色也曾備受批評，但她仍從一些不同的前提及條件來對目前現實環境下財政的聯邦主義給予新的定義。首先，瑞佛琳認為在現今的經濟及政治環境下，至少存在著五種趨勢必須加以瞭解：第一、市場朝向全球化的事實非詹森總統推動的「大社會」時期所能想像；第二、民眾期盼擁有一個高生活水準且能提升生活品質的經濟環境，卻面臨此種期望無法達成的挫折和每況愈下的恐懼；第三、有關促進經濟發展的討論必須從永續發展 (sustainable development) 的角度出發，它們包括社會、環境及經濟三個面向；第四、以超額負債和刺激通貨膨脹來達成的經濟成長，將無法達到永續發展的目標，而且也會降低民眾的生活水平，應該加以避免；第五、由於經濟及政治現實所顯示的不平等正逐漸地擴大之中，所以必須發展一種「團體共享」(groups share) 的機制，來確保所有民眾都能接受政府提供的公共服務。

　　如同彼得森所言，瑞佛琳認為有必要再次區別各級政府所應扮演的職能及擔負的責任。不過，她提出的概念遠比彼得森的建言來得複雜。站在實用主義的觀點，瑞佛琳主張應將健保的相關方案交由聯邦政府處理，因為此一方案過於龐大且接受服務民眾遍存於各州，故州政府無法勝任。另一方面，瑞佛琳主張將其所稱之「生產力議程」(productivity agenda) 交給州政府。生產力議程主要包括復甦經濟和提高所得的改革設計，及其衍生出教育和技能訓練、孩童照護、住宅、基礎建設及經濟發展等需求。這些相關的教育和就業計畫原先由聯邦政府辦理，而今後應移轉給州政府，但非全部。例如若干高等教育方案（尤其是補助和研究發展）和交通政策等，還是保留給聯邦政府來負責，至於像「扶養孩童的家庭補助」(Aid to Families with Dependent Children, AFDC) 方案，則由聯邦政府和州政府共同負責。

　　最後，瑞佛琳認為：上述的建議非但可行，且可透過應有的改變來平衡國家預算，若再加上國防支出的重大節約、健保稅的開徵，以及醫療救助成立健保信託基金等，則更可順利達成其設計的目標。

　　惟值得一提的是，針對聯邦政府職能的改變，和州政府逐漸加重的負擔，瑞佛琳發展了「共同稅」(common taxes) 的想法，作為各州共同分享的收入。所謂「共同稅」，是指州政府和地方政府在相互競爭基礎上降低稅率，藉以吸引企業投資設廠，並

用大筆資源的挹注，來承擔聯邦政府將其政策轉移給州和地方政府伴隨而來的政策責任。雖然瑞佛琳瞭解實施共同稅會面臨各州民眾不同的支付能力、不平等的問題和州際間的競爭，但盱衡目前稅制的缺失，需要新的資源以因應新的責任，將可以誘使各州支持共同稅的構想。最後，瑞佛琳進一步指出由聯邦政府統籌稅收並將之分配給州政府處理，或在國會的許可下，由州政府自行聯合簽定州際間協定，都將有助於共同稅的推動。(Cooper, *et al.*, 1998: 140-142)

由上所述，彼得森和瑞佛琳的見解，確實為美國的財政聯邦主義之分工注入了特異而新穎的觀點，尤其是瑞佛琳共同稅的思維，更是令人印象深刻。惟美國是個已開發的先進國家，重大的發展性政策多年來業已奠定良好的根基，交由各州擘畫處理，應不成問題。然而若把此一思考模式應用在開發中或未開發國家，將使中央政府無法統合國家經濟的全程均衡發展，而喪失競爭優勢外；而且，此一制度也無法吻合傳統文化中強調中央政府「利用厚生」的基本看法。最後，筆者認為論及財政的聯邦主義之中央與地方政府分工原則，似可就以下六個因素加以考量：

1. 就經濟穩定而言：中央或聯邦政府可綜合運用各種政策（如財政政策、貨幣政策等）進行總體經濟的調節，以達到穩定經濟的目的。相形之下，州政府或地方政府在穩定整體經濟方面所能發揮的作用受限則較大。

2. 就所得重分配而言：由於中央或聯邦政府所擁有的資源充沛，在進行全國性的社會福利等所得重分配政策時，較能收到預期的效果。反之，若由州政府或地方政府自行進行所得重分配政策，則會導致民眾權益和財富的分配不均。

3. 就外溢效果而言：會產生局部外溢效果的公共財，如跨地區的交通、教育、衛生醫療網等，中央或聯邦政府對於這些項目的涉入程度，應依某地區居民與相關地區居民受益程度的多寡作為主要依據，按一定比例來補助該項經費。但對於外溢效果廣泛且明顯的公共財，則應由中央或聯邦政府直接負責生產和提供。

4. 就規模經濟而言：如大眾捷運系統、自來水、電力供應等公共設施或公共事業通常具有規模的效益，隨著使用人口的增加，平均成本逐漸下降。若由州政府或地方政府經營此類公共財，可能因該區人口太少，而導致使用率偏低及造成閒置浪費的情形。因之，對於規模經濟範圍較廣的公共事業，應由中央或聯邦政府統籌規劃辦理。

5. 就配置職能而言：州政府及地方政府相對於中央或聯邦政府更能深入瞭解當地居民的偏好，諸如消防、教育、下水道等地方性公共財，由地方政府來負責生產和提

供，較能符合當地居民的實際需求，也較能達成資源最佳配置的效率。

6.就種族的多元化而言：在單一種族的國家，居民對公共財內容的需求較為一致；在種族多元的國家，或因文化、語言、宗教及習俗的差異，而使得居民對公共財的偏好也不盡相同。通常一個國家的種族愈多元，居民間的需求差異也就愈大，此時地方政府應針對各地區族群的需要來提供公共服務較為合宜。

參、府際關係的一般管理

如前所言，聯邦主義涉及的是聯邦、州、地方政府間的互動。為討論方便起見，本節僅就聯邦政府與州政府的一般互動方式加以介紹，繼而就州際關係加以指陳，最後敘述地方政府間的關係。(Rosenbloom & Kravchuk, 2005: 128–134; Denhardt, 1999: 87–89)

一、聯邦政府與州政府的關係

如上所述，聯邦政府與州政府及地方政府的合作與協調，可藉由聯邦補助款制度來達成，但它畢竟不是唯一的方法，聯邦與州之間的合作關係有時還有賴於自動化的建制，例如每年一度召開的州長年會即可視為州政府向聯邦提出意見表達的工具，甚至如州政府聯合會 (The Council of Local Government) 和都市國家聯盟 (The National League of Cities) 等組織，均被視為促進聯邦、州和都市彼此溝通的管道。尤其是聯邦政府與州政府在無法達成合作情況下，雙方的協調極有可能在國會立法的方式下強迫進行。

關於聯邦與州政府的關係有三項要點值得提出來加以敘述：(Rosembloom, 1998: 126–129)

第一，聯邦政府與州政府間的政策制定和執行過程已由互賴 (interdependence) 取代了對抗的關係。根據研究聯邦主義著名分析家葛羅金 (Morton Grodzins) 的觀察：「事實上，針對某一政府活動的領域，並沒有周全的法律可資作為各級政府施政的來源；在典型的案例中，都是由聯邦、州，以及地方管制的混合型態涵蓋了某項管制領域或活動」。他並以郡的衛生保健官員一職為例作了說明。衛生人員是由州政府按照聯邦政府所建立的功績原則而任命的，他的基本薪水主要來自州和聯邦的補助款，而由郡提供此一職位和負擔部分的開支；再者，郡中最大的城鎮也要為其被任命為鎮上鉛量檢

查員而提供給其薪水和職位。因此不可能隨時告訴一名衛生保健人員究竟他是被那一層級政府所雇用的。

第二，聯邦政府與州政府的關係隨著「資格權益」的推動而互相牽動著。在涉及福利、失業、保險、教育、住宅、保健等重大的公共政策，都由聯邦政府負責規劃，交由州和地方政府執行，授予利益給個人。雖然州政府有意願配合聯邦政府來執行此些政策，卻經常面對下列的問題：(1)資格條件的認定由聯邦為之，州政府無權置喙；(2)隨著年歲的增長，有資格的人員不斷的增加；(3)州政府不僅要提供福利費用，因之而來的行政費用亦逐年擴大；(4)在聯邦法院規範下，州政府須以正當程序去裁減某人的福利，否則將引起類如司法的聽證；(5)萬一聯邦政府縮減補助時，勢必加重州政府的財政負擔；以及(6)州政府如要縮減政策預算，須考慮有何支持基礎去裁減資格權益？

基於上述的考量和避免加重州政府的財政負擔，於是美國國會 1995 年通過了《未予經費補助的委任事項改革法》❷(*The Unfunded Mandate Reform Act of 1995*)，認為任何未來「法案」(bill) 若是對某州政府、地方政府或原住民部落超過五千萬美元的財政委任時，會產生失靈的現象，所以應採取立法和其他步驟來確保聯邦政府不要輕易地加重次級政府的財政負擔。惟其成效如何，有待觀察。

第三，誠如前述，自 1960 年代以後，由於補助政策和補助金額的巨幅成長而造就了聯邦政府和地方次級政府（尤其是大城市）之間的直接關係。例如詹森總統推動「大社會」計畫主要對象是都市的貧窮者，從而促使城市與聯邦政府形成了更為直接的連結。也因此，從那時候開始，著名的狄龍規則 (Dillon's rules) 主張地方政府僅能擁有州政府明白賦予的權力，卻因中央直接補助地方，致該權力不是變得無效，就是被擱置於一旁；甚至有時大城市的市長和行政人員在與州的互動，遠不及其與聯邦的互動緊密與直接。

二、州際關係

州際關係是美國聯邦主義的另一面向。美國各州的重要性不僅表現在其與聯邦政府的關係中，也存在於州與州之間的互動上，由於各州的地位相若，故採取協調和合作的方式，方能保障個別事務的順利推動，並解決其中的糾紛。例如道路的興建、駕照的統一核發、喝酒年齡的管制、漁業的開發，和法律執行活動均有賴州際的合作與

❷ 或譯為無財源提供預算制責任改革法。

協調。根據羅聖朋 (David H. Rosenbloom) 的分析，美國憲法在以下數個領域中極力促成州際的協調與合作：(Rosenbloom, 1998: 129–132)

一是商務領域：自殖民地時代起，商務糾紛是州際衝突的主要來源。因此聯邦政府乃長期介入並訂定許多共同規範，如州關稅稅率、補助費率、著作權等。近年來，由於聯邦政府對於商務內涵的擴張解釋，更使其影響力深入各州日常事務的推動中，如職業安全、勞資關係、銀行管制、道路使用、州際運輸等，相對地，州的權力也受到相當大的限縮。(呂育誠等譯，2000: 85)

二是充分信任與信用條款 (the full faith and credit clause)：意指州與州間應相互承認彼此間不同法律規範的效力。亦即一州應對另一州的法律作為加以認可，即使彼此間的政策或有不同。例如離婚的法律要件在甲州和乙州的規定是不同的，但彼此應該相互認可。

三是平等保障條款 (equal protection clause)：平等保障條款之用意，乃在禁止各州對非住民或新住民在某些情境下採取歧視的待遇。舉例而言，甲州規定要成為該州的合格居民，需要在該州實質的居住，此一規定會因平等保障條款而受到挑戰。雖然州政府辯稱此一行政規定可以促進預算規劃或防止詐欺，但最高法院更在乎個人擁有從一州遷徙至他州的自由及其相關的平等保障。然而，在若干環節上，包括公共就業和高等教育，州可以對既有住民和非住民或新住民分別給予不同的對待。惟在「特權與豁免」條款 (the privileges and immunities clauses) 上，規定聯邦政府應提供每一州公民相同的特權和豁免，亦即每一州均不得侵犯身為美國公民所享有的特權與豁免。

四是州際協定 (interstate compact)：早期州際協定的發展是在處理邊境的糾紛，現在則橫跨空氣和水源污染、交通和法律執行等州際的共同議題。此外，州政府也可能使用州際協定來顯示其對重要政策議題的合作象徵，甚且州際協定常被視為在沒有聯邦政府的涉入下，各州透過正式或非正式協議取得合作的制度安排。

五是統一法律 (uniform law) 的適用：其中最成功的例子便是《統一商務典則》(*The uniform commercial code*)，除了路易斯安那州外，各州均採用來規範商務的交易；其次是行政程序法，雖然各州的模式彼此不同，但有 2/3 州採用相關的內容。

三、地方政府間的關係

基本上，美國在州之下約有八萬七千個次級政府，它們包括自治市、學區、特區

等，如表 9–3 所示，於此不擬細贅。在這麼多的次級政府下，傳統管理觀點認為應透過合併使之成為數目較少的獨立市區，以及類如郡或區域政府的設計，達成規模經濟，減少協調成本，和增加行政效能。然站在政治和新公共管理立場，則認為小規模的政府才能增進政治回應與意見表達，有利草根民主的展現；居民也才能在公共論壇上有機會針對政府的施政表達看法，支持或反對政策方案等。尤其是新公共管理理論認為多元的市政才能提供不同社會服務的組合，像經濟市場一般，民眾作為一位消費者，才能就其繳付的稅收得到最有效及最佳的服務。

表 9–3　美國各級政府的數目

政府層級	1942 年	1962 年	1982 年	1992 年
合　計	155,116	91,237	81,831	86,743
聯邦政府	1	1	1	1
州政府	48	50	50	50
郡	3,050	3,043	3,041	3,043
自治市	16,220	18,000	19,076	19,296
鎮　區	18,919	17,142	16,734	16,666
學　區	108,579	34,678	14,851	14,556
特　區	8,299	18,323	28,078	33,131
所有地方政府	155,067	91,186	81,780	86,692

資料來源：Henry, 1999: 411.

惟迄今有關傳統管理觀點和公共選擇觀點的爭議仍未定論。雖然採用公共選擇觀點較能達成自治政府的優點，但是一州（地方）若將其垃圾掩埋場興建於另一州（地方）水源地區，而該州（地方）卻無權置喙，恐非民主之所願；相反的，若過分強調「合併」以形成大管轄區帶來規模經濟的效益亦受到許多的質疑聲浪。無論如何，各級政府間的充分合作與協調，才是府際關係最佳運作之道，尤其讓地方政府得以充分參與公共政策的規劃和執行，才是更加值得倡導。不僅如此，現代新公共管理強調「單一窗口」(one-stop shopping) 運動，期使民眾能夠在一個地方洽公，卻可得到全程的服

務，這種「人力資源的整合模式」，若再借助現代資訊科技的網絡連結，將可提供地方民眾更為便捷、有效的服務。(Rosenbloom, 1998: 132-135)

肆、權力轉移的革命

如前所言，美國府際關係的主要困境之一，就是聯邦與州政府間財政分配的問題，這也是現代民主國家經常碰到的中央與地方財政劃分的難題。無可否認地，直到現在，美國州政府和地方政府仍然非常仰賴聯邦政府的補助。惟此一難題，端在於政治領袖是否有決心去加以克服，讓州政府或地方政府有足夠的財力，成為不被持續餵養的「斷奶孩童」。就好的一面言，現在已有部分的州，逐漸體認「州不應是聯邦政府的殖民者」、「州不應再向華盛頓卑躬屈膝」，應該擺脫聯邦大量補助的餵養習慣，方能發展符合地方的獨特特色。(Shafritz, Russell, & Borick, 2007: 165)

然在另一方看來，州政府想要在補助上達到權力轉移的革命，實非可能。事實上，州政府經常還得仰賴聯邦政府大量資金的挹注，只是希望聯邦在挹注時不要有太多「繩索」的政策羈絆。尤其推動複雜的公共政策，如空氣潔淨法，缺少了聯邦政府的協助，州政府想要達成期望的效果還是相當有限。甚至在美國若干州的財政，得不到聯邦政府經常性和全面性的（而非偶然的或邊際的）金援，想要擺脫財政困境，恐怕難上加難。(Shafritz, Russell, & Borick, 2007: 165-166)

此外，權力轉移的另一議題是，若干學者呼籲柯林頓總統的說法：「大政府的時代已經結束」，並認為政府服務除了擴張計畫和增加預算外，在行動上是效率不彰和缺乏績效誘因的，於是倡議公共選擇理論 (the public choice theory) 作為地方政府運行的基礎。在他們看來，地方政府反而是提供了具實驗、競爭和創新的場域，讓民眾可以「用腳投票」(vote with their feet) 來選擇自己喜歡居住的區域。當民眾有足夠的資訊時，他們就能比較並判斷那個地方政府所管轄地區較適合他們的居住。亦即，將公共選擇理論應用在府際關係上，將可類似「使用者付費」制度，增加付費者的自由選擇，而不是強迫他們僅能接受特定的服務或制度。

最後，從第二章所述「治理的變遷」，及第六章所分析「執行的機制」，可以發現民營化、國際化和非營利組織等，均對行政運作產生不小的影響。連帶地，使得府際關係若僅著重各級政府間的互動似嫌不足，而應以廣泛與開放的「組織間關係」(interorganizational relationship) 或府際管理 (intergovernmental management) 來形容較

為恰當。就連研究美國府際關係頗負盛名的學者萊特亦認為,「府際管理」是府際關係另一個新階段的開始。他和柯蘭姆 (D. Kramer) 將「府際管理」定義為:在高度的不確定性和複雜性的情境下,透過建構並應用政府與非政府的網絡關係,以解決府際問題的過程。(歐信宏等譯,2004: 98) 此外,庫伯等學者在談到日益複雜的府際關係與部門關係時,也曾指出:公共部門之間、公共組織與私人企業、非營利部門之間的相互依賴關係日益增強,使得府際關係並非聯邦主義中所包含的那些簡單概念,而是以地方、州、地區、國家以及超國家組織為主體的政府間財政關係,和跨區域及部門的合作競爭關係,故形成一種複雜的聯邦主義。(Cooper, *et al.*, 1998: 26;王巧玲、李文釗譯,2006: 25) 就此意義來看,府際關係的權力轉移確因國內與國際情勢的丕變,來到非「典範轉移」不可的時刻了。

結 語

　　府際關係是個值得行政學者關注的議題,只是以往相對於其他主題常被學者們所忽視。在本章裡,筆者先就府際關係的定義加以扼要指陳,並就府際關係中常被提及的單一制、聯邦制、邦聯制之意涵加以敘述。因為美國聯邦主義的運作,有其深遠的歷史和傳承,足供他國理解和參考,因之,本章繼而就美國聯邦主義的發展,利用夏福利茲、羅素和薄立克的分類以及庫伯等學者引用萊特的分析,進行多重的檢證和闡微,俾對美國聯邦主義運作的歷史經驗和未來發展脈絡,得到一定的瞭解。復次,本章探討的焦點,著重於財政的聯邦主義之分析,其中討論了聯邦的補助制度,以及中央政府與地方政府在財政功能上的分工理論,並作扼要的評論。另亦對美國聯邦政府、州政府和地方政府的一般管理概略說明。最後提出,府際關係權力轉移的一些觀察。難怪丹哈特 (Robert B. Denhardt) 在探討府際關係時告誡我們:行政人員要從傳統的組織層級和控制形象走進「管理模糊」和「交涉組織界限」(negotiating organizational boundary) 的新形象。(Denhardt, 1999: 109) 是以,未來許多公共事務的議題要透過府際合作的過程來予以解決,隨之而來,公務人員須具備府際管理的能力,此為不得不重視的議題。

第十章　行政倫理與公共利益

在當今「行政國」不斷發展下，行政人員無疑是政府治理的「守衛者」(the guardian)，但一個基本的政治哲學問題常被提及，即是「誰來監督守衛者」(who guards the guardians)。美國第四任總統麥迪遜 (James Madison) 曾有如下精闢的見解：「假如每個人都是天使，那麼就不需要政府，假如由天使治理人類，那麼對政府的內部或外在控制統統不需要。在設計一個由人來統治人的政府體制時，最大的困境就在於，一方面政府要有能力來控制被統治者，另一方面，政府本身能夠自我控制。」(Rosenbloom, 1998: 197) 試想，行政職能不斷的擴大，影響力又無遠弗屆，行政運作若不能有效的控制或自我節制，那它無疑會成為一隻「利維坦」，到處濫用權力，形成苛政與暴政。尤其在新公共管理的浪潮下，政府再造強調的是解制、法規鬆綁、公私協力、民營化與企業家型官僚，行政若不能課以更多的責任與倫理要求並實踐公共利益，即有可能導致違法、貪腐、瀆職、利益衝突等問題不斷的滋生。

是以美國在 1987 年成立國家公共服務委員會 (The National Commission on the Public Service)，而由沃克 (Paul A. Volcker) 1989 年主導的委員會報告中，即認為「政府如要回應民眾的意志和迎接二十一世紀的挑戰，需要具備能幹、熱情和致力於最高倫理標準的公共服務」，(Lewis, 1991: 17) 又如傑弗遜 (Thomas Jefferson) 總統所言，「當一個人承擔公共信託之後，他就應將自己視為公產。」(Lewis, 1991: 20) 行政人員既為國家的公產，就要有為有守，一方面，積極進取，創造公共福祉，另一方面，自我節制，避免危害社稷。在公共利益的前提下，「行政國」的願景才能體現與落實。然就哈茲 (Louis Hartz) 論及美國政治思想的自由主義傳統時所云：「法律是在美國哲學的灰燼中發達」，(高忠義譯，2014: 59) 而行政又在「法律的授權下行使」，可見行政與倫理仍有段看似明確卻又模糊的距離。為闡明上述的觀點，本章分別就下列主題加以敘述：⑴倫理學的定位與途徑及在行政倫理的應用；⑵行政倫理困境的若干議題；⑶行政倫理有可能嗎？⑷行政責任的理論基礎；⑸行政課責的基本策略；⑹行政裁量權的倫理基礎；⑺行政倫理的起落：社會正義與社會風險的取捨；⑻公共利益的意涵及其流失；⑼透視行政公共性的途徑；⑽行政公共性的實踐。

第一節　倫理學的意涵與行政倫理的要義

　　「哲學」的英文字 "philosophy" 源自兩個希臘字：「愛」、「智」。哲學家就是愛智之人，致力於意義的探索。智慧的追求，是一條主動而無止盡的發現之旅。真正的哲學家會滿懷熱情，尋求沒有終點的理解過程。（李明譯，2001: 129）基本上，哲學包括三大領域：一是形上學 (metaphysics)。它研究物理學之後的事物究竟是什麼？如上帝、死後的世界、正義的本質等。二是美學、倫理學、政治哲學。這三者環扣在一起，都與人類判斷密切相關。美學指的是人對美的體驗和感受的判斷；倫理學涉及對人類的活動、舉止和價值所做的對錯判斷；而政治哲學則由社會層次探討政治團體如何組織，該有什麼法律，及人類與社會組織該如何連結的判斷。三是認識論 (epistemology)。探討的是知識的界線與性質，以及知識間的對話。可見倫理學是哲學所探討的一個領域，關涉著對錯、是非、正當或不正當的判斷，它意指當人們行使判斷時所須建立的規範選擇。尤其它與美學甚為接壤，而會讓人產生這樣的聯想：一個人審美的心理素質與評判標準會影響到他在倫理道德上的主張與判斷。康德說得好：「誰遇到缺德事不立即感到厭惡，遇到美事不立即感到喜悅，誰就沒有道德感，這樣的人就沒有良心。」甚至許多科學家相信道德感受與審美感受相似，都源自大腦中相同的部位。（陳筱宛譯，2012: 374）

　　至於什麼是倫理道德的來源？根據雷勒 (Jonah Lehrer) 的敘述，主要有三：（Lehrer, 2009: 175–183；楊玉齡譯，2010: 229–235）

　　首先，達爾文演化論通常強調自然淘汰下的不道德行為，而讓我們全都成為野蠻自私的競爭者，但是，人類自遠古時代以來，就能演化出道德觀。根據格林 (Joshua Greene) 的解釋：我們的祖先就是活躍的群居動物，能夠演化出一些心理機制來防範自己，避免做出太惡劣的行為。雖然並不瞭解如逃漏稅之類的事，卻很瞭解把同伴推落懸崖這種事。教導大家別犯下「我傷害你」的道德戒律。其次，在宗教信仰上，卻認為上帝發明了道德守則。這份刻在石頭上的戒條，在西奈山上交付給摩西 (Moses on Mount Sinai)。十誡中的戒律都與不應傷害他人有關，例如不可殺人、不可作偽證、不可說謊、不可貪戀他人的妻子、僕婢、牛驢等，都成為最有力的道德指令。第三，在斯密 (Adam Smith) 的《道德情操論》(*The Theory of Moral Sentiments*) 一書中，同情心 (sympathy) 被視為才是人類道德決策的基礎。透過心裡的映照過程 (the reflective mirror)，讓我們本能地就會去同情其他人，斯密稱之為「同胞情」❶(fellow-feeling)。斯密說道：「由於我們無法立即體驗他人的感覺，使得我們無法想出他人是怎樣受到影響的，只能揣摩自己若是處在類似的狀況下，會有什麼感覺。」

另根據夏福利茲 (Jay M. Shafritz)、羅素 (E.W. Russell) 和薄立克 (Christopher P. Borick) 的觀點，榮譽 (honor) 是先於倫理，假如一個人無榮譽感，那麼他就如同失去道德的指南針而不知倫理位在何方，甚至對組織與政治文化而言，榮譽始終存在著重要的影響。他們並以羅馬共和國時期的公民英雄辛辛納圖斯 (Cincinnatus) 為例，說明榮譽感是倫理的基礎。辛辛納圖斯曾被元老院推舉擔任執政官，以解救當時共和國危機，在 16 天的戰事結束之後，他立即辭去職務卸甲歸田，恢復一介平民的身分，成為公民的典範。再者，當今若發生船難，艦長應該是最後離開者，亦被視為榮譽的象徵。甚至在他們看來，榮譽包括了三個面向：⑴誠實 (honesty)：誠實不只是一種政策，亦是種個人應有本質；⑵風骨 (gravitas)：強調尊嚴、守正不阿與責任感；⑶堅定的信念 (strong conviction) 和人格的一致性 (personal integrity)。(Shafritz, Russell, & Borick, 2007: 178–182) 這種強調榮譽是倫理的基石，在丹哈特 (Kathryn G. Denhardt) 所撰〈揭開公共行政的道德基礎〉(Unearthing the Moral Foundations of Public Administration) 一文中，也透露著相同的見解。因為丹哈特認為公共行政的倫理道德核心就是植基在榮譽、樂善好施 (benevolence) 和正義 (justice) 三者之上。(Denhardt, 1991: 91–113)

雖然上述說明了倫理道德的來源各有不同，惟構成道德倫理學的主要內涵，一般均從四個途徑來加以分析，分別是：⑴功利主義 (utilitarianism)；⑵義務論

---

❶ 根據雷勒的敘述，同情心是人類與生俱來的本能，即使士兵在戰場上，奮勇殺敵會受到公開表揚，但他們還是奮力地壓抑殺敵的道德本能。第二次世界大戰期間，美國陸軍少將馬歇爾 (S. L. A. Marshall) 針對好幾千名剛打完仗的士兵做了一項調查，發現：即使遭受攻擊，士兵害怕殺戮勝過害怕被殺，導致個人在戰場上最常見的失敗原因。馬歇爾寫道：「士兵忽然變成了有道德良心的反戰者。」自從這份報告於 1947 年發表後，美國陸軍體認到事態嚴重，軍方馬上翻修訓練制度，以便提升「開火率」。士兵對著真人尺寸的人形標靶開火，不斷地反覆練習，直到人形標靶像真人般倒地不起。正如格羅斯曼 (Dave Grossman) 中校所提到的：「這個環境是要演練的，出於反射動作的射擊能力，讓士兵對殺戮行為越來越不敏感，直到變成自動反應為止。」軍方已經將原本涉及個人最深的道德情緒，成功轉化為事不關己的反射動作。士兵在使用武器時，不再感受到同情心的驅使，他們已經變成了「殺人機器」。(楊玉齡譯，2010: 230–231)

(deontology)；⑶德性論 (virtue theory)；⑷直觀論 (intuition theory)。茲分述如下：

壹、功利主義

　　功利主義是在十七世紀後期由邊沁所發展出來的理論。功利主義認為人類行為的動機，是對快樂的渴望及對痛苦的厭惡。苦與樂是我們的「主人」，主宰我們的一言一行，界定了我們思考什麼是應該、什麼是不應該。因此人類是非的判定標準，是由快樂與痛苦所決定。亦即對與錯的標準是「綁在苦樂的王座之上」，而道德的原則就在於促進「最大多數人的最大幸福」。（Sandel, 2009: 34–35；樂為良譯，2011: 42）

　　此一理論後來被彌爾 (John S. Mill) 所修正，強調功利主義除了要重視量的多寡，亦應兼顧質的程度。彌爾為此說了一句名言：「寧為不快人，莫做痛快豬。寧為不痛快的蘇格拉底，莫做個痛快呆瓜。假如呆瓜與豬不同意，只怪他眼界有限」。（Sandel, 2009: 55；樂為良譯，2010: 65）但現今將功利主義應用在行政或公共政策上，即在於注重成本利益的考量，主張在做決策時須考慮以下數端：1.政策行動有什麼結果？ 2.政策行動的長期效果如何？ 3.政策行動是否促進最大化的快樂？(Geuras & Garofalo, 2002: 61)

　　總之，功利主義是以決策所可能產生的行動結果作為判斷標準。如果任一項決策所導致的結果可以替絕大多數人帶來快樂，則可被判定是好的決策。

貳、義務論

　　功利主義在乎決策的結果，義務論則不重視行為的結果，而是行為本身或行為依據的原則。康德理論即為典型代表❷。康德認為，判斷一個行為對或錯的標準，端視這個行為是否接近某一或某些形式原則而定。所有合乎道德的決定，最終都該服膺一個原則：你所採取的行動，若極大化後可以成為約束每個人的一般法則，那麼就去做吧！（陳志瑋譯，2015: 209）依桑德爾 (Michael J. Sandel) 之見，康德理論涉及三種對比的平行關係：（Sandel, 2009: 127–129；樂為良譯，2011: 131–140）

---

❷　有關義務論和功利主義的討論與實例分析，可參考日裔美籍芝加哥大學教授山口一男原著，邱振瑞譯，《為什麼我少了一顆鈕扣：社會科學的寓言故事》一書中關於〈哲學村〉的論述，頁68–88。

對比一（道德）：義務 (duty) vs. 喜好 (inclination)

對比二（自由）：自主 (autonomy) vs. 他律 (heternomy)

對比三（理性）：定然律令 (categorical imperative) vs. 假然律令 (hypothetical imperative)

　　首先，康德認為把道德建立在利益偏好上，適足以毀壞道德的尊嚴。道德就是尊重人，「不應只把他人視為手段，同時也要將他人當作目的來對待」。再者，康德主張「作個自由的主體」就是要「服從義務」；自由絕對不會從「自然」中產生，自由來自於服從我們的義務。（林暉鈞譯，2011: 84）只有固守原則，才符合義務動機，此乃唯一具有道德價值的動機。

　　其次，康德認為凡是受到生理決定或社會制約的行為，都不是真正的自由行動。行動要自由，就必須自主，依據自訂的法律行事。在康德之前，存在著兩種看法，一個看法認為善惡是社會共同體的規範，另一個看法認為善惡是個人的幸福（利益）。但是康德認為，這兩種看法都是「他律的」。服從共同體的規範是「他律的」，這很容易明白；功利主義的思考方式，在根本上是築基於感覺或感情，受諸多原因規範，也是「他律的」。相對於此，康德主張道德的本質是能在「作為自由的主體」這個命題中找到。沒有自由，就沒有主體，也就無法談論責任。（林暉鈞譯，2011: 100–101）

　　第三，康德寫道：「如果一行動之所以是善行，只為了它能成全另一行動，其律令即是假然。如果一行動之善在本身，是意志遵行理性之所必然，其律令即是定然。」（樂為良，2010: 134）就康德而言，定然律令是無條件的，是放諸四海皆然，而且是絕對要遵循，不牽涉也不依附任何其他目的；行動之善是存在於心態，無關後果。舉例而言，童叟無欺就是童叟無欺，而不是為了廣開財路或聲名遠播而童叟無欺。

　　康德曾言，這個世界唯有兩樣東西會讓我們心靈感到深深的震撼，一是我們頭頂上燦爛的星空；一是我們內心崇高的道德法則。大海之所以偉大，除了它美麗、壯闊、坦蕩外，還有一種自我淨化的功能。可見道德法則在康德心目中應是種普世定律或準則 (maxim)，它如同教堂的鐘一般，規律地運作，並且把我們喚回到道德的源頭。（陳志瑋譯，2015: 209）簡言之，康德義務論對行政運作提供的要點是：(Geuras & Garofalo, 2002: 61)

1.有什麼原則可應用在這個場合之中？

2.有什麼原則能一致地應用在這個場合和所有類似的場合中？

3.有什麼原則可被視為普遍原則？

4.有那種行動方針足以把所有人視為目的本身的最佳範式？

5.有那種行動方針最足以示範和完全地促進自由而負責的人，形塑一個彼此目的相互增強而非相互衝突的社會理想？

　　從上所述可知，義務論是以康德的倫理學為主要代表，其主張行動的善惡標準，是取決於每個人都應該接受的道德義務原則。這些普世原則對行動者而言，是以定然律令的形式陳述，以致在行動時是不會考慮到行動的結果與利益為何。

參、德性論

　　希臘文的「德性」(arete) 也能翻譯成「傑出」，德性是讓人傑出的一種性格特徵。（黃煜文譯，2007: 81）德性論關注的是人內在德性的完整或完善，而不是強調行為的規則或行為的結果；再者，德性論亦深切考量達成事物本質與目的論 (telos) 為何，因為要問某一行為功能之目的為何，才能接續考慮它要獎勵那些的美德。「適才、適性、適本質」是此一理論的宗旨。例如相信大學純為學術卓越而存在，就會排斥「平權行動」；相信大學應為公民理想而存在，就會擁護「平權行動」(Affirmative Action)。（關於平權行動，請參閱第七章〈人事行政與集體協商〉中有關「代表性」論述）又如，職業高爾夫球比賽是否可以因為美國 1990 年訂頒《身障人法》，而讓身障人士坐著高爾夫球車進行比賽？雖然美國大法官作成同意的裁定，但在許多著名的運動家和桑德爾看來，認為那是違反職業高爾夫球的比賽精神，畢竟鍛練體力與意志是運動比賽的一大本質。（樂為良譯，2011: 228–231）

　　孔子和亞里斯多德就是這個理論的代表。在亞里斯多德看來，美好的生活是什麼，他引用了一個古希臘文的詞彙 "eudemonia"，意指富足而喜悅的生活，亦是一種自足與自我完整。如同於俗話所說「知足常樂」，亦如孟格 (Charles T. Munger) 所言：「我每天踩著踢踏舞去上班」。但是要直接找尋 "eudemonia" 是不可能的，它不是天上掉下來的禮物，我們必須實踐四種美德才能獲得：一是勇敢 (courage)，二是節制 (temperance)，三是實踐智慧 (prudence)，四是公正 (justice)。(Starling, 2008: 189–190)

　　簡言之，主張德性論的倫理內涵，乃在強調下列數端：1.此一行動表現那些德性特徵？2.此一行動為我的德性帶來什麼影響？3.此一行動為他人的德行產生什麼影響？4.此一個人行動的德性是我欣賞的嗎？(Geuras & Garofalo, 2002: 77)

　　從上所述，德性論的倫理學強調的是，行動者本身所應該具備那些人格傾向和氣質。有德行的人會風行草偃地感化別人，他們的行動考量，不在思考要遵守那些的道德義務原則，或考慮有什麼樣的行動結果，而是自然地顯現善的行為舉止。當然，德行的良善本質，也有可能是透過後天培養而習得的。

肆、直觀論

　　倫理的直觀論是指倫理的判斷經常倚賴著我們的判斷邏輯和內在的道德感受，如果感受良好，便會直覺以為正確；如果感受不佳，便會覺得它是錯了。倫理像似直覺的延伸，偏好會從我們內心深處的某個地方湧現出來，如同天生有一套幫助我們去愛人與被愛的情感。(陳筱宛譯，2012: 374) 換言之，直觀論者認為人類有一套與生俱來的道德情操，能夠回應內心深處的良善感召，能夠認知一個行動的道德本性。正如法國女作家史塔爾夫人 (Madame de Stael) 那句名言：「良知的聲音極其微弱，它很容易被淹沒，卻又清晰得令人無法遁逃」。(顧淑馨譯，2007: 252) 傑弗遜總統也曾這麼的說道：「人注定要活在社會之中。他的道德目的，也會依此目的而被塑造出來。他與生俱來就有一種與此相關的對錯知覺。這種知覺是天性的一部分，就像聽覺、視覺與感覺。而這就是道德真正的基礎。」(陳筱宛譯，2012: 375) 因此，倫理的直觀論認為滌除心靈的塵埃，良知判斷自會跟著來。直觀論告訴我們：(Geuras & Garofalo, 2002: 91)

1. 我的良知對這個行動要告訴我什麼？

2. 我對這個行動感覺好嗎？

　　根據上述四種的倫理內涵，包曼 (James S. Bowman) 等學者建構了所謂的「倫理三角」(ethical triangle)，作為奠定公共服務專業判斷的倫理基石。(Bowman, et al., 2004；張秀琴譯，2005) 如圖 10–1 所示。他們認為倫理三角即要求行政人員從功利主義觀點，斟酌何種決策「才能為大多數人提供最多的福祉？」；就義務論的看法，考慮「何種決策才能帶來普遍性的權衡？」(the weight of universality)；以及德性論的觀點，思索「我是誰？正直的人應該怎麼做？我該如何達成卓越？」。(Bowman, et al., 2004: 73；張秀琴譯，2005: 61) 雖然這張圖看像國王新衣般的脆弱，且無法解決長期以來功利主義、義務論、德性論和直觀論間的衝突，然而，倫理三角提供的是綜合，而非公式；像是藝術，而非科學。他們並稱道：「偉大藝術之美，就在具有張力，而非

加以拒絕。」至少，倫理三角可以幫助我們做到：⑴原則性的道德推理；⑵認知到倫
理的困境衝突；⑶不做不合乎道德的事情；⑷將倫理理論做到實踐性的應用，讓我們
可以邁向如傑弗遜所言：「在風格上，與時俱進；在原則上，堅若磐石」。(Bowman, *et al*., 2004: 60)

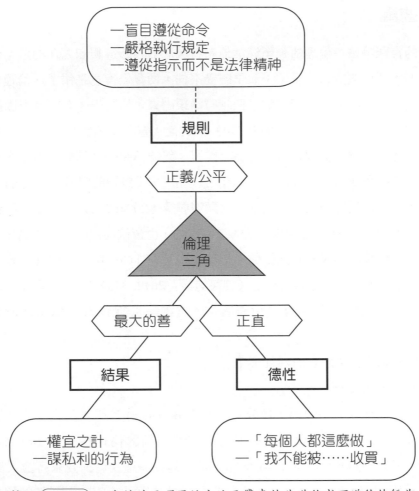

註：（　　　）＝由於片面運用該方法而帶來的非道德或不道德的行為
　　或態度的例子。

資料來源：Bowman, *et al*., 2004: 72；張秀琴譯，2005: 60。

圖 10-1　倫理三角

第二節　行政倫理困境的若干議題

誠如前述，倫理關乎著行為、舉止和價值對錯的判斷。無怪乎溫斯坦 (Bruce Weinstein) 在《道德智商：解決工作與生活難題的五種思考》(*Ethical Intelligence: Five Principles for Untangling Your Toughest Problems at Work and Beyond*) 曾對大家所熟悉的情緒智商 (Emotional Intelligence) 和道德智商作一分野。情緒智商是指「洞悉別人有何感受的能力」，是屬心理層面；道德智商則指「知道自己什麼事該做的能力」，是屬道德層面。他並認為要成為完整的人，單有情緒智商是不夠的，還需要道德智商，甚至他提出五原則作為道德智商的基礎：不造成傷害；讓事情變得更好；尊重他人；合乎公道；心中有愛。(侯秀琴譯，2013) 當理解倫理的意涵之後，底下試就「行政倫理」舉出幾個扼要定義說明之：

丹哈特將行政倫理定義為：在合理的組織範圍內，植基於核心的社會價值、個人責任及專業責任，針對決策標準進行獨立的批判過程。嗣後她並提出三點提醒：一是，就決策的同意標準進行獨立的批判和質疑；二是，倫理標準內容應該反映社會的核心價值，並加調整和改變；三是，行政人員不僅考量個人利益，更可從組織成員身分思考組織角色和組織目標，以決定如何行動。(Denhardt, 1988: 26–27)

湯普森 (Dennis F. Thompson) 認為行政倫理係指應用於行政組織中官僚行為的道德原則。主要包括：⑴當一個人的行為對他人和社會福利產生極大的影響時，所應尊重的權利與職責；⑵集體的實務和政策若同樣地影響著他人和社會福利時，所應滿足的條件。(Thompson, 1985: 555)

傅雷德里克森 (H. George Frederickson) 在《公共行政的精神》(*The Spirit of Public Administration*) 一書中指出，倫理的領域係屬哲學、價值和道德的世界，它在追求對與錯的判別標準，為抽象的範疇。而行政則涉及決策與行動，旨在把工作做好，為一不折不扣的實務。但兩者可以相得益彰，甚至價值是行政的靈魂。所以行政倫理的研究，係以組織成員的守法、誠實、服膺職業倫理守則和個人道德、執著於憲政原則（尤其是權利法案）和政制價值 (regime values) 為其主要特徵。(Frederickson, 1997: 157, 161)

透過上述三位學者的定義及前述倫理內涵的分析，可將行政倫理歸納為：行政倫理係指行政組織及其人員為其行動和決策的對錯、好壞所做的原則性判斷及其對之加

以反思的過程。

　　在此認知下，行政組織裡會有若干相應於行政倫理的爭議議題，值得提出來加以重視，茲扼要說明如下：

壹、貪　腐

　　行政貪腐 (corruption)，是行政運作最為常見的弊端，也是行政倫理研究最常涉及的課題。貪腐被視為政治萬惡之淵，亦為暴政之源，會摧毀民眾對國家的信心與認同。早在西元前一千二百年，巴比倫王漢摩拉比 (Hammurabi of Babylon) 曾正式下達指令頒布法典，要求所屬全力查辦不法官吏的貪墨侵漁，對某些貪污行為，甚至處以死刑。

　　根據傅雷德里克森的分析，美國的進步年代，行政的崛起及其此後的行政改革，都與防治貪腐有關，它並透過二種方式來減少貪腐，一是使用如事前與事後審計、市經理制等具管理色彩的作法；另一是藉由功績制度和文官中立的建制，來防患行政的政治分贓和減低官箴的淪喪。(Frederickson, 1997: 157–158)

　　惟何謂貪腐？一般而言，是指政府官員意圖違反應當遵從的法律和原則，從事直接或間接的權錢交易，藉以為自己或關係人謀取利益。不過廣義言之，當一個人或組織悖離了公共角色的正式職責及相關規範，就可視為貪腐了。例如一位老師不兢兢業業研究學問與教學，天天上電視夸夸談論非關其精通的事務，就算貪腐了；一個學校不努力從事學術基礎研究，而過於熱衷廣開在職進修學分班，也有貪腐之虞。

　　凱登夫婦 (Gerald E. Caiden & Naomi J. Caiden) 更將貪腐分為個人貪腐和系統貪腐 (individual and systemic corruption) 二種。就個人貪腐而言，係指一個人利用權力，在非正式的管道上偶而透過私相授受和相互「諒解」等方式來賺取個人的利得，這類貪腐時而被寬恕時而被斥責，惟可透過有效的體制控制來加以處理和減低。至於系統貪腐是指貪腐在組織內部形成了規則化與制度化，組織不僅維護那些走後門的不法者，進而懲罰那些遵守法規的護道者，使得以負責任和公共信任的方式來實現組織目標成為例外，而非規則。他們並把系統貪腐的特徵描述如下：(Caiden & Caiden, 1990: 19)

　　1.組織聲稱擁有外部倫理守則 (an external code of ethics)，卻與內部實務 (internal practice) 相抵觸；

　　2.內部實務鼓勵、唆使和隱匿對外部守則的違犯；

　　3.未違犯者因為不想獲得違法的利益以及觸犯違犯者而被懲處；

4.違法者被加以保護，如被揭露時，則寬大處理；反而對那些揭露組織偽善的控告者讓其受害，並以粗暴方式加以對待；

5.未違犯者在唯利是圖的氛圍中坐困愁城，他們無法找到內部的舒解和遭到外部的質疑；

6.組織對有意成為弊端舉發者 (prospective whistleblower) 施予恫嚇，脅迫其緘默；

7.組織對勇敢的弊端舉發者 (courageous whistleblower) 給予隔離，以免其反擊；

8.違法者因習於自己的實務及組織的保護，萬一弊端被揭露，除證明為意外，並宣稱自己是無辜者與受到不公平的對待；

9.集體的罪過會用合理化的內部實務來搪塞，若無強大的外在支援，他們沒有斷然結束的打算；

10.罕有負責揭露貪腐的正式行動，但外在壓力強迫為之時，將任何的意外辯解為孤立的、非經常性的事件。

甚至根據凱登夫婦的描述，當貪腐進入公共組織之後，很快地會擴散到其他部分，若不善加處理，終會破壞公眾信任和組織效能；惟處理之後，也難以保證可以完全根除，只要稍加鬆怠，貪腐即有可能死灰復燃；更會因此轉入地下，到處滋生，尋找下次的再生機會。

貳、多手 (many hands) 和髒手 (dirty hands)

所謂「多手」，是指一個人不能就其行動結果負起責任，只將自己視為整體運作的一小部分，或是在眾多部門或組織的參與下，決策的後果要由誰來承擔，成為了行政倫理的一個重要主題。對此，湯普森曾道：「多手的問題，是指有許多的官員以不同方式去進行決定與實踐政策，惟該由誰負起道德責任，卻難以確認」。(Thompson, 1987: 40)

申言之，在現代的組織運作中，由於專業分工的需要，以達成資源的有效利用，卻因權力的多元與分權，每每產生本位主義甚而互相推諉，形成多頭馬車的情形。不論是決策的多元或執行的多元，究竟應由那個組織或人員要為過程或結果負起成敗之責，容易滋生責任不清的多手問題。

至於組織的決策與運作為何會造成多手問題，原因很多，不過主要關鍵有二：一是缺乏有效的監督與協調整合，任由各個組織內部單位或各部門我行我素，形成權力

的分離化；另一是行政單位或人員觀念過於狹隘與拘泥，缺乏全面性觀照，只顧分內的職責，無視於整體功能的實現。

至於「髒手」，乃是指事務的處理，往往透過某個組織或個人的不義之舉才能達成，致而發生違背公共倫理的行為，卻被合理化為理所當然；尤其是當實現的利益是攸關組織或公共政策的成敗，而非個人利益，此一合理化的藉口更為明顯。簡言之，在「目的使手段合理化」的驅使下，若某個組織或成員使用不合理方式或手段，以圖組織或社會目標的實現，那麼該一不合法與不合理的作為仍被視為可寬恕和可期待的「必要之惡」。著名政治哲學家馬基維利在《君王論》(*The Prince*) 一書中便力陳此一觀點，認為社會中倘若沒有一些人（尤其是統治者）的「惡行」，那麼何來「好的或有利的成果」？在實現公共利益或公義過程中，難免會有組織或個人採取有違倫理的權宜作法，然其作法可被曲解成不得已甚至應該加以同情，例如外交官被謔稱為「最大的謊言家」。

參、行政機關成為管制對象的「俘虜」

行政組織和其服務對象發展友好關係，爭取政治支持，以利公共政策的推動，本是無可厚非，惟當一個組織受到強大的壓力，過於順服服務對象要求的作法，則喪失機關主體性。因一個行政組織淪為照顧利益團體的「俘虜性組織」(the captive organization)，不僅威脅機關的正當運作，降低對環境的敏感度及適應，感染了被稱為「行政的動脈硬化症」(the disease of administrative arteriosclerosis)。更令人擔憂的是，行政機關常假借「公共利益」之名，利用行政權力去獲取「特殊利益」，竊取了國家資產。

關於上述的情況，美國著名法律學者傅利曼 (Lawrence M. Friedman) 特以如下的隱喻說明之。他說：「被管制的對象反過來『掠奪』了管制委員會，就好像木偶把操縱他的主人推到一旁，然後用操縱線控制其主人，使主人手舞足蹈。但它的存在卻有幾分道理。畢竟，管制者必須順應管制對象，從管制對象的眼光看事情。而且，管制委員們的任務應該是要管制商業活動，而不是消滅商業活動。委員會必須顧及企業的發展，更有甚者，有些委員就是出身於他們要管制的產業，而且其中有不少委員希望在任期結束後能夠再回到那些產業繼續工作，因此這些委員很自然會對那些產業睜一隻眼閉一隻眼。長久以來，公共和消費者的利益總是如同一盤散沙般沒有力量，而讓眾

多的遊說者和律師願意為其所代表的產業向行政機關施壓。」（楊佳陵譯，2011: 164–
165）

杭亭頓 (Samuel P. Huntington) 在探討美國州際商業委員會 (Interstate Commerce
Commission) 式微時，認為行政機關若無法適時地調整其利益結構 (the structure of
interest)，沉溺於以往的成就，仰賴原有的政治支持，將會被同業競爭者所取代，昔日
的領導地位恐要成為歷史陳跡。申言之，由於州際商業委員會向來挾著鐵路業者的威
勢以自保，然因技術的急遽變遷與經濟的快速成長，運輸方式產生了重大的變革，諸
如貨櫃運輸、水路運輸與航空運輸先後崛起。州際商業委員會仍然維持是個「鐵路運
輸」的機構，不願調整以往建立的利益基礎，試圖適應新的需求與發展，導致為新興
運輸行業所敵視，1960 年代當美國成立運輸部 (The Development of Transportation)，
成為聯邦政府最主要的運輸機構後，於是州際商業委員會的領導地位變成了昨日黃花。
美國的最高法院曾經感嘆道：「委員會的遠景與權力應該不止於鐵路業者的利益，它必
須將其利益廣披於全國，這不僅是公共政策的準則，而且是行政成長的必要條件。」
（Huntington, 1966: 58–90；林鍾沂，1979: 173–176, 229）由於敵不過環境的變遷，在
1995 年，國會終於裁撤了州際商業委員會。

肆、「組織人」的理念意識

長久以來，鮮有行政官員勇敢站出來對公共政策和機關組織的不當或違法作為加
以揭露與表達不滿，當有異議人士出現時，卻被組織所排斥而非加以讚賞，甚至被視
為興風作浪者，而非衛道人士。為何如此？因為在政治和行政體系中，素以培養「服
從」為義務❸，不允許「自我堅持」，尤其在科層官僚組織下，向來強調團體忠誠而非
個人責任，組織只有獎勵願意遵守遊戲規則者。這種將組織忠誠和團隊利益置於個人
意識之上的態度，懷特 (William H. Whyte Jr.) 將之形容為「組織人的理念意識」(the
ideology of organization man)。

的確，在我們的組織社會裡，經常對組織成員施予有形、無形的社會化過程，要
求組織成員衷心接納組織的制度與政策，那麼他才能得到友誼、安全、陞遷和事業夥
伴的回報。久而久之，組織成員不得不相信，不僅為組織工作，而且也是附屬在組織
之下，並從中獲取認同與工作意義。人員在組織裡待得愈久，就愈難甘冒風險勇敢離

---

❸ 依《公務員服務法》第 2 條前段規定，長官就其監督範圍以內所發命令，屬官有服從之義務。

開。是以，如果有人願意選擇冒犯或違反組織的情事，那麼他就必須考慮辭職，同時放棄收入、地位、退休俸和額外福利。

如同簡尼斯 (Irving Janis) 在《集體盲思的受害者》(*Victims of Groupthink*) 一書所闡述的，以及過去美國尼克森政府時期的表現所曾顯示的，有時領導者的隨意要求，實際卻成為下屬盲目的且不被質疑的服從。所謂「忠誠者」成為「好好先生」或奉承者，寧可展現個人的輸誠，也不願以批判態度面對棘手的問題。所以，組織成員表現的服從，可能源自於真正的忠誠，也可能只是一時的懼怕，擔心一旦不服從，便有失去工作與名望之虞。然而，無論動機如何，接受組織要求的官僚倫理是忠誠的外在表現 (an outward show of loyalty)。成員必須忠於團隊或組織，不得有太多的異議。或許來自組織內部的少數異議，還可以接受，但對外公開的異議，則完全免談。即使一位行政人員採取溫和的抗議，在不觸犯組織目標下向大眾公開訊息，不僅不被視為協助組織，還可能被迫離開工作崗位。難怪簡尼斯在研究組織的工作力後，總結道：「就某種意義言，成員把對組織的忠誠視為道德的最高形式。」(Jun, 1986: 272–273；黃曙曜譯，1994: 450–452) 顯然這種過於重視組織忠誠的觀點，有時會危害公共利益的實現。所以赫希曼 (Albert O. Hirschman) 提醒我們：「讓（發出異議的）聲音打敗忠誠」。（陳正芬譯，2007: 218–219）

第三節　行政倫理有可能嗎？

從行政倫理困境的相關議題探討裡，不禁會令人質疑行政倫理在行政的實務中是否可能？

對於此一問題的研究，湯普森於 1985 年《行政評論》(*Public Administration Review, PAR*) 中發表〈行政倫理的可能性〉(The Possibility of Administrative Ethics) 即開宗明義地寫道：「行政倫理是否可能？與行政倫理最直接的對立，就是來自於在組織中個人角色扮演的二種共通概念，或可稱為中立倫理 (the ethics of neutrality) 和結構倫理 (the ethics of structure)。如果行政倫理要成為可能，需要排斥這兩種共通概念」。他並認為，廣義而言，道德原則應該闡述：(1)當一個人行動時，因影響他人和社會福祉甚鉅，所應尊重的權利和職責；(2)當集體實務和政策同樣地會影響個人和社會福祉時，所應滿足的條件。道德原則是要基於公正無偏的觀點，不去思考一個行動或政策是為若干特定的個人或團體提供服務，而應去深究一個行動或政策是否為每個人提供了利

益，或為不知其特定情境（如種族、社會階級、國籍）的每個人所接受。道德判斷預設個人作出評斷的可能性以及個人或團體能被判斷的可能性❹。(Thompson, 1985: 555) 中立倫理與結構倫理的問題就是否認前述道德判斷的前提 (the presuppositions of moral judgment)，因而無法成為行政倫理的基礎。為便於說明起見，分就中立倫理與結構倫理的意涵加以敘述，並分析其無法成為行政倫理基礎的若干限制。

所謂中立倫理，即為傳統行政理論所云，行政人員僅係執行政策的工具，他們承襲並執行上級的命令以及機關和政府所制定的政策。因此，行政人員不被期待行使本身的獨立道德判斷，依法行政和尊重「組織倫理」，成為他們服從的天職。再者，中立倫理亦隱含著當一個人接受一項職務後，他應該對履行該職務的職責有所瞭解，當職責（或他們的心智）改變時，通常就會離職求去。

細究推知，中立倫理有兩個重要的意涵：一是理想的行政人員僅係達成組織目標的完全可信賴的執行工具，行政人員從不也應不將個人價值引進目標達成過程中，他所在乎的是誰有權進行政策決定，尤其當目標衝突時，誰依法令有權下達命令，而他必須確實遵守。另一是行政人員在「最後的」目標未作成之前，尚可在組織內部表達個人看法，甚且和主管討論，提出政策規劃的不同方案，惟俟決策拍板定案時，便要歸於沉寂，忠實履行長官或政策決定，這種「懸置中立」(suspended neutrality) 亦可視為中立倫理的一部分。

然在湯普森看來，中立倫理難以成為行政倫理基礎的主要限制有三：⑴中立倫理低估行政人員裁量權的行使，減低行政人員對民眾負責的可能：行政人員不但有影響力去推動政策方案，亦能訴諸民眾支持方案，可是中立倫理卻無法提供行政人員從事實質的採行道德決策之藍圖；⑵公務人員對某一政策指令存有異議時，中立倫理要求在「服從一辭職」間作一選擇。但行政人員擔任某一職位後，會有太多的因素影響其離職判斷，並不單純因為無力實施或反對某一政策或命令，而貿然辭職。例如他會考慮既有的權利（如年金和年資）、工作技能、辭職後的家庭生計、未來出路、同儕想法，或組織的更高目標等。況且，許多的政策決定是「累積」與「漸進」的，非個人單憑己力所完成，若貿然離開，固可彰顯「倫理的自主」(ethical autonomy)，也會被譏為「道德的自戀」(the moral self-indulgence)；⑶當一個人擔任公職或承擔組織中的

---

❹ 此句英文為：Moral judgments presuppose the possibility of a person to make the judgment and a person or group of person to be judged.

集體任務時，即代表著他同意去接受組織的託付，他便有義務為同事、機關和政府的運作負擔責任，進而形成他人對其持續合作的期待。若貿然辭職，不但辜負同事的期待，無法從他的協助中來擬定計畫、承擔風險等；再者，組織和政府任務的運行，也會因他的辭職無法連貫，甚至造成中斷或偏離目標。是以，辭職離開並非不可行，而是要格外慎重，懂得權衡。

除了辭職外，其實行政人員亦可採取四類的抗議方式，成為機關的異議者：一是，留在組織內抗議，惟仍應推動政策，或要求換不同工作；二是，一方面將分內工作做好，另一方面對外抗議主管的作法；三是，公開阻撓政策；四是，隱密地攻擊政策，如暗中向媒體吐露實情。而且，可以採取公民不服從 (civic disobedience) 概念，驅使行政人員在揭弊時，做到以下幾點：(1)公開為之；(2)不推崇暴力；(3)訴諸與民眾分享的原則；(4)直接挑明實質的不義；(5)用盡所有的管道；(6)不間斷民主政治的穩定運作。這類的作法都不是中立倫理能夠提供的行動藍圖。(有關中立倫理的說明與評判請參閱第七章「文官中立」的敘述)

至於結構倫理，係指要負起政策成敗的道德責任，應由組織或政府整體來承擔，而非組織裡的個人。結構倫理聲稱行政人員的責任僅在法定範圍內，基於職務角色而擔負特定責任，即謂職責，即使行政人員行使若干範圍的獨立道德判斷，也無須對大多數的組織和政府決策負起道德責任。再者，組織的決策制定，是由許多人或部門以不同方式作成的結果，如何評判，即為前述的「多手」問題，故績效成果應由整體而非個人負責。

一般言之，支撐結構倫理的基本看法有三：第一，有些政策的推動可能來自良善的意圖，也可能來自可議的道德動機。惟制度的運作有其既定的形態或軌跡，非個人所能改變。例如美國對少數民族的歧視迄今猶存，雖然每位人員均不願如此，惟在人事晉用和陞遷上卻克服不了「心魔」，這種個人意圖與集體成果的落差，即在顯示制度的結構對個人的影響；第二，組織中的成員囿於角色的要求，須奉命行事，不得違背組織目標與政策。即使呈現出「個人道德之惡」或前述的「髒手」，但基於角色的遵守，應由組織而非個人負起責任。例如現代的財政赤字，危及多數民眾的福利、生計與退休給付等，但這樣的錯誤預算實務卻沒有人應受譴責，理由是「精細而平衡的財政超結構 (the delicately balanced financial superstructure) 是來自成千上萬的零星決策所導致的結果」；第三，責任的課負不能以個別成員對組織的貢獻比例來分攤。像是有十

位兇手謀殺一位婦人，不能課以每位兇手各為十分之一的謀殺罪起訴。責任的實踐不宜分割處理。

惟在湯普森看來，如果接受上述結構倫理的論證，那麼我們就會讓許多官員道德上的罪惡感流失，彰顯不出個人的責任意識，並且無法針對道德缺失予以詰難。無法考量道德代價，就會違背民主政府的責任理念。於是他提出三種觀點來說明結構倫理的限制：

第一，組織運作雖有其本身的型態與方式，而非個人意圖所能改變，惟個人應評估其作為對公共生活的廣泛影響，尤其對多數民眾的福祉帶來重大的衝擊，更應審慎為之，勿草率敷衍。組織的勤務會有「髒手」的現象，趨使行政人員作出不是光明正大的「必要之惡」，惟行政人員應在嚴格的限制下，盡量降低影響程度，而不是把錯誤全推給組織承擔，來逃避責任。

第二，行政人員雖因角色的要求有不得不服從的苦衷，然而，責任的實踐，應在個人而非職位。當角色限縮了個人的判斷，個人亦可發揮道德判斷、採取主動責任，企求改變不合理的角色或結構限制，若不如此，行政人員亦很難避免要為結構成效負起責任，所以結構倫理不應成為逃避公共生活道德責任的最後避風港。

第三，組織成員雖不是組織決策結果的主要負責人，但每位人員的貢獻，猶如編織繩索的每條細線，雖然每條細線構成不了大局，但少了它卻又無法成全，可見個人須為組織任務負起部分責任，乃為至明之理。

綜觀湯普森對「行政倫理的可能性」分析，不難發現他強調行政人員的獨立道德判斷，是行政倫理的基礎。要求行政人員翻轉組織的「世俗定見」，找回自己的內在靈魂；洗滌行政的「塵埃」，建立「心」的跑道。是以行政人員太過拘泥於行政命令或角色要求，欠缺反思意識，不去考慮行動或決策對他人和社會的影響，就無法實踐倫理道德。簡言之，倫理本身沒有意義，是我們每一個人在賦予它意義。所以湯普森在他文章的末段寫道：「行政倫理若要成為可能，最起碼反對其可能性的兩個主要理論觀點是難以令人信服的：其一是會壓抑獨立道德判斷的中立倫理觀；其二是忽視個人在組織生活中的道德主動性的結構倫理觀。這兩個觀點我們都無法被迫接受。當然，要顯示行政倫理是可能的，不是要證明它如何成為事實，重要的，毋寧是瞭解行政倫理何以成為可能，並將其付諸實現，以及其在實踐過程中賦予有意義內涵的必要步驟 (a necessary step)。」(Thompson, 1985: 560)

在此一主題的相關分析，值得一提的是，韋伯 (Max Weber) 對倫理的看法。韋伯將倫理區分為信念倫理 (ethics of conviction) 與責任倫理 (ethics of responsibility)。信念倫理是指當事人的行動只要出自道德上的良知信念，自認為正義就已足夠，至於結果不如預期，那是他人或情勢的變數所影響。責任倫理則指行動必須考慮行動後果對他人的影響，並視為自己的責任來承擔❺。（葉仁昌，2015: 207；林暉鈞譯，2011: 101–102）不過，韋伯在強調這兩種倫理準則互斥之際，以及認為責任倫理的作用遠大於信念倫理時，卻聲稱「這不是說信念倫理就是不負責任，也不是說責任倫理便無視於心志和信念……信念倫理和責任倫理不是兩極相對立，而是互補相成；這兩種倫理合起來，構成了真正的人。」（葉仁昌，2015: 207）在筆者看來，湯普森的行政倫理觀非常類似於韋伯的倫理觀，尤其是信念倫理的自我堅持，要求一個行政人應該堅持自我理想，不要隨波逐流；再者，責任倫理亦在綜合事務的影響，而彰顯個人對責任的承擔。具備了上述兩種倫理內涵，行政人才能「構成了真正的人」，行政倫理的實現也才會在「不遠的轉彎處」出現。這大概是湯普森闡述行政倫理，並拒絕中立倫理和結構倫理的主要用意。

另外，湯普森主張個人的獨立道德判斷是行政倫理的根本，頗符合多數行政倫理學者所持的共同觀點：行政倫理最後都要歸結到個人。所以公共服務的專業應該鼓勵行政人員培養意識及投入時間建構自己的倫理架構，並運用其背景和信仰，及參照與倫理文獻和倫理教育相一致觀點做為決策的準備。個人倫理不應消失在工作團體或廣泛社會之中，而應該努力實現於個人道德生活中，或追求個人「地位越高，責任越重」(noblesse oblige) 的崇高理想。但是，在另一些文化觀念中，個人對家庭、部落、組織或者社會認同感若逐漸喪失，顯然要比失去個人自身更為嚴重。（Cooper, *et al.*, 1998: 84；王巧玲、李文劍譯，2006: 82）這也使得行政倫理的實踐，被視為體制價值、社會文化、情境倫理和個人倫理等的綜合。簡言之，個人倫理是孕育在社會文化和制度

---

❺ 韋伯對責任倫理有段精闢的闡述如下：當一個成年人……意識到其行為的後果所帶來的責任並真正地從內心和靈魂深處感覺到這種責任時，就會產生強大的動力。於是他在行動上就會遵守倫理責任而且還會發展到這樣的一種境界：這就是我的立場，不容其他。這是人類的本性和動力，……因此，它是真實的，倫理的最終目的和倫理責任並不是某種絕對的抽象，而是豐富的具體，它只是融合在真正個人的血液之中，對政治有「使命召喚」(calling) 的人的身上。（Bowman, *et al.*, 2004: 86；張秀琴譯，2005: 71）

當中，而非純粹為個人的自由判斷。

最後，筆者以為，湯普森將行政倫理定義為：「應用於行政組織中官僚行為的道德原則」，並認為應將道德原則植基於兩種判斷上：當履行個人行為或集體實務和公共政策時，因影響他人及社會福祉所應該尊重的權利和責任，及應該滿足的條件。惟要達成「尊重權利和責任及滿足要件」的要求，必然有賴可信的制度來協助個人道德判斷的實踐。正因為行政倫理的養成不易，所以應在個人的道德意識之外，增加落實的制度，才會使倫理道德的完善更為穩固。美國前總統杜魯門 (Harry S. Truman) 的名言「水桶到此為止（意指責無旁貸）」(The buck stops here) 而為人所傳頌，惟民主法治的倫理道德和責任實踐，中立倫理與結構倫理雖有不足亦為不可或缺。蓋因「社會規則」容有欺騙的影子；而且「規則」也隱含頭腦好的人施以巧妙設計來欺瞞頭腦不好的人。（盧郁佳，2011: 11）但至少在民主代議制下，民眾透過選舉選出政治人物作為行使其意志的代理人，使得政治人物有權透過立法與監督方式來確保行政責任歸屬，並責成行政機關自己建構負責的道德制度來達成興利除弊的目標；再者，這些制度的存在，多少蘊含著須經得起時間的考驗，除非不能有效運轉，否則就會被傳承下去。所以相關倫理制度的建構，當可看成實踐行政倫理的「法門」。這也印證了麥迪遜的主張：「政府體制的設計，除了讓政府能夠控制被統治者，以及政府本身能夠自我控制外，無疑地，倚賴人民是控制政府的基本辦法。但是經驗告訴人們，我們還必須採用輔助的預防辦法。」基本上，這些輔助的辦法，就是因為建構了合宜制度（包括中立倫理和結構倫理），方得對抗「來自個人判斷的不端正和野心」。

第四節　行政責任的理論基礎

在對行政倫理的性質有了初步的瞭解後，與行政倫理密切相關的議題，便是行政責任 (administrative responsibility)。行政責任可以看成是現代政府構築民主政治與科層官僚制之間的一道橋樑，其重要性不言可喻。有關行政責任的分析，可以追溯到 1949 年代傅雷德瑞區 (Carl J. Friedrich) 與房納 (Herman Finer) 兩者對行政責任的精彩對話作為探討的開端。（顏昌武、馬駿編譯，2009: 3-32）

在傅雷德瑞區看來，現代行政所要處理的問題，都是複雜而新穎，需要有高度的創發能力來解決，可是透過選舉方式讓立法機構或政務首長來擔負的政治責任，卻無法將此一高度技術化、專業化知識成功地轉化為政府行政的服務要領，而限縮了責任

實踐的外部控制。亦即，傅雷德瑞區認為，如果某項政策不能適當地考慮技術專業，那將是個不負責任的行政；再者，若它未能符合社群裡大多數民眾的現有偏好，那也不是個負責任的行政。於是他主張行政責任的兩大來源：一是技術知識 (technical knowledge)，另一是大眾感情 (popular sentiment)。凡是政策違背了上述的任何一個標準，或未能將這兩個標準予以明確納入考量，均會遭受到不負責任的指控。所以，不管「技術的」、「客觀的」或「功能的」知識如何稱呼，行政責任就在於，去找尋和發現能夠滿足技術迫切需要的創造性解決方案。反之，若經常忽視客觀法則或自然法則之解決方案，政策注定會失敗的。再者，即使新聞媒體和議會擁有強大的影響力量，但是指引行政官員更為負責的另一方式，就是採用服務業者的格言：「顧客永遠是對的」。所以公共服務還得關注民眾的觀感或反應，就像企業對待顧客一般。簡言之，傅雷德里區的責任觀就是，公共服務要重視民眾觀感、社會輿情，且在「客觀的」科學法則下運作，才能有益於民眾期待的幸福。（顏昌武、馬駿編譯，2009: 3–12）

　　惟在房納看來，科層官僚制已成為社會的「權力菁英」(power elite)。不管是為了民眾的利益，或是為了管制的需要，科層官僚制的重要性、廣泛性與支配性，已是有目共睹的現象。所以他主張對科層官僚制施予外部控制是必要的。他云：「由公僕們來決定他們自己的行為，還是由他們之外的某個實體來決定他們的作為呢？我的回答是，公僕們不能自行決定其行為，他們要對民選代表們負責，後者將決定官員的行為，即使在最細微的技術方面也是可行的。」（顏昌武、馬駿編譯，2009: 14–15）因為所有的政治和行政歷史都明白地揭示，缺乏外部的制衡與控制，權力的濫用遲早會發生。甚至房納指出，依賴著行政官員的良知 (conscience)，就好像依賴行政官員的幫兇或同謀者 (an official's accomplice)，來監督官員一般。（顏昌武、馬駿編譯，2009: 15）另外，基於孟德斯鳩 (Baron de Montesquieu) 的名言：「美德本身也需要限制」，房納認為民主政府的施政應該植基於三項原則的認知：⑴人民是國家的主人翁，政務官和文官們有責任去表達民眾想要追求的公共利益；⑵人民主權需要一套制度（特別是民選的機構）來表達意願並運用權威；⑶公眾和民選機構的功能，不僅告訴政府及工作人員他們想要的而展現主權地位，更要有對施政方針使用影響力的權威和權力。如此科層官僚制便能在層層的監控下，不會成為「新的專制王國」(the new despotism)，即使授予龐大的行政裁量，其行使亦在法律許可的範圍之內。簡言之，對房納而言，傅雷德瑞區主張的公眾感情和技術效率，雖是良好行政的一個組成部分，但非持續性的引發

因子,它們還需要倚賴公眾和政治的監督與指導。對行政責任的實踐而言,政治責任才是主要的關鍵,道德責任雖有其價值,但僅為次要或輔助的措施。(顏昌武、馬駿編譯,2009: 31)

為了避免房納和傅雷德瑞區對外部責任與內部責任的爭論,以及湯普森對行政人員的獨立道德判斷之執著,而弱化了中立倫理與結構倫理之考量,哈蒙 (Michael M. Harmon) 認為行政責任的實踐,有賴於政治責任 (political responsibility)、專業責任 (professional responsibility) 和個人責任 (personal responsibility) 三者的綜合。(Harmon, 1990 & 1995;Harmon & Mayer, 1986: 398–401) 惟為分析方便起見,並免除常人對「政治責任」的誤解,將「政治責任」改為「層級責任」(hierarchical responsibility) 較為恰當,並申述於下:

壹、行政的層級責任

強調層級責任的基本觀點,是傳統行政學者如威爾遜 (Woodrow Wilson)、韋伯和西蒙 (Herbert A. Simon) 等的基本主張。綜觀他們對行政的層級責任之基本假定為:

1.政治與行政兩者各有界限,彼此分立,一是設定政策目標,另一是執行政策目標。

2.政治不但是設定政策目標,而且是明確地陳述目標,並能排定各目標間的優先順序,俾使之具有因果關聯 (causation),以作為政策執行的主要依據。

3.行政的主要責任在忠實地執行政策,所以應以中立、客觀、效率和科學的方式來達成。

4.行政應設計一套嚴明的職責規範與獎懲制度,使得政策得到適當的順從和嚴謹的考核,達成課責 (accountability) 的目的。

除了上述的特徵之外,行政的層級責任若要行之有效,應該要有下列方式的配合:⑴權責能夠明確的劃分;⑵嚴格的層級服從;⑶有限的控制幅度 (the span of control);⑷鼓勵部屬對組織目標和上級長官忠誠認同;⑸屬行正式的紀律制度;⑹重視財務和員工績效的內部稽核;⑺國會的監督 (legislative oversight);⑻預算執行的控制等。

其實這種將行政視為執行工具的觀點,早期政治理論也曾提及。例如霍布斯在談及國家執行官 (public minister) 角色時,就把他們類比為人體的筋與腱,頂多是順著四肢自然的活動而已,他們沒有本身的意志,政治理論可以完全忽略他們。洛克 (John

Locke) 亦認為：有關機關首長及其部屬的權力，沒有必要加以提及，因為他們最終都會向國家的其他權力機構負責。甚至，歐布羅 (Martin Albrow) 亦曾撰文指出，十九世紀的英國，代議民主政治體系已臻成熟，足以確保歐洲的科層官僚制弊端不會在此間出現，他並引用卡萊爾 (Thomas Carlyle) 的話說：「在英國，我看不出科層官僚制有不去履行政治主人意志的任何危險或可能，此地民主政治熱得很。」

在分析過層級責任的基本觀點和特徵後，有必要就此一途徑的缺失加以檢討，以瞭解其運作的梗概。

第一，上述討論層級責任有效運作的主要條件之一，就是立法部門或政治主管要將其政策目標明確陳述，以利機關或部屬的遵行，並為考核的依據。然而，通常立法部門或政治主管往往基於政治考量或缺乏足夠的專業，將政策目標訂得不夠具體與模糊曖昧，而容易形成行政官僚「投機心態」(opportunism)。一方面虛應故事，或何必多做多錯，以免做錯還要接受處罰；另一方面揣摩上意，尋求「政治正確」，確保自身的權位。

第二，行政的層級責任常會產生「責任的儀式化」(ritualistic taking of responsibility)。高階主管要為政策方案的執行負起完全的責任，然而實際的執行卻由下級來負責，再依層級鏈逐層而上。照理說，責任的歸屬，是要由實際的承辦者來承擔，主管只負監督的責任。然而，責任的追究，卻由長官承擔，部屬反而不太需要面對外界的指責，造成責任的儀式化。況且，行政運作常會發生「反控制律」(law of counter control)，行政主管越想控制部屬，部屬越會挖空心思逃避或反制權力的控制。例如刻意怠忽職守、對組織蓄意破壞（偷竊、矇騙、浪費）、採取集體不合作策略、缺乏動機只把工作做到符合最低要求限度等。這些都是責任儀式化的另一景象。

第三，採用行政層級責任的另一個基本問題，便是權威的物化 (the reification of authority)。所謂物化，是指人類缺乏精神意志或意識的自主性與反省性（即湯普森的論述），而希求外在的「客觀現實」(objective reality) 作為行為的準則與依據。這種意識的疏離型式 (an alienated mode of consciousness)，將使人類喪失對理解社會世界的自我意義。影響所及，行政人員面對民眾的需求時，不是設身處地去詮釋與解決問題，而是搬弄一些法令規章、行政程序與上級命令等作為依據，以及做為推諉責任的藉口。所以，科層官僚制常常被批評是依其行動邏輯維護自我利益者，而不是公共利益的追求者。

貳、行政的專業責任

　　基本上，在科層官僚制中，講究專業責任的主要用意，乃是行政現象錯綜複雜變化多端，非有限的法規條文或政治要求所能規範完善，而需授予行政人員必要的裁量權，憑其專業知能與職業倫理，針對特定的環境或服務對象，作出妥善的因應，達成公共利益的要求。就如傅雷德瑞區所述，面對著日益分化與專業化的社會，要以有限的法令規章來規範分歧而多元的行政現象已非可能，若能讓行政人員本其專業知識與倫理，充分運用被授予的裁量權，為民眾造福，反較墨守規章或上級旨意被動行事來得有意義多了。即使是西蒙也認為，行政體系的運作，實際上是由組織成員在首長所提供的一般性架構下，享有詮釋工作的自由所形成的一連串裁量權運用的結果，因此一位首長想作到完全的控制，將是不切實際的，即便是在非常講究層級節制與威權的軍事組織裡，裁量權的行使不但是必要的而且是重要的。莫雪 (Frederick C. Mosher) 亦認為現代國家已步上專業化國家，應讓行政人員預留更多的彈性空間，揮發其專業長才，而不是削足適履地讓行政專業侷限在政治框限下作出被動的回應。此外，第二章《黑堡宣言》(The Blacksburg Manifesto) 談論行政的獨特性質，亦認為行政制度與官員應發揮特定的社會功能，傳承專業知識，成為公共利益的受託者和捍衛者。

　　惟在履行行政的專業責任時，亦會產生若干的缺失：

　　第一，行政人員有時會利用其專業的技能與知識為自身謀福利，而無視於公共利益的表現，尤其是當使用的技術相當先進，在缺乏有效的監督下，專業人員或官僚常自恃其地位、身分與知能，缺乏警惕，做出利己卻不利大眾的決策。

　　第二，應用專業知識於行政責任上的另一個主要缺陷，便是專業人員的基本訓練，旨在獲取事務現象的律則性知識，俾能公平地、無私地適用在各種場合中，不受個人偏見或政治壓力的影響。然此種律則性知識的運用，往往忽略了其所面對群眾或對象的特殊境遇和需求，而刻舟求劍地一體適用。準此以觀，專業人員若一味將其接受訓練得來的通則性知識，不分青紅皂白地一體適用，恐有淪為「教條化」之虞，且易養成專業人員的「父權心態」，唯我獨尊、專業至上，漠視常理人情。

　　第三，專業人員最擅長處理的應是手段技術的問題，而非目的價值問題。但在技術問題中之效率標準如何界定，採用金錢成本、人力消耗、社會苦痛、自然資源的消耗、時間等，哪類較為優先及如何權衡，還涉及了分析者的主觀偏好和心中意圖，誠

如費依 (Brian Fay) 所云：「政策分析家對手段有效性的爭論，本質上仍是『政治性的』。因為試圖闡明若干社會政策是『最佳的』的證據和證明，肯定是反映在爭論者心中的價值。」(Fay, 1975: 50–51) 甚至有些政策方案在技術上就存在相當多的爭議，而且在當今社會，專業知識是否妥為運用也常為大眾所質疑。

第四，專業知識的應用會引發「技術官僚心態」(technocratic mentality)。所謂技術官僚心態，顧名思義，係以專業知識的掌控和運用來享有權力，並證明身分認同，成為統治正當性的來源。但它呈現幾個缺失：⑴相信專門技術必然取代政治，對政治人物和政治組織產生懷疑，甚至敵視。因此，潛藏著反議會政治的心態；⑵認為社會和政治的衝突不僅是不對，簡直就是造反；⑶講究政策分析的務實主義，反對意識型態和道德倫理的爭論；⑷主張技術進步，經濟成長，以及生產力提升，罔顧社會正義；⑸以利己的方式擴張組織預算，重建組織結構，成為典型的組織和政策帝國主義者 (the organizational and policy imperialists)。像這種心態的養成，是不利於政策對話和民主行政的開展。

參、行政的個人責任

上文談及政治責任或專業責任時，大多就決策規則 (decision rule) 進行考量，亦即責任的歸屬，往往就主管命令、政策目標和專業倫理或團體規範作為衡量的基礎，甚少針對行為者的意向與動機來予以課責。可是個人責任卻不同，它並不講究外在的標準和原則，而重視行為者內在動機，強調負責的行動，是行為者個人意志的展現與主體生命的實踐。例如一位有責任感的公務人員，當他不慎違法失職時，愧疚之情不是來自上級的指責或懲處，亦不是同事間的鄙視，而是來自內心的自我責備。學者哈默把這種負責任的行為表現稱為「受煎熬的靈魂」(tortured soul)，實是對個人責任作了最佳的詮釋。(Harmon, 1990)

其次，依哈蒙的分析，個人責任的實踐，有賴於兩種機制的作用：一是自我反身性 (the self-reflexivity)，另一是人際間互為主體性 (intersubjectivity)。

就前者而言，人在自我反省之後，才能瞭解內在的生活世界，及自身的行為與其意向間的內在動能。套用榮格 (Carl G. Jung) 的觀點來說，能夠反省的自我，方可瞭解意識意志 (conscious will) 與潛意識動力 (unconscious energy) 間的辯證。(Harmon, 1990: 164) 行為者一方面自覺到自我角色的存在和重要性，另一方面亦深覺自身角色

的社會與心理限制，為求卓越或更高理想，不但要遵守角色規範，更要設法超越。同樣地，一位公務人員，如要有為有守，除依照組織職掌、法令規範與上級交待命令來行事，亦應秉持個人的道德執著與知識專業，設身處地與劍及履及地解決問題困境。是以個人責任的履行，往往植基於行為者想把事情做好、做對、甚至卓越的心理動力。能夠「醞於內，形於外」，才能知所進退，為所當為，止所當止。（請參閱第二章有關行政的內在理路之「制度施為」）。

就後者言，人不可能孑然自處，而需與他人合作共處，如此才能養成個人人格的社會性格 (social character)，並在社會群體中鍛鍊、淬勵自身的個性，學習別人的理念、判斷和風格，瞭解和尊重彼此，進而與他人建立「真實關係」(authentic relationship)，共同營造互為融合的社會。否則，個人的自我將只是一個原子論式的自我觀念 (atomistic conceptions of the self)，僅為自身利益計，忽略了休戚與共的社會連結，如同阿蘭德 (Hannah Arendt) 所言，在此情況下，即便是種合作行為，也只在「達成目標」而已，而不是為了「關係本身」的緣故。(Harmon, 1990: 167) 所以說，缺乏人際間真實關係的「互為主體性」，整個社會只不過是沙特所形容的「唯我主義的沙洲」(the reef of solipsism)。(Harmon, 1990: 167–168) 人人自掃門前雪，休管他人瓦上霜，社會的「共同利益」將不可得之。

惟根據哈蒙的看法，個人責任是一個極為脆弱的觀念。個人責任所繫的兩種機制：自我反身性以及互為主體的「真實關係」容易質變，成為表 10–1 所形容的自我陶醉 (narcissism) 和苟且同流 (confluence)。另一方面，若缺乏人際互動的真實關係，自我反身性即有可能淪為自我陶醉的病態 (the pathology of narcissism)。

表 10–1　個人責任的相對美德與病態

美　德
自我反省 ──────── 真實關係
自我陶醉 ──────── 苟且同流
病　態

資料來源：Harmon, 1990: 173.

根據學者拉希 (Christopher Lasch) 的分析，自我陶醉是一種「假性的自知之明」(pseudo self-insight)，它是植基在孤獨的世界下為掩飾內心的焦慮，對於膨脹的自我

(an inflated ego) 所產生的自戀行為。尤其是當「不合宜的權威」鬆動之後，人常為了追求一時的滿足與快樂，不顧周遭，僅考慮自我主張，任性而為。此時，個人的價值幾乎變成只為自我利得與自我觀點作合理的辯護，絲毫容納不了他人的想法與處境，於是愈是拒人於千里之外，愈是害怕與人相處，也就愈發展成為自閉人格，剛愎自用終致破壞了個人責任的美德；另一方面，在缺乏自我反身的獨立判斷下，互為主體的真實關係極有可能變為「苟且同流的病態」。此時人們為求穩定、安逸與免於孤立等明顯好處，寧可生活在社會壓力之下，不再堅持自我的認同並學習如何和他人真正相處的能力。亦即，當我們太過苟合人際現狀時，往往會因社會現實的壓力隨時調整自我，並作出選擇性的犧牲。長此以往，這種壓抑自我成長的團體順適，如同哈蒙所言，不是在增加人際關係的真實，而是在表現人際關係的虛假與敷衍，缺乏自我的率性表達。

　　基於上述的分析，行政責任的實踐，不論是層級責任、專業責任和個人責任都會面臨兩難困境，有利有弊，是以哈蒙在其 1995 年出版一本討論責任的專書，乾脆就以「責任是種弔詭」(responsibility as paradox) 為名來闡述上述各種責任的要旨與問題。(Harmon, 1995)

第五節　履行行政責任的方式

　　當探討行政倫理的可能性和履行行政責任的三種觀點之後，在實際的運用上，有那些方式可以助益於行政責任的實踐，乃為主要的考量。但對此一問題的回答，絕非三言兩語所能充分涵蓋，以下有幾種方式是常被討論的：

壹、行政、立法、司法和相關的課責

　　如同房納所言，行政責任的達成，外在控制是不可避免的，惟外在控制種類繁多，僅就行政、立法、司法和相關的重要監督加以扼要敘述：

一、行政監督

　　植基於行政主管權威的主要課責方式就是管理監督，其基本目的是在達成效率 (efficiency)、經濟 (economy)、效能 (effectiveness)。在此一途徑下有幾項值得強調的要項：(Rosenbloom & Kravchuk, 2005: 529–531)

　　1.權力與責任關係必須明確：權責清楚，才能讓每個人知道自己該有的職責和角

色。若不然，功能重疊不但權責不易認定，更難評估績效。相對而言，採行層級式的直線權力，而非委員會型態，權責通常較易明確、集中。況且組織若有多位領導者，易使權力混淆、責任不明，組織成員也會對組織忠誠產生分歧。

2.嚴格服從的必要性：此一要件與層級節制是一體的兩面。具體而言，部屬必須恪遵上級主管的指揮與監督，若有不服從視同背叛，通常的懲處不是轉調就是解雇。否則，上級主管將因無法控制部屬的行為而負起督導不周的責任。尤其是「基層官僚」(street-level bureaucrats)，因為服務性質不一，必須授予裁量權，要將他們納入充分指揮與控制之中，程序需要相當細緻設計。

3.有限的控制幅度 (limited span of control)：所謂控制幅度，是指直屬長官直接指揮部屬的人數。傳統的公共行政無不投注心力於討論適當的控制幅度。就像多元領導一樣，當每位主管要去控管太多的下屬，會是一大考驗。

4.鼓勵部屬效忠組織及主管：忠誠的產生有許多方式，一是透過社會化過程，不斷地內化組織的使命、制度和文化；二是將工作的內容特定化、技術化、專業化，讓組織成員難以在別處找到類似的工作；三是在物質上讓員工依賴於組織，不容易被取代，除了固定的薪資外，退休金和利益衝突規範亦扮演著重要的角色。尤其當利益或忠誠發生衝突時，員工須依規定加以迴避或申報自己的資產；另外公部門試圖關閉與私部門間的「旋轉門」(the revolving door)，防止公務人員任職期間，接受企業的利益，遊走公私之間，破壞對職務與組織的忠誠❻。

5.仰賴正式的「紀律制度」(disciplinary system)：紀律制度的存在，乃在於認定何者為不適當的行政作為，以避免組織權威、公帑或財產等的不當使用；另一方面，紀律制度旨在貫徹「指導原則」和「組織規範」，確保組織的一致性和層級性。

6.內部稽核：透過內部稽核，可將管理的觸角延伸到財務規範和員工績效。稽核對於防患或遏阻貪污或濫權是一項強而有力的工具，無論事前或事後的稽核都是如此。稽核可由組織內部為之，亦可由外在獨立機構為之，也可採取折衷方式。甚至有些組織機關更設立「檢察長」(inspectors general, IGs) 作為內部維持紀律的機制，組織授權

❻　我國《公務員服務法》第 14 條之一規定：「公務員於其離職後三年內，不得擔任與其離職前五年內之職務直接相關之營利事業董事、監察人、經理、執行業務之股東或顧問。」旨在維護公務員公正廉明之重要公益，而對離職公務員選擇職業自由予以限制。經大法官釋字第 637 號解釋認為此項規定並未抵觸憲法第 23 條之規定，與憲法保障人民工作權之意旨並無違背。

他們進行大規模的調查和稽核。

筆者以為，上述所列的六種方式雖是行政課責的有力方式，但是道德的實現，還有賴行政主管的身體力行，達成「風行草偃」的效果，當機關首長無法以身作則，卻要求部屬表現正確的行為操守，會是相對的困難。再者，如巴頓 (George S. Patton) 將軍所言：「千萬別教他人如何做，而是告訴他們做什麼，他們的巧思會帶給你驚喜」，（陳琇玲、陳正芬譯，2007: 209）所以行政責任的養成並非拿出「鞭子」，而是告知組織願景和目標，讓員工能夠自主地認同與實現。最後，人是在激勵和信任而非在恫嚇和威脅的氛圍中較能發揮卓越，所以應對那些能夠展現負責行動的部屬給予鼓勵。（關於行政監督亦可參考上述的「行政的層級責任」。）

二、政治監督

對於行政的監督，是國會的天職。國會課以行政機關責任的機制，基本上，有下列幾項要點：(Rosenbloom & Kravchuk, 2005: 536–539)

1.一般立法監督 (general legislative oversight)：國會及其幕僚，加上國會附設單位均有權對行政部門進行監督。例如 1970 年早期，美國國會對「水門案」(Watergate Scandal) 的聽證會，1986 至 1989 年對「伊朗軍售案」(Iran-Contra hearings) 的聽證會，都是國會對行政部門強力課責的實例。再者，像美國國會附設單位如「政府責任署」(Government Accountability Office, GAO) 和「國會預算局」(Congressional Budget Office) 也都扮演監督的功能。惟過去國會監督，僅在危機發生時進行，而非當成例行事務。但現在已有所改變。國會相當重視如新公共管理的主張，將焦點放在政策方案的成果上。1993 年美國聯邦《政府績效暨成果法》(*Government Performance and Results Act*, GPRA) 的實施，即要求聯邦政府機關應定期向國會的相關委員會或次級委員會提出「結果導向」(results-oriented) 的報告。

此外，「政府倫理局」(The offices of Government Ethics) 的成立（它是行政部門的一個獨立機構），亦能幫助參院行使對總統的高階官員人事命令的同意權，尤其在政府官員財務的公開上，也扮演監督指導的角色。

2.預算控制 (budgetary control)：長久以來「看守荷包權」(the power of purse) 被視為國會對行政權制衡的重要工具。在美國，國會雖有預算控制權，卻與行政部門分享許多的預算功能，惟對監督行政組織的預算花費最常用的方法，有「政府責任署」的

審計報告、「國會預算局」的預算分配藍圖和舉行聽證會等。國會對於行政機關的監督，晚近已有直接介入機關運作的傾向，而被評論為陷入「微觀管理」(micromanagement) 的危險。

3. 職務輪調 (rotation in office)：政治途徑一直強調公務人員在工作崗位上應有職務輪調的必要，其用意便是因為過度專業於某一單位或職能，容易滋生對公共利益的錯誤認知。1840 和 1850 年代時期的政治分贓制度便是主張職務輪調，一旦公務人員不再受到政黨領導者的青睞，隨時都會被撤離其職位；然而現代的文官制度則有不同職務輪調方式。以美國 1978 年聯邦文官改革為例，其中一項改革措施便是成立「資深高階文官職」(the senior executive service)，使位居高階的官員可以在部門與部門之間相互調動，希望他們能夠持續地以更寬闊的視野看待公共利益。此外，聯邦《府際人事法》(The Intergovernmental Personnel Act) 亦授權行政人員可以短期地從聯邦政府調派至州政府；反之，州政府的行政人員亦可以短期調往聯邦政府。

4. 代表性與大眾參與 (representation and public participation)：如前所述輪調的目的乃在降低對公共利益的錯誤認知；而公共行政的代表性及大眾參與，則在進一步促進行政機關多元的利益表達。尤其允許民眾和利益團體參與決策制定過程，將使行政人員與民眾有更廣泛的接觸，至少能接觸部分的民意。美國 1946《行政程序法》(*The Administrative Procedure Act*)、1972《聯邦諮詢委員會法》(*The Federal Advisory Committee Act*)、1978《文官改革法》(*The Civil Service Reform Act*) 等均在鼓勵意見表達與參與。

5. 公開化 (going public)：現代是民主政治的年代，民眾有知的權利。是以行政機關的作為或頒布新的法規，應主動告知民眾或團體，被認為是適當且合乎倫理的。再者，行政人員被期待用其聲音對抗那些被視為是違法失職的作為，因此「辭職明志」與「舉發弊端」(whistleblowing) 被視為合適的且為極高道德的表現。尤其「舉發弊端」目前在美國聯邦機關已受到法律的保護。此外，聯邦政府亦設立一支舉發舞弊、浪費與濫權的熱線，公務人員或一般民眾對於不當行政作為皆可以匿名方式向「政府責任署」投訴。根據熱線所提供的線索，已使一些聯邦公務人員遭到解職，然而更重要的是為其所帶來的嚇阻效果。

6. 陽光法案 (sunshine law)：美國前大法官布藍德斯 (Louis Brandeis) 曾言：「陽光是最好的殺菌劑；電子光是最有效率的警察」。(Rosenbloom & Kravchuk, 2005: 538) 政

治途徑重視公部門公開、透明化的交易，並認為它是確保行政人員責任和適當行徑的重要方法。在此前提下，有許多的管道為公共行政的陽光法案催生。這些陽光法案的範疇主要包括要求某些聽證會、會議對大眾公開；依據《資訊自由法》(*The Freedom of Information Act*) 民眾有自由取閱許多不同類型的聯邦檔案或文件的權利等。目前美國聯邦政府已將資訊公開以及聽證會公開的規定列入基本的行政法，也就是《行政程序法》當中。

7.利益衝突 (conflict of interest)：和傳統管理途徑一樣，國會監督也力求對利益衝突的限制與迴避，認為公私部門間的「旋轉門」，雖不至於完全封閉，卻應仔細把關。因為公務人員在公私部門間遊走，容易損及組織業務的經濟利益。對利益衝突給予嚴格規範，目的是在藉以消除利用職位謀獲私人利益之誘惑的重要方法。甚至 1978 年國會為聯邦政府創設了檢察長團隊，檢察長的大部分工作都與定期的政府方案之審計有關，這樣就可以稽核出為數不少的資金浪費與濫用。

三、司法監督

常云：法律是倫理的最後一道防線，倫理是法律的上位概念。司法機關到底要對行政機關採取「積極的行動主義」或「消極的干預」，到目前尚未有定論。不過，誠如薩克思 (Albie Sachs) 所言：「儘管法院必須如臨深淵、如履薄冰般地監督權力的濫用，法院不該忽視行政權必須面對在種種選擇之間做出最佳決定的困難。」（陳毓奇、陳禮工譯，2013: 163）一般而言，法院通常會尊重行政機關的決定，只有在下列條件下，才會去更動或宣布行政機關的決定違憲或違法不當：(1)在法律的授權下，該機關是否逾越權限？(2)該機關對要檢查的行動，能否為其提出適當的法律解釋？(3)該機關是否違反了任何憲法條款？(4)該機關是否遵守法律的程序要求？(5)該機關是否武斷、漫不經心或濫用裁量？(6)該機關做出的結論是否有具體的證據支持？（Starling, 2005: 73；陳志瑋譯，2015: 80–81）

再者，如第七章中「人事行政的法律途徑」所言，美國法院重視民眾和行政人員憲政權利的保障，以免被行政部門恣意侵犯；還有，它要求行政人員需對違憲和侵犯人權的行政作為加以賠償，目的乃在促使行政人員養成尊重憲政規範的內在德性，勿隨意破壞。如同羅爾 (John Rohr) 所云：法院的所作所為，無異是向行政人員宣示其應尊重政制價值 (the regime values)，並負起責任，使之成為行政倫理的基本框架。甚至

根據其分析，遵守政制價值的倫理途徑乃植基在以下三種考量：⑴倫理典則須以政制價值為主要的基礎；⑵這些政制價值對行政官僚具有規範作用，因為他們曾經宣誓支持過；⑶這些政制價值可在公法中發現。最後羅爾還認為，最高法院關於憲法假設的很多爭論，為理解和思考這些價值觀提供了一種有用的信息管道。(Rosenbloom & Kravchuk, 2005: 540; Cooper, *et al*., 1998: 81) 質言之，美國的政制價值不但可以從憲法及相關的制度中發現，而且若能堅持這些政制價值，將可作為行政人員行為廣泛責任的內在藍圖。

　　除上述管理監督、政治監督、司法監督外，尚可包括監察監督、媒體監督與公民參與等多項，尤其是透過媒體舉發違法失職情事，往往效果極佳。故而媒體又被稱為社會的「第四權」(the fourth estate or branch)。媒體對抗政府之不法最著名事件，大概可舉美國 1972 年「水門事件」（指共和黨尼克森總統的連任委員會，派人潛入對手民主黨設在紐約市的水門大廈競選辦事處竊取選舉資料），若不是媒體從業人士的勤查猛報，此事難以水落石出，終使尼克森於 1974 年任期未滿即請辭下臺。（吳定、張潤書等編著，2000: 367）另者，現代已是參與式民主的時代，民眾固然可以依據憲法所建立的選舉、複決和罷免等方式，讓應負責的官員受到必須離職的約束，更可以參與與其利益相關的決策，分享彼此看法。

貳、建構行政倫理守則

　　為了落實行政責任的實踐，並使相關的從業人員有較明確的倫理方向可資遵循，倫理內涵的典則或法典化，已成為一個重要的途徑。在美國，無論是醫師、會計師、工程師、律師、法官、市經理協會和其他的事業團體，皆透過專業自律的倫理守則來要求成員遵守。甚至專業的認定，除了要具備專門的技術、專業的認證、專業的組織和專業教育外，專業倫理守則亦為不可或缺的一部分。可見倫理守則是維護道德責任的重要機制。為此，美國行政學會 (American Society for Public Administration, ASPA) 於 1984 年訂定十二條行政倫理守則草案，並於 1985 年在學會的最高機構全國理事會 (National Council) 中正式定稿通過。至 1994 年，理事會議為求完善及精益求精，特將頒行十年的十二條倫理守則予以大幅修正，使之成為更為詳盡的五大項三十二條。該一行政倫理守則的全文內容如下：（吳定、張潤書等著，2000: 371–374）

一、實踐公共利益 (serve the public interest)

為實踐「服務大眾為先、個人利益次之」之理念，學會成員（公務員、學界、企業界、民間人士）應：

1. 運用裁量權增進公共利益。
2. 反對任何形式的歧視與騷擾，並協助平權行動的推動。
3. 肯定並支持民眾對政府運作有知的權利。
4. 鼓勵民眾參與政策制定。
5. 培養憐憫、仁愛、公正、樂觀的精神。
6. 以完整、明確、易懂的方法來回應民眾需求。
7. 協助民眾與政府接觸。
8. 為制定不跟社會隨波逐流的決策作準備（勇於制定不隨波逐流的決策；但求公益，不必媚俗）。

二、尊重憲法法律 (respect constitution and law)

為尊重、支持和研習有關界定政府機關、公務員、社會民眾職責的憲法和法律，學會成員應：

1. 瞭解並應用與其專業角色有關的法令規章。
2. 改進不合時宜或窒礙難行（反生產性）的法令規章與政策。
3. 杜絕所有不法的歧視。
4. 建立並維護強有力的會計與管理監督制度，支持審計與調查工作，以防止各種形式的公帑不當管理。
5. 尊重並保護隱私性或特殊性資訊。
6. 鼓勵並引導公務員的合法異議活動，並保障其揭發弊端權利。
7. 促進平等、公正、代表、回應、正當程序之憲政原則，以保障民眾權利。

三、展現個人廉潔 (demonstrate personal integrity)

為公務力求至善，提振民眾對政府的信任，學會成員應：

1. 維護真誠與正直，勿因個人的陞遷、尊榮或利得而妥協。

2.肯定他人因工作和貢獻所獲得的獎賞與信用。

3.認真迴避利益衝突，例如引用親戚、不當外部兼職、濫用公共資源、收受餽贈等。

4.尊重上司、下屬、同事和社會民眾。

5.承擔錯誤，勇於負責。

6.行使公權力勿黨派徇私。

四、倡導倫理組織 (promote ethical organizations)

為強化組織服務大眾，援用倫理、效率、效能之能力，學會成員應：

1.提升組織在開放溝通、創意和奉獻的能力。

2.確立公益至上，制度忠誠（機關忠誠）次之。

3.建立程序以促成倫理行為，並確保個人和組織的行為責任。

4.提供組織成員表達異議的管道，確保正當程序，免受報復。

5.增進功績原則，防止武斷和恣意的行動。

6.運用適當的控制和程序，強化組織責任。

7.鼓勵組織採行倫理守則，除廣為宣傳及定期檢討外，並使之成為活的文獻。

五、追求專業卓越 (strive for professional excellence)

為強化個人能力，鼓勵他人專業發展，學會成員應：

1.支持和鼓勵有關升任能力的提升。

2.樂於面對新興議題與潛在問題，視為個人應盡之職責。

3.鼓勵他人終其生涯參與專業活動和專業組織。

4.撥冗接見學員，搭建學術研究與現實實務的對話橋樑。

除了上述美國行政學會所建構行政倫理守則外，美國政府倫理局更於1997年頒行《行政機關公務員倫理行為標準手冊》(*Standards of Ethical Conduct for Employees of the Executive Branch*)，涵蓋範圍相當寬廣，計分為：外界餽贈、內部餽贈、財務利益衝突、公正執行職務、在外兼職、濫用職權、在外活動、相關法令規章等專章，均有詳盡規定，其中最基本者為十四條「倫理行為通則」(general principles of ethical conduct)。該十四條倫理行為通則如下：

1.公共服務係為公眾信託 (public service is a public trust)，公務員必須超越個人利益，

忠於憲法、法律以及倫理通則。

2.公務員不得圖謀違背職務責任之財務利益。

3.公務員不得利用未經公開之政府資訊，從事財務交易，亦不得不當使用前述資訊謀求個人利益。

4.公務員不得向下列對象，索取、收受餽贈或其他有價物品：(1)要求公務員執行職務者；(2)與公務員有業務往來者；(3)從事受到機關管制之活動者；(4)明顯受到公務員職務作為或不作為影響者。

5.公務員應本誠信執行職務。

6.公務員不得故意對外發布未經授權之訊息，意圖拘束政府的任何宣示或承諾。

7.公務員不得假借職務，謀求個人利益。

8.公務員應公正執行職務，不得給予任何私人組織或個人特殊待遇。

9.公務員應保護、撙節公有財產，用於法定用途，不得挪為他用。

10.公務員不得在外從事違背政府職責之兼職或活動。

11.公務員應向權責機關，揭發浪費、詐欺、濫權以及貪瀆之情事。

12.公務員應忠誠履行公民之義務，包括一切財務義務，尤其是各級政府依法課徵之稅賦。

13.公務員應依法給予全體國民公平之機會，不得因種族、膚色、宗教信仰、性別、祖源、年齡或身心障礙而有差別之待遇。

14.公務員應全力避免違背法律或倫理標準之情事發生，是否會因特定環境導致前述之違法背倫行為，自應由熟悉相關事實知識之明理人士的觀點認定之。

　　其他如我國、英國、日本、加拿大、德國等對公務員倫理行為之規範，均於其國家公務員法中作原則性的規定，於此則不擬多贅。總體而言，行政倫理法則化，主要係督促行政人員在服膺公職時，多所惕勵，並將內化的倫理自動付諸實現，除消極避免抵觸相關的規定，並積極為民謀取公共利益。然而，這種作法卻也遭致若干的批評，主要有四：(1)倫理守則若訂得太細，往往形成另一種行政拘泥，無助於道德責任的發揮；(2)倫理守則若訂得太過廣泛，則易顯籠統空泛，應用上相對分歧，例如在醫療專業中，醫生如何在特定情境中以最好的方式治療病人，主觀判斷可能差異極大；(3)在行政責任和道德判斷上，個人的主觀詮釋、價值差異、權宜考量和多種因素的湊合，使行政人員的倫理選擇面對困境，而倫理守則卻無法因應不同因素提供適切的指導；

(4)倫理判斷係屬個人良知、經驗和修練的表現，亦為內在德性的發揮，本應自由自在，水到渠成，非任何具體條文所能規範清楚。雖然有上述的批評和缺失，但若倫理守則能形諸文字，見諸條文，最起碼讓行政人員在浩瀚的倫理道德中，有若干可資依循的基本標準，所以行政倫理守則仍不失為達成行政倫理的重要策略途徑。

參、培養批判意識與舉發弊端

在許多行政倫理學者看來，若要建立行政人員的倫理責任，倚賴對不法行為的控制或懲處，以及向首長報告等方式，並不能得到事半功倍的效果，甚至透過訂定倫理守則或「看守狗組織」的監督，效果亦非常有限。其最後和最重要者，往往有賴於行政人員個人批判反省意識 (critical reflexive consciousness) 的培養。在日常公務中，行政人員若能對民主政治的主要價值如公開、平等、參與、正義、自由等念茲在茲，力求實踐，並以大眾為先，組織次之，來實現公共利益，則行政倫理的提昇，便有厚望焉。(Jun, 1986: 263)

在行政批判意識的實踐過程中，最為顯著的一個方法，便是舉發弊端 (the whistle-blowing)。按照溫斯敦 (Deena Weinstein) 的描述，舉發弊端是「官僚的異類」(bureaucratic opposition) 的一種形式，指那些不具行政權威的人員利用舉發弊端方式來改變官僚政策。甚至其假定為：並非所有在官僚體系內工作的人都對組織盲從效忠，仍有若干人未失去自知之明，「他們行動的動機並非源自恐懼、憤慨或自私⋯⋯，而係針對現行的『情境定義』提出質疑，並根據自己批判的洞識力採取行動」。(Weinstein, 1979; Jun, 1986: 281)

在美國政府中，最值得頌揚的舉發弊端事件之主角為費茲吉拉德 (A. Ernest Fitzgerald)，他是國防部（空軍）的平民雇員，在 1976 年，發現 C-5A 運輸機與米尼特曼飛彈❼(Minuteman missile) 計畫有成本超支的現象。費茲吉拉德於 1976 年 11 月首度發現成本超支逾二十億，於是向機關內部反映這項差異，但不被主管所重視。不得已之下，被迫向參議院國防經濟聯合次級委員會 (Senate Armed Services Joint Economic Subcommittee) 擔任主席的參議員普羅斯密爾 (William Proxmire) 提出證據。於次級委員會公開場合現身後，費茲吉拉德就被迫調離所有重要計畫，最後並失去工作。

---

❼ 亦譯為義勇兵飛彈。

　　為重新獲取聯邦的工作機會，費茲吉拉德向文官委員會進行冗長且沉悶的上訴過程，一拖經年仍舊沒有下文。最後，他藉由一項立法決策，得以回復原職。因為，其被認為是依據誠實、責任及對其真正雇主——納稅人負責與公善的表現。幸虧有費茲吉拉德及其他像他這類的人，美國民眾才得以對國防部軍事費用浮濫問題有所警覺，並密切注意和監視軍事工業複合體造成的「權錢交易」(Jun, 1986: 282)。

　　另一個著名的例子，就是 2002 年年底，《時代》雜誌以三位弊端舉發者作為年代風雲人物，並刊於雜誌封面。其中兩名是在私人企業工作，另一名任職於政府部門。瓦特金絲 (Sherron Watkins) 是安隆企業的副總裁，安隆企業曾是世界知名的電力、天然氣和通訊公司，2001 年宣告破產，破產前員工多達 21,000 人，2000 年稅後盈收高達 1,000 億美元，瓦特金絲早就警告公司主管，公司的記帳方式大有問題，國會調查安隆時，她再度跳出來作證揭發。庫珀 (Cynthia Cooper) 是世界通訊 (WorldCom) 公司的副總裁，該企業是美國第二大長途電話公司，2002 年 6 月庫珀告訴董事會，公司作假帳隱瞞了高達 38 億美元的損失，一個月後，世界通訊公司宣布申請破產。第三位弊端舉發人是美國聯邦調查局的律師羅利 (Coleen Rowley) 女士，2002 年 5 月她曾給聯邦調查局局長發了一份備忘錄，指責該局對她在明尼阿波利斯 (Minneapolis) 辦公室提出調查恐怖分子嫌犯的警告置之不理，錯失了及時制止 911 事件的一個良機。（馬國泉，2006: 227）

　　就實務而言，能夠洞悉機關「黑幕」者畢竟少數，再就人性面而言，願意承擔舉發弊端而甘冒相關風險者更是少數。經驗告訴我們，當個人涉入錯誤決策時，「服從上級命令」經常成為卸責的最好說詞，也是上文懷特所言的「組織倫理」。英國一位海軍將領曾經說過：「如果你想與人過不去，那就找上帝去，但千萬不要和官僚作對，因為上帝會原諒你的，但是官僚們永遠也不會。」（馬國泉，2006: 227）不過，當正義與保密的價值天秤失衡時，為了公共利益，社會當然希望正義一方獲勝，讓知悉違法醜事者勇敢地向外界舉發弊端，而見義勇為的深層原動力就是這種批判意識的倫理。（吳定、張潤書等著，2000: 376）

　　今日，公務員的舉發弊端行為在美國是被認可的，受到正式的保護始於 1978 年《文官改革法》，接著 1989 年《弊端舉發人保護法》(*Wistleblower Protection Act*) 訂定較周詳的規定，該法成立一個獨立地位的專責機關——特別檢察官辦公室，使之從功績制保護委員會 (Merit Systems Protection Board) 獨立出來，並賦予保護公務員之權

責，尤其是弊端舉發人，使其不會遭受被禁止的人事措施（例如報復、歧視、強迫政治活動等違反功績原則之不該發生的人事措施）的重大責任。特別檢察官的主要職權有二：

1. 調查任何合理懷疑具有違反法令、不當管理、浪費公帑、濫用職權或危害公共安全衛生的舉發事件。

2. 與功績制保護委員會共同合作，保護弊端舉發人，使其不受任職機關因揭發過錯而給予的人事懲處。（吳定、張潤書等著，2000: 376-377）

　　不過，舉發弊端等於把組織的醜態攤在陽光下，對組織聲譽影響甚大，甚至也會讓舉發者賭上職涯生命，又容易被誤認為「公報私仇」。所以在高度風險下，對舉發弊端的限制極為嚴苛。一般認為，舉發弊端者要成為行政倫理的「英雄」，一定要注意若干前提和要件。其前提和要件如下：(Lewis & Gilman, 2005: 178)

舉發弊端的前提為：

1. 事實被印證；

2. 靈魂被追求；

3. 組織管道皆用盡。

在此些前提下，舉發弊端的要件為：

1. 弊端是否嚴重到你必須甘冒自己和組織的風險去揭露？

2. 你是否有為舉發行動成為眾人皆知，被視為英雄，或被當成背叛者的心理準備？

3. 你確定你揭露的是事實嗎？你確定你是對的嗎？

4. 你是否確保主管和同僚沒有企圖去糾正問題情境？

5. 你的動機是否純以公共利益為考量？

6. 如果你是錯的，是否有準備好接受結果？

　　誠如前述的前提和要件之揭示，要做為一位弊端舉發人，是要具備十足的勇氣、深刻的判斷和萬全的準備，否則，極有可能因為些微的輕忽，而遭受組織的報復，面對悲慘的結局。

第六節　行政裁量權的倫理基礎

　　討論行政裁量權的涵義前，有必要釐清行政法學對於行政權的看法，基本上，當代眾多學者對於行政的看法，大都同意行政的特質不應只是一種消極的行政而已，而

應有積極的一面。例如英國公法學者哈羅 (Carol Harow) 及羅林 (Richard Rawling) 在《法律與行政》(*Law and Administration*) 一書裡闡述紅燈理論 (red light theory) 與綠燈理論 (green light theory) 的行政權論述時，即指出：贊成紅燈論者普遍不信任行政機關，主張行政法的研究在於如何限制行政權擴張，行政作為不應逾越法律的界限，所以在立法授權上應採嚴格審查標準，限縮行政裁量權，或者擴大司法審查權，以有效壓抑行政權，此乃屬於消極的機械法治思想。相對而言，綠燈論者則主張行政機關應擁有積極的行政權，以創造公眾福祉為主要行政目的，所以在合理的司法審查與充分的立法授權下，行政機關應有問題解決的良好能力，並成為提昇人民權益的重要機制，是以，綠燈論者非常著重行政機關的內控機制、制度的有機設計與執行，屬於積極的機動法治思想。(*cf.* Harow & Rawling, 1984: chaps. 1 & 2) 綜合來說，行政的功能與目的，即在追求行政績效與公共利益的實踐，是以，紅燈論與綠燈論的觀點各有必要，惟要從事積極行政權並賦予其新意涵，需對行政裁量權的內涵及運作操持作一討論。

壹、行政裁量的涵義

就當代行政而言，行政裁量堪稱是行政行為的「靈魂」，亦即多數行政行為實際上是由無數的裁量所交織而成。翁岳生教授曾對行政裁量定義為：「行政裁量乃行政機關在法律明示或消極的默許範圍內，基於行政目的，選擇自己認為正確之行為，而不受法院審查者。」（翁岳生，1978: 4）另美國著名行政法學者戴維斯 (Kenneth C. Davis) 則認為：「所謂行政裁量乃是公務人員在其權力的有效範疇下，就作為與不作為的諸種可能途徑上，作一最佳選擇。」(Davis, 1971: 4) 由此可知，謹守法律固然是依法行政的根本，但法律相對於外在變遷迅速的環境，總有規範未盡周延之處，因此積極的行政作為，恰可補此項缺漏，就如同戴維斯教授的名言：「法盡，裁量生。」(Davis, 1971: 4)

既然行政裁量乃為公務人員在法律授權下或無法律規範時，所獲致之行政權力，那麼就應由公務人員基於權力的賦與，依據事實、經驗、個案考量、公共利益、國家目標等不同之考量因素，作成裁量選擇。這其中會牽涉到個人價值、社會價值、國家價值等多元價值系統間的競合，導致對法律解釋、適用與選擇，無法加以簡單化或定於一尊。惟根據英國學者葛利根 (Denis J. Galligan) 的看法，認為行政裁量權的行使結果，應以合理性 (rationality)、目的性 (purposiveness)、道德性 (morality) 三者來綜合論

述，(Galligan, 1986: 4–7) 期在創新與守成間，透過綜合辯證，達到行政效率、效能與公正的均衡狀態。總之，行政裁量權的行使，必須符合倫理規範，讓行政裁量成為謀求公眾福祉的慧劍，而非行政官僚們謀取私益的方便之門。

貳、行政裁量的倫理原則

在論述行政裁量的倫理時，華偉克 (Donald P. Warwick) 認為一個健全行政裁量發展應考量以下幾個倫理原則：（Warwick, 1981: 115–124；林鍾沂，1994: 204–209）

1. 公共取向 (public orientation)；
2. 反省性選擇 (reflective choice)；
3. 真誠 (veracity)；
4. 程序的尊重 (procedural respect)；
5. 手段的限制 (restraint on means)。

一、就公共取向言

它指的是「共同利益」的實現。雖然在官僚制度裡，公共利益的考量有時未必會與個人利益、組織利益或轄區民眾的利益 (constituency interests) 相衝突，但是到頭來共善 (common good) 應該超越它們，成為道德模糊判斷的基準。這也是為什麼盧梭 (Jean-Jacques Rousseau) 一再主張「局部意志」(partial will) 不應超越和扭曲「全意志」(the general will)。全鍾燮亦認為民主行政的實現，超越派系利害的糾葛 (beyond syndication)，是其主要的特徵之一。

二、就反省性選擇言

行政人員的決策免不了會受到環境壓力與個人能力等的限制，但反省性的選擇似乎還存有若干空間。首先，深入瞭解政策所要處理問題之性質與底蘊，不要因一開始對問題有錯誤的認知，而貽害了政策作為；其次，明確地闡述所要提升或保護的價值，而不是盲目地擁抱；復次，政策資訊的蒐集與分析是否恰當、可靠、並審慎評估；以及最後，價值與事實、政策方案與問題間的聯結是否合理和具有說服力，能否經得起不斷分析與檢視，皆可謂反省性的選擇。

三、就真誠言

意指行政人員從事公務時應發自內心的誠懇，就其所知的事項善意的表達，而非心不由衷、有意操縱、誤導和愚弄民眾。尤其當民眾面對著官僚語言與法規的迷惘，行政人員更應耐心的解說，讓其瞭解。所以，行政人員至少須做到以下三點：⑴避免說謊；⑵向上級主管提供相當可信的訊息；⑶尊重他人的觀點和對自身看法的懷疑和挑戰。

四、就程序的尊重言

前述探討層級責任的缺失時，曾經指出行政人員若過於拘泥與死守程序規則，將會促成行政官僚的物化人格，如以遵守法規為目的，而忘卻法規背後的真正目的，形成目標錯置的現象。其實，身在公門，行政人員應該遵守法規和相關程序，依法辦事，乃是應盡的本分；否則，違反職掌、無視法律、任性而為，則整個官僚制度勢將無法維持，行政穩定亦不可得。關於此者，貝利 (Stephen K. Bailey) 曾有如下的靜言：「通常，規則、標準與程序的存在，是在提昇行政的公平、公開、深度考量與課責。那些迴避既定程序者，最終將會去攻擊昔日最珍貴的一項遺產——法治，官員的任性妄為將是文明秩序的死敵。」(Warwick, 1981: 121)

五、就手段的限制言

任何手段的使用，皆期望可以達成預期的目標，但也會帶來一些反功能或副作用，尤其手段的不當經常會破壞法律的規定、違反人權、形成管制不公、產生身體、精神或社會的傷害，以及帶來民眾對政府的不信任等。因此，先進的民主政治國家在使用或引進各種行政技術或政策措施時，無不小心翼翼，斟酌再三，以免顧此失彼，造成不公。

第七節　行政倫理的起落：社會正義與社會風險的取捨

美國自稱是「機會的土地」。位在紐約市洛克斐勒中心廣場前的石碑上刻著一段引人深省的話：「這世界並不欠任何人一份俸祿，但這世界卻有義務為每一個人提供謀生的機會。」雖然美國宣揚人人只要努力，都有提升社會地位和經濟發跡的機會，（馬國

泉，2006: 44）但美國真正的核心價值，卻是社會正義 (social justice)。十九世紀法國政治思想家托克維爾 (Alexis de Tocqueville) 就曾這麼說過：「我試著追尋美國偉大卓越的源頭，是否來自於她那寬闊的港口與滾滾的河流？不是。來自於肥沃的土壤中與廣袤的森林？不是。豐富的礦產與活絡的商務？也不是。民主的議會與完備的憲法？都不是。在遍尋不著答案之際，當我走進美國的教堂，聽見其中布道講著公道，我才終於領悟其力量的根源。美國之所以偉大，乃因其追求正直公義，若停止對正直公義的執著，美國的偉業也將徹底殞落。」（蔡翔譯，2012: 81–82）在行政學術領域上，社會正義或社會公正 (social equity) 業已成為新公共行政的基本信條，尤其是傅雷德里克森和哈特等學者的立場，行政勢必要在效率、經濟的基礎上，加上社會正義或社會公正，才能彰顯公共行政的榮耀，並扭轉昔日「疏於形上學沉思」(the neglect of metaphysical speculation) 的行政危機 (administrative crisis)。甚至，早期新公共行政對社會正義的強烈主張，使得社會正義幾乎和新公共行政畫上等號。

一般而言，在行政中蘊藏著這股核心價值的動力來源，應該是來自於哈佛大學政治哲學家羅爾斯 (John Rawls) 建構的「正義論」(a theory of justice) 以及瓦爾多 (Dwight Waldo) 倡導的「民主行政」(democratic administration)。

羅爾斯大部分的重要思想體現在他 1971 年的著作《正義論》(*A Theory of Justice*) 一書裡。羅爾斯借助於洛克、盧梭及康德之自由民主的社會契約論傳統 (the liberal and democratic social contract traditions)，來論證在平等的初始狀況下，大家會同意那些原則？如果大家都能從一個公平的境況 (a fair position) 出發，達成假想的協議，那麼該協議中的原則，就符合了最合理的正義原則 (the most reasonable principles of justice)，也應該成為在公平無偏的境況下所追求的理想。採用這些原則就可決定一個社會的政治憲制 (political constitution)、經濟體系及財產之規則（此即社會「基本結構」）的公正性。在這個被稱為「原初的境況」(original position) 中，羅爾斯又使用了另一個假設「無知之幕」(the veil of ignorance)。聲稱在「無知之幕」的遮蔽下，假定一個人對於他未來究竟會具備什麼樣的地位、種族、階級或社會地位毫無所知，亦不曉得未來所擁有的財富、命運、智力和力量等，甚至也不知道他所屬團體的經濟、政治地位，以及文明與文化的發展程度，那麼他的選擇究竟會如何呢？依照羅爾斯的推論，人們往往選擇與他人同享平等的權利，而不會去考量經濟利益。亦即無異議地接受公平式的正義 (justice as fairness)。

在上述的基礎上，羅爾斯推演出正義思想體系的兩個原則為：原則一，某些自由 (liberty) 是基本的 (basic) 而又是平等地給予大家的。良心自由、思想自由、結社自由、平等的政治自由、人格的自由與完整、維繫法治的自由，皆是基本自由權，因為它們都是人類應用理性和公正感兩種道德能力所必需者，且在參與社會合作活動中，由於此兩種能力使得每個人都能成為自由及負責的主體。原則二，稱為差異原則，它規定在權利、權力、特權的分配上，可容許的差異界線。差異原則有二：(1)社會位置是開放給大家的，並且每個人皆有公平的平等機會競爭到這些社會位置；(2)財富、收入、社會權力及位置的不平等，能讓社會中最不利的階層 (the least advantaged class) 受益最大才被容許。（林正宏審編，2002: 1036–1037）

至於瓦爾多的民主行政是什麼？瓦爾多曾經表明，美國體系必須繼承一項困難的任務，那就是去調和希臘城邦國家的政治概念和羅馬帝國的大型行政範例。(Fesler & Kettl, 1991: 16) 即瓦爾多認為民主政治是可欲的，官僚制度卻又是必需的，兩者來源雖不同，卻又能夠加以調和，而使民主行政得以建制。誠如李維坦 (D. M. Levitan) 所言：「民主國家的基石不只應該基於民主原則，亦有賴於民主的管理形式，並使民主哲學滲入行政機器之中。」(Denhardt, 1993: 77) 於是瓦爾多早在 1952 年即提出：如果行政是現代政府的核心，那麼二十世紀的民主理論勢必要強調民主行政。(Waldo, 1952: 81) 再者，瓦爾多認為如要建構民主行政理論，首先應瞭解「民主」的要義。他直陳：「民主的基本意義應以倫理及一系列的價值為基礎：即是將每個人視為目的，而非工具；行政的目的是在維護和實踐人民之自由、公平、博愛及人性尊嚴等，而不是將民眾當成滿足統治者慾望或達成組織目標的工具」。(Waldo, 1952: 82)

瓦爾多更於《行政的志業》(*The Enterprise of Public Administration*) 一書中提及，國家依其功能可分為服務國家 (service state)、獎勵國家 (promotional state)、管制國家 (regulatory state) 及福利國家 (welfare state) 等。然而，經由近年來的觀察，許多政府方案已經超越了傳統所理解的福利，並企求更為直接地達到自由、平等及正義等無形的人性尊嚴與自我實現；因此，瓦爾多認為應設計另一種較佳的國家功能——「公正國家」(equity state)，以符應時代之需。

再者，瓦爾多雖承認效率乃行政之善，然其本身絕不能成為一種價值，而須存在於社會價值體系之內，被賦予道德內涵，方具真正的意義。據此他提倡「社會性效率」，強調效率必須與公共利益、個人主義、自由、平等及其他人文價值等相結合；並

依社會的價值層級 (pyramid of values) 將行政目標分屬不同層次的等級，依次作為行政決策的準則。(Waldo, 1984: 189–196；林春美，1992: 96–98) 所以他說：「真正有效率的政府必定是民主的：其必須滿足人民的需要；而真正民主的政府亦必定是具有效率的：其能敏感地察覺人民的需求，且以知識、誠實、正直、經濟等方式實現人民的意志。」(Waldo, 1984: 131) 瓦爾多更指出，未來的官僚統治型態必須兼顧顧客型官僚制 (client-centered bureaucracy)、參與型官僚制 (participation bureaucracy) 與代表型官僚制 (representative bureaucracy) 三種角色與功能 (Waldo, 1980: 95–96)。行政官僚應扮演「專業菁英」(professional elites) 的角色，具有主導政府決策的地位，除了必須具備專業能力與民主行政的人文素養外，尚須建立行政倫理規範，培養其道德與倫理意識，以作為獨立思考判斷的基礎，捍衛憲政精神，謀求大眾的幸福。(Waldo, 1965: 61；林春美，1992: 102)

然而，來到二十一世紀，風險已滲透到每個人和社會的集體意識之中，主導著國家的政治和行政運作。根據丹尼 (David Denny) 的敘述，「風險」的概念發展於十六、十七世紀，最初為早期西方探險家所創造的新詞。意指在地圖上尚未標明的水域航行。甚至根據薩伊 (M. Zey) 指出，哥倫布其實代表了風險承擔者的原型。(呂奕欣、鄭佩嵐譯，2009: 9, 12) 惟從德國社會學家貝克 (Ulrich Beck) 的敘述裡，「風險社會是通往另一個現代的路上」(risk society: toward a new modernity)（此亦是他 1992 年出版的書名）。在現今全球化的世界裡，我們觸目所及的，不僅是恐怖攻擊、傳染病毒蔓延（如SARS）、核災事件、地震、風災、土石流的不斷，而且像食品安全、空氣污染、暴力犯罪、社會詐欺、家庭暴力也都把我們陷入在風險的漩渦之中。全球化、個人化、性別革命、失業與全球風險這五種過程因素，甚至成為後現代社會的基本特徵，使得風險分布已經取代了社會階級的衝突。尤其明顯地，與傳統的工業社會相比，後現代社會的型態，在價值觀上，不再強調價值的普遍應用，而是支離破碎的原子化；在專業知識上，也不再是外行與專業的涇渭分明，而是專家知識系統的相互競爭，而且逐漸不被民眾所信任；在政治控制上，不是整體性的全面掌控，而是中央集權的作法無法面對逐漸增加的風險。甚至對貝克來說，在後現代的社會，安全成為凌駕一切的規則，引導著相關價值觀的辯論。貝克指出：「『不平等』社會的價值系統，地位已經被『不安全』社會的價值系統所取代。在平等的烏托邦中，包括許多實質與正面的社會變遷目標，但是風險社會的烏托邦，卻極為負面並且具防禦性。基本上，人們不再關心獲

取『好』的東西，而是預防最糟糕的事情。」（呂奕欣、鄭佩嵐譯，2009: 34-35）

　　扼言之，貝克認為這種無法完全認知之特定風險情境的複雜性，構成了晚期現代社會的基本特徵，使得西方社會以前關心的物質貧困與歧視問題，目前已被新型態的不安全和擔憂所取代；而且人們是以管理不確定性與危險的方式，而非重大的結構性不平等，來思考他們的生活。在紀登斯 (Anthony Giddens) 看來，社會的新型態是種對真理信仰的懷疑，以及隨之而來的對專家預測複雜風險能力的不確定，於是增加了大眾的焦慮與不安。不消說，在焦慮和恐懼之下，無論是個人和國家渴望的是安全的「防護網」。昔日斯密 (Adam Smith) 曾言：「政府有責任保護社會免於受到其他獨立社會的暴力與侵略，而且有責任盡可能保護社會裡的每一位成員，使其免於受到其他成員的不正義或壓迫行為。」(Starling, 2008: 26；陳志瑋譯，2015: 30) 社會安全應該是現代風險社會所要去重視和承擔的價值觀了。有了這樣的情境系絡與思維，難怪在第三次新公共行政會議上，提出「社會安全」的不同價值思想（參見第二章「第三次明諾布魯克會議」）。看來，在社會風險的發展理路下，社會正義與社會安全是要有優先順序的取捨了。

　　筆者以為，在全球化的影響下，讓世界上各區域或國家都變成過度相信朝向資本主義發展是對的，而且一直把它奉為圭臬，導致整個世界、國家、企業無不強調競爭力、經濟績效，而不再重視「環境造化弄人」的「社會正義」問題。況且，有許多研究直指「濟貧等於鼓勵貧窮」的觀點。其中最有名的是，莫瑞 (Charles Murray) 的「非故意獎勵法則」(law of unintended rewards)：「任何旨在改變處境的社會轉移 (social transfer)，只會增加留在該處境的淨值 (the net value)。」意思說，幫助有困難（如貧窮、疾病、無家可歸或吸毒）的人，特別是給他們金錢或服務，實際上是獎勵 (rewards) 他們有困難，並創造誘因使他們維持或變成貧窮、生病、無家可歸或吸毒。(Stone, 1997: 150；朱道凱譯，2007: 207-208) 甚至赫希曼 (Albert O. Hirschman) 也提出「徒勞無功論」(futility thesis)，來說明任何性質的社會福利計畫，都不可避免地會延續或甚至加重該計畫意欲改善的問題。(Stone, 1997: 150；朱道凱譯，2007: 207-208) 所以，一旦國家或個人安全網遭遇風險時，就會自動調整國家的政策議程，「社會正義」被擱置一旁，成為「政策孤兒」。尤其是實體危險和社會文化風險有增無減，且帶來巨大的恐懼和損失，便會成為文明的「頭號戰犯」，無不優先處理的理由。然而，政府的天職，除了保護民眾安全，還有那一項任務比社會正義更為刻不容緩的。

甚至在「政制價值」或「公民意識」理論看來，社會風險的防杜，實有賴公民參與，而落實社會正義乃為公民參與的重要前提。可見社會風險與社會正義並非絕對的對立。

第八節　公共利益的意涵及其流失

1940 年代羅斯福總統推行新政，銳意革新，然而，龐大的利益團體不斷藉由立法程序，將其自身利益滲入政策合法化的過程中，造成新政莫大的阻力。賀寧 (Pendleton Herring) 注意到這種利益團體所帶來的問題，他在 1936 年出版《行政與公共利益》(*Public Administration and Public Interest*) 一書中大聲呼籲，美國為有效對抗利益團體假藉代議制度之名，圖謀個人利益之實，應借助規模龐大的行政體系加強效能，強化公共利益的共識，以資抗衡濫用職權、謀求私利的國會。

賀寧的主張點出了一個重要的問題：在美國憲政制度下，行政在治理過程中是否具備正當性與平衡性的角色？行政的基本規範為何？面對氣餡高張的利益團體，當時並未有明確的準則指引公務人員的行動，行政法規亦僅做程序上的規範，雖然如此，賀寧認為公共利益的基本理念應是國家公僕的核心價值：(Herring, 1936: 23；Goodsell, 1990: 96)

1.公共利益可作為行政人員依法行政的準則。作為一個象徵性意涵，它指涉的是行政組織的完整性、權責相稱，以及將行政中立的價值融入行政程序中。

2.公共利益在整體科層官僚制下，如同正當程序 (due process) 在司法制度中的地位，雖然在概念上不易明確界定但是卻言簡意賅。

索洛夫 (Frank J. Sorauf) 亦指出，公共利益是個「有效的政治迷思」(potent political myth)，它的價值不在於意義的明確界定，但可在政治論辯時，將特定利益披上道德的外衣，較為人所接受。(Jun, 1986: 252；吳定、張潤書等著，1990: 607)

而貝利 (Stephen K. Bailey) 亦同意索洛夫所說公共利益是個迷思的觀點，並將它形容為「決策者對政策所引發痛苦的合理化之錨」(anchor of rationalization)、「介於社會上得失群體的道德戰爭」、「官方良知的止痛藥」(balm of the official conscience)，其菁華不在於概念明確與否，而在於它堅持持續地以道德之意，滲透進統治者與被治者間內部與外部的政治對談 (political discourse) 中。(Jun, 1986: 253–254；吳定、張潤書等著，1990: 607)

眾所周知，行政學成為一門獨立的學科，被公認為自 1887 年威爾遜發表〈行政的

研究〉而開始的，惟行政在英文裡何以被稱為「公共行政」(public administration)，而非「政府行政」(government Administration)，卻沒有公開的記載。至於「公共」的古典意義，依傅雷德里克森的看法，來自於希臘語的兩個字源。第一個是 *"pubes"* 或者「成熟」(maturity)，意指一個人在身體、情感和心智上已臻成熟，從而把只重視個人利益發展到超越自我，能夠理解自我與他人之間的關係。

公共一詞的第二個來源是希臘語 *"koinon"*，如同英語中的 "common"（共同）。*"koinon"* 是從另一個希臘字 *"komois"* 延伸而來，意指「關懷」(care with)。不論是英文的「共同」(common) 或「關懷」，它們都隱含著「關係」(relationship) 的重要性。(Frederickson, 1997: 20)

傅雷德里克森認為，成熟和超越個人私利之理念，不只隱涉著公共是種「事務」(a thing)，如公共決策；亦隱涉著「能力」(a capacity)，一種發揮公共作用、關心他人，以及瞭解個人行動會對他人產生影響的能力。若把「共同」和「關懷」這兩個詞與「成熟」加在一起，則公共的意義更為深入，不但意指與他人合作共事，而且能夠為他人著想。(Frederickson, 1997: 20–21；張成福等譯，2003: 18–19)

相對於「公共」，「私己」(private) 亦來自二個希臘字源，一係 "idiot"，意指僅為個人私利著想，另一係 "oikos"，是指家庭利益或家計，它與前者不同，並非全是負面的指稱。

另就英文「私己」的字義來看，它有「公共生活的剝奪」(be deprived of a public life) 之意。誠如帕爾默 (Parker Palmer) 警告我們：「私己的地位在我們平日生活中雖備受推崇，使我們充滿動能和關心，但它在過去被視為貧瘠的狀態」。(Frederickson, 1997: 21)

然在古代希臘社會裡，公共的實踐場所是「政治社群」(political community)，即所謂的「政體」(polis) 或城邦國家 (city-state)。身為政治社群的公民（當時是指成年的男性且不具奴隸身分）不但相互合作，亦可參與政策的決定。再者，政治社群不但建構了普世的標準，也在支持、宣傳和執行這些標準，以獲取更大的善。一方面，公民對政體（城邦國家）表達忠誠，另方面城邦國家有責任來保障和「關懷」公民。馬國泉教授寫道：「正如古希臘人所認為的，人類天生地就是善於社交、群居的生物，人類的本性也只有在有組織的社區團體內才能得到完善。正是在這樣的有組織的社區團體內，人類內在的道德本能，即建立和發揚人際間良好互動的願望，才能得到充分發揮。

對很多人來說，參與公共活動是他們公眾福利意識的實踐，也是他們追求幸福的體現。這種參與，意味著大家摒棄私利，也意味著共同承擔責任。」（馬國泉，2006: 52）

就此看來，「公共行政」的直截意義就是「關懷行政」。沒有「關懷」，行政的生命花朵就不會每一天持續綻放著。惟揆諸近代，英文中有關「公共」的用詞，雖仍保留其原始意義，卻流失了部分原初意義。在英語裡，「公共」泛指，在社會中不分彼此的所有群眾。例如公立學校是指對大眾開放，並對學生傳授知識與技能的地方；公共廣場則為每位人員均可利用的場所，公共圖書館亦然。英國的酒館，一直是社區居民聚會的場所；公眾人物 (public figure) 則指一個人的責任，甚至生活是對每個人公開揭露的。

直到最近，「公共」成為「政治」或「政府」的同義詞，讓「公共」的意義更加流失與限縮。公共時常被形容為挑戰個人主義、對抗私人企業和朝向集體主義等。更糟的是，對多數人而言，公共指的是瑣碎、普通、庸俗和大眾化等，若將它視為「公善」 (public good) 和「公共利益」 (public interest) 的實踐，反被譏為理想主義和不切實際的想法，沒有實際的價值。

為什麼會如此呢？對傅雷德里克森來說，在於功利主義的哲學觀 (the utilitarian philosophy) 取代了古希臘公共觀，並主導政治思考和政府實務。在功利主義下，人們汲汲於計算個人的痛苦或快樂、考量個人的效用，政府也淪為滿足個人福利加總之整體社會成本利益的計算。而且所謂的快樂、效用與福利盡是由效果或成果所決定。尤其功利主義哲學配合著市場經濟的邏輯，更使行政及政策漠視了互動社會應有的共同理想與關懷。「公共選擇理論」或「新公共管理理論」就是此一邏輯的應用。就連實證主義法學，也認為法律是主權的命令，而不是公共意志或公善的法典化。甚至「決策分析理論」，也都圍繞在攸關組織效率與經濟利益的算計上。(Frederickson, 1997: 22；張成福等譯，2013: 15) 對於公共意涵的流失，英國前首席猶太教拉比薩克思 (Jonathan Sacks) 的一席話，說來格外深刻：「當一切攸關至要的事物都可以買賣，當承諾不再對我們有利時可以違背，當購物變成救贖、廣告辭變成我們的連禱文，當我們的價值以我們賺多少、花多少來衡量，那麼市場就是毀滅了長期下來它所倚賴的美德。」（陳正芬譯，2007: 207-208）

除了傅雷德里克森的分析外，有關公共意涵的流失，也可在杜威 (John Dewey)、李普曼 (Water Lippmann)、沈尼特 (Richard Sennett)、帕爾默等人的論述中發現。

(Frederickson, 1997: 23-24)

　　杜威哲學最常為學者所津津樂道的，是他對公私的區別。就杜威而言，有關公私的差異，端視人類的行動是在影響一個人或影響許多人，形成了對私己的考量或對他人的考量。當某些人的行動影響著他人的福利時，那麼這個行動就需要具備「公共能力」(public capacity)。而且，公共意涵並非固定不變，而是不斷的「創造與再創造」，它繫之於人類間的行動與互動。公共意涵的失落，是人們不能也無意將自己組合成政治社群，以維護共同利益。簡言之，公共意涵的流失，乃是「公共能力」無力發揮的緣故。

　　另在李普曼看來，公共意涵的流失是欠缺公共哲學 (public philosophy) 所致。當一個人不再存有「公共理念」時，就會執著於自己的權利，而變得相當的私己性格，忽視了個人對決策結果應負的公共責任。沈尼特在《公共人的沒落》(*The Fall of Public Man*) 一書中也這麼的認為，過分執著個人之私，將導致我們把發生在自己以外的任何事情，都理解為自我的反應與投射，而非與自我有所區隔，那又如何分享集體的行動責任？

　　最後，公共如被視為與政府、投票與民選官員等有關的行為，並與代議制政府所制定的政策聯繫在一起，更是令人憂心不已。帕爾默就曾質疑道：「為何我們會對公共的字眼採取如此狹隘的意義？我覺得這個答案存在於社會流行的政治思考之假設裡。只有透過政府的過程，公共才能創造；唯有國會的行動，才會使得多數人的看法合而為一。……政府的職責就是提供規則與處罰的架構，使得自利得以聚合，社群得以建構；並將那些不符合規範的利益，不是視為偏差就是被否定。在這樣的政治理論下，公共成為個人競相獲取利得的競技場，政府僅成為裁判員」。(Frederickson, 1997: 24) 現代的股票交易市場就是最好的例子。政府提供了交易安全的遊戲規則，並從中課取股票交易稅（及資本所得稅）；投資者則殫精竭力地獲取投資報酬的最大化；華爾街金融機構 CEO 甚至在金融海嘯時還坐領高額報酬，而被稱為「金融肥貓」，以一部電影「華爾街：金錢萬歲」(Wall Street: Money Never Sleeps) 來形容，最是貼切的了。像這樣的「政府」運轉機制，不再強調服務的責任感、個人與社會的休戚與共，也無法將公眾利益置於個人利益和黨派利益之上，這種公共流失的狀況，不僅無法提供真正公共生活的希望，也無法造就生命共同體的願景與統一。

　　筆者以為，上述對公共意涵及其流失的敘述，可用盧梭 (Jean-Jacques Rousseau) 對

「自由」的詮釋作一比對。盧梭將自由分為兩種,一是天賦自由 (natural liberty),一是市（公）民自由 (civil liberty)。在天賦自由中,人類的行為是受本能的趨使,隨其私慾之引誘,而攫取他想得到的東西;惟在市（公）民自由中,人類的行為是受正義的規範,而成為一種道德性。盧梭說:「唯有當義務的觀念代替了肉體的衝動,正義的觀念代替了私慾的時候,那些從前只顧自己利益的人們,才開始知道他們必須按著另外一種原則行動,在順其欲望而行動之前,必須想想是否合於理性」。其又云:「人類到了市（公）民社會中,才得到了道德的自由,只有道德的自由,才能使人類真正成了自己的主人,因為只服從欲望衝動的驅使就是奴隸」。(國立編譯館,1988: 197–198)盧梭這種對自由的特別詮釋,認為道德的行為才是自由的行為,只滿足個人私慾與衝動的行為就是欲望的奴隸,確是上述公共意涵及其流失的最佳寫照。

第九節 透視行政公共性的途徑

從上所述,貧瘠的心智,意即一個人的行動表現只是為了私己,而不是為了別人。惟斯密卻說過那句經典的名言:「我們得以享用晚餐,不是因為屠夫或麵包師傅的恩惠,而是基於他們個人的自我利益。」甚至他認為,透過利己主義那隻「無形的手」,植基於「自由市場」的基礎原則,讓每個人力圖改善自身狀況的自然努力,是可以接受的,也是引導社會動力的來源。(蔡孟璇譯,2012: 59–60)個人主義和市場邏輯不但與現在的經濟繁榮與社會進步息息相關,而且在資本主義、社會福利及公平正義間搭起了橋樑。然而,弔詭的是,誠如福山 (Francis Fukuyama) 所言:「自利的觀念若加以妥善詮釋後,會成為一個廣為人所了解的原則;而此一原則構成了美國大眾道德的堅實基礎。……但這些價值觀最後卻產生某種腐蝕效果,危害了維繫社區興盛所需的其他價值觀,也因此傷害了自由社會的自我維生能力。」(周旭華譯,1995: 342) 為了闡明這種弔詭,說明公共利益與個人主義間並非一致的結合,並開拓公共的想像,論者常以五種途徑來論述行政公共性的特徵及其缺失,包括多元主義觀點 (the pluralist perspective)、公共選擇觀點 (the public choice perspective)、立法觀點 (the legislative perspective)、服務提供觀點 (the service-providing perspective) 和公民意識觀點 (the citizenship perspective)。茲分述如下:(Frederickson, 1997: 31–43)

壹、多元主義觀點：公共是利益團體 (the public as interest group)

近代多元主義的誕生，基本上被視為是對民族國家主權的集權意識之反動。該一途徑認為民主政治的發展，只倚賴政治制度的「分立與制衡」，僅能達成「保障的機制」，還須配合著社會的多元，才可帶來「發展的利益」。公共事務的推動，仍有賴社會各種的「中介性機制」(intermediate institution)，如教會、大學、社團、利益團體等，來匯聚和表達不同意見。例如法國政治哲學家托克維爾便認為，美國民主之所以順利運作和蓬勃發展，並能夠把條件的平等和政治的自由結合起來，實是社會中存在各式各樣的團體將大眾的需求反映在政策制定上，並將政府政策的旨意傳達給社會民眾，成為政府與民眾間的溝通橋樑。反觀，法國似乎注定要陷入週期性的威權統治，就是因為封建特權階級的崩解，個人主義和個人原子化 (atomization) 的崛起，使得原子化的人群可能去接受集權的、威權的方式來解決政府的問題。即「（法國）貴族政治製造了一條鎖鏈，把社會中從農民到國王的每一個成員緊緊地綁在一起；民主政治（指個人主義）則割斷了這條鎖鏈，並切斷了每一條聯繫。」(Dunleavy & O'Leary, 1987: 15；羅慎平譯，1994: 17–18) 政治團體理論 (group theory) 的創始人邊特利 (Arthur Bentley)，在 1908 年《政府的過程》(The Process of Government) 一書中，也認為社會牽制與制衡的觀念及其相關的團體互動想法，能夠產生社會的均衡 (social equilibrium)，他並將團體視為政治生活的「原料」。(the raw materials of political life)。(Dunleavy & O'Leary, 1987: 16；羅慎平譯，1994: 19)

道爾 (Robert Dahl) 在《誰統治》(Who Governs) 一書中以美國紐哈芬市為研究對象，選擇幾個重要的政治議題，來檢視誰在那些議題上獲利。結果他發現，沒有任何一個人或團體能在所有的議題上長期獲利或占優勢，不同的團體會在不同的議題上各有所活躍和影響，使得每個團體都有成功與失敗的機會。因此，他認為：在西方工業化的社會裡，權力是廣泛分配於不同團體之中，長期上，沒有一個團體有權力去影響決策制定；同樣地，也沒有一個團體能夠始終居於主宰的地位。(Ham & Hill, 1984: 27–28)

總而言之，多元主義對政治運作做了下述的幾個基本假定：(Dunleavy & O'Leary, 1987: 17)

1.反對國家的一元主義 (state monism)，不管它在哲學上是以主權原則來敘述，或在實際上以集權或絕對主義來表達；

2.強調並推崇團體和組織的自主性 (autonomy)、活躍與多元；

3.同意在複雜社會中存在著不同的團體衝突；

4.論爭制度或政治的牽制與制衡設計是防止國家一元主義的有用機制；

5.個人主義雖有其優點，但私利成為支配性的動機，且當傳統的「社會臍帶」不復存在，亦會為社會帶來危險。

　　強調多元主義的觀點，在行政運作上的主要特徵，莫過於行政機關、利益團體、國會委員會所形成的鐵三角 (iron triangles)。行政機關為使推動的政策能夠獲致國會的認可，須動員利益團體的支持，並向其轄區的國會議員遊說；國會議員為獲得競選，須考慮地方團體的需求，透過行政機關的政策施惠於民眾；利益團體一方面向行政機關推銷政策構想，另方面向國會施加壓力，以圖滿足心中的期望。難怪謝德曼 (Harold Seidman) 說到：「在分殊的、彼此交戰的眾多行政機關中，每個機關因都有自己的服務對象、文化和國會聯盟，使得政治協調是種非意圖的和快樂的行動結果，而非總統可加控制的策略」。(Dunleavy & O'Leary, 1987: 51)

　　受到多元主義的影響，政策制定的主要特徵為：⑴漸進主義 (incrementalism)：決策者只對現行的政策方案做小幅度或「點滴」的改變，不試圖找尋一個最佳的解答。在現實生活中，決策制定基本上是種「漸進的」(incremental) 調整，而不是對所有的方案進行「廣博的」分析；⑵集體決策的複雜性：當不同團體作成集體決策時，顯較個人決策更為複雜。道爾和林布隆 (Charles E. Lindblom) 早已體認到，社會福利絕難以「極大化的單一最佳形式」(single best form) 來達成，集體決策使用的程序或標準都將讓某方團體獲利和另一方失利，使得投票、協商、交涉是達成集體決策所必需；⑶黨派間相互調適 (partisan mutual adjustment)：在決策場合中，許多的決策會以一種欠缺連結的方式 (disjointed way) 來進行，在沒有一致共識下，採用「黨派的相互調適」來獲致彼此的合意；⑷利益表達的可能性：就多元主義看來，每個團體皆可在決策過程上找到相對的組織（行政機關、民意代表、政治領導者等），表達其偏好與利益。只要任何一個團體不要「自我挫敗」或「自我放逐」，其聲音終會在政策制定過程中被聽見。(Dunleavy & O'Leary, 1987: 54–56)（關於此方面的說明，請參見第五章「林布隆漸進主義」及第六章「魏達夫斯基的論述」。）

多元主義在政治治理的特徵與優點雖如上述，但也呈現以下的缺陷❽：

1.多元論者對於社會現狀的支持和對有權者的維護：雖然多元主義論者指稱，在公共政策制定過程中，權力是廣泛分配於眾多團體之中，不同團體可以在不同議題上各自發揮不同的影響力，沒有任何一個團體在所有議題中享有完全的地位或壟斷政策的運作。但是，團體擁有的資源多寡，仍將決定資源的分配，包括：成員的向心力，以及團體的規模、經濟財力、社會地位與資訊等。因此，有錢有勢的團體總較那些資源缺乏的弱勢團體更容易影響決策過程，成為「大魚吃小魚、小魚吃蝦米」之利益競奪賽局。（程中平，1996: 121）

2.多元主義侷限了政治的實際：多元理論強調團體間的利益競逐，忽略了維繫公民共同體的道德規範，如信賴、分享資源、關懷、忠誠、尊敬、誠實與責任。在這一觀點下，正義和公善不再是辯論與判斷的基礎，而僅著重於政策過程的權力鬥爭。再者，多元論者迴避了當權者往往利用決策過程的巧妙安排如機密、程序等，來祖護其支持者的褊狹自私現象。

3.多元主義扭曲了人性的看法：在多元論的架構下，人類的尊嚴與和衷共濟的理

---

❽　對多元主義的批評，有兩個主要的論點，其一是過度負荷理論 (the overload thesis)；其二為太少的民主：參與的多元論 (too little democracy: participatory pluralism)。前者認為國家由於利益團體的勃興與紛至沓來的要求，而造成了過度的負荷，並形成魏達夫斯基 (Aaron Wildavsky) 所謂的「做得更好，感覺更糟」(doing better and feeling worse) 之現象。因此，羅偉 (Theodore J. Lowi) 認為負責任的政黨領袖應降低民眾的期望與需求，以確保政策運作的成功與有效，並施以法治為基礎的治理過程。至於後者的代表學者是道爾，道爾雖同意過度負荷論的觀點，在自由民主政體中過多的多元主義會造成問題，但並不樂觀地認為，多元主義將帶來良好的政府體系，其理由為：⑴多元主義將現存的不平等穩定化，特別是把未被組織的利益排除於決策過程之外，是不民主的，且會導致社會和經濟關係的凍結和停滯；⑵多元主義由於把個人主義等同於公共利益，而造成「市民意識的變形」(deformation of civic consciousness)；⑶組織的多元主義自由運行的結果，將產生扭曲的公共議程；⑷民選代表將某些政策論題的最後控制權，委託給私人團體，這種將公共或國家權威與利益團體共享的結果，會形成不負責任和沒有代表性的決策形式。「基於矯正民主政治弊病之道，唯有更加的民主政治」，道爾認為多元主義的矯正之道在於市場的社會主義 (market socialism)、工廠內部的工業民主、公營企業的有限運用和其他形式的社會所有制 (social ownership)，以及政府分權的廣泛綱領 (an extensive programme of government decentralization) 之綜合。(Dunleavy & O'Leary, 1987: 66–70)

想不但流失，且被自利的消費者效用所取代，理性和自由的自由主義的理想 (the liberal ideals of reason and freedom) 也被窄化為經濟理性和經濟機會主義。

4.多元主義低估了民主的公民意識：在公民意識為基礎的治理下，民眾的權利與責任被賦予正式的地位；惟對多元主義而言，系統的目的應該凌駕於民眾的目的，民眾過多、過熱的政治參與會危害政治的穩定，民眾的冷漠才是政治穩定和順利運作之所繫。系統的穩定發展，而非公民參與，才是民主治理的理想。(McCollough, 1991: 69–70)

由上述看來，多元主義的利益團體理論是否適切而完全地表達了行政的公共性意涵？答案則是否定的。誠如沃爾夫 (Robert Wolff) 所言：「我們必須摒棄將社會視為各類團體競逐利益的想法，相較於只接受相互對壘的利益和彼此對立的規則，我們更應該規劃較為崇高的社會理想。爰此，我們需要一種超越多元主義且寬容的新社群哲學 (a new philosophy of community)。」(Jun, 1986: 68)

貳、公共選擇觀點：公共是理性的選擇者 (the public as rational chooser)

所謂公共選擇理論，是將經濟學的假定與方法用於研究集體、社會或非市場的決策上，尤其是對於憲法、集體行動、政黨制度、官僚行為等的主題分析。早期對此一理論的貢獻，要以美國維吉尼亞州州立技術學院學者，如布坎南 (James Buchanan)、奈斯坎南 (William Niskanen) 和圖洛克 (Gordon Tullock) 等人最為著名。(Dunleavy & O'Leary, 1987: 75)

根據傅雷德里克森的看法，公共選擇理論對公共性的解釋，幾乎與多元主義成為一對孿生兄弟，而個人主義是將兩者連繫在一起的紐帶。政治哲學家邊沁說得好：「社會是一個虛構的團體，它是由許多個別成員組合而成。社會利益是什麼？它是種組合社會許多成員利益的總合」。(國立編譯館，1988: 237–238) 在功利主義下，人人以追求個人的利益、幸福和快樂為目的，並不特別去關注社會的價值和倫理，如社群、公善或利他主義。

這種基於理性自利假定所提出的公共性觀點，正如同市場中消費者偏好所形成的價格，每位消費者偏好雖有不同，但自利的個人如能透過市場的競爭性互動就能達成供需決定的均衡價格，這就是公共利益。所以，政府和社會秩序被視為僅在維持穩定

環境而讓個人得以發揮自由選擇的制度。例如布坎南和圖洛克的主要考量，便是如何組織一個民主政府，讓個人利益的追求成為一種基本的必備條件。

繼承了公共選擇觀點，黨斯 (Anthony Downs) 在《官僚內幕》(*Inside Bureaucracy*) 一書，把市場經濟規則引入在科層官僚制的分析上。他以官僚是理性利益者出發，建構了「科層官僚制的意識型態」(bureaucracy ideology)，其基本特徵如下：(Frederickson, 1997: 34-35；張成福等譯，2013: 23-24)

1. 強調官僚行為的正面利益，而忽視其成本；
2. 彰顯官僚服務的擴張是可欲的；反之，任何的精減都是人們所不願看到的；
3. 強調官僚制是為社會整體提供服務，而非面向「特定的團體」；
4. 誇大官僚目前成就的高效率水準；
5. 強調官僚的能力和成就，不提或少提失敗與無能。

應用同樣的思維，歐斯壯 (Vincent Ostrom) 在《美國行政的知識危機》(*The Intellectual Crisis in American Public Administration*) 一書中，認為美國行政與政策在實務、研究和教學上都出現了問題，非但都市問題、環境危機和種族問題都比以往更為嚴重，而且學者們對自己的研究領域失去信心。主要原因是昔日的行政理論太過倚重於韋伯建構的「合法－理性型」科層官僚制。而此一制度的主要缺失，不但無法肆應多樣化的民眾需求，亦無法彈性回應快速的環境變化。為期民眾能在行政中有多元的選擇，個殊化的回應，歐斯壯主張推動「民主行政」(democratic administration) 為一重要的途徑。對他而言，民主行政的基本意涵是多元的決策中心 (polycentricity)，而非一元的決策中心 (monocentricity)；複式的組織安排 (multiorganizational arrangements)，而非層級節制的金字塔結構；自我管理，而非命令指揮；分權，而非集權；以及行政的政治性，而非行政與政治的分立等。(Ostrom, 1989；林鍾沂，1994: 10-15)

惟把公共選擇理論應用在行政和公共政策上也易產生以下的弊端：

1. 公共選擇理論將公共決策過程視為利益的競逐，並不能夠正確描述社會世界的整體形象。例如有不少的公益團體、政府官員、行政人員甚至社區民眾熱心於公共利益的實現，而非圖謀私己利益的極大化。所以理性自利的假定，不能充分的描述實際的整體，也有扭曲人性的可能。正如拉希所言，民主的意義絕不僅止於開明的利己主義、「開放」和容忍而已，他並引用惠特曼 (Walt Whitman) 在《民主的遠景》(*Democratic Vistas*) 的觀點，認為民主的檢驗在於它是否能夠創造「由英雄、性格、功

動、苦難、順境或逆境、榮耀或屈辱組成的一個集合體，既是每個人所共同的東西，也是每個人的典型。」（林宏濤譯，2008: 120–121）

2.公共選擇會引發民眾對政府官員產生犬儒主義的看待。如同黨斯所描述的：「政府官員之所以行動，主要是為了從職位中獲取所得、名聲和權力。他們並不把職位視為實踐政策的理想，而是想從中獲取報酬，並透過勝選為之。」像這種只為利益不求公益的形像，不但喪失了政治的美德以及民眾對政治的信賴，並讓歷史傳承的倫理規範蕩然無存。弗雷胥曼 (Joel Fleishman) 說得好：「如果為了共善而刻意犧牲了自我利益，將可建立最崇高與倫理的政治；反之，貪婪、盲目和野心的政客會是廉潔的政治家形象之悖論」。其又云：「如果人們確信民選的或任命的公共官員所關心的並非是選民的利益，而是他們自身的利益，再也沒有任何一種事情（包括判斷錯誤、浪費公帑、沒有效率、高稅率、過度管制，甚而是敗戰）足以嚴重到動搖代議制政府之根基。當這樣的信念在選民之間廣為流傳，並持續一段夠長的時間，公眾不僅逐漸對統治官員失去信心，亦對政府制度失去信心。」（Frederickson, 1997: 37；張成福等譯，2013: 25）甚至，當自利的動機若一再地被推崇和合理化，將導致從民眾個人、行政人員，以至政治官員無一不去從事自利行為，自利就成為不須鼓勵而能自我彰顯的行為動機。

3.公共選擇理論傾向於忽視社會中的弱勢。乍看之下，市場是種維繫公平的交易制度。惟細看之，市場只對那些付得起的人提供服務，付不起的人，只能在旁觀望。無意中市場區分「付得起」和「付不起」的兩個階級。例如對那些資源優渥的人，他可以隨時選擇搬離高犯罪率的地區，到治安良好的郊區，並與社經地位相若者為鄰；反之，缺少資源者，只能與犯罪為鄰，忍受髒亂不堪社區的折磨。此外，在公立教育領域，抵用券 (vouchers) 是公共選擇理論經常論及的話題。民眾使用抵用券可以為其子女「購買」教育，自由選擇公立或私立學校就讀。這種做法明顯地弱化了公立教育，並限制了公立學校向那些無力或無法將子女送入私立學校就讀的家長提供服務的誘因。難怪威爾遜曾這樣的評論：「不管（抵用券）對學生的閱讀分數產生的效用如何，對許多人來講，教育市場在公平和課責方面是令人不安的。」（Wilson, 1989: 362；孫艷等譯，2006: 490）

以此看來，公共選擇途徑是否能適當而公正地表達行政的公共性，答案是否定的。

政府治理的正當性，通常仰賴被統治者的認同，所以民眾對政府作為的真正感受，深深地影響其對政府支持及守法守紀的意願。當公眾對政府失去信心時，就不可能在

一些艱難的決策上與政府同舟共濟。如果說公務員是實現公共意志的公共信託者，那麼自利的行為將會破壞這一公共信託，並導致對政府信心的喪失。

參、立法觀點：公共是種被表意者 (the public as represented)

雖然現在是治理的年代，公民治理已成為未來的重要發展方向。但在大多數情況下，現代民主政府在實務中仍多採用代議民主而非直接民主。公眾授權予國會、州議會、郡委會、市議會、學校董事會，讓他們依自己的判斷而採取行動。因為他們直接代表民眾，所以被視為行政公共性最具合法性的代言者。相對的，行政人員僅被期盼在立法者所創設的機構中運作，並服從與遵行其所通過的法律。

惟在委託－代理關係中，代議士究竟應扮演公眾的「代理者」(mandate) 或「受託者」(trustee) 角色，是個爭論不休的議題。被視為「代理者」的一方，即強調代議士須貫徹選民的期待，在決策前應先告知選民相關的問題及想法，依選民選擇的偏好而採取行動；然被視為「受託者」的一方，則認為代議士應儘可能地滿足選民的期待，以社區整體的最佳利益作自主的選擇。顯然地，將代議士視為公眾的代理者，存在著主要缺失。正如熊彼得所言：「對於該一理論命題的首要問題，即在於民眾對於每一個別議題都要有一明確與理性的看法，選擇並告知代議士如何將其意見付諸實現。」(Roskin, *et al.*, 1991: 67–68) 然在實際上，幾乎所有的公共政策議題表達，都很難有明確且一致的看法，只能寄託於代議士自己進行公正的審議。

在現代的民主政治中，代議政府的實際運作，選民只有在投票當天是自由的，而且只能以有限的方式來行使自己的公民權；更有甚者，選出的代表未必能有效表達民眾的意願以及解決其難題。所以民眾受託的對象不應只是代議士，亦包含了選舉產生的政務官員，更有賴於行政人員的服務提供。若再加上法律規範的不完善、模糊不清和自相矛盾，以及司法解釋的緩不濟急，更可彰顯行政機關在實現法律授權的代表性上成為一個重要的機制。

有鑑於此，隆恩 (Norton E. Long)、克利斯洛夫 (Samuel Krislov) 以及麥爾 (Kenneth J. Meier) 等學者從人口統計學的觀點，證實了文官會比民選官員更具公眾的代表性。無論是公共服務的專業表現，或是實施平等就業機會和平權措施等，行政文官在反映公共輿論的表現上，是值得肯定的。

巴柏 (Benjamin Barber) 則對於代議制度提出了嚴厲的批評：「代議原則使個人喪

失了對價值、信仰和行動的最終責任。代表與自由是不相融和的。因為它轉嫁了責任，疏離了政治意志，它是以犧牲了自我管理和自主性為代價的……自由與公民意識是相互關聯的，不但相互維持且相互賦與生命。當人們不能透過共同審議、共同決策與共同行動來為共同生活的決定負起直接責任時，那麼根本沒有自由可言，儘管他們享有多少的安全、隱私和不受干涉的自由。」(Barber, 1984: 145-146；張成福等譯，2013: 26) 所以，行政公共性的表達，是有需要的。但正如傅雷德里克森所言，它是必要的，卻非充分的。因為還需要有其他制度或條件的配合，才能彰顯公共性的充分表達，並實現其所蘊含的一些共同意志與公共利益。

肆、服務提供觀點：公共是顧客 (the public as customer)

行政公共性最有意思的觀點之一，就是顧客的觀點。顧客可定義為：基層官僚所直接服務的當事人，包括個人或團體。舉例而言，學生是老師、校長、督學，以及教育局行政人員的當事人；罪犯是警察的當事人；病人及身心障礙者，是公立衛生機構眾多醫學專業人員的當事人。所有的民眾都有可能成為政府的當事人，而且可以確定的是，我們都是國稅局的當事人。從民眾的觀點言，基層官僚是民眾日常生活中密切接觸的政府官員，基層官僚提供的服務和規範，將建構了人們的生活方式和機會，也為人們的生活方式和機會化劃定了界線。基層官僚代表著民眾的希望，希望從政府那兒得到公平而有效的服務。所以在民眾的心目中，基層官僚的角色和功能，好比民眾行為模式的「製造機」，像極了政府在地化的縮影。

惟根據對基層官僚有相當深入研究的著名學者李斯基 (Michael Lipsky) 指出：「透過官僚體系所傳達的基層政策是存在矛盾的。一方面，服務是透過人而對人來傳送的，它引發出人類互動、關懷與責任的模式；另一方面，服務又是由官僚體系來傳送的，在資源有限與限制的條件下，卻引發出不是親近及平等的對待模式，使得關懷與責任成為具條件性的。」(Lipsky, 1980: 71)

換言之，基層官僚被期待成為當事人的「保姆」角色，運用他們的專業、技巧、熱誠與利他精神，以確保當事人得到合理的待遇，並給予適當的考量。然而，事與願違，此乃因為：第一，基層官僚直接接觸的當事人各有不同，面對的需求也相當分歧，於是產生當事人需求與社會目標和組織目標相衝突的處境。正如藍道 (Martin Landau) 所形容的「(基層官僚的目標) 比較像是逐漸模糊遠去的視野，而比較不像是固定的標

的。」(Lipsky, 1980: 40；蘇文賢、江吟梓譯，2010: 78) 第二，基層官僚面對紛至沓來的需求，迭生過度負荷的壓力；又由於身處基層單位，無法像聯邦或中央的文官擁有較多、較豐富的資源，處理群眾的要求，只好降低當事人的期待；第三，基層官僚雖可主張自身的公民權利，卻要接受機關加諸身上的義務，另面對當事人時，只能在法規和程序的基礎下，憑藉著留給他們有限的自由裁量，運用標準化、自動化、系統化的例行公事 (routine) 或樣板型態 (stereotype)，以迎合顧客的需求；第四，基層官僚無法控制全部工作的成果、來源與進度，僅能掌握一部分的工作範圍，並以限量分配服務 (rationing services) 控制當事人及工作情境 (controlling clients and work situation)，來達成工作績效，進而造成與當事人間疏離的現象。(Lipsky, 1980；蘇文賢、江吟梓譯，2010)

關於上述所提的幾個特徵，李斯基曾形容道：「當人員進入公職服務後，特別是基層官僚人員，至少帶有若干服務的熱忱，像是教師、社工人員、爭取公共利益的律師 (public interest lawyers) 以及警察人員等，其所以謀求這些職位，因為它們具有對社會做出貢獻的熱誠。然而，這些工作的本質卻阻止了他們致力於工作的理想。面對著龐大的班級學生人數或堆積如山的申請案件負荷，以及不充裕的資源，再加上方法的不確定和當事人的不可預知性，將使他們的雄心理想被打落成僅是位勞務的工作者」。(Lipsky, 1980: xii；林鍾沂，1991: 158) 甚至李斯基補充道：「在最好的情況裡，基層官僚會發明一些處理大量案件的良性模式，這些模式可以在某種程度上允許他們以公平、合宜且成功的方式來處理大眾的問題。而在最糟糕的情況裡，他們會向下沉淪而變成徇私偏袒、刻板定型、並且例行公事，反正這些做法也都能夠達到申請人或是機關的目的。」(Lipsky, 1980: xii；蘇文賢、江吟梓譯，2010: v)

如果李斯基對基層官僚的觀察是對的話，那麼擬透過顧客或當事人觀點來達成行政公共性，是脆弱的。而且，事實上，基層官僚往往也將自己組成為各式的利益團體，透過政治過程，滿足自己的偏好，偶而也會犧牲當事人的權益，這導致其與多元主義模式無異，盡是自利的充斥，僅在為轄區內的利益團體而非一般民眾服務。

伍、公民意識觀點：公共是公民 (the public as citizen)

根據傅雷德里克森的分析，公民意識之概念，與當代行政領域之緣起密切相關。在改革年代，公共服務不僅需要具備能力取向和功績制度，亦強調熟諳憲法和熱心公

務的有識公民 (informed citizenry)。這時的公民意識，除了追求個人利益，亦在追求公共利益，而且在政府快速擴張、利益團體形成，以及多元主義與公共選擇理論出現前就已經存在了。可是到了 1930 年代，公共行政對公民意識的重視，幾乎轉移到行政議題上。直至 1960 年代末期，對公共性的關切才又逐漸復甦。但因當時多元主義與公共選擇理論蔚為行政的主流概念，使得公民意識並無引起太多的興趣，特別是在美國著名的學府。

　　至於公民意識的真正復甦，應該是在美國地方社區所推動的都市更新方案。在核心城市 (inner-city) 中，公民參與政策制訂的模式得到了聯邦政府的支持，而且在若干政府服務上試行公民控制方式的實驗。到了 1980 年代中期，公民參與已經改變了公共政策領域裡的傳統決策方式，而具有民主行政的特徵，這讓充滿活力的公民參與及有效的政府行政相互對話、相輔相成，並落實了公民意識的理念基礎。然而，公民意識的意涵不止於此，誠如巴柏在《強勢民主》(*Strong Democracy*) 一書中所指陳的，代議民主、文官功績制、多元主義與公共選擇理論等，進一步弱化了公共自治的能力。現今需要一個由公民參與的自我治理之政府，且不受干涉。這樣的制度，讓下至鄰里、上至國家階層能夠共同對話、共同決策和政治判斷，並共同行動。(Barber, 1984: 261) 此外，巴柏建議透過下述的活動方式來強化公民直接參與政府治理：(Barber, 1984: 262–311；張成福等譯，2013: 28–29)

1. 鄰里聚會。
2. 視訊市鎮會議和公民溝通合作社群。
3. 公民教育與平等獲取資訊機會：透過公民教育的函授行動或錄影帶教學服務。
4. 輔助性機構：包括城鎮代表會議、透過抽籤方式決定何人擔任公職、除罪化和非專業人員擔任法官。
5. 全民創制和複決程序。
6. 電子化投票。
7. 透過抽籤進行選舉：抽籤與輪替。
8. 抵用券和經由市場途徑的公共選擇。
9. 全國性的公民意識與共同行動：普遍的公民服務及相關的志工方案、訓練與雇用機會。
10. 鄰里性的公民意識與共同行動：廣泛的志工主義與平等的付出。
11. 工作職場的民主化。

上述的公民意識途徑是否可為行政公共性帶來真正的前景呢？答案可以是，也可以不是。其優點在於：它可以藉由對公善的共同關懷，強化並提昇了公共性；其缺點在於，它沒有意識到公共議題的複雜性、對專業知識與領導的關鍵需求，以及動員民眾參與所衍生的問題。或許李本 (Gustave Le Bon) 在 1895 年出版的群眾心理經典著作中所提示的，可以在此處對公民參與做一提醒：「（有時）當群眾聚在一起時，所累積的是愚蠢，而非智慧。」（楊美齡、林麗冠譯，2008: 16）

第十節　行政公共性的實踐

　　雖然行政公共性的五種途徑可為公共利益提供若干具體的描繪和些許的想像，卻無法完整地詮釋其核心要旨，導致有些論者認為，與其對公共利益加以清楚的界定，不如採用負面表列方式，來得有用。

　　惟在萬斯來 (Gary L. Wamsley) 等學者看來，對公共利益採取負面的表列方式雖有見地（請參考第六章討論「政策執行檢核表」的相關分析），但仍應儘可能地將它明確化，而不論其內涵有多麼的困難和爭議。因為有若干可供導引的正確理念，才可在時間長河中培養審議公共利益所需廣博的、長程的和智性的智慧和努力，並增益符合公共利益價值的行動機會。甚至他們說到：「顯然地，公共行政未必『瞭解』公共利益的內容，但它有良好的立場去累積不斷追求的過程，尤其採取廣泛的過程觀點，把所有相關的利害關係者（包括一般民眾）利益做了忠實的詮釋」。(Wamsley, *et al*., 1990: 41)

　　筆者亦認為行政公共性，若可找到一些內在原則和內在藍圖作為引導，再透過長時期的實務淬練，終將可以提出行政公共性較為整合的理解和務實的洞見。以下試著以四位學者的分析來申論行政公共性的意涵。

壹、索洛夫的觀點

　　首先，索洛夫認為，公共利益的定義雖然不易精確，無法進行科學化的分析，但不容否認地，公共利益的觀念在政治與行政上發揮不少的效用。最起碼應該具備凝聚功能 (the unifying function)、正當性功能 (the legitimating function)、授權功能 (the delegating function) 及表意功能 (the representing function)：(Goodsell, 1990: 97–98)

　　1.就凝聚功能言：公共利益提供凝聚的象徵。在共同號召的口號下，孕育並宣導

個人拋開自我成見，融合不同團體歧見，凝聚社會的價值。作為一個「黏結劑」，它可以形成共識及多數決，異中求同，讓許多團體在抽象的理念下得到歸屬、獲取認同，並在合作過程中獲益。

2.就正當性功能言：有了公共利益的觀念，才能向民眾保證，任何特定政策的規劃在求取各方利益的平衡上是值得的，也應該加以支持。它遠比有權力的一方「贏家通吃」或有權力的多方「分食勝利果實」來得好，以這種方式，政策成果的正當性方得彰顯。

3.就授權功能言：由於公共利益的明確性不足，使得國會需授予行政機關模糊而廣泛的權力，並因應執行及情勢的需求而不斷的擴充或解釋。公共利益因而成為特定界定之需要 (the necessity of specific definition) 的工具，讓引發的衝突，留供較適當的時間和環境時再加以解決。一方面，讓壓力的緊繃得以紓解，另一方面，讓問題的解決進入深層的審議決定。

4.就表意的功能言：公共利益提供了「苦行衣」(hair-shirt) 功能，它提醒民眾和政府官員在政治中仍有不善於組織和不被表達（或低度表達）的利益。因此，要超越眼前的利害，關注被漠視的民眾。亦即，公共利益是在提供自由、平等和機會的表達環境下，勿使社會存在著廣泛而不被組織的利益在政治鬥爭的壓力下被犧牲或忽視。

貳、全鍾燮的觀點

為了解決公共利益概念在行政實務應用上的隱晦困境，全鍾燮特別提出八項判別準則，做為土地規劃、分區使用、行為管制、污染處理、工業發展等政策變遷時，衡量行政公共性的參考基礎。而且，他還借用統計學上的虛無假設 (null hypothesis) 檢定的概念指出，如果沒有發現相反的證據，就應該接受這八項判別準則與所謂的「公共利益」是沒有差別的。全鍾燮所提的八項判別準則如下：(Jun, 1986: 256–257；吳定、張潤書等著，2000: 616–618)

1.公民權利 (rights of citizens)：是否有證據顯示，公共政策已將多元的公民權利納入考量，且不會侵犯這些權利？及有關「公民權利與社區利益（共同體利益）」之互動權衡議題的考量程度有多少？

2.倫理與道德標準：行政機關所推動的政策及其活動能否禁得起公共倫理與道德的檢驗？

3.民主程序 (democratic processes)：那些有話要說的人士是否已經表達了意見？行政機關除了聆聽民眾意見外，是否儘可能地把相關意見納入對話過程？民眾參與是否有效？

4.專業知識 (professional knowledge)：政策建議是否考量了專業意見？

5.非預期結果 (unanticipated consequences)：政策建議是否進行充足而嚴謹的分析，據以對長期的可能效果提供說明；再者，該些建議是否與短期價值相符合？

6.共同利益 (common interest)：政策建議是否與特定利益較具關聯，抑或它是在反映社群利益？

7.輿論民意 (public opinion)：對於社會爭論的問題，以及媒體或公聽會等所反映的議題而呈現的民意或輿論，是否加以察覺並納入考量？

8.充分開放 (openness)：在政策形成過程中，有關協商、決策、背景資料、專業意見等，是否可供外界檢視？抑或遭到官方程序、蓄意保密、繁文縟節 (red tape) 及其他方法所阻撓？

值得一提的是，行政公共性的意涵，會與「民主行政」密切相關。因此，全鍾燮亦對「民主行政」提出獨特見解，以對照公共利益的分析：(Jun, 1986: 17–21；吳定、張潤書、陳德禹、賴維堯、許立一編著，2015: 355–356)

1.公共利益的表達 (representation of public interest)：民主社會中各方利益的表達不能局限於選舉產生的少數政治人物身上，為數眾多的公務員也要承擔表達公共利益的責任。行政應在日常的公務推行過程中，強調體現民眾最大利益的責任感。

2.代表性 (representativeness)：行政機關的人力組成結構應該具備社會母群體人口的組成特性，人力甄補應該開放給社會各階層、各群體，使有志者均能「應考試服公職」。行政不應被功績制哲學的「中立才能」(neutral competence of merit-system philosophy) 的觀念所限，而應公平、有效地讓社會各階層、各群體的價值及期待，經由公務人力的廣泛代表而融入於政府的政策及計畫。

3.開放性 (openness)：行政機關經常獨占當前或規劃中的工作資訊，其保密或欺瞞、自視為「專家」高高在上，操弄專業或官方術語、抗拒外界知的權利等行為，嚴重傷害民眾直接理性地運用公共權力的能力。為了體現主權在民的民主精義，當行政在專業上擁有資訊優勢時，反而應該要開誠布公，讓民眾透過各管道來獲取他們所想要的資訊。

4.超越派閥黨團 (beyond syndication)：每個機關都有其職掌範圍，對外部言，即其特定利益之所在。行政的精神既在體現公共利益，就不可為某一黨派或團體的私益徇私，尤其不可以將成本轉嫁給大多數的民眾，去直接受益於少數特定的服務對象。

5.嚴防專業主義對民主原則的傷害：當行政問題愈趨複雜化，愈需依賴理性技術的分析，這導致我們愈加倚賴專家的協助。專家有其長處，亦有其風險，因為專家可能是一群「自我界定的菁英」(a self-defined elite) 或為「技術官僚新階級」(a new class of technocrats)，雖會研究問題，但所知有限，而且傾向不與民眾互動，不願進行科際間對話，因而對民主造成威脅或傷害。

6.參與：讓與政府相關的各群體、各階層的利害關係人參與其中，這不僅擴大了理念的寬廣度，增加找出解決方案的可能性，更可增加民眾的認同感和順服度。此外，參與也可指機關內部的權力分散於組織內的各個成員，組織基於民主的原則來運作，決策的做成不由層級權威來決定，而且植基在較多的知識和意見上。這可使組織成員有較大程度的自我實現，對組織產生較大的使命感和認同感。

參、傅雷德里克森的觀點

傅雷德里克森除了指出前述五種透視行政公共性的途徑外，亦對行政公共性的基礎提出其見解：(Frederickson, 1997: 44–47)

一、憲　法

構成行政公共性一般理論的第一要件，乃建立在憲法基礎上。舉凡人民主權原則、代議政府原則、權利法案揭櫫的公民權利、程序正當的法律過程、權力的分立與均衡，以及聯邦憲法與州憲法的規範，無一不成為憲法的基礎，而且這種基礎是穩固而不可動搖的。

羅爾在《行憲》(To Run a Constitution) 一書中即指出：現代的行政國家，不僅要與憲法相一致，還要去實踐憲法的願景。憲法下的行政人員，除了要表現專業的勝任能力外，更應擔負對憲法的道德責任，而且要讓這種道德責任遠遠超過行政績效的技術要求。對羅爾而言，美國政府的主要目的，就是為所有公民確保美國的立國價值，並使民主制度成為實現該目的之工具，而非以民主制度本身為目的。

是以羅爾認為，政府的合法性不是光憑民主的選舉，而是去接納憲法的原始行動；

關於立國精神的行為、意向和接受，都將構成合法性的來源。顯然地，每一個世代的公民，也必須回歸到確認憲法合法性的源起辯論上。由於憲法只是文字的敘述，它的正當性有賴於擁有主權的公民為其注入生命的行動。不論是民選的或任命的政府官員，都應重視民眾的想法，成為民眾的代表，並且採用比多數決的決定更高的原則——憲政秩序來加以約束。亦即，行政人員的主要道德責任，就是成為立國精神的捍衛者和守護者。

二、德性公民 (the virtuous citizen)

構成行政公共性一般理論的第二要件，就是建立在強化公民意識的理念基礎上。此一看法又可稱為「德性公民」理論。

根據哈特 (David K. Hart) 的看法，實踐德性公民須注意以下四個面向。第一，民眾必須了解國家的立國文獻，並能「實踐道德哲學」(do moral philosophy)。如果公民想要過著公民生活 (civic life)，讓哲學判斷成為生活的重要部分，那麼就須針對公共政策是否在促進公民的特殊利益或一般利益，以及它們是否與憲法相一致加以判斷。

德性公民的第二個面向是信念。公民必須深信美國典章價值是真實且正確的，而非僅止於心理的滿足感或接受多數決的理念。這些價值曾被哲學家們形容為「自然權利」(natural right)。正如哈特所言：「如果我們不相信典章價值，那麼又如何接受伴隨而來的必要犧牲？又如何權衡其輕重？如果每一件事情都只經過多數決的民意來確認，而多數決的想法卻又不公不義（例如種族歧視和性別歧視），我們是否要沉默隱忍、坐視不理？美國的典章價值不僅要被瞭解，還要被深信不疑且沒有商量餘地的接受。」(Hart, 1984: 114)

德性公民的第三個特徵是承擔個人的道德責任。不論在何種情況下，一旦典章價值遭受威脅，德性的公民都必須責無旁貸地去護衛這些價值。因此，當一個人遭受了種族或性別的歧視、隱私權的侵犯，或正當程序被踐踏，都必須挺身而出，與之對抗。民眾不只關切政府的瀆職與貪腐問題，也要為他人的自然或基本權利，擔負起個人的道德責任。

德性公民的第四個特徵就是禮貌 (civility)。禮貌有兩個內涵，第一個內涵是克制 (forbearance)。克制不僅指公共規則不能用來脅迫品德；並儘可能地把規則與要求維持在最低限度，以免損害了自由；以及人們不能對人類制度期望過高。禮貌的第二個內

涵是寬容 (tolerance)。在寬容裡，理念就像公民市場的錢幣 (the coin of the civic marketplace)，透過道德對談 (moral discourse)，理念的表達就不會受到壓制。

就此看來，培養公民德性的發展是公務人員的責任，而德性公民也會尊重和推崇具關懷與敬業的公共服務，形成文官責任與德性公民的良性互動發展。

三、對集體與非集體公共的回應

構成行政公共性一般理論的第三個要件，是為集體與非集體的大眾利益，發展傾聽和回應的系統與程序，並加以維護。一般而言，集體性的民眾（利益團體）較能找到意見表達的管道，陳述其觀點。然而，行政運作有時為了效率、時間與秩序的緣故，往往忽略利益表達的重要，但如聽證、審議、申訴、監察、陽光法案等制度的建立，對促進行政公共性尤為重要。

然而，行政較為困難的工作，就是去考量不善於組織的民眾利益與福祉。在憲政架構和德性公民的系統下，行政官員有必要去回應不善於組織的民眾需求。依憲法規範，所有民眾享有法律的平等保障，行政官員應一視同仁地對待所有民眾，刻意地分配不公或歧視是不被允許的。行政運作除了致力於效率與經濟的追求，更應兼顧著社會公正的實現。

四、樂善好施與大愛

樂善好施 (benevolence) 與大愛 (love) 是行政公共性一般理論建構的第四要件。對於他人的樂善好施與大愛，是行政關懷的關鍵。斯密曾言：「在一般情況下，對國家的愛，包括兩個不同的原則：一是，對於憲法和既經建置的政府之敬畏；二是，竭盡所能讓自己的同胞過著安全、尊嚴與幸福的生活。凡不能尊重法律、服從長官，肯定不是一位公民；不願意竭盡全力促進社會共同福祉的人，也不會是一位好公民。」（Frederickson, 1997: 47；張成福等譯，2013: 31-32）又如奧古斯丁所言：「知識不足以讓我們得到寧靜和良善，因為它不具備為善的動機，只有愛才能激發行動，讓每個生命和諧相處。」（廖建容、郭貞伶譯，2016: 314）

所以政府的目的，應該要把保障典章制度的價值普及到所有的公民。而行政公共性的主要目的之一，乃是以服務的意識來展現樂善好施，透過服務的召喚，致力於更大的善和奉獻一生的志業。昔日民眾或對公共服務不是尊重，現在更應透過樂善好施

來重新找回民眾的敬重。

肆、顧塞爾的觀點

關於行政公共性的意涵，在第二章論述「黑堡宣言：行政的獨特性質」時，即有扼要的說明。惟為彰顯公共性對行政的重要，《黑堡宣言》學者顧塞爾 (Charles T. Goodsell) 特撰寫〈行政與公共利益〉(Public Administration and the Public Interest) 一文，來闡述公共利益不僅是公共對談 (the public interest as public discourse)，公共利益亦是行政作用 (the public interest as public administration)。基本上，顧塞爾先是認為在公共對談中公共利益會涵蓋六項建構性規則與價值，它們分別是合法性與道德 (legality-morality)、政治回應 (political responsiveness)、政治共識 (political consensus)、關注邏輯 (concern for logic)、考量效果 (concern for effect) 和議程覺察 (agenda awareness)，繼而指出這些規則或價值也可在行政運作中加以發現和實踐。茲分述如下：(Goodsell, 1990: chap. 3)

一、合法性與道德

常言：法律是道德的最後防線，道德是法律上位概念。國家統治若要具備正當性，需要具備法律與道德基礎。也就是說，公共性的界定雖然欠缺明確的指陳，但不表示政府官員可以恣意判斷，至少公共利益的意涵是要遵守憲法和法令的規範，秉持正直與誠實的道德認知。合乎法律和道德規範的要求，不僅被視為是「善」的表現，亦是黨斯所言社會「最低限度的共識」(minimal consensus)。(Downs, 1962) 若再以黨斯對公共利益界定的反面觀之，合法性與道德標準通常是指不說謊、不欺騙、不公然藐視法庭和不故意違法犯紀等。是以，公共利益旨在提醒人們去做「你知道什麼事該做」，而與用「國家理由」或「軍事需要」等堂皇說詞去做某一件事情大有差別。

惟行政如何回應上述公共性所需的合法性與道德標準，至少可從四個方面來理解：(Goodsell, 1990: 108)

1.文官講究專業主義，而文官的專業主義即是合乎倫理與法律標準的主要呈現。過去，美國確曾實施分贓制度，但此種人事制度難以在現今的憲政體系上成為仿傚的對象。專業主義已成為現代行政的一大標準。根據《戴達樂斯》(*Daedalus*) 所指，專業主義應具備以下六個特徵：⑴忠於顧客的權益，以及整體社會的福祉；⑵擁有淵博

的學識與專業知識；⑶有一套特殊的專業技能、實務與表現；⑷有成熟的能力，能在道德不明確的情況下，依誠信正直做出道德判斷；⑸做事有條理，能從經驗當中學習（自我學習或集體學習），因此，也能從實務當中逐漸累積新的知識；⑹能發展出專業社群，確保實務上與專業上教師的素質。（陳雅汝譯，2009: 133–135）就上述這些標準特徵來看，當代行政的運作已是非常趨近專業主義了；它能夠「以負責、無私、明智的態度來執行，並在專業團體與社會大眾之間，建立應有的倫理關係。」（關於行政的專業主義，請再參看第一章「行政與專業」的分析）

2.行政文化裡存在著一項歷史傳承，即重視課責 (accountability) 的要求。科層官僚制的管理過程，如紀錄文獻的保存、審計制度、績效評估和申訴管道等，雖被形諸為「官樣文章」或「繁文縟節」等文字，卻造就其他部門欠缺的政府行為準則。

3.立法機關透過模糊曖昧的公共利益語言授權行政部門從事政策制定。惟從現代的專業角度來看，授權確因技術的不確定而變成必要，但它的行使並未減低合乎憲政秩序的要求。因為官僚機構精心策劃的方案標準，不但添補了空白不明的規範，也創造了日益透明、具體的詮釋，成為日後國會或法院重新審議的法案依據。而且，沒有這些衍生的方案藍圖，法律意義就無法申張和觸及所需之處。

4.民選的政務首長或國會議員可能為了選舉利益，而有非法或不道德的濫權，甚至是「觀念販子」，隱藏誘因去宣揚有錢階級利益的觀念。常任文官卻是最有可能知道內情的一員，成為經由正式或非正式管道向外揭露的一個有力機制，如同愛尊尼－哈利維 (Eva Etzioni-Halevy) 所言，不為政黨營私，獨立於黨派政治的常任文官，正是抵擋政治腐化的堅實堡壘。（Etzioni-Halevy, 1985: 228；吳友明譯，1998: 316）

二、政治回應

建立公共利益的第二個主要基石，就是回應民眾或相關團體的期望，並成為黨斯所言民主社會「最低限度的共識」。凡是政府的措施若長時間裡不能維持和推動「多數決原則」與「少數者權利」，將被視為違反公共利益。斯密提醒我們，公共利益的開放性質，乃在鼓勵官員們去斟酌和考量外在看法，而非只是自己的觀點。又如傅雷斯曼所云，「在公共利益之名下，所為的外在需求之多元性，將會豐富公共利益的終極定義。」例如消費者保護與防止受虐兒童等議題，若以公共利益為訴求，將可成為政治社群對話的重心，要求執政者提出回應，進而共同探尋最佳的解決方案。

　　然政治回應的價值如何體現在行政中？一般論者經常認為常任文官未經選舉的洗禮，卻掌握部分權力，自會威脅到民主政治的運行。但事實不然，選舉並非治理權威的唯一正當性來源，民選的政務官員也未必全然代表民意。實際上，文官體系有時比民意機關、民選首長更具代表性。因為行政組織在組成分子的結構上，如年齡、教育、族群、社區認同與社會各階層的分布較為接近，故治理過程更能反應其要求。甚有研究指出，行政部門較私人部門更能回應少數族裔與性別的平等就業機會之主張。再者，許多制度性的公民參與是來自過去二十年間由行政機關所創發的，而且從公民互動中所建立的諮詢和合產 (coproduction) 制度，行政部門也較其他部門出色和具生產力。

三、政治共識

　　公共利益的對話活動，不僅要求政府官員從民眾利益觀點來反省自己，亦要求利益團體從寬廣視野來定位自身，致力實現「社會企業」，而不僅是鑽營私利。再者，公共利益的模糊概念，讓政府機構獲得更多的授權，展現較多的彈性，比起清楚的定義，較不會引發劇烈的衝突，並具轉圜折衝的空間。

　　惟政治社群如何達成共識？依照柏格 (Peter Berger) 和拉克曼 (Thomas Luckmann)「實體的社會建構」(the social construction of reality) 以觀，共同背景的形成，並非把對立意見予以客觀化的定型，而是將主觀意見重新建構和組合，亦即透過「互為主觀的瞭解」(intersubjective understanding) 途徑，來塑造彼此的共識，才不會將傳統觀點絕對地揚棄或守成，而是注入在新的認知當中。(Berger & Luckmann, 1966) 政治共識就像「概念的寶庫」，讓主觀看法得以交流和匯整，也像「黏結劑」，讓新的實際得以重構和合理化。(Goodsell, 1990: 105)

　　如果上述論點是正確的話，那麼行政可說是凝聚社群共識、團結民眾，追求值得大家全力以赴的目標。行政部門的諸多作為不但影響每位民眾的日常權益，而且是在公開檢視下來推動。例如郵局、公立學校、宣導標語（如酒後不開車、雇用殘障人士）、警車、消防車的警示燈等，不僅顯示公共事務的無所不在，亦有助於社群歸屬感的營造，進而在「社群意識」下，孕育出互為主體的理解模式。

四、關注邏輯

　　公共利益對談的第四個有價值的基礎，便是在倡導的公共政策及其規範目的之間

建立起有效的連結。也因此，政策制定者對其所擁護的政策和承擔的責任，應遠遠超過法律或受託的課責。貝利曾經指出，公共利益的口號雖具「良心止痛」的效果，然政府官員應避免陷入犬儒主義的窠臼，假藉公共利益之名，辯解其失當的政策。相反地，更應以審慎的態度，「在廣泛分享的價值假定裡，尋求合理的內容。」亦即應對其擁護之政策給予更多的辯護解釋及爭取更多的同情支持。

黨斯亦持同樣的看法，指稱公共利益的概念正好用來檢驗公職人員在政策立場上的邏輯性與合理性，要求從事政策的公共對話起碼要重視三項要點：

1. 社會目標的陳述是否有效的；
2. 倡導的政策能否促進這些目標；
3. 倡導的政策是否合理且一致。

基本上，上述公共利益重視邏輯的關注，亦在科層官僚制上展現了兩個顯著的作為：

1. 科層官僚制的主要特色之一，便是檢視政府行動或方案的良窳，而此即為「政策分析」(policy analysis) 的基本訴求。數十年來，無論在行政領域或政府內部組織，政策分析向為社會所推崇，雖然它尚未達到探究問題的「科學化」與「客觀化」水平，不過，當我們考量政策邏輯時，就會重視政策分析的核心議題：(1)澄清基本目的；(2)指陳計畫的行動如何提昇此些目的；(3)顯示計畫的行動是合理且一致。

2. 科層官僚制也被視為讓政策邏輯得以結構化的一個核心管道。科層官僚制運作過程之特性，在於把意見相左的觀點以及互相爭奪的利益加以透明呈現，又將互不相同的意見融入在政策制定之中。亦即，科層官僚制的不同單位、層級層次、主題專業、管轄層級、地區領域及派系，呈現非一致的觀點，而不是韋伯理想型科層官僚制所描繪的緊密整合。然而，這種分裂的片段，卻因成員的互動與決策的制定過程，讓不同觀點有建設性地交流的可能。

五、考量效果

公共利益對談所要提昇的價值之一，就是去考量公共政策的效果。就公共利益的觀點言，一項值得推薦的政策，乃是政策的可能效果經過詳實地探討，而且被認為確實是有利的；否則，就意味著政策的處理過程是不夠理智與不負責任的。再者，當考量政策效果時，勢必要就政策的未來性（即長期效用）及全面性（即政策是否把被影

響的所有關係人納入考慮）加以慎重分析。易言之，符合公共利益的政策效果考量，是對政策所有利害關係人的長遠影響做到嚴格而審慎的分析。

至於科層官僚制如何實踐上述的理想？在美國政府體制中，科層官僚制遠比國會和法院擁有更為專業的知識、檔案、經驗和技術技能，而適合運用相關的資訊，動員專業的人才，瞭解公共政策的因果；甚至衡量不同地區的民情輿論、評估經濟情勢的影響，並預測政策的成本與效益。而且這些作為，往往在行政組織中設有策略規劃單位，以前瞻政策的未來方向；推動方案評估，以檢討實施績效的影響；及建置管理資訊系統，來分析當前的情境發展。倘若政府部門欠缺行政的協助，恐怕所有的運作會是盲目與草率的；反之，若得到行政的協助，就會更為理智、負責和符合公共利益。

有鑑於此，索洛夫主張，國會應授權行政機關，讓合宜的公共利益能夠延伸到「更為恰當的時間和環境中」。黨斯亦認為，政府的專業人員對政策方案的定位及可能結果，要比一般民眾更為瞭解，因此行政人員應成為引領並說服民眾以最有效方式來實現願景目的的最佳領導者。

六、議程覺察

公共利益的對話，無可避免地是要竭盡所能地關照社會的需求。然而，社會的實際需求經常是隱晦不明，尤其在利益相互競爭的情況下更難以彰顯，特別是許多弱勢團體或個人，或因政治壓力，或因結構不良、組織鬆散、缺乏政策過程的參與技巧，或在國會中沒有代言人，而無法反應其利益。因此，政策若為長遠計，應提供自由和公平的機會、喚醒民眾參與公共事務的意願。最重要的是，建置一個可以傳達弱勢聲音的平臺，俾達到議程覺察。

一般民眾多半認為政治人物，不論是民選首長或國會議員，應該是政治議題的先鋒者，主動創造新興議題以增進人民福祉。惟實際上，多數的政治人物僅係議題的被動反應者。

相較之下，官僚階層更具有政治的活力。文官階層雖不由選舉而產生，沒有固定選區的民眾利益關係，但他們的權威是建立在完善治理上。例如法規的執行、公共衛生的檢查及大眾運輸的營運等，這些工作多半是吃力不討好，可是文官卻未敢鬆懈或怠忽。尤其在資本主義日熾的當下，行政部門不便干預太多，且預算捉襟見肘，仿效私部門的企業家精神，汲汲於尋找「市場與顧客」。這種官僚企業家精神，就像人類的

其他制度，有其自利的一面，亦有利他的精神；再者，科層官僚制也會像慈善組織一般，儘可能地提供他人協助，若再強化專業服務的社會化，不但可創造行政的獨特風格，並為社會良心的實踐者，容易發現不為人知的社會低階層需求和不被察覺的政策問題。

分析至此，筆者擬對行政公共性提出四點淺見作為討論的結束：

第一，國際政治有一個顛撲不破的鐵律，那就是每個國家都在追求自己國家的利益極大化；科層官僚制下的機構及人員，是否遵循這個鐵律，公共選擇理論被用來分析科層官僚制就是最佳的範例，甚至黨斯所言的「官僚的理念意識」即為有力的指陳。但「行政」之為「公共行政」，而非「政府行政」，固在主張行政的範圍應該包括政府、準政府和非政府制度的協力關係，但深入其用意，在理論和實踐上，即要求行政對公平與平等的承諾，與對效率、經濟和效能的承諾同等重要。若不考慮及此，行政的「關懷」精神和靈魂就會流失，甚而成為與民爭利的唯利是圖者，那麼行政所提供的服務和管制，將無法支撐這門職業於不墜，摒棄科層官僚制的呼籲和行動，就會不絕於耳。

第二，常云：「公道自在人心」，這會使得公共利益像是「無定之錨」，隨著每個人的合理化而自由地漂浮。但是，經過上述反覆的檢定，行政公共性確實存在著若干備受肯定的準則，至少索洛夫的主張：凝聚功能、正當性功能、授權功能和表意功能，這些都言簡意賅地描繪行政公共性的要義。若再配合第二章《黑堡宣言》的「施為觀點」，行政要符合社會的期待，達成公共利益的要求，理論上是可行的，致使《黑堡宣言》學者們公然宣示行政人員應成為憲法秩序的保障者、捍衛者與促進者。

第三，在第四章討論「策略管理」時，曾經指出「公共價值」要比「公共利益」更為好用，並成為現代行政管理最有生命力的原則，也是最主要的責任寄託。公共價值的策略使用，將我們目光聚焦於「行銷心態」(marketing mindset) 而非「製造心態」(manufacturing mindset)，讓我們「由外而內看世界」，在講究效率之外，也對顧客、品質、選擇機會、附加價值及管理要素等重視有加，(Magretta & Stone, 2002: chap. 1；李田樹譯，2003: 76–108) 凡是能增加顧客的滿意度和行政的正當性，都被視為公共價值的創造，讓民眾感受到「有這樣的服務真好！」、「有你（妳）真好！」。

第四，隨著時代的演進，公共利益的內涵也會有所調整，掌握公共性改變的軸心驅動和節奏，應是努力的重點。亞里斯多德強調，事物擁有「潛力」，光是從構成種子的質料，以及種子本身的外形與特徵，不足以理解種子，必須從其成長為某種植物的

潛力來考量。為了理解這種潛力，我們必須理解能夠指導植物成長的內在原則與藍圖。（黃煜文譯，2007: 78-79）筆者以為行政倫理或公共利益的未來「潛力」，也要具備指導其發展的內在原則與藍圖。套句盧普頓 (Deborah Lupton) 談論風險時所云：「風險並不是外在的現實，卻是根據現象的形式與本質，而環繞在實體現象周圍的意義、邏輯與信仰之集結」，（呂奕欣、鄭佩嵐譯，2009: 11）這已經是道出萬物「存有」(being) 的心智結晶，但恐怕仍停留在「證立的邏輯」(logic of justification) 上，若再加上「發現的邏輯」(logic of discovery)，則事物的形貌和成長軌跡更可全面察覺。誠如薩克思所言：「即在事物發展的特定過程中，找到自己的邏輯、自己蘊含的前提，自己前進的道路，以及因其本質而特有的成長驚奇，而不是只基於可受檢證的證據以及邏輯推理所導出可重製的結果」。（陳毓奇、陳禮工譯，2013: 81-83）以此觀之，這種「帶有轉型的公共利益觀點」(the transformative viewpoint of public interest)，在上述學者討論行政公共性是較為缺乏的，如果能在公共利益的「證立的邏輯」加上「發現的邏輯」，並在兩者之間來回切換，則行政公共性在實際生活中因「滴答」的節奏產生更為實際的效用。（陳毓奇、陳禮工譯，2013: 83-84）

結　語

傅雷德瑞區曾言：「行政是政府的核心」，范垂斯 (Curtis Ventriss) 則認為：「行政雖是政府的核心，但公共才是國家的重心。」（吳定、張潤書等著，2000: 669）有了公共，行政才會顯得高貴，也才是值得加入的志業；也唯有如此，行政才能從負面觀感中建立新的形象。所以行政，必定要合乎公共道德與公共利益，「關懷」初衷才會體現。莎士比亞曾言：「玫瑰不論你叫它什麼名字，它依然芬芳」，然行政若不叫「公共行政」，就不會芳香四溢，令人懷念。也就是說，當政府「不陽光」，民眾也會跟著「不陽光」。是以在論述中，利用行政倫理的途徑、行政責任的動線、裁量權的倫理基礎、社會正義的藍圖、行政公共性的途徑與意涵，企圖闡述行政公共性的理論精髓。也許行政若不去涵括遵守憲法、實踐德性公民、符合社會正義、尊重民主、理解施為觀點等原則，行政公共性就會日復一日的流失，而且一旦流失，想要回復它的靈魂和喚起它的名字，就會困難了；連帶地，哲學和倫理學也欠缺了一個對話的實際機制。

—— 參考書目 ——

一、中文部分

丁三東譯　John L. Mackie 原著

2007　《倫理學：發明對與錯》(*Ethics: Inventing Right and Wrong*)。上海：上海譯文出版社。

丁煌譯　George Berkley & John Rouse 原著

2007　《公共管理的技巧》(*The Craft of Public Administration*)。第九版。北京：中國人民大學出版社。

于洪等譯　H. George Frederickson & Kevin B. Smith 原著

2008　《公共管理概論》(*The Public Administration Theory Primer*)。上海：上海財經大學出版社。

丁煌譯　Janet V. Denhardt & Robert B. Denhardt 原著

2010　《新公共服務：服務，而不是掌舵》(*The New Public Service: Serving, Not Steering*)。北京：中國人民大學出版社。

子玉譯　Ken Blanchard & Jesse Stoner 原著

2004　《願景的力量：重建個人生涯與企業願景的對話啟示錄》(*Full Steam Ahead: Unleash the Power of Vision in Your Company and Your Life*)。臺北市：藍鯨出版社。

王正、徐偉初著

1991　《財政學》。新北市：國立空中大學。

王平原譯　Andrew S. Grove 原著

1996　《10 倍速時代》(*Only the Paranoid Survive: How to Exploit the Crisis Points that Challenge Every Company and Career*)。臺北市：大塊文化。

王巧玲、李文釗譯　Phillip J. Cooper 等著

2006　《二十一世紀的公共行政：挑戰與改革》(*Public Administration for the 21ˢᵗ Century*)。北京：中國人民大學出版社。

王永年譯　Felix Dennis 原著

2010　《這一生要做有錢人》(*How to Get Rich*)。臺北市：永石文化有限公司。

王孟倫譯　Kenneth W. Thompson 原著

2003　《站在思想巨人的肩膀上》(*Fathers of International Thought: The Legacy of Political Theory*)。臺北市：商周出版社。

王承志譯　Robert L. Simons 原著

2009　《組織設計：如何運用槓桿原理讓權責式領導發揮最大效益》(*Levers of Organization Design: How Managers Use Accountability Systems for Greater Performance and Commitment*)。臺北市：臉譜出版。

王逸舟譯　Charles E. Lindblom 原著

1994　《政治與市場：世界的政治─經濟分析》(*Politics and Markets: The World's Political Economic Systems*)。臺北市：桂冠圖書股份有限公司。

王溢嘉

1993 《賽琪小姐體內的魔鬼──科學的人文思考》。修訂七版。臺北市：野鵝出版社。

王學呈

1999 《股市禪語》。臺北市：聯經出版社。

石芳瑜、劉素勳譯　John O. Whitney & Tina Packer 原著

2002 《權力劇場：莎士比亞的領導課》(*Power Plays: Shakespeare's Lessons in Leadership and Management*)。臺北市：商周出版。

丘昌泰、李允傑

1999 《政策執行與評估》。臺北市：國立空中大學。

史美強譯　Ralph P. Hummel 原著

1997 《官僚經驗：對現代組織方式之批評》(*The Bureaucratic Experience: A Critique of Life in the Modern Organization*)。臺北市：五南圖書公司。

朱志宏

1991 《公共政策》。臺北市：三民書局。

朱春奎、侯一麟、馬俊主編

2008 《公共財政與政府改革》。上海：上海人民出版社。

朱道凱譯　Deborah Stone 原著

2007 《政策弔詭：政治決策的藝術》(*Policy Paradox: The Art of Political Decision Making*)。臺北市：群學出版。

江岷欽、林鍾沂編著

1999 《公共組織理論》。修訂版。新北市：國立空中大學。

江岷欽、劉坤億

1999 《企業型政府》。臺北市：智勝文化公司。

江明修譯

1995 《面對權力的規劃》(*Planning in the Face of Power*)。臺北市：五南圖書公司。

江美滿、黃雅譯　Ronald A. Heifetz & Marty Linsky 原著

2003 《火線領導》(*Leadership on the Line*)。臺北市：天下雜誌股份有限公司。

江裕真譯　瀧本哲史原著

2013 《決斷思考就是你的武器：自己的人生自己戰鬥》。臺北市：遠見天下。

江麗美譯　Max De Pree 原著

2017 《僕人的領導思維》(*Leadership Is an Art*)。臺北市：經濟新潮社。

考試院考銓研究發展小組銓敘分組

1993 《公務人員行政中立規範之研究》。臺北市：考試院印行。

呂奕欣、鄭佩嵐譯　David Denney 原著

2009 《面對風險社會》(*Risk and Society*)。臺北市：國立編譯館與韋伯文化出版有限公司合作發行。

呂苔瑋、邱玲裕、黃貝雯、陳文儀譯　Owen E. Hughes 原著

　　2006　《公共管理與行政》(*Public Management and Administration*)。臺北市：雙葉書廊。

呂育誠、陳恆鈞、陳菁雯、劉淑惠合譯　David H. Rosenbloom 原著

　　2000　《公共行政學：管理、政治、法律觀點》(*Public Administration: Understanding Management, Politics, and Law in the Public Sector*)。臺北市：學富文化事業。

余致力

　　2000　〈論公共行政在民主治理過程中的正當角色：黑保宣言的內涵、定位與啟示〉，《行政管理論文選輯》，第 14 輯，1–26。

李少軍、尚新建譯　George H. Sabine 原著

　　1995　《西方政治思想史》(*A History of Political Theory*)。臺北市：桂冠圖書有限公司。

李少軍、尚新建譯　David Held 原著

　　1995　《民主的模式》(*Models of Democracy*)。臺北市：桂冠圖書公司。

李永平譯　A. Koopman & L. Johnson 原著

　　1997　《探索企業靈魂：打造組織中的人性理想國》。臺北市：遠流圖書公司。

李田樹等譯　Joan Magretta 原著

　　2007　《管理是什麼》(*What Management Is: How It Works and Why It's Everyone's Business*)。臺北市：遠見天下。

李秉正譯　Harvey S. Rosen 原著

　　2005　《財政學》(*Public Finance*)。第七版。臺北市：雙葉書廊。

李秉正譯　Harvey S. Rosen & Ted Gayer 原著

　　2009　《財政學》(*Public Finance*)。臺北市：美商麥格羅希爾國際賭份有限公司。

李青芬、李雅婷、趙慕芬譯　Stephen Robbins 原著

　　2006　《組織行為學》(*Organizational Behavior*)。第十一版。臺北市：華泰書局。

李芳齡譯　Michael Wheeler 原著

　　2014　《交涉的藝術》(*The Art of Negotiation*)。臺北市：天下雜誌。

李芳齡譯　Sean Covey, Chris McChesney & Jim Huling 原著

　　2014　《執行力的修練》(*The 4 Disciplines of Execution: Achieving Your Wildly Important Goals*)。臺北市：天下雜誌股分有限公司。

李明譯　Robert G. Hagstrom 原著

　　2001　《牛頓、達爾文與投資股票》(*Latticework: The New Investing*)。臺北市：大塊文化。

李明峻等譯　C. J. Friderich 原著

　　1992　《政治學入門》。臺北市：眾文圖書公司。

李洪濤譯　Max H. Bazerman & Ann E. Tenbrunsel 原著

　　2012　《發現你的道德盲點》(*Blind Spots: What We Fail to Do What's Right and What to Do about It*)。上海：世紀出版集團。

李美華、吳凱琳譯　Deborah C. Stephens & Gary Heil 原著

　　1999　《馬斯洛人性管理經典》(*Maslow on Management*)。臺北市：商周出版。

李茂興、李慕華、林宗鴻譯　Stephen P. Robbins 原著

　　1994　《組織行為》(*Organizational Behavior*)。臺北市：揚智文化出版社。

李原、孫健敏譯　Geert Hofstede & Gert J. Hofstede 原著

　　2010　《文化與組織：心理軟件的力量》(*Cultures and Organizations: Software of the Mind*)。第二版。北京：中國人民大學出版社。

李振昌譯　Sydney Finkelstein, Jo Whitehead & Andrew Campbell 原著

　　2009　《Think Again：避開錯誤決策的 4 個陷阱！》(*Think Again: Why Good Leaders Make Bad Decisions and How to Keep It from Happening to You*)。臺北市：時報文化。

李顯峰

　　1999　〈預算的基本構成內容：歲入、歲出的主要基本構成要素〉，載於《國策期刊》，第 9 期。臺北市：國家政策研究院文教基金會。

　　2016　〈導讀：天下沒有免費的午餐及晚餐〉，黃佳瑜譯，James Meek 原著，《財團治國的年代：從自由市場到不自由的人民》。臺北市：時報文化。頁 2–7。

李繼宏等譯　Charles T. Munger 原著

　　2011　《窮查理的普通常識》(*Poor Charlie's Almanack*)。臺北市：城邦文化。

李誠編

　　2012　《人力資源管理的 12 堂課》。第四版。臺北市：天下文化有限公司。

杜默譯　Joshua C. Ramo 原著

　　2009　《不可思議的年代》(*The Age of the Unthinkable*)。臺北市：行人文化實驗室。

宋學軍著

　　2010　《打不破的 30 個人生定律》。臺北市：文經出版社有限公司。

沈清松撰

　　1993　〈從現代到後現代〉，《哲學雜誌》，第四期，頁 4–25。

沈淑敏撰

　　1999　〈民主行政的建構：新公共行政與新政府運動的回應〉。私立東海大學公共行政研究所碩士論文。

吳友明譯　Eva Etzioni-Halevy 原著

　　1998　《官僚政治與民主》(*Bureaucracy and Democracy: A Political Dilemma*)。臺北市：桂冠圖書股份有限公司。

吳育南撰

　　1993　〈韋伯論理性官僚體制的弔詭〉。私立東海大學公共行政研究所碩士論文。

吳定、張潤書、陳德禹、賴維堯、許立一編著

　　2006　《行政學（上）（下）》。新北市：國立空中大學。

2013　《行政學（上）（下）》。修訂再版 13 刷。新北市：國立空中大學。

吳定編著

　　1997　《公共政策辭典》。臺北市：五南圖書出版公司。

　　2000　《公共政策》。修訂版。臺北市：華視文化事業公司。

吳定等著

　　2009　《行政學析論》。臺北市：五南圖書出版股份有限公司。

吳瓊恩

　　1998　《行政學》。臺北市：三民書局。

吳瓊恩、陳秋杏、張世杰譯　Michael M. Harmon 原著

　　1993　《公共行政的行動理論》(*Action Theory for Public Administration*)。臺北市：五南圖書出版有限
　　　　　公司。

吳懿婷譯　Lawerence M. Friedman 原著

　　2005　《二十世紀美國法律史》(*American Law in the 20ᵗʰ Century*)。臺北市：商周出版。

汪仲譯　John Micklethwait & Adrian Wooldridge 原著

　　1998　《企業巫醫：管理大師的思想、作品、原貌》(*The Witch Doctors: What the Management Gurus
　　　　　Are Saying, Why It Matters and How to Make Sense of It*)。臺北市：商周出版社。

汪浩譯　Ulrich Beck 原著

　　2004　《風險社會：通往另一個現代的路上》(*Risikogesellschaft: Auf dem Weg in eine andere Moderne*)。
　　　　　臺北市：巨流圖書公司。

周仲庚譯　Bryan Magee 原著

　　1979　《卡爾‧巴柏》(*Karl Popper*)。臺北市：龍田出版社。

周旭華譯　Charles Handy 原著

　　1995　《覺醒的年代：解讀弔詭新未來》(*The Empty Raincoat: Making Sense of the Future*)。臺北市：遠
　　　　　見天下。

周淑麗譯　Gareth Morgan 原著

　　1999　《虛擬組織管理》(*Imagination: New Mindsets for Organizing and Managing*)。臺北市：圓智文化
　　　　　圖書公司。

孟汶靜譯　R. N. Bellah 原著

　　1994　《新世界啟示錄》。臺北市：正中書局。

易君博

　　1975　《政治學論文集：範圍與方法》。臺北市：臺灣省教育會。

　　1993　《政治理論與研究方法》，修訂八版。臺北市：三民書局。

林正宏審編

　　2002　《劍橋哲學辭典》。臺北市：貓頭鷹出版社。

林宏濤譯　Christopher Lasch 原著

2008 《精英的反叛》(*The Revolt of the Elites and the Betrayal of Democracy*)。臺北市：商周出版。

林金榜譯 Henry Mintzberg, Joseph Lampel, & Bruce Ahlstrand 原著

2006 《明茲伯格策略管理》(*Strategy Safari: A Guide Tour through the Wilds of Strategic Management*)。臺北市：商周出版。

林春美撰

1992 〈公平與效率之調和──新公共行政之反思及其影響〉。國立政治大學公共行政研究所碩士論文。

林淑馨

2015 《行政學》。臺北市：三民書局。

林葦芸譯 Steven Lukes 原著

2006 《權力：基進觀點》(*Power: A Radical View*)。臺北市：商周出版。

林鍾沂

1979 〈美國官僚制度在政策形成過程中如何爭取政治支持〉。國立政治大學公共行政。研究所碩士論文。

1991 《公共事務的設計與執行》。臺北市：幼獅文化事業股份有限公司。

1994 《政策分析的理論與實踐》。臺北市：瑞興圖書公司。

1995 〈官僚制度的行政責任實踐〉，載於《行政管理論文選輯》，第 9 輯，頁 507–552。

1997 〈美國的管制行政〉，載於《行政管理論文選輯》，第 11 輯，頁 643–694。

1998 〈文官甄補政策的價值意涵及其實踐〉，載於《文官制度與國家發展研討會會議實錄》，臺北市：考試院印行，頁 748–780。

2000 〈行政單一窗口化的全像圖理論分析〉，載於《行政管理論文選輯》，第 14 輯，487–509。

2001 〈黑堡宣言的施為觀點〉，載於《國家角色與治理型態》，臺北大學公共事務學院公共行政暨政策學系學術論文研討會，1–13。

2012 〈行政倫理的脈絡與理解〉，《公務人員月刊》，第 192 期。頁 24–36。

林鍾沂、許立一

1999 〈我國政府再造推動計畫的弔詭：SWOT 的分析架構〉，載於《行政現代化：兩岸學術研討會論文集》，459–486。

林鍾沂、李嵩賢撰

2007 〈核心能力策略地圖〉，《T&D 飛訊季刊》，第 4 期，頁 3–13。

林鍾沂、王瑞夆撰

2009 〈倫理政府的理論意涵〉，載於《文官制度季刊》，第一期，頁 1～23。

林鍾沂、張榮容撰

2010 〈管理主義及其省思〉，《T&D 飛訊季刊》，第 94 期，頁 1–36。

林鍾沂譯 Herbert A. Simon 原著

1987 《人類事務的理性》(*Reason in Human Affairs*)。臺北市：森大圖書公司。

林鍾沂編譯　Fred R. Dallmayr 等撰

1991　《公共政策與批判理論》(*Critical Theory and Public Policy*)。臺北市：遠流出版公司。

林鍾沂、林文斌譯　Owen E. Hughes 原著

2003　《公共管理的世界》(*Public Management and Administration*)。重譯本。臺北市：韋伯文化事業出版社。

林鍾沂、柯義龍、陳志瑋譯　Michael Hill 原著

2003　《現代國家的政策過程》(*The Policy Process in the Modern State*)。臺北市：韋伯文化事業出版社。

林暉鈞譯　柄谷行人原著

2011　《倫理 21》。臺北市：心靈工坊文化事業股份有限公司。

邱振瑞譯　山口一男原著

2011　《為什麼我少了一顆鈕扣？：社會科學的寓言故事》。臺北市：經濟新潮社。

姜占魁

1993　《組織行為與行政管理》。第七版。作者自行刊印。

姜雪影、蘇偉信譯　Stephen R. Covey 原著

2013　《第 3 選擇：解決人生所有難題的關鍵思維》(*The 3rd Alternative: Solving Life's Most Difficult Problems*)。臺北市：遠見天下。

胡彧譯　Booker T. Washington 原著

2010　《品格》(*Character Building*)。北京：中央編譯出版社。

胡亞非譯　L. James Hammond 原著

2000　《與思想家對話：給無暇閱讀經典著作的人們》(*Conversations with Great Thinkers: The Classics for People Too Busy to Read Them*)。新北市：立緒文化事業有限公司。

胡瑋珊譯　Mary Buffett & David Clark 原著

2007　《看見價值：巴菲特一直奉行的財富與人生哲學》(*The Tao of Warren Buffett*)。臺北市：先覺出版股份有限公司。

侯秀琴譯　Bruce Weinstein 原著

2013　《道德課：解決工作與生活難題的五種思考》(*Ethical Intelligence: Five Principles for Untangling Your Toughest Problems at Work and Beyond*)。臺北市：遠見天下。

洪士美譯　Tim Leberecht 原著

2015　《浪漫企業家》(*The Business Romantic*)。臺北市：今周刊出版社。

洪慧芳譯　Sheena Iyengar 原著

2011　《誰在操縱你的選擇：為什麼我選的常常不是我要的？》(*The Art of Choosing*)。臺北市：漫遊者文化。

洪慧芳譯　Bruce Schneier 原著

2015　《當信任崩壞》(*Liars & Outliers: Enabling the Trust that Society Needs to Thrive*)。臺北市：漫遊

者文化出版。

洪聖斐、郭寶蓮、陳孟豪譯　Grover Starling 原著

　　2008　《行政學——公部門之管理》(*Managing the Public Sector*)。臺北市：新加坡商聖智學習。

洪蘭譯　Daniel Kahneman 原著

　　2012　《快思慢想》(*Thinking, Fast and Slow*)。臺北市：遠見天下。

施能傑

　　1999　《美國政府人事管理》。臺北市：商鼎文化出版社。

　　2005　〈政府人事管理〉，載於賴維堯等著，《行政學入門》。臺北縣：國立空中大學。頁 179–218。

柯三吉

　　1998　《跨向二十一世紀公共行政新典範：臺灣經驗的個案分析（上）、（下）》。臺北市：時英出版社。

柯義龍

　　2009　《西洋政治思想史論》。臺北市：麗文文化。

柯義龍、林鍾沂撰

　　2010　〈變革管理與領導的藝術〉，《研習論壇月刊》，第 117 期，頁 14–26。

俞慧芸譯注 Jeffery Pfeffer & Gerald R. Salancik 原著

　　2007　《組織的外部控制：資源倚賴觀點》(*The External Control of Organizations: A Resources Dependence Perspective*)。臺北市：聯經。

徐仁輝

　　1999　《當代預算改革的制度性研究》。臺北市：智勝文化公司。

　　2016　《公共財務管理》。第六版。臺北市：智勝文化。

徐紹敏譯　Phil Rosenzweig 原著

　　2007　《光環效應》(*The Halo Effect and the Eight Business Delusions That Deceive Managers*)。臺北市：商智文化。

孫本初

　　1997　《公共管理》。臺北市：時英出版社。

孫彩紅譯　Thomas R. Dye 原著

　　2010　《理解公共政策》(*Understanding Public Policy*)。北京：北京大學出版社。

孫曉莉譯　Gareth Morgan 原著

　　2002　《駕御變革的浪潮》(*The Waves of Change: Developing Managerial Competencies for a Turbulent World*)。北京：中國人民大學出版社。

孫豔等譯　James Q. Wilson 原著

　　2006　《官僚機構：政府機構的作為及其原因》(*Bureaucracy: What Government Agencies Do and Why They Do It*)。北京：生活，讀書，新知三聯書店。

韋曙林譯　Aman Khan & W. Bartley Hildreth 原著

　　2010　《公共部門預算理論》。上海：上海人民出版社。

翁岳生

1978　〈論「不確定法律概念」與行政裁量之關係〉,《行政法與現代法治國家》。臺北市:國立臺灣大學叢書編輯委員會。

翁興利、施能傑、官有垣、鄭麗嬌編著

1998　《公共政策》。新北市:國立空中大學。

高子梅譯　James M. Kouzes & Barry Z. Posner 原著

2010　《模範領導:領導,就是讓員工願意主動成就非常之事》(*The Leadership Challenge*)。臺北市:臉譜出版。

高采平等譯　Lynda Gratton 原著

2012　《轉變:未來社會工作崗位需求變化及應對策略》(*The Shift: The Future of Work Is Already Here*)。北京:電子工業出版社。

高忠義譯　Robert A. Ferguson 原著

2014　《失控的懲罰:剖析美國刑罰體制現況》(*Inferno: An Anatomy of American Punishment*)。臺北市:商周出版。

高承恕

1988　《理性化與資本主義》。臺北市:聯經公司。

高俊山譯　W. Richard Scott & Gerald F. Davis 原著

2011　《組織理論:理性、自然與開放系統的視角》(*Organizations and Organizing: Rational, Natural, and Open System Perspectives*)。北京:中國人民大學出版社。

馬永芳編輯

2012　《研習論壇精選第五輯變革領導的五力模式》。南投:人事行政總處地方行政研習中心。

馬國泉

2006　《行政倫理:美國的理論與實踐》。上海市:復旦大學出版社。

馬群傑譯　William N. Dunn 原著

2011　《公共政策分析》(*Public Policy Analysis: An Introduction*)。臺北市:台灣培生教育出版股份有限公司。

浩平、蕭羨一譯　Murray J. Horn 原著

2003　《公共行政之政治經濟學》(*The Political Economy of Public Administration: Institutional Choice in the Public Sector*)。臺北市:商周出版。

耿協峰編輯　J. Steven Ott & E. W. Russell 主編

2006　《公共行政導論:文獻選讀》。北京:北京大學出版社。

殷文譯　Stephen R. Covey 原著

2005　《第 8 個習慣:從成功到卓越》(*The 8th Habit: From Effectiveness to Greatness*)。臺北市:遠見天下。

國立編譯館大學用書編審委員會主編

　　1988　《西洋政治思想史》。臺北市：正中書局。

國家文官學院編印

　　2012　《行政管理知能與實務》。薦任公務人員晉升檢任官等訓練課程教材。

傅振焜譯　Peter F. Drucker 原著

　　1994　《後資本主義社會》(*Post-Capitalist Society*)。臺北市：時報文化出版企業股份有限公司。

張世杰等譯　Robert B. Denhardt 原著

　　1994　《公共組織理論》(*Theories Public Organization*)。臺北市：五南圖書公司。

張世賢

　　1982　《林布隆》。臺北市：允晨文化公司。

張四明

　　1999　〈美日政府預算改革的省思：以平衡預算赤字為觀察中心〉，《法商學報》，第 35 期，頁 187–
　　　　　216。

張成崗譯　Zygmunt Bauman 原著

　　2003　《後現代倫理學》(*Postmodern Ethics*)。南京：江蘇人民出版社。

張成福、黨秀云

　　2007　《公共管理學》。北京市：中國人民大學出版社。

張成福、劉霞、張璋、孟慶存譯　H. George Frederickson 原著

　　2003　《公共行政的精神》(*The Spirit of Public Administration*)。北京：中國人民大學出版社。

　　2013　《公共行政的精神》(*The Spirit of Public Administration*)。中文修訂版。北京：中國人民大學出版
　　　　　社。

張君玫譯　Zygmunt Bauman 原著

　　2001　《全球化：對人類的深遠影響》(*Gobalization: The Human Consequences*)。臺北市：群學出版有
　　　　　限公司。

張秀琴譯　James S. Bowman, *et al.* 原著

　　2005　《職業優勢：公共服務中的技能三角》(*Professional Edge: Competencies in Public Service*)。北
　　　　　京：中國人民大學出版社。

張秀琴譯　Terry L. Cooper 原著

　　2010　《行政倫理學：實踐行政責任的途徑》(*The Responsible Administrator: An Approach to Ethics for
　　　　　the Administrative Role*)。第五版。北京：中國人民大學出版社。

張定綺譯　John K. Clemens & Douglas F. Mayer 原著

　　1989　《經典管理：世界名著中的管理啟示》(*The Classic Touch*)。臺北市：天下文化出版股份有限公
　　　　　司。

張潤書

　　1998　《行政學》。修訂新版。臺北市：三民書局。

張福建

1991　〈羅爾斯的差異原則及其容許不平等的可能程度〉，載於戴華和鄭曉時主編，《正義及其相關問題》。臺北市：中央研究院中山人文社會科學研究所。頁 281–304。

曹俊漢

1990　《公共政策》。臺北市：三民書局。

莊義雄

1993　《財務行政》。臺北市：三民書局。

莊武英譯　Michel Albert 原著

2003　《兩種資本主義之戰》(*Capitalism vs. Capitalism: How America's Obsession with Individual Achievement and Short-Term Profit Has Led It to the Brink of Collapse*)。臺北市：聯經出版事業股份有限公司。

許立一等譯　R. D. Stacey 原著

2000　《無常管理：管理思維與藝術＠e 紀元》(*Managing the Unknowable: Strategic Boundaries between Order and Chaos in Organizations*)。臺北市：地景企業股份有限公司。

許恬寧譯　Noreena Hertz 原著

2014　《老虎、蛇和牧羊人的背後》(*Eyes Wide Open: How to Make Smart Decisions in a Confusing World*)。臺北市：大塊文化。

許晉福譯　E. Hoffman 原著

2000　《人性探索家馬斯洛：心理學大師的淑世旅程》。臺北市：麥格羅希爾國際股分有限公司。

許晉福譯　Arthur M. Okun 原著

2011　《公平與效率：你必須有所取捨》(*Equality and Effectiveness: The Big Tradeoff*)。臺北市：經濟新潮社。

許晉福、高翠霜譯　Arthur M. Okun 原著

2017　《平等與效率》(*Equality and Effectiveness: The Big Tradeoff*)。第三版。臺北市：經濟新潮社出版。

許瑞宋譯　John Mackey & Raj Sisodia 原著

2014　《品格致勝：以自覺資本主義創造企業的永續及獲利》(*Conscious Capitalism: Liberating the Heroic Spirit of Business*)。臺北市：遠見天下文化出版股份有限公司。

康裕民譯　Robert Kreitner & Angelo Kinicki 原著

2008　《組織行為》(*Organizational Behavior*)。第七版。臺北市：麥格羅希爾國際股份有限公司。

郭進隆譯　Peter M. Senge 原著

1994　《第五項修練》(*The Fifth Discipline: The Art and Practice of the Organization Learning*)。臺北市：天下文化出版公司。

郭夏娟

2003　《公共行政倫理學》。杭州：浙江大學出版社。

陳正芬譯　Howard Gardner 原著

2007　《決勝未來的五種能力》(*Five Minds for the Future*)。臺北市：聯經出版事業公司。

陳志瑋譯　Grover Starling 原著

2015　《行政學：公部門之管理》(*Managing the Public Sector*)。第二版。臺北市：五南圖書出版股份有限公司。

陳金貴

1995　〈全面品質管理在公共部門的應用〉，《行政學報》，第 26 期，頁 77–108。

陳怡華譯　Stephen Bertman 原著

2009　《希臘人為什麼有智慧：生命應該打造的八根柱子》(*The Eight Pillars of Greek Wisdom*)。臺北市：時報文化出版有限公司。

陳恆鈞譯　James P. Lester & Joseph Stewart, Jr. 原著

2001　《公共政策：演進研究途徑》(*Public Policy: An Evolutionary Approach*)。臺北市：學富文化事業有限公司。

陳俐雯、黃治蘋譯　Pat Williams 原著

2004　《權力的七個矛盾》(*The Paradox of Power: A Transforming View of Leadership*)。臺北市：商智文化。

陳建誌

1997　〈文官中立的理論與實踐及其困境分析〉。私立東吳大學政治學研究所碩士論文。

陳盈如譯　Richard P. Rumelt 原著

2013　《好策略，壞策略》(*Good Strategy Bad Strategy: The Difference and It Matters*)。臺北市：遠見天下。

陳振明、朱芳芳等譯　James W. Fesler & Donald F. Kettl 原著

2013　《公共行政學新論：行政過程的政治》(*The Politics of the Administrative Process*)。第二版。北京：中國人民大學出版社。

陳雅汝譯　John C. Bogle 原著

2009　《夠了：基金之神 John Bogle 寫給中產階級的快樂致富學》(*Enough: True Measure of Money, Business, and Life*)。臺北市：早安財經文化。

陳菁雯、葉銘元、許文柏譯　David Marsh & Gerry Stoker 原著

1998　《政治學方法論》(*Theory and Methods in Political Science*)。新北市：韋伯文化出版社。

陳琇玲、陳正芬譯　Donald J. Trump, *et al.* 原著

2007　《讓你賺大錢》(*Why We Want You to Be Rich*)。臺北市：商周出版社。

陳筱宛譯　David Brooks 原著

2012　《社會性動物：愛、性格與成就的來源》(*The Social Animal: The Hidden Source of Love, Character, and Achievement*)。臺北市：商周城邦文化。

陳蒼多譯　Corinne McLaughlin & Gordon Davidson 原著

1998　《心靈政治學》。臺北市：國立編譯館。

陳毓奇、陳禮工譯　Albie Sachs 原著

　　2013　《斷臂上的花朵》(*The Strange Alchemy of Life and Law*)。臺北市：麥田出版社。

陳德禹

　　1995　《行政管理》。臺北市：三民書局。

陳曉林

　　1987　《學術巨人與理性困境》。臺北市：時報文化出版社。

魚凱著

　　2016　《公門菜鳥飛：一個年輕公務員的革新理想》。臺北市：大塊文化出版有限公司。

梁文傑譯　Robert B. Reich 原著

　　2002　《賣命工作的誘惑：新經濟的矛盾與選擇》(*The Future of Success*)。臺北市：先覺出版社。

彭文賢

　　1980　《系統研究法的組織理論之分析》。臺北市：聯經出版公司。

　　1983　《組織原理》。臺北市：三民書局。

　　1996　《組織結構》。臺北市：三民書局。

彭云望譯　Jay M. Shafritz, Karen S. Layne, & Christopher P. Borick 原著

　　2008　《公共政策經典》(*Classics of Public Policy*)。北京：北京大學出版社。

馮克芸譯　Eileen C. Shapiro & Howard H. Stevenson 原著

　　2006　《決策者的賭技：經營如賭局，創造好手氣 12 撇步》(*Make Your Own Luck: 12 Practical Steps to Taking Smarter Risk in Business*)。臺北市：大塊文化。

馮瑞麒譯　David Lewis 原著

　　2007　《非政府組織：管理初探》(*The Management of Non-Governmental Development Organizations: An Introduction*)。臺北市：五南圖書出版股份有限公司。

程中平

　　1996　〈公共性的失落與重尋——論社群共同體思想對公共行政研究之指引〉。東海大學公共行政研究所碩士論文。

黃世鑫

　　1990　《民主政治與國家預算》。臺北市：國家政策研究資料中心。

黃丞儀

　　2015　〈在航行的海面上重建國家這艘船〉，堯嘉寧譯，Cass R. Sunstein 原著，《剪裁歧見》。新北市：衛城出版。頁 5–19。

黃孝如譯　Onora O'Neill 原著

　　2008　《信任的力量》(*A Question of Trust*)。臺北市：早安財經文化。

黃佳瑜譯　James Meek 原著

　　2016　《財團治國的年代：從自由市場到不自由的人民》(*Private Island: Why Britain Now Belongs to Someone Else*)。臺北市：時報文化出版公司。

黃敏次譯　Christian Morel 原著

2004　《關鍵決策》(*Les Decisions Absurdes*)。臺北市：時報文化公司。

黃涵音譯　Erik Calonius 原著

2012　《超前十步的洞見力》(*Ten Steps Ahead: What Separates Successful Business Visionaries from the Rest of Us*)。臺北市：高寶出版社。

黃煜文譯　Robert C. Solomon & Kathleen M. Higgins 原著

2007　《寫給所有人的簡明哲學史》(*A Passion for Wisdom: A Very Brief History of Philosophy*)。臺北市：麥田出版社。

黃維玲譯　Richard Sennett 原著

1999　《職場啟示錄：走出新資本主義的迷惘》(*The Corrosion of Character*)。臺北市：時報文化出版有限公司。

黃慶明譯　William K. Frankena 原著

1999　《倫理學》(*Ethics*)。臺北市：有志圖書出版公司。

黃曙曜譯　Jong S. Jun 原著

1994　《公共行政：設計與問題解決》(*Public Administration: Design and Problem Solving*)。臺北市：五南圖書公司。

曾沁音譯　Frank Partnoy 原著

2013　《等待的藝術》(*Wait: The Art and Science of Delay*)。臺北市：遠見天下公司。

堯嘉寧譯　Kass R. Sunstein 原著

2015　《剪裁歧見：訂作民主社會的共識》(*Conspiracy Theories and Other Dangerous Ideas*)。臺北市：衛城出版社。

傅振焜譯　Peter F. Drucker 原著

1995　《後資本主義社會》(*Post-Capitalist Society*)。臺北市：時報文化。

董更生譯　Quinn Spitzer & Ron Evans 原著

1999　《贏家管理思維：成功企業的管理思考模式》(*Heads, You Win! How the Best Companies Think*)。新北市：中國生產力中心。

楊人麒譯　Robert G. Hagstrom 原著

2006　《巴菲特核心投資法》(*The Warren Buffett Portfolio*)。臺北市：商周出版社。

楊日青、李培元、林文斌、劉兆隆等譯　Andrew Heywood 原著

2009　《政治學新論》(*Politics*)。臺北市：韋伯文化國際出版有限公司。

楊玉齡譯　Edward O. Wilson 原著

1997　《大自然的獵人：博物學家威爾森》(*Naturalist*)。臺北市：天下文化出版社。

楊玉齡譯　Jonah Lehrer 原著

2010　《大腦決策手冊：該用大腦的哪個部分做決策？》(*How We Decide*)。臺北市：天下文化。

楊仁壽、卓秀足、俞慧芸著

2009　《組織理論與管理：個案、衡量與產業應用》(*Organization Theory and Management: Cases, Measurements, and Industrial Applications*)。臺北市：雙葉書廊。

楊佳陵譯　Lawrence M. Friedman 原著

2011　《美國法導論》(*American Law: An Introduction*)。臺北市：商周出版社。

楊美齡譯　Bill George & Peter Sims 原著

2008　《領導的真誠修練：傑出領導者的 13 個生命練習題》(*True North: Discover Your Authentic Leadership*)。臺北市：遠見天下。

楊振富譯　Warren Bennis 原著

1997　《領導者：領導，如何成功？》(*Leaders: The Strategies for Taking Charge*)。臺北市：實學社。

楊麗君、王嘉源譯　John K. Galbraith 原著

1992　《自滿年代》(*The Culture of Contentment*)。臺北市：時報文化。

楊礫、徐立譯　Herbert A. Simon 原著

1989　《現代決策理論的基石》(*Reason in Human Affairs*)。北京：北京經濟學院出版社。

葉仁昌

2015　《儒家與韋伯的五個對話》。臺北市：聯經。

葉偉文譯　Mark Buchanan 原著

2007　《隱藏的邏輯：掌握群眾行為的不敗公式》(*The Social Atom*)。臺北市：遠見天下。

雷飛龍

1974　〈官僚制度〉，《雲五社會科學大辭典，第七冊，行政學》。臺北市：商務印書館。頁 39–40。

葉啟政等編著

1994　《社會科學概論》。新北市：國立空中大學。

葉啟政

2000　《進出「結構──行動」的困境：與當代西方社會學理論論述對話》。臺北市：三民書局。

詹正茂譯　Herbert A. Simon 原著

2004　《管理行為》(*Administrative Behavior: A Study of Decision-Making. Processes in Administrative Organizations*)。原書第四版。北京：機械工業出版社。

鄒理民譯　Peter L. Berger & Thomas Luckmann 合著

1991　《社會實體的建構》(*The Social Construction of Reality*)。臺北市：巨流圖書公司。

銓敘部編譯

1995　〈海契法一九九三年改革條款〉，《各國人事法制叢書》，第三輯。臺北市：銓敘部。

齊立文譯　Donald R. Keough 原著

2009　《最珍貴的教訓：可樂教父的成敗十誡》(*The 10 Commandments for Business Failure*)。臺北市：先覺出版社。

齊若蘭譯　Andrea Gabor 原著

2000　《新世紀管理大師》(*The Capitalist Philosophers: The Geniuses of Modern Business─Their Lives,*

Times, and Ideas）。臺北市：時報文化。

齊若蘭譯　Jim Collins 原著

2002　《從 A 到 A$^+$：向上提升，或向下沉淪？企業從優秀到卓越的奧秘》（*Good to Great: Why Some Companies Make the Leap...and Others Don't*）。臺北市：遠流出版事業股份有限公司。

廖月娟譯　Malcolm Gladwell 原著

2009　《異數：超凡與平凡的界線在哪裡？》（*Outliers: The Story of Success*）。臺北市：時報文化出版企業股份有限公司。

廖月娟譯　Clayton M. Christensen, James Allworth, & Karen Dillon 原著

2012　《你要如何衡量你的人生？》（*How Will You Measure Your Life?*）。臺北市：遠見天下文化出版股份有限公司。

廖月娟譯　Jeffery D. Sachs 原著

2013　《文明的代價》（*The Price of Civilization: Reawakening American Virtue and Prosperity*）。臺北市：遠見天下。

廖建榮、楊美齡、周宜芳譯　Gary Hamel 原著

2007　《管理大未來》（*The Future of Management*）。臺北市：天下文化。

廖建容譯　Paul Roberts 原著

2015　《衝動效應》（*The Impulse Society*）。臺北市：遠見天下。

廖建容、郭貞伶譯　David Brooks 原著

2016　《品格：履歷表與追悼文的抉擇》（*The Road to Character*）。臺北市：天下文化。

蔡宏明譯　Richard Koch 原著

2005　《策略：一次學會大師策略，確立企業與個人的永續競爭優勢》（*Smart Strategy*）。臺北市：梅霖文化。

蔡卓芬、李靜瑤、吳亞穎譯　Ken Blanchard 與創始夥伴及顧問合夥人

2007　《願景領導》（*Leading at a High Level: Blanchard on Leadership and Creating High Performing Organizations*）。臺北市：培生教育。

蔡孟璇譯　Lynne Twist 原著

2012　《金錢的靈魂：讓你從內在富起來，做個真正有錢人！》（*The Soul of Money: Reclaiming the Wealth of Our Inner Resources*）。臺北市：自由之丘文創出版社。

蔡翔譯　Jane Honeck 原著

2013　《愛錢》（*The Problem with Money? It's Not about the Money!*）。臺北市：寶瓶文化事業有限公司。

潘東傑譯　John Naisbitt 原著

2006　《Mind Set! 奈思比 11 個未來定見》（*Mind Set!: Reset Your Thinking and See the Future*）。臺北市：遠見天下。

樂為良譯　Michael J. Sandel 原著

2011　《正義：一場思辨之旅》（*Justice: What's the Right Thing to Do?*）。臺北市：雅言文化。

樂為良譯　Bill Gates 原著

　　1999　《數位神經系統：與思考等快的明日世界》(*Business @ The Speed of Thought: Using a Digital Nervous System*)。臺北市：商業周刊出版股份有限公司。

劉永憲

　　1984　《財政學原理》。臺北市：凱侖出版社。

劉其昌

　　1995　《財政學》。臺北市：五南圖書公司。

劉枝蓮

　　2016　《天空下的眼睛》。新北市：遠景出版事業有限公司。

劉真如譯　Frans Johansson 原著

　　2005　《梅迪奇效應》(*The Medici Effect*)。臺北市：商周出版社。

劉麗真譯　Warren Bennie & Patrica W. Biederman 原著

　　2012　《驚喜的年代，華倫班尼斯回憶錄：我走過的領導路》(*Still Surprised: A Memoir of a Life in Leadership*)。臺北市：臉譜。

劉毓玲譯　David Osborne & Ted Gaebler 原著

　　1993　《新政府運動》(*Reinventing Government: How the Entrepreneurial Spirit Is Transforming the Public Sector*)。臺北市：天下文化出版公司。

劉慧玉譯　Ronald A. Heifetz 原著

　　1999　《調適性領導》(*Leadership without Easy Answers*)。臺北市：麥田出版。

譚春虹譯　Kelly Morth 原著

　　2009　《情商 EQ 的智慧》(*The Wisdom of Emotion Quotient*)。新北市：德威國際文化事業。

鄧志松

　　1999　〈美國聯邦公務員政治參與的限制：從嚴格到放寬〉，《人文及社會科學期刊》，第 11 卷，第 4 期，頁 615–643。

歐信宏、史美強、孫同文、鍾起岱合著

　　2004　《府際關係：政府互動學》。新北市：國立空中大學。

賴維堯、林鍾沂、施能傑、許立一合著

　　2005　《行政學入門》。台北縣：國立空中大學。

閻紀宇譯　Francis Fukuyama 原著

　　2005　《強國論》(*State-Building: Government and World Order in the 21th Century*)。臺北市：時報文化出版有限公司。

蕭全政、林鍾沂、江岷欽、黃朝盟譯　Nicholas Henry 原著

　　2001　《行政學新論》(*Public Administration and Public Affairs*)。臺北市：韋伯文化出版社。

蕭寶森譯　J. Garder 原著

　　1996　《蘇菲的世界》。臺北市：智庫出版社。

謝明等譯　James E. Anderson 原著

2009　《公共政策制定》(*Public Policymaking: An Introduction*)。第五版。北京：中國人民大學出版社。

謝相慶、張福建主編

2002　《瞻依弗遠─呂春沂老師詩文集和我們的追念》。臺北市：呂春沂教授追思會籌備會。

謝淑斐譯　James Madison, Alexander Hamilton, & John Jay 原著

2000　《聯邦論》(*The Federalist Papers*)。臺北市：貓頭鷹出版。

謝綺蓉譯　Richard Koch 原著

1998　《80/20 法則》(*The 80/20 Principle: The Secret of Achieving More with Less*)。臺北市：大塊文化。

謝樹寬譯　Carl Honore 原著

2013　《快不能解決的事》(*The Slow Fix: Solve Problems, Work Smarter, and Live Better in a World Addicted to Speed*)。臺北市：大塊文化。

冀劍制著

2016　《哲學課的逆襲》。臺北市：商周，城邦文化出版。

戴文年譯　Gareth Morgan 原著

1994　《組織意象》(*Images of Organization*)。臺北市：五南圖書出版公司。

薛迪安譯　Richard D. McCall 原著

1998　《禪心・投資・武士道：建立冷靜自信的交易策略》(*The Way of the Warrior-Trader: The Financial Risk-Taker's Guide to Courage, Confidence and Discipline*)。臺北市：麥格羅希爾國際股份有限公司。

韓文正譯　Rudolph W. Giuliani 原著

2002　《決策時刻》(*Leadership*)。臺北市：大塊文化。

韓文正、吳家恆、陳俊斌譯　Carnes Lord 原著

2004　《領導力》(*The Modern Prince: What Leaders Need to Know Now*)。臺北市：時報文化出版股份有限公司。

韓紅譯　Ralph P. Hummel 原著

2013　《官僚經驗：後現代主義的挑戰》(*The Bureaucratic Experience: The Post-Modern Challenge*)。第五版。北京：中國人民大學出版社。

鍾漢清等譯　Herbert A. Simon 原著

1999　《管理行為：管理型組織中決策過程的研究》(*Administrative Behavior: A Study of Decision-Making Processes in Administrative Organizations*)。第四版。臺北市：華人戴明學院出版。

關中

2013　《回應、課責、透明：貫徹民主治理》。臺北市：考試院。

魏啟林編纂

2000　《政府再造運動》。臺北市：行政院研究發展考核委員會出版。

魏鏞

2004　《公共政策導論》。臺北市：五南圖書出版有限公司。

顏昌武、馬駿編譯

2010　《公共行政學百年爭論》。北京：中國人民大學出版社。

譚功榮、劉霞譯　David Osborne & Peter Plastrik 原著

2002　《摒棄官僚制》(*Banishing Bureaucracy: The Five Strategies for Reinventing Government*)。北京市：中國人民大學出版社。

譚功榮著

2008　《西方公共行政學思想與流派》。北京：北京大學出版社。

蘇子喬譯　Andrew Heywood 原著

2009　《政治學的關鍵概念》(*Key Concepts in Politics*)。臺北市：五南圖書出版股份有限公司。

蘇文流、林鍾沂、張福建合編

2013　《即之也溫：易君博教授追思錄》。臺北市：自行刊印。

蘇文賢、江吟梓譯　Michael Lipsky 原著

2010　《基層官僚：公職人員的困境》(*Street-Level Bureaucracy: Dilemmas of the Individual in Public Service*)。臺北市：學富文化事業有限公司。

蘇彩足

1996　〈美國平衡預算修憲案之啟示〉，載於《國家政策雙週刊》，第 150 期。臺北市：國家政策研究院文教基金會。頁 11–12。

蘇偉業譯　Kevin B. Smith & Christopher W. Larimer 原著

2010　《公共政策入門》(*The Public Policy Theory Primer*)。臺北市：五南圖書出版。

羅玉蓓譯　James Hoopes 原著

2005　《管理大師我恨你》(*False Prophets: The Gurus Who Created Modern. Management and Why Their Ideas Are Bad for Business*)。臺北市：早安財經文化。

羅慎平譯　Patrick Dunleavy & Brendan O'Leary 原著

1994　《國家論》(*Theories of the State: The Politics of Liberal Democracy*)。臺北市：五南出版公司。

羅耀宗譯　Helga Drummond 原著

1993　《決策力》(*Effective Decision Making*)。臺北市：允晨文化實業股份有限公司。

羅耀宗譯　Louis V. Gerstner Jr.

2003　《誰說大象不會跳舞：葛斯納親撰 IBM 成功關鍵》(*Who Says Elephants Can't Dance?: Inside IBMs Historic Turnaround*)。臺北市：時報文化出版有限公司。

羅耀宗譯　Charles Handy 原著

2006　《阿波羅與酒神：工作型態變動下的個人與組織》(*Gods of Management: The Changing Work of Organizations*)。臺北市：遠見天下。

羅耀宗譯　Joseph E. Stiglitz 原著

2013　《不公平的代價：破解階級對立的金權結構》(*The Price of Inequality: How Today's Divided*

Society Endangers Our Future)。臺北市：天下雜誌股份有限公司。

羅耀宗、廖建容譯　Warren Bennis & Noel Tichy 原著

2008　《做對決斷！》(Judgement: How Winning Leaders Make Great Calls)。臺北市：遠見天下。

龐元媛譯　Ben Dupre 原著

2013　《50 則非知不可的政治學概念》(50 Political Ideas: You Really Need to Know)。臺北市：五南圖書出版有限公司。

顧淑馨譯　Stephen R. Covey 原著

2007　《與成功有約：全面造就自己》(The Seven Habits of Highly Effective People: Restoring the Character Ethic)。臺北市：遠見天下。

顧淑馨譯　Richard Gerver 原著

2015　《改變，可以無所畏：10 個跨越恐懼、抓住轉機的人生信念》(Change: Learn to Love It, Learn to Lead It)。臺北市：天下文化出版公司。

顧偉、李健

2017　〈美國聯邦預算與國防預算的發展、構成、決策〉。https://read01.com/Bx67Aj.html。

二、英文部分

Allison, Graham

1982　"Public and Private Management: Are They Fundamentally Alike in All Unimportant Respects?" in Frederick S. Lane (ed.) Current Issues in Public Administration. New York: St. Martin's Press.

Anderson, Charles W.

1979　"The Place of Principles in Policy Analysis", The American Political Science Review, Vol. 73, No. 3, (September), pp. 711–721.

Anderson, James E.

1994　Public Policymaking: An Introduction. 2nd ed. New Jersey: Houghton Mifflin Company.

Bailey, Mary T. & Richard T. Mayer (eds.)

1993　Public Management in an Interconnected World: Essays in the Minnowbrook Tradition. New York: Greenwood Press.

Barber, Benjamin R.

1984　Strong Democracy: Participatory Politics for a New Age. Berkeley: California University Press.

Barnard, Chester I.

1938　The Functions of the Executive. Cambridge, Mass.: Harvard University Press.

Barry, Brian & Douglas W. Rae

1975　"Political Evaluation", in Fred I. Greenstein & Nelson W. Polsby (eds.), Handbook of Political Science, Vol. 1: Political Science: Scope and Theory. Reading, Mass.: Addison Wesley Company, pp. 337–401.

Barzelay, Michael & Babak J. Armajani

1992　*Breaking Through Bureaucracy: A New Vision for Managing in Government.* California: University of California Press.

Bellone, Carl J. & George F. Goerl

1992　"Reconciling Public Entrepreneurship and Democracy", *Public Administration Review*, Vol. 52, No. 2 (March/April), pp. 130–134.

1993　"In Defense of Civic-Regarding Entrepreneurship or Helping Wolves to Promote Good Citizenship", *Public Administration Review*, Vol. 53, No. 4 (July/August), pp. 396–398.

Bengington, John

2011　"From Private Choice to Public Value?", in John Bengington & Mark H. Moore (eds.), *Public Value: Theory and Practice.* New York: Palgrave Macmillan, pp. 31–51.

Bengington, John & Mark H. Moore (eds.)

2011　*Public Value: Theory and Practice.* New York: Palgrave Macmillan.

Benson, J. Kenneth

1983　"A Dialectical Method for the Study of Organizations", in Gareth Morgan(ed.), *Beyond Method.* Beverly Hills: Sage Publications. pp. 331–346.

Benson, J. Kenneth & Carla J. Weitzel

1985　"Social Structure and Social Praxis in Interorganizational Policy Analysis", in Kenneth Hanf & Theo A. J. Toonen (eds.), *Policy Implementation in Federal and Unitary Systems: Questions of Analysis and Design.* Netherlands: Martinus Nijhoff Publishers.

Bernstein, Richard J.

1976　*The Restructuring of Social and Political Theory.* Oxford: Basil Blackwell.

1983　*Beyond Objectivism and Relativism: Science, Hermeneutics, and Praxis.* Philadelphia: Pennsylvania University.

1991　*The New Constellation.* Cambridge: Polity Press.

Bevir, Mark

2009　*Key Concepts in Governance.* Los Angeles: Sage Publications Ltd.

Bishop, Patrick, Carmel Connors, & Charles Sampford (eds.)

2003　*Management, Organization, and Ethics in the Public Sector.* Burlington, USA: Ashgate Publishing Company.

Blaikie, Norman

1993　*Approaches to Social Enquiry.* Oxford: Blackwell Publishers.

Bobrow, Davis B. & John S. Dryzek

1987　*Policy Analysis by Design.* Pittsburgh, Pa.: University of Pittsburgh Press.

Bowman, James S., Jonathan P. West, Evan M. Berman, & Montgomery Van Wart

2004　*The Professional Edge: Competencies in Public Service.* Armonk, New York: M. E. Sharpe, Inc.

Bowman, James S. (ed.)

　　1991　*Ethical Frontiers in Public Management: Seeking New Strategies for Resolving Ethical Dilemmas.*
　　　　　San Francisco: Jossey-Bass Publishers.

Bruce, Willa (ed.)

　　2001　*Classics of Administrative Ethics.* Boulder, Colorado: Westview Press.

Bulmer, Martin

　　1982　*The Uses of Social Research: Social Investigation in Public Policy-Making.* London: George Allen
　　　　　and Unwin.

Burrell, Gibson & Gareth Morgan

　　1979　*Sociological Paradigms and Organizational Analysis.* London: Heinemann.

Callahan, Daniel & Bruce Jennings (eds.)

　　1983　*Ethics, the Social Sciences, and Public Policy.* New York: Plenum Press.

Callahan, Kathe

　　2007　*Elements of Effective Governance: Measurement, Accountability, and Participation.* Boca Raton:
　　　　　Taylor & Francis Group.

Chandler, Ralph C. & Jack C. Plano (eds.)

　　1988　*The Public Administration Dictionary.* 2nd ed. Chicago: Dorsey Press.

Chelimsky, Elenanor (ed.)

　　1985　*Program Evaluation: Patterns and Directions.* Washington: The American Society for Public
　　　　　Administration.

Cohen, Michael D., James G. March, & Johan P. Olsen

　　1972　"A Garbage Can Model of Organizational Choice", *Administrative Science Quarterly*, Vol. 17, No. 1,
　　　　　pp. 1–25.

Cooper, Phillip J., Linda P. Brady, Olivia Hidalgo-Hardeman, Albert Hyde, Katherine Naff, J. Steven Ott, &
Harvey White

　　1998　*Public Administration for the 21st Century.* Orlando, Florida: Harcourt Brace College Publishers.

Cooper, Terry L.

　　1987　"Hierarchy, Virtue, and the Practice of Public Administration: A Perspective for Normative Ethics",
　　　　　Public Administration Review, Vol. 47, No. 3 (July/August), pp. 320–328.

Cooper, Terry L. (ed.)

　　1994　*Handbook of Administrative Ethics.* New York: Marcel Dekker, Inc.

Cronbach, Lee J. & Associates

　　1985　*Toward Reform of Program Evaluation: Aims, Methods, and Institutional Arrangements.* San
　　　　　Francisco: Jossey-Bass Publishers.

Crozier, Michel J., Samuel P. Huntington, & Joji Watanuki

1975 *The Crisis of Democracy.* New York: New York University Press.

Daft, Richard L.

2010 *Understanding the Theory and Design of Organizations.* 10th ed. United States: South-Western Cengage Learning.

Davis, Kenneth

1971 *Discretionary Justice: A Preliminary Inquiry.* Chicago: University of Illinois Press.

deHaven-Smith, Lance

1988 *Philosophical Critiques of Policy Analysis: Lindblom, Habermas and the Great Society.* Florida: University of Florida Press Gainesville.

Denhardt, Kathryn G.

1991 "Unearthing the Moral Foundations of Public Administration", in James S. Bowman (ed.), *Ethical Frontiers in Public Management: Seeking New Strategies for Resolving Ethical Dilemmas.* San Francisco: Jossey-Bass Publishers.

Denhardt, Robert B. & Barry R. Hammond

1992 *Public Administration in Action: Readings, Profiles, and Cases.* California: Brooks/Cole Publishing Company.

Denhardt, Robert B.

1993 *The Pursuit of Significance: Strategies for Managerial Success in Public Organizations.* Belmont, California: Wadsworth Publishing Company.

1999 *Public Administration: An Action Orientation.* 3rd ed. Orlando: Harcourt Brace College Publishers.

2004 *Theories of Public Organization.* 4th ed. Belmont, California: Wadsworth Publishing Company.

Denhardt, Janet V. & Robert B. Denhardt

2003 *The New Public Service: Serving, not Steering.* Armonk, New York: M. E. Sharpe.

Dolbeare, Kenneth M.

1975 *Public Policy Evaluation.* California: Sage Publications, Inc.

Downs, Anthony

1967 *Inside Bureaucracy.* Boston: Little, Brown and Company.

Drucker, Peter F.

1980 "The Deadly Sins in Public Administration", *Public Administration Review*, Vol. 40, No. 2 (March/April), pp. 103–106.

Dryzek, John S.

1990 *Discursive Democracy: Politics, Policy, and Political Science.* Cambridge, New York: Cambridge University Press.

Dunleavy, Patrick & Brendan O'Leary

1987 *Theories of the State: The Politics of Liberal Democracy.* London: MacMillan Education.

Dunn, William

　　1994　*Public Policy Analysis: An Introduction.* 2nd ed. Englewood Cliffs, New Jersey: Prentice Hall.

Dunn, William (ed.)

　　1986　*Policy Analysis: Perspectives, Concepts, and Methods.* London: Jai Press Inc.

Easton, David

　　1969　"The New Revolution in Political Science", *American Political Science Review,* Vol. 63, No. 4 (December), pp. 1051–1061.

　　1971　*The Political System.* 2nd ed. Chicago: Alfred A. Knopf.

Elmore, Richard F.

　　1978　"Organizational Models of Social Program Implementation", *Public Policy,* Vol. 26, No. 2 (Spring), pp. 185–228.

　　1982　"Backward Mapping: Implementation Research and Policy Decisions", in Walter Williams *et al., Studying Implementation: Methodological and Administrative Issues.* New Jersey: Chatham House Publishers, Inc.

Etzioni, Amati

　　1986　"Mixed Scanning Revisited", *Public Administration Review*, Vol. 46, No. 1 (January/February), pp. 8–14.

Etzioni-Halevy, Eva

　　1985　*Bureaucracy and Democracy: A Political Dilemma.* London: Routledge & Kegan Paul.

　　1993　*The Elite Connection: Problems and Potential of Western Democracy.* Cambridge: Polity Press.

Farmer, David J.

　　1995　*The Language of Public Administration: Bureaucracy, Modernity, and Postmodernity.* Tuscaloosa and London: The University of Alabama Press.

　　2010　*Public Administration in Perspective: Theory and Practice through Multiple Lenses.* Armonk, New York: M. E. Sharpe.

Fay, Brian

　　1975　*Social Theory and Political Practice.* London: George Allen & Unwin.

　　1987　*Critical Social Science.* Oxford: Polity Press.

Fesler, James W. & Donald F. Kettl

　　1991　*The Politics of the Administrative Process.* Chatham, New Jersey: Chatham House Publishers, Inc.

Fischer, Frank

　　1980　*Politics, Values, and Public Policy.* Boulder, Colorado: Westview Press.

　　1990　*Technocracy and the Politics of Expertise.* Newbury Park: Sage Publications.

　　1995　*Evaluating Public Policy.* Chicago: Nelson-Hall Publishers.

Fischer, Frank & John Forester (eds.)

1987　*Confronting Values in Policy Analysis: The Politics of Criteria*. California: Sage Publications, Inc.

1993　*The Argumentative Turn in Policy Analysis and Planning*. London: University College London Press.

Fischer, Frank, Gerald J. Miller, & Mara S. Sidney (eds.)

2007　*Handbook of Public Policy Analysis*. New York: CRC Press.

Fleishman, Joel L., *et al.* (eds.)

1981　*Public Duties: The Moral Obligations of Government Officials*. Cambridge, Mass.: Harvard University Press.

Forester, John (ed.)

1985　*Critical Theory and Public Life*. Cambridge: The MIT Press.

Forester, John

1985　"The Policy Analysis－Critical Theory: Wildavsky and Habermas as Bedfellows?" John Forester (ed.), *Critical Theory and Public Life*. Cambridge: The MIT Press, pp. 258–280.

1989　*Planning in the Face of Power*. Berkeley: University of California Press.

1993　*Critical Theory, Public Policy, and Planning Practice: Toward a Critical Pragmatism*. New York: State University of New York Press.

Frankena, William K.

1973　*Ethics*. 2nd ed. Englewood Cliffs, New Jersey: Prentice Hall, Inc.

Frederickson, H. George & David K. Hart

1985　"The Public Service and the Patriotism of Benevolence", *Public Administration Review*, Vol. 45, No. 5 (September/October), pp. 547–553.

Frederickson, H. George & Frank Marini

1998　"Public Administration, New", in J. M. Shafritz (ed.), *International Encyclopedia of Public Policy and Administration*, *Vol. 3*. Boulder, Colorado: Westview Press, pp. 1801–1805.

Frederickson, H. George

1971　"Toward a New Public Administration", in Frank Marini (ed.), *op. cit.*, pp. 309–328.

1974　"Social Equity and Public Administration", *Public Administration Review*, Vol. 34, No. 1 (January/February), pp. 1–11.

1980　*New Public Administration*. Alabama: Alabama University Press.

1989　a "Minnowbrook II: Changing Epochs of Public Administration", Public Administration Review. Vol. 49, No2. (March/April), pp. 95–100.

1989　b "Toward a Theory of the Public for Public Administration", *Administration and Society*, Vol. 22, No. 4 (February), pp. 395–417.

1997　a "Comparing Reinventing Government Movement with the New Public Administration", *Public Administration Review*, Vol. 56, No. 3 (May/June), pp. 263–270.

1997　b *The Spirit of Public Administration*. San Francisco: Jossey-Bass Publishers.

1999　"Ethics and the New Managerialism", *Public Administration & Management: An Interactive Journal,* Vol. 4, No. 2, pp. 299–324.

Frederickson, H. George, Kevin B. Smith, Christopher W. Larimer, & Michael J. Licari

2012　*The Public Administration Theory Primer.* 2nd ed. Boulder, Colorado: Westview Press.

Friedmann, John

1987　*Planning in the Public Domain: From Knowledge to Action.* Princeton: Princeton University Press.

Galligan, Denis J.

1986　*Discretionary Powers: A Legal Study of Official Discretion.* London: Oxford University Press.

1996　*Administrative Law.* London: Oxford University Press.

Gawthrop, Louis C.

1984　*Public Sector Management, Systems, and Ethics.* Bloomington: Indiana University Press.

Gerth, H. H. & C. Wright Mills (eds.)

1991　*From Max Weber: Essays in Sociology.* London: Routledge Press.

Geuras, Dean & Charles Garofalo

2002　*Practical Ethics in PublicAdministration.* Vienna, Virginia: Management Concepts.

Goodsell, Charles T.

1990　"Public Administration and the Public Interest", in Gary L. Wamsley, *et al.* (eds.), *op. cit.*, pp. 96–113.

1993　"Reinvent Government or Rediscover It?" *Public Administration Review,* Vol. 53, No. 1 (January/February), pp. 85–86.

1994　*The Case for Bureaucracy: A Public Administration Polemic.* 3rd ed. New Jersey: Chatham House Publishers.

Greenberg, Jerald & Robert A. Baron

2000　*Behavior in Organizations.* 7th ed. New Jersey: Prentice Hall, Inc.

Greene, Jeffrey D.

2005　*Public Administration in the New Century: An Concise Introduction.* United States: Wadsworth.

Grizzle, Gloria A.

1989　"Five Great Issues in Budgeting and Financial Management", in Jack Rabin, *et al.* (eds.), *Handbook of Public Administration.* New York: Marcel Dekker, Inc., pp. 193–223.

Gruber, Judith E.

1987　*Controlling Bureaucracies: Dilemmas in Democratic Governance.* Berkeley and Los Angeles, California: California University Press.

Guba, Egon G. & Yvonna S. Lincoln

1989　*Fourth Generation Evaluation.* Newbury Park: Sage Publications.

Guba, Egon G. (ed.)

1990　*The Paradigm Dialog.* Newbury Park: Sage Publications.

Guy, Mary E.

1989　"Minnowbrook II: Conclusions", *Public Administration Review*, Vol. 49, No. 2 (March/April), pp. 219–220.

Habermas, Jürgen

1970　*Toward a Rational Society: Student Protest, Science, & Politics.* translated by J. J. Shapiro. Boston: Beacon Press.

1975　*Legitimation Crisis.* translated by T. McCarthy. Boston: Beacon Press.

1979　*Communication and the Evolution of Society.* translated by T. McCarthy. Boston: Beacon Press.

Ham, Christopher & Michael Hill

1984　*The Policy Process in the Modern Capitalist State.* Sussex: Harvester Press.

1993　*The Policy Process in the Modern Capitalist State.* 2nd ed. New York: Harvester Press.

Hanf, Kenneth & Theo A. J. Toonen (eds.)

1985　*Policy Implementation in Federal and Unitary Systems: Questions of Analysis and Design.* Dordrecht: Martinus Nijhoff Publishers.

Harlow, Carol & Rawlings, Richard

1984　*Law and Administration.* London: George Weidenfield and Nicolson Ltd.

Harmon, Michael M.

1981　*Action Theory for Public Administration.* New York: Chatelaine Press.

1990　"The Responsible Actor as 'Tortured Soul': The Case of Horatio Hornblower", in Henry D. Kass & Bayard L. Catron (eds.), *op. cit.*, pp. 151–180.

1995　*Responsibility As Paradox: A Critique of Rational Discourse on Government.* Sage Publications.

Harmon, Michael M. & Richard T. Mayer

1986　*Organization Theory for Public Administration.* Boston: Little, Brown and Company.

Hart, David K.

1974　"Social Equity, Justice, and the Equitable Administrator", *Public Administration Review,* Vol. 34, No. 1 (January/February), pp. 3–10.

Hassard, John

1993　*Sociology and Organization Theory: Positivism, Paradigms and Postmodernity.* New York: Cambridge University Press.

Hassard, John & Denis Pym (eds.)

1990　*The Theory and Philosophy of Organizations: Critical Issues and New Perspectives.* New York: Chapman and Hall, Inc.

Hawkesworth, M. E.

1988　*Theoretical Issues in Policy Analysis.* New York: State University of New York Press.

Henry, Nicholas

    1999   *Public Administration and Public Affairs.* 7th ed. New Jersey: Prentice Hall International Inc.

Hill, Larry B. (ed.)

    1992   *The State of Public Bureaucracy.* New York: M. E. Sharpe, Inc.

Hogwood, Brian W. & Lucas A. Gunn

    1984   *Policy Analysis for the Real World.* New York: Oxford University Press.

Horn, Murray J.

    1995   *The Political Economy of Public Administration: Institutional Choice in the Public Sector.* New York: Cambridge University Press.

House, Ernest R.

    1980   *Evaluating with Validity.* Beverly Hills: Sage Publications.

Hoy, Wayne K. & Cecil G. Miskel

    1987   *Educational Administration: Theory, Research, and Practice.* 3rd ed. New York: Random House, Inc.

Hudson, John & Stuart Lowe

    2006   *Understanding the Policy Process: Analysing Welfare Policy and Practice.* Bristol, UK: The Policy Press.

Hughes, Owen E.

    1998   "New Public Management", in Jay M. Shafritz (ed.), *International Encyclopedia of Public Policy and Administration, Vol. 3.* Boulder, Colorado: Westview Press, pp. 1489–1490.

Hummel, Ralph P.

    1987   *The Bureaucratic Experience.* 3th ed. New York: St. Martin's Press.

Huntington, Samuel P.

    1966   "The Marasmus of the ICC: The Commission, the Railroads, and the Public Interest", in Peter Woll (ed.), *Public Administration and Policy.* New York: Harper & Row Publishers, pp. 58–90.

Ingraham, Patricia W. & Pamela N. Reed

    1990   "The Civil Service Reform Act of 1978: The Promise and the Dilemma", in Steven W. Hays & Richard C. Kearney (eds.), *Public Personnel Administration: Problems and Prospects.* New Jersey: Prentice Hall.

Isaak, Alan C.

    1984   *Scope and Methods of Political Science.* Homewood, Illinois: The Dorsey Press.

Johnson, Willam C.

    1992   *Public Administration: Policy, Politics, and Practice.* Sluice Dock, Guiford, Connecticut: The Dushkin Publishing Group, Inc.

Jones, Charles O.

    1984   *An Introduction to the Study of Public Policy.* 3rd ed. Monterey, California: Brooks/Cole Publishing

Company.

Jun, Jong S.

　　1986　*Public Administration: Design and Problem Solving.* New York: MacMillan.

Kass, Henry D. & Bayard L. Catron (eds.)

　　1990　*Images and Identities in Public Administration.* Newbury Park: Sage Publications.

Keane, John

　　1984　*Public Life and Late Capitalism: Toward a Social Theory of Democracy.* Cambridge: Cambridge University Press.

Kellar, Elizabeth K. (ed.)

　　1988　*Ethical Insight and Ethical Action: Perspectives for the Local Government Manager.* Washington, DC: The International Management Association.

Kettl, Donald F.

　　2002　*The Transformation of Governance: Public Administration for 21ˢᵗ Century.* Baltimore and London: The Johns Hopkins University Press.

Kirkhart, Larry

　　1971　"Toward a Theory of Public Administration", in Frank Marini (ed.), *op. cit.*, pp. 127–163.

Klingner, D. E. & John Nalbandian

　　1998　*Public Personnel Management: Contexts and Strategies.* New Jersey: Prentice Hall.

Kouzes, James M. & Barry Z. Posner

　　2002　The Leadership Challenge. 3ʳᵈ ed. San Francisco, CA.: Jossey-Bass.

La Porte, Todd R.

　　1971　"The Recovery of Relevance in the Study of Public Organizations", in Frank Marini (ed.), *op. cit.*, pp. 17–47.

Lasswell, Harold D.

　　1971　*A Pre-View of Policy Sciences.* New York: American Elsevier Publishing Company.

Leavitt, Harold J. & Homa Bahrami

　　1988　*Managerial Psychology: Managing Behavior in Organizations. 5th ed.* Chicago: The University of Chicago Press.

Lehrer, Jonah

　　2009　*How We Decide.* Boston: Houghton Mifflin Harcourt.

Lerner, Daniel & Harold D. Lasswell (eds.)

　　1951　*The policy Sciences.* Stanford, California: Stanford University Press.

Levine, Charles H., B. Guy Peters, & Frank J. Thompson

　　1991　*Public Administration: Challenges, Choices, and Consequences.* Glenview, Ill.: Scott, Foresman.

Lewis, Carol W.

1989 "The Field of Public Budgeting and Financial Management, 1789–1985", in J. Rabin, *et al., (eds.), op. cit.*, pp. 129–192.

2005 *The Ethics Challenge in Public Service: A Problem-Solving Guide.* 2nd ed. San Francisco: Jossey-Bass.

Lincoln, Yvonna S. (ed.)

1985 *Organizational Theory and Inquiry: The Paradigm Revolution.* Beverly Hills: Sage Publications.

Lindblom, Charles E.

1959 "The Science of 'Muddling Through'", *Public Administration Review.*, Vol. 19, No. 2 (Spring/February), pp. 79–88.

1974 *Politics and Markets: The World's Political Economic System.* New York: Basic Books.

1979 "Still Muddling, Not Yet Through", *Public Administration Review*, Vol. 39, No. 6 (November/December), pp. 517–526.

1982 "Another State of Mind", *American Political Science Review*, Vol. 76, No. 1 (March), pp. 9–21.

Lindblom, Charles E. & David Cohen

1979 *Usable Knowledge: Social Science and Social Problem Solving.* New Haven: Yale University Press.

Lindblom, Charles E. & Edward J. Woodhouse

1993 *The Policy-Making Process.* 3rd ed. Englewood Cliffs, New Jersey: Prentice Hall.

Lipsky, Michael

1980 *Street-Level Bureaucracy: Dilemmas of the Individual in Public Services.* New York: Russell Sage Foundation.

Lowi, Theodore J.

1979 *The End of Liberalism: The Second Republic of the United States.* 2nd ed. New York: W. W. Norton & Company.

Lukes, Steven

1974 *Power: A Radical View.* London: The MacMillan Press.

Lynn, Naomi B. & Aaron Wildavsky

1990 *Public Administration: The State of the Discipline.* New Jersey: Chatham House Publishers, Inc.

MacIntyre, Alasdair

1984 *After Virtue: A Study in Moral Theory.* 2nd ed. Notre Dame: University of Notre Dame Press.

Magretta, Joan & Nan Stone

2002 *What Management Is: How It works and Why It's Everyone's Business.* New York: The Free Press.

Majone, Giandomenico

1989 *Evidence, Argument and Persuasion in the Policy Process.* New Haven: Yale University Press.

Marini, Frank

1971 "The Minnowbrook Perspective and the Future of Public Administration", in F. Marini (ed.), *op. cit.*, pp. 346–367.

2001   "Public Administration", in J. Steven Ott & E. W. Russell, *Introduction to Public Administration: A Book of Readings*. Boston: Addison-Wesley Longman, Inc., pp. 7–14.

Marini, Frank (ed.)

1971   *Toward a New Public Administration*. New York: Chandler.

McCollough, Thomas E.

1991   *The Moral Imagination and Public Life: Raising the Ethical Question*. Chatham: Chatham House.

McKinney, Jerome B. & Michael Johnston

1986   *Fraud, Waste, and Abuse in Government*. Philadelphia: Institute for the Study of Human Issues Publications.

Miller, David (ed.)

1987   *The Blackwell Encyclopaedia of Political Thought*. New York: Basil Blackwell Inc.

Mintzberg, Henry

1979   *The Structuring of Organizations*. Englewood Cliffs, New Jersey: Prentice Hall Inc.

Mintzberg, Henry, Bruce Ahlstrand, & Joseph Lampel

1998   *Strategic Safari: A Guided Tour through the Wilds of Strategic Management*. New York: Free Press.

Mitchell, Terence & William G. Scott

1987   "Leadership Failures, the Distrusting Public, and Prospects of the Administrative State", *Public Administration Review*, Vol. 47, No. 6 (November/December), pp. 445–452.

Mommsen, Wolfgang J.

1974   *The Age of Bureaucracy: Perspectives on the Political Sociology of Max Weber*. Oxford: Basil Blackwell.

Moore, Mark H.

1995   *Creating Public Value: Strategic Management in Government*. Cambridge, Massachusetts: Harvard University Press.

Moran, Michael, Martin Rein, & Robert E. Goodin

2006   *The Oxford Handbook of Public Policy*. New York: Oxford University Press.

Morgan, Gareth

1985   *The Images of Organization*. Beverly Hill: Sage Publications.

1986   *Riding the Waves of Change: Developing Managerial Competencies for a Turbulent World*. San Francisco: Jossey Bass Publishers.

1989   *Imaginization: the Art of Creative Management*. Beverly Hills: Sage Publications.

1997   *Images of Organization*. 2nd ed. London: Sage Publications.

1998   *Images of Organization: The Executive Edition*. London: Sage Publications.

Morgan, Gareth (ed.)

1983   *Beyond Method*. Beverly Hills: Sage Publications.

Mosher, Frederick C.

　　1982　*Democracy and the Public Service.* 2nd ed. New York: Oxford University Press.

Mumby, D. K.

　　1988　*Communication and Power in Organizations: Discourse, Ideology, and Domination.* Norwood, New Jersey: Ablex Publishing Corporation.

Nakamura, Robert T. & Frank Smallwood

　　1980　*The Politics of Policy Implementation.* New York: St. Martin's Press.

Nelson, Richard R.

　　1977　*The Moon and the Ghetto.* New York: W. W. Norton & Company.

Okun, Arthur M.

　　1975　*Equality and Efficiency: The Big Tradeoff.* Washington, DC: The Brookings Institution.

O'Leary, Rosemary, David M. Van Slyke, & Soonhee Kim (eds.)

　　2010　*The Future of Public Administration Around the World: The Minnowbrook Perspective.* Washington, DC: Georgetown University Press.

Osborne, David & Ted Gaebler

　　1992　*Reinventing Government: How the Entrepreneurial Spirit Is Transforming in the Public Sector.* Reading, Massachusett: A William Patrick Book.

Ostrom, Vincent

　　1989　*The Intellectual Crisis in American Public Administration.* 2nd ed. Alabama: The University of Alabama Press.

Ott, J. Steven & E. W. Russell (eds.)

　　2006　*Introduction to Public Administration: A Book of Readings.* Boston: Addison-Wesley Longman Inc..

Ouchi, William G.

　　1981　*Theory Z: How American Business Can Meet The Japanese Challenge.* Reading, Massachusetts: Addison-Wesley Publishing Company.

Palumbo, Dennis J. & D. J. Calista (eds.)

　　1990　*Implementation and the Policy Process: Opening up the Black Box.* New York: Greenwood Press.

Palumbo, Dennis J. (ed.)

　　1987　*The Politics of Program Evaluation.* Newbury: Sage Publications.

Paris, David C. & James F. Reynolds

　　1983　*The Logic of Policy Inquiry.* New York: Longman.

Parsons, Wayne

　　1995　*Public Policy: An Introduction to the Theory and Practice of Policy Analysis.* Mass.: Edward Elgar Publishing Company.

Polsby, N. W.

1985 "The Contributions of President Aaron Wildavsky", *Political Studies*, Vol. 18, No. 4 (Fall), pp. 736–745.

Pojman, Louis P.

1990 *Ethics: Discovering Right and Wrong.* California: Wadsworth Publishing Company.

Porter, David O.

1989 "Minnowbrook ii: Conclusions", *Public Administration Review,* Vol. 49, No. 2 (March/April), p. 223.

Premfors, Rune

1981 "Review Article: Charles Lindblom and Aaron Wildavsky", *British Journal Political Science,* Vol. 11, Part 2 (April), pp. 201–225.

Pressman, Jeffrey L. & Aaron Wildavsky

1984 *Implementation.* 3rd ed. Berkeley: University of California Press.

Quinn, James B.

1980 *Strategies for Change: Logical Incrementalism.* Homewood, Illinois: Richard D. Irwin, Inc.

Rabin, Jack & James S. Bowman (*eds.*)

1984 *Politics and Administration.* New York and Basel: Marcel Dekker, Inc.

Rabin, Jack, W. Bartley Hildreth, & Gerald J. Miller (eds.)

1989 *Handbook of Public Administration.* New York: Marcel Dekker Inc.

Ramo, Joshua C.

2009 *The Age of the Unthinkable.* New York: Back Bay Books.

Ranson, S. & J. Stewart

1989 "Citizenship and Government: The Challenge for Management in the Public Domain", *Political Studies*, Vol. 37, No. 1 (March), pp. 5–24.

Rawls, John

1971 *A Theory of Justice.* Cambridge: Harvard University Press.

Reed, Michael

1984 *Redirections in Organizational Analysis.* London: Tavistock Publications.

1992 *The Sociology of Organizations: Themes, Perspectives, and Prospects.* New York: Harvester Wheatsheaf.

Rhodes, R. A. W.

1997 *Understanding Governance: Policy Networks, Governance, Reflexivity and Accountability.* Buckingham, Philadelphia: Open University Press.

Richter, William L., Frances Burke, & Jameson W. Doig (eds.)

1990 *Combating Corruption/Encouraging Ethics: A Sourcebook for Public Service Ethics.* Washington, DC: American Society for Public Administration.

Riker, William H.

1975　"Federalism", in Fred I. Greenstein & Nelson W. Polsby (eds), *Handbook of Political Science, Vol. 5: Government Institution and Process*, Reading, Mass: Addison-Wesley.

Roderick, Rick

1986　*Habermas and the Foundations of Critical Theory*. London: The MacMillan Press.

Rohr, John A.

1986　*To Run a Constitution: The Legitimacy of Administrative State*. Lawrence, Kansas: University of Kansas Press.

1998　*Public service, Ethics, and Constitutional Practice*. Lawrence, Kansas: The University Press of Kansas.

Rosenbloom, David H.

1989　*Public Administration: Understanding Management, Politics, and Law in the Public Sector*. 3rd ed. New York: McGraw-Hill, Inc.

1998　*Public Administration: Understanding Management, Politics, and Law in the Public Sector*. 4th ed. New York: McGraw-Hill, Inc.

Rosenbloom, David H. & Robert S. Kravchuk

2005　*Public Administration: Understanding Management, Politics, and Law in the Public Sector*. Boston: The McGraw-Hill Companies.

Roskin, Michael G., Robert L. Cord, James A. Medeiros, & Walter S. Jones

1991　*Political Science: An Introduction*. Englewood Cliffs, New Jersey: Prentice Hall.

Rossi, Peter H. & H. E. Freeman

1982　*Evaluation: A Systematic Approach*. 2nd ed. London: Sage Publications.

Rourke, Francis E.

1976　*Bureaucracy, Politics, and Public Policy*. 2nd ed. Boston: Little, Brown and Company.

Rubin, Irene S.

1997　*The Politics of Public Budgeting: Getting and Spending, Borrowing and Balancing*. 3rd ed. Chatham, New Jersey: Chatham House Publishers, Inc.

Rutman, Leonard (ed.)

1984　*Evaluation Research Methods: A Basic Guide*. 2nded. Beverly Hills: Sage Publications.

Rutman, Leonard

1980　*Planning Useful Evaluation: Evaluability Assessment*. Beverly Hills, London: Sage Publications.

Sandel Michael J.

2009　*Justice: What's the Right Thing to Do?* New York: Farrar, Straus, and Giroux.

Schein, Edgar H.

1985　*Organizational Culture and Leadership*. San Francisco: Jossey-Bass Publishers.

Scott, Willam G. & David K. Hart

1973 "Administrative Crisis: The Neglect of Metaphysical Speculation", *Public Administration Review,* Vol. 33, No. 6 (September/October), pp. 415–422.

1989 *Organizational Values in America.* New Brunswick: Transaction Publishers.

Scott, W. Richard & Gerald F. Davis

2007 *Organizations and Organizing: Rational, Natural, and Open Systems Perspectives.* Englewood Cliffs, New Jersey: Pearson Education, Inc.

Self, Peter

1975 *Administrative Theories and Politics.* London: George Allen & Unwin.

1985 *Political Theories of Modern Government: Its Role and Reform.* London: George Allen & Unwin.

1993 *Government by the Market?: The Politics of Public Choice.* London: The MacMillan Press.

Shadish, Jr. William R., Thomas D. Cook, & Laura C. Leviton

1991 *Foundations of Program Evaluation: Theories of Practice.* Newbury Park, California: Sage Publications, Inc.

Shafritz, Jay M. & Albert C. Hyde (eds.)

1987 *Classics of Public Administration.* 2nd ed. Chicago: The Dorsey Press.

Shafritz, Jay M. (ed.)

1998 *International Encyclopedia of Public Policy and Administration*, Vol. 1–4. Boulder, Colorado: Westview Press.

Simon, Herbert A.

1976 *Administrative Behavior: A Study of Decision-Making Processes in Administrative Organization.* New York: The Free Press.

1983 *Reason in Human Affairs.* United Kingdom: Basil Blackwell.

1991 *Models of My Life.* New York: Basic Books.

Simons, Robert

2005 *Levers of Organization Design: How Managers Use Accountability Systems for Greater Performance and Commitment.* Boston: Harvard Business School Press.

Skinner, Quentin (ed.)

1985 *The Return of Grand Theory in the Human Sciences.* New York: Cambridge University Press.

Slyke, David M. Van, Rosemary O'Leary, & Soonhee Kim (eds.)

2010 "Challenges and Opportunities, Crosscutting Themes, and Thoughts on the Future of Public Administration", in Rosemary O'Leary, David M. Van Slyke &, Soonhee Kim (eds.), *op. cit.*, pp. 281–293.

Spicer, Michael W.

2010 *In Defense of Politics in Public Administration.* Tuscaloosa: The University of Alabama Press.

Starling, Grover

2008　*Managing The Public Sector*. 8th ed. Boston: Thomson Wadsworth.

Stone, Deborah A.

1997　*Policy Paradox: The Art of Political Decision Making*. New York: W. W. Norton.

Strosberg, M. A. & J. S. Woley

1983　"Evaluability Assessment: From Theory to Practice in the Development of Health and Human Services", *Public Administration Review*, Vol. 43, No. 1 (January/February), pp. 66–70.

Stout, Margaret

2013　*Logics of Legitimacy: Three Traditions of Public Administration Praxis*. New York: CRC Press.

Sunstein, Cass R.

2014　*Conspiracy Theories and Other Dangerous Ideas*. New York: Simon & Schuster.

Sylvia, Ronald D.

1989　*Public Personnel Administration*. Belmont: Wadsworth Inc.

Sylvia, Ronald D. & C. Kenneth Meyer

1990　"An Organizational Perspective on Training and Development in the Public Sector", in Steven W. Hays & Richard C. Kearney (eds.), *Public Personnel Administration: Problems and Prospects*. New Jersey: Prentice Hall.

Thayer, Frederick C.

1981　*An End to Hierarchy & Competition: Administration in the Post-Affluent World*. 2nd ed. New York: Franklin Watts.

Thompson, Dennis F.

1978　"Bureaucracy and Democracy", in Graeme Duncan (ed.), *Democratic Theory and Practice*. Cambridge: Cambridge University Press, pp. 235–250.

1985　"The Possibility of Administrative Ethics", *Public Administration Review,* Vol. 45, No. 5 (September/October), pp. 555–561.

1987　*Political Ethics and Public Office*. Cambridge Mass.: Harvard University Press.

Thompson Victor A.

1975　*Without Sympathy or Enthusiasm*. University, Alabama: The University of Alabama Press.

Tong, Rosemarie

1986　*Ethics in Policy Analysis*. Englewood Cliffs, New Jersey: Prentice Hall, Inc.

Torring, Jacob, B. Guy Peters, John Pierre, & Eva Sorensen

2012　*Interactive Governance: Advancing the Paradigm*. New York: Oxford University Press.

Torgerson, Douglas

1985　"Contextual Orientation in Policy Analysis: The Contribution of Harold D. Lasswell", *Policy Science*, Vol. 18, No. 3 (November), pp. 241–261.

1986　"Between Knowledge and Politics: Three Faces of Policy Analysis", *Policy Science,* Vol. 19, No. 1

(July), pp. 33–59.

Van Wart, Montgomery, N. Joseph Cayer, & Steve Cook

1993   *Handbook of Training and Development for the Public Sector: A Comprehensive Resource*. San Francisco: Jossey-Bass Inc.

Ventriss, Curtis

1991   "Contemporary Issues in American Public Administration Education: The Search for an Education Focus", *Public Administration Review*, Vol. 51, No. 1 (January/February), pp. 4–14.

Waldo, Dwight

1961   "Organization Theory: An Elephantine Problem", *Public Administration Review,* Vol. 21, No. 4 (Autumn), pp. 210–225.

1974   "Organization Theory: Revisiting the Elephant", *Public Administration Review,* Vol. 38, No. 6 (December), pp. 589–597.

1984   *The Administrative State: A Study of the Political Theory of American Public Administration.* 2nd ed. New York: Holmes & Meier Publishers.

1985   *The Enterprise of Public Administration: A Summary View.* California: Chandler & Sharp Publishers, Inc.

Waldo, Dwight (ed.)

1971   *Public Administration in a Time of Turbulence.* New York: Chandler Publishing Company

Wamsley, Gary L., *et al.* (eds.)

1990   *Refounding Public Administration.* Newbury Park, California: Sage Publications.

Warwick, Donald P.

1981   "The Ethics of Administrative Discretion", in Joel L. Fleishman, *et al.* (eds.), *op. cit.*, pp. 93–127.

Weber, Max

1978   *Economy and Society.* edited by Guenther Roth & Claus Wittich. Berkeley: University of California Press.

Weinstein, Deena

1979   *Bureaucratic Opposition: Challenging Abuses at the Workplace.* New York: Pergamon Press.

White Jr., Orion F.

1971   "Social Change and Administrative Adaptation", in Frank Marini (ed.), *op. cit.*, pp. 59–82.

White Jr., Orion F. & Cynthia J. McSwain

1990   "The Phoenix Project: Raising a New Image of Public Administration from the Ashes of the Past", in Henry D. Kass & Bayard L. Catron (eds.), *op. cit.*, pp. 23–59.

White, Jay D.

1986   "On the Growth of Knowledge in Public Administration", *Public Administration Review,* Vol. 46., No. 1 (January/February), pp. 15–24.

Wholey, Joseph S.

　　1977　"Evaluability Assessment", in Leonard Rutman (ed.), *Evaluation Research Methods: A Basic Guide*. Beverly Hills: Sage Publications.

Whyte, Jr., William H.

　　1956　*The Organization Man*. New York: Simon & Schuster.

Wildavsky, Aaron

　　1979　*Speaking Truth to Power: The Art and Craft of Policy Analysis*. Boston: Little, Brown and Company.

　　1990　"Introduction: Administration without Hierarchy? Bureaucracy without Authority?", in Naomi B. Lynn & Aaron Wildavsky, *Public Administration: The State of the Discipline*. New Jersey: Chatham House Publishers, Inc. pp. xiii-xix.

Williams, Walter, *et al.*

　　1982　*Studying Implementation: Methodological and Administrative Issues*. Chatham, New Jersey: Chatham House Publishers.

Wilson, James Q.

　　1989　*Bureaucracy: What Government Agencies Do and Why They Do It*. New York: Basic Books.

Wilson, Woodrow

　　1987　"The Study of Administration", in Jay M. Shafritz & Albert C. Hyde (eds.), *Classics of Public Administration*. Chicago, Ill.: The Dorsey Press, pp. 10–25.

Wolf, Jr., Charles

　　1988　*Markets or Governments: Choosing between Imperfect Alternatives*. Cambridge, Massachusetts: The MIT Press.

Wright, N. Dale (ed.)

　　1988　*Papers on the Ethics of Administration*. Utah: Brigham Young University.

Yang, Kaifeng & Erik Bergrud (eds.)

　　2008　*Civic Engagement in a Network Society*. Charlotte, North Carolina: Information Age Publishing, Inc.

Yates, Douglas

　　1982　*Bureaucratic Democracy: The Search for Democracy and Efficiency in American Government*. Cambridge, Massachusetts and London, England: Harvard University Press.

政治學概論：全球化下的政治發展　　藍玉春／著

　　本書扣緊臺灣時事與全球脈動，兼具議題廣度與論述深度，拋棄傳統政治學冷僻生澀的理論，直接爬梳當代全球化趨勢下的主要政治現象與實務，並對照臺灣相關的政治發展。

　　讀者用心閱讀完後，也能變成政治學專家，成為紛亂時局中政治議題核心意義的掌握者，或至少，在當今公共事務皆泛政治化的趨勢中，不再是追隨者、承受者，而像顆大岩石般，是一個頂得住浪潮的堅定清醒者。

政治學概論　　　　　　　　　　　劉書彬／著

　　本書為作者歷年講授政治學導論的一個階段性成果，試圖將政治學的立論基礎與概念，以深入淺出的方法講解，並使讀者可以落實到日常生活的範圍中。儘管當前政治學探討的架構範圍頗大，但所採用的實例則多數與我國遭遇的國內外情勢相關，期盼藉由本書的出版，讓讀者能對政治學耳目一新，引發對政治學的興趣，進而建立起基本的民主法治觀念，裨益我國民主政治的發展。

國家圖書館出版品預行編目資料

行政學：理論的解讀／林鍾沂著.－－增訂二版二刷.
－－臺北市：三民，2021
　　面；　　公分

　　ISBN 978-957-14-6436-7　（平裝）
　　1.行政學

572　　　　　　　　　　　　　　　　107008254

行政學——理論的解讀

著 作 人	林鍾沂
發 行 人	劉振強
出 版 者	三民書局股份有限公司
地　　址	臺北市復興北路 386 號 (復北門市)
	臺北市重慶南路一段 61 號 (重南門市)
電　　話	(02)25006600
網　　址	三民網路書店 https://www.sanmin.com.tw
出版日期	初版一刷 2001 年 8 月
	初版六刷 2011 年 7 月
	增訂二版一刷 2018 年 9 月
	增訂二版二刷 2021 年 12 月
書籍編號	S571190
I S B N	978-957-14-6436-7

三民書局